Die Rechtsgrundsätze

des

Königlich Preußischen

Ober-Verwaltungsgerichts.

Begründet von K. Parey.

Dritte, gänzlich neue bearbeitete u. bis zur Gegenwart ergänzte Auflage

herausgegeben

von

Fr. Kunze und Dr. G. Kautz

Wirkl. Geheimer Ober-Regierungsrat. Regierungsrat.

Ergänzungs-Band 1900.

Berlin 1900.

J. J. Heines Verlag.

Vorwort.

Der „Ergänzungsband 1900" berücksichtigt die Rechtsprechung des Königl. Oberverwaltungsgerichtes seit dem Erscheinen des „Ergänzungsbandes 1899" bis gegen Ende des Jahres 1899.

Es sind wiedergegeben die Entscheidungen aus Bd. XXXIII bis XXXV und aus Bd. VII in Steuersachen der offiziellen Sammlung, die in der angegebenen Zeit im Pr. Verwaltungsblatt und im Zentralblatt der Unterrichtsverwaltung veröffentlichten, sowie zahlreiche ungedruckte Entscheidungen wichtigeren Inhaltes.

Auf klare, scharfe Systematisierung, leicht verständliche Darstellung und, wo erforderlich, ausgiebige Beigebung von Thatbeständen und Gründen zu den Rechtsgrundsätzen ist auch in diesem Bande besonderer Wert gelegt worden.

Grunewald, / Charlottenburg, im Mai 1900.

Fr. Kunze. Dr. G. Kautz.

Verzeichnis der Abkürzungen.

a. a. O. = am angeführten Orte.
Abs. = Absatz.
A.-H. = Abgeordnetenhaus.
A.-L.-R. = Preuß. Allgem. Landrecht.
Allg. Verf. = Allgemeine Verfügung.
Anm. = Anmerkung.
Art. = Artikel.
Aufl. = Auflage.
Ausf.-Anw. = Ausführungsanweisung.
Ausf.-Ges. = Ausführungsgesetz.
Ausf.-Instr. = Ausführungsinstruktion.
Bd. = Band.
Circ.-Reskr. = Circular-Reskript.
Dot.-Ges. = Dotationsgesetz.
Eink.-St.-Ges. = Einkommensteuergesetz.
Entsch. = Entscheidung.
E.-O.-V. = Entsch. d. Ob. Verwaltungsgerichts.
Erk. = Erkenntnis.
Ges. = Gesetz.
G.-S. = Gesetz-Sammlung d. Pr. Staat.
Gew.-Ordn. = Gewerbeordnung.
H.-H. = Herrenhaus.
Kab.-Ord. = Kabinetsordre.
Komm.-B. = Kommissionsbericht.
Komm. = Kommentar.
Komm.-Abg.-Ges. — Kommunalabgabengesetz v. 14. Juli 1893.
K.-V.-G. = Krankenversicherungsgesetz.
Kr.-Ordn. = Kreisordnung.
L.-V.-G. = Landes-Verwaltungsgesetz.
M.-Bl. = Pr. Ministerialblatt f. d. ges. innere Verwaltung.
Min.-Erl. = Ministerial-Erlaß.
Min.-Inst. = Ministerial-Instruktion.
O.-Trib. = Obertribunal.
O.-V.-G. = Oberverwaltungs-Gericht.
Pr. Ausf.-Ges. = Pr. Ausführungs-Gesetz.
Prov.-Verb. = Provinzialverband.
Prov.-Ordn. = Provinzialordnung.
R.-G. = Reichsgesetz.
R.-G.-Bl. = Reichs-Gesetzblatt.
R.-Ger. = Reichsgericht.
R.-Gew.-Ordn. = Reichsgewerbeordnung.
R.-Str.-G.-B. = Reichsstrafgesetzbuch.
R.-T. = Reichstag.
Reskr. = Reskript.
S. = Seite.
St.-Ordn. = Städte-Ordnung.
Sten.-Ber. = Stenographischer Bericht.
U.-V.-G. = Unfallversicherungsgesetz.
Urt. = Urteil.
Verf. = Verfügung.
Vd. = Verordnung.
Zust.-Ges. = Zuständigkeitsgesetz vom 1. August 1883.

Inhaltsverzeichnis.

Erste Abteilung.

Angelegenheiten der Kommunalverbände.

Zweite Abteilung.

Kultus, Schule, Zwangserziehung, Personenstand und Staatsangehörigkeit.

Dritte Abteilung.

Polizeiliche Angelegenheiten.

Vierte Abteilung.

Anderweitige Zuständigkeiten der Verwaltungsgerichte.

Fünfte Abteilung.

Sechste Abteilung.

Entscheidungen in Steuersachen.

Erste Abteilung.

Angelegenheiten der Kommunalverbände.

I.

Provinzialverbände.

Litteratur: v. Brauchitsch, Die neuen preußischen Verwaltungsgesetze, Erg. Bd. für die Prov. Westfalen, von Braunbehrens, 3. Aufl. Berlin 1899. — Kautz und Appelius, Preußisches Kommunalbeamtenrecht, Berlin 1900. — Jebens, Verwaltungsrechtliche Aufsätze im Anschlusse an die Rechtsprechung des preußischen Oberverwaltungsgerichtes, Berlin 1900. — v. Rönne-Zorn, Staatsrecht der preußischen Monarchie, 5. Aufl. Leipzig 1899.

Kommentare zum Ges., betr. die Anstellung und Versorgung der Kommunalbeamten v. 30. VII. 1899 von Freytag, Berlin 1900. — Kotze, Leipzig 1900. — Kremski, Leipzig 1900. — Ledermann, Berlin 1899. — Lorenz, Berlin 1900. — Löwenich, Hamm 1899.

Materialien: Ges. v. 30. VII. 99 (G.-S. S. 141) betr. die Anstellung und Versorgung der Kommunalbeamten. Abg.-Haus 1899 Drucks. Nr. 179. 212. 217. 219. Sten.-Ber. 2186—2194. 2406—2408. 2411. Herrenhaus 1899 Drucks. Nr. 27. 63. 68. 69. 71. 73. 76. 77. 99. 100. Sten.-Ber. S. 17. 47—50. 138—159. 243—244. 264.

C. Aufsicht über die Provinzialverwaltung. Zwangsetatisirungen.

Nr. 1. Entsch. v. 21. VI. 98 Nr. I. 1111 (Pr.-V.-Bl. Bd. XX S. 170.)

Ges. v. 19. V. 89 (G.-S. S. 108) über die allgem. Landesverwaltung pp. in der Prov. Posen, Art. V A 2, 7; Vd. v. 5. XI. 89 (G.-S. S. 177), betr. die Verwaltung des provinzialständischen Verbandes der Prov. Posen, § 24; Ges. v. 8. II. 67 (G.-S. S. 185), betr. Unterverteilung und Erhebung der Grundsteuer, § 33; Anw. II v. 21. II. 96 für das Verfahren bei den Vermessungen zur Fortschreibung der Grundsteuerbücher und Karten, §§ 1, 2, 51 ff.

1. Eine den provinzialständischen Verband der Provinz Posen verpflichtende Feststellung einer Leistung kann auch durch Verfügung des Oberpräsidenten an den Landeshauptmann mit rechtlicher Wirkung ausgesprochen werden. Denn der letztere vertritt den provinzialständischen Verband nach außen in allen Angelegenheiten. Weigert er sich, der Verfügung nachzukommen, so ist, ohne Rücksicht darauf, ob die Weigerung auf eigenem Entschlusse oder einem Beschlusse des Provinzialausschusses beruht, die Vorbedingung zur Zwangsetatisierung gegeben. Auch darauf kommt es nicht an, ob in der Verfügung ausdrücklich von der Feststellung einer Leistung gesprochen wird. Es genügt, daß aus ihrem Zusammenhange hervorgeht, wie in ihr die Verpflichtung des Verbandes zu einer Leistung als einer ihm gesetzlich obliegenden ausgesprochen worden ist.

2. Handelt es sich indessen um die Feststellung desjenigen, der zur Tragung der Kosten einer von Amtswegen behufs Fortschreibung zu bewirkenden Grundstücksvermessung (Fortschreibungs-Vermessungsgebühren) verpflichtet ist, so sind dazu, auch wenn ein Provinzialverband in Frage kommt, ebenso, wie zur Feststellung des zu zahlenden Betrages selbst, nur die Königl.

Regierungen, Abteilungen für direkte Steuern, Domänen und Forsten zuständig.

Nr. 2. Entsch. v. 3. XII. 98 Nr. II 1694 (Pr.-V.-Bl. Bd. XX S. 297).

Bundesratsbeschluß v. 25. VI. 69 (§ 302 der Protokolle), betr. die Benutzung von Kunststraßen durch die Reichstelegraphenverwaltung.
A.-L.-R. Teil II Titel 5 § 7; Tit. 14 §§ 21, 24, 76.

1. Die Beanstandung eines Beschlusses (hier des Beschlusses eines Provinzialausschusses) setzt voraus, daß dieser positive rechtliche Wirkungen äußert und sie bezweckt, diese Wirkungen durch Außerkraftsetzung des Beschlusses zu beseitigen. Bringt ein Beschluß derartige Wirkungen nicht hervor, so ist für eine Beanstandung kein Raum. (Vgl. E.-O.-V. Bd. XXVII S. 87.) Im vorliegenden Falle ging der Beschluß des Provinzialausschusses dahin, den Antrag einer Kaiserl. Oberpostdirektion, zur Anlegung einer neuen Telegraphenlinie die Provinzialstraße von H. nach E. in Anspruch nehmen zu dürfen, abzulehnen. Dieser Beschluß konnte durch seinen lediglich negativen Inhalt keine Wirkungen äußern, die durch Beanstandung zu beseitigen waren. Hatte die Telegraphenverwaltung schon infolge des Bundesratsbeschlusses v. 25. VI. 69 das Recht, die Straße von H. nach E. zur Anlegung einer Telegraphenleitung zu benutzen, so wurde die Existenz des Rechtes durch den Beschluß nicht berührt, und letzterer ist deshalb insoweit ohne rechtliche Bedeutung. Hatte die Telegraphenverwaltung aber dieses Recht noch nicht, wollte sie es vielmehr erst durch eine Erklärung des Provinzial-Verbandes erlangen, oder bedurfte es wenigstens zur Ausübung des Rechtes einer Mitwirkung der Provinzialverwaltung, so wurde der Telegraphenverwaltung das Recht bezw. die Möglichkeit der Ausübung auch nicht dadurch verschafft, daß der negative, den Antrag der Oberpostdirektion ablehnende Beschluß außer Kraft gesetzt wurde. Denn die formelle Beseitigung dieses Beschlusses konnte nicht die positive Wirkung einer Bewilligung des Antrages erzeugen.

2. Was die Frage anlangt, ob die Kaiserl. Oberpostdirektionen berechtigt sind, auf Grund des Bundesratsbeschlusses v. 25. VI 69, bezw. ganz allgemein, ohne Zustimmung des Eigenthümers öffentliche Wege zur Anlegung von Telegraphenlinien zu benutzen, so ist dabei von folgenden Rechtsausführungen auszugehen:

a) das deutsche Reich, dem an den innerhalb seines Gebietes belegenen öffentlichen Wegen keinerlei Rechte öffentlich-rechtlicher oder privat-rechtlicher Natur zustanden, konnte sich Befugnisse, wie die in dem Beschlusse v. 25. VI 69 bestimmten, aus eigener Machtvollkommenheit nicht beilegen. Dieser Beschluß kann deshalb auch als ein Bundesratsbeschluß im eigentlichen Sinne nicht aufgefaßt werden, d. h. als ein Beschluß, der seine Wirksamkeit äußert auf Grund einer von den Bevollmächtigten zum Bundesrate in dieser ihrer Eigenschaft Namens des Reiches erfolgten einseitigen Beschlußfassung. Es muß vielmehr in dem sogenannten Beschlusse ein Vertrag zwischen den einzelnen Bundesstaaten und dem Reiche gesehen werden, mittels dessen diese Staaten dem Reiche gewisse Befugnisse in Bezug auf die öffentlicheu Wege, insbesondere die staatlichen Kunststraßen, übertragen oder zu übertragen sich verpflichtet haben.

b) Für die Beurteilung des Umfanges und der Natur dieser Befugnisse wird es deshalb darauf ankommen, welcher Art die Rechte sind, die den einzelnen Staaten selbst an den öffentlichen Wegen zustehen. In dieser Beziehung ergiebt sich, daß das

Preußische Recht die Land- und Heerstraßen als gemeines Eigentum des Staates bezeichnet (§ 21 Tit. 14 Teil II. A.-L.-R's.) und die Nutzungsrechte daran zu den niederen Regalien rechnet (§ 24 das.), was aber die Benutzung der letzteren betrifft, dem Staate grundsätzlich nur die Rechte eines Privateigentümers beilegt (§ 76 das.). Dem Preußischen Staate stehen somit in Bezug auf die Benutzung der öffentlichen Straßen keinerlei öffentlich-rechtliche (Hoheits-)Rechte zu, und soweit er zu einer über den gemeinen Gebrauch hinausgehenden Benutzung der Land- und Heerstraßen berechtigt ist, ist er es nur auf Grund seines sich als Privatrecht charakterisierenden Eigentumes. Vgl. Erk.-R.-Ger. in Civils. Bd. III S. 237 u. Bd. VII S. 290. Wenn aber der Preußische Staat in Bezug auf die Benutzung der öffentlichen Straßen keinerlei Hoheitsrechte hat, so hat er solche auch nicht auf das Reich übertragen können. Uebrigens hätte die Uebertragung von Hoheitsrechten seitens der Einzelstaaten auf das Reich, die in jedem Falle eine Erweiterung der Zuständigkeit der Reichsgewalt enthält, nicht im Wege eines Abkommens zwischen der Reichsregierung und den Regierungen der Einzelstaaten, sondern nur im Wege der Gesetzgebung erfolgen können.

c) Was den gemeinen Gebrauch der öffentlichen Wege betrifft, so bestimmt § 7 Titel 5 Teil II des A.-L.-R's., daß der freie Gebrauch der Land- und Heerstraßen einem Jeden zum Reisen und Fortbringen seiner Sachen gestattet ist. Die Benutzung des Straßenkörpers zu dauernden Anlagen fällt also nicht unter den gemeinen Gebrauch.

d) Geschah somit die Benutzung der Landstraßen zur Anlegung von Telegraphenleitungen seitens des Staates Preußen weder in Ausübung eines Hoheitsrechtes, noch innerhalb der dem gemeinen Gebrauche gezogenen Grenzen, so konnte jene Benutzung lediglich der Ausfluß des dem Staate zustehenden privatrechtlichen Eigentumes an den Straßen sein. Die Rechte des Eigentümers des öffentlichen Weges ruhen solange und insoweit, als der Weg dem öffentlichen Verkehre dient, sie sind aber wirksam, wenn und soweit ihnen die Bestimmung des Weges zum gemeinen Gebrauche nicht entgegensteht. Vgl. E.-O.-V. Bd. X S. 200. Ob und inwieweit sie im einzelnen Falle mit Rücksicht auf den öffentlichen Verkehr ausgeübt werden können, darüber hat die Wegepolizeibehörde zu befinden.

e) Eine über den gemeinen Gebrauch hinausgehende Benutzung des öffentliches Weges kann nun aber nicht nur auf Grund des Eigentumes, sondern auch auf Grund eines besonderen Nutzungsrechtes erfolgen. Die Begründung eines Sondernutzungsrechtes an einem öffentlichen Wege erfolgt durch Bewilligung des Eigentümers (E.-O.-V. Bd. X S. 201), seine Ausübung ist abhängig von der Bewilligung der Wegepolizeibehörde.

f) Aus den vorstehenden Ausführungen folgt, daß, wenn und soweit dem Reiche durch den Bundesratsbeschl. v. 25. VI 69 Nutzungsrechte an den Staatschausseen eingeräumt sind, diese als Privatrechte angesehen werden müssen. An dieser Auffassung kann auch die Erwägung nichts ändern, daß durch den Bundesratsbeschluß die einzelnen Bundesstaaten die Verpflichtung, auf ihren öffentlichen Straßen die Telegraphenleitungen der Reichspostverwaltung unentgeltlich aufzunehmen und zu dulden, offenbar nicht nur aus fiskalischen Rücksichten, sondern vornehmlich mit Rücksicht auf die Beförderung des öffentlichen Verkehres und die sich daran knüpfenden Interessen der Bevölkerung übernommen haben. Denn diese Rücksichten lassen es allerdings als unbestreitbar erscheinen, daß der Beschluß ein öffentlich-rechtlicher Staatsvertrag ist, daß also die von den Bundesstaaten übernommenen Verpflichtungen öffentlich-rechtlicher Natur sind, ihre Erfüllung mithin im Wege der Civilklage nicht begehrt werden kann. Die öffentlich-rechtliche Natur dieser Verpflichtungen schließt aber nicht aus, daß die zu ihrer Erfüllung vorgenommenen oder vorzunehmenden Verfügungen privatrechtlicher Natur und die durch diese Verfügungen für das Reich begründeten Rechte Privatrechte sind, die unter privatrechtlichem Schutze stehen. Daß auch Privatrechte auf öffentlich-rechtlicher Grundlage entstehen können, kann nicht bezweifelt werden. Vgl. Erk.-R.-Ger. in Civils. Bd. XXII S. 288.

g) Es fragt sich nun aber, ob diese (nach den vorstehenden Ausführungen privatrechtliche) Verfügung des Preußischen Staates über die Staatsstraßen zu Gunsten des Reiches, die Begründung des dem Reiche zugesicherten Nutzungsrechtes an den Staatsstraßen, in den im Uebrigen öffentlich-rechtlichen Abmachungen v. 25. VI 69 mit enthalten ist, oder ob in den letzteren lediglich die (öffentlich-rechtliche) Verpflichtung zur Begründung des Nutzungsrechtes übernommen ist.

Wäre ersteres der Fall, so würde unbedenklich anzunehmen sein, daß die durch den Bundesratsbeschluß für das Reich begründeten Rechte auch der Provinzialverwaltung gegenüber als Nachfolgerin im Eigentume früherer Staatsstraßen fort bestehen. Denn nach § 12 des Ges. betr. das Eigentum und die dinglichen Rechte an Grundstücken, v. 5. V. 72 bedürfen, um gegen Dritte zu wirken, nur solche dingliche Rechte an Grundstücken der Eintragung in das Grundbuch, die auf einem privatrechtlichen Titel beruhen. Hier handelt es sich aber nicht um dingliche Rechte, die auf einem privatrechtlichen Titel beruhen, sondern um Rechte, die zwar Privatrechte sind, aber nicht auf einem privatrechtlichen, sondern auf einem öffentlich-rechtlichen Titel beruhen. In diesem Falle würde also, da die Erteilung der wegepolizeilichen Erlaubnis nach wie vor Sache des Staates ist, eine Bewilligung von Seiten der Provinzialverwaltung überhaupt nicht in Betracht kommen, die vielmehr nur noch bei Herstellung des Traktes mitzuwirken hätte.

Indes kann die Auffassung, daß durch den Bundesratsbeschl. v. 25. VI 69 dem Reiche bereits dingliche Rechte an den damals im Eigentume des preußischen Staates befindlichen Kunststraßen eingeräumt wären, für zutreffend nicht gehalten werden. Zunächst spricht dagegen der Wortlaut des Bundesratsbeschlusses: „Die Straßenbauverwaltung hat die Benutzung des Straßenterrains, soweit das ohne Behinderung des Straßenverkehres thunlich ist, zur Anlage von . . Bundes-Telegraphenlinien unentgeltlich zu gestatten." Allerdings darf bei der Auslegung dieser Bestimmung nicht übersehen werden, daß die Frage, ob die Benutzung der Straße zur Anlage von Telegraphenleitungen ohne Behinderung des Straßenverkehres thunlich ist, wegepolizeilicher Natur ist, und daß der Staat, für dessen Wege die Vorschrift erlassen ist, die wegepolizeiliche Entscheidung zu treffen hat. Aber man wird gleichwohl nicht zu der Annahme gelangen können, daß in jener Bestimmung nur die wegepolizeiliche Erlaubnis für die einzelnen Fälle vorbehalten, die Bewilligung des (privaten) Nutzungsrechtes aber schon allgemein erklärt sei. Auch wenn das letztere nicht zu seiner Entstehung, sondern nur zu seiner Ausübung des Hinzutretens der wegepolizeilichen Erlaubnis bedürfen sollte, so ist doch nicht anzunehmen, daß schon mittels des Bundesratsbeschlusses das Nutzungrecht allgemein begründet werden sollte, obgleich seine Ausübung in den einzelnen Fällen noch von der polizeilichen Erlaubnis abhing und sich in denjenigen Fällen als unmöglich erweisen mußte, in denen diese Erlaubnis verweigert wurde, umsoweniger, als nach dem Bundesratsbeschlusse auch der erste Trakt von der Telegraphenverwaltung und der Straßenbauverwaltung gemeinschaftlich hergestellt werden soll. Wollte man der Meinung sein, daß die Konstituierung des Nutzungsrechtes an sämmtlichen Staatsschausseen schon durch den Beschluß erfolgt sei, so wäre das nur auf Grund der künstlichen Konstruktion möglich, daß die Konstituierung des Rechtes zwar allgemein geschehen, seine Ausübung in den einzelnen Fällen aber nicht nur von der wegepolizeilichen Erlaubnis, sondern auch von der Bedingung abhängig gemacht sei, daß über die Feststellung des Traktes eine Vereinbarung zwischen Straßenbauverwaltung und Telegraphenverwaltung zu stande komme. Dazu tritt ferner die Erwägung, daß die Uebernahme öffentlich-rechtlicher Verpflichtungen und die, wenn auch zur teilweisen Erfüllung dieser Verpflichtung dienenende, Vornahme privatrechtlicher Verfügungen in einem und demselben Akte mindestens ungewöhnlich und auffallend wäre. Berücksichtigt mar endlich, daß es zur Begründung des Nutzungsrechtes an denjenigen Straßen, die zur Zeit des Erlasses des Bundesratsbeschl. v. 25. VI 69 noch nicht hergestellt waren, jedenfalls eines besonderen Aktes bedurfte, so sprechen überwiegende Gründe für bie Annahme, daß durch den Beschluß der preußische Staat zwar grundsätzlich die Verpflichtung übernahm, dem Reiche an den Staatschausseen Nutzungsrechte zu übertragen, daß aber die Uebertragung des Rechtes an den einzelnen Straßen durch besondere Verfügung der zuständigen Behörde, nämlich der Straßenbauverwaltung, erfolgen sollte.

h) Faßt man die Bestimmung des Bundesratsbeschlusses in dieser Weise auf, so ergiebt sich folgendes:

Soweit vor dem Uebergange der ehemaligen Staatschausseen in das Eigentum der Provinzialverbände Rechte der Telegraphenverwaltung an einzelnen Straßen durch Bewilligung der Straßenbauverwaltung begründet sind, wirken diese Rechte auch gegen die Provinzialverbände, da sie auch in diesem Falle auf einem öffentlich-rechtlichen Titel beruhen, nämlich auf dem Bundesratsbeschlusse, zu dessen Ausführung die einzelnen Bewilligungen erfolgt sind und somit einer Eintragung in das Grundbuchnicht bedurften.

Soweit solche Rechte aber noch nicht begründet waren, ist die Verpflichtung zu ihrer Einräumung auf die Provinzialverbände nicht übergegangen, weder nach allgemeinen Rechtsgrundsätzen, noch auf Grund besonderer gesetzlicher Vorschriften. Verpflichtungen auf Uebertragung des Eigentumes oder dinglicher Rechte an einer Sache gehen nicht ohne Weiteres auf denjenigen über, der als Singularsuccessor das Eigentum von demjenigen erwirbt, der die Verpflichtung eingegangen ist. Die öffentlich-rechtliche Natur der hier in Frage stehenden Verpflichtung kann hieran nichts ändern, auch wenn man in Betracht zieht, daß Provinzialverbände, obgleich selbständige juristische Personen neben dem Fiskus, doch Glieder des einheitlichen Staatsorganismus sind. Denn sonst würde man konsequenter Weise zu der Annahme gelangen müssen, daß der Staat auch nach dem Uebergange der Chausseen in das Eigentum der Provinzialverbände öffentlich-rechtliche Verpflichtungen eingehen könnte, durch die die Provinzialverbände gehalten wären, an ihren Chausseen Rechte zu einer über den Gemeingebrauch hinausgehenden Nutzung einzuräumen. Der preußische Staat mochte immerhin durch den Bundesratsbeschluß dem Reiche gegenüber verbunden sein, bei dem Uebergange der Staatschausseen auf die Provinzialverbände den letzteren die Erfüllung der von ihm eingegangenen Verpflichtungen aufzuerlegen. Aber dieses ist nicht geschehen, insbesondere auch nicht in dem Dotationsausführungsges. v. 8. VII 75, in dessen § 18 Abs. 3 sich nur die Bestimmung findet: „Zugleich mit der Unterhaltung der bereits ausgebauten Staatschausseen geht das Eigentum an denselben nebst allen Nutzungen und Pertinenzien .... auf die Kommunalverbände über." Nun ist es zwar richtig, daß diejenigen Verpflichtungen, die auf den Chausseen dinglich lasteten, auch auf die Provinzialverbände übergingen, ohne daß es deshalb einer besonderen Bestimmung bedürfte; aber bezüglich derjenigen Verpflichtungen, die sich zwar auf die Chausseen bezogen, aber auf ihnen nicht dinglich ruhten, verstand sich dieser Uebergang nicht von selbst.

II.
Kreise.

B. Kreisabgaben.

Litteratur: v. Brauchitsch, Die neuen preußischen Verwaltungsgesetze, Erg. Bd. für die Prov. Westfalen, von Braunbehrens, 3. Aufl. Berlin 1899. — Kautz und Appelius, Preußisches Kommunalbeamtenrecht, Berlin 1900. — Jebens, Verwaltungsrechtliche Aufsätze im Anschlusse an die Rechtsprechung des preußischen Oberverwaltungsgerichtes, Berlin 1900. — v. Rönne-Zorn, Staatsrecht der preußischen Monarchie, 5. Aufl. Leipzig 1899.

Kommentare zum Ges., betr. die Anstellung und Versorgung der Kommunalbeamten v. 30. VII. 1898 von Freytag, Berlin 1900. — Kotze, Leipzig 1900. — Kremski, Leipzig 1900. — Ledermann, Berlin 1899. — Lorenz, Berlin 1900. — Löwenich, Hamm 1899.

Materialien: Ges. v. 30. VII. 99 (G.-S. S. 141) betr. die Anstellung und Versorgung der Kommunalbeamten. Abg.-Haus 1899 Drucks. Nr. 179. 212. 217. 219. Sten.-Ber. 2186—2194. 2406—2408. 2411. Herrenhaus 1899 Drucks. Nr. 27. 63. 68. 69. 71. 73. 76. 77. 99. 100. Sten.-Ber. S. 17. 47—50. 138—159. 243—244. 264.

Nr. 1. Entsch. Bd. XXXIII S. 1 v. 9. III. 98 II C 317/97.

Komm.-Abg.-Ges. v. 14. VII. 93 (Ges.-S. S. 152) §§ 47—51, 71—74, 91, 92.
Kr.-Ordn. v. 13. XII. 72 (G.-S 1881 S. 179) §§ 169, 171—175.

Kreis- und Gemeindebesteuerung stehen völlig unabhängig nebeneinander. Sowohl die steuerberechtigten Kreise als auch die Gemeinden sind je in ihrer Gesammtheit befugt, das Einkommen des Zensiten innerhalb der Grenzen des § 51 des Komm.-Abg.-Ges. voll heranzuziehen, so daß es zweimal — von jeder Gesammtheit voll — belastet werden darf. Die rechtswidrige zu starke Heranziehung des Zensiten durch einen Kreis kann daher die verhältnismäßige Herabsetzung des von einer Gemeinde erforderten Steuerbetrages niemals begründen, und deswegen haben die Gemeinden kein rechtliches oder auch nur sachliches Interesse daran, ob und welche Quoten des Gesammteinkommens dem einzelnen Kreise für die Kreisbesteuerung zufallen, und umgekehrt. Daraus folgt, daß das in den §§ 51, 71 bis 74 und im § 92 a. a. O. vorgesehene Verfahren, wodurch das Gesammteinkommen eines Zensiten in diejenigen Quoten, die einmal von jedem Kreise und die ferner von jeder Gemeinde besteuert werden dürfen, verteilt wird, kein einheitliches sein kann, sondern nur getrennt vom Pflichtigen zu beantragen und nur getrennt gegen die jedesmal interessierten und legitimierten Parteien — nämlich entweder gegen die Kreise oder gegen die Gemeinden — von der zuständigen Behörde durchzuführen ist, zumal ja auch das Gesetz für beide Verfahren verschiedene Antragsfristen (2 Monate und 4 Wochen) und — wenigstens soweit nur Landgemeinden konkurrieren — auch verschiedene Zuständigkeiten vorgesehen hat. Daher kann ein Stadtkreis, der keine Kreis-, sondern Gemeindeabgaben erhebt, zwar in dem wegen der Gemeinde-, aber nicht in dem wegen der Kreisbesteuerung eingeleiteten Verteilungsverfahren Partei sein, und deshalb ist ein solches Verfahren zwischen Land- und Stadtkreisen nur dann rechtlich möglich, aber auch gesetzlich angeordnet, wenn die letzteren ausnahmsweise Kreisabgaben erheben.

Nr. 2. Entsch. v. 22. VI. 98 Nr. II 1017 (Pr.-V.-Bl. Bd. XX S. 113).

Eink.-St.-Ges. v. 24. VI. 91 (G.-S. S. 175) §§ 7, 13.
Kr.-Ordn. v. 13. XII. 72 (G.-S. 1881 S. 179) §§ 14, 15.
Komm.-Abg.-Ges. v. 14. VII. 93 (G.-S. S. 152) §§ 33, 91.

Nach dem Eink.-St.-Ges. vom 24. VI. 91 ist das Einkommen eines Pächters kein gewerbliches, sondern nur ein solches aus Grundvermögen. Ist der Pächter ein Forense oder eine juristische Person, so ist er dem Kreise gegenüber nur steuerpflichtig wegen des Einkommens aus Grundeigenthum, nicht wegen des weitergehenden Einkommens aus Grundvermögen, d. i. jeder Art von Berechtigung an dem Grundvermögen. Insbesondere besteht die aus dem Grundeigenthume entspringende Kreissteuerpflicht nicht für den durch Pacht oder Mietsvertrag begründeten unvollständigen Besitz eines Grundstückes. Ebensowenig läßt sich die analoge Anwendbarkeit des — vom Grundvermögen sprechenden — § 33 ^{2} u. ^{3} des Komm.-Abg.-Ges. v. 14. VII. 93 aus dessen § 91 Nr. 4 herleiten, da hier nicht die Bestimmungen über die Entstehung der subjektiven Steuerpflicht, sondern nur die über Veranlagung der subjektiv Pflichtigen vorgesehen sind. Hiernach sind Forensen und juristische Personen seit Inkrafttreten des Eink.-St.-Ges. v. 24. VI. 91 wegen des aus Pachtungen ihnen zufließenden Einkommens der Kreisbesteuerung nicht mehr unterworfen.

Nr. 3. Entsch. Bd. XXXV S. 9 v. 15. III. 1899 II C 295/98.

Komm.-Abg.-Ges. v. 14. VII. 93 (G.-S. S. 152) §§ 33 Abs. 3, 48, 51 Abs. 2, 91, ^{1}, ^{4}.

1. Durch Uebernahme der Kreisabgaben auf den Gemeindeetat scheiden die in der Gemeinde wohnenden Kreisangehörigen in Betreff der Abgabepflicht aus ihren Verhältnisse zum Kreise aus und die Gemeinde tritt dafür mit dem gesammten Soll selbstschuldnerisch ein. Ein Gleiches gilt auch hinsichtlich der der Kreisabgabenpflicht unterworfenen Forensen, juristischen Personen u. s. w.

2. Nach der Regel des § 51 Abs. 2 des Komm.-Abg.-Ges. in Verbindung mit § 91 Nr. 4 daselbst, ist von dem Einkommen, das dem Pflichtigen aus verschiedenen, in demselben Kreise belegenen Quellen zufließt, nach

neuerem Rechte die Kreis-Einkommensteuer in einer Summe festzusetzen und diese Summe dann den einzelnen Belegenheits- oder Betriebsgemeinden in solchen Quoten zu überweisen, die den dort zufließenden Quoten des dem Kreise steuerpflichtigen Einkommens entsprechen. Dieser Grundsatz findet nicht nur auf den ausdrücklich hervorgehobenen Fall Anwendung, sondern auch dann, wenn eine einzige Quelle sich über mehrere Gemeinden oder Kreise erstreckt. Ist daher auch für den Staatsfiskus, da der gesammte Eisenbahnbetrieb des Staates eine einheitliche Einkommensquelle bildet, die ausdrückliche Bestimmung in § 51 Abs. 2 a. a. O. unanwendbar, so muß er sich doch, sofern er als Rechtsnachfolger einer verstaatlichten Eisenbahn kreisabgabenpflichtig ist, gefallen lassen, daß der auf einen Kreis entfallende Teil seines Gesammteinkommens steuerlich als ein Ganzes behandelt wird.

Nr. 4. Entsch. Bd. XXXIII S. 4 v. 19. III. 1898 II 414/97.

S. Erg. Bd. 1899 S. 5.

Nr. 5. Entsch. v. 9. XI. 98 Nr. II 1617 (Pr.-V.-Bl. Bd. XX S. 331).

Kr.-Ordn. v. $\frac{13.\ XII.\ 72}{19.\ III.\ 81}$ (G.-S. 1881 S. 179) §§ 12, 14.

Der § 12 Abs. 3 der Kr.-Ordn. läßt allerdings eine Abänderung des für die Kreisabgaben festgestellten Verteilungsmaßstabes nur in Zwischenräumen von fünf zu fünf Jahren zu. Diese Bestimmung aber bezieht sich ihrem klaren Wortlaute nach nur auf den Maßstab selbst, d. h. auf die Festsetzung desjenigen Verhältnisses, in dem die einzelnen Steuerarten an der Aufbringung der Mittel für die Deckung der Kreisbedürfnisse teilnehmen sollen. Dagegen trifft er nicht solche Beschlüsse, die unter Festhaltung des allgemeinen Verteilungsmaßstabes dessen Anwendung im Einzelnen regeln oder sonstige Angelegenheiten der Steuerverfassung und der Deckung des jeweiligen Steuerbedarfes ordnen, wie die jährliche Bemessung der Zuschlagsprozente, die Mehr- oder Minderbelastung einzelner Kreisteile oder die subjektive Steuerpflicht des Fiskus. Die Regelung der subjektiven Steuerpflicht des Fiskus nach § 14 Abs. 3 a. a. O. hat mit der Feststellung des Verteilungsmaßstabes nichts zu thun, bei ihr handelt es sich nur um die Frage, ob die unter Anwendung des Maßstabes bestimmten Steuerprozente vom Fiskus einfach oder mit einem Zuschlage erhoben werden sollen. So erledigt denn auch die Kr.-Ordn. die Frage der Mehrbelastung des Fiskus für den Fall der Festsetzung eines Notmaßstabes nicht in den Bestimmungen über diese Angelegenheit — § 12 Abs. 2 —, sondern behandelt sie auch hier als eine solche der subjektiven Steuerpflicht im § 14 Abs. 3 a. E.

Nr. 6. Entsch. Bd. XXXV S. 12 v. 23. VI. 1899 II C 61/99.

Komm.-Abg.-Ges. v. 14. VII. 93 (G.-S. S. 152) § 24 Abs. 2.
Kr.-Ordn. v. 13. XII 72 (G.-S. 81 S. 179) § 17.

1. Durch das Komm.-Abg.-Ges. v. 14. VII. 93 hat die Kreissteuerpflicht weder in subjektiver, noch in objektiver Beziehung eine Veränderung erlitten. Daraus folgt u. A., daß § 24 Abs. 2 des Komm.-Abg.-Ges., wonach die Befreiungen der Dienstgrundstücke der Beamten aufgehoben sind, auf die Kreisbesteuerung keine Anwendung findet.

2. Daher sind die den Königlichen Oberförstern und Förstern überwiesenen forstfiskalischen Dienstländereien als unmittelbar für den öffentlichen Dienst bestimmt, aus diesem Grunde auch nach Erlaß des Komm.-Abg.-Ges. kreissteuerfrei geblieben. Vgl. E.-O.-V. Bd. XXIX S. 12.

Nr. 7. Entsch. Bd. XXIII S. 1 v. 16. II. 98 II C 276/97.

S. Erg. Bd. 1899 S. 5.

(Es handelte sich um Güter, die früher dem Prinzen August von Preußen gehörten und nach dessen Ableben dem Könige und der Krone anheimgefallen waren. Ihre Verwaltung erfolgt gemäß Kab.-O. v. 30. VIII. 43 (v. Rönne, Staatsr. 4. Aufl., Bd. III, S. 85) durch die an Stelle der Domänenkammer des Prinzen dazu berufene Kgl. Hofkammer. Letztere vertritt in den die Verwaltung der Güter betr. Angelegenheiten den König. Ihre Heranziehung zu Kreissteuern von jenen Gütern trifft daher in Wirklichkeit den König selbst.)

Nr. 8. Entsch. Bd. XXXIII S. 90 v. 5. I. 98 Nr. II C 432/97.

Komm.-Abg.-Ges. v. 14. VII. 93 (G.-S. S. 152) §§ 36, 91[4].
S. Erg. Bd. 1899 S. 7.

Nr. 9. Entsch. v. 9. XI. 9 II 1620.

Komm.-Abg.-Ges. v. 14. VII. 93 (G.-S. S. 152) § 93.

1. Kreis-Hundesteuerordnungen können vorschreiben, daß Steuerfreiheit nur solchen zur Bewachung unentbehrlichen Hunden zustehen soll, die dauernd an der Kette gehalten werden. Denn das Komm.-Abg.-Ges. hat den Kreisen die Befugniß, das Halten von Hunden zu besteuern, ohne weitere Einschränkung als die, daß die Kreishundesteuer 5 Mk. jährlich für den Hund nicht übersteigen darf, eingeräumt. Enthält eine Steuerordnung aber eine solche Vorschrift nicht, so kann aus der Thatsache allen, daß ein Hund nicht ausschließlich zur Bewachung eines Gehöftes, sondern daneben auch zum Viehhüten dient und nicht dauernd an der Kette liegt, nicht ohne Weiteres auf die Entbehrlichkeit des Hundes für den Zweck der Bewachung geschlossen werden.

2. Ein „einzeln belegenes" Gehöft ist keineswegs identisch mit einem außerhalb des geschlossenen Dorfes belegenen, sobald man unter letzterem die Dorflage im Gegensatze zur Feldmark versteht. Die in der Feldmark belegenen Gehöfte (Abbaugehöfte, Abbauten, Ausbauten) werden unter Umständen nicht als einzeln belegen gelten können, z. B. wenn mehrere in großer Nähe zu einander liegen, während andererseits unter Umständen ein in der Dorflage befindliches Gehöft als einzeln belegen wird anerkannt werden müssen.

Nr. 10. Entsch. Bd. XXXV S. 1 v. 8. III. 99 Nr. II C 325/98.

Komm.-Abg.-Ges. v. 14. VII. 93 (G.-S. S. 152) § 91.
Ges. v. 18. VI. 40 (G.-S. S. 140) über die Verjährungsfristen bei öffentl. Abgaben, §§ 5, 6, 10.

1. Der klare Wortlaut des § 91 Abs. 2 des Komm.-Abg.-Ges. räumt dem äußeren Umstande einer Berichtigung der Staatssteuersätze nur dann einen Einfluß auf die Kreissteuerveranlagung ein, wenn sie im Rechtsmittelwege herbeigeführt ist. Er trifft damit nur die eigentlichen Berichtigungen und berührt weder (im Gegensatze zu § 36 des Komm.-Abg.-Ges.) die Zugänge an Steuerobjekten, noch die Nachsteuer.

2. Bezüglich der Nachforderung von Kreissteuern ist daher auf die §§ 5, 6, 10 des Ges. v. 18. VI. 40 zurückzugehen. Nach deren richtiger Auslegung steht den Kreisen ein Nachforderungsrecht nicht nur wegen gänzlicher Uebergehung, sondern auch wegen zu geringen Ansatzes und zwar selbst nach Ablauf des Steuerjahres (fünf Jahre lang) dann zu, wenn die Uebergehung der zu niedrigen Veranlagung durch eine Steuerkontravention des Steuerpflichtigen veranlaßt ist.

Ob die Kontravention bei der Kreissteuer, oder bei der Staatssteuer begangen ist, ist gleichgiltig. Nach dem für die Kreisabgaben bestehenden Zuschlagssysteme bilden die Staatssteuergesetze, insbesondere das Einkommensteuergesetz, die letzte Grundlage der Kreisbesteuerung. Dieses System bringt es mit sich, daß eine zunächst dem Staatssteuergesetze gegenüber begangene Kontravention sich in ihrer Wirkung auch gegen den Kreis richtet.

C. Wahlangelegenheiten.

Nr. 1. Entsch. Bd. XXXIV S. 6 v. 7. XII. 98 II B 28/98.

Kr.-Ordn. v. 13. XII. 72 (G.-S. S. 1881 S. 179) §§ 94, 100, 103, 106². Land-Gem.-Ordn. v. 3. VII. 91 (G.-S. S. 233) § 106.

1. Zu den Verbandsversammlungen des § 106 Nr. 2 der Kr.-Ordn. v. 13. XII. 72 gehören nicht die Versammlungen der Gemeinden oder der Gemeindevertretungen, sondern nur die nach Maßgabe der §§ 94 und 103 a. a. O. zur Wahl der Kreistagsabgeordneten zusammentretenden Versammlungen. Nicht die Gemeindeversammlung, bezw. Vertretung als solche, sondern eine aus ihren Mitgliedern bestehende Wahlversammlung führt die Wahlmännerwahlen aus. Vgl. E.-O.-V. Bd. XVII, S. 1.

2. Darum wird bei dem Fehlen ländlichen Grundbesitzes die Wählbarkeit zum Kreistagsabgeordneten und zum Wahlmanne nur durch die Ausübung eines Wahlrechtes in den nach §§ 94 und 103 a. a. O. zusammentretenden Versammlungen, nicht aber durch den Besitz oder die Ausübung eines Stimm- oder Wahlrechtes in den Versammlungen der Gemeinde oder der Gemeindevertretung erworben.

Nr. 2. Entsch. Bd. XXXV S. 15 v. 23. VI. 1899 II C 92/99.

Westf. Kr.-Ordn. v. 3. VII. 86 (G.-S. S. 217) §§ 14, 15, 35, 54.

Der — insoweit dem § 86 der Kr.-Ordn. v. 13. XII. 72 entsprechende — § 35 der Westf. Kr.-Ordn. macht das Wahlrecht der Bergwerksbesitzer im Wahlverbande der größeren Grundbesitzer von einer für Zwecke der Kreisbesteuerung durch den Kreisausschuß wirklich vorgenommenen Veranlagung abhängig.

Dies ergiebt sich aus folgenden Gründen:

1. Die Steuerpflicht der Bergwerksbesitzer ist durch die §§ 14 und 15 der Westf. Kr.-Ordn. geregelt. In den Absätzen 1 und 2 bestimmt der § 14, daß physische Personen (außer Gewerken), juristische Personen, Kommanditgesellschaften auf Aktien, Aktiengesellschaften und Berggewerkschaften, die im Kreise Bergbau betreiben, zu den Kreisabgaben beizutragen haben, die auf den Bergbau oder das aus ihm fließende Einkommen gelegt werden. Während aber hiernach die Steuerpflicht wegen des Einkommens für jeden Bergbaubetrieb ohne Rücksicht auf seinen Umfang besteht, wird sie hinsichtlich der bergbaulichen Gewerbesteuer durch Abs. 4 auf diejenigen Bergwerksbesitzer beschränkt, die in dem Umfange ihres Betriebes den in der Klasse A I (jetzt — vergl. § 80 des Gewerbesteuerges. v. 24. VI. 91 — den in den Klassen I und II) der Gewerbesteuer veranlagten Gewerbetreibenden gleichstehen. Der § 15 giebt dann die Verfahrensvorschrift, daß der nach der materiell rechtlichen Vorschrift des § 14 für den Kreiszuschlag maßgebende fingierte Steuersatz durch den Kreisausschuß ermittelt werden soll.

Der so durch den Kreisausschuß geschätzte Gewerbesteuersatz ist derjenige, den der das Wahlrecht der Bergwerksbesitzer ordnende § 35 Abs. 3 der Kreisordnung im Auge hat, indem er dem Wahlverbande der größeren Grundbesitzer diejenigen Bergwerksbesitzer zuweist, die wegen ihrer innerhalb des Kreises betriebenen gewerblichen Unternehmungen, unter Ausschluß der dem Wahlverbande der Städte angehörenden Gemeindebezirke, in der Klasse A I der Gewerbesteuer mit dem Mittelsatze (jetzt mit 300 Mk.) veranlagt sind. In dieser

Hinsicht ist jeder Zweifel schon dadurch ausgeschlossen, daß eine andere Veranlagung der Bergwerksbesitzer zu einer Gewerbesteuer bei Erlaß der Kr.-Ordn. überhaupt nicht stattfand, und daß der § 35 Abs. 3 auf den § 14 Abs. 4 ausdrücklich verweist. So liegt es denn auch auf der Hand, daß, wenn der Steuersatz des § 14 Abs. 4 noch heute durch den Kreisausschuß festgestellt wird, eben nur dieser Steuersatz — unter Berücksichtigung des Ausschlusses des städtischen Gewerbebetriebes — und nicht etwa ein von einer anderen Behörde für andere Zwecke ermittelter Steuersatz für das Wahlrecht der Bergwerksbesitzer maßgebend sein kann. Demnach fällt die Frage, ob das Wahlrecht von der staatlichen Veranlagung abhängt, zusammen mit der Frage, ob der Steuersatz des § 14 Abs. 4 für die Zwecke der Kreisbesteuerung nunmehr durch staatliche Veranlagung ermittelt werden muß, d. h. ob das den Kreisen im § 15 gegebene Veranlagungsrecht gegenüber den Bergwerksbesitzern beseitigt ist. Das Letztere ist nicht der Fall. (Folgt nähere Begründung.)

2. Keine Vorschrift der neueren Gesetze erklärt die staatlicherseits erfolgende Veranlagung auch in den Fällen für maßgebend, in denen bis dahin nach § 15 der Kr.-Ordn. den Kreisen das Recht zu selbständiger Einschätzung zustand. Der § 15 selbst aber giebt seinem Wortlaute nach den Kreisen jenes Recht überall da, wo nicht schon eine unmittelbare Heranziehung zu den Staatssteuern (jetzt nach § 3 des Ueberweisungsges. v. 14. VII. 93 eine Veranlagung an Stelle der Heranziehung) stattgefunden hat, und wenn man auch aus dem § 15 die Vorschrift ableiten müßte, daß eine zweite Ermittelung des Prinzipalsatzes der Staatssteuer überall da ausgeschlossen sein solle, wo eine solche Ermittelung durch die Staatssteuerbehörde schon stattgefunden hat, so könnte diese Vorschrift einer selbständigen Schätzung durch die Kreise doch nur dann im Wege stehen, wenn die Staatssteuerbehörde nach denselben Veranlagungsgrundsätzen zu verfahren hätte, die von den Kreisen zu beobachten wären, dergestalt, daß beide Veranlagungen, wenn richtig ausgeführt, einen und denselben Prinzipalsatz ergeben müßten. Träfe das nicht zu, hätten die beiden Behörden nach verschiedenen Grundsätzen zu veranlagen, so würde es sich nicht um die — nach dem Vorstehenden vielleicht bedenkliche — zweimalige Ermittelung desselben Prinzipalsatzes, sondern um Ermittelungen verschiedener Prinzipalsätze handeln. Nun kommen aber bei der Veranlagung derjenigen Bergwerksbesitzer und sonstigen Gewerbetreibenden, deren Unternehmungen sich über mehrere Kreise erstrecken und vielleicht nicht einheitlicher Natur sind, für die Kreise ganz andere Verhältnisse in Betracht, als bei der Veranlagung, die die Staatssteuerbehörde auf Grund des Ueberweisungsgesetzes vorzunehmen hat. Die Staatssteuerbehörde nämlich setzt zunächst einen einheitlichen Steuersatz fest unter Berücksichtigung aller einzelnen in einer Hand vereinigten Betriebe ohne Unterscheidung nach Art und Ort und nimmt erst danach eine Zerlegung des Satzes vor, so daß für die Höhe des den einzelnen Gemeinden (und eventuell Kreisen) zufallenden Teilbetrages auch die Verhältnisse auswärtiger Betriebe von Einfluß sind. Für den einzelnen Kreis dagegen kommen die Verhältnisse des in ihm sich vollziehenden Betriebes in Betracht (vergl. § 14 Abs. 1 und 2, sowie § 35 Abs. 3 der Kr.-Ordn). Demnach würde durch Anlehnung an die staatliche Veranlagung vielfach da, wo die gedachte Zerlegung stattzufinden hat, der objektive Inhalt des Kreissteuerrechtes berührt werden. Dazu käme, daß die Kreise, die doch nur die Bergwerksbesitzer der Klassen I und II mit der gewerblichen Abgabe belegen dürfen, in den Fällen, wo ihnen bei der Zerlegung Sätze zwischen 156 und 192 Mk. zugewiesen wären, gar nicht ersehen können, ob nur eine Einschätzung zur Klasse II oder zur Klasse III vorläge.

3. Deckt sich aber die jetzt von den Staatssteuerbehörden ausgeführte Veranlagung nicht mit derjenigen, die nach § 15 der Kr.-Ordn. der Staat auszuführen hat, so trifft auch heute noch die für die Einschätzung durch die Kreise im § 15 geforderte Voraussetzung zu, daß der Prinzipalsatz, der den Kreiszuschlägen zu Grunde gelegt werden muß, staatlicherseits noch nicht festgestellt worden ist. Von ähnlichen Gesichtspunkten aus ist in E.-O.-V. v. 23. II. 98 (Pr. V.-Bl. Bd. XIX S. 433/435) ausgesprochen, daß die staatliche Veranlagung der Gewerbesteuer, die nach den neuerdings für die Veranlagung zu Gemeindesteuerzwecken aufgestellten und nicht nach den für die Kreisbesteuerung maßgebenden Grundsätzen erfolge, für die Kreise nicht mehr bindend sei.

III.

Amtsverbände in den Provinzen Ost- und Westpreußen, Brandenburg, Pommern, Schlesien, Sachsen und Schleswig-Holstein.

C. Die Kosten der Amtsverwaltung.

Litteratur: v. Brauchitsch, Die neuen preußischen Verwaltungsgesetze, Erg. Bd. für die Prov. Westfalen, von Braunbehrens, 3. Aufl. Berlin 1899. — Kautz und Appelius, Preußisches Kommunalbeamtenrecht, Berlin 1900. — Jebens, Verwaltungsrechtliche Aufsätze im Anschlusse an die Rechtsprechung des preußischen Oberverwaltungsgerichtes, Berlin 1900. — v. Rönne-Zorn, Staatsrecht der preußischen Monarchie, 5. Aufl. Leipzig 1899.

Kommentare zum Ges., betr. die Anstellung und Versorgung der Kommunalbeamten v. 30. VII. 1899 von Freytag, Berlin 1900. — Kotze, Leipzig 1900. — Kremski, Leipzig 1900. — Ledermann, Berlin 1899. — Lorenz, Berlin 1900. — Löwenich, Hamm 1899.

Materialien: Ges. v. 30. VII. 99 (G.-S. S. 141) betr. die Anstellung und Versorgung der Kommunalbeamten. Abg.-Haus 1899 Drucks. Nr. 179. 212. 217. 219. Sten.-Ber. 2186—2194. 2406—2408. 2411. Herrenhaus 1899 Drucks. Nr. 27. 63. 68. 69. 71. 73. 76. 77. 99. 100. Sten.-Ber. S. 17. 47—50. 138—159. 243—244. 264.

Nr. 1. **Entsch.** v. 4. II. 98 Nr. I 230 (Pr.-V.-Bl. Bd. XX S. 28).

Kr.-Ordn. v. $\frac{13.\ XII.\ 72}{19.\ III.\ 81}$ (G.-S. 1881 S. 179) §§ 57 Abs. 5, 61, 69.

L.-V.-G. § 107.

1. Nach § 107 d. L.-V.-G. fallen die Kosten, die einer Behörde durch Vertretung ihrer amtlichen Handlungen im Verwaltungsstreitverfahren erwachsen, demjenigen zur Last, der nach gesetzlicher Bestimmung ihre Amtsunkosten zu tragen hat. Daraus folgt indes nicht, daß der Kostenfeststellungsbeschluß des zur Entscheidung im Streitverfahren berufenen Verwaltungsgerichtes einen vollstreckbaren Titel gegen denjenigen Verband schafft, der die Amtsunkosten der Behörde zu tragen hat. Das zur Einziehung der Kosten des Streitverfahrens zuständige Verwaltungsgericht kann vielmehr seine Anforderung nur an die zur Tragung der Kosten verpflichtete Partei, also an die Behörde richten. Wer für diese einzutreten hat, ist eine Frage, deren Entscheidung außerhalb des Rahmens des Verwaltungsstreitverfahrens, in dem die Kosten erwachsen sind, liegt und deshalb auch nicht von dem für dieses zuständigen Verwaltungsgerichte entschieden werden kann. Streitigkeiten zwischen der Behörde und dem zur Tragung ihrer Amtsunkosten verpflichteten Verbande über die Pflicht, die Kosten eines bestimmten Verwaltungsstreitverfahrens zu übernehmen, sind vielmehr im Aufsichtswege, also in erster Reihe im Zwangsetatisierungsverfahren, zu regeln.

2. Handelt es sich um einen dem Amtsvorsteher auf Grund der §§ 57 Abs. 5 oder 61 der Kr.-Ordn. erteilten Auftrag, so stellen die Streitkosten Amtsunkosten der beteiligten Amtsbezirke dar, die sie dem Amtsvorsteher zur Bezahlung der von ihm erforderten Kosten zur Verfügung zu stellen, oder falls er sie bereits berichtigt hat, zu erstatten haben. Der Fall einer Anwendung des § 61 a. a. O. ist aber in Vorflutsangelegenheiten nicht schon dann gegeben, wenn die Besitzer der einer Vorflut bedürftigen Grundstücke anderen Amtsbezirken angehören, wie die wegen der Räumung in Anspruch genommenen, sondern erst dann, wenn die Strecken, deren Räumung einheitlich geordnet werden soll, in verschiedenen Amtsbezirken liegen. Denn die einheitliche Ordnung der Räumung von Wasserläufen bleibt immer nur ein Teil der gemeinschaftlichen Verwaltung derjenigen Amtsbezirke, in denen die zu räumenden Strecken liegen, und geht diejenigen, denen oberhalb liegende, am geregelten Wasserlaufe interessierte Besitzer angehören, nichts an.

3. In dem Beschlusse eines Kreisausschusses, den Landrat um Vollziehung einer Zwangsvollstreckung gegen einen Amtsverband zu ersuchen (§ 55b der Kr.-Ordn.) ist keine Festsetzung der zu erzwingenden Leistung zu finden, auf Grund deren der Landrat die Zwangsetatisierung verfügen könnte.

Nr. 2. Bescheid v. 4. X. 98 Nr. I 1039 (Pr.-V.-Bl. Bd. XX S. 277).

Kr.-Ordn. v. $\frac{13.\ XII.\ 72}{19.\ III.\ 81}$ (G.-S. 1881 S. 179) §§ 69, 70.

Das Pauschquantum der Amtsvorsteher ist gemäß § 69 der Kr.-Ordn. von dem Kreisausschusse „nach Anhörung" der Beteiligten festzusetzen. Von einer Zustimmung der den Amtsbezirk bildenden Gemeinden ist die Festsetzung nicht abhängig. Findet der festgesetzte Betrag durch die zu den Kosten der Amtsverwaltung vom Staate überwiesenen Beträge keine Deckung, so ist er, mangels einer Vereinbarung unter jenen Gemeinden über den Maßstab der Aufbringung, unter sie gemäß § 70 a. a. O. nach dem im Kreise für die Kreisabgaben festgestellten Maßstabe zu verteilen. Eine Klage gegen die Verteilung kann nur darauf gestützt werden, daß diese selbst unrichtig ausgeführt oder daß ein Betrag zur Verteilung gelangt ist, der dieser gesetzlich nicht unterlag, dagegen nicht auf die Behauptung, daß eine zur Verteilung gelangte Ausgabe der Amtsverwaltung, obwohl ihr Betrag von der zuständigen Behörde, dem Kreisausschusse, festgesetzt worden ist, in dieser Höhe nicht erforderlich gewesen sei. Denn es findet gegen diese Festsetzung, entgegen den Bestimmungen des früheren Rechtes (§ 56 des Zust.-Ges. v. 26. VII. 76) eine Klage im Verwaltungsstreitverfahren nicht statt.

IV.

Städte.

Litteratur: v. Brauchitsch, Die neuen preußischen Verwaltungsgesetze, Erg. Bd. für die Prov. Westfalen, von Braunbehrens, 3. Aufl. Berlin 1899. — Kautz und Appelius, Preußisches Kommunalbeamtenrecht, Berlin 1900. — Jebens, Verwaltungsrechtliche Aufsätze im Anschlusse an die Rechtsprechung des preußischen Oberverwaltungsgerichtes, Berlin 1900. — v. Rönne-Zorn, Staatsrecht der preußischen Monarchie, 5. Aufl. Leipzig 1899. — Harnisch, Städteordnung für die Rheinprovinz, Düsseldorf 1899. — Kotze, desgl. Breslau 1900. — Derselbe, Revidirte Städteordnung für die Prov. Hannover, Breslau 1900. — Derselbe, Städteordnung für die Prov. Westfalen, Breslau 1900.

Kommentare zum Ges., betr. die Anstellung und Versorgung der Kommunalbeamten v. 30. VII. 1899 von Freytag, Berlin 1900. — Kotze, Leipzig 1900. — Kremski, Leipzig 1900. — Ledermann, Berlin 1899. — Lorenz, Berlin 1900. — Löwenich, Hamm 1899.

Materialien: Ges. v. 30. VII. 99 (G.-S. S. 141) betr. die Anstellung und Versorgung der Kommunalbeamten. Abg.-Haus 1899 Drucks. Nr. 179. 212. 217. 219. Sten.-Ber. 2186—2194. 2406—2408. 2411. Herrenhaus 1899 Drucks. Nr. 27. 63. 68. 69. 71. 73. 76. 77. 99. 100. Sten.-Ber. S. 17. 47—50. 138—159. 243—244. 264.

A. Grundlagen der städtischen Verfassung. Ortsrecht. Bürgerrecht. Bürgerrechtsgeld.

Nr. 1. Entsch. Bd. XXXIII S. 73 v. 23. II. 98 II B 1/98.

Ges. v. 25. V. 73 (G.-S. S. 222) betr. die Aufhebung der Mahl- und Schlachtsteuer; Ges. v. 25. V. 73 (G.-S. S. 213), betr. Aenderungen der Klassen- und Einkommensteuer pp., § 9.
St.-Ordn. v. 30. V. 53 (G.-S. S. 261) § 5[4]d.
Eink.-St.-Ges. v. 24. VI. 91 (G.-S. S. 175) § 85.

In den vormals mahl- und schlachtsteuerpflichtigen Städten der östlichen Provinzen haben Beschlüsse der städtischen Behörden, mittels deren unabhängig von dem Fortbestande der Mahl- und Schlachtsteuer die in § 5 Nr. 4 litt. d. der Ordn. v. 30. V. 53 bezeichneten Einkommensbeträge als Bedingung des Bürgerrechtes beibehalten werden, mit dem Inkrafttreten des Eink.-St.-Ges. von 1891 ihre Rechtswirksamkeit verloren. § 85 des Eink.-St.-Ges. hat nicht nur die auf die Einrichtung und Veranlagung der Klassen- und klassifizierten Einkommensteuer bezüglichen Vorschriften, sondern auch die dort bezeichneten Gesetze aufgehoben und unter ihnen namentlich auch das Ges. v. 25. V. 73 (G.-S. S. 213) mit dem IV. 92 außer Kraft gesetzt. Hierunter aber kann nur das vollständige Ges. einschließlich des gesammten § 9b verstanden werden, zumal auch dessen Abs. 1 und 2 durch den neuen § 77 des Eink.-St.-Ges. wiederhergestellt sind.

Mit dem Inkrafttreten des Eink.-St.-Ges. v. 24. VI. 91 ist also auch der Abs. 3 des § 9b in Fortfall gekommen und damit jede Ausnahme von dem § 5 Nr. 4d der St.-Ordn. und jeder Einkommens-Zensus überhaupt unmöglich geworden, so daß ein Statut, das ihn dennoch zur Anwendung bringen wollte, nunmehr als gesetzwidrig zu erachten wäre.

Nr. 2. Entsch. Bd. XXXIV S. 80 v. 4. I. 99 II C 68/98.

St.-Ordn. v. 30. V. 53 (G.-S. S. 261) § 5.
Ges. v. 14. V. 60 (G.-S. S. 237), betr. das städtische Einzugs-, Bürgerrechts- und Einkaufsgeld, § 2.

Wird ein Guts- oder sonstiger Kommunalbezirk mit einer Stadt durch Eingemeindung vereinigt, so erlangen zwar die Angehörigen des eingemeindeten Bezirkes ohne Weiteres das Bürgerrecht in der aufnehmenden Stadt, sofern sie bereits im Besitze der in § 5 der St.-Ordn. v. 30. V. 53 vorausgesetzten persönlichen Eigenschaften sind, dagegen können sie zur Zahlung des Bürgerrechtsgeldes nicht herangezogen werden.

Denn es ist gemäß § 2 des Ges. v. 14. V. 60 die Berechtigung zur Erhebung von Bürgerrechtsgeld den Stadtgemeinden nur verliehen gegenüber solchen Personen, die das Bürgerrecht erwerben. Unter dem Erwerbe aber kann, wie der Hinweis auf § 5 der St.-Ordn. lehrt, nur an die dort erwähnte Erwerbsart gedacht sein, d. h. an die Fälle, wo gewisse Angehörige der Gemeinde durch ein in ihrer Person liegendes Ereignis das Bürgerrecht unmittelbar erwerben, sofern sie nämlich den in § 5 a. a. O. gedachten Anforderungen genügen. Ein solcher Fall liegt hier nicht vor.

Vgl. dagegen Entsch. Bd. XXXIV S. 81 in der Anm. vom 7. I. 99 II C 188/98. Werden die Voraussetzungen des § 5 St.-Ordn. erst nach der Eingemeindung erfüllt, so fehlt es einer Weigerung, das Bürgerrechtsgeld zu zahlen, an dem erforderlichen Rechtsgrunde.

Nr. 3. Entsch. v. 7. I. 99 Nr. II 28 (Pr.-V.-Bl. Bd. XX S. 367).
St.-Ordn. v. 30. V. 53 (G.-S. S. 261) § 5.
R.-Gew.-Ordn. § 13.

Nach § 13 der R.-Gew.-Ordn. hat zwar die Ausübung eines Gewerbebetriebes den Erwerb des Bürgerrechtes nicht mehr zur gesetzlichen Folge. § 13 hindert aber nicht, daß ein Gewerbetreibender, bei dem die Voraussetzungen des § 5 Abs. 2 Ziffer 1—3 der Städteordnung zutreffen, dadurch, daß er in den Besitz eines Wohnhauses im Stadtbezirke gelangt, das Bürgerrecht und damit die Verpflichtung zur Zahlung des Bürgerrechtsgeldes erwirbt.

Nr. 4. Entsch. Bd. XXXIII S. 12 v. 20. X. 97 II C 32/97.
S. Erg. Bd. 1899 S. 9.

B. Stadtverordnetenversammlung.

Litteratur: Jebens, Die Stadtverordneten, Berlin 1899.

1. Wahlangelegenheiten.

Nr. 1. Entsch. Bd. XXXIV S. 13 v. 29. VI. 98 II B 15/98.
Westf. St.-Ordn. v. 19. III. 56 (G.-S. S. 237) § 23.

1. Aus der Thatsache allein, daß gewissen öffentlichen Blättern, wenn auch regelmäßig, anheimgegeben wird, die Bekanntmachung, betreffend die Wahltermine für die Stadtverordnetenwahlen, zu veröffentlichen, folgt nicht, daß diese zugleich die ortsübliche Bekanntmachung im Sinne der das Wahlverfahren regelnden Vorschriften sei. Vielmehr ist die Veröffentlichung der Bekanntmachung durch die Presse in solchen Fällen nur eine nützliche, aber keine notwendige Maßregel. Dagegen können Veröffentlichungen in Zeitungen, die weder auf Grund eines Beschlusses der städtischen Körperschaften, noch auf städtische Kosten erfolgen, als ortsübliche Bekanntmachungen der Wahl, wie sie von den Städteordnungen verlangt werden, nicht gelten.

Im vorliegenden Falle waren zwar alle Bekanntmachungen in Gemeindeangelegenheiten einschließlich der Wahlen regelmäßig durch eine bestimmte Zeitung erfolgt, jedoch lediglich in der Weise, daß der Magistrat ihr den kostenlosen Abdruck der Bekanntmachungen anheimstellte, ohne zu kontrolieren, ob dies wirklich geschah.

2. Die vierzehntägige Frist ist gewahrt, wenn die Bekanntmachung am vierzehnten Tage vor der Wahl erfolgt ist; daß vierzehn volle freie Tage dazwischen liegen, ist nicht nötig. Vergl. E.-O.-V., Bd. XXV., S. 114.

Nr. 2. Entsch. Bd. XXXIV S. 16 v. 2. XI. 98 II B 25/98.
Rh. St.-Ordn. v. 15. V. 56 (G.-S. S. 406) §§ 12, 13 Abs. 2.

Enthält eine Stadtgemeinde mehrere Ortschaften und ist sie mit Rücksicht hierauf in mehrere Wahlbezirke eingeteilt, so findet die Einteilung der stimmfähigen Bürger in die Wahlabteilungen und die Aufstellung der Wählerlisten gesondert für jeden der mehreren Wahlbezirke statt. Denn es treten hier im Gegensatze zu dem Falle des § 13 Abs. 1 der Rh. St. Ordn., der eine bereits erfolgte Einteilung aller Gemeindewähler nach Abteilungen voraussetzt, an Stelle des einen, die ganze Stadt umfassenden Wahlbezirkes mehrere kleinere Wahlbezirke, von denen jeder die gleichen Rechte hat wie der Gesammtwahlbezirk, soweit es sich dabei um die Grundsätze handelt, nach denen die Wählerliste aufzustellen ist, während je nach der Größe der Einzelwahlbezirke die Anzahl der von ihnen zu wählenden Abgeordneten verschieden sein kann.

Nr. 3. Entsch. Bd. XXXIV S. 21 v. 12. XI. 98 II B 34/98.

St.-Ordn. v. 30. V. 53 (G.-S. S. 261) §§ 23, 25.

1. Die Wähler der stimmenden Abteilung und, soweit der Raum ausreicht, auch die Wähler der anderen Abteilungen haben an sich Anspruch darauf, der Stimmabgabe beizuwohnen und das Wahlverfahren zu kontrolieren. Dieser Anspruch ist aber kein unbedingter, sondern muß zurücktreten, sobald durch seine unbeschränkte Geltendmachung die Ordnung leiden würde. Deshalb kann der Wahlvorstand, dem die Aufrechterhaltung der Ordnung obliegt, in diesem Interesse nach pflichtmäßigem Ermessen auch solche Maßregeln treffen, die jenen Anspruch verkürzen. Er wird daher auch, um einen übermäßigen Andrang vorzubeugen, äußerstenfalls die Zugangstüren zeitweise schließen lassen dürfen. Unbedingt unzulässig, weil mit dem Grundsatze der Oeffentlichkeit des Verfahrens unvereinbar, sind dagegen jedenfalls solche Maßnahmen, die eine Geheimhaltung der Stimmabgabe bezwecken oder sie im Ergebnis herbeiführen. Vgl. E.-O.-V. Bd. XXVI S. 117.

2. Die Teilnahme der neugewählten Stadtverordneten an dem Beschlusse über die Gültigkeit ihrer Wahlen macht diese nicht ungültig. Hierüber hat der Richter zu befinden, sobald die Sache auf Grund eines formellen Beschlusses der Stadtverordneten an ihn gelangt.

3. Wenn ein Verginspektor den vor der Wahl versammelten Bergleuten sagt: „Ihr müßt die wählen, die ich Euch angebe und von denen Ihr Verdienst habt," wenn sie zur Wahl geführt und einigen von ihnen, die anders stimmen, hinterher wirklich Nachteile in ihren Erwerbsverhältnissen zugefügt werden, so sind das unzulässige Wahlbeeinflussungen.

4. Ort und Zeit der Wahl sind von dem Magistrate zu bestimmen. Er hat dabei nach pflichtmäßigem Ermessen zu handeln und diesem Ermessen sind weite Grenzen gezogen. Immerhin bestehen gewisse Grenzen, und wenn sie dergestalt überschritten werden, daß dadurch eine Verkümmerung des Wahlrechtes herbeigeführt wird, so kann sich hieraus unter Umständen die Ungültigkeit der Wahl ergeben.Vergl. E.-O.-V. Bd. XXVI S. 123. Eine solche Ueberschreitung liegt z. B. vor, wenn eine 1638 Wähler umfassende Abteilung in einem Zimmer von 15 bis 18 qm Raum für die Wähler wählen und wenn dies in 6 Stunden geschehen soll, die außerdem noch durch eine Pause von 1—3Uhr unterbrochen wird.

5. Lediglich der von dem Wähler bei Abgabe seiner Stimme ausgesprochene Name ist entscheidend, jede Auslegung ist unzulässig.

Nr. 4. Entsch. Bd. XXXV S. 88 v. 27. VI. 1899 II B 11/99.

Hess.-Nass. St.-Ordn. v. 4. VIII. 97 (G.-S. S. 254) § 10.

1. Das durch § 10 Abs. 3 der St.-Ordn. für die Provinz Hessen-Nassau dem Staatsfiskus gewährte Recht, an den Wahlen zur Stadtverordnetenversammlung teilzunehmen, sofern er seit einem Jahre zu den direkten Gemeindesteuern mit einem höheren Betrage herangezogen wird, als einer der drei höchst besteuerten Gemeindeangehörigen an direkten Staats- und Gemeindesteuern entrichtet, erfordert in dem Falle, daß in der Gemeinde mehrere fiskalische Stationen vorhanden sind, nicht, daß schon bei einer Station die Voraussetzungen der Wahlberechtigung gegeben sind. Vielmehr ist diese für den Staatsfiskus in allen denjenigen Fällen anzuerkennen, wo eine Zusammenrechnung der auf die einzelnen Stationen entfallenden Beträge zu einer Steuersumme führt, die den Voraussetzungen in § 10 Abs. 3 a. a. O. entspricht.

2. Wäre die entgegengesetzte Ansicht richtig, so würde daraus folgen, daß beim Vorhandensein mehrerer fiskalischer Stationen, die dem Erfordernisse des § 10 Abs. 3 entsprächen, dem Staatsfiskus auch mehrere Stimmen zustehen müßten. Soweit aber der Wortlaut des § 10 in Betracht gezogen wird, bietet sich nur die Auslegung dar, daß der „Staatsfiskus" gleich anderen juristischen Personen — er möge für eine oder mehrere Unternehmungen zu Gemeindesteuern herangezogen werden — ein einziges Stimmrecht haben soll. Trifft also die Voraussetzung der erforderlichen Höhe der Steuerzahlung in einer Stadt sowohl bei dem Domänen-, als auch bei dem Forst- und Eisenbahnfiskus zu, so kann doch immer nur eine Stimme für den Fiskus bei den Stadtverordnetenwahlen geführt werden.

Amtsgeschäfte.

Nr. 1. Entsch. Bd. XXXV S. 83 v. 9. V. 1899 II B 8/99.

St.-Ordn. v. 30. V. 53 (G.-S. S. 261) § 48.
Ausf.-Anw. v. 20. VI. 53 (M.-Bl. S. 138) §§ 37—39.
Zust.-Ges. §§ 10, 27.

Im Geltungsbereiche der St.-Ordn. v. 30. V 53 schließt die Befugnis der Stadtverordnetenversammlung, eine Geschäftsordnung abzufassen und darin Zuwiderhandlungen der Mitglieder gegen die zur Aufrechthaltung der Ordnung gegebenen Vorschriften mit Strafen zu belegen, auch das Recht in sich, Strafen für den Fall eines nicht durch ausreichende Gründe entschuldigten Ausbleibens anzudrohen und erforderlichen Falles festzusetzen. An diesem, unmittelbar auf der St.-Ordn. beruhenden Rechtszustande hat das Zust.-Ges. nichts geändert.

Nr. 2. Entsch. Bd. XXXV S. 92 v. 27. VI. 1899 II B 15/99.

Hess.-Nass. St.-Ordn. v. 4. VIII. 97 (G.-S. S. 254) §§ 40, 61, 88.

1. Die Aufbewahrung der städtischen Urkunden und Akten ist keine Angelegenheit der Gemeindeverwaltung, sondern liegt dem Magistrate als Ortsobrigkeit ob.

Vorbehaltlich des Rechtes der Aufsichtsbehörde zum Einschreiten ist der Magistrat allein berechtigt, für die Aufbewahrung der Akten Sorge zu tragen. Er ist auch berechtigt, über die Art der Aufbewahrung nach pflichtmäßigem Ermessen zu befinden und nicht behindert, die Aufbewahrung vertragsmäßig einem Anderen zu übertragen, wenn die jederzeitige Benutzung der Akten, Urkunden u. s. w. gesichert ist.

2. Wenn daher eine Stadtverordnetenversammlung zu einem in dieser Angelegenheit gefaßten und ausgeführten Beschlusse (hier Vertrag mit der Kgl. Archivverwaltung) ihr Mißfallen ausspricht, seine Rückgängigmachung verlangt und eine Kommission ernennt, die unter Zuziehung bestimmter städtischer Beamter — welches letztere überdies ohnehin ihre Zuständigkeit überschreiten würde — das Weitere veranlassen soll, so ist ein solcher Beschluß mit Recht gemäß § 88 der St.-Ordn. zu beanstanden.

3. Die Beanstandung eines Gemeindebeschlusses setzt voraus, daß dieser rechtliche Wirkungen äußert.

C. Magistrat. Gemeindebeamte. Städtische Deputationen.

Nr. 1. Entsch. Bd. XXXV S. 113 v. 14. III. 1899 I A 10/98.[1])

Den Stadtgemeinden liegt eine gesetzliche Pflicht, gemeinsam mit Landgemeinden (Landbürgermeistereien) Beamte anzustellen, nicht

[1]) Siehe auch die vorstehende Entsch. v. 27. VI. 1899.

ob und es kann daher auch die Aufbringung der Besoldung solcher Beamten nicht als eine einer Stadt und einer Landbürgermeisterei gesetzlich obliegende gemeinsame Leistung angesehen werden.

Mag eine Anstellung gemeinsamer Beamten auch zweckmäßig und im Interesse der Stadt selbst geboten sein, so darf sie doch bei dem Mangel einer gesetzlichen Pflicht dazu der Stadtgemeinde nicht wider ihren Willen aufgezwungen werden, ganz abgesehen davon, daß es bedenklich ist, ein Verhältnis, das rechtlich jederzeit gelöst werden kann und unter Umständen gelöst werden muß, zur Grundlage dauernder gemeinsamer Einrichtungen zu machen.

2. Die Entsch. enthielt noch den Rechtsgrundsatz, daß im Geltungsbereiche der St.-Ordn. für die östlichen Provinzen, die Provinz Westfalen und die Rheinprovinz die Kommunalaufsichtsbehörde nur auf Grund besonderer gesetzlicher Bestimmungen befugt sei, Gehälter für neu anzustellende städtische Gemeindebeamte einseitig festzusetzen, und daß solche Bestimmungen, außer für Bürgermeister und besoldete Magistratsmitglieder (§ 64, Abs. 3 Ö. und Westf. St.-Ordn., § 58 Abs. 3 Rh. St.-Ordn.), für Polizeibeamte (§ 4 des Pol.-Verw.-Ges. v. 11. III. 50, G.-S. S. 265) und für Gemeindeforstbeamte (§ 6 der Vd. v. 24. XII. 16, G.-S. 1817, S. 57, betr. die Verwaltung der den Gemeinden pp. gehörigen Forsten) nicht beständen.

Nachdem dieser Rechtszustand durch § 11 des Komm.-Beamtenges. v. 30. VII. 99 (G.-S. S. 141) abgeändert worden ist, erübrigt sich ein weiteres Eingehen auf die Entscheidung.

E. Gemeindehaushalt. Zwangsetatisierung.

Nr. 1. Entsch. v. 8. III. 98 Nr. I 448.

Polizeikostenges. v. 20. IV. 92 (G.-S. S. 87) §§ 1, 2, 8.
Reichsges. v. $\frac{\text{23. VI. 80}}{\text{1. V. 94}}$ (R.-G.-Bl. S. 153 bezw. 405, 409 ff.) über Abwehr und Unterdrückung der Viehseuchen,
§ 17 Pr.-Ausf.-Ges. dazu v. $\frac{\text{12. V. 81}}{\text{18. VI. 94}}$ (G.-S. S. 128 bezw. 115) § 7.
Ges. v. 18. III. 68 (G.-S. S. 277) betr. die Errichtung von Schlachthäusern, §§ 5, 12.
Komm.-Abg.-Ges. v. 14. VII. 93 (G.-S. S. 152) § 11.

1. Die Kosten, die aus der durch beamtete Tierärzte zu führenden Aufsicht eines Vieh- und Schlachthofes entstehen, fallen nach § 17 des Reichsviehseuchenges. v. 23. VI. 80 1. V. 94 und insbesondere § 24 des Ausf.-Ges. v. 12. III. 81 und § 7 des Erg.-Ges. v. 18. VI. 94 „dem Unternehmer" zur Last. Wegen der Höhe der Kosten verweist das Gesetz zunächst auf „gütliche Einigung" (zwischen dem Beamten und dem Unternehmer), in deren Ermangelung auf Festsetzung durch den Regierungspräsidenten. Demgemäß findet hier die allgemeine Regel statt, wonach die, nur subsidiäre, Verpflichtung der Gemeinden zur Tragung der Polizeikosten dann nicht eintritt, wenn die Kostenleistung einem Dritten obliegt. Die Anwendung des Ges., betr. die Kosten der Königlichen Polizeiverwaltungen in Stadtgemeinden v. 20. IV. 92 ist durch jene positiven Bestimmungen ausgeschlossen und zwar auch dann, wenn Unternehmer des Viehhofes bezw. des Schlachthofes die Gemeinde selbst ist (vergl. § 12 des Ges. betreffend die Errichtung von Schlachthäusern, v. 18. III. 68; dies um so mehr, als die Letztere in der Lage ist, in den von ihr zu erhebenden Schlachthausgebühren mindestens teilweisen Ersatz für die ihr entstehenden Kosten zu erhalten (§ 5 des eben erwähnten Ges.; § 11 des Komm.-Abg.-Ges. vom 14. VII. 93).

2. Was die Höhe dieser Kosten anlangt, so hat der zur Entscheidung über die Zwangsetatisierung berufene Verwaltungsrichter, dem die Prüfung

der Notwendigkeit und Angemessenheit der von der Maßregel betroffenen Leistung nicht zusteht, darüber nicht zu entscheiden, wenn der zuständige Regierungspräsident die Liquidationen der Beamten festgestellt hat. Vgl. E.-O.-V. Bd. XIII. S. 68, Bd. XIV. S. 107, Bd. XXIX. S. 108.

Nr. 2. Entsch. Bd. XXXIV S. 232 v. 5. IV. 98 I A 115/97.

Polizeikostengeſ. v. 20. IV. 92 (G.-S. S. 87) §§ 1, 6.
A.-L.-R. II 12 § 48; Kab.-Ord. v. 14. V. 25 (G.-S. S. 149), betr. Schulpflicht und Schulzucht.

Die Stadtgemeinde Berlin beanspruchte eine Ermäßigung des auf Grund des § 6 des Polizeikostenges. v. 20. IV. 92 festgesetzten Beitrages zu den Kosten der Kgl. Polizeiverwaltung, weil der städtischen Schuldeputation Maßnahmen zur Durchführung des Schulmangels, also ein Teil der Schulpolizei, übertragen seien. Das O.-V.-G. wies diesen Anspruch unter Verneinung der Frage, ob der Stadtgemeinde Berlin ein Teil der Schulpolizei überwiesen sei, aus folgenden Gründen zurück.

1. Die Verwaltung des Unterrichtswesens, einer öffentlichen Wohlfahrtseinrichtung des Staates, ist nicht den Polizeibehörden, sondern besonderen Behörden, den Provinzialschulkollegien und der Abteilung der Regierungen für Kirchen- und Schulwesen, in höchster Instanz dem Unterrichtsministerium übertragen. Diesen Behörden liegt als ein Teil der Unterrichtsverwaltung auch die Wahrung der öffentlichen Ordnung auf dem Unterrichtsgebiete ob. Dabei selbstthätig mitzuwirken, sind die Polizeibehörden nur zuständig, soweit eine solche Mitwirkung ihnen entweder durch das Gesetz ausdrücklich zugewiesen ist oder soweit sie sich nicht bloß aus dem Gesichtspunkte der Ordnung des Schulwesens, sondern aus einem allgemeinen polizeilichen Interesse ergiebt.

2. Die Mittel zur Durchführung des allgemeinen Schulzwanges (zwangsweise Hinführung der Kinder zur Schule, Bestrafung der Eltern) beruhen nun unzweifelhaft auf polizeigesetzlichen Vorschriften. Die Schulversäumnisstrafen gegen die Eltern sind aber keine polizeilichen Zwangsmittel, sondern Strafen wegen Uebertretungen einer Polizeivorschrift, die in dem durch Ges. v. 23. IV. 83 (G.-S. S. 65) geregelten Verfahren wegen Uebertretung bezüglicher Verordnungen von den Polizeibehörden zu verhängen sind. Zum Erlasse solcher Verordnungen sind nicht die Polizeibehörden, sondern die Schulaufsichtsbehörden zuständig. Das Provinzialschulkollegium der Provinz Brandenburg hat deshalb als Schulaufsichtsbehörde für die Elementarschulen Berlins eine entspr. Bd. v. 6. IV. 97 erlassen. Gleichzeitig ist auf Anordnung des Unterrichtsministers durch Oberpräs. Erl. v. 6. VII. 97 ein bis dahin in Geltung gewesenes Regulativ „zur Konstatierung des Schulbesuches" u. s. w. v. 6. IV. 75, soweit es die Schuldeputation zur Festsetzung von Schulversäumnisstrafen ermächtigt hatte, aufgehoben und von dem Provinzialschulkollegium durch Verfügung von demselben Tage die städtische Schuldeputation angewiesen, die Schulversäumnisse zunächst wie bisher im Sinne der §§. 5 bis 7 des Regulatives zu behandeln, nämlich mit Ermahnung und Verwarnung dagegen einzuschreiten, alsdann aber, wenn trotz Anwendung dieser Mittel wiederum eine unentschuldigte Schulversäumnis eintrete, dem Polizeipräsidium behufs Strafverfolgung nach Maßgabe des Ges. v. 23. IV. 83 Anzeige zu erstatten.

Der Stadtgemeinde Berlin ist mithin die in der Ausübung unmittelbaren Zwanges gegen die Schulkinder bestehende polizeiliche Thätigkeit nicht übertragen und die Festsetzung von Schulversäumnisstrafen im Verwaltungswege, die einer städtischen Behörde, der Schuldeputation, bis zum April 97 übertragen war, wiederum entzogen worden.

3. Ebenso unbegründet ist die Annahme der Stadtgemeinde Berlin, daß ihr, auch nachdem die Behandlung der Schulversäumnisstrafen nicht mehr als Exekutiv-, sondern als Kriminalstrafen angeordnet worden, eine Mitwirkung und daher eine Teilnahme an den dahin gehörigen polizeilichen Geschäften deshalb verblieben sei, weil städtische Organe der Schulverwaltung nach den §§ 5 bis 7 des Regulatives v. 6. IV. 75 die Schulversäumnisse festzustellen und zu ermitteln haben, ob ihnen Entschuldigungsgründe zur Seite stehen oder nicht. In dieser Tätigkeit kann jedoch eine Mitwirkung bei Geschäften der Polizeiverwaltung nicht gefunden werden. Die Stellung eines Strafantrages bei einer Polizeibehörde, mag er von einer Verwaltungsbehörde oder einer Privatperson ausgehen, und die Ermittelung der zur Begründung des Antrages dienenden Thatsachen ist noch keine polizeiliche Thätigkeit, sondern geht dieser voraus und ist dazu bestimmt, sie herbeizuführen. Erst diejenigen Ermittelungen, die die Polizeibehörde nach Stellung des Strafantrages ihrerseits anordnet oder vornimmt, um ausreichenden Anhalt für ihre Entschließung über den Erlaß einer polizeilichen Strafverfügung oder die Abstandnahme von einer solchen zu gewinnen, sind polizeilicher Natur.

Nr. 3. Entsch. Bd. XXXV S. 98 v. 3. I 1899 I A 42/98.

Polizeikostengef. v. 20. IV. 1892 (G.-S. S. 87) §§ 1, 2.

1. Unter „unmittelbaren Kosten der Polizeiverwaltung" sind nach E.-O.-V. Bd. XXVII S. 62 diejenigen Ausgaben zu verstehen, die durch Einsetzung und Unterhaltung des verwaltenden Personales und durch dessen Ausrüstung mit allem zum Dienstbetriebe Erforderlichen an Grundstücken, Materialien, Geräten, Hülfsleistungen Dritter u. s. w. erwachsen, während als mittelbare diejenigen anzusehen sind, die erst durch die Ausführung der im Wege der Polizeiverwaltung gegen Dritte getroffenen Anordnungen, durch die Herstellung polizeimäßiger Zustände in der Außenwelt entstehen. Da zur Herstellung dieser Zustände in erster Linie Privatpersonen und Korporationen mit Rücksicht auf ihr Eigentum oder ihr Verhalten verpflichtet sind, so werden die hierfür aufzuwendenden Kosten erst dadurch mittelbare Polizeikosten, daß die Polizeibehörde ihre Anordnung an Stelle des Verpflichteten im Wege des Zwanges selbst ausführt und wegen Leistungsunfähigkeit des Verpflichteten die aufgewendeten Kosten nicht erstattet erhält. Dem steht nach E.-O.-V. Bd. XXVIII S. 91 der Fall rechtlich gleich, daß die Herstellung des polizeimäßigen Zustandes einem Drittverpflichteten durch Verfügung nicht auferlegt werden kann, weil eine verpflichtete Person nicht auffindbar oder rechtlich gar nicht vorhanden ist.

2. Zu solchen mittelbaren Kosten der Polizeiverwaltung, die nicht durch die verwaltende Tätigkeit der Polizei verursacht werden, können diejenigen Aufwendungen nicht gerechnet werden, die dadurch entstehen, daß die Polizei zum Zwecke ihrer Information über weiter zu ergreifende Maßnahmen die Ueberführung auf den Straßen hülflos aufgefundener Personen in ein Krankenhaus und deren vorläufige Unterbringung daselbst anordnet. Die daraus erwachsende Transport- und Verpflegungskosten fallen vielmehr als unmittelbare Kosten der Polizeiverwaltung dem Staate zur Last.

Die Fortschaffung hülfloser Personen von der öffentlichen Straße geschieht nicht zu dem Zwecke, die Straße in einen polizeimäßigen Zustand zu versetzen. Sie dient vielmehr, ebenso wie die weitere Maßregel des Transportes nach einer

Beobachtungsstation und die dortige Unterbringung und Verpflegung, in der Hauptsache der Fürsorge für die hülflos aufgefundenen Personen selbst und berührt die Interessen der öffentlichen Ordnung und Sicherheit und des Verkehres auf den Straßen nur dadurch, daß sie das Mittel zur Entfernung des störenden Körpers von der Straße ist. Das trifft auch zu, wenn der Transport und die Unterbringung des Hülflosen auf Grund der durch § 6 des Ges. zum Schutze der persönlichen Freiheit v. 12. II 50 (G.-S. S. 45) den Polizeibehörden zugewiesenen Befugnis, Personen in polizeiliche Verwahrung zu nehmen, bewirkt ist. Auch dann liegt eine unmittelbare Tätigkeit der Polizeibeamten zur Erfüllung ihnen obliegender Pflichten vor. In dieser Hinsicht steht die erwähnte präventive Maßregel der Polizei auf einer Linie mit der zu Repressivzwecken vorgenommenen Festnahme eine Person, die einer strafbaren Handlung verdächtig ist. Erfordert die Information der Polizei über die hülflos aufgefundene Person und die Ursachen ihrer Hülflosigkeit so lange Zeit, daß ihre Unterbringung in fremdes Obdach und ihre Verpflegung notwendig wird, so werden die hierdurch entstehenden Kosten nicht minder unmittelbar durch die dienstlichen Handlungen der Polizeibeamten verursacht, als die Haftkosten für Personen, die aus anderen Gründen, insbesondere wegen des Verdachtes strafbarer Handlungen, von der Polizei vorläufig festgenommen werden. Vgl. E.-O.-V. Bd. XXVII S. 62.

Nr. 4. Entsch. Bd. XXXV S. 103 v. 24. I. 1899 I A 132/97.

A.-L.-R. II 14 §§ 78, 79; Zust.-Ges. § 160; L.-V.-G. § 7.
Ges. v. 18. VI. 40 (G.-S. S. 140) über die Verjährung öffentlicher Abgaben, §§ 1—3, 13.
Ges. v. 31. III. 38 (G.-S. S. 249) über Einführung kürzerer Verjährungsfristen, §§ 2^{8}, 3.

1. Die Feststellung der Pflicht zur Zahlung öffentlicher Abgaben, insbesondere auch von Verwaltungsgebühren, steht der Behörde zu, die mit ihrer Veranlagung oder mit ihrer Berechnung und Erhebung beauftragt ist.

Erfordert daher ein die Baupolizei in einer Stadtgemeinde verwaltender Staatsbeamter von dieser Baupolizeigebühren für den Staat auf Grund des Königlichen Erlasses v. 30. XII 1895 und einer dazu ergangenen ministeriellen Ausführungsverordnung, in der die Berechnung und Erhebung derartiger Gebühren ihm übertragen ist, so kennzeichnet sich die Anforderung als Feststellung der Leistung durch die zuständige Behörde. Es kann daher die Leistung, ohne daß es einer erneuten Feststellung durch die Kommunalaufsichtsbehörde bedarf, im Wege der Zwangsetatisierung durchgesetzt werden, wenn die städtischen Behörden sich ausdrücklich weigern, die festgestellte Leistung auf den Stadthaushalt zu übernehmen oder sie außerordentlich aus städtischen Mitteln zu decken.

2. Die Frage, ob diese Feststellung den Verwaltungsrichter bindet, läßt sich aus A.-L.-R. II. 14, §§ 78, 79 nicht bejahen. Diese Vorschriften bestimmen nur über die Voraussetzungen, unter denen der Civilprozeß über die Verbindlichkeit zur Entrichtung allgemeiner Anlagen stattfindet, sind aber für die Zulässigkeit des Verwaltungsstreitverfahrens nur insoweit von Bedeutung, als § 160 Zust.-Ges. auf § 79 verweist. Dagegen erfolgt aus § 7 L.-V.-G. ohne Weiteres, daß die Heranziehung zu Gebühren, die für den Staat erhoben werden, nicht im Verwaltungsstreitverfahren angefochten werden kann.

Daraus ist aber nicht zu schließen, daß die Rechtsmäßigkeit einer Feststellung, die die Verpflichtung zur Zahlung derartiger Gebühren betrifft, im Streitverfahren gegen eine Zwangsetatisierung nicht nachzuprüfen ist, wenn gegen die Feststellungsverfügungen ein Verwaltungsstreitverfahren nicht stattfindet. Weder in der Rechtsprechung noch bei den zur Zwangsetatisierung befugten Verwaltungsbehörden hat jemals ein Zweifel darüber bestanden, daß die Rechtsmäßigkeit solcher Verfügungen der Kommunal- und Polizeiaufsichtsbehörden, gegen die der bürgerliche Prozeß oder das Verwaltungsstreitverfahren nicht zugelassen ist, der Nachprüfung durch den Verwaltungsrichter unterliegt.

3. Aus einem anderen Grunde wird indes die Frage, ob die Pflicht zur Entrichtung öffentlicher Abgaben, die den Gegenstand einer Zwangsetatisierung bilden, dem in Anspruch genommenen Kommunalverbande gesetzlich obliegt, der Regel nach der Prüfung durch den Verwaltungsrichter entzogen sein. Denn fast bei allen öffentlichen Abgaben erfolgt die Feststellung der Verpflichtung zu ihrer Entrichtung in einem geregelten Verfahren, das sich entweder nach besonderen, bei Einführung der betreffenden Abgabe erlassenen Vorschriften oder nach allgemeinen gesetzlichen Bestimmungen richtet. Vgl. E.-O.-V. Bd. VII S. 212/213, Bd. XIII S. 61.

Es kann dahingestellt bleiben und ist nicht unzweifelhaft, ob solche allgemeinen gesetzlichen Bestimmungen in den §§ 1—3 des Ges. v. 18. VI 40 zu finden sind. Ueberwiegende Gründe scheinen allerdings für die Auffassung zu sprechen, daß die Bestimmungen der §§ 1 und 2 des Ges. v. 18. VI 40 auf alle nicht unter § 13 dieses Ges. oder § 2 Nr. 8 des Ges. v. 31. III 38 fallenden Abgaben an den Staat anzuwenden sind, sofern nicht bei ihrer späteren Einführung besondere Bestimmungen über Reklamationen, Nachforderungen und Verjährungsfristen getroffen sind.

4. Verneint man aber die Anwendbarkeit des Ges. v. 18. VI. 40, so wird man in eine Prüfung, ob die Zahlung der Baupolizeigebühren als eine der Stadtgemeinde gesetzlich obliegende Leistung anzusehen ist, eintreten und dabei von folgenden Gesichtspunkten ausgehen müssen:

a) Der Allerhöchste, in der Gesetzsammlung abgedruckte, also gehörig verkündete Erlaß v. 30. XII. 95 bestimmt, daß in denjenigen Gemeinden und Landesteilen, in denen die Baupolizei durch Staatsbeamte verwaltet wird, für die Genehmigung und Beaufsichtigung von Neubauten, Umbauten und anderen baulichen Herstellungen allgemein Gebühren nach den in den §§ 6 und 7 des Komm.-Abg.-Ges. v. 14. VII. 93 ausgesprochenen Grundsätzen erhoben werden dürfen, und ermächtigt die Minister des Innern und der öffentlichen Arbeiten sowie den Finanzminister zur Feststellung der Gebührentarife. Die Baupolizeigebührenordnung für einen Stadtkreis ist eine solche Ausführungs-Verordnung.

b) Zu gehörig verkündeten Königlichen Verordnungen erlassene ministerielle Ausführungsverordnungen unterliegen der richterlichen Prüfung auf ihre Rechtsgültigkeit. Die Prüfung hat sich jedoch darauf, ob sie der zu Grunde liegenden Königlichen Verordnung entsprechen, zu beschränken und darf nicht auf die Frage ausgedehnt werden, ob diese selbst mit der Verfassung und den Gesetzen im Einklange steht.

c) Die Gebührenordnung verstößt auch nicht gegen das Polizeikostenges. v. 20. IV. 92. Denn der Allerhöchste Erlaß genehmigt, daß in denjenigen Gemeinden und Landesteilen, in denen die Baupolizei durch Staatsbeamte verwaltet wird, allgemein Gebühren erhoben werden, und weist mit dem Ausdruck „Gemeinden" auf die Städte mit Königlicher Polizeiverwaltung hin, mit dem Ausdruck „Landesteile" auf die Provinzen Hannover und Posen, in denen die

Verwaltung der ländlichen Ortspolizei den Landräten beziehungsweise Distriktskommissarien zusteht.

Ingleichen wird für Stadtgemeinden mit Königlicher, auch die Baupolizei umfassender Polizeiverwaltung durch ihre gesetzliche Pflicht, zu den Kosten der örtlichen Polizeiverwaltung einen sich nach der Kopfzahl der Zivilbevölkerung bestimmenden Beitrag zu zahlen, nicht das Vorrecht auf Freiheit von Baupolizeigebühren begründet. Denn die Festsetzung des Beitrages bezieht sich nur auf die Höhe derjenigen Summe, die die Stadt kraft ihrer öffentlich-rechtlichen Verpflichtung, zu den Kosten der örtlichen Polizeiverwaltung beizutragen, zu entrichten hat, und schließt die Erhebung einer Gebühr für besondere Inanspruchnahme der polizeilichen Thätigkeit, die jeder, auch der zur Tragung von Polizeikosten überhaupt nicht Verpflichtete zu entrichten hat, auch der Stadt gegenüber nicht aus.

d) In formeller Beziehung ist schließlich noch zu bemerken, daß eine Gebührenordnung als solche keine Polizeiverordnung ist und daher den für diese maßgebenden formellen Vorschriften nicht unterliegt. Die Verkündung einer ministeriellen, auf örtliche Geltung beschränkten, Gebührenordnung im Amtsblatte ist ausreichend.

V.

Landgemeinden und Gutsbezirke.

Litteratur: v. Brauchitsch, Die neuen preußischen Verwaltungsgesetze, Erg. Bd. für die Prov. Westfalen, von Braunbehrens, 3. Aufl. Berlin 1899. — Kautz und Appelius, Preußisches Kommunalbeamtenrecht, Berlin 1900. — Jebens, Verwaltungsrechtliche Aufsätze im Anschlusse an die Rechtsprechung des preußischen Oberverwaltungsgerichtes, Berlin 1900. — v. Rönne-Zorn, Staatsrecht der preußischen Monarchie, 5. Aufl. Leipzig 1899. — v. Wickede, Verwaltung der Landgemeinden in der Provinz Hessen-Nassau, Wiesbaden 1889.

Kommentare zum Ges., betr. die Anstellung und Versorgung der Kommunalbeamten v. 30. VII. 1899 von Freytag, Berlin 1900. — Kotze, Leipzig 1900. — Kremski, Leipzig 1900. — Ledermann, Berlin 1899. — Lorenz, Berlin 1900. — Löwenich, Hamm 1899.

Materialien: Ges. v. 30. VII. 99 (G.-S. S. 141) betr. die Anstellung nnd Versorgung der Kommunalbeamten. Abg.-Haus 1899 Drucks. Nr. 179. 212. 217. 219. Sten.-Ber. 2186—2194. 2406—2408. 2411. Herrenhaus 1899 Drucks. Nr. 27. 63. 68. 69. 71. 73. 76. 77. 99. 100. Sten.-Ber. S. 17. 47—50. 138—159. 243—244. 264.

A. Rechtliche Stellung der Landgemeinden und Gutsbezirke. Kommunale Eigenschaft. Aenderung der Bezirksgrenzen. Auseinandersetzungen.

Nr. 1. Entsch. Bd. XXXIII S. 146 v. 8. X. 97 I C 13/97.

Land-Gem.-Ordn. v. 3. VII. 91 (G.-S. S. 233) § 4.

Beschlüsse der Kreisausschüsse (Bezirksausschüsse) über die bestehenden Grenzen der Gemeinde- und Gutsbezirke (der Stadtbezirke) sowie über die Eigenschaft einer Ortschaft als Landgemeinde oder eines Gutes als selbständigen Gutsbezirkes äußern rechtliche Wirkung nur für die Zukunft, interimistisch bis zur rechtskräftigen Entscheidung im Verwaltungsstreitverfahren; rückwirkende Kraft für die Vergangenheit wohnt ihnen nicht bei.

Sie stehen daher für die Zeit vor ihrem Erlasse einer abweichenden richterlichen Inzidentfeststellung kommunaler Zustände oder Eigenschaften nicht entgegen und schließen die auf einer solchen Feststellung beruhende Zu- oder Aberkennung von Ansprüchen nicht aus, — jedoch mit der Maßgabe, daß dadurch nicht Ansprüchen auf der Grundlage derjenigen kommunalen Verhältnisse präjudiziert werden darf, die demnächst grundsätzlich und endgültig zur verwaltungsgerichtlichen Feststellung gelangen.

Nr. 2. Entsch. v. 19. IV. 98 Nr. I 727 (Pr.-V.-Bl. Bd. XX S. 91).

Zust.-Ges. § 26.
Land-Gem.-Ordn. v. 3. VII. 91 (G.-S. S. 233) § 4.

1. Wenn § 26 des Zust.-Ges. bezw. § 4 der Land-Gem.-Ordn. vom 3. VII. 91 bestimmt, daß Streitigkeiten über die bestehenden Grenzen der Gemeinden und Gutsbezirke der Entscheidung des Kreisausschusses unterliegen, so ist hiermit keineswegs angeordnet, daß die thatsächlich bestehenden Grenzen solange für alle öffentlich-rechtlichen Beziehungen der Gemeinden und Gutsbezirke maßgebend sein sollen, bis in einem zum Zwecke der Grenzfeststellung besonders eingeleiteten Verfahren ihre Unrichtigkeit dargethan sei. Eine Streitigkeit über die bestehenden Grenzen liegt vielmehr stets dann vor, wenn ein Streit darüber entstanden ist, welcher Grenzzug der rechtmäßige ist. Ebensowenig ist eine Anordnung in jenen Gesetzesvorschriften enthalten, wonach Streitfragen dieser Art in keinem anderen, als in dem durch § 26 des Zust.-Ges. bezw. § 4 der Land-Gem.-Ordn. geregelten Verfahren entschieden werden dürfen. Es sind vielmehr Inzidententscheidungen über die kommunale Zugehörigkeit eines Grundstückes auch in anderen Streitsachen, wie z. B. Kommunalabgaben-, Stimmrechtssachen u. s. w., durchaus möglich und zulässig. Hätte der Gesetzgeber alle Entscheidungen, die von einer Vorentscheidung über streitige Gemeindegrenzen sachlich abhängig sind, untersagen wollen, solange nicht diese Vorentscheidung in einem besonderen Verfahren ergangen ist, so würde er dies jedenfalls ausdrücklich bestimmt haben. Hieran ändert auch der Umstand nichts, daß durch § 26, bezw. § 4 cit. eine vorläufige Beschlußfassung über jene Grenzstreitigkeiten zugelassen worden ist.

2. Wenn aber eine Entscheidung über die streitigen Grenzen im Beschluß- oder Streitverfahren auf Grund jener Gesetzesvorschriften einmal ergangen ist, so ist diese für das gesammte Gebiet des öffentlichen Rechtes maßgebend, so daß später eine abweichende Feststellung in einem anderen Streitverfahren, das die Verpflichtung zu einzelnen Leistungen betrifft, nicht getroffen werden kann, solange jener Beschluß nicht in einem besonderen, unter Beteiligung eines Vertreters des öffentlichen Interesses stattgefundenen Streitverfahren über die Bezirksgrenzen aufgehoben worden ist. Vgl. E.-O.-V. Bd. XX S. 169, Bd. XXII S. 85.

Nr. 3. Entsch. v. 7. II. 99 Nr. I 295 (Pr.-V.-Bl. Bd. XX S. 332).

Land-Gem.-Ordn. v. 3. VII. 91 (G.-S. S. 233) §§ 2, 4.

1. Die einmal vorgenommene Eingemeindung einer Ortschaft ꝛc. ist von dem Verwaltungsrichter einer weiteren Prüfung, als der: ob sie von einer an sich zuständigen Behörde vorgenommen worden, nicht zu unterziehen, vielmehr als organisatorischer Akt nach den Grundsätzen, die in E.-O.-V. Bd. XXII S. 84 ff. dargelegt sind, als zu Recht bestehend anzuerkennen.

2. Eine „provisorische Vereinigung" von (kommunalfreien) Grundstücken mit einer bestehenden Gemeinde (Gutsbezirk) kennt das Gesetz nicht. Sie ist weder im § 4 Abs. 2 der Land-Gem.-Ordn. — der nur deklaratorische, nicht konstitutive Akte bezüglich der Regelung der kommunalen Verhältnisse zuläßt — noch im § 2 Nr. 1 a. a. O. vorgesehen. Einem solchen Akte ist daher jede

Rechtswirkung abzusprechen. Ueber ihn kann auch hinweggegangen werden, wenn gemäß § 4 Abs. 1 a. a. O. Entscheidung zu treffen ist.

Nr. 4. Entsch. v. 4. XI. 98 Nr. I 1824 (Pr.-V.-Bl. Bd. XX S. 270).

Gemeinheitsteilungsordn. v. 7. VI. 21 (G.-S. S. 53) §§ 64, 65, 147.
Ges. v. 7. VI. 21 (G.-S. S. 83) über die Ausführung der Gemeinheitsteilungsordn., § 9.
Vd. v. 30. VI. 34 (G.-S. S. 96) wegen des Geschäftsbetriebes in den Angelegenheiten der Gemeinheitsteilungen, § 11; Vd. v. 20. VI. 17 (G.-S. S. 161) wegen Organisation der Generalkommissionen, §§ 4 ff.
Land-Gem.-Verf.-Ges. v. 14. IV. 56 (G.-S. S. 359) § 1.

1. Nach den §§ 64, 65 der Gemeinheitsteilungsordn. vom 7. VI. 21 ist die Generalkommission nicht nur berechtigt, sondern verpflichtet, Grundstücke, die keiner Gemeinheit unterliegen, wenn sie von dem Eigentümer angeboten werden und in den Auseinandersetzungsplan zum Zwecke der Aufhebung einer Hutungsgemeinschaft passen, in die Teilungsmasse aufzunehmen und zum Gegenstande der Auseinandersetzung zu machen, — und zwar auch dann, wenn sie auf fremden Feldmarken gelegen sind. Die Zustimmung der politischen Gemeinde, zu deren Bezirke sie gehören, ist nicht erforderlich.

2. Die Veränderung von Gemeindegrenzen, die durch Rezesse auf Grund des § 147 der Gemeinheitsteilungsordn. vom 7. VI. 21 bewirkt werden, beruhen auf konstitutiven Organisationsakten der Generalkommission. Solche Akte unterliegen, wie für Organisationsakte der Kommunalaufsichtsbehörden bereits in E.-O.-V. Bd. XXII S. 84 und Bd. XXV S. 159 ausgesprochen worden ist, einer Nachprüfung des Verwaltungsrichters nur dahin, ob die organisierende Behörde an sich für diese Akte zuständig gewesen ist, nicht aber auch dahin, ob die Voraussetzungen hierfür vorlagen und ob die über das bezügliche Verfahren bestehenden Vorschriften beobachtet worden sind. Die Zuständigkeit der Generalkommission, in den durch ihre Spezialkommissionen aufgenommenen und von ihr bestätigten Rezessen die Gemeindezugehörigkeit der von der Ablösung oder Gemeinheitsteilung betroffenen Grundstücke zu bestimmen und demgemäß auch die bisherigen Gemeindegrenzen abzuändern, ergiebt sich aus dem ihr durch das Gesetz erteilten Auftrage, bei der Auseinandersetzung mittelst Rezesses die landespolizeilichen Interessen wahrzunehmen und die Verteilung der Abgaben und öffentlichen Lasten zu bewirken (vgl. § 4 der Vd. wegen Organisation der Generalkommissionen v. 20. VI. 17, § 9 des Ges. über die Ausführung der Gemeinheitsteilungs- und Ablösungsordnungen v. 7. VI. 21 und § 11 der Vd. v. 30. VI. 34 wegen des Geschäftsbetriebes in Angelegenheiten der Gemeinheitsteilungen). Diese Befugnis der Generalkommissionen ist auch nicht durch § 1 des Landgemeindeverfassungsges. v. 14. IV. 26 beseitigt worden. Wie in Uebereinstimmung mit dem Erlasse der Minister der Finanzen und des Innern v. 30. IX. 60 (M.-Bl. S. 223) angenommen werden muß, sind von jenem Gesetze die älteren Bestimmungen über die Veränderungen von Gemeindebezirken durch Regulierungs- oder Ablösungsrezesse unberührt geblieben. Dies ergiebt sich, wie in jenem Erlasse dargelegt ist, nicht nur aus der Entstehungsgeschichte des bezeichneten Gesetzes, sondern auch aus seiner Eigenschaft als einer die älteren gesetzlichen Bestimmungen über die Verfassung der Landgemeinden nur ergänzenden Novelle.

Nr. 5. Entsch. Bd. XXXIII S. 133 v. 26. II. 97 I C 104/96.

Land-Gem.-Ordn. v. 3. VII. 91 (G.-S. S. 233) § 3.
Ges. v. 8. III. 71 (G.-S. S. 130), betr. Ausführung des Reichsges. über den Unterstützungswohnsitz, §§ 8 ff.

1. Durch die Bestimmungen im § 3 der Land-Gem.-Ordn. v. 3. VII. 91 hat der Anspruch der bei einer Bezirksveränderung Beteiligten auf „Auseinandersetzung" eine Erweiterung erfahren. Bis dahin

galt als Regel, daß der von einer Gemeinde (Gutsbezirk) abgetrennte Teil, soweit nicht besondere Rechtstitel ein Anderes begründeten, auch aus allen Rechten und Pflichten, die ihm auf Grund der bisherigen kommunalen Zugehörigkeit zustanden bezw. oblagen, ausschied, ein gegenseitiger Rechtsanspruch auf Entschädigung, insbesondere wegen etwaiger Mehrbelastung mit kommunalen Pflichten, also nicht bestand. (E.-O.-V. Bd. II S. 1, Bd. VII S. 57). Eine Ausnahme von dieser Regel fand hinsichtlich der Armenlast statt, und zwar — in Fällen wie dem vorliegenden, nämlich bei der Abtrennung eines Teiles einer Gemeinde (Gutsbezirks) — und einer Vereinigung mit einer anderen Gemeinde (Gutsbezirk) — mit folgenden Maßgaben:

a) Die Armenlast, die in dem verkleinerten Ortsarmenverbande bereits begründet war, liegt den bei der Bezirksveränderung beteiligten Armenverbänden zunächst gemeinsam ob.

b) Dieser Grundsatz findet aber Anwendung nicht bloß auf die in dem abgetrennten Teile vorhandenen Armen, sondern auf die Armenlast überhaupt, die auf dem durch die Bezirksveränderung verringerten Ortsarmenbezirke ruht. Er kommt weiter in Betracht auch für die möglicherweise noch entstehende Armenlast bezüglich derjenigen Personen, die den Unterstützungswohnsitz in dem früher ungeteilten Ortsarmenverbande erworben und zur Zeit des Hervortretens ihrer Hilfsbedürftigkeit noch nicht verloren haben, sowie bezüglich solcher Personen, die von diesen ihren Unterstützungswohnsitz ableiten.

c) Solange nicht eine Auseinandersetzung unter den danach gemeinsam verpflichteten Armenverbänden stattgefunden hat, haften diese in allen vorstehend bezeichneten Fällen dritten Armenverbänden gegenüber gemeinschaftlich.

2. Bestimmte Vorschriften über die Art der Auseinandersetzung der beteiligten Armenverbände, sowie über die Bemessung der Entschädigung, die dem die vorhandene Armenlast allein übernehmenden Armenverbande zu gewähren ist, sind nicht gegeben. Nach der bestehenden Praxis giebt der Durchschnitt der im Laufe einer Reihe von Jahren zur Bestreitung der Armenlasten aufgewendeten Beträge einerseits und die Steuerkraft andererseits, nach der die Besitzer und Einwohner der abgetrennten Grundstücke von dem Armenverbande, aus dem sie ausscheiden, gemäß § 8 des Ausf.-Ges. v. 8. III. 71 herangezogen werden durften, bei Festsetzung des Maßstabes für die Verteilung der Last zwischen den Verbänden oder für die Bemessung einer dem entlasteten Verbande aufzuerlegenden Vorausleistung oder Beihilfe einigen Anhalt.

3. Durch § 3 der Land-Gem.-Ordn. ist der Anspruch auf Auseinandersetzung auf alle Fälle ausgedehnt, in denen eine „Ausgleichung der öffentlichen Interessen der Beteiligten" erforderlich erscheint, im Besonderen auch dann, wenn die Voraussetzungen des dritten Satzes des § 3 Abs. 2 a. a. O. zutreffen. Das Gesetz will Vorsorge treffen, daß nicht eine unbillige Erleichterung und ein ungerechtfertigter Vermögensvorteil der durch die Loslösung von Grundstücken zunächst entlasteten Gemeinde (Gutsbezirkes) eintrete. Ob und welche Beihilfe zu gewähren, ist in das billige Ermessen der zum Beschlusse, bezw. zur richterlichen Entscheidung über die Auseinandersetzung berufenen Behörden (Kreis- bezw. Bezirksausschuß) gestellt. Dabei ist die Art der zu gewährenden Beihilfe vom Gesetze nicht näher bestimmt. Der Begriff „Beihilfe" schließt aber nicht aus, daß letztere sowohl als Kapitalabfindung, wie in Gestalt jährlicher Zuschüsse, zu den

durch die Eingemeindung erwachsenden Lasten gewährt und daß im letzten Falle auch die Ablösung solcher Zuschüsse ausdrücklich vorbehalten werden kann. Unbedenklich darf auch angenommen werden, daß beide Arten von Beihilfen, wenn dies zweckmäßig erscheint, mit einander verbunden werden können.

Nr. 6. Entsch. Bd. XXXIII S. 138 v. 1. VI. 97 I B 23/96.

Land-Gem.-Ordn. v. 3. VII. 91 (G.-S. S. 233) § 3.

1. Die den Beteiligten gegen einander zustehende Klage aus § 3 Abs. 1 der Land-Gem.-Ordn. v. 3. VII. 91 ist an eine Frist von zwei Wochen gebunden, die mit der Zustellung des Auseinandersetzungsbeschlusses beginnt.

2. Nach dem Inhalte des letzteren bestimmt sich der zulässige Gegenstand des Streitverfahrens.

3. Der Anspruch auf Auseinandersetzung wegen der Armenlast bildete früher eine Ausnahme von der Regel, wonach ein Rechtsanspruch auf Entschädigung unter den bei einer Bezirksveränderung Beteiligten, insbesondere wegen Mehrbelastung mit kommunalen Pflichten nicht bestand. Durch den § 3 der Land-Gem.-Ordn. ist diese Ausnahme insofern erheblich erweitert, als danach den Beschlußbehörden und Verwaltungsgerichten eine Befugnis zur Berücksichtigung der durch eine Bezirksveränderung berührten Interessen der Beteiligten nach billigem Ermessen eingeräumt ist. Damit ist selbstverständlich der schon früher anerkannte Anspruch auf Auseinandersetzung wegen der Armenlast nicht beseitigt.

4. Bei der Bemessung der Entschädigung ist davon auszugehen, daß der Schade, den z. B. ein Gutsbezirk durch die Abtrennung von Grundstücken in Hinsicht der Armenlast erlitten hat, besteht: in dem Unterschiede der gesammten Leistungskraft, nach der die zur Tragung der Armenlast im Gutsbezirke bei seinem früheren Bestande Verpflichteten rechtlich herangezogen werden konnten, und der Leistungskraft derjenigen, die zur Tragung jener Last bei dem jetzigen Bestande des Gutsbezirkes (nach der Bezirksveränderung) verpflichtet sind. Es kommen also die beiden Faktoren der Armenlast und der Leistungskraft in Betracht. Kann man hierbei nur mit Wahrscheinlichkeiten rechnen, so bieten die in beiderlei Hinsicht durchschnittlich aufgekommenen Beträge einen genügenden — ja für gewöhnlich den einzigen — Anhalt zur annähernd richtigen Beurteilung der künftigen Zustände. Vgl. E.-O.-V. Bd. XIII S. 200 ff., 207.

Nr. 7. Entsch. Bd. XXXIII S. 160 v. 18. III. 98 I B 30/97.

Land-Gem.-Ordn. v. 3. VII. 91 (G.-S. S. 233) §§ 2, 3.

1. Entsteht unter den Beteiligten Streit darüber, von wann ab die öffentlich-rechtliche Wirksamkeit einer Bezirksveränderung zu beginnen oder begonnen hat, von wann ab also z. B. die durch die Bezirksveränderung verkleinerte Gemeinde zum Bezuge der Gemeindeabgaben von den Besitzern der eingemeindeten Grundstücke nicht mehr berechtigt ist, so steht der zur Auseinandersetzung überhaupt berufenen Behörde auch die Entscheidung dieses Streites zu. Dies umsomehr, wenn nach Lage der Sache eine Teilung des Bezugsrechtes, je nach der Zeit vor oder nach dem Eintritte der Rechtswirksamkeit der Eingemeindung erforderlich wird. Alsdann besteht insoweit eine Gemeinsamkeit, die, schon nach älterem Rechte, der Auseinandersetzung bedurfte.

2. Für den Beginn der Rechtswirksamkeit einer Bezirksveränderung ist der Tag, an dem sie beschlossen wurde, ohne Be-

deutung. Auch dem Tage der Veröffentlichung ist in dieser Beziehung eine Wirkung durch das Gesetz selbst nicht beigelegt. Mangels einer besonderen Bestimmung durch die zuständige Stelle hängt die Rechtswirksamkeit von der Lage des einzelnen Falles ab. Dabei werden die zur Beschlußfassung und Entscheidung über die Auseinandersetzung berufenen Behörden insbesondere zu berücksichtigen haben, wann die Bezirksveränderung thatsächlich in Vollzug gesetzt ist.

3. Der Grundsatz des älteren Rechtes, daß mit einer Bezirksveränderung die von ihr betroffenen Grundstücke aus allen öffentlichen Rechten und Pflichten ausscheiden, die die Folge des bisherigen kommunalen Zustandes waren, hat durch § 3 der Land-Gem.-Ordn. v. 3. VII 91 eine Maßgabe insofern erfahren, als danach bei einer Auseinandersetzung „erforderlichenfalls Bestimmungen zur Ausgleichung der öffentlich-rechtlichen Interessen der Beteiligten zu treffen" sind. Die Voraussetzung derartiger Bestimmungen bleibt aber auch jetzt noch, daß besondere Gründe den „Ausgleich" rechtfertigen müssen, und als ein solcher Grund kann der bloße Hinweis darauf, daß infolge der Bezirksveränderung ein Unterschied in dem öffentlich-rechtlichen Zustande eingetreten sei, daß z. B. die verkleinerte Gemeinde zwar dieselben Lasten behalten, aber eine Verminderung in dem Steuereinkommen erlitten habe — für sich allein nicht gelten. Denn anderenfalls würde der anormale Zustand, dem die Bezirksveränderung abhelfen wollte, unter Umständen durch die Ausgleichungsbestimmungen im Ergebnisse beibehalten werden.

4. Es folgt die Darstellung von Gesichtspunkten zur Beurteilung der Frage, ob die Bezirksveränderung eine Verschiebung der öffentlichen Lasten in einem Umfange herbeigeführt hat, der eine Ausgleichung vom Billigkeitsstandpunkte aus erforderlich macht, insbesondere bei Schuldanleihen für gemeinnützige Anlagen (wie Chaussee- und Schulbauten) oder bei für Chausseebauten übernommenen Präzipualleistungen — Vermögenslage der Restgemeinde, eine „besondere Beziehung" der abgetretenen Gemeindeteile zur Uebernahme der Präzipualleistungen oder zu einem Schulneubau u. s. w.

Nr. 8. Entsch. v. 14. X. 98 Nr. I 1674 (Pr.-V.-Bl. Bd. XX S. 421).

Land-Gem.-Ordn. v. 3. VII. 91 (G.-S. S. 233) § 3.

1. Von dem, nach älterem Rechte bestehenden Grundsatze, daß aus der Aenderung der kommunalen Grenzen den beteiligten kommunalen Körperschaften ein Anspruch auf Entschädigung wegen entstehender Belastung oder Mehrbelastung der Regel nach nicht erwächst (vgl. E.-O.-V. Bd. II S. 1 ff., 12 ff.), ist die Land-Gem.-Ordn. v. 3. VII 91 insofern abgewichen, als danach bei einer Auseinandersetzung „erforderlichen Falles Bestimmungen zur Ausgleichung der öffentlich-rechtlichen Interessen der Beteiligten zu treffen" sind (§ 3 Abs. 2 Satz 1). „Auch kann — wie Satz 3 a. a. O. vorschreibt — wenn eine Gemeinde oder der Besitzer eines Gutsbezirkes durch die Abtrennung von Grundstücken eine Erleichterung im öffentlich-rechtlichen Verpflichtungen erfährt, der Gemeinde, welcher, oder dem Gutsbezirke, welchem jene Grundstücke einverleibt werden, ferner der neuen Gemeinde oder dem neuen Gutsbezirke, welche aus letzteren gebildet werden, eine Beihilfe zu den ihnen durch die Bezirksveränderung erwachsenden Ausgaben bis zur Höhe des der anderen Gemeinde oder dem Gutsbesitzer dadurch entstehenden Vorteiles zugebilligt werden." Die Voraussetzung der zuzubilligenden Beihilfe bleibt aber auch jetzt noch, daß besondere Gründe den Ausgleich

rechtfertigen müssen, denn anderenfalls würde der anormale Zustand, von dem der Akt der Bezirksveränderung Abhilfe verschaffen wollte, unter Umständen durch die Ausgleichungsbestimmungen im Ergebnis beibehalten werden.

2. Von diesen Grundsätzen ist auch in dem Falle auszugehen, wo es sich um die Neubildung eines Gutsbezirkes handelt, der dabei aus dem Bezirke eines anderen Gutsbezirkes ausscheidet. Auch hier kann also die Frage der Gewährung von Beihilfe zwar entstehen, bedarf aber jedenfalls strenger Prüfung und ist nicht schon um deshalb zu bejahen, weil der Besitzer des neuen Gutsbezirkes durch dessen Schaffung Lasten überkommt, deren Tragung durch ihn selbst sich von selbst versteht.

Aus der Thatsache, daß der Gutsbesitzer schon vor Bildung des Gutsbezirkes alle Pflichten erfüllt hat, die den Besitzern von Gutsbezirken obliegen, folgt, daß er hierzu auch im stande gewesen ist. Es müssen also ganz besondere Gründe vorliegen, die die Gewährung einer Entschädigung rechtfertigen könnten. Das ist umsomehr erforderlich, als von vornherein davon ausgegangen werden muß, daß bei der Erhebung eines Gutes zu einem Gutsbezirke seine Leistungsfähigkeit geprüft, also festgestellt worden ist, daß der Gutsbesitzer als solcher allen an einen Gutsbezirk im öffentlichen Interesse zu stellenden Anforderungen Genüge leisten könne. Der bloße Hinweis darauf, daß der bisherige Gutsherr durch die fragliche Bezirksveränderung in seinen Ausgaben erleichtert worden ist, nötigt nach dem Gesetze nicht dazu, ihn zur Leistung einer Entschädigung in der Höhe der Erleichterung für verpflichtet zu erachten, wenn der Gutsbesitzer einer solchen „Beihilfe" nach den obwaltenden Verhältnissen garnicht bedarf. In der Erhebung des Gutes zu einem Gutsbezirke und in dem Genusse der damit verbundenen Vorteile liegt zugleich die Ausgleichung wegen der damit verbundenen Lasten, falls nicht ganz besondere Gründe eine Entschädigung bedingen.

3. Was die Armenlast anlangt, so kann die bloße Möglichkeit, daß sie in dem neuen Gutsbezirke einmal neu entstehen könnte, keinen Grund für die Gewährung einer Entschädigung geben. — Anders verhält es sich allerdings mit der bereits vorhandenen Armenlast. Diese ist eine dem bisher allein vorhanden gewesenen und dem aus einem Teile von ihm gebildeten neuen Ortsarmenverbande gemeinsame Last, so lange nicht eine Auseinandersetzung zwischen beiden stattgefunden hat. Vgl. E.-O.-V. Bd. XIII S. 205 ff.

Nr. 9. Entsch. v. 29. XI. 98 Nr. I 1694 (Pr.-V.-Bl. Bd. XX S. 387).

Land-Gem.-Ordn. v. 3. VII. 91 (G.-S. S. 233) § 3.

1. Nach älterem Rechte verwächst aus der Aenderung der Grenzen der beteiligten kommunalen Körperschaften ein Anspruch auf Entschädigung oder Gewährung von Beihilfe wegen entstehender Belastung oder Mehrbelastung der Regel nach nicht. Vgl. E.-O.-V. Bd. II S. 1 ff., 12 ff., Bd. XIII S. 200.

Die Land-Gem.-Ordn. v. 3. VII 91 ist von diesem Grundsatze insofern abgewichen, als danach bei einer Auseiandersetzung „erforderlichen Falles Bestimmungen zur Ausgleichung der öffentlich-rechtlichen Interessen der Beteiligten zu treffen sind" (§ 3 Abs. 2 Satz 1 a. a. O.). Voraussetzung der hiernach und nach den weiteren Vorschriften im § 3 Abs. 2 zuzubilligenden Beihilfe ist aber auch jetzt noch, daß besondere Gründe den Ausgleich rechtfertigen müssen, bei deren Ermangelung im Allgemeinen davon ausgegangen werden kann, daß sich u. A. in einer durch die Bezirksveränderung vergrößerten Gemeinde die Nachteile der ersteren mit ihren Vorteilen — z. B. dem des Steuerzuwachses — ausgleichen werden. Als solcher besonderer

Grund für die Gewährung einer Beihilfe ist es nun *nicht schon unter allen Umständen* anzusehen, *wenn der vergrößerten Gemeinde außergewöhnliche Lasten* um deshalb *zufallen*, weil der *früher* Verpflichtete nicht für Befriedigung des entsprechenden Bedürfnisses, z. B. für die Wegeunterhaltung, gesorgt hat. Denn auch der Uebernahme solcher Lasten kann in den mit der Bezirksveränderung für vergrößerte Gemeinde verbundenen Vorteilen einen genügenden Ausgleich finden. Ein für alle mal lassen sich hier nicht maßgebende Grundsätze aufstellen, es kommt auf das billige Ermessen im Einzelfalle an.

2. Die *Verpflichtung zur Abwässerung der Hausgrundstücke* liegt nicht der Gemeinde, sondern *den Hauseigentümern* ob, die dazu polizeilich anzuhalten sind. Ein Anspruch auf Entschädigung wegen Herstellung der zur Abwässerung erforderlichen Anlagen kann daher der Gemeinde aus der Inkommunalisierung dieser Hausgrundstücke niemals erwachsen.

Nr. 10. Entsch. Bd. XXXIII S. 153 v. 4. III. 98 I C 64/97 und Entsch. Bd. XXXIII S. 156 v. 16. XI. 97 I C 31/97.

Land-Gem.-Ordn. v. 3. VII. 91 (G.-S. S. 233) §§ 2, 3.
Ges. v. 14. IV. 56 (G.-S. S. 359) betr. Landgemeindeverfassungen pp., § 1; Zust.-Ges. § 25; Wegeordnung für die Prov. Sachsen v. 11. VII. 91 (G.-S. S. 319) §§ 5, 6, 9, 16, 17, 19.

1. Das Verfahren nach § 3 der Land-Gem.-Ordn. v. 3. VII 91 ist *nicht zur Feststellung der unter den Beteiligten streitig gewordenen*, gleichviel ob aus dem Gesetze sich ergebenden oder vereinbarten rechtlichen *Folgen einer Kommunal-Bezirksveränderung* und vollends *nicht zu deren abweichender Bestimmung*, sondern lediglich *zur Auseinandersetzung im Falle einer durch die Bezirksveränderung entstandenen Gemeinsamkeit kommunaler Rechte und Pflichten, sowie zur Ausgleichung der öffentlich-rechtlichen Interessen der Beteiligten* gegeben, — letzteres unter der Voraussetzung, daß eine Ausgleichung *aus besonderen Gründen* (im Gegensatze zu der bloßen Thatsache einer Aenderung des bisherigen kommunal-rechtlichen Zustandes) *gerechtfertigt* erscheint.

2. Jene rechtlichen Folgen einer Eingemeindung können auf *mannigfache sonstige Weise* zur Feststellung gelangen, namentlich, was z. B. die Pflicht zur Unterhaltung eines öffentlichen Weges oder die Rechte und Pflichten in Ansehung seiner Zubehörungen betrifft, *durch Entscheidungen der Wegepolizei und der Verwaltungsgerichte*, wenn die Unterhaltungslast streitig wird, — *durch Entscheidung des Strafrichters*, wenn sich jemand unbefugt an den Wegezubehörungen, z. B. Baumpflanzungen, Rechte anmaßt, — *durch Entscheidung der Civilgerichte*, wenn Streit über das Nutzungsrecht, z. B. an den Wegebaumpflanzungen, entsteht. Allen diesen Entscheidungen der im einzelnen Falle zuständigen Behörden wird keineswegs vorgegriffen durch einen Beschluß der zur „Auseiandersetzung“ berufenen Behörde, der besagt: Die Unterhaltung der in den eingemeindeten Grundstücken befindlichen öffentlichen Wege liegt künftig der Gemeinde ob, der „*dagegen*“ auch die Nutzung der Wegebaumpflanzungen ohne Entschädigung zusteht. Durch einen solchen Beschluß *überschreitet die Verwaltungsbehörde ihre Zuständigkeit.*

3. Im Geltungsbereiche der Wegeordnung für die Provinz *Sachsen* v. 11. VII 91 gebührt gemäß § 9 die *Wegebaulast zugleich mit den Nutzungen* der öffentlichen Wege und ihrer Zubehörungen *der neuen Gemeinde* pp., falls auf die Nutzungen nicht ein anderer kraft *privatrechtlichen* Titels Anspruch hat. Behauptet der frühere Wegebaupflichtige einen solchen Anspruch, so muß er ihn *vor dem Zivilrichter* verfolgen. Das Auseinander-

setzungsverfahren ist dazu nicht da. Erstreitet er den Anspruch, so kann in Erwägung kommen, ob „zur Ausgleichung der öffentlich-rechtlichen Interessen" ein Auseinandersetzungsverfahren mit dem Ziele auf Ueberweisung der fraglichen Nutzungen gerechtfertigt ist.

Nr. 11. Entsch. Bd. XXXIII S. 166 i. d. Anm. v. 6. V. 98 I B 33/97.

Land-Gem.-Ordn. v. 3. VII. 91 (G.-S. S. 233) §§ 2, 3.

Die Landgemeinde R. hatte nach Zulegung bisheriger Bestandteile ihres Kommunalbezirkes zur Stadtgemeinde B. dieser gegenüber anteilige Entlastung von Präzipualleistungen für die Uebernahme einer beide Orte verbindenden Aktienchaussee durch den Kreis verlangt und dies zunächst nur mit einem allgemeinen Hinweise auf die Verkleinerung ihres Gebietes und die Verminderung ihres Steueraufkommens, demnächst aber auch mit der Behauptung begründet, daß sie mit den Präzipualleistungen Aufwendungen im Interesse der ausgemeindeten Grundstücke gemacht habe, die mit den letzteren nunmehr der vergrößerten Stadtgemeinde zu Gute kämen. Dabei wollte sie die Höhe der ihr zu gewährenden Abfindung, unter Zugrundelegung des durchschnittlichen Jahresbetrages der in der Vergangenheit aufgebrachten und auch in Zukunft noch aufzubringenden Präzipualleistungen, nach dem Verhältnisse bestimmt wissen, in dem die Gesamtlänge der Chaussee innerhalb ihres Gemeindebezirkes (1720 m) zu der Länge der an den ausgemeindeten Grundstücken entlang führenden Chausseestrecke (600 m) stehe. Das Berufungsurteil lehnte den Anspruch ab, indem es betonte, daß nicht schon die nackte Thatsache einer durch die Umgemeindung herbeigeführten Zustandsänderung, sondern lediglich der Nachweis besonderer Umstände, durch die aus Billigkeitsrücksichten eine Ausgleichung der öffentlich-rechtlichen Interessen der Beteiligten nahegelegt werde, einen Anspruch wie den von der klagenden Landgemeinde erhobenen zu rechtfertigen vermöge. Solche lägen nicht vor. Das O.-V.-G. trat dem bei, indem es insbesondere hervorhob, daß sich weder der Verteilungsmaßstab für die Mehrbelastung, nämlich die Länge der Chausseestrecken, von denen die einzelnen Grundstücke durchschnitten würden, ändere, noch in der Chaussee ein besonderer Vorteil für die umgemeindeten Grundstücke zu erblicken sei.

Nr. 12. Entsch. Bd. XXXIII S. 168 v. 15. X. 97 I C 122/96.

Land-Gem.-Ordn. v. 3. VII. 91 (G.-S. S. 233) §§ 2, 3.

1. Ein Auseinandersetzungsverfahren auf Grund des § 3 der Land-Gem.-Ordn. v. 3. VII. 91 ist möglich und zulässig auch in dem Falle, wenn ein ganzer Gutsbezirk in eine Landgemeinde verwandelt wird. Der Gutsbesitzer ist bei der Bezirksveränderung „beteiligt" und kann zu Vorausleistungen gemäß § 3 Abs. 2 Satz 2 a. a. O. verpflichtet werden, wenn er vorwiegend Lasten in die neue Gemeinschaft gebracht hat.

2. Die Vorausleistung braucht aber nicht notwendig in einer Entschädigung zum vollen Betrage der jetzigen Minderleistungen des Gutsbesitzers im Vergleiche mit seinen früheren Leistungen als Gutsherr zu bestehen. Ob und in welchem Umfange bei einer Auseinandersetzung zur Ausgleichung der öffentlich-rechtlichen Interessen einem der Beteiligten eine Leistung an einen anderen Beteiligten aufzugeben ist, steht in dem freien Ermessen der die Auseinandersetzung bewirkenden Beschlußbehörde und des Richters in dem sich anschließenden Verwaltungsstreitverfahren.

3. Die Jagdnutzung gehört nicht zu den Gegenständen der Auseinandersetzung, da ihre Erträge keine Gemeindeeinnahmen sind und durch die Umwandlung des Gutsbezirkes in eine Landgemeinde eine Aenderung, die die öffentlich-rechtlichen Interessen der Beteiligten betrifft, nicht herbeigeführt wird.

4. Es folgen Ausführungen, betr. eine Entlastung des Gutsbesitzers hinsichtlich der Kosten der Schulunterhaltung, der Ortsverwaltung, der Brunnenunterhaltung und der Feuerlöschgerätschaften.

Die Kosten der Brunnennuterhaltung werden nicht als eine von dem Gutsbesitzer in die neue Gemeinschaft hineingebrachte Last erachtet. Sei das Eigentum an dem Tiefbrunnen auf die neue Gemeinde übergegangen, so käme eher in Frage, ob nicht die Kosten des Brunnenbaues bei Ausgleichung der öffentlichen Interessen zu Gunsten des Gutsbesitzers in Betracht zu ziehen seien. Ebensowenig liege ein Grund vor, ihm eine Entschädigungspflicht hinsichtlich der Kosten für Anschaffung und Unterhaltung von Feuerlöschgerätschaften aufzuerlegen, da er als früherer Gutsherr für die zukünftigen Bedürfnisse der Gemeinde nicht zu sorgen habe.

5. Wird die Umwandlung in eine Landgemeinde durch die von dem Gutsherrn bewirkte Zersplitterung des Gutsbezirkes veranlaßt, so würde es, mag er auch durch die Zerstückelung einen besonderen Nutzen erzielt haben, zumal, wenn ein diesem entsprechender Ausgleich darin zu finden ist, daß er mit seiner vollen persönlichen Steuerkraft und der seines Grundstückes in die Gemeinde eingetreten ist, nur dann der Billigkeit entsprechen, ihn darüber hinaus mit Vorausleistungen zu belasten, wenn ihm das Bestehen der Ansiedelungen noch weitere wirtschaftliche Vorteile für seinen Grundbesitz gewährte, oder wenn er die Einrichtungen und Anstalten der Gemeinde in einem seinen Anteil an den Gemeindesteuern übersteigenden Maße in Anspruch nähme, oder endlich, wenn er im Vergleiche mit den übrigen Gemeindeangehörigen als der leistungsfähigere Teil und zugleich die Leistungsfähigkeit der Gemeinde ohne seine Vorausleistungen gefährdet erschiene.

Nr. 13. Entsch. Bd. XXXIII S. 172 v. 13. IV. 97 I C 106/96.

Land-Gem.-Ordn. v. 3. VII. 91 (G.-S. S. 233) §§ 2, 3.

1. Die Voraussetzungen des Anspruches auf Auseinandersetzung in Folge einer Bezirksveränderung hinsichtlich der Wege-, Gräben- und Brückenunterhaltungslast treffen nur dann zu, wenn die Unterhaltungslast als eine öffentlich-rechtliche einem Beteiligten (im vorliegenden Falle dem Fiskus als früheren Gutsherrn) früher obgelegen hätte und durch die Eingemeindung auf die vergrößerte Gemeinde übergangen wäre.

2. Der öffentlich-rechtliche Zustand in Ansehung der Wege und ihrer Unterhaltung kann sehr wohl durch die staatlich verordneten Auseinandersetzungsbehörden bestimmt werden. Bei den durch diese bestätigten Rezessen handelt es sich keineswegs lediglich um „Erklärungen von Privatpersonen", die in den Rezessen getroffenen Anordnungen sind vielmehr für Jedermann verbindlich. (Vergl. E.-O.-V. Bd. XIV S. 246 und die dort angezogene Rechtsprechung, sowie Erk.-R.-Ger. v. 23. XII. 96 — Pr.-V.-Bl. Jahrg. XVIII S. 276 ff. —).

3. Bezüglich der Kosten der Gemeindeverwaltung ist darauf zu rücksichtigen, daß ihre Vermehrung nicht eine Folge der Abtrennung, sondern der Eingemeindung der fraglichen Grundstücke ist, die vielleicht von der vergrößerten

Gemeinde selbst gewünscht sein mag. Außerdem ist die vermehrte Leistungskraft der Gemeinde durch die eingemeindeten Grundstücke (an Abgaben und Naturaldiensten) gebührend in Betracht zu ziehen.

B. Gemeindeverbände. Hebammenbezirke. Armenverbände.

Litteratur: Eger, Reichsges. über den Unterstützungswohnsitz, 4. Aufl. Breslau 1900. — Wohlers-Krech, Desgl., Berlin 1899.

Nr. 1. Entsch. v. 5. VII. 98 Nr. I 1195 (Pr.-V.-Bl. Bd. XX S. 139).

Reichsges. v. 6. VI. 70 (R.-G.-Bl. S. 360) über den Unterstützungswohnsitz, § 28.
L.-V.-G. § 126.

1. Die Anfechtungsklage aus § 126 L.-V.-G. gegen den Beschluß eines Kreisausschusses, durch den der armenrechtliche Erstattungsanspruch eines Vormundes zurückgewiesen ist, den dieser gegen den vorläufig unterstützungspflichtigen Armenverband seines Mündels erhoben hat, ist an eine Frist nicht gebunden.

2. Die Thatsache allein, daß sich dritte Personen eines Hülfsbedürftigen angenommen, ihm Pflege, Kur, Beerdigung gewährt haben, giebt diesen Personen noch keinen Anspruch an den — im vorliegenden Fall gemäß § 28 des R.-G. v. 6. VI. 70 vorläufig — verpflichteten Armenverband, und zwar auch dann nicht, wenn (wie hier) die Unfähigkeit des Unterstützten, sich selbst zu erhalten, klar zu Tage liegt und das diesem Gewährte das Maß des Notwendigen offenbar nicht überschreitet. Denn von Hülfsbedürftigkeit im armenrechtlichen Sinne kann so lange nicht die Rede sein, als die Notwendigkeit des Einschreitens des Armenverbandes durch das Eingreifen privater Wohlthätigkeit ausgeschlossen ist. Der Armenverband verletzt daher durch Versagen der Erstattung des Geleisteten seine Pflicht nicht. Eine trotzdem geleistete Erstattung würde somit ein Ruhen des Laufes der Erwerbs- oder Verlustfrist bezüglich des Unterstützungswohnsitzes nicht zur Folge haben und ebensowenig dem vorläufig unterstützenden Armenverband den Anspruch auf Rückerstattung gegenüber dem endgültig verpflichteten gewähren.

3. Es besteht keine Rechtsnorm, wonach ein Armenverband lediglich um deshalb, weil er einmal Unterstützung gewährt hat, zur Fortgewährung solcher verpflichtet wäre. Die Hülfsbedürftigkeit kann fortdauern, aber auch in jedem Augenblicke aufhören, z. B. wenn sich Angehörige des Hülfsbedürftigen annehmen oder ihre Bereitwilligkeit dazu erklären. Das muß von dem Armenverbande pflichtmäßig geprüft werden.

C. Gemeinderecht und Gemeindewahlen.

Nr. 1. Entsch. Bd. XXXV S. 161 v. 25. IV. 1899 I C 15/99.

Hess.-Nass. Land-Gem.-Ordn. v. 4. VIII. 97 (G.-S. S. 301) § 11 Nr. 6c.
Eink.-St.-Ges. v. 24. VI. 91 (G.-S. S. 175) §§ 74—77.

1. Im Geltungsbereiche der vor dem Einkommensteuergesetze erlassenen Gemeindeordnungen ist für den Erwerb des Gemeinderechtes die Höhe des Einkommens nur dann maßgebend, wenn eine Veranlagung zu fingierten Normalsteuersätzen nicht stattgefunden hat.

2. In Uebereinstimmung hiermit reicht zum Erwerbe des Gemeinderechtes und damit zugleich des Rechtes zur Teilnahme an den Gemeindewahlen auch nach der Hess.-Nass.-Land.-Gem.-Ordn. v. 4. VIII. 97. das „Haben" eines Einkommens von mehr als 660 Mk. nicht unter allen Umständen, sondern

nur dann aus, wenn keine Veranlagung der Gemeindeangehörigen mit einem 900 Mk. nicht übersteigenden Einkommen zu fingierten Normalsteuersätzen stattgefunden hat. Anderenfalls ist das Ergebnis einer solchen Veranlagung ohne Rücksicht auf den Einkommensbetrag entscheidend.

Nr. 2. Entsch. Bd. XXXIV S. 140 v. 15. IV. 98 I C 14/98.

Land-Gem.-Ordn. v. 3. VII. 91 (G.-S. S. 233) §§ 41, 45, 46.

1. Die Vorschrift im § 41 Abs. 4 der Land.-Gem.-Ordn. v. 3. VII. 91, wonach bei Feststellung der Voraussetzungen des Gemeinderechtes Grundbesitz der Ehefrau dem Ehemanne anzurechnen ist, findet Anwendung, auch wenn der Grundbesitz nicht im gemeinschaftlichen Eigentume der Eheleute steht.

2. In diesem Falle haben deshalb Ehefrauen kein, durch den Ehemann auszuübendes besonderes Stimmrecht. Das Gegenteil folgt auch nicht aus § 45 Abs. 3 oder § 46^2 a. a. O. Nach § 45 Abs. 1 haben Ehefrauen ein Stimmrecht niemals wenn sie, ohne im Gemeindebezirke einen Wohnsitz zu haben, daselbst Grundstücke von einem gewissen Umfange besitzen und die Voraussetzungen der Nr. 1, 2, 4 und 5 des § 41 bei ihnen vorhanden sind. In der Ausübung des Stimmrechtes werden sie dann als Forensen gemäß § 46 Nr. 2 durch ihren Ehemann vertreten. Auch hier ist aber Voraussetzung des Stimmrechtes der regelmäßig zutreffende Umstand, daß der Ehemann gleichfalls nicht Gemeindeangehöriger ist, da sonst nach der für Gemeindeangehörige im § 41 Abs. 4 gegebenen Bestimmung die Anrechnung des Grundbesitzes der Ehefrau stattfinden müßte. Wenn ferner im § 45 Abs. 3 alle „Frauen" ohne Unterschied als stimmberechtigt erklärt werden, sofern sie die für männliche Gemeindeangehörige im § 41 Nr. 1 bis 5 bezeichneten Voraussetzungen erfüllen und außerdem im Gemeindebezirke zum Stimmrechte befähigenden Grundbesitz haben, so ist diese Vorschrift nur anwendbar, wenn eine Anrechnung des Grundbesitzes gemäß § 41 Abs. 4 nicht in Frage kommt, also bei weiblichen Personen, die unverheiratet oder Wittwen sind oder von ihrem Ehemanne, der selbst nicht Gemeindeangehöriger ist, getrennt leben. In letzterem Falle, wo eine „Anrechnung" nicht stattfindet, würde die Ehefrau nach § 46 Nr. 2 durch ihren Ehemann in der Ausübung des Stimmrechtes vertreten werden können.

Beide Fälle treffen aber nicht zu, wenn der Ehemann Gemeindeangehöriger, mithin der Grundbesitz seiner Ehefrau ihm anzurechnen ist.

Nr. 3. Entsch. Bd. XXXIII S. 225 v. 25. V. 98 II C 450/97.

Rh. Gem.-Ordn. v. 23. VII. 45 (G.-S. S. 523) §§ 35, 46 und Abänd.-Ges. v. 15. V. 56 (G.-S. S. 435) Art. 11, 12, 33.

Bei den „meistbegüterten" Grundeigentümern, die ohne Wahl gemäß § 46 der Rh. Gem.-Ordn. dem Gemeinderate angehören, falls sie in der Gemeinde mit einem Wohnhause angesessen und von ihrem daselbst belegenen Grundbesitze mindestens zu einem Betrage von 150 Mk. Grund- und Gebäudesteuer veranlagt sind, ist die Anrechnung solcher Steuerbeträge, die auf Grundbesitz der Ehefrau oder der in väterlicher Gewalt stehenden Kinder entfallen, grundsätzlich ausgeschlossen.

Weder der Wortlaut noch die Absicht des Ges. gewähren einen Anhalt dafür, daß die durch Art. 11 II 3b des Ges. v. 15. V 56 für die Meistbeerbten eingeführte Vergünstigung, wonach Grundbesitz der Ehefrau dem Ehemanne bezw. Grundbesitz der Minderjährigen oder unter väterlicher Gewalt befindlichen Kinder dem Vater angerechnet werden soll, auf die im § 46 der Gem.-Ordn. bezeichneten Meistbegüterten auszudehnen ist.

Wie einerseits der Vorschrift des Art. 11 II 3b ihrer Stellung und dem Zusammenhange nach eine allgemeine Bedeutung nicht beizumessen sein dürfte, so ist andererseits des § 46, der ein Privilegium begründet, strikte auszulegen.

Nr. 4. Entsch. Bd. XXXIV S. 155 v. 8. III. 98 I C 50/97.

Land-Gem.-Ordn. v. 3. VII. 91 (G.-S. S. 233) §§ 52, 54.

1. Wahlen zum Ersatze für innerhalb der Wahlperiode ausgeschiedene Gemeindeverordnete sind nur anzuordnen, wenn die Gemeindevertretung oder der Gemeindevorsteher es für erforderlich erachten oder wenn der Kreisausschuß dies beschließt. Anderenfalls unterbleiben sie und es finden lediglich die regelmäßigen Ergänzungswahlen statt.

2. Für die letzteren bedarf es einer Bestimmung von Ausscheidenden durch das Los nicht, sofern ohnehin die gesetzlich erforderlichen Lücken durch Ausscheiden von Gemeindeverordneten vor Ablauf der Wahlperiode eingetreten sind.

3. An Stelle ausgeschiedener oder ausscheidender angesessener müssen andere angesessene Gemeindeverordnete nur dann gewählt werden, wenn sonst deren im Gesetz vorgeschriebene Anzahl nicht erreicht wird. Anderenfalls würde dadurch, daß zeitweilig mehr angesessene Gemeindeverordnete vorhanden sind, als das Gesetz vorschreibt, die notwendige Zahl der angesessenen Gemeindeverordneten im Widerspruch mit dem Gesetze dauernd erhöht werden. Der letzte Absatz des § 52 der Land-Gem.-Ordn. v. 3. VII 91 bestimmt zwar, daß bei den zum Ersatze anzuordnenden Neuwahlen nur die auf Angesessene entfallenden Stimmen gültig sind, bezieht sich aber nach dem Zusammenhange mit den vorhergehenden Absätzen offenbar nur auf den Ersatz für solche Gemeindeverordnete, die zur Erfüllung der gesetzlichen Vorschrift angesessen sein müssen, also nicht auf den Ersatz für einen angesessenen Gemeindeverordneten, neben dem noch die vorgeschriebene Zahl angesessener Gemeindeverordneten vorhanden war. Uebrigens handelt die Bestimmung ihrem Wortlaute nach nur von Ersatz-, nicht von Ergänzungswahlen, für die der vorhergehende Absatz maßgebend ist (vergl. § 54 Abs. 3).

Das Gesetz fordert eine bestimmte Zahl Angesessener für jede Abteilung, aber nicht für das Ergebnis der einzelnen Ergänzungswahlen. Hat insbesondere ein Gemeindeverordneter, der bei seiner Wahl nicht angesessen war, nachträglich Grundbesitz erworben, der dem § 41 Nr. 6a oder b der Land-Gem.-Ordn. entspricht, und ist dadurch die notwendige Zahl der angesessenen Gemeindeverordneten in der betreffenden Abteilung überschritten, so kann bei der späteren Ergänzungswahl statt eines angesessenen ein nicht angesessener Gemeindeverordneter gewählt werden — ebenso wie umgekehrt, wenn ein bei seiner Wahl angesessen gewesener Gemeindeverordneter nachträglich seinen Grundbesitz verliert und die notwendige Zahl der angesessenen Gemeindeverordneten deshalb nicht mehr vorhanden ist, bei der nächsten Wahl für einen nichtangesessenen Gemeindeverordneten ein angesessener gewählt werden muß. E.-O.-V. Bd. XXVI S. 102.

4. Ein Mangel in der Besetzung des Gerichtes erster Instanz steht der Bestätigung der dort getroffenen, sachlich gerechtfertigten Entscheidung nicht entgegen.

Nr. 5. Entsch. Bd. XXXIV S. 146 v. 13. XII. 98 I C 108/98.

Land-Gem.-Ordn. v. 3. VII. 91 (G.-S. S. 233) § 50.
Ges. v. 29. VI. 93 (G.-S. S. 103) betr. Aenderung des Wahlverfahrens.
Ges. v. 14. VII. 93 (G.-S. S. 119) wegen Aufhebung direkter Staatssteuern.

1. Bei der Bildung der Wählerabteilungen für die Wahlen zur Gemeindevertretung kommen als zu entrichtende direkte Staatssteuern auch die staatlich veranlagten, aber der Staatskasse gegenüber außer Hebung gesetzten Grund-, Gebäude- und Gewerbesteuern in Ansatz.

2. Nach § 50 der Land-Gem.-Ordn. v. 3. VII. 91 sind den Stimmberechtigten allerdings nur die von ihnen zu entrichtenden direkten Staatssteuern anzurechnen. Auch das Ges. v. 29. VI. 93 hat diese Bestimmung durch § 1 Abs. 1 in Verbindung mit § 5 als Regel mit der Maßgabe aufrecht erhalten, daß (s. § 1 Abs. 2) für jede nicht zur Staatseinkommensteuer veranlagte Person an Stelle dieser Steuer ein Betrag von 3 Mk. in Ansatz zu bringen, und (s. § 3) die vom Staate veranlagte Grund-, Gebäude- und Gewerbesteuer anzurechnen ist, wo direkte Gemeindesteuern nicht erhoben werden. Daraus ist indes keineswegs ohne weiteres zu folgern, daß im Sinne des § 2 Abs. 1 des Ges., nach dessen Vorschrift die zu einer Staatssteuer nicht veranlagten Personen in der dritten Abteilung wählen, unter Staatssteuern nur Steuern zu verstehen seien, die an die Staatskasse thatsächlich entrichtet werden. Der Gesetzgeber hat die im § 1 Abs. 1 gebrauchte Ausdrucksweise im § 2 nicht beibehalten; an letzterer Stelle wird nicht mehr von Entrichtung der Staatssteuern, sondern von der Veranlagung zu ihnen gesprochen. Veranlagt zu einer Steuer ist aber, wenn auch der Zweck der Veranlagung in der Regel die Heranziehung ist, gleichwohl nicht bloß, wer zu einem bestimmten Steuerbetrage herangezogen wird, sondern auch derjenige, dessen Steuerbetrag zwar von den zuständigen Behörden festgesetzt, aber außer Hebung gestellt wird. Der Wortlaut der für die Entscheidung maßgebenden Gesetzesstelle gestattet daher sehr wohl die Beziehung auf die staatlich veranlagten, aber seit dem Inkrafttreten des Ges. wegen Aufhebung direkter Staatssteuern v. 14. VII. 93 außer Hebung gestellten Grund-, Gebäude- und Gewerbesteuer, und zwar umsomehr, als der Sprachgebrauch der im Jahre 1893 zur Ordnung der Steuerverfassung und behufs Regelung des an die Steuerleistung anknüpfenden Wahlverfahrens erlassenen Gesetze zwischen zu entrichtenden und veranlagten Steuerbeträgen unterscheidet. So bezeichnet das Wahländerungsgesetz v. 29. VI. 93 in seinem schon oben angeführten § 3 die Grund-, Gebäude- und Gewerbesteuer als „vom Staate veranlagte" Steuern und noch schärfer wird die Unterscheidung im § 5 Abs. 1 des Ges. wegen Aufhebung direkter Staatssteuern v. 14. VII. 93 hervorgehoben, woselbst es heißt, daß soweit nach bestehenden gesetzlichen Bestimmungen Rechte und Pflichten die Entrichtung staatlicher Realsteuern zur Voraussetzung haben, „an Stelle der zu entrichtenden die veranlagten Beträge treten". Diese Steuern sind eben weder den Gemeinden überwiesen, noch gänzlich aufgehoben, sondern lediglich der Staatskasse gegenüber außer Hebung gesetzt. Sie müssen fortdauernd als Staatssteuern betrachtet werden, und es ist ausgeschlossen, den § 2 Abs. 1 des Ges. v. 29. VI. 93 auf Personen anzuwenden, die zu diesen Steuern veranlagt sind.

Nr. 6. Entsch. Bd. XXXIV S. 143 v. 11. I. 98 I C 163/97.

Schl.-Holst. Land-Gem.-Ordn. v. 4. VII. 92 (G.-S. S. 155) § 59.
Land-Gem.-Ordn. v. 3. VII. 91 (G.-S. S. 233) § 59. L.-V.-G. § 94.

1. Unter der „ortsüblichen" Bekanntmachung, mit der nach § 59 der Schl.-Holst. Land-Gem.-Ordn. v. 4. VII. 92 (und ebenso nach § 59 der-

jenigen für die östlichen Provinzen v. 3. VII. 91) die in der Wählerliste verzeichneten Wähler zur Wahl der Gemeindeverordneten durch den Gemeindevorsteher zu berufen sind, versteht das Gesetz nicht eine auf Gewohnheitsrecht beruhende, sondern eine solche, die der thatsächlichen, wenn auch nur aus Zweckmäßigkeitsrücksichten beobachteten Uebung entspricht.

2. Das Bestehen oder Nichtbestehen eines die Form der Bekanntmachung regelnden Ortsgebrauches ist daher eine That-, nicht eine Rechtsfrage, auf deren unrichtige Anwendung durch den Vorderrichter die Revision gemäß § 94 Nr. 1 L.-V.-G. gestützt werden könnte. Eine unrichtige Feststellung des thatsächlichen Ortsgebrauches würde nur dann einen Revisionsgrund bilden, wenn sie in einem an wesentlichen Mängeln leidenden Verfahren (§ 94 Nr. 2 a. a. O.) bewirkt wäre.

Nr. 7. Entsch. v. 11. I. 98 Nr. I 61 (Pr.-V.-Bl. Bd. XX S. 76).

Land-Gem.-Ordn. v. 3. VII. 91 (G.-S. S. 233) § 59; L.-V.-G. § 76.

1. Die Einladung der Wähler zu den Wahlen hat nach § 59 der Land-Gem.-Ordn. v. 3. VII. 91 mittels ortsüblicher Bekanntmachung spätestens eine Woche vor dem Wahltermine, braucht aber nicht genau am siebenten Tage vorher zu erfolgen. Die Vorschrift bezeichnet nur eine Frist, bis zu deren Ablauf die Ladung bewirkt, nicht aber einen Termin, an dem sie zur Ausführung gebracht werden soll.

2. Die Einladung muß die Stunden des Beginnes der Wahl genau bezeichnen, braucht jedoch nicht mehrere Stunden für die Stimmabgabe zu bestimmen. Vgl. E.-O.-V. Bd. XIX S. 7.

3. Nach § 76 des L.-V.-G. ist der Verwaltungsrichter befugt, Zeugen eidlich zu vernehmen, überhaupt den angetretenen oder nach seinem Ermessen erforderlichen Beweis in vollem Umfange zu erheben. Eine Verpflichtung des Gerichtes, einen Zeugen auch dann zu vernehmen, wenn es die in sein Wissen gestellten Thatsachen bereits als genügend aufgeklärt oder als unerheblich für die Entscheidung erachtet, besteht ebensowenig, wie eine Verpflichtung, die vernommenen Zeugen zu beeidigen. Die Vorschriften der C.-P.-O. über den Beweisantritt und die Beweiserhebung sind für das Verwaltungsstreitverfahren nicht maßgebend.

4. Eine an sich unzulässige Wahlbeeinflussung kann die Ungiltigkeit der Wahl nur dann nach sich ziehen, wenn ihr nach den vorliegenden Umständen eine erhebliche Einwirkung auf das Wahlergebnis zuzuschreiben ist. Sie kann eine solche Folge nicht haben, wenn die angeblichen Beeinflussungen einzelner Wähler entweder bei diesen gar nicht die beabsichtigte Wirkung hervorgerufen haben, oder, wenn es der Fall gewesen ist, doch nach Lage der Stimmenverhältnisse ohne Einfluß auf das Ergebnis der Wahl geblieben sind.

Nr. 8. Entsch. v. 18. II. 98 Nr. I 321 (Pr.-V.-Bl. Bd. XX S. 46).

Schl.-Holst. Land-Gem.-Ordn. v. 4. VII. 92 (G.-S. S. 155) §§ 7, 44, 46, 62, 66, 67.

1. Nach § 7 Abs. 2 der Schl.-Holst. Land-Gem.-Ordn. v. 4. VII. 92 hat jemand einen Wohnsitz im Sinne dieses Gesetzes an dem Orte, wo er eine Wohnung unter Umständen inne hat, die auf die Absicht dauernder Beibehaltung einer solchen schließen lassen. Der Wille, einen Wohnsitz zu begründen, ist als vorhanden anzusehen, sobald aus dem thatsächlichen Aufenthalte in bestimmten Räumen der Wille des sich dort Aufhaltenden ersichtlich wird, diese Räume als Wohnung entweder ununterbrochen

oder für gewisse Perioden zu benutzen und beizubehalten. Der so erworbene Wohnsitz beschränkt sich nicht auf die Zeit der thatsächlichen Benutzung, sondern dauert fort, so lange jener Wille besteht, also auch für die Zeit des Aufenthaltes in einem anderen Wohnsitzorte und es gehört der Betreffende während dieser Zeit nicht etwa zu den auswärts Wohnenden im Sinne des § 46 Abs. 2 a. a. O., die bei der Wahl der Gemeindeverordneten vertreten werden können.

2. Die erfolgten Wahlen kann die Gemeindevertretung gemäß § 66 ² a. a. O. für giltig oder ungiltig erklären, nicht aber ein anderes Wahlergebnis an Stelle des bekannt gemachten setzen. Dasselbe gilt für den Verwaltungsrichter im nachfolgenden Streitverfahren, der insbesondere auch zu einer Anordnung hinsichtlich des weiteren Verfahrens nicht berufen ist. Vgl. E.-O.-V. Bd. VI S. 140, Bd. XXXI S. 112.

3. Eine Beglaubigung der Vollmachten von Vertretern bei Wahlen zur Gemeindevertretung ist nicht vorgeschrieben; doch kann der Wahlvorstand bei berechtigtem Zweifel an der Echtheit der Unterschrift eine unbeglaubigte Vollmacht zurückweisen. Vgl. E.-O.-V. Bd. VIII S. 130, Bd. XXIX S. 3.

4. Wahlen am Sonntage abzuhalten ist nicht verboten.

5. Der vom Gemeindevorsteher ohne Widerspruch der Beisitzer bestimmte Protokollführer braucht dem Wahlvorstande nicht anzugehören. Vgl. E.-O.-V. Bd. VIII S. 123, Bd. XIII S. 220.

6. Hat die erste Abstimmung Stimmengleichheit ergeben, so ist gemäß § 62 Abs. 2 a. a. O. zur engeren Wahl zu schreiten; erst nach einer engeren Wahl darf Entscheidung durch das Los erfolgen. Vgl. E.-O.-V. Bd. XXXI S. 111.

Nr. 9. Entsch. v. 28. X. 98 Nr. I 1765 (Pr.-V.-Bl. Bd. XX S. 258).

Land-Gem.-Ordn. v. 3. VII. 91 (G.-S. S. 233) §§ 60 ff.

1. Die Land-Gem.-Ordn. v. 3. VII. 91 verlangt, soweit sie eine Vertretung bei der Wahl von Gemeindeverordneten zuläßt, eine Beglaubigung der Vollmachten nicht. Trotzdem darf der Wahlvorstand bei einem berechtigten Zweifel an der Echtheit der Unterschrift eine unbeglaubigte Vollmacht zurückzuweisen. Vgl. E.-O.-V. Bd. VIII S. 130, Bd. XXIX S. 3. Dies kann aber nicht willkürlich ohne gerechtfertigten Anlaß geschehen. Ist hiernach eine Beglaubigung überhaupt nicht unerläßlich, so kann auch ein Mangel der Beglaubigung an sich kein Hindernis für die Zulassung der Bevollmächtigten sein. Denn eine Vollmacht ohne jede Beglaubigung bietet offenbar keine größere Gewähr für ihre Echtheit, als eine Vollmacht mit mangelhafter Beglaubigung. Es ist übrigens nicht richtig, daß eine ordnungsmäßige Beglaubigung nur am Orte der Unterschriftsvollziehung geschehen kann, die die Gegenwart des Beglaubigenden bei der Unterschriftsvollziehung unbedingt voraussetzt. Dies trifft nicht einmal für gerichtliche und notarielle Beglaubigungen zu, da hier auch die spätere persönliche Anerkennung genügt (§ 8 Abs. 2 des Ges. v. 15. VII. 90 G.-S. S. 229).

2. Der Verwaltungsrichter hat nur über die Giltigkeit oder Ungiltigkeit der bekannt gemachten Wahl zu befinden, aber nicht festzustellen, zu welchem Ergebnisse die Wahl hätte führen sollen, dies auch dann nicht, wenn im Einzelfalle die Absicht der Mehrheit der Wähler klar erkennbar ist. Vgl. E.-O.-V. Bd. VI S. 140, Bd. XXXI S. 112.

Nr. 10. Entsch. v. 28. X. 98 Nr. I 1768 (Pr.-V.-Bl. Bd. XX S. 500).

Land-Gem.-Ordn. v. 3. VII. 91 (G.-S. S. 233) § 54.

Der Verwaltungsrichter hat bei der Prüfung der Giltigkeit einer Ergänzungswahl für einen durch das Los zum Ausscheiden bestimmten Gemeindeverordneten auch die Giltigkeit der vorgenommenen Auslosung zu prüfen. Die Ungiltigkeit der Auslosung hat ohne Weiteres auch die Ungiltigkeit der Wahl zur Folge. Denn ohne giltige Auslosung treten die für eine Ergänzungswahl erforderlichen Lücken nicht ein.

Der verwaltungsrichterlichen Prüfung steht insbesondere ein etwaiger Beschluß der Gemeindevertretung über die Giltigkeit der Auslosung nicht entgegen. Denn dieser kann weder einer ungiltigen Auslosung die Wirkung verleihen, daß der ausgeloste Gemeindeverordnete als ausgeschieden gilt, noch kann einer giltigen Auslosung die entsprechende Wirkung entziehen.

Nr. 11. Entsch. v. 19. XI. 98 Nr. II 1678 (Pr.-V.-Bl. Bd. XX S. 357).

Westf. Land-Gem.-Ordn. v. 19. III. 56 (G.-S. S. 265) § 28.

Auch bei nur zwei vorhandenen Wählern kann die durch § 28 der Westf. Land-Gem.-Ordn. v. 19. III. 56 vorgeschriebene vor der Losziehung vorzunehmende engere Wahl nicht durch eine Erklärung der beiden Wähler, daß sie sich nicht über die zu wählende Person einigen wollen, ersetzt werden.

Nr. 12. Entsch. Bd. XXXIV S. 150 v. 13. XII. 98 I C 60/98.

Land-Gem.-Ordn. v. 3. VII. 91 (G.-S. S. 233) §§ 39 Abs. 2, 41, 46³, 47, 55.

1. Soweit Vertretung in der Ausübung des Stimmrechtes die Gemeindemitgliedschaft zur Voraussetzung hat, dürfen zu Vertretern nur Personen bestellt werden, die in der Wählerliste als Gemeindeglieder eingetragen stehen. Vgl. E.-O.-V. Bd. XXVII S. 18, Bd. XXXI S. 9. Der Kreis der Gemeindeglieder wird durch die Liste nicht etwa nur insofern bestimmt, als von der Zugehörigkeit zu ihm das eigene Wahlrecht abhängt, sondern auch insofern, als nur aus dem so festgestellten Kreise die Vertreter in Ausübung eines fremden Stimmrechtes genommen werden dürfen. Denn die Liste soll zur Erleichterung und Sicherung des Wahlverfahrens die Prüfung der Voraussetzungen des Gemeinderechtes entbehrlich machen. Muß ein Bevollmächtigter Gemeindeglied sein, so dient auch hier die Feststellung dieser Eigenschaft durch die Liste zur Erleichterung und Sicherung des Wahlverfahrens.

2. Dem Wahlvorstande liegt es ob, über die Zulassung zur Stimmabgabe zu beschließen. Er kann sie nicht allein wegen Legitimationsmangels, sondern auch dann versagen, wenn er auf Grund pflichtmäßiger Prüfung zu der Ueberzeugung gelangt, daß der Wähler (oder Vertreter) wegen Unzurechnungsfähigkeit, beispielsweise wegen Trunkenheit, zur Abgabe einer rechtsverbindlichen Erklärung außer stande ist.

Nr. 13. Entsch. v. 28. III. 99 Nr. I 611 (Pr.-V.-Bl. Bd. XX S. 561).

Der Wahlvorstand darf unbeglaubigte Vollmachten zu Wahlen von Gemeindeverordneten nur dann zurückweisen, wenn berechtigte Zweifel an der Echtheit der Unterschriften bestehen. E.-O.-V. Bd. VIII S. 130, Bd. XXIX S. 3.

Nr. 14. Entsch. Bd. XXXIII S. 189 v. 26. XI. 97 I C 130/97.

Land-Gem.-Ordn. v. 3. VII. 91 (G.-S. S. 233) § 53^{2}.
Westf. Land-Gem.-Ordn. v. 19. III. 56 (G.-S. S. 265) § 30^{2}.
Westf. St.-Ordn. v. 19. III. 56 (G.-S. S. 237) § 17^{2}.
St.-Ordn. v. 30. V. 53 (G.-S. S. 261) § 17^{2}.

Besoldete Gemeindebeamte sind von der Wählbarkeit zum Gemeindeverordneten nicht in allen Gemeinden, sondern *nur in derjenigen ausgeschlossen, von der sie besoldet werden.*

Dies geht sowohl aus der Entstehungsgeschichte des § 53 der Landgem.-Ordn., wie auch aus dem Grunde und Zwecke der Vorschrift hervor. Wenn nicht sämmtliche Gemeindebeamte, sondern nur die *besoldeten* von der Wählbarkeit durch das Gesetz ausgeschlossen werden, so bildet den Grund hierfür das Abhängigkeitsverhältnis, in das die Thatsache der Besoldung den Beamten zu den Vertretern der Körperschaft versetzt, von der er seine Besoldung bezieht. Dieser Grund trifft nur zu, soweit es sich um das Amt eines Gemeindeverordneten in derjenigen Gemeinde handelt, von der der Gemeindebeamte besoldet wird; er besteht aber nicht, wenn die Wahl eines Beamten einer Gemeinde zum Gemeindeverordneten einer anderen Gemeinde streitig wird, von der er keine Besoldung bezieht.

Nr. 15. Entsch. v. 21. IV. 99 Nr. I 732 (Pr.-V.-Bl. Bd. XX S. 542).

Hess.-Nass. Land-Gem.-Ordn. v. 4. VIII. 97 (G.-S. S. 301) §§ 24, 111.

1. In dem Gemeindewalde der Hess.-Nass. Gemeinde wird der Forstschutz vom Staate ausgeübt, an den die Gemeinde hierfür eine Entschädigung zahlt. Der als Staatsbeamter mit diesem Forstschutze von seiner vorgesetzten Dienstbehörde beauftragte Kläger ist hierdurch *weder zu einem gemeinschaftlichen Beamten des Staates und der Gemeinde, noch zu einem im Nebenamte thätigen Gemeindebeamten* geworden. Er führt vielmehr bei Ausübung des Forstschutzes in dem Gemeindewalde *staatliche* Geschäfte im Auftrage des Staates aus und erhält auch eine Besoldung nur vom Staate, nicht von der Gemeinde, mag diese auch an den Staat dafür, daß er den Forstschutz in dem Gemeindewalde übernommen hat, eine Entschädigung zahlen. Mithin gehört er *nicht zu den besoldeten Beamten der Gemeinde*, die nach § 24 Nr. 2 der Land-Gem.-Ordn. v. 4. VII 97 nicht Gemeindeverordnete sein können.

2. *Ebensowenig* gehört er *zu denjenigen Beamten*, durch die die *Aufsicht des Staates über die Gemeinden* ausgeübt wird. Diese Aufsicht üben nach § 111 a. a. O. der Landrat als Vorsitzender des Kreisausschusses und der Regierungspräsident aus.

3. *Dagegen* kann er deshalb *Gemeindeverordneter* nicht sein, weil er *als Königlicher Förster zu den „Polizeibeamten“* im Sinne des § 24 Nr. 4 a. a. O. gehört. Die für den Forstschutz im Königlichen Dienste angestellten Personen haben nach § 63 des Feld- und Forstpolizeiges. v. 1. IV 80 die Befugnisse der Forsthüter und sind ebenso wie diese Forst-Polizeibeamte. Sie sind auch durch einen Erlaß v. 23. XI 81 (M.-Bl. 1882 S. 34) zu Hilfsbeamten der Staatsanwaltschaft bestellt worden, was ihre Eigenschaft als „Beamte des Polizei- und Sicherheitsdienstes“ nach § 153 des deutschen Gerichtsverfassungsges. voraussetzt. Demgemäß ist auch in einem Min.-Erl. v. 3. VII 83 (M.-Bl. S. 143) erklärt worden, daß die zu Hilfsbeamten der Staatsanwaltschaft bestellten Forstschutzbeamten, insbesondere die königlichen Förster, zu den *polizeilichen Vollstreckungsbeamten* gehören und *deshalb nicht in die Schöffen-Urlisten aufzunehmen* sind. Sie sind hiernach Polizeibeamte, wenn sie auch nur mit einem einzelnen Zweige der Polizei, der Forstpolizei, befaßt sind. Vgl. E.-O.-V. Bd. XVI S. 72, Bd. XXV S. 127).

E. Gemeindebeschlüsse.

Nr. 1. Entsch. Bd. XXXIII S. 220 v. 30. X. 97 II C 254/97.

Vgl. Erg. Bd. 1899 S. 25 E. 1.

F. Gemeindevermögen und Gemeindegliedervermögen. Teilnahme an den Gemeindenutzungen.

Nr. 1. Entsch. Bd. XXXV S. 149 v. 30. V. 1899 II C 372/98.

1. Die Gemeindenutzungsrechte gehören nicht dem Privat-, sondern dem öffentlichen Rechte an und unterliegen in den Gemeinden des linken Rheinufers der Wandlung nach Maßgabe der, der Zustimmung des Kreisausschusses bedürfenden Beschlüsse der Gemeindevertretung. Die Gemeindevertretung ist befugt, nach den besonderen Verhältnissen und Bedürfnissen der Gemeinde das Bezugsrecht zu erweitern und zu beschränken, und der Einzelne ist solchen Anordnungen unterworfen. Vgl. E.-O.-V. Bd. XX S. 89, Bd. XXI S. 129 und Bd. XXVII S. 105.

2. Die Gemeinden können hiernach beschließen, daß nur derjenige zum Genusse der Gemeindenutzungen berechtigt ist, der einen eigenen Heerd besitzt, d. h. für sich eigene Haushaltung und eigenen Tisch führt.

3. Einen eigenen Tisch führt im Allgemeinen nur derjenige, der die zu seinen Mahlzeiten erforderlichen Speisen selbst bereitet oder durch von ihm abhängige Personen bereiten läßt und in seiner eigenen Behausung verzehrt. Dem stände gleich, wenn jemand z. B. mit seinem Bruder für gemeinschaftliche Rechnung in der Weise einen gemeinsamen Tisch führte, daß z. B. der Schaden durch etwaiges Verderben von Vorräten beide Teilnehmer in gleicher Weise träfe. Ißt dagegen jemand an dem Tische seines Bruders, dessen Frau die Speisen bereitet, so führt er einen eignen Tisch auch dann nicht, wenn er sich durch Baarzahlungen oder Naturalien an den Mahlzeiten beteiligt. Diese bilden lediglich ein Entgelt für die Mahlzeiten und unterscheiden sich insoweit nicht von dem Preise, den jemand im Gasthause für sein Essen bezahlt.

Nr. 2. Entsch. Bd. XXXV S. 154 v. 20. I 1899 I C 76/98.

Hann. Land.-Gem.-Ordn. v. 28. IV. 59 (G.-S. Abt. I S. 393) § 2.
Hann. St.-Ordn. v. 24. VI. 58 (G.-S. Abt. I S. 141) §§ 62, 63.
Zust.-Ges. §§ 10, 11, 22, 27, 34. Komm.-Abg.-Ges. v. 14. VII. 93 (G.-S. S. 152) § 96 Abs. 7.

1. Gemäß § 96 Abs. 7 des Komm.-Abg.-Ges. sind die Vorschriften über Erhebung von Bürgerrechtsgeldern, Einkaufsgeldern und anderen gleichartigen Abgaben unberührt geblieben. Es gelten für sie also noch die Rechtsmittel des Zust.-Ges. Im Sinne des letzteren sind Gemeindelasten diejenigen Lasten, zu denen der Verpflichtete durch den Gemeindevorstand kraft eines aus der Gemeindeverfassung entspringenden Rechtes herangezogen und veranlagt werden kann. Vgl. E.-O.-V. Bd. XXV S. 134. Es gehören dazu also auch die Bürgerrechtsgelder, Einkaufsgelder und gleichartigen Abgaben, insbesondere die in der Provinz Hannover von Städten und städtisch organisierten Landgemeinden erhobenen Bürgergewinngelder oder Gebühren für Verleihung des Bürgerrechtes. Wenn hinsichtlich der von den Städten erhobenen Abgaben der bezeichneten Art im § 10 Abs. 1 Nr. 1 des Zust.-Ges. bestimmt ist, daß über den bei dem Gemeindevorstande anzubringenden Einspruch die Gemeindevertretung beschließt und die Klage nach § 11 a. a. O. gegen die Gemeindevertretung zu richten ist, so

folgt daraus keineswegs, daß jene Abgaben keine Gemeindelasten sind, sondern nur, daß die Rechtsbehelfe gegen die Heranziehung zu dergleichen städtischen Gemeindelasten durch eine Sonderbestimmung geregelt sind und deshalb in solchen Fällen die allgemeinere Vorschrift des § 18 keine Anwendung findet. Fehlt es daher im fünften, die Angelegenheiten der Landgemeinden und selbständigen Gutsbezirke regelnden, auch für diejenigen Städte, Vorstädte und Flecken in der Provinz Hannover, die unter den § 2 der Land=Gem.=Ordn. v. 28. IV 59 fallen, maßgebenden Titel, insbesondere in dem § 27, der dem § 10 entspricht, an einer die Verpflichtung zur Zahlung von Bürgergewinngeldern betreffenden Bestimmung, so läßt sich doch daraus nichts weiter entnehmen, als daß auf die Heranziehung zu den Bürgergewinngeldern, sofern sie von unter den § 2 der Land=Gem.=Ordn. v. 28. IV 59 fallenden Städten oder Flecken erhoben werden, die allgemeine Vorschrift im § 34 um deswillen Anwendung zu finden hat, weil sie durch eine Sonderbestimmung nicht eingeschränkt ist.

2. Hiernach hat auf Beschwerden und Einsprüche, betreffend die Verpflichtung zum Erwerbe des Bürgerrechtes und zur Zahlung von Bürgerrechtsgeldern, Einkaufsgeldern und gleichartigen Abgaben in Landgemeinden, in der Provinz Hannover auch in denjenigen Städten, Vorstädten und Flecken, die unter den § 2 der Land=Gem.=Ordn. v. 28. IV 59 fallen, — nicht wie in Stadtgemeinden die Gemeindevertretung, sondern — der Gemeindevorstand zu beschließen, dem somit auch die Verteidigung des Beschlusses gegenüber einer ihn angreifenden Klage im Verwaltungsstreitverfahren zusteht.

3. Nach den Vorschriften der Hann.=St.=Ordn. v. 24. VI 58 bedarf es zum Erwerbe des Bürgerrechtes — abgesehen von den Fällen der Wahl zum Magistratsmitgliede und der Anstellung als städtischer Beamter — der ausdrücklichen Verleihung. Eine mittels Heranziehung zum Bürgergewinngelde (stillschweigend) zum Ausdrucke gebrachte Verleihung ist wirkungslos und nicht geeignet, die Anforderung der Abgabe zu rechtfertigen.

G. Gemeindehaushalt. Staatsaufsicht, insbesondere Zwangsetatisierung.

Nr. 1. Entsch. v. 7. X. 98 Nr. I 1622 (Pr.=V.=Bl. Bd. XX S. 364).

Land=Gem.=Ordn. v. 3. VII. 91 (G.=S. S. 233) §§ 35, 119.
Komm.=Abg.=Ges. v. 14. VII. 93 (G.=S. S. 152) § 66.

1. Soweit eine Klage gegen die Heranziehung zu einer Kommunalkirchhofssteuer darauf gestützt ist, daß die Beschlüsse über Anlegung des gemeinsamen Friedhofes nicht ordnungsmäßig zu stande gekommen seien oder wegen entgegenstehender Rechte der katholischen Kirchengemeinde oder der katholischen Gemeindeangehörigen nicht hätten gefaßt werden dürfen, richtet sie sich nicht gegen das Steuerrecht, sondern gegen das Ausgaberecht der Gemeinde. Zu dessen Kontrole ist aber die Reklamationsklage nicht gegeben, und daher unstatthaft.

2. Nach § 119 der Land=Gem.=Ordn. v. 3. VII 91 ist über alle Einnahmen und Ausgaben der Gemeinde, die sich im Voraus veranschlagen lassen, ein Voranschlag zu entwerfen und durch die Gemeindevertretung, beziehungsweise Gemeindeversammlung festzustellen. Daraus ergiebt sich, daß auch der Bedarf an Gemeindesteuern jährlich zu veranschlagen und ihre Höhe festzustellen ist, wie denn auch die Bestimmungen über die Erhebung

der Gemeindesteuern in § 35 des angeführten Ges. und § 66 des Komm.-Abg.Ges. v. 14. VII 93 auf der Voraussetzung jährlicher Veranlagung der Steuern beruhen. Neben dieser Jahressteuer dürfen nicht noch besondere Umlagen zur Deckung bestimmter der Gemeinde obliegender Ausgaben ohne Genehmigung der Gemeindevertretung ausgeschrieben werden, denn damit wird eine unbefugte Erhöhung der Gemeindesteuer über den durch die Gemeindevertretung festgestellten Betrag hinaus bewirkt.

VI.

Kommunalabgabenrecht.

Litteratur: Falkmann-Strutz, Gewerbesteuergesetzgebung und Ges. betr. die Besteuerung des Wanderlagerbetriebes, 3. Aufl. Berlin 1899. — Fuisting, Die direkten Steuern, Bd. I, Kommentar zum Einkommensteuergesetze, Berlin 1899, Bd. II, Kommentar zum Ergänzungssteuergesetze, Berlin 1899. — Fernow, Gewerbesteuergesetz, 3. Aufl. Berlin 1899. — Meitzen-Fernow, Einkommensteuergesetz, 4. Aufl. Berlin 1899 — Wagner, Finanzwissenschaft, 4. Teil, die deutsche Besteuerung des 19. Jahrhunderts, Leipzig 1900. — Simon, Bilanzen der Aktiengesellschaften, 2. Aufl. Berlin 1899.

Kommentare zum Kommunalabgabengesetz vom 14. Juli 1893 von Grotefend, Düsseldorf 1899, Nöll, 3. Aufl. Berlin 1899.

A. Allgemeines. Begriff der Gemeindelasten. Besondere Rechtstitel. Abgabenregulierungspläne. Abgabepflicht der „Wüsten Hufen." Unterhaltung der Bürgersteige.

Nr. 1. Entsch. v. 2. IV. 98 Nr. II 557 (Pr.-V.-Bl. Bd. XX S. 171).

Ges. v. 11. III. 50 (G.-S. S. 265) über die Polizeiverwaltung, §§ 3, 4.
Komm.-Abg.-Ges. v. 14. VII. 93 (G.-S. S. 152) §§ 1, 2, 54ff., 96.

Die Besoldung eines von einer Gemeinde angenommenen Feldhüters, der bezüglich seiner Anstellung den Polizeibeamten der Gemeinde gleichsteht, bildet gleich den sonstigen Kosten der örtlichen Polizeiverwaltung, eine Gemeindelast, deren Aufbringung nur gemäß §§ 1, 2, 54—59 des Komm.-Abg.-Ges. erfolgen kann. Hiermit ist es unvereinbar, wenn das Dekret v. 13. Fruktidor XIII (10. IX 05) vorschreibt, das Feldhütergehalt auszusondern und durch Zuschläge zur Grundsteuer allein zu decken. Es ist somit durch § 96 Abs. 5 des Komm.-Abg.-Ges. seinem ganzen Umfange nach außer Kraft gesetzt.

Indem das Dekret die besondere Art der Aufbringung einer Gemeindelast regelt, unterscheidet es sich wesentlich von dem nach der Entsch. v. 2. XII 96 Nr. II C 260 noch fortbestehenden Regulative v. 17. VI 41 (G.-S. S. 405) wegen Unterhaltung der durch die Staatswaldungen in der Provinz Westfalen und der Rheinprovinz führenden öffentlichen Wege, das die Unterhaltung der forstfiskalischen Wege zu einer Last des Forstfiskus und die der übrigen Wegestrecken nicht zu einer Last der gesammten Gemeinde, sondern zu einer solchen des nach Ausschluß des Forstfiskus verbleibenden Restes der Gemeinde erklärt hatte.

Nr. 2. Entsch. v. 26. V. 99 Nr. I 944 (Pr.-V.-Bl. Bd. XX S. 462).

Komm.-Abg.-Ges. v. 14. VII. 93 (G.-S. S. 152) § 41.
Pr. Schulordn. v. 11. XII. 45 (G.-S. 1846 S. 1) §§ 55ff.

Die durch § 41 des Komm.-Abg.-Ges. v. 14. VII 93 den Beamten, Geistlichen u. s. w. gewährten Abgabenvorrechte haben für die

Heranziehung der Anwohner in Gutsbezirken zu den Schullasten nach Maßgabe der §§ 55 ff. der Pr. Schulordnung v. 11. XII 45 keine Geltung. Sie sind zwar, soweit sie nicht auf Grund von Stiftungen oder besonderen Rechtstiteln getragen werden, Kommunallasten der zur Schule gehörigen Gemeinden und Gutsbezirke. Hieraus kann aber nicht gefolgert werden, daß sie auch von den Bewohnern des Gutsbezirkes, sofern diese zu Schulbeiträgen herangezogen werden, nach Vorschrift des Komm.-Abg.-Ges. aufzubringen sind. Eine Kommunallast kann der Regel nach in Gutsbezirken auf die Bewohner nicht unterverteilt werden, sondern ist vom Gutsherrn zu tragen. Eine Heranziehung der Bewohner des Gutsbezirkes darf nur auf Grund einer besonderen gesetzlichen Vorschrift erfolgen, wie sie hinsichtlich der Schullasten in den §§ 55 ff. der Pr. Schulordnung enthalten ist. Für diese Heranziehung sind daher nicht die gesetzlichen Vorschriften über Kommunalabgaben, sondern die besonderen Vorschriften der Schulordnung und die Bestimmungen maßgebend, die die Schulaufsichtsbehörde auf Grund jener Vorschriften getroffen hat, oder die vertragsmäßigen Festsetzungen, die von ihr bei Anschluß des Gutsbezirkes an eine benachbarte Schule genehmigt worden sind. Vgl. E.-O.-V. Bd. VI S. 182. Eine analoge Anwendung der Vorschriften des Komm.-Abg.-Ges. oder sonstiger, die Verpflichtung zur Entrichtung von Kommunalabgaben betreffenden gesetzlichen Vorschriften ist hierbei ausgeschlossen.

Nr. 3. Entsch. v. 1. VII. 98 Nr. I 1175 (Pr.-V.-Bl. Bd. XX S. 159).

Land-Gem.-Ordn. v. 3. VII. 91 (G.-S. S. 233) § 28.

1. Das Besteuerungsrecht der Gemeinden wurzelt in der vom Staate abgeleiteten und von ihm übertragenen Befugnis, Personen und Grundstücke, die ihnen angehören, zu den Gemeindelasten heranzuziehen, und kann daher nicht durch Privatwillkür, insbesondere auch nicht durch Vertrag, auf Personen oder Grundstücke ausgedehnt werden, die in keiner Beziehung zur Gemeinde stehen. Inwieweit hiervon Verträge, die an das öffentlich-rechtliche Verhältnis zwischen Gutsherrschaft und Gemeinde anknüpfen, eine Ausnahme machen und als Quellen des örtlich geltenden Rechtes anzusehen sind, mag dahingestellt bleiben. In dem Schreiben eines Gutsherrn, in dem er unter Bezugnahme auf die ihm übersandte Bescheinigung des Kreissteueramtes, daß er sich nach Lage des Katasters im Besitze einer wüsten Bauerhufe befinde, erklärt, daß er sich der Beitragspflicht zu den Kommunallasten für die wüste Bauerhufe nicht entziehen werde, ist ein solcher Vertrag nicht zu erblicken. Es ist damit nur die Bereitwilligkeit ausgesprochen, die gesetzliche Pflicht, deren Bestehen vorausgesetzt wird, zu erfüllen, aber keineswegs der Wille zum Ausdrucke gebracht, das bestehende Rechtsverhältnis auf eine neue Grundlage zu stellen und eine von dem Bestehen der gesetzlichen Pflicht unabhängige Verbindlichkeit zu übernehmen.

2. Langjährige Leistung einer Gemeindeabgabe ist kein rechtlicher Verpflichtungsgrund. In den Fällen, in denen die rechtliche Zugehörigkeit eines Grundstückes durch die thatsächliche Zurechnung zu einem bestimmten Gemeindebezirke sich begründen läßt (§ 6 Nr. 3 des Ges. über die Armenpflege v. 31. XII. 42), kann allerdings die Erhebung von Gemeindeabgaben als ein Beweis für die thatsächliche Zurechnung angeführt werden, und somit auch für die Entscheidung über die rechtliche Zugehörigkeit und Gemeindeabgabenpflicht maßgebend sein. Abgesehen aber von diesem Falle kann dadurch die Gemeindeabgabenpflicht eines Grundstückes nicht entstehen. Denn das Be-

steuerungsrecht kann durch privatrechtliche Akte nicht begründet und deshalb auch nicht ersessen werden. Man kann sich für das Gegenteil auch nicht auf § 80 Tit. 7 Teil I und die §§ 579, 625 Tit. 9 Teil I A.-L.-R.'s berufen. Denn diese Gesetzesstellen regeln nur im Allgemeinen die Voraussetzungen, unter denen der Besitz sogenannter affirmativer Rechte erworben und ihre Ersitzung vollendet wird, entscheiden aber nicht über die Frage, inwieweit das allein im öffentlichen Rechte wurzelnde Besteuerungsrecht der Gemeinde Gegenstand privatrechtlicher Rechtsgeschäfte sein kann.

3. Das in § 144 Tit. 7 Teil II A.-L.-R.'s behandelte Recht der Gutsherrschaft, von den Unterthanen Abgaben und Dienste zu fordern, ist kein Besteuerungsrecht, sondern beruht auf privatrechtlichen Beziehungen des Gutsherrn zu den auf seinem Grund und Boden angesetzten bäuerlichen Wirten.

4. Zum Nachweise der Gemeindeabgabenpflicht des Gutsbesitzers wegen einer wüsten Hufe genügt nicht der Nachweis, daß er im Besitze einer solchen ist, die Gemeinde muß auch nachweisen, daß die Hufe vor der Einziehung rechtlich ihr zugehört hat.

Nr. 4. Entsch. v. 14. XII. 98 Nr. II 1807 (Pr.-V.-Bl. Bd. XX S. 474).[1])

Komm.-Abg.-Ges. v. 14. VII. 93 (G.-S. S. 152) §§ 2, 4, 9, 20.
Ausf.-Anw. v. 10. V. 94 Art. 13.

Hat eine Gemeinde die Reinigung der Bürgersteige durch Ortsstatut übernommen, so kann sie die Kosten der Reinigung weder in der Form von Gebühren, noch in der Form einer direkten Steuer den Anliegern auferlegen. Es ist dies nur in der Form der Beiträge zulässig. Denn das Komm.-Abg.-Ges. kennt Gebühren nur als Vergütungen für die Seitens Dritter erfolgende Benutzung der von der Gemeinde im öffentlichen Interesse unterhaltenen Veranstaltungen. Hier aber hat die Gemeinde die Veranstaltung der Straßenreinigung getroffen, um die von ihr übernommene Verpflichtung der Straßenreinigung zu erfüllen; eine Benutzung dieser Veranstaltung Seitens der Anlieger in ihrem besonderen Interesse findet gar nicht statt. Vgl. E.-O.-V. Bd. XXVI S. 49 ff. Was sodann die Form einer direkten Steuer anlangt, so hat das Institut der direkten Steuern gegenüber dem früheren Rechtszustande durch das Komm.-Abg.-Ges. (§ 20) insofern eine Einschränkung erfahren, als besondere, nur einzelne Klassen der Gemeindeangehörigen treffende Zwecksteuern fortan ausgeschlossen sind, vielmehr die direkten Steuern auf alle der Besteuerung unterworfenen Pflichtigen nach festen und in der Regel gleichmäßigen Grundsätzen verteilt werden müssen, wobei nur in besonderen Fällen eine Mehr- oder Minderbelastung mit der grundsätzlich allgemeinen Steuer für einzelne Teile des Gemeindebezirkes oder einzelne Klassen von Gemeindeangehörigen eintreten kann. Das Komm.-Abg.-Ges. geht dabei davon aus, daß die Gemeindeausgaben, soweit sie nur einzelnen Personen oder Klassen zu Gute kommen, durch andere Abgaben aufgebracht werden, und daß an den durch Steuern zu deckenden Aufwendungen mehr oder weniger die Gesammtheit aller Gemeindeangehörigen ein Interesse besitzt. Aus diesem Grunde könnte die nur die Straßenanlieger treffende Abgabe auch nicht unter dem Gesichtspunkte einer Zwecksteuer aufrecht erhalten werden.

---

[1]) Vgl. auch E.-O.-V. Bd. XXXIII S. 215, weiter unten im Abschn. B 2, Anliegerbeiträge.

Nr. 5. Entsch. v. 2. V. 99 Nr. II 602 (Pr.-V.-Bl. Bd. XXI S. 21).

Komm.-Abg.-Ges. v. 14. VII. 93 (G.-S. S. 152) §§ 9, 68, 96.
Fluchtliniengeſ. v. 2. VII. 75 (G.-S. S. 561) § 15.

Das Komm.-Abg.-Ges. gestattet, abgesehen von dem Falle des § 15 des Ges. v. 2. VII. 75, nicht, den Anliegern die Herstellung oder Unterhaltung von Bürgersteigen als eine Gemeindelast aufzuerlegen; die Heranziehung zu solchen Naturalleistungen ist unzulässig.

Entgegenstehende Statuten und Observanzen sind durch § 96 Abs. 5 des Komm.-Abg.-Ges. beseitigt.

B. Gebühren und Beiträge.

1. Im Allgemeinen.

Nr. 1. Entsch. v. 26. XI. 97 Nr. I 1785 (Pr.-V.-Bl. Bd. XX S. 58).

Komm.-Abg.-Ges. v. 14. VII. 93 (G.-S. S. 152) §§ 9, 77, 96.
Sch.-Holst. Land-Gem.-Ordn. v. 4. VII. 92 (G.-S. S. 155) § 19.

1. Gebühren im Sinne der älteren Gesetze (hier der Schl.-Holst. L.-G.-O. vom 4. VII. 92) sind lediglich Gegenleistungen der Gemeindeangehörigen für die Benutzung einer Gemeindeanlage. Dagegen stellen sich Leistungen, die ohne Rücksicht auf solche Benutzung von allen Gemeindeangehörigen oder einzelnen Klassen erfordert werden, als „direkte Gemeindeabgaben" dar.

2. Zieht daher ein Ortsstatut die Eigentümer sämmtlicher, auch nicht mit Häusern bebauter Grundstücke, die mit ihrem Wasserabflusse auf eine Sielanlage „anzuweisen" sind, zu Sielbeiträgen heran, so handelt es sich nicht um Gebühren, sondern um Beiträge zu den Herstellungskosten für die Anlage pp., d. h. um direkte Gemeindeabgaben im Sinne des § 19 der Land.-Gem-Ordn. vom 4. VII. 92. Ein solches Statut bedurfte nach § 19 a. a. O. zu seiner rechtlichen Wirksamkeit der Genehmigung der Minister des Innern und der Finanzen. Besaß es sie, so blieb es nach Inkrafttreten des Komm.-Abg.-Ges. (gemäß § 96 dieses Ges.) bestehen, so lange es nicht durch rechtsgültigen Gemeindebeschluß oder Anordnung der Aufsichtsbehörde abgeändert worden war. Dagegen kann ein nach dem früheren Rechte ungültiger Gemeindebeschluß durch die Einführung des Komm.-Abg.-Ges. auch dann nicht Gültigkeit erlangen, wenn er dessen Vorschriften entspricht. Es ist daher unerheblich, daß ein die Erhebung von „Beiträgen" regelnder Gemeindebeschluß nach dem Komm.-Abg.-Ges. der Genehmigung der genannten Minister nicht bedarf.

Nr. 2. Entsch. Bd. XXXIII S. 215 v. 18. VI. 97 I C 94/96.

Komm.-Abg.-Ges. v. 14. VII. 93 (G.-S. S. 152) §§ 9, 10, 69, 70, 75, 88, 96.
Fluchtliniengeſ. v. 2. VII. 75 (G.-S. S. 561) § 15.
Land-Gem.-Ordn. v. 3. VII. 91 (G.-S. S. 233) § 147.

§ 3 eines, durch die spätere Gesetzgebung nicht beseitigten Ortsstatutes vom 12. IV. 89 über die Erhebung von Beiträgen zu den Kosten der Trottoirlegung und Kanalisation bestimmte Folgendes:

„Bei einem etwaigen Besitzwechsel eines Grundstückes während oder nach der Ausführung der im § 1 bezeichneten Arbeiten ist der neue Besitzer des Grundstückes zur Zahlung des noch rückständigen anteiligen Kostenbetrages verpflichtet."

Hierauf fußend, forderte ein Gemeindevorstand von dem Ersteher eines Grundstückes im Zwangsversteigerungsverfahren 726 Mk. rückständige Beiträge, die auf seinen Vorbesitzer bereits ausgeschrieben, aber bis zu dem bereits vor dem Besitzwechsel eingetretenen Fälligkeitstermiue nicht bezahlt und von dem Ersteher in Anrechnung auf das Kaufgeld in dem geringsten Gebote nicht übernommen waren. Auf eine schriftliche Erklärung des letzteren, daß er seine Zahlungspflicht uicht anerkenne, wurde der Betrag von ihm eingetrieben und sein Widerspruch durch Beschluß des Gemeindevorstandes zurückgewiesen. Seiner Klage wurde Folge gegeben und zwar aus folgenden Gründen:

1. In formeller Beziehung:

Auch ein Anspruch auf Rückzahlung einer bereits eingezogenen Gemeindeabgabe stellt einen Einspruch gegen die Heranziehung zu der Abgabe dar und ist nach fruchtlosem Einspruche mit der Klage im Verwaltungsstreitverfahren verfolgbar. Ob Rechtsfragen, um die es sich bei der Entscheidung im Verwaltungsstreitverfahren handelt, auch im ordentlichen Prozeßverfahren zur Entscheidung der Gerichte gebracht werden können oder nicht, ist für die sachliche Zuständigkeit der Verwaltungsgerichte ohne Bedeutung. Diese hängt von dem Gegenstande des erhobenen Anspruches ab und wird dadurch nicht ausgeschlossen, daß die Entscheidung über den Anspruch eine Beurteilung privatrechtlicher Zwischenfragen erforderlich macht.

Für den Einspruch selbst ist eine bestimmte Form nicht vorgeschrieben. Es genügt jede schriftliche Erklärung, in der der Herangezogene der zuständigen Behörde seine Unzufriedenheit mit der Heranziehung und sein Verlangen nach Freilassung oder Ermäßigung ausdrückt.

2. In materieller Beziehung:

Durch § 3 des Statutes hat nicht etwa eine selbständige persönliche Verpflichtung des Besitznachfolgers begründet, sondern den Beiträgen lediglich dieselbe Rechtseigenschaft, wie den nach § 15 des Ges. vom 2. VII. 75. zu erhebenden Anliegerbeiträgen zukommt, also die Eigenschaft dinglicher Lasten beigelegt werden sollen.

Als eine dingliche Last öffentlich-rechtlicher Natur bedurfte die hier in Rede stehende Verpflichtung nach § 11 Nr. 2 der Grundbuchordn. v. 5. V. 72. und § 49 der Konk.-Ordn. v. 8. V. 55. zu ihrer Rechtsgültigkeit nicht der Eintragung in das Grundbuch. Sie würde daher, soweit es sich um zukünftige Leistungen handelt, die auf Grund jener ortsstatutarischen Verpflichtung erfüllt werden mußten, gemäß § 22 des Ges., betreffend die Zwangsvollstreckung in das unbewegliche Vermögen, v. 13. VII. 84 mangels abweichender Kaufbedingungen auf den Ersteher übergegangen sein. Im vorliegenden Falle handelt es sich jedoch nicht um eine für den Kläger erst nach dem Erwerbe des Grundstückes aus jenem Ortsstatute entstandene Zahlungsverpflichtung, sondern um eine Verpflichtung des Vorbesitzers zu einer von ihm bereits geforderten Leistung, mit der er im Rückstande geblieben war. Bezüglich der „Rückstände" von den auf einem Grundstücke haftenden gemeinen Lasten ist aber in den §§ 23, 28 und 37 des erwähnten Zwangsvollstreckungsgesetzes Bestimmung dahin getroffen, daß sie aus dem Kaufgelde zu berichtigen oder in Anrechnung auf dieses von dem Ersteher zu übernehmen sind. Wie sich daraus ergiebt, gehen solche aus einer dauernden Kommunallast entspringende einzelne, fällig gewesene Leistungen, mit denen bereits der Vorbesitzer des Grundstückes im Rückstande verblieben war, auf den Ersteher des Grundstückes im Zwangsversteigerungsverfahren nur dann über, wenn er sie in Anrechnung auf das Kaufgeld in dem geringsten Gebote übernommen hat. Als „im Rückstande verblieben" (§ 88 des Komm.-Abg.-Ges.) gelten alle, gleichviel ob periodisch wiederkehrende oder einmalige Gemeindeabgaben, die zur Hebung gestellt, aber bis zum Fälligkeitstermine nicht bezahlt waren.

Nr. 3. Entsch. v. 6. V. 98 Nr. I 847 (Pr.-V.-Bl. Bd. XX S. 472).

Komm.-Abg.-Ges. v. 14. VII. 93 (G.-S. S. 152) §§ 9, 96.
Land-Gem.-Ordn. v. 3. VII. 91 (G.-S. S. 233) §§ 10, 19.

1. Die Gültigkeit eines vor Inkrafttreten des Komm.-Abg.-Ges. v. 14. VII. 93. ergangenen Ortsstatutes ist davon abhängig, ob es dem zur Zeit seines Erlasses geltenden Rechte entsprach. War dies der Fall, so blieb es nach dem Inkrafttreten des Komm.-Abg.-Ges. gemäß § 96 dieses Ges. bestehen, so lange es nicht durch rechtsgültigen Gemeindebeschluß oder Anordnung der Aufsichtsbehörde abgeändert worden war. Dagegen konnte ein nach dem früheren Rechte ungültiger Gemeindebeschluß durch die Einführung des Komm.-Abg.-Ges. auch dann nicht Gültigkeit erlangen, wenn er dessen Vorschriften entsprach.

2. Die ortsstatutarische Einführung von Kanalbaubeiträgen als „einmalige Abgabe für Herstellung der Straßenleitung" (Entwässerung) ist zwar auch unter der Herrschaft der §§ 10—19 der L.-G.-O. v. 3. VII. 91 zulässig gewesen. Dieses Gesetz kannte jedoch nicht den Begriff „Beiträge" im Sinne des § 9 des Komm.-Abg.-Ges., sondern unterschied nur zwischen „direkten und indirekten Gemeindeabgaben" einerseits (§§ 10—16), sowie „Gebühren" andererseits (§ 17). Unter „Gebühren" im Sinne der älteren Gesetzgebung waren nur Gegenleistungen für die Benutzung einer Gemeindeanlage zu verstehen (vgl. E.-O.-V. Bd. XX S. 52), eine Auffassung, mit der auch § 17 der L.-G.-O. übereinstimmt.

Ist die vorerwähnte einmalige Abgabe von der Benutzung der Anlage nicht abhängig, so ist sie keine „Gebühr" im Sinne des § 17, sondern eine „besondere direkte Abgabe" im Sinne des § 16 Abs. 2.

Das Ortsstatut bedurfte daher, soweit es diese Abgabe einführte, nach § 19 Abs. 2 a. a. O. der Zustimmung der Minister des Innern und der Finanzen und entbehrt bei dem Mangel dieser Zustimmung der Rechtsverbindlichkeit.

Nr. 4. Entsch. v. 3. I. 99 Nr. I 5 (Pr.-V.-Bl. Bd. XX S. 441).

Komm.-Abg.-Ges. v. 14. VII. 93 (G.-S. S. 152) § 9.

1. Der auf Grund des § 9 des Komm.-Abg.-Ges. gefaßte Beschluß schafft nur objektives Recht, eine Rechtsnorm, die bestimmt, unter welchen Voraussetzungen von dem einzelnen Grundeigentümer ein Beitrag zu zahlen und wie hoch er zu bemessen sei. Der Verwaltungsrichter hat daher nur zu prüfen, ob der Beschluß an sich zu Recht besteht und ob im Einzelfalle die Voraussetzungen zutreffen, an die der Beschluß die Beitragspflicht knüpft. In ersterer Beziehung erstreckt sich die Prüfung zunächst darauf, ob der Beschluß in formeller Beziehung ordnungsmäßig zu stande gekommen ist (vgl. Abs. 3 ff. des § 9). In materieller Beziehung beschränkt sich die Prüfung darauf, ob die im ersten Absatze des § 9 angegebenen Bedingungen vorhanden und die daselbst gegebenen Vorschriften befolgt sind.

Ergiebt sich, daß hiernach der Beschluß an sich rechtsgiltig ist, so kommt es für den Verwaltungsrichter nicht darauf an, ob jeder einzelne zu der betr. Klasse gehörige Grundbesitzer von der Veranstaltung einen besonderen Vorteil hat und ob der Vorteil im genauen Verhältnisse zur Höhe des erforderten Beitrages steht. Denn die Rechtsnorm ist auf jeden darunter fallenden Thatbestand anzuwenden, wenn auch etwa der Beweggrund, der bei Aufstellung der Rechtsnorm maßgebend ist, gerade für den Einzelfall nicht zutrifft. Aus eben dieser Erwägung ist auf dem verwandten Gebiete der „Gebühren“ bereits ein Verteilungsmaßstab, der für die Bemessung der Abgabe zwar nicht stets und in jedem Einzelfalle, aber doch durchschnittlich einen zutreffenden Anhalt gewährt, für zulässig und rechtmäßig erachtet, sofern er sich nicht als offenbar und absolut ungeeignet und darum als willkürlich darstellt. Vgl. E.-O.-V. Bd. XXXI S. 61, 65. Alles was die Frage nach der Zweckmäßigkeit und Angemessenheit des Beschlusses und seines näheren Inhaltes angeht, entzieht sich der Kognition des Verwaltungsrichters. Vgl. E.-O.-V. Bd. XXXII S. 116, 117.

2. Dem Eigentümer eines jeden Grundstückes liegt die Pflicht ob, sein Eigentum in einem solchen Zustande zu erhalten, daß polizeilich zu schützende Interessen nicht gefährdet werden. Vgl. E.-O.-V. Bd. VII S. 348. Und zwar besteht diese Pflicht, weil sie aus dem Begriffe des Eigentumes abzuleiten ist, nicht nur im Geltungsgebiete des A.-L.-R's., sondern auch in dem hier in Betracht kommenden des Gemeinen Rechtes (vgl. E.-O.-V. Bd. XXX S. 216 und 424). Diese Pflicht umfaßt aber auch die Verbindlichkeit, die auf dem Grundstücke sich ansammelnden gesundheitsschädlichen Stoffe, insbesondere Haus- und Wirtschaftswässer und Fäkalien zu beseitigen oder doch unschädlich zu machen. Wenn nun die Gemeinde eine Veranstaltung trifft, die zur Entwässerung der an die Straßen angrenzenden Grundstücke, und insbesondere der unterirdischen Ableitung der auf ihnen sich sammelnden, mehr oder minder verunreinigten Haus- und Wirtschaftswässer und der Fäkalien bestimmt ist, so beabsichtigt sie zwar in erster Linie Förderung der öffentlichen Gesundheitspflege, aber sie handelt nicht etwa in Erfüllung einer ihr obliegenden öffentlich-rechtlichen Verpflichtung, sondern übernimmt einen Teil der dem Grundeigentümer obliegenden Aufgabe der Beseitigung gesundheitsschädlicher, auf ihren Grundstücken sich ansammelnder Stoffe. In dieser Entlastung ist allein schon ein wirtschaftlicher Vorteil zu finden, und es bedarf deshalb keiner Prüfung, ob daneben noch eine Steigerung des Wertes derjenigen Grundstücke eintritt, die ihrer Lage nach an die Kanalisation angeschlossen werden können. Wäre indes auf die Frage einzugehen, so würde der Bejahung kein Bedenken entgegenstehen. Denn die Möglichkeit, die Straßenkanäle zur Fortschaffung schädlicher Stoffe zu benutzen, bewirkt notwendig bei bebauten Grundstücken eine Erhöhung der Bewohnbarkeit, bei unbebauten eine Erhöhung der Bebauungsfähigkeit, also eine Steigerung der Gebrauchsfähigkeit, die als Vorteil im Sinne des § 9 des Komm.-Abg.-Ges. anzusehen ist (vgl. E.-O.-V. Bd. XXXII S. 118).

Hiernach muß angenommen werden, daß die Kanalanlage den Eigentümern der an den kanalisierten Straßen belegenen und anschlußfähigen Grundstücke im allgemeinen zum Vorteile gereicht und daß dies insbesondere bei den bebauten zutrifft.

3. Darauf, ob die Grundstücke „entwässerungsbedürftig“ sind, kommt es nicht an. Wäre dieser Ausdruck seinem gewöhnlichen Wortsinne nach zu verstehen und auf solche Grundstücke zu beziehen, die einer Entwässerung überhaupt nicht bedürfen, so würde der Einwand schon an der Erwägung scheitern, daß es dergleichen Grundstücke innerhalb des bebauten oder doch zur Bebauung

bestimmten Geländes der Städte nicht giebt. Denn es ist eine allgemein bekannte und deshalb keines besonderen Beweises bedürftige Erfahrungsthatsache, daß sich auf jedem bebauten Grundstücke Haus-, Wirtschafts- und Regenwässer sowie menschliche Exkremente ansammeln, die der Beseitigung bedürftig sind. Sollen aber unter den nicht entwässerungsbedürftigen Grundstücken solche verstanden werden, deren Eigentümer eine die polizeilich zu schützenden Gesundheitsinteressen nicht gefährdende Beseitigung der schädlichen Stoffe auch auf andere, für sie billigere Weise als durch Anschluß an die städtische Kanalisation durchzuführen vermögen, so steht dem entgegen, daß auch bei denjenigen Grundstücken, bei denen eine andere Art der Beseitigung der schädlichen Stoffe an sich möglich und mit den polizeilich zu schützenden Interessen vereinbar ist, ein Vorteil deshalb nicht ganz verneint werden kann, weil als ein solcher schon die Erweiterung der Möglichkeit, die schädlichen Stoffe zu beseitigen, anzusehen ist, die Entscheidung also auf die Prüfung hinauslaufen würde, ob die Ableitung durch die Kanalanlage zweckmäßiger ist, als die bisher von dem Eigentümer ausgeführte. Wollte man aber auch über dies Bedenken hinweggehen, so würde doch die „Entwässerungsbedürftigkeit" der Grundstücke nur dann verneint werden können, wenn nach dem geltenden polizeilichen Rechte den Grundeigentümern die Wahl der Mittel zur Beseitigung der schädlichen Stoffe freistände.

Anzuerkennen ist freilich, daß die Polizeibehörde dem Grundbesitzer die Art, wie er sein Grundstück in einer die polizeilich zu schützenden Interessen nicht gefährdenden Beschaffenheit zu erhalten hat, der Regel nach zu überlassen und nur darauf zu achten hat, daß diese nicht selbst in einer die öffentlichen Interessen gefährdenden Weise erfolgt. Allein diese Beschränkung der Befugnisse der Polizeibehörde findet ihre Grenze in dem durch §§ 5 und 6 des Ges. über die Polizeiverwaltung vom 11. III. 50 bezw. der Vd. über die Polizeiverwaltung in den neu erworbenen Landesteilen v. 20. IX. 67 begründeten polizeilichen Verordnungsrechte. Wird von der in diesen Gesetzen verliehenen Befugnis, in Ausübung der Sorge für Leben und Gesundheit allgemeine polizeiliche Vorschriften zur Regelung der Art, wie die auf den Grundstücken sich ansammelnden gesundheitsschädlichen Stoffe zu beseitigen sind, zu erlassen, Gebrauch gemacht, so richtet sich das Maß dessen, was der einzelne Grundeigentümer zu leisten hat, nur nach diesen Vorschriften, er kann daher auch gegenüber derartigen allgemeinen Vorschriften den Einwand, daß er die Beseitigung der schädlichen Stoffe auf eine andere gleich vollkommene und für ihn weniger lästige Weise vornehmen könne, nicht geltend machen.

4. Die Bemessung der Kanalisationsbeiträge nach der Straßen-Frontlänge der an den Kanal angeschlossenen Grundstücke ist nach dem Komm.-Abg.-Ges. zulässig, da die Frontlänge regelmäßig das Maß des Vorteiles, das dem Grundstückseigentümer erwächst, beeinflussen wird. Ebenso ist auch die Bestimmung, daß der Beitrag 25 % des Gebäudesteuernutzungswertes nicht übersteigen und hinter 10 % davon nicht zurückbleiben solle, zulässig, da der Vorteil nicht nur durch die Frontlänge des Grundstückes, sondern auch durch den Nutzungswert der darauf erbauten Gebäude mit bestimmt wird.

Nr. 5. Entsch. Bd. XXXIV S. 74 v. 3. XII. 98 II C 105/98.

Komm.-Abg.-Ges. v. 14. VII. 93 (G.-S. S. 152) §§ 4, 7, 9, 20 und Ausf.-Anw. v. 10. V. 94 Art. 4.

Gebühren für die Benutzung von Kanalisationsanlagen sind gleichmäßig zu bemessen. Es ist daher unzulässig, sie verschiedenartig mit Rücksicht auf die Leistung von Beiträgen zur Straßenentwässerung abzustufen.

Der § 4 des Komm.-Abg.-Ges. gestattet zwar bei ein und derselben Veranstaltung die Erhebung von Gebühren auch zur Deckung der Ausgaben für die Verzinsung und Tilgung des aufgewendeten Kapitales, soweit die Ausgleichung nicht bereits durch Beiträge erfolgt, und danach erscheint die Anrechnung von schon gezahlten Beiträgen auf die Gebühren für dieselbe Anlage an sich zulässig. Unzulässig ist dagegen eine weitere Verschiedenheit der Gebühr deshalb, weil ein Teil der Grundstücke bereits einen Beitrag zu den Kosten der Straßenentwässerung geleistet hat, ein anderer nicht, offenbar in der Absicht, diejenigen Grundstücke, die von jedem Beitrage zur Straßenentwässerung frei waren, zur allmählichen oder sofortigen Zahlung einer jenem Beitrage gleichen Summe zu zwingen, ohne daß ihnen gegenüber die Vorbedingungen des Straßenstatutes oder die Formen des § 9 des Komm.-Abg.-Ges. innegehalten werden. Auf diese Weise wird eine erhebliche Ungleichmäßigkeit in der Bemessung der Gebühren herbeigeführt und das ist unstatthaft.

Gemäß § 7 des Komm.-Abg.-Ges. nämlich sind die Gebühren im Voraus nach festen Normen und Sätzen zu bemessen. Dabei ist zwar eine Berücksichtigung Unbemittelter nicht ausgeschlossen, auch läßt sich eine Abstufung mit Bezug auf eine verstärkte Leistung rechtfertigen. Dagegen darf nicht für dieselbe Leistung die Gebühr des einen Benutzenden höher als die des anderen bemessen und dadurch die Abgabe ungleichartig gestaltet werden.

Nr. 6. Entsch. Bd. XXXIV S. 71 v. 4. II. 99 II C 261/98.

Komm.-Abg.-Ges. v. 14. VII. 93 (G.-S. S. 152) §§ 4, 9, 20.
Fluchtliniengeſ. v. 2. VII. 75 (G.-S. S. 561) § 15.

1. Durch den Umstand, daß einer Gemeinde für die Kanalisation einer Straße keine Kosten erwachsen sind, wird wohl die Erhebung von Beiträgen für die Kosten der Straßenentwässerung auf Grund des § 15 des Baufluchtengeſ. v. 2. VII. 75, nicht aber die Erhebung von Beiträgen zu den Kosten der Grundstücksentwässerung ausgeschlossen.

2. Die Beiträge müssen — soweit nicht eine Ausgleichung durch Gebühren oder Mehrbelastung (§§ 4, 9, 20 des Komm.-Abg.-Ges. erfolgt) — nach Maßgabe der Vorteile gleichmäßig bemessen werden. Daher dürfen Beiträge, die zur Straßenentwässerung gezahlt sind, auf die Beiträge für Grundstücksentwässerung nicht angerechnet werden.

Nr. 7. Entsch. Bd. XXXIV S. 64 v. 18. VI. 98 II C 196/97.

Vgl. Erg. Bd. S. 43 Nr. 10.

Nr. 8. Entsch. v. 19. IV. 99 Nr. II 520 (Pr.-V.-Bl. Bd. XX S. 492).

1. Kirchen genießen an und für sich keine Freiheit von Kanalgebühren, können aber zu solchen nicht herangezogen werden, wenn die örtliche Gebührenordnung zum Maßstabe der Heranziehung den Nutzungswert der Grundstücke gemacht hat, da Kirchen keinen wirklichen Nutzungswert haben.

2. An Stelle des Nutzungswertes kann eine Steuerordnung die Heranziehung nach demjenigen Betrage vorschreiben, der mangels der Kirche für die mietsweise Beschaffung eines Lokales zur Abhaltung der Gottesdienste würde angelegt werden müssen.

Nr. 9. Entsch. Bd. XXXV S. 27 v. 7. I. 99 II C 312/98.

Komm.-Abg.-Ges. v. 14. VII. 93 (G.-S. S. 152) § 4.

1. Durch eine Erklärung der Polizeibehörde des Inhaltes, es stehe der Anbringung einer Vortreppe, eines Balkons, eines Lichtschachtes oder dergleichen nichts entgegen, erhält der Anlieger nicht das Recht, die Oberfläche, die Luftsäule oder den Untergrund des Straßengrundstückes ohne Rücksicht auf den Widerspruch seines Privateigentümers privatrechtlich zu benutzen. Die Gemeinde braucht vielmehr keinen auf dem Gebiete des Privatrechtes liegenden Eingriff in das ihr an der Straße etwa zustehende Privateigentum zu dulden und ist nicht gehindert, darüber zu befinden, ob sie ihre Zustimmung zu der gedachten Benutzung ihres Eigentumes widerruflich oder unwiderruflich erteilen oder an Bedingungen knüpfen, insbesondere auch von der Zahlung einer Vergütung abhängig machen will oder nicht, vorausgesetzt natürlich, daß nicht das privatrechtliche Benutzungsrecht dem Anlieger schon zusteht. Dazu aber würde es eines privatrechtlichen Erwerbsgrundes bedürfen. Die Hergabe des Grundstückes zur Straße, d. h. zu öffentlichen Verkehrszwecken, begründet ein solches Recht nicht und legt dem Eigentümer nur diejenigen Beschränkungen auf, die sich aus jenen öffentlichen Zwecken ergeben.

2. Für die Benutzung des Straßenplanums, seiner Luftsäule oder seines Untergrundes seitens der Anlieger durch Einrichtungen der vorerwähnten Art darf eine Gebühr aus den Erwägungen, die in E.-O.-V. Bd. XXVIII S. 74 dargelegt sind, und die nicht nur für das Gebiet des Rheinischen Rechtes, sondern auch für das Gebiet des A.-L.-R's. und auch für den durch das Komm.-Abg.-Ges. v. 14. VII. 93 geschaffenen Rechtszustand zutreffen, nicht erhoben werden. Daß das, was dort von der Luftsäule gesagt ist, für alle den Wirkungen des privaten Eigentumes unterliegenden Teile des Straßengrundstückes, insbesondere also auch für den Untergrund und die Oberfläche, gilt, bedarf keiner weiteren Ausführung. Beruht aber die Benutzung des Straßengrundstückes seitens der Anlieger nicht auf dem öffentlichen Rechte, so kann dafür auch keine öffentlich-rechtliche Gebühr gefordert werden.

3. Hieraus ergeben sich folgende Rechtsgrundsätze:

a) Die Gemeinden können für die Benutzung der von ihnen im öffentlichen Interesse unterhaltenen Veranstaltungen (Anlagen, Anstalten und Einrichtungen) besondere Vergütungen (Gebühren) erheben.

b) Die Luftsäule über einer öffentlichen Straße ist aber keine Veranstaltung in diesem Sinne. Gebührenordnungen, die das Hineinbauen von Erkern, Balkons u. dgl. in die Luftsäule als deren Benutzung ansehen und mit Gebühren belegen, sind rechtsunwirksam.

Nr. 10. Entsch. v. 8. IV. 99 Nr. II 467 (Pr.-V.-Bl. Bd. XX S. 378).

Komm.-Abg.-Ges. v. 14. VII. 93 (G.-S. S. 152) § 6.

Gemäß § 6 Abs. 1 und 2 des Komm.-Abg.-Ges. darf eine Gebühr dann nicht gefordert werden, wenn ein Antrag auf baupolizeiliche Genehmigung zwar geprüft, die Genehmigung aber nicht erteilt, sondern (durch Stellung einer Bedingung bedingungsweise) abgelehnt ist. Denn es ist durch den klaren Wortlaut des Ges. die gebührenpflichtige Handlung bezeichnet als „Genehmigung und Beaufsichtigung von Bauten" und es ist unmöglich, die Prüfung des Baugesuches unter einen dieser Begriffe zu bringen. Darauf, daß schon durch die Prüfung Kosten entstehen, kommt es nicht an. Die Gebühr ist eine kraft hoheitlichen Hebungsrechtes aus Anlaß des behördlichen Aktes gemachte Auflage, eine befohlene öffentliche Abgabe. Wie deren Höhe nicht bemessen werden kann nach der aufgewendeten Mühe, so ist auch ihre Entstehung nicht geknüpft an die Mühewaltung, sondern an den obrigkeitlichen Akt, dergestalt, daß sie nur zu entrichten ist, wenn dieser Akt vorgenommen wird, dann aber auch als einheitliche Abgabe ganz entrichtet werden muß, obwohl vielleicht die Mühewaltung der Behörde sehr gering war, und auch in dem Falle, daß ein Teil der vorgesehenen obrigkeitlichen Thätigkeit, die Beaufsichtigung des beabsichtigten Baues, bei Abstandnahme von ihm in Wegfall kommt.

2. Anliegerbeiträge.

Litteratur: Bering, Zum Fluchtliniengesetze vom 2. Juli 1875 und seine Beziehung zum Kommunalabgabengesetze, Düsseldorf 1899. — Friedrichs — v. Strauß und Torney, Gesetz, betr. die Anlegung und Veränderung von Straßen und Plätzen in Städten und ländlichen Ortschaften vom 2. Juli 1875, 4. Aufl. Berlin 1899.

Nr. 1. Entsch. Bd. XXXIII S. 94 v. 31. I. 98 IV C 127/97.

Straßen- und Baufluchtengeſ. v. 2. VII. 75 (G.-S. S. 561) §§ 12, 15.

1. Nach dem Wortlaute und Sinne des § 15 des Fluchtliniengeſ. v. 2. VII 75 ist zur Befreiung von den gemäß § 15 festgesetzten ortsstatutarischen Beiträgen zu den Anlage- und Unterhaltungskosten einer Straße nicht erforderlich, daß die Straße bei Erlaß des Ortsstatutes eine fertiggestellte städtische Straße gewesen ist. Es ist vielmehr zu prüfen, ob sie, wenn auch nicht fertig hergestellt, doch als städtische Straße schon vorhanden gewesen ist, als das Ortsstatut erlassen wurde.

Die etwa weiter reichenden Erfordernisse, die an eine sogenannte historische Straße gestellt werden, brauchen hier nicht erfüllt zu sein, es kommt hierauf bei dem bloßen Gegensatze von „vorhanden" und „neu", der nach § 15 des Ges. v. 2. VII 75, abweichend von § 12 daselbst, maßgebend ist, nicht an. Vgl. E.-O.-V. Bd. XXVII S. 55 und 57. War sie damals lediglich ein ländlicher Kommunikationsweg, dessen Umwandlung in eine städtische Straße zwar durch die Aufnahme in den Bebauungsplan und die Ziehung von Fluchtlinien (vor dem Ges. von 1875) in Aussicht genommen und durch den Erwerb einiger zur Ausgestaltung der Straße nach Maßgabe der Fluchtlinien erforderlichen Parzellen von der Stadt vorbereitet, während an dem Wegekörper noch nichts vorgenommen war, um den bisherigen ländlichen Kommunikationsweg in eine städtische Straße zu verwandeln, so bestand sie eben als städtische Straße noch nicht.

Nr. 2. Entsch. v. 1. II. 98 Nr. I 206 (Pr.-V.-Bl. Bd. XXI S. 15).

Fluchtliniengeſ. v. 2. VII. 75 (G.-S. S. 561) §§ 12, 15.

1. Bei der Beurteilung, inwieweit die auf Grund des Ges. v. 2. VII 75 erlassenen ortsstatutarischen Vorschriften einer Ergänzung durch polizeiliche Bestimmungen bedürfen, ist zwischen dem Erlaße eines Bauverbotes auf Grund des § 12 und der Konstituierung einer Pflicht zur Tragung von Straßenherstellungskosten auf Grund des § 15 zu unterscheiden. Die erstere Gesetzesstelle ermächtigt die Gemeinden nur, durch Ortsstatut zu verbieten, daß an Straßen oder Straßenteilen, die für den Anbau und den öffentlichen Verkehr noch nicht fertiggestellt sind, Wohngebäude mit einem Ausgange nach diesen Straßen errichtet werden. Sie überläßt aber die Regelung der Frage, ob eine Straße als fertiggestellt im Sinne des Verbotes zu gelten hat, weder der ortsstatutarischen Vorschrift, noch der polizeilichen Verfügung im

einzelnen Falle. Sie verweist vielmehr ausdrücklich auf „die baupolizeilichen Bestimmungen des Ortes“, d. h. Feststellung allgemeiner, für die Beurteilung des einzelnen Falles maßgebender Normen durch die Baupolizei. Sind solche nicht vorhanden, so fehlt die Voraussetzung, auf der das Bauverbot beruht. Es muß also notwendig so lange unwirksam bleiben, bis jene Feststellung erfolgt ist. Vgl. E.-O.-V. Bd. III S. 286, 287, Bd. VIII S. 344, Bd. IX S. 322.

2. Anders steht es aber bei der Konstituierung einer Pflicht zur Tragung von Straßenherstellungskosten auf Grund des § 15. Wenn nach diesem von den Unternehmern neuer Straßenanlagen oder den angrenzenden Eigentümern gefordert werden darf, daß sie die Freilegung, erste Einrichtung, Entwässerung und Beleuchtungsvorrichtung in der dem Bedürfnisse entsprechenden Weise beschaffen bezw. einen verhältnismäßigen Beitrag oder den Ersatz der zu allen diesen Maßnahmen erforderlichen Kosten leisten, so ist das Maß der Leistungen, die dem Straßenbauunternehmer bezw. den angrenzenden, an der Straße bauenden Eigentümern durch Ortsstatut auferlegt werden dürfen, auf Erfüllung derjenigen Anforderungen beschränkt, die im Interesse des Anbaues und des öffentlichen Verkehres an die Beschaffenheit der Straße zu stellen sind. Hieraus ist indes nicht zu folgern, daß das Maß der Leistungen, die von dem Straßenbauunternehmer bezw. den an die Straße angrenzenden Eigentümern gefordert werden dürfen, nur an der Hand baupolizeilicher Bestimmungen über die Umstände, unter denen eine Straße als für den öffentlichen Verkehr und den Anbau fertiggestellt gelten soll, beurteilt werden kann. Einerseits erschöpft sich das Bedürfnis nicht in denjenigen Anforderungen, deren Durchführung polizeilich erzwungen werden kann, sondern umfaßt auch diejenigen, deren Erfüllung zwar nicht unbedingt notwendig, aber doch zweckmäßig und dem Interesse des öffentlichen Verkehres und des Anbaues förderlich ist. Andererseits haben die erwähnten baupolizeilichen Bestimmungen immer nur den Zweck, das Mindestmaß derjenigen Anforderungen zu bezeichnen, ohne deren Erfüllung eine Straße überhaupt nicht als solche bestehen kann, und schließen daher weitergehende polizeiliche Anforderungen, die durch die besondere Art des Anbaues und des sich auf der Straße bewegenden Verkehres geboten sind, keineswegs aus. Es ist also aus den gesetzlichen Bestimmungen über das Maß der Leistungen, die dem Straßenbauunternehmer oder den Anliegern durch Ortsstatut auferlegt werden dürfen, nicht die Notwendigkeit zu folgern, die ortsstatutarischen Vorschriften über diesen Punkt durch polizeiliche Bestimmungen zu ergänzen, und ebensowenig ist eine solche aus dem in der Rechtsprechung anerkannten Satze herzuleiten, daß eine Heranziehung der Anlieger zu den Straßenherstellungskosten der Regel nach erst erfolgen darf, wenn die Kosten der Gesammtanlage feststehen. Denn es ist zwar anzuerkennen, daß diese Kosten erst berechnet werden können, wenn die Straßenanlage fertiggestellt ist, aber es ist wiederum nicht zuzugeben, daß diese Frage allein an der Hand allgemeiner baupolizeilicher Bestimmungen beantwortet werden kann. Fertig in diesem Sinne ist eine Straßenanlage nicht schon dann wenn die Anforderungen der baupolizeilichen Vorschriften notdürftig erfüllt sind, sondern erst dann, wenn die durch den Bauplan vorgesehenen Einrichtungen hergestellt sind. Die Aufstellung des Bauplanes aber hat zwar die Vorschriften der baupolizeilichen Bestimmungen über die Beschaffenheit der Straßen zu beachten, falls solche bestehen. Sie hat indes das Vorhandensein derartiger allgemeiner polizeilicher Normen nicht zur unbedingten Voraussetzung. Hiernach könnte die Rechtswirksamkeit ortsstatutarischer, auf Grund des § 15 des Ges. v. 2. VII 75 erlassener Vorschriften nur dann von dem Bestehen baupolizeilicher Bestimmungen darüber, unter welchen Umständen eine Straße als für den Anbau und öffentlichen Verkehr fertiggestellt gelten soll,

abhängig gemacht werden, wenn anzunehmen wäre, daß eine derartige Vorschrift nur in Verbindung mit einem Bauverbote auf Grund des § 12 a. a. O in Kraft treten könne. Für eine solche Annahme bietet jedoch weder der Wortlaut des Ges., noch sein Zusammenhang irgend welche Grundlage.

Es kann also das Bestehen baupolizeilicher Bestimmungen über die Umstände, unter denen eine Straße als für den Anbau und öffentlichen Verkehr fertiggestellt anzusehen ist, nicht als unerläßliche Voraussetzung für die Entstehung der Pflicht zu Straßenanliegerbeiträgen angesehen werden. Fehlen solche Bestimmungen, so sind freilich Straßen, die ihnen entsprechen, nicht vorhanden. Daraus würde aber die Unmöglichkeit einer Entstehung der Pflicht zu anteiliger Erstattung von Straßenherstellungskosten nur dann folgen, wenn das Ortsstatut sie nur bei solchen Bauten begründete, die an den baupolizeilichen Bestimmungen entsprechend hergestellten Straßen errichtet sind. Folgt aber aus dem Ortsstatute diese Pflicht auch bei Bauten, die vor der Fertigstellung der Straßen errichtet werden, so entsteht mit dem Bau für den angrenzenden Eigentümer eine bedingte Pflicht, die erst dann geltend gemacht werden kann, wenn die Straße als fertiggestellt anzuerkennen ist. Wird diese letzte Frage im Statute von dem Inhalte „polizeilicher Bestimmungen" abhängig gemacht, so kann freilich das Eintreten der Bedingung erst nach dem Erlasse polizeilicher Bestimmungen festgestellt werden. Daraus folgt indes nicht, daß die durch früher errichtete Bauten begründeten Verpflichtungen nicht zur Entstehung gelangen konnten, sondern nur, daß sie bis zum Erlasse derartiger Bestimmungen bedingte geblieben sind. Damit ist die rechtliche Möglichkeit einer Ergänzung der ortsstatutarischen Bestimmungen auch für die vor Erlaß der polizeilichen Normen liegenden Baufälle gegeben, die auch durch eine inzwischen erfolgte Aenderung des Ortsstatutes nicht abgeschnitten ist, weil die neueren Vorschriften die unter der Herrschaft der älteren entstandenen nicht nur nicht beseitigen oder mindern, sondern nach § 17 ausdrücklich aufrecht erhalten. Unzweifelhaft wird bei einem unter der Herrschaft des älteren, aber vor dem Inkrafttreten des neueren Statutes ausgeführten Bau an einer Straße, die erst nach diesem Zeitpunkte fertiggestellt worden ist, der Heranziehung nicht die Ausführung entgegengesetzt werden können, daß weder das ältere Statut, noch das neuere Statut Anwendung finde, das erstere deshalb nicht, weil die Heranziehung schon unter das letztere falle, und das letztere darum nicht, weil der Bau schon vor seiner Herrschaft ausgeführt ist. Das Gleiche wird aber auch da gelten müssen, wo das Hindernis der Heranziehung nicht in der Beschaffenheit der Straße und dem Stadium ihrer Ausführung, sondern in dem Mangel objektiver Normen für deren Beurteilung liegt.

Nr. 3. Entsch. v. 1. VII. 98 Nr. I 1174 (Pr.-V.-Bl. Bd. XXI S. 59).

Fluchtliniengeſ. v. 2. VII. 75 (G.-S. S. 561) §§ 4—8, 11, 13.
Enteignungsgeſ. v. 11. VI. 74 (G.-S. S. 221) §§ 2, 21, 24 ff.

1. Vor Erlaß des Ges. v. 2. VII 75 hatte die Feststellung von Bebauungsplänen und Straßenfluchtlinien lediglich die Bedeutung einer Festsetzung polizeilicher Normen, durch die die Bebauung der vom Plane betroffenen Grundstücke geregelt und eingeschränkt wurde, sie gab aber den Gemeinden nicht ohne Weiteres das Recht, den beteiligten Grundeigentümern die zur Anlegung von Straßen und Plätzen bestimmten Flächen gegen Entschädigung zu entziehen. Zum Erwerbe dieser Befugnis war vielmehr sowohl nach den Bestimmungen des älteren Rechtes wie nach den neueren Vorschriften im § 2 des Ges. über die Enteignung von Grundeigentum v. 11. VI 74 eine besondere Verleihung durch Königl. Vd. erforderlich. In diesem

Rechtszustande ist seit Erlaß des Ges. v. 2. VII 75 insofern eine Aenderung eingetreten, als durch § 11 dieses Ges. den gemäß § 8 a. a. O. festgestellten und bekannt gemachten Fluchtlinienplänen die Wirkung beigelegt ist, daß die Gemeinde das Recht erhält, die durch die festgesetzten Straßenfluchtlinien für Straßen und Plätze bestimmte Grundfläche dem Eigentümer zu entziehen. Durch diese Bestimmung ist jedoch die Wirkung der älteren, vor Erlaß des Ges. v. 2. VII 75 erfolgten Feststellung von Straßenfluchtlinien nicht erweitert worden, hinsichtlich ihrer bewendet es vielmehr bei dem älteren Rechte.

2. Die Festsetzung von Straßenfluchtlinien nach dem Ges. v. 2. VII 75 ist in rechtlicher Beziehung wesentlich verschieden von einer Planfestsetzung nach § 21 des Ges. v. 11. VI 74. Wenn § 14 des Ges. v. 2. VII 75 anordnet, daß für die Feststellung der Entschädigungen und die Vollziehung der Enteignung nach dem vorhergehenden § 13 die §§ 24 ff. des Ges. v. 11. VI 74 zur Anwendung kommen, so ist damit keineswegs vorgeschrieben, daß die Wirkungen der Festsetzung von Straßenfluchtlinien nach den dem angeführten § 24 vorhergehenden Bestimmungen über die Planfeststellung zu beurteilen sind, sondern nur ausgesprochen, daß die Vorschriften über das Verfahren bei Feststellung von Entschädigung und Vollziehung von Enteignungen auch bei Anwendung des Ges. v. 2. VII 75 zu beobachten sind. Hiernach ist eine unmittelbare Anwendbarkeit der von der Planfeststellung handelnden Vorschriften auf die Festsetzung der Fluchtlinien aus § 14 des Ges. v. 2. VII 75 nicht herzuleiten. Es fehlen aber auch für eine sinngemäße Anwendung jener Vorschriften die erforderlichen Grundlagen. Denn die Annahme, daß die Festsetzung der Fluchtlinien rechtlich den gleichen Inhalt habe, wie die Planfeststellung, kann als zutreffend nicht anerkannt werden. Die Planfeststellung umfaßt neben der Bestimmung des Gegenstandes der Enteignung, der Größe und Grenzen des zu enteignenden Grundbesitzes auch die Festsetzung der Zeit, innerhalb deren vom Enteignungsrechte Gebrauch zu machen ist, und die Feststellung der Anlagen, zu deren Errichtung und Unterhaltung der Unternehmer verpflichtet ist. Beide Festsetzungen, die einen wesentlichen Teil der Planfeststellung auf Grund des § 21 des Ges. v. 11. VI 74 bilden, fehlen bei der Festsetzung von Straßenfluchtlinien gänzlich. Das Ges. v. 2. VII 75 giebt keinerlei Handhabe, die Wirkungen der Fluchtlinienfestsetzung zeitlich zu beschränken, es überläßt vielmehr völlig dem Ermessen der Gemeinde, ob und wann sie die Straßen, für welche Fluchtlinien festgestellt sind, ausbauen und wann sie zu diesem Zwecke die von den Straßenfluchtlinien begrenzte Fläche den beteiligten Eigentümern entziehen will. Ebensowenig enthält es eine Vorschrift, welche die zur Festsetzung von Fluchtlinien oder zur Entscheidung über erhobene Einwendungen berufenen Behörden ermächtigt, der Gemeinde die Errichtung und Unterhaltung besonderer Anlagen aufzugeben.

Nr. 4. Entsch. Bd. XXXIV S. 94 v. 26. IX. 98 IV C 106/97.

Fluchtliniengeſ. v. 2. VII. 75 (G.=S. S. 561) § 15.

1. Für die Ermittelung des zu den Kosten der Straßenanlage zu rechnenden Wertes der dazu verwendeten, der Gemeinde selbst gehörigen Grundstücke kommen die Grundsätze des § 8 des Enteignungsges. v. 11. VI 74 nicht zur Anwendung. Die Gemeinde ist zwar berechtigt, den Wert dieser Grundstücke in die Kostenberechnung für die Anliegerbeiträge einzusetzen, aber nur mit dem Werte, den sie zur Zeit der Hergabe für Straßenzwecke für sie hatten. Vgl. E.-O.-V. Bd. XXV S. 93. Denn nur um dieses ist das Gemeindevermögen verringert. Eine andere Beurteilung muß nur

dann eintreten, wenn das Gelände gerade zum Zwecke der Verwendung für die Straßenanlage erworben ist.

2. Für die Frage, ob eine Wegeanlage als Teil einer städtischen Straße oder als eine selbständige Verkehrsanstalt anderer Art (Ladestraße) anzusehen ist, kommt es entscheidend nicht auf den Inhalt des Fluchtlinienplanes, sondern auf die thatsächliche Gestaltung bei Ausführung des Planes an. Es muß also geprüft werden, ob nach den örtlichen Verhältnissen die Ladestraße eine von der Uferstraße verschiedene, selbständige Bedeutung mit anderen, besonderen Zwecken hat, oder ob sie mit ihr eine Einheit bildet, so daß sie gleichen Zwecken des Verkehres und Anbaues dient. Eine Ladestraße, die nicht unerheblich tiefer liegt, als die Verkehrsstraße, von ihr durch eine Futtermauer und ein darauf angebrachtes eisernes Gitter getrennt ist und lediglich dem Güterverkehre des angrenzenden Schiffahrtskanales dient, die mit der Uferstraße nur eine Verbindung hat, auf einer Seite sackartig endet u. s. w., zu dem auf der Uferstraße sich vollziehenden städtischen Verkehre, insbesondere dem durch den Anbau hervorgerufenen, in keiner Beziehung steht, ist keine städtische Straße oder ein Teil davon, sondern ein für Schiffahrtszwecke bestimmter Kommunikationsweg.

3. Das Gesetz berechtigt die Gemeinden, den angrenzenden Eigentümern, sobald sie Gebäude an der neuen Straße errichten, nach Verhältnis der Länge ihrer die Straße berührenden Grenze, Beiträge aufzuerlegen. Im vorliegenden Falle hatte der Eisenbahnfiskus auf Gelände der Bahn an der neuen Straße seit ihrer Anlegung einzelne Gebäude errichtet, die mit gewissen, bestimmt abgegrenzten Geländestücken je eine besondere wirtschaftliche Verwertung und Benutzung erhalten haben. Nur durch den Bau dieser Häuser ist der Eisenbahnfiskus beitragspflichtig geworden. Wären sie nicht gebaut, so würde er — auch wenn er das Gelände für Eisenbahnzwecke gebrauchte — überhaupt noch nicht beitragspflichtig sein. Für den Umfang der Beitragspflicht kann aber nur der thatsächliche gegenwärtige Zustand maßgebend sein. Sind zu dieser Zeit mehrere Gebäude an der neuen Straße errichtet, so fragt es sich, ob verschiedene selbständige Grundstücke vorhanden sind und wie lang die Straßengrenze für jedes einzelne Grundstück ist. Hierfür kommt es wesentlich auf den wirtschaftlichen Zusammenhang an und der Regel nach nicht auf das grundbuchliche Eigentum. Hat ein Eigentümer einen einheitlichen Grundbesitz an einer neuen Straße und schneidet einzelne Teile davon an der Straße heraus, trennt sie auch äußerlich, bebaut sie und bestimmt jeden Abschnitt, etwa durch Verpachtung, zu Lager- oder anderen Zwecken, für eine besondere selbständige Verwertung und Benutzung, so sind diese einzelnen Abschnitte ebenso viele selbständige Grundstücke, und der Eigentümer wird nur für die an der Straße liegenden Grenzen der einzelnen Abschnitte beitragspflichtig, während sein übriger Besitz so lange frei bleibt, bis auch er bebaut wird. Welche Absichten der Eigentümer bezüglich der Verwertung seines Grundbesitzes an der Straße etwa für die Zukunft hat, ist bedeutungslos.

Nr. 5. Entsch. Bd. XXXIV S. 85 v. 8. XII. 1898 IV C 97/98.

Fluchtliniengeſ. v. 2. VII. 75 (G.-S. S. 561) § 15.

Obgleich der § 15 des Ges. v. 2. VII. 75. der Straßenteile nur bei dem Anbau an schon vorhandenen bisher unbebauten, nicht auch bei der Anlegung neuer Straßen ausdrücklich Erwähnung thut, so ist doch daraus nicht zu folgern, daß von einer „gesamten Straßenanlage“ im Sinne des Abs. 2 dieses Paragraphen erst gesprochen werde könne, wenn eine neue Straße in der ganzen Ausdehnung, für die bereits Fluchtlinien festgesetzt sind, bereits thatsächlich ausgebaut worden ist. Nach dem Gesetze ist es Sache der Gemeinden, darüber zu beschließen, welche Straßen und zu welcher Zeit sie angelegt und ausgebaut werden sollen, und sie müssen auch für befugt erachtet werden, von einem lang ausgedehnten projektierten Straßenzuge zunächst nur eine kürzere Strecke herzustellen, da dies nicht nur, etwa nach Maßgabe des bestehenden Baubedürfnisses, zweckmäßig, sondern geradezu notwendig sein kann, wenn der vollständigen Ausführung des Fluchtlinienplanes noch Hindernisse entgegenstehen. Die Thatsache allein, daß die Regulierung eines beliebigen Straßenstückes zu derselben Zeit ausgeführt worden ist, genügt allerdings nicht, um es zu einer selbständigen Straßenanlage zu machen. Wohl aber genügt es, wenn erkennbar ist, daß die Gemeinde aus sachlichen Gründen sich einstweilen auf den Ausbau eines Teiles des projektierten Straßenzuges, der für sich genommen äußerlich eine Straße oder einen Straßenabschnitt darstellen kann, beschränkt hat.

Trifft dies aber bei der Zerlegung der Längenausdehnung einer projektierten Straße durch Querlinien zu, so liegt auch kein Grund vor, die Spaltung der Breite einer Straße durch eine in ihrer Längsrichtung gezogene Linie anders zu beurteilen, wenn ausnahmsweise nach der besonderen Lage des Falles auch bei solcher Zerlegung jeder Teil sich als Gesammtanlage einer Straße mit vollständigem, nicht nur halbem, Fahrdamme und den sonstigen erforderlichen Bestandteilen darstellt.

Nr. 6. Entsch. Bd. XXXV S. 78 v. 29. VI. 1899 IV C 36/99.

Fluchtliniengeſ. v. 2. VII. 75 (G.-S. S. 561) § 15.

1. Darüber, was nach § 15 des Fluchtliniengeſ. v. 2. VII. 75. zur ersten Einrichtung einer neuen Straße in der dem Bedürfnisse entsprechenden Weise gehört, hat die Gemeinde zu bestimmen, sei es durch allgemeine Festsetzungen im Ortsstatute, sei es durch den besonderen, für die einzelne Straße beschlossenen Bauplan. Solange das ursprüngliche Bauprogramm noch nicht ausgeführt ist, haben die städtischen Behörden freie Hand, es abzuändern.

2. Eine nach Ausführung des Bauprogrammes beschlossene anderweitige neue Befestigung gehört dagegen nicht mehr zur ersten Einrichtung der Straße, stellt vielmehr eine Vervollkommnung der bereits früher fertig ausgebauten Srtaße dar. Zu den Kosten solcher Verbesserung können die Anlieger nach § 15 des Fluchtliniengeſ. nicht herangezogen werden. Die Kosten einer zweiten Befestigung haben die Anlieger lediglich in dem Falle zu tragen, daß die erste Befestigung nur eine provisorische war und nicht der für die Straße bereits nach dem Bauprogramme beschlossenen Befestigung entsprach. Wird eine solche vorläufige Befestigung ausgeführt, so ist das Bauprogramm noch nicht erfüllt, der Ausbau der Straße, ihre erste Einrichtung noch nicht abgeschlossen. Dieser Abschluß tritt vielmehr erst dann ein, wenn statt der provisorischen die programmgemäße endgültige Befestigung der Straße erfolgt. In solchen Fällen gehören die Kosten der zweiten, endgültigen Befestigung noch zu den Kosten der ersten Einrichtung, und die Anlieger haben dazu beizutragen.

3. Die Ausführung einer Straße durch einen Privatmann macht die Straße nicht immer zu einer Privatstraße. Im vorliegenden Falle ergab ein zwischen einer Stadtgemeinde und einer Gesellschaft geschlossener Vertrag, daß von Anfang an die Absicht der beiden Kontrahenten, und also auch der Stadt, darauf gerichtet war, eine öffentliche städtische Straße anzulegen. Es war nicht beabsichtigt, daß erst die Gesellschaft eine Privatstraße anzulegen

und dann später die Stadt sich darüber zu entschließen habe, ob sie diese „Privatstraße“ künftig als öffentliche übernehmen wolle, sondern der Wille der Stadt, dort eine öffentliche Straße anzulegen, stand von vornherein fest, die Anlegung sollte sich aber in der Art vollziehen, daß ein Teil der erforderlichen Leistungen von dem Unternehmer, der andere Teil dann von der Stadt selbst ausgeführt werden sollte. Der Unternehmer hatte den Grund und Boden herzugeben, das Straßenland aufzuschütten und zu planieren, auch beim Bau von Häusern Trottoir zu legen. Die Stadt hatte dagegen die Befestigung, die Entwässerung und Beleuchtung auszuführen. Auch die dem Unternehmer auferlegten Leistungen hatten gemäß § 2 des Vertrages unter Aufsicht und nach Bestimmung der städtischen Baubehörde zu erfolgen, deren Weisungen der Unternehmer „in jeder Beziehung nachzukommen“ verpflichtet war. Die Anlage der Straße erfolgte daher durch die Stadt, die sich dazu nur der vertragsmäßig verpflichteten Gesellschaft mitbediente. Die Straße war mithin von Anfang an eine in der Anlegung begriffene städtische Straße, und es kann nicht davon die Rede sein, daß es noch einer besonderen Uebernahme durch die Stadt bedurft hätte, um die Straße, nachdem die Gesellschaft ihre Leistungen erfüllt hatte, aus einer „Privatstraße“ in eine öffentliche städtische Straße umzuwandeln.

Nr. 7. Entsch. Bd. XXXV S. 73 v. 22. VI. 1899 IV C 85/98.

Fluchtliniengeſ. v. 2. VII. 75 (G.-S. S. 561) §§ 12, 15.
Komm.-Abg.-Geſ. v. 14. VII. 93 (G.-S. S. 152) § 9.

1. Die Beitragspflicht der Anlieger hängt gemäß § 15 des Ges. v. 2. VII. 75. an sich nicht davon ab, daß die Straße nach den baupolizeilichen Bestimmungen, sondern daß sie nach dem Bauplane der Gemeinde bereits hergestellt ist, der nicht notwendig mit dem Inhalte jener Bestimmungen vollständig übereinstimmen muß. Die Gemeinde hat über die Art des Ausbaues in der dem Bedürfnisse entsprechenden Weise zunächst selbst zu beschließen und ist dabei nicht an diejenigen Bestimmungen gebunden, die zur Ausführung des § 12 des Ges. erlassen sind. Die Leistungen, die die Gemeinde zur Erfüllung des Bedürfnisses für erforderlich erachtet, können vielmehr über das in jenen Bestimmungen gestellte Maß hinausgehen; sie können andererseits auch hinter jenem Maße zurückbleiben. In solchen Fällen wird sich die Gemeinde regelmäßig des Einverständnisses der Wegepolizeibehörde vergewissern; denn die letztere würde jeder Zeit befugt sein, weitere Leistungen der Gemeinde für die Herstellung der Straße nach Maßgabe der Erfordernisse des Verkehres zu verlangen. Aber für die Beitragspflicht der Anlieger aus § 15 des Ges. ist in erster Linie immer der Bauplan maßgebend, das Programm, das die Gemeinde für die Straße aufgestellt hat. Vgl. E.-O.-V. Bd. XXV., S. 99.

2. Nun ist die Gemeinde nicht darauf angewiesen, ein solches Programm stets für jede neuanzulegende Straße besonders zu beschließen. Es können vielmehr über die Art des Anbaues neuer Straßen auch allgemeine Vorschriften, sei es im Ortstatute, sei es in anderweitigen Beschlüssen der Gemeindebehörden getroffen werden. Dabei können und werden jene „baupolizeilichen Bestimmungen“ der Regel nach als Richtschnur dienen. Aber es ist nicht notwendig, daß diese allgemeinen Vorschriften gerade in allen Einzelheiten mit dem Inhalt der baupolizeilichen Bestimmungen übereinstimmen. Wird jedoch im Ortsstatute ein bestimmtes Maß für den Ausbau neuer Straßen festgelegt, so ist die Gemeinde auch an die Vorschriften des Statutes gebunden. Ist also in dem Statute ausgesprochen, daß die Anlieger erst dann zu Beiträgen verpflichtet sein sollen, wenn die Straße nach den „baupolizeilichen Bestimmungen“ fertiggestellt ist, so kann der Gemeinde-

vorstand nicht eher zu einer Heranziehung der Anlieger schreiten, als bis die Herstellung der Straße jenen polizeilichen Bestimmungen gemäß beendet ist, als bis diese sämmtlich erfüllt sind.

Nr. 8. Entsch. Bd. XXXIII S. 123 v. 28. III. 98 IV C 21/98.

Straßen- und Baufluchtengeſ. v. 2. VII. 75 (G.-S. S. 561) § 15.

Nicht jede Brücke ist notwendig Teil einer Straße, wenn sie auch zu deren Verbindung mit einer anderen Straße dient. Dabei kommt vor allem in Betracht, daß Brücken über öffentliche Ströme nach dem gemeinen Wegerechte als besondere Kommunikationsmittel angesehen werden und nicht Teile der Straßen und Wege sind, in deren Zuge sie liegen. Ihre Unterhaltung liegt deshalb der Regel nach auch einem anderen Pflichtigen ob, als dem für öffentliche Kommunikationswege gewöhnlich Verpflichteten. Anders verhält es sich aber mit den Brücken über nicht schiffbare Wasserläufe und Privatflüsse; diese Brücken sind regelmäßig Teile der Straßen und Wege, in deren Zuge sie liegen, und müssen deshalb auch von denjenigen, denen die Besserung des Weges obliegt, unterhalten werden (§§ 53 und 54 Tit. 15 Teil II A.-L.-R's.). Deshalb stellt es in der Regel nicht die Anlegung einer neuen oder die Verlängerung einer schon bestehenden Straße dar, wenn unter Zuwerfung eines solchen Wasserlaufes eine Brücke abgebrochen und an ihrer Stelle der Straßenzug durchgeführt wird.

War eine solche Brücke straßenmäßig hergerichtet, so war sie eben schon vorher in anbaufähigem Zustande. Ob der daran grenzende Wasserlauf als anliegendes Grundstück bebauungsfähig war, kommt entscheidend nicht in Betracht. Im Uebrigen können solche im Privateigentum stehenden Wasserläufe durch Zuwerfen, falls dies wegen der Vorflut zulässig ist, oder Ueberwölben jeder Zeit in bebauungsfähige Grundstücke verwandelt werden. Wo aber eine Straße oder ein Straßenteil schon vorhanden ist, kann er nicht erst neu angelegt werden.

Nr. 9. Entsch. Bd. XXXIII S. 99 v. 7. II. 98 IV C 112/97.

Straßen- und Baufluchtengeſ. v. 2. VII. 75 (G.-S. S. 561) § 15.

Die durch § 15 des Ges. v. 2. VII. 75 wegen Freilegung, erster Einrichtung, Entwässerung und Beleuchtung neuer Straßen zugelassenen Ansprüche der Gemeinden gegen die Unternehmer der neuen Anlagen können nur unter der Voraussetzung den Charakter der Heranziehung zu Gemeindelasten haben und nach den für diese geltenden Bestimmungen durchgeführt werden, daß sie durch ein gültiges Ortsstatut nach Maßgabe der angeführten gesetzlichen Bestimmung als öffentlich-rechtliche Lasten gestaltet worden sind. Mit anderen Worten: Es muß bestimmt sein, daß die Verpflichtung beim Eintritte gewisser Voraussetzungen von selbst und ohne vorgängige Vereinbarung zwischen dem Unternehmer und der städtischen Behörde entstehen soll. Fehlt es an einer solchen, eine öffentlich-rechtliche Verpflichtung begründenden ortsstatutarischen Bestimmung, so kann zwar ein Anspruch der Stadtgemeinde gegen den Unternehmer aus einem privatrechtlichen Titel, z B. infolge einer getroffenen Vereinbarung, gegeben sein, allein ein derartiger privatrechtlicher Titel kann weder als Grundlage für die Heranziehung des Verpflichteten nach den für Gemeindelasten geltenden Vorschriften dienen, noch in dem Verwaltungsstreitverfahren Berücksichtigung finden.

Nr. 10. Entsch. Bd. XXXIII S. 126 v. 4. IV. 98 IV C 126/97.

Straßen- und Baufluchtengeſ. v. 2. VII. 75 (G.-S. S. 561) § 15.

Die Ausdrucksweise des § 15 des Ges. v. 2. VII. 75 läßt klar erkennen, daß der Grund der Verpflichtung zu Anliegerbeiträgen in dem

Eigentume an den die Straße begrenzenden Grundstücken wurzelt. Dabei müssen aber nach dem Inhalte des Ges. folgende zwei Voraussetzungen vorliegen. Eine Ersatzpflicht, und um diese handelt es sich bei den hier in Frage stehenden Straßenherstellungskosten allein, kann nicht eher begründet sein und geltend gemacht werden, als bis wirklich Kosten, die erstattet werden sollen, aufgewendet sind und festgestellt werden können. Das ist die eine Voraussetzung. Die andere aber ist die, daß an der Straße Gebäude errichtet werden, durch die der Eigentümer erst den Vorteil von der Straßenanlage hat. Treffen beide Voraussetzungen zu, so ist die Forderung an den Eigentümer entstanden und von da ab läuft nach dem jetzt auch für Anliegerbeiträge geltenden § 87 des Komm.-Abg.-Ges. die Frist von drei Jahren, innerhalb derer die Gemeinde berechtigt ist, ihre Forderung geltend zu machen, d. h. sie zur Hebung zu stellen. Daraus folgt mit Notwendigkeit der dringliche Charakter des Anspruches auf Anliegerbeiträge, d. h. er trifft den jeweiligen Eigentümer des Grundstückes, mag er selbst das Gebäude errichtet oder das Grundstück erst später erworben haben. Anderenfalls wäre die Möglichkeit der Durchführung des Ges. der Willkür der an neuen Straßen Bauenden preisgegeben, die in solchen Fällen durch herbeigeführten Besitzwechsel es der Gemeinde unmöglich machen könnten, gegen den Eigentümer eine Ersatzforderung geltend zu machen.

Nr. 11. Entsch. Bd. XXXIV S. 83 v. 27. VI. 98 IV C 102/97.

Fluchtliniengeſ. v. 2. VII. 75 (G.-S. S. 561) § 15.

Die Anliegerbeiträge tragen zwar an sich einen dinglichen Charakter, d. h. sie ruhen auf den Grundstücken in der Art, daß auch der Besitznachfolger für deren Entrichtung mit dem Grundstücke haftet. Das ist jedoch nur in dem Sinne zu verstehen, daß der Grundbesitzer zu den Beiträgen auf dem für die Veranlagung vorgeschriebenen Wege herangezogen werden kann. Solange das nicht geschehen, ist der Grundbesitzer nichts schuldig, und die Forderung kann nicht gegen ihn und auch nicht in das von ihm erworbene Grundstück vollstreckt werden. Diese Wirkung kann steuerrechtlich auch ein zwischen dem Besitzvorgänger und Besitznachfolger geschlossener Privatvertrag nicht haben. Immer ist daher die erste Voraussetzung der Einziehung des Anliegerbeitrages von dem Besitznachfolger dessen vorschriftsmäßige Heranziehung. Diese steht der Gemeindebehörde auch ohne vorherige Vereinbarung zwischen Besitzvorgänger und Besitznachfolger und unabhängig von der dem Besitzvorgänger gegenüber etwa bereits in Hebung gestellten Forderung frei, für die der Besitzvorgänger persönlich verhaftet bleibt, bis sie getilgt ist, so daß er durch die Heranziehung des Besitznachfolgers keineswegs befreit wird. Hieraus folgt zugleich von selbst, daß ein Recht des Eintrittes in ein schwebendes Streitverfahren über die Anliegerbeiträge für den Erwerber eines Grundstückes in der Weise, daß der Veräußerer ganz aus dem Verfahren ausscheide und von seiner Verpflichtung zur Entrichtung des Anliegerbeitrages frei werde, nicht besteht.

Nr. 12. Entsch. Bd. XXXIII S. 110 v. 21. II. 1898 IV C 123/97.

Straßen- und Baufluchtengeſ. v. 2. VII. 75 (G.-S. S. 561) § 15.

1. Zwar dürfen die Beiträge der Anlieger zu den Straßenherstellungskosten nicht provisorisch unter dem Vorbehalte späterer anderweitiger Normierung eingefordert werden. Dagegen wird eine vorbehaltlose Heranziehung nicht dadurch ungesetzlich, daß in die ihr zu Grunde liegende Zusammenrechnung nicht sämmtliche Kosten auf-

genommen sind, deren Erstattung die Gemeinde nach Gesetz und Statut zu fordern berechtigt gewesen sein würde. Bestehen aber die Heranziehungsverfügungen einmal zu Recht, so können sie nicht dadurch gesetzwidrig werden, daß der Magistrat nachträglich (etwa im Streitverfahren) Ansprüche auf Erstattung von in den Heranziehungsverfügungen nicht berücksichtigten Kosten erhebt. Doch kann über letztere in dem schwebenden, durch Einspruch und Klage begrenzten Verfahren natürlich nicht entschieden werden.

2. Der Pflichtige kann die in die Berechnung aufgenommenen Ausgaben nur insoweit beanstanden, als sie den Anliegern nach dem Gesetze nicht zur Last fallen. Dahin gehören auch Behauptungen, es seien die Anlagekosten einer Straße mit den Kosten anderer Straßen zusammengeworfen und es habe eine oberflächliche, sachlich unzutreffende Verteilung stattgefunden oder es seien Rechnungsfehler vorgekommen.

3. Ein Widerspruchsrecht gegenüber der Art und Weise, wie die Straßenanlage ausgeführt worden, steht den Pflichtigen nicht zu. Der Berücksichtigung des Einwandes, es seien bei der Bauausführung Versehen begangen und dadurch die Kosten vermehrt, steht entgegen, daß (vgl. E.-O.-V. Bd. XVII S. 186) der Gemeindevorstand nicht als Geschäftsführer des Ersatzpflichtigen, sondern lediglich als Verwalter einer Gemeindeangelegenheit handelt, die von ihm innerhalb seiner ordnungsmäßigen Befugnisse nach pflichtmäßigem Ermessen zu erledigen ist.

Nr. 13. Entsch. Bd. XXXIII S. 103 v. 21. II. 98 IV C 113/97.

Straßen- und Baufluchtengeſ. v. 2. VII. 75 (G.-S. S. 561) § 15.
Komm.-Abg.-Ges. v. 14. VII. 93 (G.-S. S. 152) § 10.

1. Wenn Anliegerbeiträge, der Regel des § 15 des Ges. v. 2. VII. 75 entsprechend, nach Verhältnis der Länge der die Straßen berührenden Grenze zu berechnen sind, so ist, insofern besondere von der Straßenfluchtlinie verschiedene Baufluchtlinien bestehen, nicht die Frontlänge der Bauflucht, sondern die davon etwa verschiedene Frontlänge der Straßenfluchtlinie, des Vorgartens, maßgebend, die in der Regel durch Verlängerung der seitlichen Nachbargrenzen des Baugrundstücks über die Baufront hinaus bis an die Straßengrenze zu finden ist. Ein außerhalb dieser verlängerten Linien liegendes Stück Vorgartenland kann für die Berechnung des Anliegerbeitrages nicht als Bestandteil des Baugrundstückes behandelt werden.

2. Ist es auch rechtlich unzulässig und nicht bindend, wenn eine Gemeindebehörde im Voraus privatrechtlich auf die Regelung und Handhabung der Gemeindeabgabenverfassung in gewissem Sinne für die Zukunft verzichtet, so ist doch der Einwand der Tilgung, auch durch Hingabe an Zahlungsstatt, desgleichen der Einwand des Erlasses einer einzelnen bereits entstandenen Abgabenforderung gegenüber zulässig und gemäß § 160 des Zust.-Ges. im Verwaltungsstreitverfahren zu erledigen.

Es kann daher bereits vor der Entstehung der Verpflichtung zur Leistung eines Anliegerbeitrages über dessen Tilgung oder Erlaß eine im Verwaltungsstreitverfahren der Heranziehung gegenüber mit Erfolg geltend zu machende Vereinbarung getroffen werden.

Nr. 14. Entsch. Bd. XXXIII S. 118 v. 24. II. 98 IV C 121/97.

Straßen- und Baufluchtengeſ. v. 2. VII. 75 (G.-S. S. 561) §§ 12, 15.

1. Wenn die Erlaubnis zum Bau an einer unfertigen Straße im Einverständnisse mit der Stadtgemeinde, bezw. auf deren Verlangen von der

Bedingung einer provisorischen, dem Stadtbauplane nicht entsprechenden Herstellung der Straße abhängig gemacht wird, (z. B. Abtretung des zur Straße erforderlichen Grund und Bodens, Bekiesung der Straße, Beitragung zu den Kosten der Rinnsteinanlage, zur Herstellung eines dem Verkehre vorläufig genügenden Zustandes), so liegt darin kein Verzicht auf die Heranziehung zu den Kosten der definitiven Herstellung der Straße auf Grund eines gemäß § 15 des Ges. v. 2. VII. 75 erlassenen Ortsstatutes. Jene Aufwendungen sind auch auf die ortsstatutarischen Beiträge nicht anzurechnen, da sie zu den ersten Kosten der definitiven Einrichtung der Straße nicht gehören.

2. In der Klage kann die Höhe der Beitragsforderung bemängelt werden, auch wenn in dem Einspruche die Verpflichtung nur dem Grunde nach, also in ihrem ganzen Inhalte, bestritten worden ist.

3. Der Beitragspflichtige ist nicht berechtigt, zu verlangen, daß der Wert der von ihm unentgeltlich hergegebenen Straßenflächen auf seinen Beitrag angerechnet wird, wenn dies nicht in dem Ortsstatute festgesetzt ist.

4. Zu den Straßenbaukosten gehören auch die Kosten der zur Herstellung und Entwässerung der Straße erforderlichen Nebenanlagen, wie Thorauffahrten im Zuge der Bürgersteige mit den dazu gehörigen Bordsteinen und Rinnen. Denn da der Bürgersteig auch dazu dient, die Vermittelung zwischen Fahrbahn und Grundstück zu bilden, so muß er vom Wegebaupflichtigen so eingerichtet werden, daß er dieser Vermittelung zweckmäßig, auch zur Auffahrt, dienen kann. Diese Kosten dürfen nicht für jedes einzelne Grundstück, vor dessen Front die Anlagen sich befinden, besonders berechnet und dem Grundstückseigentümer zur Last gelegt, sie müssen vielmehr mit den übrigen Straßenbaukosten zusammengerechnet und ebenso wie diese auf alle Beitragspflichtigen gleichmäßig verteilt werden.

5. Zweifelhaft ist dagegen, ob auch die Kosten einer sog. „Kastenrinne" zu den Straßenkosten gehören. Ist diese Rinne etwa dazu bestimmt, die Ueberfahrt vom Bürgersteige nach der Fahrbahn zu ermöglichen, so würde sie zu der Straßeneinrichtung gehören. Dient sie dagegen dazu, den Wasserabzug des Grundstückes über den Bürgersteig hinweg zu dem Rinnsteine zu bewirken, so bildet sie keinen Teil oder Zubehör der Straße und des Bürgersteiges, sondern ist nur für die Entwässerung des angrenzenden Grundstückes, nicht für die der Straße bestimmt. Der Wegebaupflichtige hat solche Anlagen — der Regel nach — zu dulden, sie aber nicht selbst herzustellen (vgl. E.-O.-V. Bd. XXIX S. 256), und wenn er sie herstellt, so fallen die Kosten nicht unter die Kosten der Straßenanlage, können also auch nicht als Beiträge zu den Straßenherstellungskosten eingezogen werden.

Nr. 15. Entsch. Bd. XXXV S. 69 v. 13. VI. 1899 IV C 137/98.

Fluchtliniengeſ. v. 2. VII. 75 (G.-S. S. 561) § 15.
Komm.-Abg.-Ges. v. 14. VII. 93 (G.-S. S. 152) § 9.

1. Die Weigerung eines Grundstückseigentümers, die von ihm erforderten Anliegerbeiträge zu entrichten, kann nicht darauf gestützt werden, daß nur der frühere Eigentümer des Grundstückes, nicht aber er selbst an einer Straße gebaut habe. (Vgl. E.-O.-V. Bd. XXXIII S. 126.)

2. Anliegerbeiträge sind keine direkten Steuern, für die die alljährlich wiederkehrende Erhebung das charakteristische Merkmal ist. Es ist daher bei der Würdigung der Tragweite von Entscheidungen der Verwaltungsgerichte nicht von denjenigen Grundsätzen auszugehen, die für Entscheidungen über die einzelne zur Hebung gestellte Jahressteuer gelten. Maßgebend ist vielmehr folgende Erwägung:

3. Wird eine Heranziehung zu einem Anliegerbeitrage vom Verwaltungsrichter als materiell nicht gerechtfertigt außer Kraft gesetzt, so ist der Anspruch der Gemeindebehörde durch das Urteil konsumiert und kann weder gegen den Herangezogenen, noch gegen einen neuen Erwerber des Grundstückes nochmals geltend gemacht werden.

4. Eine wesentlich abweichende Beurteilung würde zwar in dem Falle geboten sein, wo eine Entscheidung vorliegt, die die von der Gemeinde bewirkte Heranziehung zu Anliegerbeiträgen in der Form der Abweisung der Klage für gerechtfertigt erklärt hat, und wo es sich darum handelt, einen solchen wider den herangezogenen Eigentümer ergangenen Spruch einem neuen Erwerber des Grundstückes und nunmehrigen Eigentümer gegenüber um deswillen zum Vollzuge zu bringen, weil die Zahlung des Beitrages von dem Herangezogenen nicht zu erlangen war. Auch für die Inanspruchnahme des nunmehrigen Eigentümers ist lediglich der Weg der Heranziehung nach den Vorschriften des Komm.-Abg.-Ges. eröffnet. (Vgl. E.-O.-V. Bd. XXXIV S. 84.) Dann aber ergiebt sich aus dieser Rechtsordnung die Folge, daß dem Herangezogenen bei Ergreifung der in den §§ 69 und 70 jenes Ges. zugelassenen Rechtsmittel des Einspruches und der Klage die Verteidigung gegen die Veranlagung in demselben Umfange freisteht, wie sie dem früheren Eigentümer gegen dessen Heranziehung eröffnet war, und daß mithin die Sach- und Rechtslage im vollen Umfange erörtert werden muß. Dieses Ergebnis, das aus dem Erfordernisse der Heranziehung abzuleiten ist, kann jedoch nicht dahin führen, in dem oben dargelegten Falle die Wirksamkeit eines Urteiles zu verneinen, das den geltend gemachten Anspruch konsumiert und daher jede weitere Verfolgung ausgeschlossen hat.

Nr. 16. Entsch. Bd. XXXIV S. 102 v. 12. XII. 98 IV C 164/98.

Baufluchtliniengeს. v. 2. VII. 75 (G.-S. S. 561) § 15.

Ein Gebäude, das nach den baupolizeilichen Bestimmungen so, wie geschehen, nur mit Rücksicht auf eine das Baugrundstück begrenzende Straße gestaltet werden konnte, steht mit ihr in wirtschaftlicher Verbindung und ist deshalb als an der Straße errichtet zu betrachten. Diese Verbindung wird durch Einfriedigung des betr. Grundstückes nach der Straße hin und durch Dazwischenliegen eines schmalen Gartenstückes nicht aufgehoben.

Nr. 17. Entsch. v. 22. II. 99 Nr. II 246 (Pr.-V.-Bl. Bd. XXI S. 26).

Fluchtliniengeს. v. 2. VII. 75 (G.-S. S. 561) § 15.

Komm.-Abg.-Ges. v. 14. VII. 93 (G.-S. S. 152) §§ 4 ff., 9.

1. Von einem Eckgrundstücke kann nur da die Rede sein, wo eine Ecke existiert, d. h. wo zwei bereits vorhandene, wenn auch noch nicht völlig ausgebaute Straßen sich schneiden. Liegt ein Haus an einer bereits vorhandenen und einer nur erst geplanten Straße, so soll es ein Eckhaus werden, ist aber noch keins. Durch die Festsetzung einer Fluchtlinie wird zwar unter Umständen mit der Anlegung einer Straße nach § 15 des Ges. v. 2. VII. 75 in dem Sinne begonnen, daß, wenn die Straße später wirklich ausgebaut wird, der Beginn der Anlegung auf die Fluchtlinienfestsetzung zurückzudatiren ist, aber die Fluchtlinienfestsetzung giebt noch nicht einmal die Gewähr, daß der Ausbau der Straße in allen ihren Teilen wirklich erfolgt, und schon deshalb kann nicht gesagt werden, die Fluchtlinienfestsetzung schaffe eine Straße, mache die projektierte und „begonnene" Straße zu einer thatsächlich vorhandenen.

2. Gebühren für Grundstücksentwässerung dürfen nur gefordert werden, wenn ein Kanal für das Grundstück wirklich benutzt wird, und es ist unzulässig, solche Gebühren auf Grund des Ges. v. 2. VII. 75, das nur die Kosten der Straßenherstellung, somit auch nur die der Straßenentwässerung trifft, beizutreiben. Ferner müssen die Gebühren für die Grundstücksentwässerung gleichmäßig bemessen werden, und es ist gesetzwidrig, diejenigen Pflichtigen, die Straßenentwässerungsbeiträge gezahlt haben, lediglich wegen dieses Umstandes, niedriger mit Grundstücksentwässerungskosten zu belasten, als diejenigen, die von solchen Beiträgen freigeblieben sind.

3. Kurtaxen.

Nr. 1. Entsch. Bd. XXXIV S. 197 v. 6. I. 99 I C 100/98.

Komm.-Abg.-Ges. v. 14. VII. 93 (G.-S. S. 152) §§ 4—11, 12, 69, 87^2, 90.

Die in Bädern und Kurorten üblichen „Kurtaxen" sind von den Gemeinden, in deren Eigentum die Bade- und Kureinrichtungen stehen, früher nicht auf Grund einer gesetzlichen Ermächtigung erhoben worden. Sie galten daher in der Rechtsprechung weder als „Steuern" noch als „Gebühren" öffentlich-rechtlicher Natur, sondern als privatrechtliche Forderungen der Gemeinden, über die nicht im Verwaltungsstreitverfahren, sondern nur im ordentlichen Zivilprozesse gestritten werden konnte. (Vergl. E.-O.-V. Bd. XIII S. 229.) Dieser Rechtszustand hat durch das Komm.-Abg.-Ges. folgende Aenderungen erfahren:

1. Den Vergütungen, die in Badeorten, klimatischen und sonstigen Kurorten von den Gemeinden für die Herstellung und Unterhaltung ihrer zu Kurzwecken getroffenen Veranstaltungen erhoben werden (Kurtaxen), ist die Natur öffentlich-rechtlicher Abgaben beigelegt worden.

2. Zur Einführung von Kurtaxen bedarf es einer Genehmigung der Aufsichtsbehörde an sich nicht. Der Beitreibung im Verwaltungszwangsverfahren unterliegen jedoch Kurtaxen nur, sofern sie nach einem von der Aufsichtsbehörde festgestellten Tarife erhoben werden. Anderenfalls kann die Gemeinde sie nur im ordentlichen Rechtswege einklagen.

3. Streitigkeiten über die Pflicht zur Entrichtung von Kurtaxen gehören nicht zur Zuständigkeit der Verwaltungsgerichte. Denn sie gehören weder zu den Steuern, noch zu den Benutzungsgebühren im Sinne des § 4 des Komm.-Abg.-Ges., weil sie nicht von der wirklichen Benutzung der Kureinrichtungen abhängig und auch nicht auf Veranstaltungen beschränkt sind, die „im öffentlichen Interesse" von der Gemeinde erhalten werden. Ebensowenig haben sie mit den Verwaltungsgebühren des § 6 etwas gemein. Mit den Beiträgen des § 9 teilen sie zwar die Zweckbestimmung, Kosten „für die Herstellung und Unterhaltung von Veranstaltungen" zu decken, unterscheiden sich aber von ihnen dadurch, daß die Veranstaltungen „zu Kurzwecken" in der Regel nicht gleich denen des § 9 „durch das öffentliche Interesse erfordert werden," sondern unmittelbar nur den persönlichen Interessen der Kurgäste und mittelbar den Erwerbszwecken der Gemeinde und ihrer Angehörigen insofern dienen, als sie für diese durch Hebung des Fremdenverkehrs wirtschaftliche Vorteile herbeizuführen bestimmt sind. Auch werden sie von anderen Pflichtigen, als den im § 9 bezeichneten „Grundeigentümern und Gewerbetreibenden" erhoben, die für die dort behandelten Beiträge aufzukommen haben.

Ingleichen sind sie, wie aus §§ 87², 90 hervorgeht, nicht etwa im § 69 unter dem Begriffe der „Gebühren" mit verstanden worden. Demgemäß kann der zur Kurtaxe Herangezogene, sofern von ihm die Auflage im Verwaltungszwangsverfahren beigetrieben ist, einen Anspruch auf Rückzahlung wegen Mangels einer Zahlungsverpflichtung nur im ordentlichen Rechtswege geltend machen.

C. Indirekte Steuern.

2. Lustbarkeitssteuern.

Nr. 1. Entsch. v. 4. III. 98 Nr. I 421 (Pr.=V.=Bl. Bd. XX S. 99).
Komm.=Abg.=Ges. v. 14. VII. 93 (G.=S. S. 152) § 15.

Eine Lustbarkeits=Steuerordnung, die Gewinn=, Preis=, Wett= und Königsschießen einer Schützengilde als Lustbarkeiten besteuert, ist rechtsgültig. Denn derartige Veranstaltungen dienen, wie alle Wettstreite, deren Ausgang von der Darlegung einer Fertigkeit oder Geschicklichkeit abhängt, der Ergötzung und Unterhaltung. Ob es angemessen ist, solche Preisschießen, insbesondere die Königsschießen, trotz der mit ihnen verbundenen idealen Bestrebungen als Lustbarkeiten zu besteuern, das zu beurteilen ist nicht Sache der Verwaltungsgerichte, sondern der Aufsichtsbehörden. Keine steuerbaren Lustbarkeiten sind bloße Uebungen, die die Erlangung der Schießfertigkeit, nicht ihre Vorführung zu Belustigung darstellen.

Nr. 2. Entsch. Bd. XXXIV S. 204 v. 22. III. 98 I C 61/97 und **Entsch. Bd. XXXIV S.** 213 v. 15. IV. 98 I C 93/97.
Komm.=Abg.=Ges. v. 14. VII. 93 (G.=S. S. 152) § 15 und Ausf.=Anw. v. 10. V. 94 Art. 11.
R.=Gew.=Ordn. v. 21. VI. 69 (R.=G.=Bl. 1883 S. 177) §§ 33a, 33b, 55⁴.

1. Unter Konzert versteht der allgemeine Sprachgebrauch eine Reihenfolge musikalischer Vorträge, die von denselben oder verschiedenen Personen ausgehen. Der Einheit des Konzertes steht also nicht entgegen, daß die Vorträge von mehreren Kapellen veranstaltet sind. Ebensowenig kann darauf, daß jede der mitwirkenden Kapellen einen besonderen Standpunkt inne gehabt hat, entscheidendes Gewicht gelegt werden. Entscheidend ist vielmehr, ob die Vorträge der Kapellen für dieselbe Zuhörerschaft bestimmt waren. Das ist z. B. zu bejahen, wenn die Vorträge gewechselt haben und ein gleichzeitiges Spiel der Kapellen unmöglich war, weil gleichzeitige Vorträge sich wechselseitig gestört haben würden. Deshalb kann in der geringen räumlichen Entfernung der Standpunkte mehrerer Kapellen ein Grund, in den Vorträgen einer jeden von ihnen ein besonderes, selbständiges Konzert zu erblicken, nicht gefunden werden. Dagegen liegt zweifelsohne eine besondere Lustbarkeit vor, wenn neben Konzerten in verschiedenen Abteilungen einer großen Halle, die jedermann in gleicher Weise zugänglich sind, in einer Abteilung eine sonst gleichartige Veranstaltung stattfindet, die nur gegen erhöhtes Eintrittsgeld oder besondere Erlaubniß des Unternehmers besucht werden darf.

2. Hiernach stellen mehrere Darbietungen eine einheitliche, nur in ihrer Gesammtheit der Besteuerung unterliegende Lustbarkeit dar, wenn sie der Unterhaltung desselben Personenkreises dienen sollen. Doch wird dadurch allein, daß sie zunächst als ein Ganzes angesehen und besteuert waren, die Nachforderung der Steuer für eine von ihnen, die sich demnächst als eine von den anderen gesonderte Lustbarkeit erweist, nicht ausgeschlossen.

3. Während für den Begriff der „Lustbarkeit" die subjektive, auf Unterhaltung gerichtete Absicht ihres Veranstalters entscheidend ist, kommt es für die Frage, ob bei einer unterhaltend wirkenden oder doch zu solcher Wirkung bestimmten Veranstaltung ein „höheres Interesse der Kunst oder der Wissenschaft obwaltet", auf die objektive Beschaffenheit der Veranstaltung, auf den künstlerischen oder wissenschaftlichen Wert der dargebotenen Schaustellungen oder Leistungen an. Es hängt daher in jedem Einzelfalle von der Würdigung thatsächlicher Verhältnisse ab, ob ein wirkliches Interesse der Kunst oder Wissenschaft vorliegt. Nur der wirklichen Kunst oder Wissenschaft, nicht auch einem Scheinbilde, sollte eine besondere Ausnahmestellung eingeräumt werden. Was insbesondere das Interesse der Kunst anbetrifft, so ist ein solches nicht schon dann anzunehmen, wenn der Gegenstand der Darstellung ein Erzeugniß der Kunst ist, sondern erst dann, wenn die Darstellung selbst den Anforderungen der Kunst entspricht. Auch das Vorliegen eines höheren Interesses der Wissenschaft kann nicht schon deshalb, weil die Darstellung einen Gegenstand betrifft, der für die Wissenschaft Interesse hat, sondern erst dann bejaht werden, wenn die Art der Darstellung geeignet ist, die wissenschaftliche Erkenntnis ihres Gegenstandes zu fördern oder doch wenigstens ihre Ergebnisse in weiteren Kreisen zu verbreiten.

4. Daher sind Spiele in einer Arena, bestehend aus „Kameelwettrennen, Ueberfall einer Karawane, Verfolgung eines Pferdediebes, Eselwettrennen, Hochzeitsfest, Reiterphantasie," die gegen Eintrittsgeld gezeigt werden und die Schaulust, das Unterhaltungs- und Sensationsbedürfnis der großen Menge befriedigen sollen, keine Darstellungen von höherem wissenschaftlichen Interesse. Zwar ist nicht zu verkennen, daß die Vorführung fremder Völker und ihrer Lebensgewohnheiten eine weitere Verbreitung wissenschaftlicher Erkenntnis bewirken kann. Soll dies aber geschehen, so müssen die Darstellungen in einer Weise erfolgen, die ein getreues Abbild der Wirklichkeit giebt und dem Zuschauer das Verständnis des Dargestellten vermittelt.

5. Ein „Diorama der Chalifengräber" in einer gegen Eintrittsgeld zugänglichen allgemeinen Ausstellung ist eine Lustbarkeit. Ob ein höheres Interesse der Kunst und Wissenschaft obwaltet, muß bewiesen werden.

Nr. 3. Entsch. v. 3. II. 99 Nr. I 264 (Pr.-V.-Bl. Bd. XX S. 343).

Komm.-Abg.-Ges. v. 14. VII. 93 (G.-S. S. 152) § 15.

1. Unter den Begriff der Lustbarkeit fallen Konzerte, deren Veranstalter die Besucher zu ergötzen und zu unterhalten beabsichtigen. Vgl. E.-O.-V. Bd. XXXII S. 107.

2. Die Kirche ist auch außerhalb der Stunden des ordentlichen Gottesdienstes eine Stätte der Erbauung und nicht eine der Ergötzung und Unterhaltung, wozu die Kirche nur ausnahmsweise benutzt werden darf. Besonders der Bußtag ist nach dem eigentümlichen kirchlichen Charakter dieses Festes ein Tag, der einer jeder Ergötzung und Unterhaltung fremden Einkehr in sich selbst gewidmet ist. Wer also die Kirche und den Bußtag zur Veranstaltung von Musikaufführungen wählt, von dem ist ohne Weiteres nicht vorauszusetzen, daß er unterhaltend und ergötzend wirken will. Hierzu bedarf es vielmehr eines besonderen Nachweises, der unter Anderem auch aus dem Charakter der aufgeführten Musik hergeleitet werden kann, wenn dieser ein zwar ernster und mit der Würde des Ortes nicht unvereinbarer, aber doch kein zur Erbauung geeigneter, geistlicher ist.

3. In der Thatsache allein, daß ein Eintrittsgeld erhoben und die Erzielung eines Gewinnes beabsichtigt worden ist, kann dieser Nach-

weis nicht erblickt werden. Allerdings ist eine solche Absicht der Regel nach als ein sehr wichtiges, wenn auch nicht immer zwingendes und der Widerlegung zugängliches Anzeichen dafür anzusehen, daß der Veranstalter des Konzertes auf einen möglichst zahlreichen Besuch und deshalb auf das Sensations- und Unterhaltungsbedürfnis der Menge gerechnet, also in der Hauptsache unterhaltend zu wirken beabsichtigt hat. Im vorliegenden Falle wird indes die aus dem Nachweise einer auf Erwerb gerichteten Absicht fließende Vermutung durch die Wahl der Zeit, des Ortes und des Gegenstandes der Veranstaltung, die sehr wenig geeignet sind, das größere Publikum und insbesondere die sensations- und unterhaltungsbedürftige Menge anzulocken, insoweit abgeschwächt, daß sie allein die Absicht, unterhaltend zu wirken, nicht beweist, umsomehr wenn die Leiter des Chores nicht Mittel zur Befriedigung der persönlichen Bedürfnisse der Mitglieder oder gar zur Vermehrung ihres Vermögens, sondern nur solche zur Deckung von Vereinsausgaben haben gewinnen wollen und demnach auch nur auf einen begrenzten Gewinn gerechnet haben können.

Nr. 4. Entsch. v. 22. IV. 99 Nr. II 552 (Pr.-V.-Bl. Bd. XXI. S. 6).

Komm.-Abg.-Ges. v. 14. VII. 93 (G.-S. S. 152) § 15.

Der gemeinschaftliche Gesang von Personen, die zu geselligem Zwecke in einer Wirtschaft versammelt sind, kann nicht als Gesangsvortrag mit der Lustbarkeitssteuer belegt worden. Wird dieser gemeinschaftliche Gesang auf dem Klavier begleitet, so ist dieses kein Klaviervortrag. Wird ein Lied vorgetragen, so wird damit, vorausgesetzt, daß die sonstigen Kriterien eines Vortrages vorhanden sind, ein Gesangsvortrag dargeboten und zwar gleichviel, ob das Klavier den Gesang begleitet oder nicht. Denn die Begleitung des Klaviers ist dem Gesange untergeordnet und diesem gegenüber, soweit es auf die Begriffsbestimmung ankommt, etwas Nebensächliches. Dasselbe gilt vom Chorgesange und, um ein naheliegendes Beispiel heranzuziehen, von dem Gesange der Gemeinde im Gottesdienste. Bei diesem Gesange wird die Melodie des Chorals von der Orgel nicht selten vorgespielt. Es wird aber kaum jemand daran denken, diese präludierende Thätigkeit des Organisten einen Orgelvortrag zu nennen. Vielmehr ist die allgemeine, dem Wesen der Sache entsprechende Vorstellung die, daß der Gesang der Gemeinde von der Orgel begleitet wird. In dem Ausdrucke der „Begleitung“ liegt zugleich die untergeordnete Stellung des begleitenden Instrumentes, sie mag im übrigen der Sicherheit des Gesanges so nützlich und förderlich sein, als sie nur immer will. Auch bleibt die Begleitung eines Liedes, eines Chorgesanges, was sie ist, selbst wenn das Musikstück zunächst mit dem Klavier beginnt und der Gesang erst später einsetzt oder wenn der Gesang früher abschließt, als die Klavierpartie. Nach dem gemeinen Sprachgebrauche, der auch der Auslegung des Lokalgesetzes zu Grunde zu legen ist, ändern dergleichen Umstände den Begriff des Gesangsvortrages nicht.

3. Umsatzsteuern.

Nr. 1. Entsch. Bd. XXXIV S. 188 v. 24. V. 98 I C 12/98.

Ist auf einem verkauften Grundstücke in der Zeit zwischen dem Verkaufe und der Auflassung ein Gebäude von dem Verkäufer errichtet worden, der sich dazu jenem gegenüber vertragsmäßig verpflichtet hatte, so erwirbt der Käufer das Eigentum an dem Gebäude erst durch die Auflassung. Es wird daher durch diese die Steuerpflicht gleichmäßig für den auf Grund einer freiwilligen Veräußerung erfolgten Wechsel des Eigentumes an dem Grund und Boden wie an dem Gebäude begründet.

Dem steht die Entscheidung des O.-V.-G. v. 2. III 98 (Erg. Bd. 1899 S. 51 Nr. 4) nicht entgegen, in der ausgesprochen ist, daß der Wert eines Gebäudes, das der Erwerber eines Grundstückes auf diesem zwischen dem Kaufe und der Auflassung für seine Rechnung errichtet hat, auch im Gebiete des Gemeinen Rechtes, wo das auf einem fremden Grundstücke errichtete Gebäude stets in das Eigentum des Grundeigentümers eintritt, nicht zu dem Werte des veräußerten Gegenstandes zur Zeit des Eigentumswechsels gehört und also der Umsatzsteuer nicht unterworfen ist. Denn diese Entscheidung betrifft den Fall, daß der Käufer selbst das Gebäude errichtet hat. Sie gründet sich auf die Erwägung, daß in einem solchen Falle bei Berechnung der Steuer auch von dem Werte des Gebäudes ein Objekt besteuert werden würde, das nach der Absicht der Kontrahenten überhaupt nicht Gegenstand des Eigentumswechsels sein sollte. Auch der Finanzminister hat in seiner den Auflassungsstempel betreffenden Verf. v. 25. I 95 (Zentral-Bl. der Abg.-Ges. S. 22) ausdrücklich erklärt, daß die Sache anders liege, wenn — wie im gegenwärtigen Falle — der Verkäufer sich verpflichtet hat, auf dem verkauften Grundstücke noch vor der Auflassung ein Gebäude zu einem bestimmten Preise herzustellen. Denn alsdann bilde den Gegenstand des Kaufvertrages das Grundstück nebst dem von dem Verkäufer vor der Auflassung darauf zu errichtenden Gebäude, und es sei der Auflassungsstempel von dem Werte des Grundstückes einschließlich des Gebäudes zu berechnen.

Nr. 2. Entsch. Bd. XXXIV S. 193 v. 10. VI. 98 I C 113/97.

Stempelsteuerges. v. 31. VII. 95 (G.-S. S. 413) § 4e.

Wenn eine Umsatzsteuerordnung nach Maßgabe der Bestimmungen im § 4e des Stempelsteuerges. v. 31. VII 95 für im Enteignungswege erzwingbare Besitzveränderungen und zwar ohne Unterschied, ob die Besitzveränderung selbst durch Enteignungsbeschluß oder durch freiwillige Veräußerungsgeschäfte bewirkt wird, Befreiung von der Umsatzsteuer gewährt, so kommt es lediglich darauf an, daß für den Veräußerer die gesetzliche Verpflichtung bestanden hat, sich der Besitzveränderung zu unterwerfen. Dagegen ist es gleichgiltig, ob letztere vom Berechtigten gefordert, oder vom Verpflichteten angeboten war. Die gesetzliche Verpflichtung des Grundbesitzers, sich der Entziehung seines Grundeigentumes zu unterwerfen, entsteht nicht erst mit der Erklärung des Enteignungsberechtigten, von seinem Enteignungsrechte Gebrauch machen zu wollen, sondern bildet im Gegenteil die rechtliche Grundlage, auf der der Anspruch des Enteignungsberechtigten auf Abtretung von Grundeigentum beruht. Deshalb ist es, wenn die Besitzveränderung durch ein freiwilliges Veräußerungsgeschäft bewirkt wird, ohne jede Bedeutung, ob die erste Anregung zu dessen Abschlusse von dem Enteignungsberechtigten oder von dem beteiligten Grundeigentümer gegeben war.

Nr. 3. Entsch. Bd. XXXV S. 144 v. 17. VI. 1898 I C 112/97.

1. Wird die Umsatzsteuer gemäß örtlich geltender Ordnung, entsprechend dem ministeriell empfohlenen Muster, nicht erhoben, „wenn einer oder mehrere von den Teilnehmern an einer Erbschaft das Eigentum eines zu dem gemeinsamen Nachlasse gehörigen Grundstückes erwerben“, so steht Freilassung von der Steuer auch einem Miterben zu, der ein solches Grundstück, nachdem als dessen Eigentümer im Grundbuche die Erben auf Grund von Erbbescheinigungen eingetragen waren, in der auf ihren Antrag zum Zwecke

der Auseinandersetzung eingeleiteten Zwangsversteigerung durch Zuschlagsurteil erworben hat.

2. Die Min.-Erl. v. 19. und 26. II 1895 (M.-Bl. S. 111, 112) stehen dieser Auffassung des klaren Wortlautes der Steuerordnung nicht entgegen. Sie gehen zwar von dem Gedanken aus, daß die Umsatzsteuer nach dem Muster der landesgesetzlichen Vorschriften über die Besteuerung der Beurkundung von Besitzwechseln an Grundstücken und Auflassungen zu gestalten sei. Mit keiner Silbe haben sie aber angedeutet, daß die, in einer Steuerordnung etwa geschehene, Gewährung von Befreiungen, die die Stempelgesetzgebung nicht anerkennt, unzulässig oder auch nur unangemessen sei.

3. Durch die Eintragung des Eigentumes für die Erben, die lediglich die Beurkundung eines durch Erbgang erworbenen Rechtes darstellt, ist das betr. Grundstück aus dem Nachlasse nicht geschieden.

Nr. 4. Entsch. Bd. XXXIV S. 78 v. 6. VII. 98 Nr. II C 81/98.

1. Die Vereinigung zweier Aktiengesellschaften durch Fusion, insbesondere der Uebergang des Vermögens von der aufzulösenden an die aufnehmende Gesellschaft vollzieht sich im Wege der Universalsuccesion. Den Gegenstand der Veräußerung bilden nicht die einzelnen zum Vermögen der aufzulösenden Gesellschaft gehörigen Sachen, namentlich auch nicht Grundstücke, sondern veräußert wird das Vermögen als Ganzes, das etwas anderes ist, als die Summe seiner Teile. Mithin ist eine Umsatzsteuerordnung, die jeden auf Grund einer freiwilligen Veräußerung erfolgenden Eigentumserwerb eines im Stadtbezirke belegenen Grundstückes der Steuer unterwirft, auf Fälle, in denen das Vermögen als Ganzes veräußert wird, unanwendbar. Denn es fehlt eben die Voraussetzung für die Umsatzsteuerpflicht, die Veräußerung eines Grundstückes.

Nr. 5. Entsch. Bd. XXXV S. 33 v. 25. III 1899 II C 388/98.

Die in den Umsatzsteuerordnungen der Regel nach enthaltene Vorschrift, daß für die Steuer der Veräußerer und der Erwerber verhaftet sind und daß, wenn einem von ihnen nach den landesstempelgesetzlichen Vorschriften ein Anspruch auf Befreiuung von der Abgabe zusteht, von dem anderen Teile nur die Hälfte der Steuer zu entrichten ist, hat nicht die Bedeutung, daß die Ermäßigung der Steuer auf die Hälfte schon dann erfolgen müsse, wenn sie von einem der Kontrahenten nicht gezahlt zu werden braucht. Daher tritt, wenn der Steuergläubiger (die die Steuer erhebende Gemeinde) der eine Kontrahent ist, für den anderen keine Ermäßigung ein. Vielmehr findet eine Herabsetzung nur in dem Falle statt, daß dem Veräußerer oder Erwerber nach den landesstempelgesetzlichen Vorschriften über die sachlichen und persönlichen Befreiungen von dem Urkunden- bezw. Schenkungsstempel ein Anspruch auf Befreiung von der Abgabe zusteht.

Nr. 6. Entsch. Bd. XXXV S. 36 v. 5. V. 1899 II C 389/98.

Konk.-Ordn. v. 10. II 77 (R.-G.-Bl. S. 351) §§ 2, 22, 24, 30, 209, 212, 213.

1. Die Wirkung der Konkurseröffnung bezüglich der Rechtshandlungen des Gemeinschuldners ist nach dem in § 2 der Konkurs-Ordnung festgestellten Zwecke einer gemeinschaftlichen Befriedigung der Gläubiger nicht auf die absolute Nichtigkeit jener Rechtshandlungen gerichtet, sondern bleibt auf den Vorteil der Konkursgläubiger beschränkt. Die Unwirksamkeit solcher Rechtshandlungen gilt laut § 22 a. a. O. nur den Konkurs-

gläubigern gegenüber, aber nicht weiter. Somit wirkt die Anfechtung nicht ex tunc und der Anfechtungsgegner wird daher nur obligatorisch zur Rückgewähr verpflichtet. Dem Gemeinschuldner gegenüber werden die eigenen Rechtshandlungen nicht ungültig. Er kann das Anfechtungsrecht der Gläubiger keineswegs aus eigenem Rechte geltend machen. Da die anfechtbare Handlung bis zur Ausübung der Anfechtung gültig und wirksam ist, bedarf es noch eines besonderen Rechtsgeschäftes zur Beseitigung des bisherigen Zustandes. Demgemäß bestimmt auch § 30 a. a. O. ausdrücklich, daß das, was durch die anfechtbare Handlung aus dem Vermögen des Gemeinschuldners veräußert, weggegeben oder aufgegeben ist, zur Konkursmasse znrückgewährt werden muß.

2. Handelt es sich dabei um die Rückgewähr eines Grundstückes, so liegt ein durch Auflassung zu vollziehender und umsatzsteuerflichtiger Eigentumswechsel vor. Die Freiwilligkeit der Veräußerung wird nicht durch den Umstand beseitigt, daß die Rückgewährspflicht nicht auf einem Vertrage beruht, sondern von einem Dritten, Nichtkontrahenten, nämlich dem Anfechtungsberechtigten, herbeigeführt wird. Denn die freiwillige Veräußerung durch Auflassung und die Auflassung selbst, die den Eigentumsübergang vermittelt, ist und bleibt rechtlich ein Vertrag, und ein Vertrag verliert den Charakter des freiwilligen Rechtsgeschäftes nicht dadurch, daß der Vertragswille erst durch Prozeß und Urteil hergestellt werden muß.

3. War aber das Rechtsgeschäft, dessen Folgen für die Gläubiger durch die Anfechtung beseitigt werden sollen, nur ein Scheingeschäft, so ist der äußere Rechtsvorgang nichtig. Ein Veräußerungsgeschäft liegt in einem solchen Falle nicht vor, und es bedarf, wenn es sich dabei um ein Grundstück des Gemeinschuldners handelt, zum Schutze der Interessen der Gläubiger keiner umsatzsteuerpflichtigen Eigentumsübertragung, sondern nur einer Berichtigung des Grundbuches in der Richtung, daß ein Eigentumsübergang zwischen dem Scheinveräußerer und dem Scheinerwerber überhaupt nicht stattgefunden habe.

Nr. 7. Entsch. Bd. XXXV S. 48 v. 30. V. 1899 II C 3/99.

Komm.-Abg.-Ges. v. 14. VII. 93 (G.-S. S. 152) §§ 69, 70.

1. Gegenstand des Verwaltungsstreitverfahrens gemäß § 70 des Komm.-Abg.-Ges. ist die Heranziehung eines angeblich Abgabepflichtigen und der von der Gemeindebehörde über den Einspruch gefaßte Beschluß. Daher hat sich auch der Richterspruch lediglich mit diesem Beschlusse zu befassen. Ergiebt sich, daß die Steuerforderung zur Zeit der Heranziehung begründet und der Zurückweisungsbeschluß mit Recht ergangen war, so folgt daraus die Abweisung der Klage, anderenfalls die Aufhebung des Beschlusses, oder endlich bei teilweiser Richtigkeit und Unrichtigkeit eine Festsetzung der Steuer. Dagegen berührt grundsätzlich die etwa im Laufe des Verfahrens erfolgende Tilgung des Anspruches nicht mehr die Frage nach der Richtigkeit der Veranlagung und des Einspruchsbescheides und gehört insofern nicht in den Rahmen des Verfahrens, es wäre denn, daß die Parteien selbst den Streit dadurch als erledigt ansähen.

2. Hat daher eine gleichzeitige Heranziehung aller oder mehrerer solidarisch für die Umsatzsteuer Verhafteter stattgefunden, so ist Keiner von den Steuerschuldnern befugt, aus dem Grunde, weil einer von den Solidarschuldnern die Steuerschuld berichtigt hat, zu verlangen, daß ihm gegenüber die Heranziehung außer Kraft gesetzt werde.

3. Wohl aber darf jeder Solidarschuldner dieses fordern, wenn in der Heranziehung nicht zum Ausdrucke gelangt war, daß es sich um eine Solidar-(Gesammt)schuld handle.

4. Hundesteuer.

Nr. 1. Entsch. v. 23. IX. 98 Nr. I 1542 (Pr.-V.-Bl. Bd. XX S. 320).

Komm.-Abg.-Ges. v. 14. VII. 93 (G.-S. S. 152) § 16.

1. Unter zum Gewerbebetriebe unentbehrlichen Hunden sind nur solche Hunde zu verstehen, deren Dienste zum Gewerbebetriebe unentbehrlich sind. Hunde, die zur Hundezüchterei oder zum Hundehandel gehalten werden, fallen nicht darunter. E.-O.-V. Bd. VII. S. 175.

2. Das Recht der Gemeinden, das Halten von Hunden zu besteuern, ist keiner Einschränkung unterworfen und daher insbesondere auch dadurch nicht beschränkt, daß bereits der Handel mit Hunden als Gewerbebetrieb besteuert ist.

Nr. 2. Entsch. v. 23. IX. 98 Nr. I 1543 (Pr.-V.-Bl. Bd. XX S. 319).

Komm.-Abg.-Ges. v. 14. VII. 93 (G.-S. S. 152) § 16.

Der rechtliche Begriff der Unentbehrlichkeit eines Hundes der zur Bewachung von Warenvorräten gehalten wird, ist nicht richtig aufgefaßt, wenn nur solche Hunde für unentbehrlich zur Bewachung erachtet werden, die abgelegenen oder von Wohnhäusern weit entfernten Vorratsräumen zur Bewachung dienen, wo in Folge des geringen Verkehres auch die sichersten Verschlüsse ohne Erregung von Aufmerksamkeit erbrochen werden können. Dies ist um so mehr der Fall, wenn in einer Steuerordnung ausdrücklich außer für Hunde, die auf einzeln belegenen Gehöften gehalten werden, auch für solche, die zur Bewachung von Warenvorräten benutzt werden, Steuerbefreiung zugestanden ist. Denn es kann in diesem zweiten Falle der Befreiung nicht wieder die Abgelegenheit des Grundstückes eine unerläßliche Voraussetzung sein. Vielmehr ist hier unter Berücksichtigung aller besonderen Umstände darüber zu befinden, ob der Hund nach vernünftiger allgemeiner Anschauung zur Bewachung der Warenvorräte unentbehrlich erscheint. Dabei kann von Belang sein, ob das Haus, worin die Vorräte aufbewahrt werden, regelmäßig bewohnt wird, ob es sich in unmittelbarer Nähe bewohnter Häuser befindet, ob die Oertlichkeit aus besonderen Gründen ein unbemerktes Eindringen ermöglicht, ob die betreffende Stadtgegend still oder belebt ist, ob die Warenvorräte einen hohen Wert haben, in welcher Art der Sicherheitsdienst gehandhabt wird u. s. w.

D. Direkte Gemeindesteuern.

1. Realsteuern

a) Vom Grundbesitze.

Nr. 1. Entsch. v. 8. III. 98 Nr. I 449 (Pr.-V.-Bl. Bd. XX S. 101).

Komm.-Abg.-Ges. v. 14. VII. 93 (G.-S. S. 152) § 24.
Kab.-Ord. v. 8. VI. 34 (G.-S. S. 87), betr. die Heranziehung der dort bezeichneten Grundstücke zu Kommunalsteuern. Ges. v. 13. V. 33 (G.-S. S. 51) über erloschene Parochien, § 3.

1. Unter der bisherigen Steuerfreiheit, von der § 24 k des Komm.-Abg.-Ges. bezüglich der Dienstgrundstücke der Geistlichen spricht, kann nur die bisherige Freiheit von Gemeindesteuern verstanden werden, nicht aber die Freiheit von allen sonstigen, insbesondere den an den Staat zu entrichtenden Steuern, mit denen sich das Komm.-Abg.-Ges. überhaupt nicht befaßt. Daher kommt es für die Kommunalsteuerfreiheit einer Pfarrwiedmuth

nicht darauf an, ob von ihr früher staatliche Grund- und Gebäudesteuern, Kreis- oder Provinzialabgaben zu entrichten waren.

2. Die Pfarrwiedmuth stellt Dienstgrundstücke der Geistlichen dar, wenn deren unmittelbare, mit der Verwaltung verbundene Nutznießung den Geistlichen als Teil ihres Diensteinkommens überlassen ist, einen Teil der Dotation des betreffenden Amtes bildet. Dies liegt vor, wenn über das als herrenlos der landesherrlichen Verfügung anheimgefallene Grundstücksvermögen einer erloschenen Parochie gemäß § 3 des Ges. v. 14. V. 33. zu Gunsten einer bestimmten Pfarrei, durch Zuweisung als Diensteinkommen, verfügt ist, mag dessen bei der Zuweisung veranschlagter Nutzwert auch inzwischen auf das Doppelte gestiegen sein. Daß der dotierte Geistliche außerhalb des Gemeindebezirkes, in dem die Dienstgrundstücke liegen, seinen Wohnsitz hat, ist unerheblich.

3. Die Kab.-Ord. v. 8. VI. 34. ist auf Dienstgrundstücke der Geistlichen nicht anwendbar, da diese als zu öffentlichen oder gemeinnützigen Zwecken bestimmt nicht anzusehen sind, und ihre Kommunalsteuerfreiheit auch vor dem Komm.-Abg.-Ges. nicht aus der durch eine solche Zweckbestimmung begründeten Staatssteuerfreiheit hergeleitet worden ist, sondern ohne Rücksicht auf die Kab.-Ord. bestanden hat. Durch § 24 des Komm.-Abg.-Ges. aber sind die Bestimmungen der Kab.-Ord. — außer in örtlicher Beziehung — nicht ausgedehnt worden, also auch nicht auf die von ihr bisher nicht berührten Dienstgrundstücke der Geistlichen.

Nr. 2. Entsch. Bd. XXXIV S. 39 v. 16. III. 98 II C 240/97.

Vgl. Erg. Bd. 1899 S. 70 Nr. 22.

Nr. 3. Entsch. Bd. XXIV S. 49 i. d. Anm. v. 16. III. 98 II C 219/97.

Vgl. Erg. Bd. 1899 S. 70 Anm. 1.

Nr. 4. Entsch. Bd. XXXIV S. 26 v. 19. IV. 98 I C 89/97.

Gebäudesteuergeſ. v. 21. V. 61 (G.-S. S. 317) § 5.
Veranlagungsgrundſ. v. 7. V. 92 §§ 23, 24.

Bei der Umlegung von Gemeindelasten nach der Grund- und Gebäudesteuer darf für Gebäude, die von der Gebäudesteuer gesetzlich befreit sind, ein fingierter Prinzipalsteuersatz von (nicht bloß zwei, sondern) vier vom Hundert des Nutzungswertes nur angesetzt werden, wenn sie neben ihrer Bestimmung zum Aufenthalte von Menschen zugleich — im Gegensatze zu gewerblichen Zwecken — der Befriedigung persönlicher, körperlicher oder geistiger Bedürfnisse der sich darin aufhaltenden Personen dienen.

Von einer derartigen Zweckbestimmung kann bei den Geschäftsräumen eines Regierungsgebäudes nicht die Rede sein. Dort halten sich die Beamten nicht auf, um ihre persönlichen, sei es körperlichen, sei es geistigen Bedürfnisse zu befriedigen, sondern um in dem ihnen obliegenden Dienste thätig zu sein. Die Räume haben daher eine wesentlich gleichartige Bestimmung, wie diejenige der zu Geschäftszimmern der Banken, Fabriken und sonstigen gewerblichen Unternehmungen bestimmten Gebäude, die nach § 24 Nr. 5 der Veranlagungsgrundſ. v. 1892 mit zwei Prozent des Nutzungswertes zu besteuern sind. Zwischen beiden Arten von Räumen besteht ein Unterschied nur darin, daß die Thätigkeit der Angestellten eines gewerblichen Unternehmens auf Erzielung von Gewinn für den Unternehmer gerichtet ist, während die der Regierungsbeamten die Wahrnehmung staatlicher Hoheitsrechte oder die Verwaltung des Staatsvermögens zum Gegenstande hat.

Nr. 5. Entsch. v. 22. II. 99 Nr. II 249 (Pr.=V.=Bl. Bd. XXI S. 35).

Gebäudesteuergeſ. v. 21. V. 61 (G.=S. S. 317) § 5².

Gebäudesteuer=Veranlagungsgrundsätze v. 7. V. 92 §§ 22—24.

Bureauräume dienen nicht zu einer Wohnung im eigentlichen Sinne, wenn sie auch eher wohnungs=, als fabrikmäßig eingerichtet sind, sondern ausschließlich der Arbeit, wenn schon diese nicht, wie in Fabriken, auf Herstellung von Sachen gerichtet, oder nicht, wie in den Telegrahenbüreaus, unmittelbar eine gewerbliche ist. Gebäude, in denen Büreauräume überwiegen, können daher nur mit 2 Prozent des Nutzungswertes veranlagt werden.

Nr. 6. Entsch. v. 1. IV. 98 Nr. I 631 (Pr.=V.=Bl. Bd. XX S. 102).

Komm.=Abg. Ges. v. 14. VII. 93 (G.=S. S. 152) § 24.

1. Wenn das Komm.=Abg.=Ges. die Gemeindesteuerfreiheit des Grundbesitzes von einer unmittelbaren Benutzung für die Zwecke der im § 24 f, g und h aufgeführten Anstalten oder Körperschaften abhängig macht, so hat es eine solche im Auge, die an und für sich selbst und ohne Hinzutreten weiterer, begleitender Momente als eine Förderung jener Zwecke erscheint. Dieser Thatbestand ist aber dann, wenn ein Grundstück allein dazu benutzt wird, um Einnahmen zu erzielen, nicht gegeben. Denn dann tritt die Förderung der Zwecke nicht ohne Weiteres, sondern erst dadurch, daß die erzielten Einnahmen diese Verwendung finden, also mittelbar ein. Daran ändert sich auch nichts, wenn die Verwendung der Einnahmen für die Zwecke der Anstalt oder Körperschaft durch deren Grundverfassung vorgeschrieben ist, und wenn die Art der Verwendung eine solche ist, daß sie diesen Zweck unmittelbar erfüllt, die Erzielung der Einnahmen ist und bleibt vielmehr nur ein Mittel zur Erreichung der Zwecke. Daher finden die Bestimmungen des § 24 f — i auf verpachtete oder vermietete Grundstücke keine Anwendung, auch dann nicht, wenn deren Nutzung nach den maßgebenden Verwaltungsvorschriften (Anordnung des Stifters) nur mittels Verpachtung erfolgen darf.

2. Der gemeine Wert der Grundstücke ist in der Regel nach dem Verkaufswerte zu bestimmen. Bei Grundstücken, die an zur Bebauung reifen Straßen oder doch innerhalb des von einem rechtsgültigen Bauplane umfaßten Geländes liegen, ist auch die Erhöhung des Verkaufswertes, die die Möglichkeit künftiger Bebauung in der Gegenwart hervorbringt, zu berücksichtigen. Ob diese Regel auch dann Platz greift, wenn rechtliche Hindernisse dem Verkaufe entgegenstehen, läßt das O.=V.=G. dahingestellt sein. Daraus, daß die Erträge des Grundstückes zu einem milden Zwecke bestimmt sind, ergiebt sich seine Unveräußerlichkeit ohne weiteres nicht. Mag diese Widmung als Zuwendung an die Kirchengemeinde zu einem bestimmten Zwecke oder als Errichtung einer selbständigen, unter kirchlicher Verwaltung stehenden Stiftung aufzufassen sein, immer folgt aus ihr nur, daß die Verwendungsart nicht geändert werden darf, es sei denn, daß die Voraussetzungen der §§ 74 und 193 Tit. 6 Teil II beziehungsweise des § 41 Tit. 19 Teil II A.=L.=R's. gegeben sind. Dagegen ist aus ihr nicht zu entnehmen, daß eine Veräußerung des Grundstückes rechtlich unzulässig ist. Denn es besteht keine gesetzliche Bestimmung, die eine Aenderung der Substanz von Stiftungsvermögen (im weiteren Sinne) verbietet.

Nr. 7. Entsch. v. 1. X. 98 Nr. II 1414 (Pr.=V.=Bl. Bd. XX S. 512) und **Entsch.** v. 5. V. 99 Nr. II 623 (Pr.=V.=Bl. Bd. XX S. 513).

Komm.=Abg.=Ges. v. 14. VII. 93 (G.=S. S. 152) §§ 24, 34.

Bischöfliche Priesterseminare sind von Gemeinde=Grund= und Gemeinde=Einkommensteuer frei, nicht aber Konvikte für

Theologen, die an Universitäten oder sonstigen für sich bestehenden Lehranstalten studieren.

Die philosophisch-theologischen Lehranstalten (Priesterseminare) der vom Staate aufgenommenen katholischen Kirche sind ebensowohl öffentliche Lehranstalten, wie die theologischen Fakultäten an Universitäten, und die mit ihnen verbundenen Seminare dienen nicht nur der geistlichen Erziehung, sondern an erster Stelle denselben Lehrzwecken, wie die Hauptanstalten, deren Zubehörungen sie sind. Die zeitweilige Internierung ist eine Eigentümlichkeit der Ausbildung zum katholischen Priester, und wenn mit ihr auch wichtige erzieherische Zwecke verfolgt werden, so hören doch darum die bei den theologischen Lehrstühlen errichteten Seminare ebensowenig auf, in Verbindung mit jenen Lehrstühlen Lehranstalten zu sein, wie der gleiche Charakter den Kriegsschulen, Kadettenhäusern u. s. w. wegen der bei ihnen bestehenden ähnlichen und einen ähnlichen Zweck verfolgenden Einrichtungen abgesprochen werden kann. Ist aber die Internierung nur eine Form der mit der Belehrung auch erziehliche Zwecke verbindenden theologischen Ausbildung, so dient alles das, was zur Durchführung der Internierung geschieht, unmittelbar dem Zwecke, der für das Wesen der Anstalt ausschlaggebend ist, nämlich der Belehrung. Von diesem Gesichtspunkte aus müssen die Wohnungen der Seminaristen, der Dienerschaft und des Regens zu den dem öffentlichen Unterrichte dienenden Räumen gerechnet werden, da durch sie die besondere Ausbildungsmethode ermöglicht werden soll, wie diese denn thatsächlich anders nicht denkbar wäre. Dagegen gebührt den Konvikten eine andere steuerrechtliche Beurteilung. Mag die in dem Konvikte eingeführte Lebenshaltung auch auf die Beförderung des Studiums abzielen, so wird doch das Studium nicht am Konvikte, sondern an der Universität oder sonstigen Lehranstalt betrieben. Diese ist die öffentliche Lehranstalt und das Konvikt hat im Verhältnis zu ihr den Charakter eines Pensionates.

Unzutreffend ist auch die Meinung, das Konvikt dürfe, weil es die Bewahrung der Studierenden vor sittlichen Gefahren bezwecke, den „Bewahranstalten" zugezählt werden, die der § 24 h des Komm.-Abg.-Ges. in Verbindung mit Gefängnis- und Besserungsanstalten nennt. Da der § 24 unmittelbar hinter den „Bewahranstalten" diejenigen „Wohlthätigkeitsanstalten" aufführt, „die die Bewahrung vor Schutzlosigkeit oder sittlicher Gefahr bezwecken," so ist es klar, daß er unter Bewahranstalten nur solche Anstalten verstehen kann, die andere, als die soeben genannten Zwecke verfolgen. In der That hat er solche Anstalten im Auge, die ähnlichen Bestimmungen, wie Gefängnis- und Besserungsanstalten, dienen; zu diesen Bewahranstalten kann also das Konvikt nicht gerechnet werden. Wegen seines angeblichen Zweckes, die Studierenden vor sittlichen Gefahren zu bewahren, hätte es aber nach § 24 h nur dann Anspruch auf Steuerfreiheit, wenn es zugleich eine Wohlthätigkeitsanstalt wäre.

Nr. 8. Entsch. Bd. XXXIV S. 110 v. 21. I. 99 II C 274/98.

Komm.-Abg.-Ges. v. 14. VII. 93 (G.-S. S. 152) §§ 24, 34.

1. Eine Anstalt ist als milde Stiftung anzusehen, sofern ihr Hauptzweck auf die Unterstützung hülfsbedürftiger Personen durch unentgeltliche Zuwendungen gerichtet ist. Doch braucht die Hülfsbedürftigkeit nicht notwendig in materieller Not ihren Grund zu haben. Unter milden Stiftungen sind daher alle Veranstaltungen zu verstehen, die wohlthätige Zwecke im weitesten Sinne des Wortes zu erfüllen bestimmt sind. Vgl. E.-O.-V. Bd. XXXII S. 165.

2. Handelt es sich um ein Stift, dessen statutenmäßiger Zweck in der Ausübung werkthätiger christlicher Liebe an der weiblichen Jugend, sowie an den Armen und Kranken besteht, bei dem aber praktisch die Armenpflege gegen die Erziehung und den Unterricht der weiblichen Jugend zurücktritt, so ist es eine milde Stiftung im Sinne des Komm.-Abg.-Ges. wenn das Stift dadurch, daß es jungen Mädchen Unterricht und Erziehung zu Teil werden läßt, hülfbedürftige Personen durch unentgeltliche Zuwendungen unterstützt. Es fragt sich also, ob die jungen Mädchen, die in dem Stifte Aufnahme finden, oder deren Eltern als hülfsbedürftige Personen angesehen werden können, und ob die Leistungen des Stiftes an diese Personen sich als unentgeltliche Zuwendungen bezeichnen lassen.

Die erste Frage ist zu bejahen, wenn die in dem Stifte Aufnahme findenden Kinder zum großen Teile wegen mangelnder Mittel eine standesmäßige Ausbildung und Erziehung nicht würden erhalten können, wenn sie solche nicht in dem Stifte erhielten. Eine Hülfsbedürftigkeit liegt auch dann vor, wenn die Eltern nicht in der Lage sind, ihren Kindern eine standesgemäße Erziehung zu gewähren, mögen nun die Kinder selbst oder die Eltern und diejenigen, die sonst für die Erziehung zu sorgen haben, als Hülfsbedürftige angesehen werden.

Was den anderen Punkt anlangt, so liegt eine Unterstützung durch unentgeltliche Zuwendungen nicht nur dann vor, wenn für das, was die Anstalt leistet, überhaupt keine Vergütung entrichtet wird, sondern auch dann, wenn die gezahlte Vergütung nicht unerheblich geringer ist, als der Wert der Leistungen, die von der Anstalt gewährt werden. Ob dies der Fall, ist Thatfrage.

Nr. 9. Entsch. v. 12. V. 99 Nr. I 871 (Pr.-V.-Bl. Bd. XX S. 480).
Komm.-Abg.-Ges. v. 14. VII. 93 (G.-S. S. 152) § 24.

1. Die Vorschrift im § 24 Abs. 3 des Komm.-Abg.-Ges. v. 14. VII 93, wonach Dienstwohnungen der Beamten der Gemeindebesteuerung unterliegen, findet zwar auf die Dienstwohnungen der Militärbeamten, aber nicht auf die der aktiven Militärpersonen, insbesondere der Offiziere, unmittelbar Anwendung. Bei ihnen bleibt vielmehr zu untersuchen, ob sie zu denjenigen Gebäuden oder Gebäudeteilen zu rechnen sind, die zu einem öffentlichen Dienste oder Gebrauche bestimmt sind. Dies ist bei Dienstwohnungen derjenigen Militärpersonen, zu deren Unterbringung nach dem Reichsges. v. 25. VI 68 die Leistung von Naturalquartier am Garnisonorte in Anspruch genommen werden darf, unbedingt zu bejahen, aber nicht bei denen der Offiziere. Bei diesen ist vielmehr das Vorliegen der die Steuerbefreiung bedingenden Voraussetzung nur dann gegeben, wenn die dienstlichen Obliegenheiten des Inhabers dessen dauernde Anwesenheit im Dienstgebäude auch außerhalb der Dienststunden erfordern, und ihm eben deshalb eine Wohnung in ihm angewiesen ist. Dies trifft namentlich dann zu, wenn einem Offizier eine Wohnung in einer Kaserne oder einem andern Militärgebäude z. B. wie im vorliegenden Falle, der Hauptkadettenanstalt zu Gr. Lichterfelde, aus dem Gesichtspunkte angewiesen ist, weil er mit der Beaufsichtigung der dort untergebrachten oder beschäftigten Untergebenen beauftragt ist und behufs unausgesetzter Ausübung dauernd in dem Gebäude bleiben, also dort wohnen muß. Vgl. E.-O.-V. Bd. XXX S. 83.

Denn es sind die Wohnungen ihren Inhabern nicht lediglich deshalb überwiesen, um ihr Wohnungsbedürfnis zu befriedigen, sondern deshalb, um ihnen die Ausübung ihrer dienstlichen Funktion zu ermöglichen, also um den öffentlichen Dienst zu fördern. Erfordert schon die militärische Zucht, daß der mit der unmittelbaren Aufsicht über Untergebene beauftragte Offizier in den Stand gesetzt wird, diese unausgesetzt zu üben und zu jeder Zeit einzugreifen, so ist dies in eben so hohem und vielleicht noch höherem Grade bei demjenigen der Fall, der die Erziehung von Knaben zu leiten hat, die für den Beruf eines Offiziers vorbereitet werden sollen. Denn die erziehliche Einwirkung erfordert eine besonders stetige und unausgesetzte Einwirkung. Vgl. E.-O.-V. Bd. XXX S. 53 ff.

2. Sind aber die Funktionen der in Betracht kommenden Offiziere derartige, daß sie nur dann in einer ihrem Zwecke entsprechenden und genügenden Weise ausgeübt werden können, wenn die damit beauftragten in der Anstalt wohnen, so ist nicht mehr zu prüfen, ob die Aufsicht auch von einer geringeren Anzahl von Offizieren oder von Offizieren mit geringerem Wohnungsbedürfnisse ausgeführt werden könnte. Denn diese Prüfung würde sich nicht mehr auf Beantwortung der Frage beschränken, ob ihre Wohnungen zu einem öffentlichen Dienste oder Gebrauche bestimmt sind, sondern sich auf die weitergehende erstrecken, ob die Bestimmung der Wohnungen zu einem öffentlichen Dienste oder Gebrauche erforderlich war.

3. Unberechtigt ist es auch bei den Dienstwohnungen verheirateter Offiziere einen Unterschied zwischen den für das Familienhaupt und den für die übrige Familie einschließlich des Gesindes erforderlichen Teilen zu machen, weil die Wohnung nur als Ganzes ihren Zweck erfüllt. Soll dem verheirateten Offizier der dauernde Aufenthalt im Dienstgebäude ermöglicht werden, so genügt es nicht, daß ihm Räume zur Verfügung gestellt werden, die für seinen eigenen Aufenthalt ausreichen, sondern diese müssen so bemessen werden, daß er den Mittelpunkt seines Lebens in das Dienstgebäude verlegen kann. Denn anderenfalls würden seine berechtigten Familieninteressen, die auch der Staat nicht vernachlässigen darf, ihn stets aus dem Dienstgebäude abziehen, somit der Zweck, der durch Einräumung einer Dienstwohnung erreicht werden soll, verfehlt werden.

Nr. 10. Entsch. Bd. XXXIII S. 15 v. 18. XII. 1897 II C 305/97.

S. Erg. Bd. 1899 S. 62.

Nr. 11. Entsch. Bd. XXXIII S. 20 v. 18. XII. 1897 II C 344/97.

Nr. 12. Entsch. Bd. XXXIII S. 192 v. 4. I. 98 I C 1/97.

Kab.-Ord. v. 8. VI. 34 (G.-S. S. 87), betr. die Heranziehung der dort bezeichneten Grundstücke zur Kommunalsteuer.
Komm.-Abg.-Ges. v. 14. VII. 93 (G.-S. S. 152) § 24.

1. Vor der Kab.-Ord. v. 8. VI 34 erworbene und zu öffentlichen oder gemeinnützigen Zwecken bestimmte Grundstücke dürfen mit neuen Gemeindeabgaben überhaupt nicht und mit solchen Gemeindeabgaben, die zur Zeit der Erwerbung oder der bezeichneten Zweckbestimmung bereits bestanden, nur bis zur Höhe der damals geleisteten Jahresbeträge belastet werden.

Die betr. Bestimmungen der Kab.-Ord. zerfallen in 2 Teile, der erste handelt von den bereits gemachten Erwerbungeu und setzt fest:

„Der gegenwärtige Zustand soll beibehalten werden; woselbst also dergleichen Grundstücke von den Kommunallasten entbunden sind, hat es dabei sein Bewenden; woselbst sie dazu beitragen, verbleibt es bei dem Anteile, der bisher stattgefunden hat.“

Der zweite Teil geht auf die neuen Erwerbungen über und bestimmt: „Für die Zukunft dagegen — — sollen bei neuen Erwerbungen zu öffentlichen oder gemeinnützigen Zwecken die Realverpflichtungen, die vermöge des

Kommunalverbandes vor der Erwerbung geleistet worden sind, fernerhin davon geleistet werden. Naturalleistungen werden auf Geldrente nach den zur Zeit der Erwerbung bestehenden Preisen berechnet. Persönliche Prästationen der bisherigen Privatbesitzer darf die Gemeinde aber nicht weiter fordern . . ."

2. Hieraus ist bezüglich der nach Erlaß der Kab.-Ord. zu öffentlichen oder gemeinnützigen Zwecken erworbenen Grundstücke unzweifelhaft zu entnehmen, daß sie mit neuen Gemeindesteuern nicht belastet werden dürfen; denn es sollen die „gegenwärtigen" d. h. die bei der Erwerbung bestehenden Realverpflichtungen fernerhin erfüllt werden. Die Vorschrift geht indeß weiter, sie schließt nicht nur die Auflegung neuerer Realverpflichtungen aus, sondern beschränkt auch den Umfang der bestehenden auf das Maß der bisherigen Leistung. Das geht schon aus der Einfügung des Relativsatzes, „die vermöge des Kommunalverbandes vor der Erwerbung geleistet worden sind" hervor, da dieser das Hauptgewicht auf die thatsächliche Leistung legt, erhellt aber noch deutlicher aus der unmittelbar folgenden Bestimmung über die Umwandlung der Naturalleistungen in eine Geldrente. Letztere Bestimmung war durch die Erwägung geboten, daß Naturalleistungen von den einem öffentlichen oder gemeinnützigen Zwecke gewidmeten Grundstücken nicht wohl ohne Beeinträchtigung dieser ihrer Zweckbestimmung aufgebracht werden können. Allein daraus erfolgt noch nichts über die Art der Berechnung des Geldaequivalentes, diese ergiebt sich vielmehr naturgemäß aus den Grundsätzen, die den Umfang und das Maß der umzuwandelnden Leistung bestimmen. Wenn vorgeschrieben ist, daß die Berechnung des an die Stelle der Naturalleistung tretenden Geldaequivalentes nach den zur Zeit der Erwerbung bestehenden Preisen erfolgen, also nur derjenige Wert vergütet werden soll, den die Leistung zur Zeit der Erwerbung hatte, so ist hieraus auf den Willen des Gesetzgebers zu schließen, daß der Umfang der fernerhin zu erfüllenden Realverpflichtungen auf das zur Zeit der Erwerbung geleistetete Maß beschränkt werden soll. Hätte der Gesetzgeber das nicht beabsichtigt, hätte er vorschreiben wollen, daß sich der Umfang der bei der Erwerbung bestehenden Realverpflichtungen auch in Zukunft nach dem wechselnden Bedürfnisse der Gemeinde richten solle, so würde er folgerichtig nicht die Umwandlung der Naturalleistungen nach den zur Zeit der Erwerbung, sondern nach den zur Zeit der Leistung bestehenden Preisen haben anordnen müssen.

Die Bestimmungen des zweiten Teiles der Kab.-Ord. beruhen auf dem Grundgedanken, daß ein billiger Ausgleich zwischen den widerstreitenden Interessen des Staates und der bevorrechtigten gemeinnützigen Anstalten oder Korporationen einerseits und der Gemeinden andererseits zu suchen und dieser darin zu finden sei, daß den Gemeinden zwar das Recht zur Erhebung der vor der Erwerbung von den Grundstücken bezogenen Abgaben und Leistungen bis zur früheren Höhe auch fernerhin belassen, die Möglichkeit einer künftigen Steigerung aber ausgeschlossen werde. Hat nun in dem Falle neuer Erwerbungen der Gesetzgeber eine ausreichende Berücksichtigung der Interessen der Gemeinden in der Belassung der bisherigen Bezüge gesehen, so ist anzunehmen, daß er auch bei den älteren Erwerbungen die Verhütung einer unmittelbaren Schmälerung der Einnahme aus den Leistungen der Grundstücke für genügend ansah, um die Interessen der beteiligten Gemeinden zu wahren. Daher ist bei der Auslegung des ersten Teiles von den gleichen Grundsätzen auszugehen, wie bei der des zweiten, sofern nicht der Wortlaut oder die Verbindung mit dem Folgenden zu einer abweichenden Auffassung nötigt. Das ist nicht der Fall und insbesondere auch aus der Fassung desjenigen Satzes nicht zu entnehmen, nach dem es bei denjenigen Grundstücken, die zu den

Kommunallasten beitragen, bei „dem Anteile, der bisher stattgefunden hat," verbleiben soll. „Anteil" ist hier nicht gleich „Teilnahme", sondern gleich „Beitragssatz" zu verstehen.

1. Mit mehr Anschein von Berechtigung könnte die Art, wie der erste Teil der Kab.-Ord. mit dem zweiten verknüpft ist, gegen die Annahme verwendet werden, daß der Satz: „Es verbleibt bei dem Anteile, der bisher stattgefunden hat," in demselben Sinne zu verstehen sei, wie der folgende: „Die Realverpflichtungen, welche bisher geleistet sind, sollen fernerhin geleistet werden". Der zweite Teil beginnt mit den Worten: „Für die Zukunft dagegen sollen;" die Art der Anknüpfung scheint daher darauf hinzuweisen, daß hier etwas von dem Vorhergehenden Abweichendes habe bestimmt werden sollen. Eine entscheidende Bedeutung würde indes diesem Gegengrunde nur dann beigelegt werden können, wenn aus der angenommenen Auslegung völlige Uebereinstimmung zwischen den Vorschriften des ersten und zweiten Teiles folgte. Nur dann würde die Anknüpfung mit dem Worte „dagegen" als eine sprach- und sinnwidrige erscheinen. Bleiben aber Unterschiede auch bei der angenommenen Auslegung übrig, was zweifellos der Fall ist, so erscheint die Verbindung als eine sprachlich mögliche und mit dem Sinne völlig vereinbare. Sie kann daher gegen die Benutzung der Grundgedanken des zweiten Teiles zur Auslegung des ersten nicht verwertet werden.

Nr. 13. Entsch. v. 25. I. 99 Nr. II 115 (Pr.-V.-Bl. Bd. XX S. 492).

Komm.-Abg.-Ges. v. 14. VII. 93 (G.-S. S. 152) § 24.
Kab.-Ord. v. 8. VI. 34 (G.-S. S. 87), betr. die Heranziehung der dort bezeichneten Grundstücke zu Kommunalsteuern.

1. Die Frage, ob ein Grundstück der Gemeindegrundsteuer unterliegt oder von ihr befreit ist, ist, soweit es sich um die positiven Voraussetzungen der Steuerfreiheit handelt, lediglich nach den Vorschriften in § 24 des Komm.-Abg.-Ges. v. 14. VII. 93 zu beurteilen. Die Aufrechterhaltung der Vorschriften der Kab.-Ord. v. 8. VI. 34 in § 24 hat nur die Bedeutung einer Ausnahme gegenüber den Bestimmungen im ersten Absatze des § 24. Diese letzteren gelten insoweit, als nicht die Bestimmungen der Kab.-Ord. entgegenstehen, nicht aber begründen die Bestimmungen der Kab.-Ord. seit Inkrafttreten des Komm.-Abg.-Ges. selbständig eine Steuerfreiheit, die nicht im ersten Absatze des § 24 festgestellt wäre. (Vgl. E.-O.-V. Bd. XXX S. 53.)

2. Nutzung von Grundstücken durch Verpachtung ist keine unmittelbare Benutzung für die Zwecke einer milden Stiftung.

3. Die Ersitzung der Freiheit von Gemeindegrundsteuer setzt voraus, daß die Gemeinde auf die Weigerung des Zensiten von der Erhebung der Grundsteuer abgesehen hat und der Zensit seitdem 30 Jahre lang im Besitz der Grundsteuerfreiheit gewesen ist.

Nr. 14. Entsch. Bd. XXXIII S. 206 v. 16. XI. 97 Nr. I C 54/97.

Komm.-Abg.-Ges. v. 14. VII. 93 (G.-S. S. 152) §§ 25, 54—59, 77.

1. Besondere direkte Gemeindesteuern vom Grundbesitz haben nicht die Bestimmung eines festen und unveränderlichen Steuersatzes zur Voraussetzung, können vielmehr auch in der Weise (als bewegliche Steuern) eingeführt werden, daß sich ihr Sollaufkommen nach dem jährlichen wechselnden Steuerbedarfe in Verbindung mit dem Gemeindebeschlusse über dessen Verteilung auf die einzelnen Steuerarten bestimmt. Schon der Wortlaut des § 25 Abs. 2 des Komm.-Abg.-Ges., der von der Zulässigkeit der Umlegung nach verschiedenen beispielsweise angeführten Maßstäben spricht, weist in erster Reihe auf die Einführung beweglicher Steuern hin. Denn unter Um-

legung wird im gewöhnlichen Sprachgebrauche die Verteilung einer durch den Gemeindebedarf oder eine Quote davon bestimmten Summe auf die Gemeindesteuerpflichtigen, nicht die Erhebung fester unabänderlicher Beträge verstanden. Vor allem aber kommen die Bestimmungen der §§ 54—59 desselben Ges. in Betracht, in denen offenbar die Einführung beweglicher direkter Gemeindesteuern vorausgesetzt ist. Wenn der § 57 bei der Verteilung des Steuerbedarfes das Aufkommen besonderer Gemeindesteuern je nach ihrer Einrichtung und Beschaffenheit auf denjenigen Teil des Steuerbedarfes verrechnet wissen will, der durch Prozente der entsprechenden vom Staate veranlagten Steuer aufzubringen ist, so darf, wie damit ausgesprochen ist, das Sollaufkommen einer besonderen Gemeindesteuer denjenigen Prozentsatz der entsprechenden Staatssteuer, der nach dem Verteilungsbeschlusse oder der subsidiarischen Regel des § 59 zu erheben ist, nicht übersteigen, und es sind zur Ergänzung der besonderen Gemeindesteuer Zuschläge zu der betr. Staatssteuer zu erheben, wenn das Sollaufkommen der ersteren den zu erhebenden Prozentsatz der letzteren nicht erreicht. Da ferner die besonderen Steuern vom Grundbesitze nicht nur an die Seite der staatlich veranlagten Grund- und Gebäudesteuer treten, sondern sie gänzlich ersetzen sollen, so müssen sie auch die nötige Beweglichkeit haben, um sich den jährlichen Veränderungen in der Höhe des aufzubringenden Steuerbedarfes anzupassen. Diese Möglichkeit fehlt aber bei den nach festen unveränderlichen Sätzen oder nach bestimmten Prozentsätzen des Reinertrages oder Nutzungswertes oder des gemeinen Wertes zu erhebenden Steuern völlig, und zwar einmal deshalb, weil der Steuerbedarf und der durch die staatlichen Realsteuern zu deckende Teil jährlich wechseln, und sodann, weil das Verhältnis des Reinertrages oder Nutzungswertes ebenso wie das des gemeinen Wertes zu der staatlichen Grund- und Gebäudesteuer dem Wechsel unterworfen ist.

2. Zulässig ist auch die Einführung einheitlicher, bebaute und unbebaute Grundstücke gleichmäßig nach denselben Sätzen belastender besonderer direkter Steuern vom Grundbesitze, dergestalt, daß bei der Verteilung des Steuerbedarfes kein Unterschied zwischen dem Sollaufkommen der Steuer von der einen oder von der anderen jener beiden Gattungen von Grundstücken gemacht, sondern das gesammte Sollaufkommen zu der Summe der staatlich veranlagten Grund- und Gebäudesteuer in Beziehung gesetzt wird. Anderenfalls würde die im § 25 Abs. 2 zugelassene, einheitliche Gestaltung der besonderen Gemeindesteuer vom Grundbesitze — ohne Unterschied zwischen Grundstücken und Gebäuden — unmöglich sein.

3. Zum Maßstabe der Umlegung kann auch der „gemeine Wert" der Grundstücke und Gebäude gemacht werden. Soll sich die Klage auch gegen dessen Höhe richten, so muß ihr das zur Rechtfertigung des Ermäßigungsanspruches nötige Beweismaterial beiliegen. Vgl. E.-O.-V. Bd. XV S. 129/130, XVI S. 217.

4. Die Genehmigung der Beschlußbehörden zur Einführung von Gemeindesteuern der vorbezeichneten Art oder zur Veränderung ihrer Grundsätze und die dazu erforderliche Zustimmung der höheren Aufsichtsbehörden sind an eine bestimmte Reihenfolge nicht gebunden; jene braucht erst, nachdem diese bereits erteilt ist, der Gemeinde bekannt gegeben zu werden. Nach Art. 46 zu II² der Ausf.-Anw. soll allerdings die Genehmigung der Zustimmung vorangehen. Daraus folgt aber lediglich, daß die zur Genehmigung berufene Beschlußbehörde sich über deren Erteilung schlüssig zu machen hat, bevor sie die Zustimmung der höheren Aufsichtsinstanz einholt oder deren Einholung der beteiligten Gemeinde anheim giebt. Zudem ist jener Vorschrift der Anweisung nur eine instruktionelle Bedeutung beizumessen. Wesentlich

für die Rechtswirksamkeit einer Steuerordnung, die eine besondere Gemeindesteuer einführt, ist allein, daß sie die Genehmigung der zuständigen Behörden erhalten hat. Welche Reihenfolge dabei eingehalten wird, das ist unerheblich.

Nr. 15. Entsch. v. 14. X. 98 Nr. I 1672 (Pr.-V.-Bl. Bd. XX S. 288).

Komm.-Abg. Ges. v. 14. VII. 93 (G.-S. S. 152) §§ 24—26.
Ges. v. 31. VII. 42 G.-S. 1843 S. 8) § 6.

Der Gemeindegrundsteuer sind nur die zur Gemeinde gehörenden Grundstücke unterworfen. Für die Zugehörigkeit zur Gemeinde sind die Angaben des Grundsteuerkatasters nicht maßgebend, einerseits, weil die Aufnahme in das Grundsteuerkataster die kommunalrechtliche Eigenschaft der Grundstücke nicht zu ändern vermag, andererseits, weil die Grundsteuermutterrollen nicht dazu bestimmt sind, maßgebende, auch für den Verwaltungsrichter bindende Feststellungen über die kommunale Zugehörigkeit der Grundstücke zu treffen. Vgl. E.-O.-V. Bd. XXX S. 128, 130.

2. Eine vor der Veröffentlichung des Ges. über die Verpflichtung zur Armenpflege v. 31. XII. 42 (vgl. § 6[3]) geschehene thatsächliche Vereinigung von Grundstücken, die von einem Dominium veräußert sind, mit einer Gemeinde kann nur dadurch bewiesen werden, daß die Grundstücksbesitzer an den mit Gemeindegrundstücken verknüpften Pflichten und Rechten teilgenommen haben.

Nr. 16. Entsch. Bd. XXXIV S. 182 v. 8. II 98 I C 30/97.

Komm.-Abg. Ges. v. 14. VII. 93 (G.-S. S. 152) §§ 23—25.

1. Zwar ist ein Gebäude, ohne Rücksicht auf den Zusammenhang mit Grund und Boden betrachtet, nicht als Grundstück anzusehen. Allein dies gestattet nicht die Schlußfolgerung, daß es an einem der Besteuerung unterliegenden Gegenstande fehle. Dadurch, daß der Eigentümer des Gebäudes von dem Eigentümer des Grund und Bodens, auf dem es steht, verschieden ist, wird die Verbindung des Gebäudes mit dem Grund und Boden, ohne die es überhaupt nicht bestehen kann, nicht aufgehoben. Ein von einem Gebäude bedecktes Grundstück hört also dadurch, daß ein Anderer, als der Eigentümer, das Gebäude errichtet hat, nicht auf, ein bebautes zu sein. Entsteht aber durch die Errichtung eines Gebäudes ein bebautes Grundstück auch dann, wenn auf fremdem Grund und Boden gebaut wird, so ist durch den Bau eine Verbindung geschaffen, die an und für sich als ein einheitliches Steuerobjekt behandelt werden kann. Da nun auch das Komm.-Abg.-Ges. entgegenstehende Bestimmungen nicht enthält, so ist eine örtliche Steuerordnung zulässig, die ein auf fremdem Grund und Boden errichtetes Gebäude zusammen mit jenem als einheitliches Objekt der nach dem gemeinen Werte der Grundstücke und Gebäude umzulegenden Steuer vom Grundbesitze behandelt. Ebensowenig widerspricht sie dem Gesetze, wenn sie die Steuerpflicht als eine nicht dem Eigentümer des Gebäudes allein, sondern ihm und dem Eigentümer des Grund und Bodens gemeinsam obliegende Last hinstellt.

2. Für die Feststellung der Steuer ist in diesem Falle nicht der Nutzen maßgebend, den das Gebäude seinem Eigentümer mit Rücksicht auf die aus den Rechten des Grundeigentümers hervorgehenden Beschränkungen bietet, sondern es ist derjenige Nutzen in das Auge zu fassen, den die Verbindung von Gebäude und Boden jedem Besitzer unter gewöhnlichen Umständen bieten kann. Dieser Nutzen ist es, der den gemeinen Wert des steuerpflichtigen bebauten Grundstückes darstellt. Es ist daher auch von einer Berechnung nach den Herstellungskosten des Gebäudes oder nach dem Kaufpreise, der beim Verkaufe auf den Abbruch erzielt werden würde, gänzlich abzusehen und derjenige Ver-

kaufspreis zu Grunde zu legen, der im wirtschaftlichen Verkehre unter gemeingewöhnlichen Verhältnissen für das Gebäude mit Grund und Boden erzielt werden würde. Denn dieser Verkaufspreis ist der Regel nach der richtige Wertmesser für die Ermittelung des gemeinen Wertes einer Sache. (Vgl. E.-O.-V. Bd. XXXII S. 156, dgl. in St. Bd. V S. 63 ff.)

Nr. 17. Entsch. v. 15 II. 98 Nr. I 298 (Pr.-V.-Bl. Bd. XX S. 146).
Komm.-Abg.-Ges. v. 14. VII. 93 (G.-S. S. 152) § 25.

1. Bei Grundstücken in Städten und ländlichen Bezirken, in denen ein häufiger Besitzwechsel stattfindet und daher aus den gezahlten Kaufpreisen ein gemeiner Tauschwert abgeleitet werden kann, bildet der Verkaufswert die richtige Grundlage für die Ermittelung des gemeinen Wertes. Liegen sie an einer für den Anbau fertiggestellten Straße oder innerhalb des von einem zur Zeit noch geltenden und zur Ausfuhr geeigneten Bebauungsplane umfaßten Geländes, so ist die durch diese Lage bedingte Wertssteigerung auch dann zu berücksichtigen, wenn die Grundstücke zur Zeit noch landwirtschaftlich oder gärtnerisch genutzt werden. Doch kommt nur derjenige Kaufpreis in Frage, der im wirtschaftlichen Verkehre unter gemeingewöhnlichen Verhältnissen für gleichartige Grundstücke erzielt wird — nicht mehr, aber auch nicht weniger.

2. Ein zwischen Grundstücken bestehender wirtschaftlicher Zusammenhang kommt für die Ermittelung des gemeinen Wertes bei der Gemeindegrundsteuer nur insoweit in Betracht, als die Grundstücke in dem Gemeindebezirke der Steuergläubigerin liegen, mögen sie auch seiner Zeit mit Grundstücken, die in einem anderen Kommunalbezirke belegen sind, für einen einheitlichen Kaufpreis zusammen erworben sein und mit ihnen einheitlich bewirtschaftet werden.

Gegenstand der Besteuerung, dessen gemeiner Wert festzustellen, ist nur das in dem steuerberechtigten Gemeindebezirke belegene Grundstück. Maßgebend ist daher derjenige Nutzen, den das Grundstück jedem Besitzer, also demjenigen, der weiteren Grundbesitz nicht hat, gewähren kann. Dagegen kann der Nutzen, den das steuerpflichtige Grundstück vermöge seiner wirtschaftlichen Verbindung mit anderem, der Besteuerung nicht unterworfenem Grundbesitze gewährt, nicht in Anschlag gebracht werden. Er stellt sich als ein solcher dar, den das Grundstück nur unter gewissen Verhältnissen leisten kann, und erscheint insoweit, als er eine Erhöhung des Wertes bewirkt, nicht als gemeiner im Sinne des § 112 Tit. 2 Teil I A.-L.-R's., sondern als ein außerordentlicher im Sinne des § 114 das. So wenig aber die aus dieser Verbindung erwachsene Erhöhung des Nutzens bei Feststellung des gemeinen Wertes des steuerpflichtigen Grundstückes berücksichtigt werden darf, so wenig kann der Anspruch erhoben werden, daß der Wert nur nach dem Kaufpreise berechnet werde, den es in jener Verbindung und als Teil davon erzielen würde.

3. Die Vergleichung mit denjenigen Preisen, die in neuerer Zeit für Grundstücke von gleicher Größe, Lage und Beschaffenheit gezahlt worden sind, bildet das sicherste Hilfsmittel für die Feststellung des gemeinen Wertes. (Vgl. E.-O.-V. in St. Bd. V S. 154.) Sie ist aber nicht der einzige Weg. Es kann unter Umständen auch der von dem gegenwärtigen Besitzer gezahlte Erwerbspreis als Hilfsmittel für die Feststellung des gemeinen Wertes benutzt werden, allein nur unter der Voraussetzung, daß die beim Erwerbe stattgefundene Preisverabredung unter gemeingewöhnlichen Verhältnissen erfolgt und in den die Preisbildung beeinflussenden Verhältnissen keine Veränderung eingetreten ist.

Fehlt es an Verkäufen, deren Ergebnis zu unmittelbarer Vergleichung benutzt werden kann, so bleibt nur übrig, von den Preisen, die im Verkehre für Grundstücke ähnlicher Lage gezahlt sind, auszugehen und diejenigen Verschiedenheiten in der Größe, Lage und Zusammensetzung, die für die Preisbildung maßgebend sind, bei der Schätzung zu berücksichtigen.

4. Wenn die Sachverständigen den Wert des Vorderlandes und des Hinterlandes einer Baustelle besonders ermitteln und den Wert des ganzen Grundstückes durch Zusammenrechnung beider Werte finden, so folgt hieraus keineswegs ohne weiteres, daß sie mit den Detailpreisen, die bei einer Parzellierung des Grundstückes hätten erzielt werden können, gerechnet haben. Bei Grundstücken, die aus Bestandteilen von ungleichem Werte bestehen, ist vielmehr eine andere Art der Abschätzung kaum möglich. So wird z. B. bei Abschätzung landwirtschaftlich genutzter Grundstücke regelmäßig der Wert jeder einzelnen Bodenklasse durch Multiplikation des für das maßgebende Flächenmaß ermittelten Einheitssatzes dieser Bodenklasse mit der Zahl der dazu gehörigen Flächeneinheiten besonders ermittelt, und der Wert des Ganzen durch Zusammenrechnung der für die einzelnen Bodenklassen festgestellten Ziffern gefunden. Aus der angewandten Rechnungsweise ist also der Schluß, daß nicht von dem Verkaufswerte des Ganzen, sondern von dem der Teile ausgegangen sei, nicht ohne weiteres zu ziehen. Er würde vielmehr erst dann gerechtfertigt erscheinen, wenn die für kleinere Grundstücke gezahlten Preise unverändert und unvermindert der Schätzung zu Grunde gelegt wären.

Nr. 18. Entsch. v. 15. III. 98 N. 1 497 (Pr.=V.=Bl. Bd. XX S. 190).
Komm.=Abg.=Ges. v. 14. VII. 93 (G.=S. S. 152) §§ 25 ff.; L.=V.=G. § 94.

1. Bei der Ermittelung des gemeinen Wertes von Baustellen ist auf die Bestimmung eines Teiles der Grundstücke zur Anlegung von Straßen bezw. darauf zu rücksichtigen, daß bei der künftigen Bebauung Straßenanliegerbeiträge zu entrichten sind. Denn die Möglichkeit der Bebauung und damit die Schätzung nach Baulandspreisen, hängt davon ab, daß die Grundstücke an projektierten Straßen liegen und würde ganz wegfallen oder erheblich beeinträchtigt werden, wenn die Richtung der Straßen geändert werden sollte. Daraus folgt, daß die Schätzung des Wertes von derjenigen Bestimmung der Grundstücke auszugehen hat, die aus dem geltenden Bauplane sich ergiebt. Denn nur nach dieser wird ein Unternehmer, der das Grundstück zum Zwecke künftiger Bebauung oder Aufteilung in Baustellen erwirbt, den in der Gegenwart zu zahlenden Preis bemessen können. Ist in einer Gemeinde den anliegenden Grundbesitzern ortsstatutarisch die Pflicht auferlegt, die Herstellungskosten neuer Straßen anteilig zu erstatten, so wird derjenige, der eine Baustelle an einer neuen Straße kauft, um darauf zu bauen, sich sagen müssen, daß er neben Grund-Erwerbs- und Baukosten auch noch die Straßenanliegerbeiträge aufwenden muß, um die Baustelle dem beabsichtigten Zwecke gemäß verwenden zu können. Diese Erwägung wird nicht ohne Einfluß auf die Bemessung der Summe, die er für den Grunderwerb anlegt, bleiben können und in einer Ermäßigung des Preises der Baustellen Ausdruck finden.

Dieser Einfluß der Straßenanliegerbeiträge muß aber notwendig auch auf die Preise von Bauterrains, die von projektierten Straßen durchschnitten werden, zurückwirken. Der Unternehmer, der solche erwirbt, wird zwar darauf rechnen können, daß er für das künftige Straßenland eine dem vollen Werte entsprechende Entschädigung von der Gemeinde erhalten wird, wenn er nicht etwa mit Rücksicht auf die Beschleunigung des Straßenbaues und die daraus folgende leichtere Verkäuflichkeit seines Besitzes das Straßenterrain der

Gemeinde unentgeltlich anbietet. Aber er wird zu gewärtigen haben, daß die Abnehmer der Baustellen die von ihnen zu bewilligenden Preise mit Rücksicht auf die Pflicht, die Kosten für den Grunderwerb zu erstatten, entsprechend herabsetzen und damit die Entschädigung wieder schwinden wird.

Hält der Steuerpflichtige unter Anerkennung der Steuerpflicht selbst hiernach immer noch die Bewertung für falsch, weil z. B. der Ermittelung des Verkaufswertes nicht wirklich gezahlte Preise zu Grunde gelegt seien, so muß er die thatsächlichen Unterlagen seines Steuerminderungsanspruches, hier also nachweisen, daß die Preise für ihrer Lage, Größe und Beschaffenheit nach gleichartige Grundstücke erzielt sind.

2. Hinsichtlich der Anzahl und Auswahl von Sachverständigen ist der Verwaltungsrichter an die Vorschläge der Parteien nicht gebunden. Es hängt vielmehr von seinem freien Ermessen ab, ob und welche Sachverständige er hören will. In der irrigen Auffassunng eines Gutachtens liegt ein wesentlicher Verfahrensmangel nur dann, wenn die Entscheidung durch die irrige Auffassung beeinflußt worden ist.

Nr. 19. Entsch. v. 22. III. 98 Nr. I 543 (Pr.-V.-Bl. Bd. XX S. 192).
Komm.-Abg.-Ges. v. 14. VII. 93 (G.-S. S. 152) §§ 25 ff.
Fluchtliniengef. v. 2. VII. 75 (G.-S. S. 561) § 12.

1. Durch E.-O.-V. v. 9. XI 97 (Erg. Bd. 1899 S. 68 Nr. 17) ist unter Anlehnung an die Rechtsprechung in Staatssteuersachen dargelegt, daß ein Rechtsgrundsatz, wonach der kapitalisierte Reinertrag eines Grundstückes als einzig zulässiger Maßstab für die Ermittelung des gemeinen Wertes im Sinne des Erg.-St.-Ges. anzusehen ist, weder aus dem Begriffe des gemeinen Wertes noch aus dem Wortlaute oder der Entstehungsgeschichte des Ges. abgeleitet werden kann. Es bildet vielmehr mindestens in denjenigen Fällen, in denen der Besitzer thatsächlich und rechtlich in der Lage ist, aus einem Grundstücke denjenigen Vorteil zu ziehen, den ein Verkauf gewährt, der im gewöhnlichen Verkehre für gleichartige Grundstücke gezahlte Kaufpreis den richtigen Maßstab für die Ermittelung des gemeinen Wertes und es trifft diese Voraussetzung auch bei Grundstücken, die in einer Großstadt oder deren unmittelbarer Umgebung liegen, der Regel nach zu. Es ist ferner an derselben Stelle dargelegt, daß bei Ermittelung des gemeinen Wertes solcher Grundstücke, die zur Zeit noch landwirtschaftlich genutzt werden, aber an einer zur Bebauung bestimmten Straße oder doch innerhalb des von einem Bauplane umfaßten Geländes liegen, derjenige höhere Wert in Ansatz zu bringen ist, der durch ihre Lage und die dadurch gegebene Möglichkeit künftiger Bebauung in der Gegenwart entsteht, und zwar unabhängig davon, ob sie der Besitzer schon jetzt zur Veräußerung oder Bebauung bestimmt hat. Endlich ist nachgewiesen, daß diese, für die Anwendung des Erg.-St.-Ges. maßgebenden Grundsätze auch bei der Bestimmung des „gemeinen Wertes“ im Sinne des Komm.-Abg.-Ges. zu beobachten sind, und auch die Entstehungsgeschichte des Ges., insbesondere die Ersetzung des im § 21 der Regierungsvorlage gebrauchten Ausdruckes „Verkaufswert“ durch die Worte „gemeiner Wert“ dieser Auffassung in keiner Weise entgegensteht.

An diesen Grundsätzen ist lediglich festzuhalten. Insbesondere kann die Möglichkeit künftiger Aenderungen des Bauplanes oder der baupolizeilichen Vorschriften gegen die Bewertung des Baulandes nach den für dieses gezahlten höheren Preisen nicht geltend gemacht werden. Soweit in dieser Hinsicht nicht bloß theoretische Möglichkeiten, sondern wirkliche Unsicherheiten bestehen, finden sie eben im allgemeinen Verkehre durch Minderung der gemeingewöhnlich gezahlten Preise Ausdruck.

2. Ausgänge im Sinne des § 12 des Fluchtliniengeſ. v. 2. VII 75, die nach der unfertigen Straße untersagt werden können, sind nicht eine jede Durchbrechung der Mauer, durch die ein Mensch möglicher Weise hindurchschlüpfen kann, sondern nur eine solche, die für den Verkehr des Hauses nach außen hin bestimmt ist.

3. Die forderungsberechtigte Behörde hat die thatsächlichen Grundlagen der Steuerpflicht nachzuweisen. Wo diese feststehen, ist es nicht Sache der veranlagenden Behörde, die Höhe ihrer Forderung zu rechtfertigen, sondern Aufgabe des Steuerpflichtigen, die thatsächlichen Grundlagen seines Minderungsanspruches nachzuweisen. Vgl. E.-O.-V. Bd. IX S. 105, Bd. XV S. 129/130, Bd. XVI S. 217, Bd. XX S. 209.

Nr. 20. Entsch. v. 11. XI. 98 Nr. I 1863 (Pr.-V.-Bl. Bd. XX S. 430).
Komm.-Abg.-Ges. v. 14. VII. 93 (G.-S. S. 152) §§ 25—27.

1. Bei Berechnung des gemeinen Wertes bebauter Grundstücke behufs ihrer Heranziehung zur Gemeindegrundsteuer darf nicht der Wert, den der Grund und Boden in unbebautem Zustande haben würde, mit dem besonderen nach den Baukosten oder nach deren Nutzungsertrage zu ermittelnden Werte der daraufstehenden Gebäulichkeiten zusammengerechnet werden.

Bei einem bebauten, eine wirtschaftliche Einheit und deshalb ein einheitliches Wertobjekt darstellenden Grundstücke hat der Grund und Boden, der von den Gebäuden bedeckt oder doch dazu bestimmt ist, ihre Benutzung zu ermöglichen und zu erleichtern (Hofräume, Zufahrten), einen selbstständigen Nutzen überhaupt nicht. Er dient, solange die Bebauung besteht, nur als Träger der Gebäude oder Mittel zu ihrer Benutzung. Der Nutzen eines derartigen Grundstückes erschöpft sich daher in den Vorteilen, die die Gebäude gewähren. Deshalb richtet sich auch der gemeine Wert eines solchen Grundstückes, dessen Bebauungsfähigkeit bis an die durch baupolizeiliche Vorschriften und wirtschaftliche Verhältnisse gezogenen Grenzen ausgenutzt ist, nach dem Nutzen, der aus den Gebäuden gezogen werden kann. Denn der Verkaufspreis, der im gemeingewöhnlichen Verkehre erzielt werden kann, richtet sich eben nach jenem Nutzen oder vielmehr nach dem allgemeinen Urteile, das man über die Vorteile hat, die jener Nutzen gewährt.

2. Anders verhält es sich bei solchen Grundstücken, deren Bebauungsfähigkeit noch nicht vollständig ausgenutzt ist. Bei ihnen wird der im gemeingewöhnlichen Verkehre übliche Verkaufspreis nicht allein durch das Urteil über die Vorteile beeinflußt, die die bestehenden Gebäude gewähren können, sondern auch durch das Urteil über die Vorteile, die von einer anderen und vorteilhafteren Art der Bebauung erwartet werden dürfen, und es kann derjenige Preis, der mit Rücksicht auf die Möglichkeit einer Verwendung zu anders gearteter Bebauung erzielt werden kann, höher sein als derjenige, der für das Grundstück unter der Voraussetzung einer Beibehaltung der bestehenden Bebauung gezahlt werden würde. Trifft dies zu, so ist jener und nicht dieser Preis der für die Bestimmung des gemeinen Wertes maßgebende. Denn letzterer richtet sich nicht nach den Vorteilen, die ein Grundstück bei der gegenwärtigen Art der Bestimmung und Benutzung bringt, sondern nach denjenigen, die es nach seiner Lage und Beschaffenheit jeden Besitzer bringen kann.

3. Sind aber die Voraussetzungen für die Bewertung des Grund und Bodens nach dem im gemeingewöhnlichen Verkehre für Bauland gewährten Preise gegeben, so kann der Wert der vorhandenen Gebäude auch nur insoweit als preissteigernd in Anrechnung kommen, als sie bei der neuen, der Preisbildung zu Grunde gelegten Art der Bebauung beibehalten werden können. Erfordert diese ihre gänzliche Beseitigung, so kann nur der Abbruchswert angerechnet werden.

4. Nur derjenige Nutzen, den ein Grundstück jedem Besitzer gewährt, ist zu berücksichtigen, nicht etwa derjenige, den es in der Hand eines Besitzers, der z. B. ein Transportgewerbe betreibt, also unter gewissen Bedingungen und Verhältnissen leisten kann. Die objektive Lage und Beschaffenheit entscheidet, aber nicht die Möglichkeit der Verbindung des Besitzes mit einem nicht auf dem Grundstücke, sondern außerhalb betriebenen Gewerbe.

b) Vom Gewerbebetriebe.

Nr. 1. Entsch. Bd. XXXIII S. 76 v. 8. I. 98 II C 457/96.

S. Erg. Bd. 1899 S. 72.

Nr. 2. Entsch. Bd. XXXIV S. 53 v. 5. II. 98 II C 398/97.

Komm.-Abg.-Ges. v. 14. VII. 93 (G.-S. S. 152) §§ 28 ff.
Ausf.-Anw. v. 10. V. 94 Art. 20[1].

Nach der Gewerbesteuerordnung einer Gemeinde L. wird von gewerbesteuerpflichtigen Betrieben, die mehr als 100 Arbeiter beschäftigen, statt des Zuschlages zur staatlich veranlagten Gewerbesteuer, eine besondere Gewerbesteuer erhoben (§ 1), die bei einer Belastung der Grund- und Gebäudesteuer und der von den übrigen gewerbesteuerpflichtigen Betrieben zu entrichtenden staatlich veranlagten Gewerbesteuer mit 150 Prozent für den Arbeiter 12 Mk. beträgt und bei einer Erhöhung dieser Zuschläge eine entsprechende Steigerung erfährt (§ 2). Da im Steuerjahre 1896/97 von den staatlich veranlagten Realsteuern 200 Prozent erhoben wurden, betrug der Satz der besonderen Gewerbesteuer in diesem Jahre für den Arbeiter 16 Mk. Wenn sich ein der besonderen Gewerbesteuer unterliegender Gewerbebetrieb über mehrere Gemeinden erstreckt, ist bei der Veranlagung in der Gemeinde L. die Kopfzahl der in ihr beschäftigten Arbeiter zu Grunde zu legen (§ 4). Für die Ermittelung der Arbeiterzahl soll das letzte zur Zeit der Veranlagung abgelaufene Kalenderjahr maßgebend sein (§ 2).

Das O.-V.-G. entschied, daß eine solche Steuerordnung dem Ges. nicht widerspreche. Die Möglichkeit in einer und derselben Gemeinde nur gewisse Betriebe zu einer besonderen Gewerbesteuer, die übrigen mit Prozenten der staatlichen Gewerbesteuer heranzuziehen, sei in Artikel 20 der Ausf.-Anw. zum Komm.-Abg.-Ges. ausdrücklich hervorgehoben. Auch sei die Kopfzahl der Arbeiter als ein — wenngleich nicht immer — geeignetes Merkmal des Betriebsumfanges im Kommissionsberichte des A.-H. anerkannt. Ebensowenig stehe § 32 Abs. 2 des Komm.-Abg.-Ges. dem § 4 der Steuerordnung entgegen.

Nr. 3. Entsch. Bd. XXXIV S. 63 v. 23. III. 98 II C 247/97.

Komm.-Abg.-Ges. v. 14. VII. 93 (G.-S. S. 152) §§ 28 ff., 77.

1. Eine abgestufte Zuschlagssteuer im Sinne des § 30 des Komm.-Abg.-Ges. ist keine besondere kommunale Gewerbesteuer im Sinne des § 29 a. a. O. Die Abstufung der staatlichen Gewerbesteuer bedarf daher nur der Genehmigung des Bezirksausschusses und nicht derjenigen der Ressortminister.

2. Ob die besonderen thatsächlichen Voraussetzungen im Sinne des § 31 des Komm.-Abg.-Ges. vorhanden sind, ist Sache der Würdigung der Beschlußbehörde. Eine Nachprüfung darüber, ob Gemeinde- und Beschlußbehörden die thatsächlichen Verhältnisse zutreffend gewürdigt haben, steht dem Verwaltungsrichter nicht zu. Vgl. E.-O.-V. Bd. XXX S. 100/102.

Nr. 4. Entsch. Bd. XXXIV S. 134 v. 8. VI. 98 II C 301/97.

Komm.-Abg.-Ges. v. 14. VII. 93 (G.-S. S. 152) §§ 28, 33.
Gew.-St.-Ges. v. 24. VI. 91 (G.-S. S. 205) § 3^4.

1. Gemäß § 28 Abs. 2 des Komm.-Abg.-Ges. in Verbindung mit § 3^4 des Gew.-St.-Ges. v. 24. VI 91 sollen die zu gemeinnützigen Zwecken dienenden Geld- und Kreditanstalten der Kommunalverbände, weil und soweit sie vom Staate so angesehen und behandelt werden, als betrieben sie kein Gewerbe, auch einer Gemeindegewerbesteuer nicht unterliegen.

2. Dieselben Gesichtspunkte sind für die Heranziehung zur Gemeinde-Einkommensteuer maßgebend. Es sind also die Kommunalverbände wegen der von ihnen zu gemeinnützigen Zwecken betriebenen Geld- und Kreditanstalten, insbesondere Sparkassen, soweit diese Anstalten nicht der Gewerbesteuer unterliegen, auch von der Gemeinde-Einkommensteuer befreit.

Es ist daher im Einzelfalle zu untersuchen, ob ein steuerpflichtiger Gewerbebetrieb vorliegt, oder nicht. Erforderlich ist dazu eine berufsmäßige, auf Gewinnerzielung gerichtete Thätigkeit, und zwar dergestalt, daß die Gewinnerzielung den Hauptzweck der Thätigkeit bildet und nicht nur beiläufig und nebensächlich erstrebt wird. Bei dem Betriebe öffentlicher Korporationen insbesondere kommt es auf das objektive Vorhandensein von Ueberschüssen allein nicht an, da aus einer vernünftigen und zweckentsprechenden, einen mäßigen Ertrag abwerfenden Geschäftsgebahrung noch nicht geschlossen werden darf, es habe die Erzielung von Gewinn zur Hauptsache gemacht werden sollen.

Nr. 5. Entsch. Bd. XXXIV S. 56 v. 12. X. 98 II C 97/98.

Komm.-Abg.-Ges. v. 14. VII. 93 (G.-S. S. 152) §§ 28 ff., 54—57.
Ausf.-Anw. v. 10. V. 94 Art. 20^1, 39.

1. Eine Steuerordnung, die in einer und derselben Gemeinde nur gewisse Betriebe zu einer besonderen Gewerbesteuer, die übrigen mit Prozenten der staatlichen Gewerbesteuer heranzieht, und die Kopfzahl der Arbeiter als Merkmal des Betriebsumfanges aufstellt, widerspricht nicht dem Gesetze.

2. Nach den §§ 54—57 des Komm.-Abg.-Ges. und Artikel 39 der Ausf.-Anw. dazu ist der jährliche Steuerbedarf der Gemeinden auf die Einkommensteuer und die Gesammtheit der Realsteuern zu verteilen (§ 54), die auf die Gesammtheit der Realsteuer nentfallende Summe aber auf die einzelnen Arten der Realsteuern unterzuverteilen (§ 56). Die Beträge, die hiernach auf die einzelnen Steuerarten entfallen, sind in Prozenten der vom Staate in der Gemeinde veranlagten Steuern (Einkommensteuer und Realsteuern) auszudrücken, und es sind dabei die nach der staatlichen Veranlagung auf die Gemeinde entfallenden Sollaufkommen desjenigen Jahres zu Grunde zu legen, für das die Verteilung zu bewirken ist. Zur Deckung des von der Gesammtheit der Realsteuern aufzubringenden Steuerbedarfsanteiles sind die veranlagten Grund-, Gebäude- und Gewerbesteuern in der Regel mit dem gleichen Prozentsatze heranzuziehen (§ 56 Abs. 1). Soll die Grund- und Gebäudesteuer stärker als die Gewerbesteuer oder diese stärker als jene belastet werden, so ist die Genehmigung des

Kreis- oder Bezirksausschusses erforderlich (§ 56 Abs. 2), und es bedarf der Zulassung durch die Minister des Innern und der Finanzen, wenn eine dieser Steuerarten mehr als doppelt so stark wie die andere herangezogen werden soll (§ 56 Abs. 3). Auf die in dieser Weise nach Prozenten der staatlich veranlagten Steuer bestimmten Steuerbeträge sind die Erträge der entsprechenden besonderen Steuern zu verrechnen (§ 57). Wenn also, wie im vorliegenden Falle, ein Teil der Gewerbebetriebe einer besonderen Gewerbesteuer unterliegt, die übrigen Betriebe aber Prozente der staatlich veranlagten Gewerbesteuer zahlen, so dürfen die von sämtlichen Betrieben zu entrichtenden Steuern zusammen nicht mehr ergeben, als der in Prozenten des staatlich veranlagten Gewerbesteuersolls ausgedrückte Betrag, der durch die Gewerbesteuer im Ganzen für die Gemeinde aufzubringen ist. Der bei der Verteilung des Steuerbedarfes für die Gewerbesteuer bestimmte Prozentsatz bildet die Höchstgrenze, über die hinaus das staatlich veranlagte Gewerbesteuersoll durch das kommunale Sollaufkommen sowohl aus den Zuschlägen zu den staatlichen Gewerbesteuersätzen als auch aus den „besonderen Steuern" nicht belastet werden darf. Nach dem Betrage der zulässigen Gesammtbelastung ist die Höhe sowohl der Zuschlagsprozente als auch des Einheitssatzes für die „besondere Steuer" zu berechnen, ehe die Heranziehung des Pflichtigen erfolgen kann.

3. Allerdings gilt dieser Grundsatz, nur für die bei Beginn des Steuerjahres erfolgenden Veranlagungen der einzelnen Steuerpflichtigen, wohingegen die im Laufe des Steuerjahres eintretenden Veränderungen ohne Einfluß sind und insbesondere später (etwa im Rechtsmittelwege) erfolgende Ermäßigungen des staatlichen Gesammtsteuersolls oder Zugänge neuer Steuerpflichtiger eine nachträgliche Herabsetzung des Zuschlagsprozentes bezw. des Einheitssatzes oder gar der Steuerbeträge, die von den bereits durch die Gemeinde herangezogenen Personen zu zahlen sind, abgesehen von den Fällen des § 30 Abs. 2 des Komm.-Abg.-Ges., nicht zur Folge haben.

Der Zensit kann also Ermäßigung aus dem Grunde verlangen, weil nach dem zur Zeit jener Berechnung vorhandenen Sachverhältnisse der Zuschlags- oder Einheitssatz zu hoch berechnet sei, nicht aber, weil sich dieses Verhältnis im Laufe des Steuerjahres verändert habe, oder weil der erforderte Steuerbetrag mehr als die für Belastung des Gesammtsteuersolls zugefallenen Prozente seines staatlich veranlagten Steuersatzes ausmache.

4. Die Notwendigkeit und Zweckmäßigkeit der beschlossenen (genehmigten, zugelassenen) Sätze für die Belastung der Steuerart oder für die besonderen Steuern ist vom Verwaltungsrichter nicht zu prüfen.

2. Wohnungssteuern.

Nr. 1. Entsch. v. 20. IV. 98 Nr. II 647 (Pr.-V.-Bl. Bd. XX S. 214).
Komm.-Abg.-Ges. v. 14. VII. 93 (G.-S. S. 152) §§ 23, 24 ff., 34.

Eine örtliche Steuerordnung bestimmte, daß eine Wohnungssteuer in Prozenten des Mietswertes von Jedem zu erheben sei, der Wohn- oder sonstige Räume benutze, möge er deren Eigentümer, Mieter oder Inhaber sein. Eine solche Steuer ist, schon weil der vermietende Eigentümer nicht pflichtig ist keine den objektiven Ertrag belastende, keine dem Grundstücke dinglich anhaftende und daher keine Real-Abgabe, sodaß auf sie die lediglich von Realsteuern handelnden §§ 24—32 des Komm.-Abg.-Ges. nicht anwendbar sind.

Sie ist aber auch keine Einkommensteuer, obwohl sie nach Art der Einkommensteuer das Einkommen der Pflichtigen und zwar den zur Befriedigung des Wohnbedürfnisses verwendeten Einkommensteil belastet (vgl. E.-O.-V. Bd. XXIV S. 84), sondern eine von dieser verschiedene Art der direkten Personalbesteuerung, nämlich eine „Aufwandssteuer", die der § 23 Abs. 2 des Komm.-Abg.-Ges. den Real- und Einkommensteuern ausdrücklich gegenüberstellt und als einen „teilweisen Ersatz" der letzteren bezeichnet. Die „Aufwandssteuern", im Sinne des § 23 sind eben solche Steuern, die sich, entgegen der Einkommensteuer, nicht an den Prozeß des Erwerbes, sondern an den der Verwendung oder Benutzung des Einkommens für die Zwecke der Bedürfnisbefriedigung knüpfen, und die Jeden dann, aber auch nur dann treffen, wenn er eine bestimmte Verwendung oder Benutzung seines Einkommens (Vermögens) oder eine bestimmte Ausgabe macht, an die das Gesetz die Steuer anschließt. Die Aufwandssteuern unterliegen daher den für die Einkommensteuer geltenden Vorschriften in der Regel nicht. Dort, wo eine Ausnahme eintreten soll, nämlich bei den Beamtenvorrechten, hat das Komm.-Abg.-Ges. dies im § 41 ausdrücklich bestimmt. Der § 34 jedoch, der das Einkommen aus realsteuerfreien Grundstücken für nicht pflichtig erklärt, hat eine solche ausdehnende Bestimmung nicht getroffen; er ist daher auf die Wohnungssteuer gleichfalls nicht anwendbar.

Nr. 2. Entsch. v. 12. V. 99 Nr. II 184.

Komm.-Abg.-Ges. v. 14. VII. 93 (G.-S. S. 152) § 23.

Eine Wohnungssteuerordnung, die sämmtliche Eigentümer und sämmtliche Mieter zur Wohnungssteuer heranzieht, trifft auch juristische Personen, die in dem Stadtbezirke Grundeigentum besitzen oder ein stehendes Gewerbe betreiben, insofern die Wohnungssteuer als eine Last zu erachten ist, die auf den Grundbesitz oder das Gewerbe oder auf das aus jenen Quellen fließende Einkommen gelegt ist. Zu den juristischen Personen gehört auch der Staat in seinen vermögensrechtlichen Beziehungen, der Fiskus, der also insoweit als Eigentümer eines Gebäudes ebenfalls wohnungssteuerpflichtig werden kann.

Indessen setzt die Wohnungssteuer, wiewohl sie keine Einkommensteuer im eigentlichen Sinne des Wortes ist, bei dem Eigentümer ein ihm aus seinem Grundstücke zufließendes Einkommen voraus (E.-O.-V. Bd. XXIV S. 84, Bd. XXXIII S. 27) und kann daher nicht angewendet werden, wo eine Einkommenserzielung begrifflich von vornherein ausgeschlossen erscheint.

Dies liegt bei allen Wohnungsräumen vor, die der Fiskus oder sonstige juristische Personen nicht etwa für ihre privatwirtschaftlichen Sonderzwecke, sondern zur Erfüllung ihrer öffentlichen und gemeinnützigen Zwecke verwenden. Vgl. E.-O.-V. Bd. XXXIII S. 37, 46.

3. Gemeindeeinkommensteuer.

a) Allgemeines. Wohnsitz und Aufenthalt.

Nr. 1. Entsch. v. 18. XI. 98 Nr. I 1896 (Pr.-V.-Bl. Bd. XX S. 410).

Komm.-Abg.-Ges. v. 14. VII. 93 (G.-S. S. 152) § 38.

Die Steuerordnung einer Gemeinde P. befreit von der Gemeindeeinkommensteuer alle Personen, deren Einkommen die Höhe von 300 Mk. nicht erreicht.

Unter „Einkommen" im Sinne dieser auf Grund des § 38 Abs. 2 des Komm.-Abg.-Ges. getroffenen Bestimmung ist nicht das Gesammteinkommen der betreffenden Personen, sondern ihr in der Gemeinde steuerpflichtiges Einkommen zu verstehen. Der Ausdruck „Steuerpflichtige mit einem Einkommen" im Abs. 2 des bezeichneten § 38 kann in keinem anderen Sinne verstanden werden, als der gleiche Ausdruck im Abs. 1 daselbst. Es kann aber keinem Zweifel unterliegen, daß die Vorschrift im Abs. 1 auf alle Steuerpflichtige Anwendung findet, deren Einkommen, soweit es in der betreffenden Gemeinde der Steuerpflicht unterliegt, den Betrag von 900 Mk. nicht erreicht, mögen diese Steuerpflichtigen auch ein diesen Betrag übersteigendes Gesammteinkommen haben. Der Auffassung, daß für die Befugnis der Gemeinde, von der Beitragspflicht zu entbinden oder einen niedrigeren Prozentsatz als Gemeindeabgabe festzusetzen, nur das in der Gemeinde steuerpflichtige Teileinkommen einer Person, und nicht ihr Gesammteinkommen maßgebend ist, kann auch nicht der Einwand entgegengehalten werden, daß jene Begünstigung nur mit Rücksicht auf die Leistungsfähigkeit der Personen mit geringstem Einkommen zugelassen worden sei, und daß diese Rücksicht bei Personen nicht zutreffe, die ein größeres Gesammteinkommen beziehen. Wenn auch die Vorschrift im letzten Satze des § 38: „Ihre Freilassung muß erfolgen, sofern sie im Wege der öffentlichen Armenpflege fortlaufende Unterstützung erhalten", ihren Grund in der Leistungsfähigkeit dieser Personen hat, so kommt doch für die Freilassung der geringen Einkommen auch die Vereinfachung der die Veranlagung und Beitreibung der Steuern betreffenden Geschäfte in Betracht. Auch mit Rücksicht hierauf kann es der Gemeinde wünschenswert erscheinen, von der Heranziehung solcher Einkommen zur Steuer abzusehen, bei denen der geringe Steuerbetrag in keinem richtigen Verhältnisse zu den aus der Heranziehung erwachsenden Verwaltungsgeschäften und Kosten steht. Hiernach muß angenommen werden, daß die Freilassung der Einkommen unter 300 Mk. in der Steuerordnung, ebenso wie die gesetzliche Ermächtigung, auf die sie sich stützt, alle Personen betrifft, deren Einkommen, soweit es in der Gemeinde nach den gesetzlichen Vorschriften an sich steuerpflichtig sein würde, jenen Betrag nicht erreicht, und zwar auch dann, wenn diese Personen als Gemeindeangehörige außerhalb der Gemeinde noch Grundbesitz haben oder ein Gewerbe betreiben, aus denen ihnen noch weiteres Einkommen zufließt, oder wenn sie seitens der Gemeinde nur als Forensen von ihrem Einkommen aus Grundbesitz oder Gewerbebetrieb im Gemeindebezirke herangezogen werden.

b) Einkommen aus Grundvermögen.

Nr. 1. Entsch. v. 17. VI. 98 Nr. I 1092 (Pr.-V.-Bl. Bd. XX S. 248).

Land-Gem.-Ordn. v. 3. VII. 91 (G.-S. S. 233) § 4; Zust.-Ges. § 26.

1. Voraussetzung der Gemeindeabgabenpflicht nach dem Einkommen aus Grundbesitz ist die Zugehörigkeit des letzteren zum Gemeindebezirke. Diese würde vorliegen, wenn der Kreisausschuß auf Grund des § 26 des Zust.-Ges. oder des § 4 der Land.-Gem.-Ordn. v. 3. VII. 91 sie aus Gründen des öffentlichen Interesses im Beschlußverfahren festgestellt hat, solange dieser Beschluß nicht etwa im Verwaltungsstreitverfahren aufgehoben worden ist. Denn bis dahin bleibt er maßgebend für alle öffentlich-rechtlichen Verhältnisse.

2. Die Zulegung eines Grundstückes zu einem bestimmten Grundsteuerkatasterbezirke ist nicht entscheidend für seine kommunale Zugehörigkeit. Die Aufnahme eines Grundstückes in das Grundsteuerkataster oder in das Flurbuch einer Gemeinde beweist nur, daß hierbei von der Ansicht ausgegangen ist, daß Grundstück gehöre zu diesem Bezirke, und hat nur eine Bedeutung für Steuerzwecke. Erweist sie sich als irrtümlich, so kann sie jederzeit im Wege der Fortschreibung berichtigt werden.

3. Oeffentliche Flüsse gehören ebenso, wie die Land- und Heerstraßen in der Regel zu den sie umgebenden Kommunalbezirken.

4. Ist die Gemeindeabgabenpflicht nur bezüglich eines Teiles des der Besteuerung unterworfenen Grundstückes fraglich, so muß die heranziehende Gemeinde Thatsachen anführen und unter Beweis stellen, aus denen sich der räumliche Umfang der steuerpflichtigen Teiles des Grundstückes und der auf diesen Teil entfallende Ertrag ergiebt.

Nr. 2. Entsch. v. 1. III. 99 Nr. II 290 (Pr.-V.-Bl. Bd. XXI S. 19).

Im örtlichen Steuerinteresse ist unter dem Nutzungs- oder Mietswerte einer Wohnung nur der gemeine Nutzungs- oder Mietswert zu verstehen, d. h. der Nutzen, den Räume bei gemeingewöhnlicher Benutzung als Wohnung (gegebenenfalls in Verbindung mit Räumen die gewerblichen Zwecken u. s. w. dienen können) gewähren. Von ihm muß wohl unterschieden werden derjenige Nutzen, den die eigene Ausübung oder Verpachtung eines in den fraglichen Räumen betriebenen Gewerbes abwirft, der also nicht sowohl durch die Räume als vielmehr in den Räumen erzielt wird. Die „Pacht" eines Bahnhofswirtes für die Bahnhofswirtschaft nebst Wohnung enthält offenbar nur zum geringsten Teile einen Entgelt für die ihm eingeräumte Wohnung, sondern stellt im wesentlichen eine Vergütung dar für die Ueberlassung des ausschließlichen Wirtschaftsbetriebes auf den Bahnsteigen (vielleicht in einigen Zügen) und in den Wartesälen. Im Grunde genommen ist es die Eisenbahnverwaltung, die die Bahnhofswirtschaft gegründet hat und ihr durch die Einrichtung ihres Verkehres und Fernhaltung von Konkurrenz günstige Verhältnisse schafft, sie aber nicht selbst betreibt, sondern durch Verpachtung nutzt, und darum kann der hohe Pachtzins den sie zieht, nicht auf eine Stufe gestellt werden mit der Erhöhung des gemeinen Nutzungswertes, den beispielsweise ein Gebäude dadurch erfährt, daß es in der Nähe eines verkehrsreichen Bahnhofes liegt und mit seinen Räumen sich für ein Hotel oder eine Restauration eignet. Er ist vielmehr nur zu vergleichen mit dem Betrage, den der Eigentümer eines solchen Hauses über den gemeinen Nutzungswert hinaus darum erhält, weil er mit dem Hause zugleich das Restaurationsgeschäft überläßt, das er selbst betrieben und zu Ansehen gebracht hat.

C. Einkommen aus Handel und Gewerbe.

Nr. 1. Entsch. Bd. XXXIII S. 82 v. 5. II. 98 II C 244/97.

S. Erg. Bd. 1899 S. 76.

Nr. 2. Entsch. Bd. XXXIII S. 86 v. 5. II. 98 II C 114/97.

S. Erg. Bd. 1899 S. 76.

Nr. 3. Entsch. Bd. XXXIII S. 51 v. 4. V. 98 II C 272/97.

Komm.-Abg.-Ges. v. 14. VII. 93 (G.-S. S. 152) §§ 33, 35, 47, 71.
Eink.-St.-Ges. v. 24. VI. 91 (G.-S. S. 175) §§ 9 I 1 2, 16; Ausf.-Anw. v. 5. VIII. 91 Art. 24 5.
Ges. v. 20. IV. 92 (R.G.Bl. S. 477), betr. die Gesellschaften mit beschränkter Haftung, §§ 6, 27, 35ff., 44.
S. Erg. Bd. 1899 S. 77.

Es handelte sich um eine Aktiengesellschaft — Allgemeine Deutsche Kleinbahngesellschaft zu Berlin — mit dem statutenmäßigen Zwecke, Straßenbahnen zu finanzieren und zu betreiben. Außerdem war sie als Gesellschafterin an einer Gesellschaft mit beschränkter Haftung — Oberschlesische Dampfstraßenbahngesellschaft — dergestalt beteiligt, daß sie sämmtliche Geschäftsanteile dieser Gesellschaft erworben hatte.

Die Oberschlesische Dampfstraßenbahngesellschaft besaß eine Dampfstraßenbahn im Regierungsbezirk Oppeln, die an die Kommanditgesellschaft Kramer & Co.

verpachtet war. Die Pachtsumme wurde an die Verpächterin und nicht an die Zensitin abgeführt. Was diese von der Gesellschaft mit beschränkter Haftung erhielt, war nicht die Pacht, sondern der auf sämmtliche Geschäftsanteile nach Abzug der Unkosten entfallende Gewinn. Jede von den drei in Betracht kommenden Gesellschaften führte ihr besonderes Rechtsleben. Das O.-V.-G. stellte an die Spitze seiner Ausführungen folgenden Grundsatz:

Es sei nach diesem Sachverhalte völlig ausgeschlossen, aus dem Umstande daß die Zensitin, die das Teilungsverfahren beantragt hatte, sämmtliche Geschäftsanteile der Gesellschaft mit beschränkter Haftung besitze, die Möglichkeit herzuleiten, daß in dem Teilungsverfahren die Zensitin so zu behandeln sei, als ob sie Eigentümerin oder Besitzerin der im Regierungsbezirke Oppeln betriebenen Straßenbahn wäre. Sie sei vielmehr insofern lediglich als Gesellschafter einer Gesellschaft mit beschränkter Haftpflicht zu behandeln.

Sodann folgen die in Erg.-Bd. 1899 S. 77 mitgeteilten Rechtsgrundsätze.

Nr. 4. Entsch. Bd. XXXIII v. 4. VI. 98 II C 49/98.

S. Erg. Bd. 1899 S. 78.

Nr. 5. Entsch. v. 11. XI. 98 Nr. I 1865 (Pr.-V.-Bl. Bd. XX S. 354).

1. Für die Frage, ob das Einkommen aus einem Grundstücke bei der Steuerveranlagung als solches aus Grundvermögen oder als solches aus Gewerbebetrieb anzusehen sei, ist maßgebend nicht die rechtliche Eigenschaft des Grundstückes als Pertinenz eines Fabrikgrundstückes, die es durch eine willkürliche Handlung des Eigentümers erhält, sondern der wirthschaftliche Zweck, dem das betreffende Grundstück thatsächlich dient. Für die Feststellung dieses Zweckes ist von entscheidender Bedeutung nicht die Erklärung des Eigentümers, sondern die Art der thatsächlichen Benutzung des Grundstückes. Das Einkommen aus einem Grundstücke ist daher nicht schon dann ein gewerbliches, wenn der Eigentümer erklärt, daß es als eine Pertinenz seiner gewerblichen Anlage angesehen werden solle, und wenn er demgemäß die Eintragung der Einnahmen und Ausgaben, die jenes Grundstück betreffen, in die über die gewerblichen Einnahmen und Ausgaben geführten Bücher, die Führung des Grundstückes in dem Inventar der gewerblichen Anlage und seine Beaufsichtigung durch einen Beamten des gewerblichen Betriebes anordnet und in seiner Steuerklärung das Einkommen als gewerbliches angiebt, sondern nur dann, wenn das Grundstück thatsächlich zu Zwecken des Gewerbebetriebes benutzt wird. Den Ausschlag giebt nicht die subjektive Auffassung des Steuerpflichtigen, sondern die objektive Natur des Einkommens.

2. Die Absicht, die bei dem Erwerbe der Grundstücke obgewaltet hat, z. B. um die auf ihnen stehenden Wohnhäuser an ihre Arbeiter zu vermieten und die Letzteren hierdurch an den Gewerbebetrieb zu fesseln, ist für die Frage nach der Natur des Einkommens von keiner entscheidenden Bedeutung. Es können Grundstücke zu Bestandteilen der Betriebsanlage gemacht werden, die von dem Eigentümer ursprünglich zu einem anderen Zwecke erworben worden waren. Umgekehrt können Grundstücke, die zu gewerblichen Zwecken erworben worden waren, später diesen Zwecken entzogen und zu anderen Zwecken verwendet werden. In beiden Fällen würden sie Teile der gewerblichen Anlage von dem Zeitpunkte ab und nur bis zu dem Zeitpunkte sein, mit dem ihre Verwendung zu gewerblichen Zwecken beginnt oder endigt.

f) Die Steuerpflicht der Forensen.

Nr. 1. Entsch. Bd. XXXV S. 140 v. 9. VI. 1899 II C 270/98.

Kommunalsteuernotges. v. 27. VII. 85 (G.-S. S. 327) §§ 1 Abs 3, 14.
Komm.-Abg.-Ges. v. 14. VII. 93 (G.-S. S. 152) § 40 Abs. 3.
Ausf.-Anw. v. 10. V. 94 Art. 25 Nr. 2e Abs. 2.

Durch E.-O.-V. Bd. XXIV S. 111 ist übereinstimmend mit E.-O.-V. v. 9. I. 91 (Pr.-V.-Bl. Bd. XII S. 275) ausgesprochen worden, daß eine den Standesherren hinsichtlich der persönlichen Gemeindesteuern an sich gebührende Befreiung jedenfalls durch das Ges. v. 27. VII. 85 den Forensalgemeinden gegenüber aufgehoben sei. An diesem Rechtszustande hat das Komm.-Abg.-Ges. v. 14. VII. 93 nichts geändert. Wenn in Art. 25 Nr. 2e Abs. 2 der Ausf.-Anw. v. 10. V. 94 ein anderer Standpunkt vertreten wird, so ist dieser für den Verwaltungsrichter nicht bindend, da bei einem Nichtübereinstimmen des Ges. und der Ausf.-Anw. lediglich des Ges. entscheidet. Auch nach dem Komm.-Abg.-Ges. v. 14. VII. 93 sind daher die Forensalgemeinden des Standesgebietes berechtigt, den Standesherrn aus seinem Einkommen vom Grundbesitze zur Gemeinde-Einkommensteuer heranzuziehen.

g) Die Steuerpflicht der nicht physischen Personen insbesondere.

α) Die Aktiengesellschaften und Kommanditgesellschaften auf Aktien.

Nr. 1. Entsch. v. 14. X. 98 Nr. I 1675 (Pr.-V.-Bl. Bd. XX S. 269).

Komm.-Abg.-Ges. v. 14. VII. 93 (G.-S. S. 152) §§ 33, 47.
Eink.-St.-Ges. v. 24. VI. 91 (G.-S. S. 175) § 16.

Gegenstand der Gemeindebesteuerung von Aktiengesellschaften ist gemäß § 33 des Komm.-Abg.-Ges. nicht der dritte Teil des bei der Veranlagung zur Staatssteuer für das laufende Jahr behufs Ausführung der Durchschnittsberechnung angenommenen Einkommens der drei Vorjahre, sondern das bei der Statssteuerveranlagung gefundene Ergebnis der Durchschnittsberechnung unter Hinzurechnung der $3^1/_2$ % des eingezahlten Aktienkapitales. Maßgebend für die Gemeindebesteuerung sind also nicht die einzelnen Faktoren, die der Berechnung des Einkommens bei der staatlichen Veranlagung zu Grunde gelegt worden sind, sondern das Resultat dieser Berechnung. Ist bei der staatlichen Veranlagung der dreijährige Durchschnitt unrichtig berechnet worden, so bietet das für die kommunale Veranlagung vorgeschriebene Verfahren keinen Raum zur Berichtigung des Fehlers. Für diese Veranlagung ist vielmehr der Einkommensbetrag, den die staatliche Veranlagungsbehörde als den für das Veranlagungsjahr maßgebenden hingestellt hat, „das veranlagte Einkommen“, unbedingt bindend.

Nr. 2. Entsch. v. 25. I. 99 Nr. II 7 (Pr.-V.-Bl. Bd. XX S. 491).

Komm.-Abg.-Ges. v. 14. VII. 93 (G.-S. S. 152) § 33.
Eink.-St.-Ges. v. 24. VI. 91 (G.-S. S. 175) § 16 und Ausf.-Anw. v. 5. VIII. 91 Art. 27 I.

1. Die Ausgaben für Anlagen zur Verbesserung oder Erweiterung des Geschäftsbetriebes der Aktiengesellschaften sind den Ueberschüssen des Steuerjahres zuzurechnen, wenn sie diese thatächlich kürzen. Ist das aber nicht der Fall, werden sie vielmehr aus Rücklagen entnommen, die bereits früher versteuert worden sind, so haben sie mit den Ueberschüssen des Steuerjahres nichts zu thun und sind unter allen Umständen steuerfrei.

---

[1] Hiernach kann die in Anm. 1 auf S. 345 in Bd. I des Hauptwerkes im Einvernehmen mit der Ausf.-Anw. ausgesprochene entgegengesetzte Ansicht nicht mehr aufrecht erhalten werden.

2. Abschreibungen auf Gegenstände, die dauernd dem Geschäftsbetriebe einer Aktiengesellschaft dienen, sind steuerlich zulässig, solange sie der thatsächlichen Wertveränderung dieser Gegenstände entsprechen.

8. Der juristischen Personen.

Nr. 1. Entsch. Bd. XXXIII S. 37 v. 15. VI. 1898 II C 423/97.

Komm.-Abg.-Ges. v. 14. VII. 93 (G.-S. S. 152) §§ 24, 34.

1. Das Einkommen aus solchen, einer juristischen Person gehörigen, Wohnungen, die ihren Beamten gegen die Verpflichtung zur Zahlung einer Entschädigung überlassen werden, unterliegt der Gemeindeeinkommensteuer, da diese Wohnungen an ihre Inhaber vermietet sind. Darauf, ob die Inhaber der Wohnungen Beamte sind oder nicht und ob die Wohnung unmittelbar den Zwecken der juristischen Person z. B. der Universität dient oder nicht, kommt es nicht an. Denn einerseits steht zwar bei vermieteten Wohnungen, ungeachtet einer etwaigen Beamteneigenschaft ihrer Inhaber, fest, daß sie keine Dienstwohnungen sind, andererseits aber tritt bei ihnen die etwaige Bestimmung, Zwecken der Anstalt zu dienen, gegenüber dem anderen Zwecke daraus einen Mietsertrag zu erzielen, dermaßen in den Hintergrund, daß sie die Freiheit des Einkommens von der Gemeindesteuer nicht begründen kann.

2. Dagegen bildet der Mietswert der von juristischen Personen an ihre Angestellten in partem salarii überwiesenen Wohnungen kein Einkommen der juristischen Personen.

In früheren Entscheidungen (Pr.-V.-Bl. Bd. IX S. 148, E.-O.-V. Bd. XXII S. 21, XXVIII S. 48) hatte das O.-V.-G. die Frage, ob aus der Ueberlassung von den ihr gehörigen Dienstwohnungen ein „Einkommen" für diejenige juristische Person erwachse, in deren Dienst der Beamte stehe, bejaht. Bei nochmaliger Prüfung eines solchen Falles (Steuerpflichtiger war die Kgl. Universität zu Göttingen) wurde diese Ansicht aus folgenden Gründen nicht aufrecht erhalten:

a) Gemäß § 7² und § 13 Abs. 3 des Eink.-St.-Ges. v. 24. VI. 91 in Verbindung mit Art. 16 I² der Ausf.-Anw. v. 5. VIII. 91 steht dem wirklich erzielten steuerpflichtigen Einkommen aus Grundvermögen gleich der Mietswert der von dem Eigentümer oder seinen Haushaltungsangehörigen bewohnten oder ihren unmittelbaren hauswirtschaftlichen Zwecken dienenden Gebäude oder Gebäudeteile. Da eine juristische Person als fingiertes Rechtssubjekt Wohnung und Hausstand, deren Zwecken ihre Gebäude dienen könnten, nicht hat, so kann auch der Mietswert der für die Erfüllung ihrer korporativen Zwecke und insofern selbst benutzten Räume niemals als Einkommen gelten.

b) Aber selbst wenn die §§ 7² und 13 Abs. 3 des Eink.-St.-Ges. auf die Gebäude der nicht physischen Personen analog anwendbar wären, so könnte dies bei Dienstwohnungen deshalb nicht der Fall sein, weil die Art und Weise ihrer Benutzung eine analoge Anwendung jener Bestimmungen nicht rechtfertigen könnte. Denn die juristische Person benutzt dadurch, daß sie Dienstwohnungen in ihren Gebäuden an Beamte in partem salarii überläßt, diese ebensowenig unmittelbar und selbst, als wenn sie die Räume irgend einem Dritten gegen oder ohne Entgelt überläßt und dadurch mittelbar für ihre Zwecke dienstbar macht.

c) Ebensowenig ist in der Ueberweisung von Dienstwohnungen an Beamte eine der Vermietung gleichzuachtende entgeltliche Ueberlassung zu finden, da das hierfür Wesentliche, eine einen Geldwert besitzende Gegenleistung in der treuen und gewissenhaften Amtsausübung nicht enthalten ist.

d) Dem Einwande endlich, daß die durch Benutzung des eigenen Gebäudes erzielte Ersparnis der Einnahme oder Rente, die durch Vermietung hätte erzielt werden können, gleichstehe, ist zu entgegnen, daß durch die bloße Unterlassung einer sonst notwendigen Ausgabe noch kein Einkommen entstehe.

Ebenso Entsch. Bd. XXXIII S. 46 v. 6. VII. 98 II C 433/97 bezüglich der von der Invaliditäts- und Altersversicherungsanstalt der Provinz Ostpreußen an den Direktor und den Hauswart überlassenen Dienstwohnungen, bezw. der den unstreitig öffentlich-rechtlichen, außerhalb des wirtschaftlichen Verkehrs- und Erwerbslebens liegenden Aufgaben und Zwecken der Anstalt dienenden Verwaltungs- und Bureauräume im eigenen Gebäude. Die letzteren Räume können in Bezug auf die Erzielung des Einkommens nicht denjenigen Räumen gleichbehandelt werden, die eine Korporation nicht unmittelbar zur Erfüllung ihres öffentlichen und gemeinnützigen Hauptzweckes, sondern für ihre sonstigen privatwirtschaftlichen Sonderzwecke — wie z. B. um sich die für jenen erforderlichen Mittel zu beschaffen, für den Betrieb eines Gewerbes oder der Landwirtschaft, benutzt. In Ansehung solcher Gebäude haben die juristischen Personen gegenüber den physischen Personen eine abweichende Stellung nicht zu beanspruchen.

Wenn nun aber auch eine Korporation das eigene Gebäude, das sie zur Erfüllung ihres Korporationszweckes unmittelbar verwendet, selbst benutzt, so ist die Selbstbenutzung doch jedenfalls nicht immer eine solche im Sinne der §§ 7 Nr. 2 und 13 Abs. 3 des Eink.-St.-Ges. v. 24. VI. 91. Denn sie ist ihrem innern Grunde nach insoweit, als das Gebäude zur Erfüllung öffentlicher oder gemeinnütziger Anstaltszwecke dient, wesentlich von derjenigen Benutzung eines eigenen Gebäudes verschieden, mittels deren eine physische Person das eigene Wohnungsbedürfniß und das ihrer Haushaltung befriedigt, die somit den hauswirtschaftlichen oder doch jedenfalls den privatwirtschaftlichen Zwecken des Gebäudebesitzers dient. Nur da, wo die Korporation ihre Gebäude nicht zu öffentlichen und gemeinnützigen Zwecken unmittelbar verwendet, sondern zur Förderung ihres Erwerbes oder zum privatwirtschaftlichen Vorteile ihrer Mitglieder benutzt, kann — wegen Gleichheit des Rechtsgrundes — die analoge Anwendung der singulären, für physische Personen getroffenen Vorschriften der §§ 7 und 13 des Eink.-St.-Ges. gerechtfertigt erscheinen.

Auch die §§ 24c, 34 des Komm.-Abg.-Ges. treffen nicht zu, da die Anstalt kein Kommunalverband ist, vielmehr als selbständige Trägerin eigener Vermögensrechte (§§ 41—48 des Inv.- und Alt.-Vers.-Ges. v. 22. VI. 89) dem Kommunalverbande, für den sie errichtet ist, gegenübersteht.

Nr. 2. Entsch. Bd. XXXIV S. 30 v. 17. IX. 98 II C 69/98.

A.-L.-R. II 12 § 54.

Komm.-Abg.-Ges. v. 14. VII. 93 (G.-S. S. 152) § 33 Abs. 1³.

Schullehrerseminarien sind in der Regel keine juristischen Personen, daher der Gemeindeeinkommensteuer aus § 33 Abs. 1 Nr. 3 des Komm.-Abg.-Ges. nicht unterworfen. Denn sie gehören nicht zu den „Schulen und Gymnasia", denen § 54 II 12 A.-L.-R. die äußeren Rechte der Korporationen verliehen hat, und besitzen deshalb keine von dem Staatsfiskus losgelöste besondere Persönlichkeit. (Vgl. E.-O.-V. Bd. XI S. 61, XXI S. 289.)

Nr. 3. Entsch. Bd. XXXIV v. 2. XI. 98 II C 36/98.

Komm.-Abg.-Ges. v. 14. VII. 93 (G.-S. S. 152) § 33.

Eink.-St.-Ges. v. 24. VI. 91 (G.-S. S. 175) § 17 und Ausf.-Anw. v. 5. VIII. 91 Art. 16.

Ein mit juristischer Persönlichkeit ausgestatteter Klub bezieht aus denjenigen Räumen des eigenen Hauses, die seinen besonderen privatwirtschaftlichen Zwecken dienen, ein Einkommen.

Nach § 7 des Eink.-St.-Ges. v. 24. VI. 91, dessen Grundsätze für die Veranlagung zur Gemeinde-Einkommensteuer maßgebend sind, und nach Art. 16 der

Ausf.-Anw. zu diesem Ges. gilt als steuerpflichtiges Einkommen der Mietswert der von dem Eigentümer zu Wohnungs- und hauswirtschaftlichen Zwecken benutzten Gebäude. Wenn es nun auch (vgl. E.-O.-V. Bd. XXXIII S. 37) nicht angängig ist, diese Bestimmung auf Räume auszudehnen, die in Gebäuden juristischer Personen als Dienstwohnungen oder von der juristischen Person selbst zu öffentlich-rechtlichen Zwecken benutzt werden, so steht ihrer analogen Anwendung doch in den Fällen nichts entgegen, in denen die Räume den besonderen privatwirtschaftlichen Zwecken der juristischen Person unmittelbar dienen, und es ist schon in der angezogenen Entscheidung darauf hingewiesen, daß eine solche privatwirtschaftlichen Zwecken dienende Verwendung in der Benutzung der Gesellschaftsräume eines Klubs immerhin gefunden werden könnte.

β) Insbesondere des Fiskus.

Nr. 1. Entsch. Bd. XXXIII S. 199 v. 17. XII. 97 I C 35/97.

Komm.-Abg.-Ges. v. 14. VII. 93 (G.-S. S. 152) §§ 33 ³, 44.

1. Wenn der Regierungspräsident bei der Bevollmächtigung des Vertreters des klagenden Fiskus mitgewirkt, also an einer Prozeßhandlung teilgenommen hat, so darf er nicht auch den Vorsitz in der betr. mündlichen Verhandlung vor dem Bezirksausschusse führen. (Vgl. E.-O.-V. Bd. XVIII S. 177, XIX S. 184.)

2. Für die Begrifsbestimmung eines steuerpflichtigen Grundstückskomplexes des Fiskus im Sinne des § 33³ des Komm.-Abg.-Ges. ist die Grundsteuermutterrolle nicht maßgebend. Denn es handelt sich nicht darum, was „bei Veranlagung der Grundsteuer als ein Grundstückskomplex angesehen worden ist", sondern darum, was das Komm.-Abg.-Ges. darunter verstanden hat. Dieses aber nimmt auf die Grundsteuermutterrolle gar keine Rücksicht.

3. Das wesentliche Kennzeichen des Grundstückskomplexes ist vielmehr die einheitliche Bewirtschaftung. Unter einem „Komplex" von Grundstücken muß zunächst eine Mehrheit von an sich begrenzten oder der Begrenzung fähigen, besonderen Grundstücken, also der Gegensatz zu den letzteren, wenn sie nicht einem „Komplex" angehören — verstanden werden. Der den „Komplex" begründende Vorgang ist aber kein rein zufälliger, insbesondere ist in dieser Beziehung der räumliche Zusammenhang der Grundstücke ohne Bedeutung, sondern er muß auf einer Absicht der Beteiligten, insbesondere des Eigentümers, beruhen, die, wenn es sich um eine Vereinigung mehrerer nutzbarer Grundstücke handelt, nicht wohl auf etwas anderes, als auf deren einheitliche Nutzung gerichtet sein kann. Ein „Komplex von Grundstücken" im Gegensatz von einzelnen Grundstücken („Stückländereien", „Streuparzellen") entspricht dann dem allgemeinen Begriffe eines „Inbegriffes von Sachen" im Gegensatze zu dem der „besonderen Sache" im Sinne der §§ 31, 32 Tit. 2 Teil I A.-L.-R's. — er ist lediglich eine Anwendung dieses Begriffes. Daraus folgt, daß ein Grundstückskomplex, z. B. eine Domäne, wie jeder andere „Inbegriff" als ein einzelnes Ganzes besessen, genutzt, verpfändet, veräußert werden kann, und daß er auch, wie der § 33 des Komm.-Abg.-Ges. lehrt, als „selbständig" in Beziehung auf die Steuerpflicht gilt. Der Komplex besteht als ein Ganzes so lange, als ihm diese Eigenschaft nach dem Willen des Eigentümers belassen wird. Die verschiedene Art der Benutzung ist in dieser Beziehung offenbar ohne Bedeutung, sie bewirkt begrifflich keine Aufhebung des Komplexes. Daher bleibt eine Domäne eine solche, mag sie nun der Fiskus selbst bewirtschaften oder im Ganzen oder in ihren Teilen verpachten. Eine durchweg in kleineren oder größeren Parzellen

verpachtete Domäne hat darum allein noch nicht aufgehört, Domäne zu sein Es kommt dabei auch das in Betracht, daß man von einer „einheitlichen Bewirtschaftung" auf Seiten des Fiskus, des Eigentümers, auch dann sehr wohl noch reden kann, wenn die Domäne in mehreren Teilen verpachtet wird. Hiernach muß bei einer solchen Teilverpachtung einer Domäne der Nachweis, daß letztere aufgehört habe, ein Grundstückskomplex zu sein, daß etwa neben einem „Hauptkomplex", zu dem die Domänengebäude und ein Teil der Ländereien vereinigt sind, im Uebrigen nur noch „Streuländereien" bestehen —, besonders geführt werden; der bloße Hinweis auf die Sonderung in verschiedene Pachtobjekte genügt nicht.

h) Die Steuerpflicht der Beamten.

Nr. 1. Entsch. Bd. XXXIII S. 23 v. 29. IX. 1897 II C 753/96.

S. Erg. Bd. 1899 S. 82.

Das aus dem Thatbestande der Entscheidung ermittelte Ergebnis soll hier als besonders lehrreiches Beispiel folgen.

N. in D. bezieht am Diensteinkommen 4447 Mk., am Privateinkommen 542 Mk., im Ganzen 4989 Mk. und hat an Miete 500 Mk., an Witwenkassenbeitrag 60 Mk. zu zahlen. In D. werden für das in Frage kommende Rechnungsjahr 188 Prozent Zuschläge zur Einkommensteuer und bei Mieten in Höhe von 200—1000 Mk. $2^1/_2$ Prozent Mietssteuer erhoben.

Die 60 Mk. Witwenkassenbeitrag verteilen sich verhältnismäßig auf Diensteinkommen mit 53,48 Mk., auf Privateinkommen mit 6,52 Mk., sodaß an Diensteinkommen 4393,52 Mk., an Privateinkommen 535,48 Mk. zusammen 4929 Mk. verbleiben. Dem steuerpflichtigen Gesammteinkommen in Höhe von $\left(\frac{4393,52}{2} = \right)$ 2196,76 + 535,48 = 2732,24 Mk. entspricht ein Staatssteuersatz von 52 Mk., bezw. bei 188 Prozent Zuschlag eine Gemeindeeinkommensteuer von 97,76 Mk.

Von der Miete entfallen nach dem Verhältnisse von 4393,53 : 535,48 auf das Diensteinkommen 445,68 Mk., auf das Privateinkommen 54,32 Mk. Die Mietssteuer berechnet sich somit nach dem Ansatze $100 : 2^1/_2 = \left(\frac{445,68}{2} + 54,32 = \right)$ 277 Mk. : X auf 6,93 Mk. 97,76 + 6,93 = 104,69 Mk.

Hiervon entfallen nach dem Ansatze 2732,24 : 2196,76 = 104,69 : X auf das Diensteinkommen 84,17 Mk., folglich weniger als 2 Prozent des Diensteinkommens (= 88,94 Mk). An Gemeindesteuer sind somit 104,69 Mk. zu zahlen.

Nr. 2. Entsch. Bd. XXXV S. 59 v. 8. VII. 1899 II C 7/99.

Komm.-Abg.-Ges. v. 14. VII. 93 (G.-S. S. 152) § 41.

Vd. v. 23. IX. 67 (G.-S. S. 1648) betr. die Heranziehung der Staatsdiener zu den Gemeindelasten, § 2.

Ges. v. $\frac{\text{18. III. 1868}}{\text{9. III. 1881}} \left(\frac{\text{G.-S. S. 277}}{\text{G.-S. S. 273}}\right)$, betr. Errichtung öffentlicher Schlachthäuser, §§ 2, 5.

1. Zu den Beamten im Sinne der Vd. v. 23. IX 1867 gehören alle in unmittelbaren Diensten des Staates oder der ihm untergeordneten Obrigkeiten, Kollegien, kommunalen und ständischen Korporationen stehende, mit fester Besoldung angestellte, beziehentlich in Ruhestand getretene öffentliche Beamte, einschließlich der Militär- und Hofbeamten. Bei Beantwortung der Frage, ob jemand Gemeindebeamter ist, ist davon auszugehen, daß alle diejenigen, die der Gemeinde in industriellen oder wirtschaftlichen Betrieben — auch wenn es sich bei den letzteren um öffentliche, dem sanitären Interesse dienende Gemeindeanstalten handelt — wissenschaftliche, technische oder mechanische Dienste leisten, keineswegs schon aus diesem

Grunde allein als Gemeindebeamte anzusehen sind. Eine derartige Thätigkeit ist nicht notwendig die Ausübung eines öffentlichen Amtes. Sie kann dem Beschäftigten als eine auf dem Privatrechte beruhende Verpflichtung durch Vertrag übertragen werden. Soll die Berufsthätigkeit aus einer privaten zu einer öffentlichen werden, so muß dem für Gemeindezwecke Beschäftigten die Eigenschaft eines Beamten besonders beigelegt werden, sei es durch eine Bestallung, sei es durch einen sonstigen Akt, der klar erkennbar macht, daß der Beteiligte über die privatrechtlichen Pflichten hinaus die öffentlich-rechtlichen Beamtenpflichten habe übernehmen sollen und wollen. Vgl. E.-O.-V. Bd. XX S. 126 und Bd. XXII S. 67 ff. Da nun die Schlachthäuser, die von den Gemeinden auf Grund des Ges. v. 18./9. III 1868/1881 errichtet werden, zwar keine gewerblichen Unternehmungen sind, immerhin aber, wie in E.-O.-V. Bd. XXVII S. 431 ff. näher ausgeführt ist, zu den wirtschaftlichen Unternehmungen gehören, so ist eine Gemeinde an sich nicht behindert, die für den Betrieb des städtischen Vieh- und Schlachthofes und die damit im Zusammenhang stehende Untersuchung des von außerhalb eingeführten Fleisches erforderlichen tierärztlichen Kräfte im Wege des Privatdienstvertrages zu beschaffen.

2. Die im Betriebe der städtischen Vieh- und Schlachthöfe und zum Zwecke der Untersuchung des von außerhalb eingeführten Fleisches von den Gemeinden als Sachverständige angestellten Tierärzte gehören daher jedenfalls dann nicht zu dem Kreise der steuerlich bevorrechteten Beamten, wenn ihre Annahme unter der ausdrücklich kundgegebenen Absicht erfolgt ist, daß nur ein Privatdienstvertrag begründet werden solle.

3. Auch die Vereidigung ändert hieran nichts, da nach ständig zur Anwendung gebrachten Grundsätzen der Diensteid kein notwendiges Erfordernis der Beamteneigenschaften ist, vielmehr Beamter sein kann, wer den Diensteid nicht abgeleistet hat, und umgekehrt derjenige noch nicht Beamter zu sein braucht, der den Beamtendiensteid abgeleistet hat.

4. Diese Bedingung ist aber eine protestatio facto contraria und rechtlich unwirksam, wenn den Tierärzten Obliegenheiten übertragen sind, die nur als obrigkeitliche Funktionen angesehen werden können.[1])

5. Letzteres wird für die städtischen Tierärzte zu Berlin verneint.

Nr. 3. Entsch. Bd. XXXV S. 168 v. 25. IV. 1899 I C 38/99.

Vd. v. 23. IX. 67 (G.-S. S. 1648), betr. die Heranziehung der Staatsdiener zu den Kommunalauflagen, § 1[4], [5].
Ges. v. 11. VII. 22 (G.-S. S. 184), desgl. § 10.

Die hinterbliebenen Witwen und Waisen aller Beamten, mögen diese vor oder nach der Verabschiedung gestorben sein, sind hinsichtlich ihrer aus Staatsfonds oder aus einer öffentlichen Versorgungskasse zahlbaren Pensionen und laufenden Unterstützungen von der Gemeindeeinkommensteuer befreit.

---

[1]) Nach § 1 des am 1. IV. 1900 in Kraft getretenen Ges., betr. die Anstellung und Versorgung der Kommunalbeamten, v. 30. VII. 99 (G.-S. S. 141), erfolgt die Anstellung der Kommunalbeamten fortan durch Aushändigung einer Anstellungsurkunde. Die Aushändigung der Anstellungsurkunde ist danach, wie auch die Ausf.-Anw. v. 12. X. 1899 in Art. I Nr. 2 ausdrücklich hervorhebt, der die Beamteneigenschaft begründende formale Akt. Ihrem Wortlaute nach aber kann der Vorschrift in § 1 Satz 2 des Ges. eine rückwirkende Kraft nicht beigelegt werden, so daß auch für die Zukunft der frühere Rechtszustand maßgebend bleibt, soweit es sich um Personen handelt, die vor dem 1. IV. 1900 in den Kommunaldienst getreten sind. Vgl. Ausf.-Anw. Art. I Nr. 6.

i) Die Steuerpflicht der Geistlichen, Kirchendiener und Elementarlehrer.

Nr. 1. Entsch. Bd. XXXIII S. 29 v. 29. VI. 98 II C 391/97.

Generalkonzession v. 23. VII. 45 (G.=S. S. 516), betr. die Altlutheraner.
A.=L.=R. II 11 § 17; Patent v. 30. III. 47 (G.=S. S. 121), betr. die Bildung neuer Religionsgesellschaften.
Bd. v. 23. IX. 67 (G.=S. S. 1648), betr. die Heranziehung der Staatsdiener zu den Kommunalauflagen pp;
Komm.=Abg.=Ges. v. 14. VII. 93 (G.=S. S. 152) § 41.

1. Die Altlutheraner stellen keine im Sinne des A.=L.=R. staatlich aufgenommene Kirchengesellschaft dar. Das Religionsed. von 1788 bestätigt das Ergebnis der auf dem Reichstagsabschiede von Speyer (1526), dem Augsburger Religionsfrieden (1555) und dem Osnabrücker Frieden (1648) beruhenden Entwickelung, insbesondere die Ausgestaltung der reformierten und der lutherischen Kirche zu Staatskirchen und erkennt die „Aufnahme“ an „für alle drei Hauptkonfessionen der christlichen Religion, nämlich die Reformierte, Lutherische und Römisch=Katholische“. Für die Frage, wer heute dem Staate gegenüber die aufgenommene lutherische Kirchengesellschaft repräsentiere, kommt unabhängig davon, ob die Altlutheraner etwa die reinere lutherische Konfession in Wort und Uebung bewahrt haben, einzig und allein die Entwickelung in Betracht, die von den im Staatswesen maßgebenden Anschauungen aus die lutherische Kirchengesellschaft genommen hat. Nach ihnen aber besteht jene Kirchengesellschaft heute fort nur in der evangelischen Landeskirche, in ihr unirt mit der gleichfalls aufgenommenen reformierten Kirchengesellschaft. Ebensowenig ist eine wirkliche Aufnahme durch die Gen.=Konz. v. 23. VII 45 erfolgt. Selbst wenn ihr Inhalt die Annahme einer solchen zuließe, so wird doch durch das Patent v. 30. III 47 jeder Zweifel in der gedachten Richtung beseitigt.

(Folgt nähere Ausführung.)

2. Zu den Religionsdienern der nicht aufgenommenen Konfessionen gehören daher auch die Geistlichen der Lutherischen Gemeinden. Sie gelten nicht als Geistliche im Sinne des § 1 Nr. 3 der Bd. v. 23. IX 67 und haben demgemäß auch keinen Anspruch auf Befreiung ihrer Besoldungen und Emolumente von der Gemeinde=Einkommensteuer.

Nr. 2. Entsch. Bd. XXXIV S. 36 v. 3. XII. 98 II C 311/98.

Komm.=Abg.=Ges. v. 14. VII. 93 (G.=S. S. 152) §§ 20, 33, 38 Abs. 2, 39—43.

Ein Gemeindebeschluß, der den Rabbinern bezüglich der Gemeindebesteuerung ihres Diensteinkommens die Rechte der katholischen und evangelischen Geistlichen einräumt, ist gesetzwidrig und deshalb ungültig. Er findet weder eine Stütze im § 4 der St.=Ordn. v. 15. V 56, noch in dem Komm.=Abg.=Ges., das vielmehr an dem Grundsatze der gleichmäßigen Belastung aller Pflichtigen festhält und Befreiung nur in den von ihm selbst gezogenen Grenzen zuläßt. Ein solcher Beschluß würde daher auch durch Genehmigung der Aufsichtsbehörde nicht wirksam werden können und ebensowenig könnte er als geschriebenes Recht die Grundlage für eine Observanz bilden.

Nr. 3. Entsch. Bd. XXXIV S. 168 v. 4. II. 98 I C 39/97.

Komm.=Abg.=Ges. v. 14. VII. 93 (G.=S. S. 152) § 41.
Bd. v. 23. IX. 67 (G.=S. S. 1648) betr. die Kommunalbesteuerung der Beamten, § 1.
Hann.=Schulordn. für die jüdischen Schulen v. 5. II. 54 (G.=S. Abt. I S. 49) §§ 9 ff., 28 ff.

Nach § 1 Nr. 3 der im § 41 des Komm.=Abg.=Ges. aufrecht erhaltenen Bd. v. 23. IX 67 sind Elementarlehrer hinsichtlich ihrer Besoldungen und Emolumente von allen direkten Kommunalauflagen befreit. Unter Elementarlehrern sind die Lehrer an öffentlichen Volksschulen zu verstehen, d. h. an den der allgemeinen Schulpflicht dienenden Schulen, zu deren Einrichtung und Unterhaltung die öffentlich-rechtlichen Träger der Schullast verpflichtet sind, die einerseits besucht werden müssen, andererseits den schulpflichtigen Kindern nicht verschlossen bleiben dürfen. (Vgl. E.-O.-V. Bd. XVII S. 160, 162, Bd. XX S. 120). Auf christliche Elementarlehrer oder auf Lehrer an christlichen Elementarschulen hat das Gesetz die Befreiung nicht beschränkt.

Das Kommunalsteuervorrecht steht vielmehr jedem an einer öffentlichen Volksschule angestellten Lehrer, welcher Religion er auch sei und ohne Rücksicht auf den religiösen Charakter der Schule zu.

2. Den öffentlichen Volksschulen sind auch die in der Provinz Hannover auf Grund der Schulordn. v. 5. II 54 errichteten jüdischen Elementarschulen beizuzählen.

l) Vermeidung der Doppelbesteuerung.

Nr. 1. Entsch. Bd. XXXIV S. 108 v. 5. X. 98 II C 127/98.
Komm.-Abg.-Ges. v. 14. VII. 93 (G.-S. S. 152) § 47b Abs. 2.

1. Die Verteilung des gemeindesteuerpflichtigen Einkommens einer Gewerbeunternehmung in dem Falle, daß sich eine Betriebsstätte über den Bezirk mehrerer Gemeinden erstreckt, soll unter Brücksichtigung des Flächenverhältnisses pp. erfolgen. Zu diesem Zwecke ist nicht etwa das einfache Flächenverhältnis nach dem Quadratfuß einzustellen. Das Gesetz gestattet vielmehr eine verschiedene Bewertung der Flächen, je nach ihrer Beschaffenheit, je nachdem sie bebaut oder unbebaut sind, und es ist nicht ausgeschlossen, zu den ersteren nur solche zu rechnen, die mit aufstehenden Gebäuden besetzt sind, im Gegensatze zu solchen, die beispielsweise von Röhren durchzogen sind.

2. Die Beantwortung der Frage, ob gewerblich genutzte Grundstücke einen Bestandteil der Betriebsstätte bilden, hängt von den thatsächlichen Verhältnissen ab. Wenn beispielsweise eine in Berlin domizilierte Baustättengesellschaft in einem Vororte Flächen erwirbt und bis zu der beabsichtigten Weiterveräußerung verpachtet, so mögen die Pachtzinsen zu dem gewerblichen Einkommen der Gesellschaft gehören, es ist aber, da auf den Grundstücken keinerlei in den Gewerbebetrieb der Gesellschaft fallende Thätigkeit stattfindet, unmöglich, für sie die Merkmale einer Betriebsstätte festzustellen. Ebenso ist es sehr wohl denkbar, ja es wird fast als Regel zu betrachten sein, daß Wohnungen keinerlei unmittelbare Beziehungen zu dem Gewerbebetriebe haben, dem ihre Inhaber als Beamte oder Arbeiter dienen. Andererseits ist ein solcher Zusammenhang durchaus nicht ausgeschlossen und wird z. B. in dem Falle anzunehmen sein, wo für Ingenieure oder andere Personen Wohnungen auf einem Fabrikgrundstücke oder in Anschluß daran deshalb bereit gestellt werden, weil der Betrieb die fortwährende Anwesenheit oder sofortige Erreichbarkeit jener Angestellten erfordert.

Nr. 2. Entsch. Bd. XXXV S. 44 v. 19. V. 1899 II C 180/98.
Komm.-Abg.-Ges. v. 14. VII. 93 (G.-S. S. 152) §§ 33, 47.

Handelt es sich um die Verteilung des steuerpflichtigen Einkommens einer Aktiengesellschaft, auf die das Vermögen einer andern Aktiengesellschaft, und zwar kurz vor dem neuen Steuerjahre, durch Fusion übergegangen ist, so sind zwei Fälle zu unterscheiden:

1. Hat die Fusion eine wesentliche Veränderung des Gewerbebetriebes der neuen Aktiengesellschaft zur Folge gehabt, so sind die Gehälter

und Löhne, die in den, dem Steuerjahre voraufgegangenen letzten drei Wirtschaftsjahren verausgabt sind, für die Einkommensverteilung überhaupt nicht in Betracht zu ziehen. Vgl. E.-O.-V. Bd. XXVII S. 26. Ebenso sind, da die Fusion erst kurze Zeit vor dem Beginne des Steuerjahres erfolgt ist, die bis zu diesem Zeitpunkte seit der Vollziehung der Fusion etwa verausgabten Löhne nicht maßgebend. Vielmehr müssen in diesem Falle die Lohnausgaben, die in den sämmtlichen jetzt der neuen Gesellschaft gehörenden Preußischen Verkaufs- und Betriebsstätten während des Steuerjahres erwachsen sind, geschätzt werden. Im Berufungs- bezw. Beschwerdeverfahren tritt an Stelle der Schätzung, sofern das Steuerjahr inzwischen abgelaufen ist, die Ermittelung der thatsächlich in diesem Jahre verausgabten Gehälter und Löhne.

2. Hat eine wesentliche Betriebsänderung nicht stattgefunden, so bleiben für die Verkaufs- und Betriebsstätten, die die Gesellschaft schon vor der Fusion hatte — vorausgesetzt, daß sie bei Beginn des Steuerjahres noch in Thätigkeit waren —, diejenigen Gehälter und Löhne maßgebend, die sie in den drei letzten, dem Steuerjahre voraufgegangenen Wirtschaftsjahren durchschnittlich verausgabt hat. Diesen sind dann die Löhne hinzuzurechnen, die ihr während des Steuerjahres in denjenigen Preußischen Verkaufsstätten erwachsen sind, die sie erst infolge der Fusion neu erworben und in denen sie selbst daher vor der Fusion keine Löhne verausgabt hat.

3. Der auf eine Betriebsgemeinde entfallende Einkommensteil ist dann in jedem Falle nach dem Verhältnis der in ihr während des Steuerjahres verausgabten Löhne zu den in der einen oder anderen Weise zu ermittelnden gesammten Lohnausgaben zu berechnen.

Nr. 3. Entsch. Bd. XXXIV S. 105 v. 2. VII. 98 II C 109/98.

Komm.-Abg.-Ges. v. 14. VII. 93 (G.-S. S. 152) § 50.

1. Bei der Konkurrenz mehrerer Wohnsitzgemeinden ist die Vorschrift, daß Wohnsitzgemeinden, in denen der Steuerpflichtige sich im Laufe des voraufgegangenen Rechnungsjahres überhaupt nicht oder kürzere Zeit als 3 Monate aufgehalten hat, nicht mitgezählt werden sollen, dahin zur Anwendung zu bringen, daß als Monat die Summe von 30 Kalendertagen gilt, und daß es genügt, wenn das Aufenthaltsverhältnis (vgl. E.-O.-V. Bd. XIV S. 153) innerhalb des in Betracht kommenden Jahres an 90 Tagen bestanden hat.

2. Daß der vom Gesetze verlangte Zustand während der ganzen Dauer jedes einzelnen Tages bestanden habe, ist nicht erforderlich; vielmehr sind, wenn jener Zustand nur an Teilen von Tagen bestanden hat, auch diese Tage mitzurechnen.

Nr. 4. Entsch. Bd. XXXV S. 22 v. 4. I. 1899 II C 222/98.

Komm.-Abg.-Ges. v. 14. VII. 93 (G.-S. S. 152) §§ 49—51.

Die Wohnsitzgemeinde ist allerdings zur Besteuerung des Gesammteinkommens berechtigt, insoweit nicht Einkommensteile in einer anderen Wohnsitzgemeinde oder in einer Forensalgemeinde steuerpflichtig sind. Aber dieser Grundsatz hat nicht die Bedeutung, als ob von vornherein und an und für sich das ganze Einkommen in der Wohnsitzgemeinde objektiv steuerpflichtig wäre und nur die Heranziehung zur Steuer durch das konkurrierende Steuerrecht einer anderen Gemeinde oder gar erst durch dessen Ausübung verhindert würde, derart, daß bei Fortfall dieses Steuerrechtes oder schon bei dessen Nichtausübung das Steuerrecht der Wohnsitzgemeinde von einer lediglich subjektiven Beschränkung befreit würde. Denn es ist nicht nur anerkannten Rechtens, daß, wenn eine Forensalgemeinde oder eine von mehreren Wohnsitzgemeinden ihr Steuerrecht nicht ausübt, gleichwohl das in ihr steuerpflichtige Einkommen von der Besteuerung in der Wohnsitzgemeinde bezw. in der sonstigen Wohnsitzgemeinde frei bleibt, sondern es ist sogar das in einem Gutsbezirke erwachsende Einkommen der Besteuerung in der Wohnsitzgemeinde entzogen, obschon es der Besteuerung in dem Gutsbezirke überhaupt nicht unterliegt. Daraus ergiebt sich mit Notwendigkeit der Grundsatz, daß das in einer anderen Gemeinde steuerpflichtige Einkommen in der Wohnsitzgemeinde überhaupt nicht objektiv steuerpflichtig ist.

3. Verpflichtung der Betriebsgemeinden zur Leistung von Zuschüssen.

Nr. 1. Entsch. Bd. XXXIII S. 175 v. 18. V. 98 II B 38/97.

Komm.-Abg.-Ges. v. 14. VII. 93 (G.-S. S. 152) § 53.

1. Zu den Gemeinden, denen der §. 53 des Komm.-Abg.-Ges. den Anspruch auf einen Zuschuß gewährt, sind nur bürgerliche Gemeinden, nicht etwa auch Kirchen- und Schulgemeinden zu zählen. Aus welchem Grunde aber einer politischen Gemeinde die Schullast obliegt, ist unerheblich. Daher ist eine bürgerliche Gemeinde, die die auf ihre Hausväter entfallenden Schulsozietätslasten (Hausväterbeiträge) auf ihren Etat übernimmt und öffentlich-rechtliche Trägerin der Schullast wird, nicht behindert, einen Anspruch gemäß § 53 a. a. O. zu erheben.

2. Daß die Mehrausgaben ganz oder zum Teil durch Schulkinder aus einer Ortschaft veranlaßt werden, die politisch keinen Teil der mehrbelasteten Gemeinde bildet, beeinträchtigt den Zuschußanspruch nicht.

Das Gesetz verlangt nur, daß einer „Gemeinde" durch den Betrieb in einer anderen Gemeinde Mehrausgaben der a. a. O. näher bezeichneten Art erwachsen. Daß die den Anspruch auf Zuschuß erhebende Gemeinde zugleich Arbeiterwohngemeinde sei, ist daher nicht unbedingt erforderlich.

3. Notwendige Voraussetzung der Zuschußforderung ist ein ursächlicher Zusammenhang zwischen den Betrieben in der Betriebsgemeinde und den Mehrausgaben in der den Anspruch erhebenden Gemeinde. Der leitende Grundsatz ist, daß die Arbeiter, deren Kinder die Mehrausgaben verursachen, in letzterer bezw. innerhalb des fraglichen Schulverbandes deshalb wohnen, weil sie in der Betriebsgemeinde arbeiten wollen, nicht aber, daß sie hier arbeiten, weil sie dort wohnen. In welchen Fällen das eine oder das andere zutrifft, ist Sache der auf einer näheren Prüfung der Verhältnisse beruhenden thatsächlichen Erwägung. Feste Regeln lassen sich hierüber nicht geben, um so weniger, da die Beweggründe, durch die die Arbeiter bestimmt wurden, innerhalb des Schulverbandes Wohnung zu nehmen, zwar nach vernünftigem Ermessen wahrscheinlich gemacht, nicht aber mit mathematischer Gewißheit nachgewiesen werden können. Es steht nichts im Wege neben den später zugezogenen Arbeitern, die erst bei oder kurz nach ihrem Zuzuge in den bezeichneten Betrieben Beschäftigung gefunden haben, jedenfalls auch diejenigen zu berücksichtigen, die bereits dort beschäftigt waren, als sie in der Arbeiterwohngemeinde zuzogen. Desgleichen kommen die gegenwärtig in solchen Betrieben beschäftigten Arbeiter, die bei deren Anzuge bereits bestanden haben, so lange in Betracht, als nicht etwa nachgewiesen werden kann, daß sie aus anderen Ursachen als der, in den Fabrikbetrieben Beschäftigung zu finden, zugezogen sind. Auch ist der Nachweis zulässig, daß solche Arbeiter, die in einem,

erst nach ihrem Anzuge entstandenen Betriebe beschäftigt werden, in der Arbeiterwohngemeinde ihren Wohnsitz aufgeschlagen oder beibehalten haben, um in den auswärtigen Betrieben Beschäftigung zu finden, z. B. wenn die Beschäftigung in den früheren und in den jetzigen Betrieben eine gleichartige war oder eine besondere Berufsbildung voraussetzt. In derartigen Fällen wird es im Besonderen auch statthaft sein, solche Arbeiter mit in Anrechnung zu bringen, deren Väter um der Fabrikbeschäftigung willen zugezogen sind und die selbst — ohne vorher einem anderen Berufe nachzugehen — sich sofort der gleichen Thätigkeit gewidmet haben, da es unmöglich in der Absicht des Gesetzgebers gelegen haben kann, die Wohlthat des § 53 an die Lebensdauer einer Arbeitergeneration zu knüpfen und alle die zahlreichen Fälle auszuschließen, in denen die Arbeiterbevölkerung sich andauernd in bestimmten Industriezweigen beschäftigt und in denen der Sohn demselben Erwerbe nachgeht, wie der Vater u. s. w.

Die Vornahme der hiernach erforderlichen, am zweckmäßigsten durch kommissarische Verhandlungen an Ort und Stelle erfolgenden Ermittelungen wird sich nach den leitenden Gesichtspunkten und den von den Parteien zu erfordernden und abzugebenden Erklärungen zu richten, im Uebrigen aber kleinliche Nachforschungen, die auf das Gesammtergebnis ohne wesentlichen Einfluß sind, zu vermeiden haben. Selbstverständlich ist dabei ein Unterschied dahin, ob die Betriebe vor oder nach dem Inkrafttreten des Komm.-Abg.-Ges. eröffnet worden sind, nicht zu machen.

4. Ist auf diese Weise der Kreis der zu berücksichtigenden Personen abgegrenzt, so kommen für die Berechnung der Mehrausgaben, die durch den Aufenthalt jener Personen für das Volksschulwesen erwachsen, folgende Momente in Betracht. Der Kinderzuwachs veranlaßt in der Regel und von geringfügigen Kosten für einzelne Utensilien oder Lernmittel abgesehen nur dann und nur insoweit Mehrausgaben, als durch ihn die Beschaffung neuer Lehrkräfte oder Schulklassen notwendig geworden ist. Danach kann auch die Frage, inwieweit die Notwendigkeit einer Schulerweiterung durch Hinzutreten der Arbeiterkinder entstanden ist, nicht schematisch, sondern nur nach eingehender Prüfung der Organisation des Schulsystems, der Verteilung der Gesammtzahl der Schüler und derjenigen der Arbeiterkinder beurteilt werden, und der Instanzrichter wird kaum in der Lage sein, ohne eine erschöpfende Aeußerung der Schulaufsichtsbehörde sich ein sicheres Urteil darüber zu bilden, welche Organisation, bezw. welcher Kostenaufwand ausreichen würde, wenn die Schulsozietät nicht genötigt wäre, Kinder solcher Eltern zu beschulen, die in der Betriebsgemeinde arbeiten.

5. Ist auf diesem Wege der Gesammtbetrag der Mehrausgaben der Sozietät festgestellt, so ist der auf die den Anspruch erhebende Gemeinde entfallende Anteil nach dem Verhältnisse ihres Betrages zum Gesammtdefizit zu berechnen, wobei noch zu erwägen bleibt, ob die staatlichen Zuschüsse der Schulsozietät als solcher oder nur den Hausvätern aus der nach jener Gemeinde eingeschulten Ortschaft gewährt sind und daher entweder das Gesammtdefizit oder nur den auf die Hausväter letzterer fallenden Teil der Schullast mindern.

6. Was etwaige Vorteile betrifft, die nach dem Gesetz berücksichtigt werden sollen, so trifft die Beweislast — soweit von einer solchen im Verwaltungsstreitverfahren und insbesondere in dem aus § 53 des Komm.-Abg.-Ges. die Rede sein kann, die Betriebsgemeinde.

Dabei ist zu berücksichtigen, daß das Gesetz nur die der Gemeinde erwachsenden Vorteile in Betracht zieht. Die der einzelnen Mitglieder können nur insoweit berücksichtigt werden, als sie die Steuerkraft erhöhen. Die Steuern der Arbeiter sind nicht zum vollen Betrage als Vorteile anzurechnen, sondern nur insoweit, als der Gemeinde durch sie nicht auf anderen Gebieten, als dem der Schule, vermehrte Lasten entstanden sind.

Nr. 2. Entsch. Bd. XXXIII S. 186 v. 4. VI. 98 Nr. II B 40/97.

S. Erg. Bd. 1899 S. 90.

Nr. 3. Entsch. Bd. XXXIV S. 119 v. 14. XII. 98 II B 20/98.

Westf. Land-Gem.-Ordn. v. 19. III. 56 (G.-S. S. 265) § 5.
Komm.-Abg.-Ges. v. 14. VII. 93 (G.-S. S. 152) §§ 1—3, 6, 53, 91.

1. Die in der Provinz Westfalen bestehenden Aemter sind, auch wenn sie zugleich Kommunalverbände mit den Rechten einer Gemeinde bilden, nicht befugt, im Interesse der ihnen zugehörigen Gemeinden selbstständig Ansprüche auf Zuschußleistung gegen die Arbeiterbetriebsgemeinden zu verfolgen. Eine gegenteilige Auslegung zu Gunsten der Aemter folgt weder aus § 6 a. a. O., der die Aemter gleich den Amtsbezirken und Landbürgermeistereien lediglich in ihrer Eigenschaft als Verwaltungs-, nicht aber als Kommunalbezirke aufführt, noch wäre sie mit dem Systeme des Komm.-Abg.-Ges. überhaupt in Einklang zu bringen. Das letztere hat sich zur Aufgabe gestellt, das Gemeindeabgabenwesen zu regeln. Damit stehen die Vorschriften des § 91, obwohl sie sich auf Kreis- und Provinzialsteuern beziehen, nicht im Widerspruche. Denn sie beschäftigen sich nur mit der Uebertragung einzelner Grundsätze des neuen Ges. auf das Gebiet der Kreis- und Provinzialbesteuerung, während im Eingange des § 91 ausdrücklich ausgesprochen wird, daß das Komm.-Abg.-Ges. jenes Rechtsgebiet grundsätzlich unberührt lasse. Das Komm.-Abg.-Ges. versteht unter dem Gemeindeabgabenwesen nur das Gemeindeabgabenrecht in den Stadtgemeinden einer- und in den Landgemeinden andererseits und unter diesem Gesichtspunkte ist auch der § 53 auszulegen.

2. Das Recht, gemäß § 53 Zuschüsse zu verlangen, steht daher, falls die sonstigen Voraussetzungen gegeben sind, nur den dem Amtsverbande zugewiesenen politischen Gemeinden zu. Der Umstand, daß die Mehrausgaben unmittelbar dem Verbande und nur mittelbar den Gemeinden erwachsen, ist ohne prinzipielle Bedeutung, da der ursächliche Zusammenhang zwischen Betrieb und Mehrausgaben im Sinne des § 53 des Komm.-Abg.-Ges. nicht notwendig ein unmittelbarer zu sein braucht.

Nr. 4. Entsch. Bd. XXXIV S. 124 v. 17. XII. 98 II B 35/97.

Komm.-Abg.-Ges. v. 14. VII. 93 (G.-S. S. 152) § 53.

1. Zum Nachweise eines ursächlichen Zusammenhanges im Sinne des § 53 des Komm.-Abg.-Ges. zwischen den Betrieben in der Betriebsgemeinde und den Mehrausgaben in der Arbeiterwohngemeinde ist erforderlich, daß die Arbeiter, durch die die Mehrausgaben für Zwecke des Elementar- und Armenschulwesens veranlaßt werden (abgesehen von eigenartigen Fällen, vgl. E.-O.-V. Bd. XXXIII S. 175) in der den Zuschuß verlangenden Gemeinde deshalb wohnen, weil sie in den Betrieben, die sich in einer Nachbargemeinde befinden, arbeiten wollen, nicht aber, daß sie ebendort arbeiten, weil sie gerade in der ersteren Gemeinde und nicht anderswo wohnen. In welchen Fällen das Eine oder das Andere zutrifft, ist stets Sache der auf einer näheren Prüfung der Verhältnisse beruhenden thatsächlichen Erwägung.

2. Dieser ursächliche Zusammenhang tritt am Klarsten dort hervor, wo sich die wirtschaftlichen Verhältnisse einer Gemeinde dadurch plötzlich und unvermittelt verschieben, daß in einer Nachbargemeinde Betriebe begründet

werden oder bestehen, die einen Massenzuzug von Arbeitern in die erstere zur Folge haben und so dazu beitragen, hier den Gemeindehaushalt in erheblichem Maße zu belasten. Allein er ist nicht etwa auf diesen Fall zu beschränken. Es steht nichts im Wege auch alteingesessene Arbeiter zu berücksichtigen, sofern sie nur deshalb in der Wohngemeinde wohnen, weil sie in der Betriebsgemeinde lohnende Beschäftigung finden. Es kann unmöglich in der Absicht des Gesetzgebers gelegen haben, die Wohlthat des § 53 an die Lebensdauer einer Arbeitergeneration zu knüpfen und alle die zahlreichen Fälle auszuschließen, in denen die Arbeiterbevölkerung sich andauernd und fortgesetzt in demselben Industriezweige zu beschäftigen gewohnt ist. Nur bei dem Vorhandensein eines größeren Grundbesitzes wird sich sagen lassen, daß das hauptsächlichste Band, das den Eigentümer des Besitzers mit der Wohngemeinde verknüpft, der Besitz und nicht das als Nebenbeschäftigung betriebene Handwerk pp. ist. Ein kleines Haus würde dazu noch nicht ausreichen, ebensowenig ein Stück Land von geringstem Umfange, es müßte denn z. B. mit dem Spaten bearbeitet und zur intensiven Gemüse- oder Blumenzucht benutzt werden und aus diesem oder einem ähnlichen Grunde in dem Erwerbsleben des Eigentümers die Hauptsache bedeuten. Voraussetzung wird aber in der Regel sein, daß die Arbeiter auch stets in dem Handwerke pp. thätig gewesen sind und vor ihrer Beschäftigung in der Betriebsgemeinde nicht etwa andere Erwerbszweige gesucht und gefunden haben.

3. Auch die in der sog. Hausindustrie beschäftigten Arbeiter können dazu beitragen, der Wohngemeinde einen Anspruch auf Zuschußleistung gegen die Betriebsgemeinde zu geben. Handelt es sich z. B. um Hausweber, so unterliegt es keinem Bedenken, den Begriff der Fabrik im Sinne des § 53 des Komm.-Abg.-Ges. auf die Thätigkeit der für Rechnung des Unternehmens in ihren eigenen Wohnungen arbeitenden Hausweber auszudehnen, sofern die Hausweber zusammen mit den in den Geschäftsräumen beschäftigten, den eigentlichen Fabrikarbeitern, eine Arbeiterzahl ergeben, wie sie erforderlich scheint für den Begriff eines fabrikmäßigen Betriebes. Wie groß diese Zahl sein muß, läßt sich nicht angeben. Es ist das Sache der thatsächlichen Beurteilung und des vernünftigen Ermessens. Jedenfalls aber muß in dem Betriebe ein Stamm von fabrikmäßig beschäftigten Arbeitern vorhanden sein, dem sich die Hausindustriellen anschließen, um den sie sich als ihm zugehörig so gruppieren, daß das Gesammtunternehmen als Fabrik angesehen werden kann. Das Moment der Zugehörigkeit verlangt aber auch, daß die Hausindustriellen, wenn sie im Rahmen des § 53 Berücksichtigung finden sollen, zu den einzelnen Betrieben in einem festen, wenn auch nicht gerade durch einen förmlichen Kontrakt begründeten Arbeitsverhältnisse, stehen müssen, so daß sie dem Unternehmer, so lange das Verhältnis dauert, mit ihrer Zeit und Kraft, sowie mit ihrem Handwerkszeug zur Verfügung stehen und die Arbeit nur nach den Anordnungen des Unternehmens erhalten und ausführen und sich hiernach von den eigentlichen Fabrikarbeitern im wesentlichen nur dadurch unterscheiden, daß sie in eigenen Räumen und — wenigstens teilweise — mit eigenem Gerät arbeiten, dementsprechend also eine größere Selbständigkeit hinsichtlich der Einteilung ihrer Zeit und Kräfte genießen. Sind die als Hausweber beschäftigten Arbeiter aber als selbständige Unternehmer zu betrachten, nehmen sie von anderen Unternehmern (Kaufleuten oder Fabrikanten) Bestellungen auf Anfertigung oder Bearbeitung von Fabrikaten entgegen und stehen sie dem jedesmaligen Besteller nicht anders gegenüber als jedem Dritten aus dem Publikum, so können diese Arbeiter nicht als im Betriebe der Besteller beschäftigt angesehen werden. Von den Hauswebern werden also diejenigen auszuscheiden sein, die, sei es, weil

in Beziehung auf sie ein Stamm von Fabrikarbeitern überhaupt nicht vorhanden ist, sei es, weil sie als selbständige Unternehmer zu gelten haben, sich auf die Zugehörigkeit zu einem Fabrikbetriebe nicht berufen können.

Nr. 5. Entsch. v. 9. VI. 99 Nr. II 813.

Komm.-Abg.-Ges. v. 14. VII. 93 (G.-S. S. 152) § 53 und Ausf.-Anw. v. 10. V. 94 Art. 38.

1. Das Recht auf Zuschußleistung der Betriebsgemeinde an die Arbeiterwohngemeinde setzt voraus, daß letztere von ihrem Besteuerungsrechte einen ihrer Finanzlage entsprechenden Gebrauch gemacht habe. Da nun das Komm.-Abg.-Ges. zwar die Freilassung der Einkommen unter 420 Mk. gestattet, ein solcher Beschluß aber der aufsichtlichen Genehmigung bedarf und nur gefaßt werden kann, wenn die Deckung des Bedarfes der Gemeinde ohnehin gesichert ist, so erscheint die Annahme einer Ueberbürdung mit der Freilassung der Einkommen unter 420 Mk. schwer vereinbar. Vgl. E.-O.-V. Bd. XXXII S. 134. Diese Annahme ist aber keine praesumtio juris et de jure, sondern eine praesumtio facti, die durch Gegenbeweis entkräftet werden kann. Es steht also der Arbeiterwohngemeinde frei, nachzuweisen, daß sie trotz jener Freilassung zuschußbedürftig sei.

2. Der Umstand, daß die Arbeiterwohngemeinde es bisher unterlassen hat, Lustbarkeits- und Umsatzsteuern zu beschließen, schließt ebensowenig die Zuschußbedürftigkeit aus; er liefert nur den Beweis unzweckmäßiger Einrichtung des Gemeindehaushaltes.

Es ist aber lediglich Sache der Aufsichtsbehörden, bei Prüfung des Gemeindehaushaltsetats und bei der vom Komm.-Abg.-Ges. vorgesehenen Erteilung der Genehmigung zu den auf die einzelnen Steuerarten entfallenden Zuschlägen (vergl. §§ 54 ff. a. a. O.) darauf hinzuwirken, daß die Gemeinden bei der Deckung ihres Steuerbedarfes zweckentsprechend verfahren. Im Rahmen des § 53 können etwaige hieran anknüpfende Zweifel ihre Erledigung nicht finden, man müßte denn mit der unannehmbaren Unterstellung rechnen wollen, daß der Gesetzgeber dem Verwaltungsrichter auf diesem Spezialgebiet Aufgaben habe zuweisen wollen, die ihm im Uebrigen entzogen sind.

3. Für die Frage, ob gewisse Arbeiter nur deshalb in der den Zuschuß verlangenden Gemeinde wohnen, weil sie in den Betrieben, die sich in einer Nachbargemeinde befinden, arbeiten wollen, können etwaiger Grundbesitz und Gewerbebetrieb in der Arbeiterwohngemeinde unter gewissen Voraussetzungen von Bedeutung sein. Vgl. hierüber E.-O.-V. Bd. XXXIV S. 124, 128.

4. Arbeiter, die in Handwerksbetrieben beschäftigt sind, kommen für die Frage eines Zuschusses nach § 53 a. a. O. nicht in Betracht.

Das Gesetz will keineswegs alle Arten gewerblicher Betriebe berücksichtigt sehen, sondern bezeichnet genau und erschöpfend diejenigen Betriebe, die als Ursachen von Mehrausgaben in der Arbeiterwohngemeinde angesehen werden dürfen, und zu ihnen gehören handwerksmäßige Betriebe nicht.

5. Die Bedeutung der von der Subkommission des Abgeordnetenhauses über Natur und Wesen des „ursächlichen Zusammenhanges" gegebenen Direktive ist nicht die einer erschöpfenden Regel.

Es kommen daher namentlich diejenigen Arbeiter in Betracht, die zur Zeit ihres Anzuges und auch zur Zeit des Antrages auf Zuschuß noch in Betrieben beschäftigt waren bezw. sind, die bei ihrem Anzuge bereits bestanden haben, und zwar so lange, als nicht etwa von der Betriebsgemeinde nachgewiesen werden kann, daß sie aus anderen Ursachen als der, in den Betrieben der Betriebsgemeinde Beschäftigung zu finden, in der Wohngemeinde zugezogen sind. Sind sie nachher auf einem Werke beschäftigt worden, das erst in der Zeit nach ihrem Anzuge entstanden, so steht der Berücksichtigung auch solcher Arbeiter nichts im Wege, sofern nur aus den Umständen erhellt oder sonst bewiesen werden kann, daß dergleichen Arbeiter nur deshalb in der Arbeiterwohngemeinde geblieben sind, weil ihnen das neue Werk Beschäftigung bot. Dergleichen Verhältnisse werden namentlich in der Nähe großer Fabrikzentren vorkommen, die gewissen Orten das charakteristische Gepräge geben.

6. Nach alledem bedarf die Feststellung des maßgebenden Personenkreises stets einer eingehenden Untersuchung, wobei darauf verwiesen sein mag, daß nach Art. 38 der Ausf.-Anw. die Handhabung der Vorschriften des § 53 zwar überall die Feststellung der maßgebenden Voraussetzungen, namentlich also auch des Kausalzusammenhanges zwischen Betrieben und Mehrausgaben erfordert, andererseits aber eine Behandlung nach billigem Ermessen nicht entbehren kann. Bei der Erörterung der maßgebenden Gesichtspunkte kommt es mithin, wie im Art. 38 hervorgehoben worden ist, mehr auf billige Abwägungen, als auf genaue zahlenmäßige Feststellungen an und kleinliche Rücksichten und Berechnungen sind zu vermeiden. Soweit der einen oder der anderen Partei eine Beweislast obliegt, wird nicht immer die Führung des vollen Beweises in Betreff jeder Einzelheit zu verlangen sein; es erscheint vielmehr eine Behandlung derartiger Streitsachen im allgemeinen nur von weiten Gesichtspunkten aus gerechtfertigt, wenn nicht die Hilfe, die der Gesetzgeber durch § 53 den notleidenden Arbeiterwohngemeinden hat gewähren wollen, vollkommen illusorisch werden soll. Immerhin ist es aber ausgeschlossen, eine Feststellung der erwachsenen Mehrausgaben auf Grund bloßer Schätzungen, denen jeder thatsächliche Anhalt fehlt, für zulässig anzusehen. (Vgl. Entsch. v. 29. X. 97, Erg.-Bd. 1899 S. 89.)

7. Wegen der Berechnung der Mehrausgaben für Zwecke des öffentlichen Volksschulwesens vgl. Entsch. v. 29. X. 97 Erg.-Bd. 1899 S. 89 und E.-O.-V. Bd. XXXIII S. 185. Unzulässig ist eine Berechnung in der Weise, daß nach dem Durchschnitte der Gesammtkosten die auf den Kopf der Schulkinder entfallende Quote ermittelt und mit dieser Ziffer die Zahl derjenigen Kinder multipliziert wird, die in auswärtigen Betrieben beschäftigten Arbeitern zugehören.

8. Wegen der Berechnung der Mehrausgaben für Armenpflege vgl. ebenfalls Entsch. v. 29. X. 97 a. a. O.

9. Eine Steigerung der Prozentsätze der Kommunalsteuerzuschläge bedeutet an sich noch keine Ueberbürdung. Es ist an sich denkbar und möglich, daß die erhöhten Zuschläge ebenso ohne Beschwerung getragen werden können, wie die früheren niedrigeren Sätze. Vielmehr ist zu untersuchen und festzustellen — und die Einholung einer gutachtlichen Aeußerung der Finanzabteilung der Regierung wird zu dem Zwecke empfohlen —, ob die gegenwärtig erhobenen Prozentsätze eine Ueberbürdung für sich allein betrachtet und ohne die vergleichende Heranziehung der Prozentsätze früherer Jahre herbeizuführen geeignet sind.

10. Was die der Arbeiterwohngemeinde unter Umständen anzurechnenden Vorteile angeht, so ist es Sache der Arbeiterbetriebsgemeinde, zu beweisen, inwieweit dergleichen Vorteile vorhanden sind, während es der Arbeiterwohngemeinde unbenommen bleibt, näher nachzuweisen, daß die zufolge des Wohnens der auswärtigen Arbeiter dieser Gemeinde zufließenden Mehreinnahmen durch die im Interesse derselben Personen auf anderen Gebieten als denen des Schul- und Armenwesens erforderlichen Aufwendungen ganz oder teilweise verbraucht werden.

Nr. 6. Entsch. Bd. XXXV S. 131 v. 16. V. 1899 II C 398/98.

Komm.-Abg.-Ges. v. 14. VII. 93 (G.-S. S. 152) § 53 und Ausf.-Anw. v. 10. V. 94 Art. 38.

1. § 53 des Komm.-Abg.-Ges. ist eine zur Abhilfe dringendster Mißstände bestimmte spezielle Ausnahmevorschrift. Offenbar von diesem Gesichtspunkte aus hat es der Gesetzgeber für angezeigt gehalten, nicht bloß die Lasten, zu deren Erleichterung unter Umständen ein Zuschuß gewährt werden soll, sondern auch die Betriebe, durch die Mehrausgaben herbeigeführt werden, näher zu bezeichnen. Der Zuschuß soll grundsätzlich keineswegs im Hinblick auf irgend welche Lasten der Wohngemeinde, keineswegs im Hinblick auf jeden nur irgend denkbaren gewerblichen Betrieb in der benachbarten Betriebsgemeinde gewährt werden, vielmehr sind es nur bestimmte Lasten und bestimmt bezeichnete Betriebe, bei denen ein Zuschuß überhaupt in Frage kommen soll. Ob der Gesetzgeber bei der Auswahl der von ihm bezeichneten Betriebe überall konsequent verfahren ist, das ist eine Frage, die der Richter im allgemeinen überhaupt nicht und jedenfalls hier nicht stellen darf, wo es sich um eine, mit allen sonstigen Grundsätzen der Kommunalbesteuerung in Widerspruch stehende Ausnahmevorschrift handelt, so daß von einer analogen Anwendung des Gesetzes nicht die Rede sein kann.

2. Unter Bergwerken können solche Anlagen nicht verstanden werden, mittels derer Bestandteile des Erdbodens gewonnen werden, die nicht zu den im § 1 des Allg. Berggeſ. v. 24. VI. 65 (G.-S. S. 705) bezeichneten Mineralien gehören, wie denn auch der Sprachgebrauch des gewöhnlichen Lebens Steinbrüche, Kies- und Thongruben nicht zu den Bergwerken zählt. Zu den Steinbrüchen gehören auch Kalkbrüche, mögen bei ihrer Ausbeutung auch bergtechnische Regeln zur Anwendung kommen, mögen sie unter den Bergbehörden stehen u. s. w.

3. Fabriken im Sinne des § 53 liegen nur dann vor, wenn die Leistungen der in einem gewerblichen Unternehmen beschäftigten Arbeiter einen gewissen, größeren Umfang erreichen. Wo die Grenze zwischen Klein- oder Handwerks- und Fabrikbetrieb liegt, läßt sich freilich nicht bestimmen. Vielmehr ist die Frage thatsächlicher Natur und ihre Beantwortung unterliegt dem vernünftigen Ermessen.

4. Hüttenwerke sind Anlagen zur Gewinnung und Verarbeitung von Metallen, nicht aber von Gesteinen irgend welcher Art, z. B. von Kalksteinen.

E. Naturaldienste.

Nr. 1. Entsch. Bd. XXXIV S. 174 v. 28. X. 98 I C 48/98.

Komm.-Abg.-Ges. v. 14. VII. 93 (G.-S. S. 152) §§ 68—70.

1. Zur Deckung ihrer Ausgaben und Bedürfnisse dürfen die Gemeinden nur Geldabgaben (Gebühren und Beiträge, direkte und indirekte Steuern) erheben, sowie Naturaldienste (Spann- und Handdienste, bei denen es keiner handwerksmäßigen Thätigkeit bedarf), und zwar nach Maßgabe des Komm.-Abg.-Ges. v. 14. VII. 93 oder der dort aufrecht erhaltenen älteren gesetzlichen Bestimmungen, aber nicht Naturalleistungen (beispielsweise die Lieferung von Wegeunterhaltungsmaterialien) fordern.

2. Einspruch und Klage können wegen Heranziehung zu Naturaldiensten nur dann erhoben werden, wenn die Heranziehung zu einem bestimmten Hand- oder Spanndienste erfolgt ist, sei es daß dieser einmal zu einer bestimmten Zeit, sei es daß er wiederholt zu bestimmten Zeiten geleistet werden soll. Nicht aber kann gegen eine erst in Zukunft bevorstehende Heranziehung ein Einspruch erhoben werden, und zwar selbst dann nicht, wenn der Maßstab

dieser Heranziehung durch einen Gemeindebeschluß oder ein Ortsstatut bestimmt worden ist.

Nr. 2. Entsch. Bd. XXXIV S. 176 v. 20. IX. 98 I C 172/97.

Komm.-Abg.-Ges. v. 14. VII. 93 (G.-S. S. 152) §§ 68, 77.

In § 68 des Komm.-Abg.-Ges. ist den Gemeinden zwar die Ermächtigung gegeben, die Gemeindesteuerpflichtigen zur Leistung von Naturaldiensten zu verpflichten. Dagegen ist es unstatthaft, Naturaldienste in Geldleistungen mit der Festsetzung umzuwandeln, daß diese nach dem für die Aufbringung der Dienste geltenden Verteilungsmaßstabe auszuschreiben seien. Ein solcher Beschluß führt vielmehr eine besondere direkte Steuer ein und ist eventuell nach den für letztere maßgebenden Vorschriften zu behandeln.

Nr. 3. Entsch. Bd. XXXIV S. 178 v. 18. IX. 98 I C 145/97.

Komm.-Abg.-Ges. v. 14. VII. 93 (G.-S. S. 152) §§ 24, 33, 68—70.

1. Wählt eine Gemeinde für die Verteilung der Spanndienste den Verteilungsmaßstab nach dem Verhältnisse der Anzahl der Zugtiere, die die Bewirtschaftung des Grundbesitzes der Pflichtigen erfordert, so ist sie nicht berechtigt, die im § 68 Abs. 2 des Komm.-Abg.-Ges. vorgeschriebene Beschränkung, daß nur der im Gemeindebezirke belegene Grundbesitz in Betracht kommt, zu beseitigen.

Insoweit ist die Vorschrift des § 68 Abs. 2, mag dieser auch Abweichungen von den gesetzlichen Vorschriften sowohl in Bezug auf den Verteilungsmaßstab als auch hinsichtlich der Ausdehnung der Spanndienstpflicht auf die nicht zu der Klasse der Grundbesitzer gehörigen gespannhaltenden Steuerpflichtigen gestatten, als eine zwingende, die Autonomie der Gemeinde einschränkende anzusehen, und zwar umsomehr, als das Komm.-Abg.-Ges. auch sonst den ohnehin in der Natur der Kommunallasten begründeten Rechtssatz überall festhält, daß Gemeindelasten, die vom Grundbesitze oder mit Rücksicht auf ihn zu entrichten sind, nur nach Maßgabe des in der Gemeinde belegenen Grundbesitzes bemessen werden dürfen. Das zur Bewirtschaftung auswärtigen Grundbesitzes erforderliche Zugvieh kann daher einen Verpflichtungsgrund zur Leistung von Spanndiensten nicht abgeben.

2. Eintritt und Umfang der Spanndienstpflicht der Grundbesitzer sind nicht von der thatsächlichen Zugtierhaltung des Herangezogenen zur Zeit der Heranziehung, sondern davon abhängig, ob und wie viele Zugtiere die Bewirtschaftung seines Grundbesitzes erfordert.

3. Mit der Klage im Verwaltungsstreitverfahren ist auch der Anspruch auf Erstattung des Wertes von Diensten verfolgbar, die, gestellter Anforderung gemäß, ohne rechtliche Verpflichtung oder über das Maß einer bestehenden rechtlichen Verpflichtung hinaus geleistet worden sind.

F. Veranlagung und Erhebung.

Nr. 1. Entsch. Bd. XXXIII S. 7 v. 26. I. 98 II C 89/97.

Komm.-Abg.-Ges. v. 14. VII. 93 (G.-S. S. 152) § 59.

1. Die Rechtsnachteile, die der § 59 des Komm.-Abg.-Ges. an die Thatsache knüpft, daß die Gemeinde bis zum Ablaufe der ersten drei Monate des Rechnungsjahres keinen Beschluß über die Verteilung des Steuerbedarfes gefaßt hat, treten nicht ein, wenn ein formell und materiell dem Gesetze entsprechender Beschluß nur vor dem 1. Juli gefaßt ist,

gleichviel ob er bis dahin genehmigt war oder nicht. Vgl. Min.-Erl. v. 28. VII. 96 (M.-Bl. S. 139).

2. Dagegen ist die Gemeinde nicht berechtigt, bevor der Beschluß die erforderliche Genehmigung und Zustimmung erhalten hat, mit der Einziehung der Steuern vorzugehen. Vgl. Min.-Erl. v. 28. XI. 96 (M.-Bl. 1897 S. 3).

Nr. 2. Entsch. Bd. XXXIII S. 129 v. 18. IV. 98 IV C 128/97.

Straßen- und Baufluchtengeś. v. 2. VII. 75 (G.-S. S. 561) § 15.
Komm.-Abg.-Ges. v. 14. VII. 93 (G.-S. S. 152) §§ 87, 88.
Ges. v. 13. VII. 83. (G.-S. S. 131), betr. die Zwangsvollstreckung in das unbewegliche Vermögen, § 28.

Es ist wohl zu unterscheiden zwischen dem Zeitpunkte, wo eine Abgabenforderung entsteht, so daß für die Gemeindebehörde die Möglichkeit vorliegt, sie geltend zu machen, und zwischen demjenigen Zeitpunkte, wo sie fällig wird, der Pflichtige also, wenn er nicht zahlt, in Rückstand gerät. Auch das jetzt für Anliegerbeiträge insoweit geltende Komm.-Abg.-Ges. macht diese Unterscheidung und bestimmt im § 87, daß solche Beiträge nur in der Frist von drei Jahren, seit dem Ablaufe desjenigen Jahres, in dem die Forderung entstanden ist, geltend gemacht, das heißt zur Hebung gestellt werden können, während zur Hebung gestellte Beiträge nach § 88 a. a. O. in vier Jahren, von dem Ablaufe des Jahres an gerechnet, in das der Zahlungstermin fällt, verjähren. Während nun die Pflicht des Eigentümers erst dann entsteht, wenn die beiden im Ges. genannten Voraussetzungen zusammentreffen, nämlich einmal die, daß die Kosten, die erstattet werden sollen, aufgewendet sind und festgestellt werden können, und sodann die, daß ein Gebäude auf dem betreffenden Grundstücke an der Straße errichtet wird, so kann doch von der Fälligkeit einer bestimmten Abgabenforderung zu Lasten des Grundstückseigentümers und zu Gunsten der Stadtgemeinde zu diesem Zeitpunkte an sich noch keine Rede sein. Das objektive Recht — das Ortsstatut — bestimmt nur, unter welchen thatsächlichen Voraussetzungen der einzelne Anlieger zu einem Beitrage, und in welchem Maße er verpflichtet werden kann, es setzt aber nicht zugleich fest, daß und wozu er bereits verpflichtet ist. Denn das Bestehen der objektiven Norm und das Eintreten der die Beitragsleistung veranlassenden beiden oben erwähnten Voraussetzungen allein begründen an und für sich noch nicht die Verpflichtung des Einzelnen zur Zahlung. Eine solche wird erst durch die fernere Thatsache seiner Heranziehung geschaffen. Deshalb können die Straßenbaubeiträge als „rückständig" im Sinne des § 28 des Zwangsvollstreckungsges. v. 13. VII. 83 erst dann behandelt werden, wenn sie zur Hebung gestellt, ausgeschrieben sind, wenn ihre Zahlung verlangt, aber nicht erfolgt ist. (Vgl. E.-O.-V. Bd. XVII S. 184, Bd. XIX S. 300.)

Nr. 3. Entsch. Bd. XXXV S. 52 v. 2. VI. 1899 II C 371/98.

Komm.-Abg.-Ges. v. 14. VII. 93 (G.-S. S. 152) § 60 und Ausf.-Anw. v. 10. V. 94 Art. 41.
Ges. v. 8. II. 67 (G.-S. S. 185), betr. die definitive Unterverteilung und Erhebung der Grundsteuer in den sechs östlichen Provinzen, §§ 8, 32a, 33, 34, 45.
Anw. für das Verfahren bei Fortschreibung der Grundsteuerbücher v. 21. II. 96 I §§ 2^2, 16, 23, 82, 83^3 und Muster XXI.

1. Die Zulässigkeit der Heranziehung einer Person zu Gemeindeabgaben, sei es für die volle Periode des Steuerjahres (Jahresbesteuerung), sei es für eine Teilperiode im Steuerjahre (Zugangstellung), hängt davon ab, daß die materiellen Voraussetzungen der Steuerpflicht im ersten Falle bei Beginn des Steuerjahres, im zweiten Falle bei Beginn der betreffenden Teilperiode bestehen. Ebenso hängt die Beseitigung einer Heranziehung durch Abgangstellung davon ab, daß dieselben Voraussetzungen zu bestehen aufhören.

2. Die materielle Voraussetzung der Heranziehung zu einer der Staatssteuerveranlagung sich anschließenden Gemeindegrundsteuer fehlt, wenn vor Beginn des Steuerjahres das steuerpflichtige Grundstück verkauft und außerdem diese Veränderung entweder vom bisherigen Eigentümer dem mit der Fortschreibung beauftragten Beamten angezeigt oder die wegen des Eigentumsüberganges von dem Amtsgerichte dem Fortschreibungsbeamten zu machende Mitteilung erfolgt ist.

Nr. 4. Entsch. Bd. XXXV S. 56 v. 13. VI. 1899 II C 32/99.

Komm.-Abg.-Ges. v. 14. VII. 93 (G.-S. S. 152) §§ 24, 26, 60.
Grundsteuerges. für die westlichen Provinzen v. 21. I. 1839 (G.-S. S. 30) §§ 14, 32^4, 34, 40.
Gebäudesteuerges. v. 21. V. 61 (G.-S. S. 317) §§ 14, 16, 17.

1. Zur Entrichtung der Gemeinde-Grund- und Gebäudesteuer sind die Eigentümer verpflichtet. Daher kann die Steuerpflicht erst mit dem Erwerbe des Eigentumes entstehen, und Gegenstand der Heranziehung können nur diejenigen Beiträge sein, die für die Zeit nach Beginn der Steuerpflicht zahlbar sind.

2. Da geringere als Monatsraten nicht zur Hebung gelangen dürfen, kann ein Eigentumserwerb, der im Laufe eines Monates stattgefunden hat, eine Steuerpflicht des Eigentümers erst für den Beginn des folgenden Monates herbeiführen.

Nr. 5. Entsch. Bd. XXXV S. 29 v. 8. III. 1899 II C 289/98.

Komm.-Abg.-Ges. v. 14. VII. 93 (G.-S. S. 152) §§ 36, 38.

Hat eine Gemeinde den Beschluß gefaßt, daß Steuerpflichtige mit einem Einkommen von nicht mehr als 900 Mk. steuerfrei zu lassen seien, so findet der Beschluß auch auf diejenigen Zensiten Anwendung, die zwar ein größeres Gesammteinkommen haben, der Gemeinde gegenüber aber nur mit einem Teileinkommen steuerpflichtig sind, das 900 Mk. nicht übersteigt. Denn der § 38 des Komm.-Abg.-Ges. hat überall lediglich das in der einzelnen Gemeinde pflichtige Einkommen zum Gegenstande. Für den ersten Abs. des Paragraphen, der den Tarifsatz der einzelnen Stufen des gemeindesteuerpflichtigen Einkommens bestimmt, kann das überhaupt nicht in Zweifel gezogen werden. Dann aber muß auch der zweite Abs., der die Anfangsworte „Steuerpflichtige mit einem Einkommen unter 900 Mk." wiederholt, genau dasselbe Objekt, d. h. das in der Gemeinde steuerpflichtige Einkommen, betreffen. Das Gegenteil ist auch aus § 36 Abs. 1 Zwischensatz oder aus § 49 Abs. 1 Satz 2 a. a. O. nicht zu folgern.

Nr. 6. Entsch. v. 9. XII. 98 Nr. I 2027.

Komm.-Abg.-Ges. v. 14. VII. 93 (G.-S. S. 152) § 20.

1. Die Zulässigkeit der Mehrbelastung nach § 20 des Komm.-Abg.-Ges. ist davon abhängig, daß die in Frage kommende Veranstaltung einem Teile des Gemeindebezirkes oder einer Klasse der Gemeindeangehörigen entweder ausschließlich oder in weit höherem Grade, als dem anderen Teile oder den anderen Klassen, Vorteile gewährt. Das Maß der Mehrbelastung soll dem Vorteile entsprechen. Die Kosten der Veranstaltung werden hiernach dem begünstigten Bezirksteile oder der begünstigten Klasse nur dann in vollem Umfange auferlegt werden können, wenn sie diesen ausschließlich zu statten kommen, anderenfalls in einem dem Maße des Vorteiles entsprechenden Umfange. Dieses Maß nach den örtlichen Verhältnissen in billiger Weise zu ermitteln, ist Aufgabe der Gemeinde. Die Prüfung, ob das durch den Gemeindebeschluß festgestellte Maß der Billigkeit entspricht, liegt der Aufsichtsbehörde ob, deren Bestätigung der Gemeindebeschluß nach § 20

a. a. O. bedarf. Einer Rechtskontrole unterliegt die Entscheidung dieser Behörde, soweit es sich hierbei um Fragen des pflichtmäßigen Ermessens handelt, ebensowenig, wie bei den gleichartigen auf Grund des § 13 der Kr.-Ordn. v. 13. XII 72 gefaßten Kreistagsbeschlüssen. Vgl. E.-O.-V. Bd. V S. 56. Dagegen hat der Verwaltungsrichter, wenn die Unzulässigkeit einer von der Gemeinde beschlossenen Mehrbelastung in einer gegen die betreffende Veranlagung von dem Herangezogenen erhobenen Klage behauptet wird, deren Gesetzmäßigkeit zu prüfen und demgemäß festzustellen, ob die erwähnten gesetzlichen Voraussetzungen für die Zulässigkeit einer Mehrbelastung vorgelegen haben.

2. Ob z. B. „die Ziegeleibesitzer" in einer Landgemeinde als „eine Klasse" von Gemeindeangehörigen im Sinne des § 20 a. a. O. anzusehen sind, ist nicht unstreitig. Daß sie eine solche Klasse im Sinne des älteren Rechtes (A.-L.-R. II 7 § 23) nicht bilden, ist unzweifelhaft. Will man aber mit Rücksicht auf die jetzigen veränderten Erwerbsverhältnisse in den Landgemeinden auch hier die Gewerbetreibenden oder die Unternehmer bestimmter Arten von Gewerbebetrieben als eine „Klasse" von Gemeindeangehörigen ansehen, so wird eine solche Bezeichnung doch nur dort zutreffend sein, wo die „Veranstaltung" der Gemeinde ihrer Bestimmung nach den Interessen eines durch die Gleichartigkeit wirtschaftlicher Verhältnisse bereits verbundenen Personenkreises dient, nicht aber dort, wo nur bestimmte einzelne Personen, die von der „Veranstaltung" Vorteil haben, unter einem gemeinsamen Namen bezeichnet werden sollen. Einzelne Gemeindeangehörige bilden nicht schon deswegen „eine Klasse", weil sie ein gleiches Interesse an einer Gemeindeveranstaltung haben. Die Anlage und Unterhaltung eines Weges kann in hervorragendem Maße den Bewohnern, Gewerbetreibenden oder Grundbesitzern in einem einzelnen Teile eines Gemeindebezirkes zu statten kommen, schwerlich aber einer einzelnen Art von Gewerbetreibenden ohne Rücksicht auf die Lage ihrer Betriebsstätten innerhalb des Gemeindebezirkes.

3. Der Maßstab, nach dem eine auf Grund des § 20 a. a. O. beschlossene Mehrbelastung von den Gemeindeangehörigen aufgebracht werden soll, ist von der Gemeinde zu beschließen. Der Beschluß bedarf der Genehmigung.

Nr. 7. Entsch. v. 5. V. 99 Nr. I 821.

Komm.-Abg.-Ges. v. 14. VII. 93 (G.-S. S. 152) §§ 65, 69 und Ausf.-Anw. v. 10. V. 94 Art. 43.

1. Die Heranziehung eines nicht im Gemeindebezirke wohnenden Gutsbesitzers kann nicht durch Zustellung des Veranlagungsschreibens an dessen Gutsinspektor oder an den stellvertretenden Gutsvorsteher mit der Wirkung erfolgen, daß die Einspruchsfrist (§ 69 Abs. 2 Nr. 2 des Komm.-Abg.-Ges.) mit der an den Inspektor oder stellvertretenden Gutsvorsteher geschehenen Zustellung beginne (vgl. E.-O.-V. Bd. X S. 80), falls dem Gutsinspektor nicht etwa für diese Zwecke eine besondere Vollmacht erteilt worden ist.

2. Der Gemeindesteuerpflicht unterliegen nur diejenigen Grundstücke, die zur Gemeinde gehören.

G. Rechtsmittel.

1. Frist und Form.[1])

Nr. 1. Entsch. Bd. XXXIII S. 94 v. 31. I. 1898 IV C 127/97.

Komm.-Abg.-Ges. v. 14. VII. 93 (G.-S. S. 152) §§ 69, 70.

Die im § 69 des Komm.-Abg.-Ges. für die Erhebung des Einspruches gegen die Heranziehung zu Gemeindelasten bestimmte Frist von vier Wochen

---

[1]) **Vgl. auch Entsch. Bd. XXXIII** S. 215 oben S. 46.

findet auch auf die gemäß § 15 des Ges. v. 2. VII 75 zu leistenden Beiträge Anwendung, und zwar auch auf diejenigen, die bereits vor dem 1. IV 95, dem Tage des Inkrafttretens des Komm.-Abg.-Ges., zur Hebung gestellt sind, mit der Maßgabe, daß der Fristenlauf von dem genannten Tage an zu berechnen ist.

Nr. 2. Entsch. Bd. XXXIII S. 110 v. 21. II. 98 IV C 123/97.

Straßen- und Baufluchtengeſ. v. 2. VII. 75 (G.-S. S. 561) § 15.
Komm.-Abg.-Ges. v. 14. VII. 93 (G.-S. S. 152) §§ 69, 70.

Für den Einspruch ist keine besondere Form vorgeschrieben, es genügt, wenn erkennbar ist, daß die Rechtmäßigkeit der Abgabenforderung bestritten, nicht nur aus Billigkeitsrücksichten eine Ermäßigung erbeten wird.

Dies liegt vor, wenn die zu Straßenanliegerbeiträgen Herangezogenen in einer Eingabe die Ungesetzmäßigkeit der Abgabenforderung behaupten, mögen sie auch eventuell eine Herabsetzung der Beiträge aus Billigkeitsrücksichten beantragen. Ist das Gesuch an „die städtischen Kollegien" gerichtet und in dem Bescheide des Magistrates gesagt, daß „die städtischen Kollegien" aus prinzipiellen Gründen der Petition nicht haben stattgeben können, so entspricht dies dem zweifachen Inhalte der Petition, die in ihrem zweiten Teile einen Nachlaß aus Billigkeitsrücksichten erstrebte. Es liegt in dem Bescheide aber zugleich die Ablehnung des Magistrates, die von den Bittstellern geltend gemachten Rechtsgründe anzuerkennen, also ein Beschluß des Gemeindevorstandes auf den Einspruch im Sinne des § 70 des Komm.-Abg.-Ges.

Nr. 3. Entsch. Bd. XXXV S. 136 v. 21. III. 1899 I C 22/98.

Komm.-Abg.-Ges. v. 14. VII. 93 (G.-S. S. 152) §§ 69, 70.
Ausf.-Anw. v. 10. V. 94 Art. 43, 45 Nr. 2 Abs. 2.
L.-V.-G. § 52 Abs. 2.

1. Bestimmungen über die Formen, von deren Beobachtung die Berücksichtigung einer Eingabe als „Einspruch" im Sinne des § 69 des Komm.-Abg.-Ges. abhängig wäre, sind nicht gegeben, insbesondere ist aus der Bezeichnung des gegen die Heranziehung zu Gemeindeabgaben gegebenen Rechtsbehelfes als Einspruch nicht zu folgern, daß die Bezeichnung der Eingabe als „Einspruch" oder die Aufnahme einer Wendung, in der in dieser oder jener Form gesagt wird, daß „Einspruch" erhoben werden solle, unerläßliche Bestandteile eines als Einspruch zu beurteilenden Schriftsatzes seien. Vielmehr ist als Einspruch jede Eingabe zu betrachten, die — sei es durchweg oder in Ansehung eines Teiles der gemachten Auflage — Unrechtmäßigkeit der Heranziehung behauptet und den Anspruch auf Beseitigung oder Einschränkung ihrer rechtlichen Folgen erhebt.

2. Als Beschluß auf Einspruch gegen die Heranziehung zu Gemeindelasten kennzeichnet sich jede Verfügung, durch die der Gemeindevorsteher über den in dem Einspruche erhobenen Angriff gegen die Rechtmäßigkeit der Heranziehung abschließend entscheidet.

3. Ist der erteilte Beschluß, entgegen der Ausf.-Anw. zum Komm.-Abg.-Ges., nicht schriftlich abgefaßt und dem Zensiten in der ebenda bestimmten Art zugestellt worden, so bleibt er gleichwohl mittels Klage anfechtbar. Durch den Mangel der Zustellung wird nur der Beginn des Laufes der Klagefrist gehindert.

4. Die Vorschrift in § 52 Abs. 2 L.-V.-G., wonach die im Wege der Beschwerde angerufenen Verwaltungsbehörden in Fällen unverschuldeter Fristversäumnis Wiedereinsetzung in den vorigen Stand gewähren können, findet,

wie in E.-O.-V. Bd. XXVI S. 254 ausgesprochen ist, nicht nur auf die Beschwerde, sondern auch auf andere an präklusivische Fristen gebundene Rechtsbehelfe, insbesondere auf den des Einspruches Anwendung und zwar nicht allein in dem dort erörterten Falle des § 66 des Zust.-Ges., sondern auch in allen anderen, namentlich auch in denen der §§ 69, 70 des Komm.-Abg.-Ges.

Unzweifelhaft bedarf ferner eine Wiedereinsetzung in den vorigen Stand nicht notwendig eines ausdrücklichen Ausspruches. Vielmehr ist auch ihre stillschweigende Gewährung rechtlich möglich, wie in E.-O.-V. Bd. XXI S. 244, Bd. XXVI S. 254 und Bd. XXX S. 290 ff., namentlich 294, nachgewiesen worden ist. Allein eine stillschweigende Wiedereinsetzung in den vorigen Stand gegen die Versäumnis der Einspruchsfrist folgt nicht schon aus dem Mangel einer ausdrücklichen Rüge der Fristversäumnis und liegt insbesondere nicht schon dann vor, wenn der Gemeindevorsteher den Einspruch lediglich als „unbegründet" zurückweist. Sie hat vielmehr zur unerläßlichen Voraussetzung, daß in dem Beschlusse das Ergebnis einer von dem Gemeindevorsteher bewirkten sachlichen Beurteilung als einziger Grund der Zurückweisung hingestellt ist.

2. Rechtsgrundsätze für das Verfahren.

Nr. 1. Entsch. v. 6. V. 98 Nr. I 847.

Komm.-Abg.-Ges. v. 14. VII. 93 (G.-S. S. 152) §§ 69, 70.

Der Ansicht, daß die Erneuerung eines Einspruches gegen Heranziehung zu Gemeindeabgaben, wenn bereits ein Beschluß des Gemeindevorstehers ergangen ist, den Gemeindevorsteher nicht berechtige, an die Stelle seines früheren Beschlusses einen anderen zu setzen, der wiederum die Klagefrist eröffnet, kann nicht beigetreten werden. Ein Beschluß des Gemeindevorstehers auf einen Einspruch der bezeichneten Art wird keineswegs auch dem Gemeindevorsteher gegenüber, wenn er von dem Abgabenpflichtigen in der gesetzlichen Frist nicht angegriffen worden ist, endgiltig. Wie der Gemeindevorsteher auch Heranziehungen, die er als unrichtige erkannt hat, ohne daß ein Einspruch erfolgt ist, zurückziehen und durch eine neue Heranziehung ersetzen darf, sofern diese nicht etwa eine unzulässige Nachforderung enthält, so darf er dies auch dann noch thun, wenn er über die Richtigkeit einer Heranziehung auf erhobenen Einspruch durch Beschluß entschieden hat. Denn dieser Beschluß stellt nicht eine Entscheidung dar, die in einem Streite zwischen dem Abgabenberechtigten und dem Abgabenpflichtigen ergeht, sondern nur eine Entschließung des Abgabenberechtigten selbst, der durch den Gemeindevorsteher hierbei vertreten wird. Der Ablauf der zweiwöchigen Frist entzieht den Beschluß des Gemeindevorstehers nur einer weiteren Anfechtung durch den Abgabenpflichtigen selbst, hindert aber den Gemeindevorsteher weder an der Zurücknahme der Heranziehungsverfügung und deren Ersetzung durch eine neue, noch an der Zurücknahme des Beschlusses und dessen Ersetzung durch einen neuen. Eine Verpflichtung des Gemeindevorstehers hierzu besteht allerdings in keinem Falle. Vielmehr kann er sich, wenn nach Erlaß des Einspruchsbescheides eine Gegenvorstellung erhoben wird, darauf beschränken, unter Hinweis auf den ergangenen Bescheid eine erneute Beschlußfassung abzulehnen. Macht er aber von der erwähnten, ihm zustehenden Befugnis zur wiederholten sachlichen Prüfung Gebrauch und erläßt er auf Grund einer solchen einen neuen, sachliche Ausführungen enthaltenden Bescheid, so tritt dieser an die Stelle des früheren, dem damit die weitere Geltung entzogen worden ist, und eröffnet für den Erheber des Einspruches eine neue Klagefrist. Er stellt aber nicht eine neue Heranziehung dar, gegen die wiederum ein Einspruch stattfinden könnte.

Nr. 2. Entsch. v. 17. VI. 98 Nr. I 1092 (**Pr.-V.-Bl. Bd.** XX S. 248).

Komm.-Abg.-Ges. v. 14. VII. 93 (G.-S. S. 152) §§ 69, 70.
Land-Gem.-Ordn. v. 3. VII. 91 (G.-S. S. 233) § 4; Zust.-Ges. § 26.

Der Einspruch aus § 69 des Komm.-Abg.-Ges. v. 14. VII. 93 setzt eine bereits erfolgte Heranziehung voraus und kann nicht im Voraus gegen eine erst in Zukunft erwartete gerichtet werden. Ein Schreiben, in dem jemand über das Reineinkommen aus seinem Grundbesitze behufs Veranlagung zu Gemeindeabgaben angefragt wird, enthält eine solche Heranziehung nicht und ein ihm gegenüber eingelegter Einspruch ist wirkungslos, auch wenn darauf ein Bescheid erfolgt.

Nr. 3. Entsch. Bd. XXXIII v. 6. VII. 98 II C 433/97.

Komm.-Abg.-Ges. v. 14. VII. 93 (G.-S. S. 152) §§ 69, 70.

Die Klage wegen Ueberbürdung darf bezüglich des Umfanges der geforderten Ermäßigung nicht weiter gehen, als der Einspruch, falls dieser sich nur gegen einen bestimmten Betrag der Steuer gerichtet hat. (Vgl. E.-O.-V. Bd. XII S. 99.)

Nr. 4. Entsch. v. 18. XI. 98 Nr. I 1896.

Komm.-Abg.-Ges. v. 14. VII. 93 (G.-S. S. 152) §§ 69, 70.

Der Verwaltungsrichter hat auf die Klage des Steuerpflichtigen nur zu entscheiden, ob die erhobene Steuerforderung dem Grunde und dem Betrage nach gerechtfertigt ist. Findet er, daß die Forderung ihrem Grunde nach ungerechtfertigt ist, so muß er den Kläger von der Steuer freistellen. Er hat aber nicht zu prüfen, ob der Kläger aus einem anderen Grunde mindestens zu einer gleichen Leistung herangezogen werden durfte, und bei Bejahung dieser Frage die Klage abzuweisen. Eine neue Veranlagung des Klägers an Stelle der als unzulässig befundenen des Gemeindevorstehers auf einer anderen Grundlage vorzunehmen, ist der Verwaltungsrichter nicht befugt. (Vgl. E.-O.-V. Bd. V S. 185, Bd. VIII S. 176, Bd. XII S. 160).

Nr. 5. Entsch. Bd. XXXIV S. 85 v. 8. XII. 98 IV C 97/98.

Komm.-Abg.-Ges. v. 14. VII. 93 (G.-S. S. 152).
St.-Ordn. v. 30. V. 53 (G.-S. S. 261) §§ 57, 59.
Fluchtliniengeſ. v. 2. VII. 75 (G.-S. S. 561) § 15.

1. Die städtischen Verwaltungsdeputationen (z. B. die Berliner Städtische Baudeputation) sind innerhalb der ihnen überwiesenen Geschäftszweige befugt, an Stelle des Gemeindevorstandes über Einsprüche gegen die Heranziehung zu Gemeindeabgaben zu beschließen. Eines förmlichen Kollegialbeschlusses bedarf es dabei nicht.

Ebensowenig brauchen die Beschlüsse auf Einsprüche in einer Sitzung unter Beobachtung der Formen des § 57 Abs. 1 der St.-Ordn. gefaßt zu sein. Es genügt die Erteilung eines jeden auf die beregte Angelegenheit bezüglichen Bescheides der zuständigen Behörde.

2. Ebensowenig ist der Beschluß über die Feststellung der Anliegerbeiträge an die Formen des § 57 Abs. 1 a. a. O. unbedingt gebunden. Zufolge Art. XIII der Instr. v. 20. VI. 53 (M.-Bl. S. 138) sind für den Geschäftsgang bei der städtischen Verwaltung die Vorschriften der Instr. für die Stadtmagistrate v. 25. V. 35 (von Kamptz, Annalen Bd. XIX S. 733) soweit maßgebend geblieben, als die Städteordnung keine entgegenstehende ausdrückliche Vorschrift enthält. Dazu gehört § 8 der Instr. v. 25. V. 35, wonach alle Sachen, die ihren angewiesenen Gang haben, ohne Vortrag abzumachen sind. Wieweit dies ausgedehnt wird, ist eine innere Angelegenheit der Verwaltung, aus

deren Regelung Einwendungen gegen die Rechtsbeständigkeit eines Aktes des Magistrates nicht hergeleitet werden können.

4. Die Unrichtigkeit der bei der Berechnung eines Anliegerbeitrages angewendeten Grundsätze nötigt nicht zur Aufhebung der Heranziehung, wenn die thatsächlichen Voraussetzungen, die eine Beitragspflicht begründen, sämmtlich bereits vorhanden und insbesondere die Kosten, deren Erstattung zu verlangen ist, bereits verauslagt sind und auch dem Betrage nach feststehen.

3. Das Vertheilungsverfahren gemäß §§ 71 ff. des Komm.-Abg.-Ges.

Nr. 1. Entsch. v. 3. XII. 98 Nr. II 1749.

Komm.-Abg.-Ges. v. 14. VII. 93 (G.-S. S. 152) §§ 65, 71, 84, 85.

1. Die Bekanntmachung der Steuer an diejenigen Censiten, die nicht im Gemeindebezirke wohnen, muß durch besondere Mitteilung erfolgen. Eine Bekanntmachung der Steuer durch Auslegung einer Hebeliste ist bezüglich der Forensen gesetzlich ausgeschlossen.

2. Im Verteilungsverfahren gemäß § 71 des Komm.-Abg.-Ges. dürfen die von den beteiligten Gemeinden vorgenommenen Einschätzungen nicht ohne ausdrücklichen Antrag des Pflichtigen erhöht werden. Eine Erhöhung stellt sich nicht bloß als eine unzulässige reformatio in pejus auf das die Stelle des Einspruches vertretende Rechtsmittel des § 71 des Komm.-Abg.-Ges. dar, sondern widerstreitet auch den §§ 84 und 85 ebenda, da sie eine unzulässige Nachforderung wegen zu geringen Ansatzes enthält. Vgl. E.-O.-V. Bd. XXXII S. 16.

Nr. 2. Entsch. v. 18. I. 99 Nr. II 71.

Komm.-Abg.-Ges. v. 14. VII. 93 (G.-S. S. 152) §§ 47 b Abs. 2, 71 ff.

1. Es genügt für die Zulässigkeit des Verteilungsantrages gemäß §§ 71 ff. des Komm.-Abg.-Ges. nicht, daß eine Heranziehung seitens mehrerer Gemeinden in Aussicht steht, es ist vielmehr unerläßliches Erfordernis, daß schon mehrere Gemeinden mit Steuerforderungen hervorgetreten sind. Ein Verteilungsverfahren kann daher überhaupt nicht stattfinden, wenn nur eine einzige Gemeinde vorhanden ist, die ein Steuerrecht auszuüben vermag. Gutsbezirke stehen den Gemeinden nach der Vorschrift des § 52 des Komm.-Abg.-Ges. zwar insofern gleich, als es sich um materielle Beschränkungen des Steuerrechtes der heranziehenden Gemeinden auf Grund der Vorschriften über die Verhütung von Doppelbesteuerung handelt. Dagegen wird durch ihr bloßes Vorhandensein und die Fiktion ihres Mitbesteuerungsrechtes die Forderung des § 71, daß wenigstens zwei Gemeinden thatsächlich eine Heranziehung vorgenommen haben, nicht erfüllt.

2. Die Ansicht, daß als Teile von Betriebsstätten nur solche Flächen gelten dürfen, auf denen sich der Betrieb nach seinen wesentlichsten Merkmalen vollzieht, die also, selbständig gedacht, selbst Betriebsstätten bilden würden, ist unrichtig. Eine selbständige Betriebsstätte besteht allerdings nur da, wo ein Teil des Geschäftsbetriebes stattfindet. Wollte man aber den Umfang einer Betriebsstätte nur auf diejenigen Flächen beschränken, auf denen eine auf die Ziele des Gewerbebetriebes unmittelbar gerichtete Thätigkeit vor sich geht, so käme man zu unannehmbaren Ergebnissen. Dann könnten z. B. eine Nachtwächterwohnung, eine Latrinenanlage, obwohl mit einer Fabrik verbunden und bei ihr unentbehrlich, nicht als ihre Teile angesehen werden. Dasselbe müßte von den durch einen artesischen Brunnen selbstthätig gespeisten Wasserreservoirs und denjenigen Bassins einer Zucker- oder Stärkefabrik gelten, in denen die Ab-

wässer, die früher ohne weiteres dem nächsten Wasserlaufe zugeführt wurden, jetzt nicht für Zwecke der Zucker- oder Stärkefabrikation, sondern zur Vermeidung von Verunreinigungen geklärt werden. Diese alle werden aber regelmäßig zu der Fabrikanlage gehören, wenn auch unter Umständen ausgedehnte Wasserflächen, auf denen eine Fabrik ihre Abwässer durch Berieselung klärt, nicht einen Teil der Betriebsstätte, sondern eine selbständige Anlage bilden mögen. Ob das eine oder das andere der Fall ist, hängt von der Lage der jeweiligen Verhältnisse ab. So z. B. kann das Anschlußgleis einer an einem Bahnhofe gelegenen Fabrik, der Pflasterweg, der die einzelnen Betriebsgebäude verbindet, Teil der Fabriksanlage, andererseits die von einer Zuckerfabrik aus in die Felder eines selbständig bewirtschafteten Gutes geführte Bahn oder Chaussee eine gesonderte Anlage sein.

Von diesen Gesichtspunkten aus wird die unterirdische Wasserleitung einer Fabrik ebenso für einen Teil ihrer Betriebsstätte, mit der sie räumlich und organisch verbunden ist, gelten müssen, wie es ein auf dem Fabrikgrundstücke selbst erbohrter artesischer oder durch ein automatisches Hebewerk bedienter Brunnen sein würde. Liegt demnach ein Teil der unterirdischen Leitung in einer anderen Gemeinde, als der Betriebsgemeinde, so erstreckt sich die Betriebsstätte der Fabrik auch über das Gebiet jener Gemeinde und deshalb ist dieser auch das gewerbliche Einkommen der die Fabrik betreibenden Aktiengesellschaft mit einem Teile steuerpflichtig.

3. Den Maßstab für die Verteilung zwischen dieser und der Betriebsgemeinde bilden ausschließlich die Fläche und die Kommunallasten. Es ist aber nicht gesagt, daß gerade die eine Hälfte des Einkommens nach dem Maßstabe der Kommunallasten, die andere Hälfte nach dem der Fläche verteilt werden müßte, vielmehr ist hier den thatsächlichen Verhältnissen Rechnung zu tragen und es steht nichts im Wege, z. B. dann, wenn die kommunale Belastung beiderseits nur geringfügig ist, den größten Teil des Einkommens nach dem Verhältnisse der Fläche zu verteilen. Ebensowenig ist es nötig, bei der Verteilung nach der Fläche alle Flächen als gleichwertig zu behandeln, vielmehr wird es zulässig sein, z. B. bebaute Flächen höher anzusetzen als unbebaute und nur unterirdisch benutzte. Bei der Verteilung nach den Kommunallasten kommen alle Lasten in Betracht, die beiden Gemeinden durch das Vorhandensein der Betriebsstätte im Schul- und Armenwesen, in der Wegeunterhaltung, Beleuchtung und Kanalisation u. s. w. entstehen. Armen- und Schullasten verursacht die Fabrik aber nur durch diejenigen Personen, die nicht in einer der beiden Gemeinden wohnen würden, wenn sie nicht die Arbeit auf der Fabrik hätten.

Nr. 3. Entsch. Bd. XXXV S. 29 v. 8. III. 1899 II C 289/98.

Komm.-Abg.-Ges. v. 14. VII. 93 (G.-S. S. 152) §§ 71, 72.

Die Kosten des Beschlußverfahrens gemäß § 71 des Komm-Abg.-Ges. können in einem sich hieran schließenden Streitverfahren gemäß § 72 a. a. O. den Parteien nicht zur Last gelegt werden. Denn es wird in dem vor dem Bezirks-(Kreis-)Ausschusse zu verhandelnden Beschlußverfahren nach § 124 des L.-V.-G. ein Pauschquantum nicht erhoben und es fallen die sonstigen Kosten und baaren Auslagen des Verfahrens demjenigen zur Last, der nach gesetzlicher Bestimmung die Amtsunkosten der Behörde zu tragen hat. Diese Behörde kann nicht etwa die Partei selbst sein.

H. Aufsicht.

Nr. 1. Entsch. Bd. XXXIV S. 163 v. 10. VI. 98 I B 31/97.

Komm.-Abg.-Ges. v. 14. VII. 93 (G.-S. S. 152) §§ 78, 96; Ausf.-Anw. v. 10. V. 94 Art. 47.

1. Gemäß § 78 Abs. 1 des Komm.-Abg.-Ges. sollen Anordnungen der Aufsichtsbehörde wegen Abänderung oder Ergänzung bestehender

oder neuerdings beschlossener Ordnungen über die Aufbringung von Gemeindelasten (Gebühren, Beiträgen, Steuern oder Diensten) „unter Angabe der Gründe“ erlassen werden. Daraus ist indes nicht zu entnehmen, daß die Anordnungen eine ins Einzelne gehende Darlegung der Punkte, in denen die abzuändernde oder zu ergänzende Ordnung dem Gesetze zuwiderläuft, enthalten muß, sondern nur, daß sie nicht jeder Begründung entbehren darf. Diesem Erfordernis genügt die Aufsichtsbehörde durch einen Hinweis darauf, daß die bestehende oder beschlossene Ordnung den Verteilungsgrundsätzen des Komm.-Abg.-Ges. nicht entspreche.

2. In der Anordnung muß bestimmt angegeben werden, durch welche Aenderungen oder Ergänzungen die Ordnung oder der Beschluß mit den Vorschriften des Komm.-Abg.-Ges. nach Maßgabe der dort vorgesehenen Regel in Uebereinstimmung zu bringen ist. Unberührt davon bleibt die Befugnis der Gemeinde, an sich zulässige Abweichungen von der Regel, vorbehaltlich der Genehmigung der Aufsichtsbehörde, zu beschließen. Andererseits ist es der Aufsichtsbehörde unverwehrt in die Anordnung als Grundlage für die eventuell ihr selbst zufallende Feststellung der neuen Ordnung, indessen unbeschadet der Befugnis der Gemeinde zu anderweitiger Beschlußfassung, zugleich Ausführungsbestimmungen, betreffend die Heranziehung zu den Gemeindelasten, nach solchen Richtungen hin, die das Gesetz der Autonomie der Gemeinden überlassen hat, mit aufzunehmen.

3. Zu den Voraussetzungen für das Einschreiten der Aufsichtsbehörde gehört es nicht, daß dem allgemeinen öffentlichen Interesse an der Beseitigung gesetzwidriger Zustände noch ein besonderes. in den örtlichen Verhältnissen begründetes Interesse hinzutritt, Grundsätzlich ist zwar anzuerkennen, daß die gesetzlichen Befugnisse den Aufsichtsbehörden nur gegeben sind, um das öffentliche Interesse wahrzunehmen. Allein dieses erfordert ganz allgemein, daß Widersprüche zwischen den örtlich geltenden Ordnungen und der allgemeinen Landesgesetzgebung, als der Quelle des Besteuerungsrechtes der Gemeinde, beseitigt werden. Deshalb ist auch im § 96 Abs. 2 a. a. O. den Gemeinden die Pflicht, die bestehenden örtlich geltenden Ordnungen mit den Vorschriften dieses Ges. in Uebereinstimmung zu bringen, ohne Einschränkung auferlegt. Für die Erfüllung dieser Pflicht ist eine bestimmte Frist allerdings nicht gesetzt. Das Ges. hat vielmehr der Aufsichtsbehörde nur die Befugnis gegeben, die Uebereinstimmung der örtlich geltenden Ordnungen mit seinen Vorschriften herbeizuführen, eine dieser Befugnis entsprechende Pflicht ihr aber nicht ausdrücklich auferlegt. Allein hieraus kann nur gefolgert werden, daß die Aufsichtsbehörde die Frist, innerhalb deren die zur Beseitigung von Widersprüchen mit dem Ges. erforderlichen Aenderungen durchzuführen sind, nach freiem Ermessen und unter verständiger Berücksichtigung der örtlichen Verhältnisse zu bestimmen hat. Dagegen gestattet die Fassung des Ges. nicht den weitergehenden Schluß, als dürfe die Aufsichtsbehörde von der Befugnis, auf Erfüllung der im § 96 Abs. 2 den Gemeinden auferlegten Verpflichtung zu dringen und bei deren Widerstreben die erforderlichen Aenderungen der geltenden Ordnung selbst festzustellen, erst dann Gebrauch machen, wenn zu dem allgemeinen öffentlichen Interesse an der Beseitigung gesetzwidriger Zustände noch ein besonderes, in den örtlichen Verhältnissen begründetes hinzutrete.

Nr. 2. Entsch. Bd. XXXIV S. 159 v. 20. IX. 98 I B 42/97.

Komm.-Abg.-Ges. v. 14. VII. 93 (G.-S. S. 152) §§ 78, 96.
Ausf.-Anw. v. 10. V. 94 Art. 47[6].

Laufen bestehende ältere Ordnungen oder neue — einer Genehmigung nicht bedürfende — Beschlüsse über die Aufbringung von Gemeindelasten (Gebühren, Beiträgen, direkten, indirekten Steuern oder Diensten) den Vorschriften des Komm.-Abg.-Ges. v. 14. VII 93 zuwider, so kann dagegen die Aufsichtsbehörde nur in dem durch § 78 a. a. O. geregelten Verfahren einschreiten.

Zu diesem Zwecke hat die Aufsichtsbehörde die ihres Erachtens gebotene Abänderung oder Ergänzung durch Gemeindebeschluß innerhalb einer zu bestimmenden angemessenen Frist anzuordnen. Erst wenn die Frist abgelaufen ist und die Gemeinde weder der Anordnung genügt noch sie mittels Klage binnen der gesetzlichen ferneren Frist von vier Wochen angefochten hat, sowie, falls die Klage erhoben worden, erst nach deren rechtskräftiger Abweisung ist die Aufsichtsbehörde befugt, die Ansehung der Aufbringung der Dienste erforderliche Ordnung auf Grundlage der erlassenen Verfügung selbst festzustellen (§ 78 Abs. 5). Wie daraus klar erhellt, ist die Aufsichtsbehörde keineswegs befugt, bestehende Ordnungen ohne weiteres und ohne Beobachtung des vorgeschriebenen Verfahrens wegen Gesetzwidrigkeit aufzuheben, und sie darf das auch niemals thun, ohne andere an die Stelle der aufgehobenen Verteilungsgrundsätze zu setzen.

I. Nachforderung. Verjährung.

Nr. 1. Entsch. Bd. XXXIV S. 244 v. 3. V. 98 I C 1797.

Nach § 509 Titel 9 Teil I A.-L.-R.'s kann zwar auch das Recht, jährliche Abgaben und Leistungen von der Person oder dem Grundstücke eines anderen zu fordern, durch bloßen Nichtgebrauch verjährt werden. Allein diese Gesetzesstelle bezieht sich nur auf Privatlasten. Daraus, in Verbindung mit den Vorschriften der §§ 86, 128 Titel 7 a. a. O. folgt, daß zur Herstellung des Fundamentes der Verjährung bei öffentlichen Abgaben die Ersitzung eines Untersagungsrechtes gegenüber dem affirmativen Forderungsrechte, also der durch Verweigerung der Leistung erlangte und während der erforderlichen Zeit fortgesetzte Besitz der Freiheit von der Leistungspflicht nachgewiesen werden muß — ein Grundsatz, der denn auch in den §§ 655 ff. Titel 9 a. a. O. ganz bestimmten Ausdruck gefunden hat. Dort wird allerdings speziell von den Staatsabgaben, den eigentlichen landesherrlichen Steuern gehandelt, für diese jedoch Besonderes lediglich in Ansehung der Verjährungsfrist, die bei ihnen 50 Jahre betragen soll, und ferner dahin bestimmt, daß deren Ablauf ein Mehreres nicht als eine Vermutung für rechtsgültige Erlangung der Befreiung begründe. Auf sonstige öffentliche, namentlich auch auf Kommunal- und Sozietätslasten, erstrecken sich die letztgedachten Ausnahmebestimmungen nicht. Ebensowenig hat aber das Gesetz hinsichtlich des Grundsatzes, daß die Verjährung öffentlicher Lasten nur in Gestalt der Ersitzung des Rechtes auf Befreiung stattfinde, irgendwo einen Unterschied zwischen „allgemeinen Anlagen" einerseits und solchen Lasten andererseits gemacht, die gleich den unter den Parteien streitigen auf besonderen Titeln des öffentlichen Rechtes beruhen. Beide Arten von öffentlichen Lasten stehen daher hinsichtlich der Voraussetzungen für die Verjährbarkeit des Rechtes, sie zu erheben, auf ganz gleicher Stufe.

Zweite Abteilung.

Kultus, Schule, Personenstand und Staatsangehörigkeit.

I.

Die evangelische Kirche.

Litteratur: Goßner, Das Bürgerliche Gesetzbuch in seiner Bedeutung für die preußische evangelische Landeskirche, Berlin 1900. — v. Rohrscheidt, Pfarrbesoldungsgesetze, 2. Aufl. Leipzig 1899.

Materialien: Vd. v. 28. XI. 98 (G.-S. S. 337), wegen Ergänzung der Vd. über die Ausübung der Rechte des Staates gegenüber der evang. Landeskirche in den Hohenzollernschen Landen v. 25. XI. 97. — Ges. v. 22. IV. 99 (G.-S. S. 93) betreffend die Vergütung der Umzugskosten der Geistlichen im Konsistorialbezirke Wiesbaden. Abg.-Haus 1899 Drucks. Nr. 62 Sten.-Ber. S. 986. 1640. Herrenhaus 1899 Drucks. Nr. 10 Sten.-Ber. S. 17. 20. 53. — Allerh. Erl. v. 27. XI. 99 (G.-S. S. 425), betreffend die Kirchen-, Gemeinde- und Synodalordnung im Konsistorialbezirke Frankfurt a. M. — Ges. v. 28. IX. 99 (G.-S. 457) betreffend die Kirchenverfassung der evangelischen Kirche im Konsistorialbezirk Frankfurt a. M. Abg.-Haus 1899 Drucks. Nr. 310. Sten.-Ber. S. 2854/2856. 2909/2910. Herrenhaus 1899 Drucks. Nr. 92. 98. Sten.-Ber. S. 243/244. 265/271. 340.

A. In den neun älteren Provinzen der Monarchie.

Nr. 1. Entsch. v. 5. VII. 98 Nr. I 1196 (Pr.-V.-Bl. Bd. XX S. 519).

Kirchenverfassungsges. v. 3. VI. 76 (G.-S. S. 125) Art. 27, 28 und Vd. v. 9. IX. 76 (G.-S. S. 395) Art. III⁴. A.-L.-R. II, 11 §§ 110, 164.

1. Das Kirchenverfassungsges. v. 3. VI 76 Art. 27 Abs. 2 erteilt sowohl dem Konsistorium als auch der Staatsbehörde — d. i. nach Art. 28 a. a. O. in Verbindung mit Art. III Nr. 4 der Vd. v. 9. IX 76 dem Regierungspräsidenten — unter gegenseitigem Einvernehmen die Ermächtigung, von einem Gemeindekirchenrate oder einer Gemeindevertretung verweigerte gesetzliche Leistungen, die aus dem kirchlichen Vermögen zu bestreiten sind oder den Pfarreingesessenen obliegen, in den Etat einzutragen und die weiter erforderlichen Anordnungen zu treffen. Gesetzliche Leistungen im Sinne des Art. 27 sind nicht allein nach Grund und Betrag unmittelbar aus gesetzlichen Vorschriften sich ergebende, sondern auch solche Leistungen, die auf einem Kirchenverbande mittelbar kraft Gesetzes lasten, weil sie ihm durch eine von der zuständigen Behörde im Rahmen gesetzlicher Vorschriften gefaßte Entschließung auferlegt worden sind. Ist daher im Gesetze oder in gesetzesgleichen, beispielsweise ortsrechtlichen Normen eine Leistung grundsätzlich vorgesehen, aber die Bestimmung des im Einzelfall Erforderlichen nicht getroffen

und damit der zuständigen Behörde überlassen, so stellt die Gewährung des von dieser bestimmten Betrages eine gesetzliche Leistung des Verbandes dar. Vgl. E.-O.-V. Bd. IX S. 118, Bd. XIX S. 167, Bd. XXVI S. 146, Bd. XXVII S. 134.

2. Das A.-L.-R. legt nun im § 164 Tit. 11 Teil II die Verpflichtung, für den Unterhalt der bei einer Kirchengesellschaft angesetzten Beamten zu sorgen, der Gesellschaft selbst zur Last, die (§ 110 ebenda) behufs Beschaffung der dazu erforderlichen Mittel ihre Mitglieder zu Beiträgen heranziehen kann, — läßt aber die Höhe des zu verabreichenden Unterhaltes unentschieden. Ueber diese ist deshalb im streitigen Einzelfalle von der zuständigen Behörde je nach den konkreten Umständen zu befinden. Die dafür zuständige Behörde ist das Konsistorium allein, während die Erzwingung ihrer Festsetzung im Wege der Zwangsetatisierung im Einvernehmen mit der Staatsbehörde erfolgt. E.-O.-V. Bd. XXXII S. 174.

3. Die Festsetzungsbefugnis der Konsistorien greift keineswegs bloß unter der Voraussetzung Platz, daß die in Anspruch genommenen Gemeinden Einwendungen gegen das Maß der behördlichen Anforderungen nicht erhoben haben. Sie ist den Konsistorien gerade auch zum Zwecke der Beseitigung derartiger Einwendungen in Fällen, wenn sie sich als hinfällig erweisen, beigelegt worden.

4. Der Verwaltungsrichter hat die Festsetzungsverfügungen nur in Bezug auf ihre Rechtmäßigkeit, nicht aber nach Gesichtspunkten der Notwendigkeit und Zweckmäßigkeit nachzuprüfen.

5. Die Einnahmen aus der einem Geistlichen, der als Diakonus einer städtischen Kirchengemeinde angestellt ist, bei seiner Anstellung mitübertragenen Seelsorge für ein Landarmenhaus sind nur dann als Teil seines Diakonats-Gehalts anzusehen, wenn diese von jeher als ein öffentliches Amt ungeteilt mit dem Diakonate verbunden gewesen ist, bzw. wenn diese Stelle so eingerichtet wird, nicht aber dann, wenn die Seelsorge am Landarmenhaus lediglich als ein Nebenamt, als eine nebenamtliche Beschäftigung anzusehen ist.

6. Etwas Anderes folgt auch nicht aus § 164 A.-L.-R.'s II 11 (für den Unterhalt der bei einer Kirchengesellschaft angesetzten Beamten muß die Gesellschaft selbst sorgen).

Sieht man auch ganz ab von dem dort vorkommenden Worte „selbst“, so folgt doch aus der Bestimmung nicht im Entferntesten, daß es, falls ein Geistlicher nebenamtliche Einkünfte hat, der unterhaltungspflichtigen Kirchengemeinde gestattet sei, ihm einen entsprechenden Teil seines Diensteinkommens aus dem Hauptamte vorzuenthalten und so mittelbar den Erwerb, den er durch die einem Dritten geleisteten Dienste gesucht hat, sich zu ihrer Entlastung anzueignen.

Nr. 2. Entsch. Bd. XXXV S. 172 v. 28. X. 1898 I A 100/97.

A.-L.-R. II, 11 §§ 252, 298, 788 ff.
Kirchengem.- und Syn.-Ordn. v. 10. IX. 73 (G.-S. S. 417) §§ 2 Abs. 2, 31 [6].

1. Das Verhältnis, nach dem die Pfarrbaulast zwischen zwei selbständigen, unter einem Pfarrer vereinigten Kirchengemeinden observanzmäßig geregelt ist, darf nicht ohne Weiteres auf den zur Besoldung des Pfarrers aufzubringenden Beitrag angewendet werden. Für die Unterhaltung der Pfarrgebäude, bei der nicht nur die Parochianen, sondern auch der Kirchenpatron beteiligt sind, gelten, wie die Vorschriften im A.-L.-R. II 11 §§ 788 ff. ergeben, besondere Vorschriften, deren Uebertragung auf die Befriedigung sonstiger kirchlicher Bedürfnisse deshalb nicht statthaft ist, weil letztere nicht dieselbe rechtliche Natur, wie die Pfarrausgaben haben.

2. Die Beitragspflicht vereinigter Kirchen zum Unterhalte des gemeinschaftlichen Pfarrers richtet sich in erster Linie nach Verträgen und in deren Ermangelung nach der hergebrachten Verfassung einer jeden Kirche. Fehlt beides, so ist der Verteilungsmaßstab zwischen den beteiligten Kirchengemeinden zu vereinbaren und eventuell durch einen der Genehmigung der kirchlichen und staatlichen Aufsichtsbehörden unterliegenden Beschluß der vereinigten Gemeindekörperschaften nach dem Grundsatze des § 31[6] der Kirch.-Gem. und Syn.-Ordn. unter Berücksichtigung der von den Evangelischen zu leistenden Staatssteuern festzustellen.

Kommt eine Beschlußfassung der Gemeindekörperschaften nicht zu Stande, so hat die Aufsichtsbehörde das Beitragsverhältnis nach pflichtmäßigem Ermessen festzusetzen, in Anwendung desselben Grundsatzes, wie er im § 298 II 11 A.-L.-R.'s für die Vaganten-Gemeinden nicht etwa besonders bestimmt, sondern nur zu besonderem Ausdruck gebracht ist.

Nr. 3. Entsch. v. 13. XII. 98 Nr. I 2056 (Pr.-V.-Bl. Bd. XX S. 250).

Ges. v. 3. VI. 76 (G.-S. S. 125), betr. die ev. Kirchenverfassung in den acht älteren Provinzen, Art. 27 Abs. 2, 28; Bd. v. 9. IX. 76 (G.-S. S. 395) Art. III 4.
A.-L.-R. II 11 §§ 164, 237, 242, 243, 293, 298.

1. Im Geltungsbereiche des Ges. v. 3. VI 76 sind die Konsistorien befugt, neue oder erhöhte Gehälter der evangelischen Geistlichen verbindlich für die Gemeinden festzusetzen und im Einvernehmen mit dem Regierungspräsidenten im Wege des Zwanges durchzusetzen. E.-O.-V. Bd. XXVI S. 146. Zu ihrer Aufbringung ist die Kirchengemeinde gesetzlich verpflichtet; doch dürfen nach dem Steuersoll zu verteilende Leistungen mit Rücksicht darauf, daß dessen Höhe jährlichen Veränderungen unterworfen ist, nicht für künftige Jahre im Voraus zwangsetatisiert werden.

2. Gastgemeinden haben an den Lasten benachbarter Kirchen, denen sie zugeschlagen sind, nach Maßgabe der bei der Zuschlagung errichteten Verträge oder sonstiger öffentlich rechtlicher Titel und in deren Ermangelung im Streitfalle nach der den Umfang ihrer Beitragspflicht grundsätzlich feststellenden Bestimmung der kirchlichen Aufsichtsbehörde teilzunehmen.

3. (Es folgen eingehende Ausführungen über die Zugehörigkeit zu einem Kirchengemeindeverbande, sowie über Gastgemeindeverhältnisse an der Hand eines Einzelfalles.)

Daraus, daß das Konsistorium trotz Widerspruches der kirchlichen Körperschaften eine Ortschaft als zu einer bestimmten Parochie gehörig angesehen und thatsächlich behandelt hat, ist nicht zu folgern, daß dadurch eine Vermutung für die rechtliche Zugehörigkeit der Ortschaft begründet worden sei, die nur durch Gegenbeweis entkräftet werden könne. Sind die Grenzen eines Kirchspieles in öffentlichen Urkunden nicht deutlich bestimmt, so greifen die §§ 242 ff II 11 A.-L.-R.'s Platz. Es entscheidet also zunächst gemäß § 242 die „bisherige Gewohnheit", die „gleichförmige Observanz" der letzten 10 Jahre, und zwar auch dann, wenn der Streit die Grenzen nur einer Parochie betrifft. Darunter ist, da die Gesetzessprache unter Observanz gemeinhin materiell-rechtliche Normen betrifft, während es sich hier um Organisationsfragen handelt, nicht ein Gewohnheitsrecht im eigentlichen Sinne des Wortes, sondern eine rein thatsächliche Uebung zu verstehen, die ihren Grund nur in Zweckmäßigkeitsrücksichten oder subjektiven Empfindungen zu haben braucht. Fehlt es an einer solchen Uebung, so ist nach den Normen für „vagirende Gemeinden und Distrikte" zu verfahren. Diese sind in der Regel einstmals selbständig gewesene kirchliche Verbände, die sich eine korporative Verfassung mit Organen zur Vertretung der Gesammtheit nach außen noch erhalten hatten. Doch ist das keine unerläßliche Voraussetzung; auch ein gastweises Verhältnis einzelner Personen ist möglich.

Nr. 4. Entsch. Bd. XXXIV S. 218 v. 13. I. 99 I A 75/97.

A.-L.-R. II, 11 §§ 833, 842. Ostpr.-Prov.-Recht Zus. zu § 212 §§ 1, 13, 14.

1. Die Gebührnisse der Predigerwitwen sind in der ev. Landeskirche durch die Kirchenges. v. 2. VII 98, 26. I 80, 15. VII 89 und 30. III 92 nebst den dazu erlassenen Staatsges. v. 2. VII 98, 15. III 80, 15. VII 89 und 30. III 92 (G.-S. S. 155, bzw. 216, 139 und 35) einheitlich geregelt, ohne Rücksicht darauf, ob es sich um Witwen im Amte verstorbener oder in den Ruhestand versetzter Prediger handelt. Auf die nach Maßgabe jener Gesetze den Hinterbliebenen zu gewährenden Pensionen aus dem landeskirchlichen Pfarrwitwen- und Waisenfonds werden unter gewissen Voraussetzungen diejenigen dauernden Bezüge angerechnet, die der Witwe und den Waisen eines Geistlichen (einschließlich der Emeriten) mit Rücksicht auf dessen geistliches Amt aus anderen als privatrechtlichen Titeln zustehen. Als solche Titel kommen hauptsächlich örtliche Pfarrwitwentümer, sowie provinzialrechtliche Einrichtungen in Betracht, nach denen den Hinterbliebenen von Geistlichen nach Ablauf der Gnadenzeit dauernde Bezüge von der Kirchengemeinde oder aus sonstigen kirchlichen Mitteln, z. B. der Pfarrpfründe zustehen. Daher stehen die Vorschriften im Zus. 212 des Ostpr. Prov.-Rechtes noch jetzt in gesetzlicher Geltung.

2. Die im Ostpr. Prov.-Rechte, Zus. 212 vorgesehenen Gebührnisse der Predigerwitwen kommen aber nur den Witwen im Amte verstorbener, nicht auch den Witwen solcher Prediger zu, die in den Ruhestand versetzt waren.

Nach Art. I des Pat. v. 4. VIII 1801 wegen Publikation des Ostpr. Prov.-Rechtes soll, „wo dessen Vorschrift keine Abweichung enthält, nach dem A.-L.-R. erkannt werden." Das A.-L.-R. hat in den §§ 833, 842 Tit. 11 Teil II das Sterbequartal und das durch Provinzial-Kirchenordnungen eingeführte oder durch Gewohnheit hergebrachte Gnadenjahr oder die Gnadenzeit nur der Witwe und den Kindern des im Amte gestorbenen Pfarrers bewilligt, dagegen den Hinterbliebenen eines emeritierten Pfarrers ausdrücklich versagt. Hieran ist, mangels einer ausdrücklichen, die Emeriten-Witwen berücksichtigenden Vorschrift im Prov.-Rechte, um so mehr festzuhalten, als dieses in allen seinen bezüglichen Bestimmungen Witwenbezüge ohnehin nur den Witwen im Amte gestorbener Pfarrer zuerkannt.

3. Die Einschlage- und Anfuhrpflicht der Gemeinde rücksichtlich des einer Predigerwitwe vom Patrone gelieferten Deputatholzes bis zu zwei Achteln besteht gemäß § 13 des Zus. 212 nicht nur dann, wenn die Lieferung auf Grund ortsrechtlicher Normen geschieht, sondern in jedem Lieferungsfalle, also auch dann, wenn die Lieferung ohne Verpflichtung aus wohlwollender Fürsorge geschieht.

II.

Die katholische Kirche.

Litteratur: Brandenburg, Geschäftsverwaltung des katholischen Pfarramtes, 3 Aufl. Berlin 1900.

Nr. 1. Entsch. v. 18. XI. 1898 Nr. I 1898.

A.-L.-R. II 11 § 788; Regl. v. 8. VIII. 1750 (Kornsche Ed.-Samml., Nachtr. Bd. V S. 415).

Nach A.-L.-R. II 11 § 788 bestimmen die Provinzialgesetze, woher bei Pfarrbauten die übrigen Kosten außer auf der Pfarre abgeblich vorhandener Materialien in Ermangelung entsprechender Fonds zu nehmen sind. Für die katholischen Pfarreien der Provinz Schlesien gilt als Provinzialgesetz das am 8. VIII. 1750 erlassene Reglement, „nach dem künftig die gravamina in geistlichen Sachen abgemacht und entschieden werden sollen." Wie dort im Abschn. 11, f. bestimmt ist, sind die Baukosten aus dem „peculium ecclesiae, denen jährlichen expensis ecclesiae necessariis ohnbeschadet" zu entnehmen. Der Patron und die Eingepfarrten sind nur verbunden, darüber hinaus erforderliche Beträge aufzubringen.

IV.

Schulangelegenheiten.

Litteratur: Flügel, Gesetze, amtliche Bestimmungen und Gerichtserkenntnisse über die Volksschulen und Mittelschulen in Preußen, Saarlouis 1899. — Kautz, Die preußischen Gesetze, betr. Diensteinkommen, Ruhegehalt und Wittwen- und Waisenversorgung der Volksschullehrer, Berlin 1900. — Schulz, Schulordnung für die Provinzen Ost- und Westpreußen, 2. Aufl., Danzig 1900.

Materialien: Ges. v. 4. XII. 99 (G.-S. S. 587) betr. die Fürsorge für die Witwen und Waisen der Lehrer an öffentlichen Volksschulen. Abg.-Haus 1899 Drucks. Nr. 23. 157. 166. 167. 168. 169. 175 A. 175 B. 176. 177 A. 177 B. Sten.-Ber. S. 317—335. 2071—2099. 2101—2115. Herrenhaus 1899 Drucks. Nr. 83. 85. Sten.-Ber. S. 138. 177. 206—208. 245—252.

A. Allgemeines.

4. Rechtsverhältnisse der Schulvorstände.

Nr. 1. Entsch. Bd. XXXIII S. 232 v. 18. VI. 97 I C 68/97.

L.-V.-G. § 50.

1. Die den staatlichen Aufsichtsbehörden in dem § 50 Abs. 3 L.-V.-G. vorbehaltene Befugnis, innerhalb ihrer gesetzlichen Zuständigkeit Verfügungen und Anordnungen der nachgeordneten Behörden außer Kraft zu setzen oder diese Behörden mit Anweisungen zu versehen, findet ihre Grenze an den Rechten, die aus Maßnahmen der nachgeordneten Behörden Dritten bereits erwachsen sind. Sie kann daher z. B. den Beschluß eines Schulvorstandes über den Einspruch einer Gemeinde wegen Heranziehung zu Schullasten nicht außer Kraft setzen und dem Schulvorstande einen mit Anweisungen versehenen Vertreter bestellen, da die Gemeinde durch den Beschluß über den Einspruch Rechte erworben hat, die durch solchen Machtspruch nicht aus der Welt geschafft werden können.

2. Dem Schulvorstande einen Vertreter zu bestellen, ist die Schulaufsichtsbehörde überhaupt nur befugt, wenn er die ihm obliegenden Amtspflichten nicht ausüben kann oder will.

Nr. 2. Entsch. v. 23. XII. 98 Nr. I 2135.

A.-L.-R. II 12 § 31.

1. Keine Behörde darf sich ihrer gesetzlichen Zuständigkeit entäußern und sie anderen Behörden oder Beamten abtreten, vielmehr nur

mit ihrer Wahrnehmung — vorbehaltlich anderweiter Regelung durch die Aufsichtsbehörde — nachgeordnete Amtsstellen als ihre Organe beauftragen oder nebengeordnete darum ersuchen. E.-O.-V. Bd. X S. 207, XIX S. 371, XXX S. 288/93, 412.

2. Nach A.-L.-R. II 12 § 31 hat die Ausschreibung der Schulabgaben nicht den Schulvorstehern, sondern der Gerichtsobrigkeit, mithin auf dem Lande dem Gutsherrn des Schulortes, in den Städten dem Magistrate obgelegen. Durch Erl. des Kultus- und Unterrichtsdepartements v. 28. X. 12 und Min.-Instr. v. 26. VI. 11 ist dann für die Verwaltung der inneren und äußeren Schulangelegenheiten die Einrichtung von Schulvorständen auf dem Lande und von Schuldeputationen in den Städten angeordnet worden. Jene Anordnungen und die von den Bezirksregierungen zur Ausführung erlassenen besonderen Instruktionen haben aber nicht zur Folge gehabt, daß die Behörden, von denen bis dahin die äußeren Angelegenheiten der Schulen verwaltet worden, ohne weiteres außer Thätigkeit getreten sind. Sie sind vielmehr bis zur Einrichtung der Schuldeputationen mit ihren bisherigen Funktionen bestehen geblieben.

Nr. 3. Entsch. v. 21. IV. 99 Nr. I. 733 (Pr.-V.-Bl. Bd. XX S. 479.)

Ziv..-Pr.-Ordn. § 157.
Reg. für den Geschäftsgang des Oberverwaltungsgerichtes v. 22. II. 92 (M.-Bl. S. 133) § 16 II, desgl. der Bezirksausschüsse v. 28. II. 84 (M.-Bl. S. 37) § 17, desgl. der Kreisausschüsse v. 28. II. 84 (M.-Bl. S. 41) § 17.
L.-V.-G. §§ 52, 63.

1. Eine bestimmte Form für die Zustellung von Verfügungen der Verwaltungsbehörden schreibt das Gesetz nicht vor. (E.-O.-V. Bd. V S. 261.) Jede Zustellung einer Verfügung hat den Zweck, ihren Inhalt den Beteiligten bekannt zu machen. Geschieht die Zustellung nicht mündlich, sei es mit oder ohne Aufnahme eines Protokolles über den Hergang, sondern durch Aushändigung eines Schriftstückes, so kann dieses, wenn es an eine moralische Person (in der weitesten Bedeutung des Wortes) gerichtet ist, nur einer zu deren Vertretung ermächtigten physischen Person übergeben und damit zugestellt werden. Darauf beruht es, daß bei Behörden, Gemeinden und Korporationen sowie bei Personenvereinen, welche als solche klagen und verklagt werden können, die Zustellung gerichtlicher und verwaltungsgerichtlicher Verfügungen (Entscheidungen, Beschlüsse 2c.) an den Vorsteher und bei mehreren Vorstehern an einen von ihnen genügt. Obwohl die angezogenen Bestimmungen auf Zustellungen von Verfügungen der Verwaltungsbehörden nicht unmittelbar anwendbar sind, so müssen doch auch diese nach den gleichen, sich aus der Natur der Sache von selbst ergebenden Gesichtspunkten beurteilt werden, da es sonst an jeder Richtschnur für ein geordnetes Zustellungswesen auf dem Gebiete der Verwaltung fehlen würde.

2. Zur Vertretung der Schulgemeinde nach außen ist der Schulvorstand berufen. Ist nach den maßgebenden Bestimmungen der Vorsitzende des Schulvorstandes der Ortsschulinspektor, der „die Korrespondenz zu führen" und namentlich „alle für den Schulvorstand bestimmten Schreiben zu erbrechen" hat, so genügt zur ordnungsmäßigen Zustellung eines Beschlusses der Schulaufsichtsbehörde die Zustellung an den Ortsschulinspektor und es ist diese letztere für den Lauf der zweiwöchigen Ausschlußfrist zur Anfechtung des Beschlusses durch Klage maßgebend. Davon, daß der Lauf der Frist erst mit der Publikation des Beschlusses an die Schulgemeinde, etwa in einer Hausväterversammlung beginne, kann nicht die Rede sein.

3. Die im Bureau des Kreisausschusses abgegebene Erklärung, daß der Erklärende gegen den Beschluß der Königl. Regierung in der D.'schen Schulbausache

als Bevollmächtigter der Schulgemeinde klagen werde, kann als Erhebung der Klage gegen den betreffenden Beschluß nicht angesehen werden.

Mag auch für den Einspruch gegen eine Heranziehungsverfügung, für dessen Anbringung eine bestimmte Form nirgends vorgeschrieben ist, jede an die veranlagende Behörde auch nur mündlich gerichtete Erklärung, durch die der Veranlagte seine Unzufriedenheit mit der Veranlagung zum Ausdrucke bringt und Ermäßigung oder Befreiung beansprucht, ausreichen, so trifft das Gleiche für die Klage nicht zu. Diese muß nach ausdrücklicher Vorschrift des Gesetzes — vorbehaltlich der Befugnis, sie bei dem Kreisausschusse zu Protokoll zu erklären — bei dem zuständigen Gerichte schriftlich eingereicht werden.

Nr. 4. Entsch. v. 23. VI. 99 Nr. I 1144 (.C.-Bl.-U.-V. S. 797).

1. Die durch Führung der Geschäfte der Schulvorstände entstehenden Kosten können nicht deshalb einer Stadtgemeinde zur Last gelegt werden, weil die Schulaufsichtsbehörde dem ersten Gemeindebeamten der Stadt den Vorsitz in den Schulvorständen übertragen hat. Der Schulvorstand als solcher ist hierdurch nicht zu einer Gemeindebehörde, die Schulverwaltung nicht zu einem Teile der Gemeindeverwaltung gemacht worden.

2. Soweit der Schulvorstand im Auftrage des Staates Aufsichtsbefugnisse über die Schulen und Lehrer wahrnimmt (Ges. v. 11. III. 72), würden die zum Zwecke dieser Thätigkeit aufzuwendenden Kosten, wenn durch besondere gesetzliche Vorschrift nicht etwas anderes bestimmt ist, dem Staate als dem Auftraggeber zur Last fallen, da sie nicht Kosten der Schulunterhaltung sind. Vgl. E.-O.-V. Bd. XIV S. 95. Soweit der Schulvorstand aber das Vermögen der Schulen zu verwalten hat, werden die hierbei entstehenden Kosten zu Zwecken der Schulunterhaltung aufgewendet. Die Kosten der Schulunterhaltung, einschließlich der auf diesem Gebiete entstehenden unmittelbaren Schulverwaltungskosten, sind von derjenigen Korporation zu tragen, der gesetzlich die Aufbringung der zur Befriedigung der unmittelbaren Bedürfnisse der Schulanstalten erforderlichen Mittel obliegt. Der Schulvorstand ist, soweit es sich um die Verwaltung des Schulvermögens handelt, im Geltungsgebiete der Vorschriften der §§ 29 ff. des Tit. 12 Teil II A.-L.-R's., ein Organ der Schulgemeinde, das die betreffende Verwaltung zwar unter Aufsicht des Staates, aber nicht als ein Geschäft des Staates zu führen hat.

C. Heranziehung zu Abgaben und Leistungen für Schulen, die der allgemeinen Schulpflicht dienen.

1. Allgemeine Rechtsgrundsätze, insbesondere für das Verwaltungsstreitverfahren. Begriff der Schulbeiträge, der Beteiligten.

Nr. 1. Entsch. Bd. XXXIII S. 236 v. 15. VI. 97 I C 75/97.

Zust.-Ges. § 46; Land-Verw.-Ges. §§ 103, 104.

Mit der Reklamationsklage gegen die Ortsschulbehörde aus § 46 Abs. 1 und 2 des Zust.-Ges. darf die Interessentenklage aus Abs. 3 a. a. O. gegen einen Dritten, den der Herangezogene aus Gründen des öffentlichen Rechtes statt seiner für leistungsfähig erachtet, nicht in einem und demselben Verfahren verbunden werden. Vergl. E.-O.-V. Bd. XIII S. 246, XXI S. 198.

Der Herangezogene hat die Wahl, ob er wider die veranlagende Behörde — nach vorgängigem, fruchtlosem Einspruche — auf Freistellung von der angesonnenen Leistung oder deren Ermäßigung klagen, oder ob er den seiner Ansicht nach aus Gründen des öffentlichen Rechtes statt seiner Pflichtigen wegen Uebernahme der Leistung belangen will. Es würde dem öffentlichen Interesse zuwiderlaufen, wenn in einem und demselben Streitverfahren jene Klage mit dieser verbunden würde. Denn die Haushaltsinteressen der abgabenberechtigten Korporation erheischen es, daß der Streit zwischen dem Herangezogenen und der veranlagenden Behörde auf thunlichst einfachem und schnellem Wege zur Erledigung gelangt. Eine Einbeziehung der Frage, ob ein Dritter zu der Leistung öffentlich-rechtlich verpflichtet sei, würde dazu angethan sein, den Streit in Bahnen zu lenken, die von jenem Wege abführen. Andererseits berührt der Streit der Zensiten unter sich die veranlagende Behörde überhaupt nicht; sie gehört nicht zu den Beteiligten (E.-O.-V. Bd. XXV S. 174), eine Verwickelung der Behörde in den Streit der Beteiligten würde der Stellung nicht entsprechen, die ihr bei der Besorgung der Deckungsmittel für den Bedarf der Korporation zugewiesen ist.

Nr. 2. Entsch. v. 18. XI. 98 Nr. I 1898.

Zust.-Ges. §§ 46, 47.

Den Verwaltungsgerichten ist im Zust.-Ges. die Entscheidung der Streitigkeiten unter den Beteiligten vorbehalten über ihre in dem öffentlichen Rechte begründete Berechtigung oder Verpflichtung zu den Gemeindenutzungen und Lasten, zu den Abgaben und Leistungen für Schulen und darüber, wem von ihnen die öffentlich-rechtliche Verbindlichkeit zum Schul- und Wegebau und zur Räumung von Gräben und sonstigen Wasserläufen obliegt. Sie sind also nicht zuständig für den Ersatzanspruch eines sonst unbeteiligten Dritten, der an Stelle des — in Wirklichkeit oder vermeintlich — pflichtigen Beklagten nur eine Auslage gemacht hat, weil dann das Urteil eine Entscheidung über die öffentlich-rechtliche Verpflichtung nicht „zwischen Beteiligten" zu treffen hat, vielmehr die öffentlich-rechtliche Verpflichtung nur als Inzidentpunkt zur Sprache kommt. Vgl. Erk.-R.-Ger. in Kir.-Sachen Bd. XXVII S. 207 und E.-O.-V.-G. Bd. XXXIII S. 311, XXIII S. 130.

Nr. 3. Entsch. v. 28. III. 99 Nr. I 608 (Pr.-V.-Bl. Bd. XX S. 552).

Zust.-Ges. § 46.

Zwar sind im § 46 Abs. 3 des Zust.-Ges. „desgleichen Streitigkeiten der Beteiligten über ihre in dem öffentlichen Rechte begründete Verpflichtung zu Abgaben und Leistungen für Schulen, welche der allgemeinen Schulpflicht dienen", der Entscheidung im Verwaltungsstreitverfahren überwiesen. Allein nach gleichmäßiger Rechtsprechung des O.-V.-G. (vgl. E.-O.-V. Bd. XXV S. 174 ff., S. 180 ff.) versteht das Gesetz hier — anders als im Bereiche des § 47 Abs. 3 a. a. O. — unter den zur Klage gegen einander verstatteten „Beteiligten" die pflichtigen Einzelkontribuenten und es hat lediglich für deren Streitigkeiten über „ihre" Verpflichtung zu baulichen (unterverteilten) oder anderen Abgaben und Leistungen für Volksschulen den Verwaltungsrechtsweg eingeführt. Demgemäß findet der Abs. 3 § 46 — im Gegensatze zu der in den Absätzen 1 und 2 geregelten Reklamationsklage gegen den Schulvorstand — nur Anwendung bei Streitigkeiten über die Frage, wer von den

Parteien leistungspflichtig ist, und es können insonderheit im Gebiete des A.-L.-R's. der Schulvorstand oder die Korporation der Hausväter niemals, sondern immer nur die pflichtigen einzelnen Hausväter, sei es auf Anerkennung eines Rechtsverhältnisses, sei es auf Uebernahme oder Erstattung bestimmter Leistungen, in Anspruch genommen werden.

Nr. 4. Entsch. v. 17. III. 99 Nr. I 546 (C.-Bl.-U.-V. S. 742).

Wo immer kommunale Verbände öffentliche Lasten zu tragen haben, steht nach der Wissenschaft und Rechtsprechung nichts im Wege, daß mit Zustimmung der zuständigen Aufsichtsbehörde die Pflichtigen sich unter einander über die Verteilung verständigen oder mit einem ihrem Kreise nicht angehörenden Dritten ein Abkommen treffen, wonach dieser sich verbindlich macht, für die Last ganz oder teilweise einzutreten. Geschieht letzteres nur in Ansehung einer einmaligen Leistung oder nur auf Zeit oder unter dem Vorbehalte des Widerrufes, so schafft die Zusage des Dritten, die Leistung an Stelle der dazu nach dem Gesetze Verpflichteten zu erfüllen, lediglich einen privatrechtlichen Titel, der weder durch die Annahme des Versprochenen noch durch behördliche Billigung in einen öffentlich-rechtlichen umgewandelt wird. Anders gestaltet sich die Rechtslage, wenn der Dritte dauernde Leistungen für die Zwecke des Verbandes übernimmt. Alsdann wird die Vereinbarung durch die ihr von Staatshoheitswegen erteilte Bestätigung in die Verfassung des Verbandes eingereiht, deren Befolgung zu überwachen und nötigenfalls zu erzwingen die Behörde kraft der in der Oberaufsicht begriffsmäßig liegenden Befugnisse ebenso berechtigt wie verpflichtet ist. Diese allgemeinen Grundsätze gelten auch auf dem Gebiete der Volksschulunterhaltung. Auf ihrer Anwendung beruht es, daß die Unterhaltungslast in Landesteilen, wo zu ihren Trägern nach den unmittelbar maßgebenden gesetzlichen Vorschriften die Kommunalverbände (Gemeinden und Gutsbezirke) nicht zählen, dennoch auf diese vielfach in Städten wie auf dem Lande übergegangen ist und daß sich sehr häufig größere Grundbesitzer oder kirchliche Institute in wohlwollender Fürsorge für die Interessen des Unterrichtes und der Erziehung zur immerwährenden Hergabe von Leistungen, die ihnen nach dem Gesetzesrechte nicht obliegen, vertragsmäßig verpflichtet haben. Im Bereiche des A.-L.-R's. deutet der § 29 Tit. 11 Teil II mit dem daselbst im weitesten Sinne gebrauchten Worte „Stiftungen", desgleichen im Geltungsgebiete des Schles. Provinzialrechtes der § 18 Abs. 2 des Schulregl. v. 18. V. 1801, indem er der bisherigen „observanzmäßigen Aufbringung" der Last beispielsweise gedenkt, ohne damit andere partikulare Rechtsquellen auszuschließen, noch besonders auf die Statthaftigkeit einer von der gesetzlichen Regel abweichenden Ordnung der Schulunterhaltung hin. Darauf abzielende, giltig zu stande gekommene Vereinbarungen bilden daher, sofern sie von der berufenen Aufsichtsbehörde genehmigt sind, als Bestandteile der Schulverfassung objektive Normen des örtlichen Rechtes und somit die Grundlage für Pflichten, die im öffentlichen Rechte wurzeln. Die Entstehung derartiger Pflichten kann sich endlich ohne förmliche Beschlüsse und ausdrückliche Willenserklärungen durch konkludente Handlungen der Beteiligten mit Hinzutritt der in gleicher Weise erkennbar gewordenen Genehmigung der Schul- und der Kommunalaufsichtsbehörde, soweit es einer Genehmigung der letzteren überhaupt bedarf, vollziehen. (Vgl. E.-O.-V. Bd. XI S. 169, Bd. XVI S. 222, Bd. XXIX S. 141/142, — Pr. Verw.-Bl. Bd. X S. 36, Bd. XIV S. 415.

Nr. 5. Entsch. v. 30. IX. 98 Nr. I 1574 (Pr.-V.-Bl. Bd. XX S. 309).
Zust.-Ges. § 46 Abs. 3; A.-L.-R. I, 13 §§ 268, 269.

1. Ersatzansprüche gegen den Fiskus wegen nützlicher Verwendung, die sich als Ausflüsse der dem Fiskus obliegenden sog. Patronatslast im Sinne der Pr. Schulordn. v. 11. XII. 45 darstellen, gehören zu den im § 46 Abs. 3 des Zust.-Ges. der Entscheidung der Verwaltungsgerichte überwiesenen Streitigkeiten zwischen Beteiligten.

2. Ein solcher Ersatzanspruch liegt für den Schulbrennholz liefernden Besitzer eines Gutes gegen den Fiskus als Patron dieses Gutes vor, der zu der Brennholzlieferung, die er früher geleistet, demnächst eingestellt hatte und wozu er schließlich rechtskräftig wieder verurteilt wurde, verpflichtet ist.

Nr. 6. Entsch. v. 8. II. 98 Nr. I 258 (Pr.-V.-Bl. Bd. XX S. 89).
Ges. v. 3. I. 45 (G.-S. S. 25) betr. die Zerteilung von Grundstücken pp., § 7.
Ges. v. 25. VIII. 76 (G.-S. S. 405), betr. Verteilung der öff. Lasten bei Grundstücksteilungen, § 2.

1. Bare Schulbeiträge unterscheiden sich von einer Roggenabgabe im Wesentlichen nur dadurch, daß jene nach Bedarf erhoben werden und zur Schulkasse fließen, während diese in festen Beträgen unmittelbar an den Lehrer abzuführen ist.

2. Sind die Schullasten als Gemeindelasten übernommen, so sind diese, wie jene, nach der für die Aufbringung aller Kommunalbedürfnisse üblichen Art zu beschaffen, also z. B. von den Hofbesitzern nach dem Hufenstande, wenn dieser Maßstab für die Aufbringung der Kommunalbedürfnisse gilt. Es darf mithin aus dieser Art der Leistung der Roggenabgabe in solchem Falle nicht etwa gefolgert werden, daß sie als Reallast auf den Grundstücken der Hofbesitzer lastet. Ebensowenig folgt daraus, daß sie bei Grundstückszerstückelungen Gegenstand der Verteilung war, ihre Natur als die einer Reallast. Denn der Verteilung unterliegen nicht nur eigentliche Reallasten, sondern insbesondere auch diejenigen, aus dem Gemeindeverbande entspringenden Lasten, die in Rücksicht auf den Grundbesitz zu tragen sind.

Nr. 7. Entsch. v. 8. II. 98 Nr. I 259 (Pr.-V.-Bl. Bd. XX S. 47).
Pr. Schulordn. v. 11. XII. 45 (G.-S. 1846 S. 1) §§ 31, 67.

1. Dem in einem früheren Prozesse zur Leistung von bestimmten Schulbeiträgen für ein Jahr Verurteilten steht, wenn er die Verpflichtung zur Leistung allgemein bestreitet, die Rechtskraft des früheren Urteiles nicht entgegen.

2. Eine Verpflichtung der in der Gemeinde mit Grundbesitz angesessenen Personen durch besonderen Rechtstitel zu den Leistungen für die Schule ist daraus nicht zu entnehmen, daß die Schullasten, ebenso wie die Kommunallasten überhaupt, bis zum Inkrafttreten der Land-Gem.-Ordn. v. 3. VII. 91 nach dem Hufenstande aufgebracht wurden. Es folgt vielmehr hieraus lediglich, daß die Schulabgaben wie Kommunalabgaben behandelt wurden und deren rechtliche Natur besaßen und es ändert hieran auch nichts, daß in der Gemeinde eine besondere Schulkasse eingerichtet war und daß die Schulunterhaltungskosten getrennt ausgeschrieben und durch den Schulvorstand oder Schulkassen-Rendanten erhoben wurden.

3. Im Geltungsbereiche der Schulordnung für die Provinz Preußen v. 11. XII. 45 bestehen neben den Landgemeinden und Gutsbezirken, die die Schullasten zu tragen haben, keine korporativen, durch den Schulvorstand zu vertretenden besonderen Schulverbände. Daher kann der Schulverband als solcher im Wege der Ersitzung, z. B. das Recht nur die Grundeigentümer zu den Schullasten heranzuziehen, niemals erworben haben.

4. Unterliegt der Schulvorstand in einem lediglich die Haushaltsinteressen des von ihm vertretenen Rechtssubjektes betreffenden Verfahren, so darf, obwohl er eine öffentliche Behörde ist, das Pauschquantum nicht außer Ansatz gelassen werden.

Nr. 8. Entsch. v. 3. V. 98 Nr. I 826.

1. Mit Rücksicht auf ihr Verhältnis zum Staate nimmt die Schule auch an Orten, wo verfassungsmäßig die Bürgerliche Gemeinde sie als Kommunalanstalt unterhält, eine Stellung im Organismus der Gemeinde ein, die besondere Einrichtungen für die Verwaltung der inneren, wie der äußeren Schulangelegenheiten nicht ausschließt. Eine kommunale Schulanstalt kann namentlich recht wohl einen Vorstand als verwaltendes Organ haben, ohne dadurch eine selbständige, von derjenigen der Gemeinde getrennte juristische Person zu werden.

2. § 509 Tit. 9 Teil I A.-L.-R.'s, wonach das Recht auf jährliche Abgaben und Leistungen einer Person oder eines Grundstückes durch bloßen Nichtgebrauch verjähren kann, bezieht sich nur auf Privatlasten. Bei öffentlichen Abgaben muß die Ersitzung eines Untersagungsrechtes gegenüber dem affirmativen Forderungsrechte, also der durch Verweigerung der Leistung erlangte und während der erforderlichen Zeit fortgesetzte Besitz der Freiheit von der Leistungspflicht nachgewiesen werden. Vgl. A.-L.-R. Teil I Tit. 7 §§ 86, 128, Tit. 9 §§ 655 ff.

2. Geltungsbereich des Allgemeinen Landrechtes.

Nr. 1. Entsch. v. 1. III. 98 Nr. I 399 (Pr.-V.-Bl. Bd. XX S. 121).
A.-L.-R. II 12 § 31.

1. Ist die Auflösung einer bestehenden Schulsozietät mit Zustimmung der Aufsichtsbehörden nicht erfolgt, und die Schule nicht als Kommunalanstalt eingerichtet, sondern nur ein Gemeindebeschluß gefaßt, die Hausväterbeiträge auf den Gemeindetat zu übernehmen, so kann die Gemeinde von diesem Beschlusse wieder abgehen und von einem bestimmten Zeitpunkte ab die Deckung der Schulbeiträge den Hausvätern überlassen. Zur Rechtsgiltigkeit des neuen Beschlusses ist die Mitwirkung der Kommunalaufsichtsbehörde nicht erforderlich, da die Gemeinde dadurch nur entlastet wird.

2. Das Komm.-Abg.-Ges. v. 14. VII. 93 hat die Vorschrift des A.-L.-R. II 12, § 31 unberührt gelassen, wonach die Schullasten unter die Hausväter nach Verhältnis ihrer Besitzungen und Nahrungen billig verteilt werden sollen. Nach feststehender Rechtsprechung des O.-V.-G.'s ist ein in dieser Beziehung zutreffender Maßstab der der Grund- und Einkommensteuer, oder auch der letzteren allein. Vgl. E.-O.-V. Bd. II S. 208 und Bd. XII S. 202. Daß hierbei das Einkommen aus Grundbesitz oder Gewerbebetrieb außerhalb des Schulbezirkes freizulassen wäre, kann der Schulabgabenpflichtige nicht verlangen. Daß bei Zuschlägen zur Grundsteuer nur die Grundsteuer von dem im Schulbezirke belegenen Grundbesitze belastet werden kann, beruht auf der gänzlich abweichenden rechtlichen Natur, die einerseits der Grundsteuer, andererseits der Einkommensteuer beiwohnt. Jene hat die Eigenschaft einer Objekt- (Real-) Steuer, und dies ist der Grund, weshalb nach ihrem Verhältnisse Abgaben in allen Arten von kommunalen Verbänden mit Einschluß der Schulverbände nur unter der Voraussetzung zulässig sind, daß die betreffenden Grundstücke dem betreffenden Verbande selbst angehören. Zieht dagegen eine Korporation des öffentlichen Rechtes die ihr steuerpflichtigen

Personen nach deren Leistungsfähigkeit, also zu einer Subjekt-Steuer heran, so ist sie, sofern das Gesetz nicht positiv ein Anderes verordnet, nicht behindert, das gesammte, gleichviel aus welchen Quellen geflossene, mithin auch das aus auswärtigem Grundbesitze erzielte Einkommen bezw. die gesammte auf dieses Einkommen gelegte Steuer zu belasten. (E.-O.-V. Bd. XX S. 144/5). Den Schulverbänden sind aber Schranken in dieser Hinsicht nirgends gesetzt.

3. Wie in der Berufungsinstanz der Klageanspruch nicht erweitert werden darf, so kann der Antrag auf Herabsetzung der Schulsteuer überhaupt nur dadurch begründet werden, daß das Ortssteuerrecht gegen den Pflichtigen unrichtig zur Anwendung gebracht ist. Die Klage ist nicht dazu da, das Ausgaberecht des Schulvorstandes zu bemängeln oder Vorschriften für die Art der Veranlagung zu verlangen.

Nr. 2. Entsch. v. 23. XII. 98 Nr. I 2135.

A.-L.-R. I, 4 §§ 59 ff., II, 11 § 31; Reg.-Instr. v. 23. X. 17 (G.-S. S. 248) § 18 e, f.

1. § 31 II 11 A.-L.-R's. enthält nur die Grundsätze, nach denen der Verteilungsfuß zu regeln ist, ohne einen solchen unmittelbar anzuordnen. Es bedarf daher für jede Schulsozietät erst noch der besonderen Einführung eines festen, jenen Grundsätzen entsprechenden Steuerfußes, da beim Fehlen einer solchen Norm die Ausschreibung von Beiträgen im Einzelfalle der gesetzlichen Unterlage entbehren würde. Die Beschlußnahme hierüber steht der korporativen Gesammtheit der Hausväter mit der Maßgabe zu, daß der gefaßte Beschluß erst durch die hinzutretende Genehmigung der Aufsichtsbehörde öffentlich-rechtlich giltig wird. Auch hier brauchen jedoch weder der Beschluß, noch die Genehmigung ausdrücklich verlautbart zu werden. Es genügen vielmehr stillschweigende Willenserklärungen, da ausdrückliche nirgends im Gesetze erfordert sind. Nicht unzulässig ist die Bestimmung eines Besteuerungsfußes in der Form von Zuschlägen lediglich zur Einkommensteuer, da hierbei die im § 31 a. a. O. vorgesehenen Verteilungsregeln, nämlich das Verhältnis der Besitzungen — Einkommen aus Grundbesitz — und der Nahrungen — Einkommen aus Arbeit und Kapital — gleichmäßige Berücksichtigung finden. E.-O.-V. Bd. XIV S. 230. Hierbei sind die Schulverbände durch das Gesetz nicht gehindert, das gesammte, gleichviel aus welchen Quellen fließende Einkommen, mithin auch solches aus auswärtigem Grundbesitze, bezw. die gesammte, auf dieses Einkommen gelegte Steuer zu belasten, ohne Rücksicht darauf, daß von dem Einkommen aus auswärtigem Grundbesitze oder Teilen davon auch am Belegenheitsorte der Grundstücke Sozietäts- oder Gemeindeabgaben für Schulzwecke entrichtet werden müssen. Fühlt sich jemand dadurch besonders beschwert, so bleibt ihm überlassen, bei der Schulaufsichtsbehörde Anträge auf Aenderung der Schulverfassung zu stellen.

2. Zu den verpflichteten Hausvätern gehören auch die Rittergutsbesitzer und die vormals unmittelbaren Deutschen Reichsstände, die im Schulbezirke ihren Wohnsitz haben, sofern sie nicht Gutsherren des Schulortes sind. Die Mediatherrschaft über den Schulort ändert hieran nichts.

Nr. 3. Entsch. v. 7. III. 99 Nr. I 488 (Pr.-V.-Bl. Bd. XX S. 559).

A.-L.-R. II, 12 § 29.

Werden die Hausväterbeiträge nach dem Maßstabe der Einkommensteuer allein erhoben, der an sich, da er sowohl das Einkommen aus Grundbesitz als auch das aus Arbeit und Kapital, mithin die Besitzungen nicht minder wie die Nahrungen berücksichtigt, dem gesetzlichen Erfordernisse der

Billigkeit entspricht (vgl. E.-O.-V. Bd. XII S. 102, Bd. XIV S. 230), so kann nicht verlangt werden, daß das Einkommen, das aus dem außerhalb des Schulbezirkes belegenen Grundbesitze fließt, bei Bemessung des Beitrages unberücksichtigt bleibe. Es beruht dies auf der abweichenden rechtlichen Natur, die einerseits der Grundsteuer, andererseits der Einkommensteuer beiwohnt. Jene hat die Eigenschaft einer Objekt- (Real-) Steuer und das ist der Grund, weshalb allerdings nach ihrem Verhältnisse Abgaben in allen Arten von kommunalen Verbänden mit Einschluß der Schulverbände nur unter der Voraussetzung zulässig sind, daß die zu belastenden Grundstücke dem Verbande selbst angehören. Zieht dagegen eine Korporation des öffentlichen Rechtes die ihr steuerpflichtigen Personen nach deren Leistungsfähigkeit, also zu einer Subjekt-Steuer heran, so ist sie, sofern nicht das Gesetz positiv ein Anderes verordnet, nicht behindert, das gesammte, gleichviel aus welchen Quellen erflossene Einkommen, bezw. die gesammte auf dieses Einkommen gelegte Steuer der Anteilsbestimmung zu Grunde zu legen. Den Schulverbänden sind aber Schranken in dieser Hinsicht nicht gesetzt. E.-O.-V. Bd. II S. 208, Bd. XX S. 145.

Nr. 4. Entsch. v. 21. X. 98 Nr. I 1724.
A.-L.-R. II 12 § 29.

Werden neben einer Ortsschule zur Bequemlichkeit der Schul-Verbandsgenossen in den Außenbezirken des Schulortes Nebenschulen eingerichtet, so bleibt dies an sich ohne Einfluß auf die Frage der Schulunterhaltung. Auch die Nebenschulen sind von der Gesammtheit der Hausväter zu besorgen, und aus deren Kreise scheidet der Besitzer des Gutes, wo die Nebenschule eingerichtet wird, nicht ohne Weiteres aus. Nur dem Gutsherrn des Ortes, wo die Hauptschule sich befindet, gebührt die Direktion aller im Schulverbande entstehenden Schuleinrichtungen, nur er ist es, dem die Rechte und Pflichten des Gutsherrn des Schulortes zukommen.

Nr. 5. Entsch. v. 16. VI. 99 Nr. I 1096 (C.-Bl.-U.-V. S. 791).

1. Der Begriff des Gutsherrn ist nicht gegenüber der Schule oder dem Schulbezirke gegeben, sondern auf Grund des Rechtsverhältnisses bestimmt, das ehedem zwischen der Gutsherrschaft und ihren Unterthanen, d. i. den Anwohnern auf herrschaftlichem Grunde und Boden, bestanden hat (A.-L.-R. II 7 §§ 18, 87, 308). Nachdem die Gutsunterthänigkeit durch das Ed. v. 9. X. 07 (G.-S. S. 255) aufgehoben war und die Anwohner auf herrschaftlichem Lande durch das Ed. v. 14. IX. 11 (G.-S. S. 281) das Eigentum an ihren Ackerstellen erlangt hatten, blieb der Besitzer des nach Ausführung des letztgedachten Ediktes sich ergebenden Restgutes Gutsherr der freien Anwohner auf den vom herrschaftlichen Boden abgetrennten Grundstücken und als solcher verpflichtet, seine einstmaligen Unterthanen bei Befriedigung des Schulbedürfnisses nach Maßgabe der den Umfang der Pflicht regelnden positiven Gesetzesvorschriften zu unterstützen. E.-O.-V. Bd. XIV S. 231/32, Bd. XX S. 199/205 u. s. w. Während aber provinzialgesetzlich bisweilen, beispielsweise im Geltungsbereiche der schlesischen katholischen Schulreglements v. 3. XI. 1765 und 18. V. 01 alle Gutsherren, auf deren die Guts- und Gemeindefeldmark umfassendes Territorium sich der Bezirk einer Schule erstreckt, mit Dominialleistungen beitragspflichtig sind, gleichviel ob ihnen gutsherrliche Rechte gerade über die Gemeinde des Schulortes zugestanden haben oder nicht (E.-O.-V. Bd. XXXI S. 175/80), unterscheidet das A.-L.-R. scharf zwischen dem Gutsherrn des Schulortes einerseits und sonstigen Besitzern selbständiger Güter

andererseits, die zwar Träger gutsherrlicher Rechte und Pflichten innerhalb des Schulbezirkes, dagegen nicht in Ansehung des Grund und Bodens sind, auf dem die Schule sich befindet. Nur jenem, nicht diesen hat das A.-L.-R. besondere Schulunterhaltungspflichten auferlegt und dem entsprechend eine exemte Stellung zur Schule und Schulgemeinde eingeräumt. Regelmäßig kann daher nur der Besitzer eines Gutes der Gutsherr des Schulortes in der landrechtlichen Bedeutung des Wortes sein und zwar selbst dann, wenn einzelne Teile dieses Ortes, was nicht ausgeschlossen ist, verschiedenen Gutsherren unterworfen waren. In Fällen der letzteren Art kommt die Stellung als Schulgutsherr dem Besitzer desjenigen Gutes zu, in dessen früherem Herrschaftsbezirke die Schule liegt oder errichtet wird. E.-O.-V. Bd. XXIV S. 142, Bd. XXXIII S. 256/57, Bd. XX S. 208. Dagegen ist, — abgesehen von dem hier nicht zutreffenden Ausnahmefalle der Belegenheit des Schulhauses auf der Grenze zweier Gutsbezirke (E.-O.-V. Bd. XXXII S. 182, 191) — ein Nebeneinander mehrerer Gutsherren des Schulortes in dem Verhältnisse zu einer und derselben Schule und Schulgemeinde rechtlich nicht möglich.

2. Zu den Schullasten, die gemäß den §§ 29, 34 Tit. 12 Teil II A.-L.-R's. den „sämmtlichen Hausvätern jedes Orts", „allen zur Schule gewiesenen Einwohnern" obliegen, müssen auch die Rittergutsbesitzer beitragen, weil sie, ihren Wohnsitz im Schulbezirke vorausgesetzt, in den Hausvätern und Einwohnern mit einbegriffen sind. Einzig und allein dem Gutsherrn des Schulortes, nicht auch jedem anderen Gutsherrn im Schulbezirke ist in den §§ 12, 36 a. a. O. eine besondere Stellung mit besonderen Rechten und Pflichten angewiesen, zufolge deren er außerhalb des Schulverbandes steht und Immunität von Hausväterbeiträgen selbst dann genießt, wenn er noch sonstige, sei es adlige oder bäuerliche Grundstücke innerhalb des Schulbezirkes besitzt (Erk. O.-Trib. Bd. 62 S. 285, Bd. 67 S. 192 — R.-Ger. in Gruchot, Beiträge Bd. XXV S. 755 — E.-O.-V. Bd. I S. 185, Bd. IV S. 178, Bd. IX S. 131, Bd. XII S. 204, Bd. XXIV S. 142).

Nr. 6. Entsch. Bd. XXXV S. 222 v. 3. II. 99 I B 34/97.

A.-L.-R. II 12 §§ 29 ff.

1. In den vorübergehend französisch gewesenen Teilen des Erbfürstentumes Münster regelt sich die Volksschulunterhaltung nicht nach Provinzialrecht, sondern nach dem A.-L.-R.

(Folgt eingehende Begründung.)

2. Forensen sind daher nicht beitragspflichtig. Denn nach den §§ 29 ff. Tit. 12 Teil II A.-L.-R's. liegt in Ermangelung von Stiftungen die Aufbringung der Schulunterhaltungskosten, abgesehen von gewissen Leistungen der Gutsherrschaften auf dem Lande, den sämmtlichen Hausvätern jedes Orts, allen zur Schule gewiesenen Einwohnern, d. i. lediglich den physischen, wirtschaftlich selbständigen Personen ob, die ihren Wohnsitz im Schulbezirke haben.

3. Die Provinzialrechte.

a) Geltungsbereich der Preußischen Schulordnung vom 11. Dezember 1845.

Nr. 1. Entsch. Bd. XXXIII S. 244 v. 18. I. 98 I C 139/96.

Pr. Schulordn. v. 11. XII. 45 (G.-S. 1846 S. 1) §§ 55 ff.
A.-L.-R. Teil I Tit. 21 Abschn. 4; Teil II Tit. 17 § 24.
Ablösungs-Ges. v. 2. III. 50 (G.-S. S. 77).

1. Grundherr im Sinne der Schul-Ordn. v. 11. XII. 45 ist nicht notwendig, wohl aber der Regel nach der Gutsherr in seiner Eigenschaft

als Eigentümer des Gutes, mit Bezug auf das er herrschaftliche Rechte ausübt. Vgl. E.-O.-V. Bd. XXIV S. 158. Als solchem stehen ihm unter anderen Anwohnern auch die Ansiedler gegenüber, zu denen in erster Linie die sog. „kleinen Leute" gehören, auch wenn sie Eigentümer ihrer Besitzungen geworden sind. Damit ist aber der Begriff der „Ansiedler" nicht erschöpft. Ansiedelungen sind begrifflich die außerhalb einer zusammengebauten Ortschaft belegenen bewohnten Grundstücke, mögen ihre Besitzer mit einem kleinen oder größeren Areale ausgestattet sein. Hierher gehören Mühlen-, Krug-, Schmiede- und andere einzeln belegene Grundstücke, soweit sie auf gutsherrlichem Vorwerkslande errichtet sind. Da diese Stellen häufig weit entfernt außerhalb der zusammengebauten Ortschaften lagen, so mußten sie, um für sich bestehen zu können, wirtschaftlich ausreichend ausgestattet, insbesondere mit hinreichendem Lande, sowie mit den nötigen Nebeneinkünften versehen werden, weshalb auch häufig die Verleihung von besonderen Berechtigungen — an Holzung, Weide, Fischerei, Bier- und Branntwein-Brennung zum eigenen Bedarfe — stattfand. Die so eingerichteten Ansiedelungen sind dann allerdings im stande, nicht nur wirtschaftlich zu bestehen, sondern auch „für die Bestreitung ihrer notwendigen sittlichen Bedürfnisse zu sorgen" (im Sinne der Motive zur Schulordnung), also auch die Schulunterhaltung für ihre Angehörigen zu bestreiten, — aber auch nicht ein mehreres, nicht auch Subsidiarverpflichtungen für Andere zu übernehmen. Sie hören nicht auf, „Ansiedler" im Sinne der Schulordnung zu sein, also auch einen „Grundherrn" zu haben. Die dem Gutsherrn obliegende grundherrliche Verpflichtung wird endlich auch dadurch nicht verändert, daß er Teile seines Gutes veräußert: die Erwerber werden dadurch Ansiedler auf gutsherrlichem Vorwerkslande und bleiben es auch hinsichtlich der Personen, die sich später auf den Trennstücken niederlassen oder Teile von ihnen erworben haben.

2. Anders ist es in dem — namentlich bei Veräußerungen aus dem fiskalischen Domanium (vgl. E.-O.-V. Bd. X S. 93) in der Zeit vor dem Inkrafttreten des Ablösungsges. v. 2. III. 50 nicht seltenen — Ausnahmefalle einer durch besonderen landesherrlichen Akt möglichen Trennung der gutsherrlichen Rechte von dem privatrechtlichen Eigentume am Gute, wo die Veräußerung ausdrücklich mit Ausschluß oder ohne Uebertragung der — dem veräußernden Fiskus vorbehaltenen — Rechte erfolgte. In solchen Fällen liegen die grundherrlichen Pflichten, und zwar nicht bloß diejenigen, deren Träger der Gutsherr vor der Veräußerung war, sondern auch die nach der Veräußerung durch Gründung neuer Ansiedelungen entstandenen — mögen die Ansiedler zu den sogenannten „kleinen Leuten" gehören oder nicht — nicht dem Gutsherrn ohne Land, sondern dem Eigentümer des Grund und Bodens unter der Voraussetzung ob, daß er das ganze Gut erworben hat, oder daß bei einem Teilerwerbe der für die Bestimmung des Substrates der Gutsherrschaft entscheidende Teil auf ihn übergegangen ist. Wie es im Gutsbezirke nur einen Gutsherrn, so kann es bei der Trennung auch nur einen Grundherrn geben.

Immer ist jedoch festzuhalten, daß es sich dabei um eine Ausnahme von der Regel handelt, wonach Guts- und Grundherr sich decken. Die Beweisführung, daß ein Anderer, als eben der Gutsherr, die grundherrlichen Pflichten zu erfüllen hat, liegt daher dem Letzteren ob.

Ebenso Entsch. Bd. XXXIII S. 254 i. d. Anm. v. 4. I. 98 Nr. I C 33/97.

Vgl. Erg. Bd. 1899 S. 119.

Nr. 2. Entsch. Bd. XXXIV S. 230 v. 21. XII. 97 I B 32/97.

Pr. Schulordn. v. 11. XII. 45 (G.-S. 1846 S. 1) § 12.
(Wiederholt; vgl. Erg. Bd. 1899 S. 119 Nr. 2.)

Nach § 12 der Schul-Ordn. soll der erste Lehrer einer Landschule an Grundstücken zur Nutzung erhalten:

a) ein Ackerstück, auf dem die Gemeinde die Bestellungs- und Düngungsarbeiten zu verrichten hat,
b) einen Küchengarten, den die Gemeinde nötigenfalls im Gehege erhalten muß, und
c) einen Platz zur Obstbaumzucht.

Zu Naturalleistungen ist mithin die Gemeinde, abgesehen von der Einhegung des Küchengartens, nur hinsichtlich des Ackerstückes verpflichtet. Die ihr insoweit obliegenden Leistungen, „Bestellung und Düngung“, können daher nur in der Art und in dem Umfange gefordert werden, wie sie nach den Regeln der Landwirtschaft für einen „Acker“ gebräuchlich sind. Dagegen ist die Gemeinde nicht zu solchen Bestellungsarbeiten verpflichtet, deren es nicht für die Bebauung eines Ackers und die Erzielung von Feldfrüchten, sondern für die Nutzung eines Gartens durch Gemüsebau bedarf. Geht der Lehrer dazu über, sein „Ackerstück“ ganz oder teilweise zum Gemüsebau zu benutzen, wie er in gärtnerischen Betrieben stattfindet, so ist die Gemeinde nicht verpflichtet, die zu diesem Zwecke notwendigen Düngungs- und Bestellungsarbeiten zu leisten, da sie nicht gleich den Ackerbestellungsarbeiten wesentlich in Spanndiensten, sondern hauptsächlich in Handdiensten bestehen. Mag man nun auch zur Bestellung eines Ackers nicht nur die Vorbereitung des Feldes zur Aufnahme der Saat, sondern auch die Einbringung der Saat in die Erde rechnen, so fällt doch das Besetzen von Beeten mit kleinen Pflanzen, die dem Boden entnommen worden sind, nicht mehr unter den Begriff der Bestellung eines Ackers. Diese Arbeit ist eine gärtnerische und bleibt es auch, wenn der Gemüsebau nicht in einem eingehegten Garten, sondern in größerem Umfange, wie es beispielsweise in Handelsgärtnereien bei der Aufzucht von Spargel und gewissen Kohlarten geschieht, auf ausgedehnten Bodenflächen betrieben wird. Kann die Grenze zwischen Ackerbau und Gartenbau auch nicht für alle Fälle im voraus scharf gezogen werden, und ist bei manchen Früchten sowohl ihr feldmäßiger Anbau, als auch ihre gartenmäßige Aufzucht denkbar, so muß doch im vorliegenden Falle angenommen werden, daß das Pflanzen von Kohlrüben nicht unter den Begriff der Bestellung eines „Ackers“ im Sinne des § 12 fällt.

Nr. 3. Entsch. v. 18. III. 98 Nr. I 522.

Pr. Schulordn. v. 11. XII. 45 (G.-S. 1846 S. 1) §§ 12, 38.

Nirgends ist vorgeschrieben, daß der Lehrer verbunden sei, aus seinen persönlichen Einkünften die Beheizung des Unterrichtsraumes zu besorgen. Insbesondere bestimmt dies § 12 der Schul-Ordn. vom 11. XII. 45 keineswegs, auch nicht für den Fall, daß der Lehrer ein selbst zur Beheizung des Unterrichtsraumes ausreichendes Holzdeputat von dritter Seite erhält. Wenn dort bei Aufzählung der einem ersten oder alleinstehenden Lehrer an einer Landschule gebührenden Dienstbezüge erwähnt wird, daß er neben dem nötigen Brennbedarfe zur Heizung seiner Wohnung, sowie zu den Wirtschaftsbedürfnissen auch den zur Heizung der Schulstube nötigen Brennbedarf erhalten soll, so folgt daraus umgekehrt, daß der Lehrer letzteren aus seinem eigenen Brennbedarfe herzugeben nicht verpflichtet ist. Insbesondere für die an den Kirchschulen thätigen Lehrer bestimmt § 38 a. a. O., daß sie im Besitze der Einkünfte und Leistungen verbleiben, die sie bisher aus dem Kirchenvermögen oder von dem Kirchenpatrone und den Eingepfarrten erhalten haben. Gehört dazu ein Holzdeputat, so muß sich der Kirchschullehrer infolge der Einheitlichkeit seines Diensteinkommens zwar den Wert dieses Deputates auf sein Diensteinkommen anrechnen lassen, und es äußert dies die Wirkung, daß der Gutsherr, der nur den für Haus- und Wirtschaftsbedürfnisse des Lehrers „erforderlichen" Brennbedarf zu liefern nötig hat (§ 45 5 a. a. O.), nicht herzugeben braucht, was dem Lehrer bereits aus anderen Einnahmequellen gewährt wird. Dagegen bleibt die nach § 45 5 dem Gutsherrn außerdem noch obliegende Lieferung des für die Unterrichtsklasse erforderlichen Brennbedarfes dadurch unberührt, weil zu diesem Zwecke persönliche Dienstbezüge des Lehrers in keinem Falle Verwendung finden dürfen.

Nr. 4. Entsch. v. 21. X. 98 Nr. I 1722 (Pr.-V.-Bl. Bd. XX S. 450).

Principia regulativa v. 30. VII. 1736; Pat. wegen ihrer Einf. in Westpreußen v. 28. IX. 1772; Vd. v. 30. XI. 40 (G.-S. S. 11) §§ 1, 2; Westpr. Prov.-Recht v. 19. IV. 44 (G.-S. S. 103) § 62; Pr. Schulordn. v. 11. XII. 45 (G.-S. 1846 S. 1) §§ 38, 45 5, 54.

1. Die Klage auf Feststellung der Verpflichtung zu einer Schulleistung nicht nur für ein Jahr, sondern überhaupt, ist nach § 46 Abs. 3 des Zust.-Ges. zulässig.

2. Der Fiskus kann von der ihm in § 45 der Pr. Schulordn. auferlegten Lieferung von Brennmaterial an Schulen in Domänendörfern durch Herkommen befreit sein, obgleich ein solches nicht zu den im § 38 a. a. O. erwähnten besonderen Rechtstiteln gehört. Vgl. E.-O.-V. Bd. XII S. 214, Bd. XIII S. 239, Bd. XXXI S. 145. Denn die Geltung eines abweichenden Herkommens in den Fällen des § 45 ergiebt sich daraus, daß § 44 ebenda Anwendung findet, § 44 aber den ausdrücklichen Vorbehalt macht: „sofern nicht Verträge oder Herkommen ein Anderes bestimmen." Danach hat die Schulordn. weder ein bei ihrem Inkrafttreten bestehendes Herkommen, wonach der Fiskus von Lieferung des Brennmaterials befreit war, aufgehoben, noch die spätere Bildung eines solchen ausgeschlossen. Vgl. E.-O.-V. Bd. XIV S. 208, Bd. XXV S. 179, Bd. XII S. 221, 222, Bd. XIII S. 240, Bd. XV S. 226.

3. Vor dem Inkrafttreten der Schulordnung war die Bildung jenes befreienden Herkommens jedenfalls möglich.

Die principia regulativa v. 30. VII 1736, die die Hergabe freien Brennholzes zusicherten, waren ebenso wie die übrigen in Ostpreußen gültigen Gesetze durch das Notifikationspatent v. 28. IX 1772 in Westpreußen mit dem Vorbehalte eingeführt worden, daß „dabei auf jeden Orts rechtliche Gewohnheiten und Observanzen Rücksicht zu nehmen sei" (E.-O.-V. Bd. XII S. 220). Die Vd. v. 30. XI 40 hebt im Eingange die Einführung der principia regulativa in Westpreußen ausdrücklich hervor und bestimmt weiter, daß die Regulativprinzipien nach Maßgabe der in den Schuleinrichtungsprotokollen und anderweiten Urkunden getroffenen Festsetzungen verbindende Kraft behalten sollten (§ 1), läßt es aber bei einer durch Vertrag oder Herkommen gebildeten abweichenden Norm bewenden (§ 2). Das Westpreußische Provinzialrecht v. 19. IV 44 erklärte dann im § 62, daß hinsichtlich der die Verhältnisse der Landschulen betreffenden Bestimmungen der principia regulativa und der Vd. v. 30. XI 40 nichts geändert werde. Hiernach kann kein Zweifel darüber obwalten, daß der Fiskus vor dem Inkrafttreten der Schulordnung von der Verpflichtung zur Hergabe des Brennholzes durch Herkommen befreit sein konnte.

Die Schulordn. hat durch § 45 im Wesentlichen den früheren Rechtszustand entsprechend den principia regulativa aufrecht erhalten wollen (E.-O.-V. Bd. XII S. 219, 221, Bd. XIV S. 208).

Hinsichtlich der Bildung des Herkommens ist daher zwischen der Zeit vor und nach dem Inkrafttreten der Schulordn. kein Unterschied.

4. Ein bestimmter Zeitraum ist für die Bildung eines Herkommens nicht zu verlangen. Es entscheidet vielmehr das richterliche Ermessen im einzelnen Falle darüber, welche Zeit erforderlich ist. Vgl. E.-O.-V. Bd. V S. 159, VII S. 158, XVI S. 282. Die Grundsätze von der Verjährung und ihrer Unterbrechung gelten hier nicht.

5. Aus der Hergabe des Brennmateriales durch den Fiskus gemäß § 54 der Schulordn. für eine später eingerichtete zweite Schulklasse und den zweiten Lehrer ist gegen ein den Fiskus befreiendes Herkommen bezüglich der Lieferung des Brennmateriales für die erste Klasse und den ersten Lehrer nichts zu folgern. Vgl. E.-O.-V. Bd. XIII S. 240. Dagegen ist notwendig, daß die Lieferung durch denjenigen, gegen den das Herkommen gelten soll, auf der Ueberzeugung rechtlicher Notwendigkeit beruht, die bei fortdauernder Lieferung durch lange Jahre in Ermangelung jedes anderen erkennbaren Beweggrundes angenommen werden kann. Vgl. E.-O.-V. Bd. V S. 60, Bd. XIII S. 296, Bd. XXX S. 300.

6. Das Herkommen bleibt auch dann maßgebend, wenn sich der Brennmaterialbedarf der ersten Klasse und des ersten Lehrers ohne Vermehrung der Schülerzahl steigert, weil die bisherigen mangelhaften und unzureichenden Räume durch bessere und größere ersetzt werden. Denn es liegt hier der Fall des § 54 der Schulordn. nicht vor, in dem der Fiskus trotz eines ihn befreienden Herkommens für das erweiterte Bedürfnis zu sorgen hätte.

Nr. 5. Entsch. v. 13. I. 99 Nr. I 97.

Pr. Schulordn. v. 11. XII. 45 (G.-S. 1846 S. 1) §§ 12³, 44, 45⁴, 46 Abs. 1.

Die Verpflichtung des Domänenfiskus zur Gewährung des Schulmorgens oder einer seinem Ertrage entsprechenden Geldrente in Domänendörfern kann durch befreiendes Herkommen beseitigt werden. Als ein solches wirkt befreiend die Seitens eines Dritten, z. B. der Gemeinde, mit verbindlicher Kraft erfüllte Leistung dem Fiskus gegenüber, da in Domänendörfern der Schullehrer nicht etwa noch „außerdem“, d. h. neben der ihm schon nach § 12 der Schulordn. zukommenden Besoldung, auf die fiskalischen Leistungen aus § 45³ a. a. O. Anspruch hat. Doch kann sich ein befreiendes Herkommen nicht bilden, wenn sich die Beteiligten bezüglich der Eigenschaft einer Gemeinde als „Domänendorf“ in einem Irrtume befunden haben.

Nr. 6. Entsch. v. 21. IV. 99 Nr. I 731 (C.-Bl.-U.-V. S. 751).

Pr. Schulordn. v. 11. XII. 45 (G.-S. 1846 S. 1) §§ 12², 45⁴, ⁵.

1. Ebenso, wie der Fiskus auf Grund des § 45 Nr. 4 der Pr. Schulordn. dem ersten Lehrer an einer Schule in einem Domänendorfe den kulmischen Morgen oder eine entsprechende Rente nicht zu gewähren braucht, wenn sich die Schule im Besitze einer ausreichenden Landdotation bereits befindet, ist gemäß §§ 45 Nr. 5 und 12 Nr. 2 a. a. O. der Domänenfiskus nur verpflichtet, den für Haus- und Wirtschaftsbedürfnisse „erforderlichen“ oder „nötigen“ Brennbedarf, mithin nicht, was dem Lehrer schon aus anderen Einnahmequellen zufließt,

herzugeben. Im Falle organischer Verbindung des Lehramtes mit einem Kirchendienste muß sich daher, zumal da das Einkommen derartiger Stellen grundsätzlich als ein einheitliches zu behandeln ist, der Amtsinhaber ein ihm aus kirchlichen Quellen gebührendes Holzdeputat zwar nicht auf das zur Klassenheizung, wohl aber auf das für seinen persönlichen Verbrauch bestimmte Holzquantum anrechnen lassen, das er sonst in der Eigenschaft als Lehrer von den Schulunterhaltungspflichtigen einschließlich des Patrones zu empfangen haben würde.

2. Der Fiskus kann aber einem Lehrer, mit dessen Stelle die des Küsters und Organisten an der Ortskirche dauernd vereinigt ist, von dem bisher gewährten Schulbrennholze den für sein persönliches Bedürfnis — im Gegensatze zur Klassenheizung — bestimmten Teil nicht schon deshalb ohne Weiteres entziehen, weil zu seinen Einkünften ein „erhebliches" und „vollkommen ausreichendes" Holzdeputat kirchlichen Ursprunges gehöre.

Er muß vielmehr zunächst über die Auskömmlichkeit oder Nichtauskömmlichkeit des kirchlichen Holzdeputates auch für den Haus- und wirtschaftlichen Bedarf des Küsterschullehrers neben den kirchendienstlichen Verwendungszwecken zuständigen Ortes verbindliche Festsetzungen erwirken. Der Verwaltungsrichter kann darüber nicht befinden.

b) Provinz Schlesien.

α) Katholische Volksschulen.

Nr. 1. Entsch. Bd. XXXIV S. 226 v. 11. I. 98 I C 38/97.

(Wiederholt; vgl. Erg. Bd. 1899 S. 123 Nr. 5.)

Schulregl. v. 18. V. 01 (Neue Kornsche Ed.-Samml. Bd. VII S. 266) für die niederen kath. Schulen Schlesiens, §§ 4 ff., 22 ff.

Reg.-Instr. v. 23. X. 17 (G.-S. S. 248) §§ 8, 18 und Kab.-Ord. v. 31. XII. 25 (G.-S. 1826 S. 5), betr. Abänderung in der Organisation der Prov.-Verw.-Behörden, Abschn. D II 2.

Zust.-Ges. § 49.

Die Juden haben, wenn sie in Ermangelung einer eigenen jüdischen Volksschule dem Verbande der einzigen am Orte vorhandenen katholischen oder evangelischen Schule angehören, auch nach schlesischem Provinzialrechte keinen Anspruch darauf, in diesem Verbande noch nach der Errichtung einer Schule für die andere christliche Konfession zu verbleiben, können vielmehr von der Schulaufsichtsbehörde der neuen Schule als beitragspflichtige Mitglieder zugewiesen werden.

Denn nach § 18 der Reg.-Instr. v. 23. X 17 in Verbindung mit Abschn. D. II. 2 der Kab.-Ord. v. 31. XII 25, steht der Regierung, Abteilung für Kirchen- und Schulwesen, die Direktion und Aufsicht über sämmtliche öffentliche Volksschulen, sowie die Verwaltung des gesammten Elementarschulwesens zu. Ihr liegt es ob, Schulsozietäten einzurichten und zu verteilen, und zwar nicht bloß da, wo die Ortschaften es wünschen, sondern auch, wo Lokalumstände es nötig machen. Durch das Zust.-Ges. ist, wie der § 49 Abs. 3 daselbst ausdrücklich hervorhebt, die der Schulaufsichtsbehörde nach Maßgabe des Ges. zustehende Befugnis zur Einrichtung neuer oder Teilung vorhandener Schulsozietäten unberührt geblieben. Organisatorische Akte, die von der Schulaufsichtsbehörde in Ausübung dieser ihrer Befugnis vorgenommen werden, entziehen sich danach der Nachprüfung durch den Verwaltungsrichter, soweit es sich um die Notwendigkeit und Angemessenheit handelt. Das freie Ermessen der Schulaufsichtsbehörde findet lediglich seine Schranke in der allgemeinen Vorschrift des § 8 Abs. 7 der Reg.-Instr., wonach sie niemals etwas verfügen darf, was einem ausdrücklichen Gesetze entgegenläuft. Vgl. E.-O.-V. Bd. XXVI S. 165, Bd. XXX S. 181. Das liegt hier nicht vor.

Nr. 2. Entsch. v. 21. X. 98 Nr. I 1725.

Schulregl. v. 18. V. 01 (Neue Kornsche Ed.-Samml. Bd. VII. S. 266) § 19a. Zust.-Ges. § 46 Abs. 3.

1. Ansprüche aus § 46 Abs. 3 des Zust.-Ges. sind unabhängig von einer Heranziehung durch die örtliche Behörde. Sie sind also auch dann verfolgbar, wenn eine Heranziehung stattgefunden, der Zensit aber sich dieser, ohne Einspruch zu erheben, unterworfen hat. Die Rückerstattungsklage aus § 46 Abs. 3 ist unbefristet und lediglich an die allgemeine 30jährige Verjährung gebunden. Ist die Klage, was an sich zulässig ist, nur als Feststellungsklage angestellt, um zunächst grundsätzlich die Frage zum Ausdrucke zu bringen, ob der Beklagte zur Erstattung verpflichtet ist, so bedarf es einer genauen, ziffermäßigen Begründung des Anspruches nicht.

2. Nach § 19a des Schles. Schulregl. v. 1801 ist, wenn mehrere Dörfer zu einer Schule geschlagen sind, das Dominialdrittel unter die Herrschaften dieser Güter nach ihrem katastrierten (Grundsteuer-Rein-) Ertrage zu verteilen. Durch die Schulzugehörigkeit von mehr als einem Dorfe wird also der Gutsherr eines jeden beteiligten Dorfes je nach dem Ertrage des mit den herrschaftlichen Rechten versehenen betreffenden Gutes beitragspflichtig, dagegen nicht auch nach Maßgabe des Ertrages etwaiger weiterer, in seinem Besitze befindlicher Güter, deren ihm unterthänige Dörfer aber zu anderen Schulen geschlagen sind.

Nr. 3. Entsch. v. 21. II. 99 Nr. I 395 (C.-Bl.-U.-V. S. 734).

Schulregl. v. 18. V. 01 (Neue Kornsche Ed.-Samml. Bd. VII. S. 266) für die niederen kath. Schulen Schlesiens pp., § 13.

1. Im Geltungsbereiche der Schles.-Schulreglements v. 3. XI 1765 und 18. V 01 liegt die Fürsorge für sämmtliche Bedürfnisse der Volksschule, also auch für das Feuerungsmaterial zur Beheizung der Schulräume nebst Anfuhr und Zerkleinerung und der Arbeit des Ofenheizens den zur Schule geschlagenen Gemeinden mit Konkurrenz der Gutsherrschaft ob. Den Maßstab für die Verteilung zwischen den pflichtigen Gemeinden und Dominien, der im Gesetze nicht vorgeschrieben ist, bestimmt das Ortsrecht, und, wo es auch an ortsrechtlichen Normen fehlt, die Schulaufsichtsbehörde nach pflichtmäßigem, der verwaltungsrichterlichen Nachprüfung entzogenen Ermessen. E.-O.-V. Bd. XV S. 274/76, Bd. XX S. 175/82.

2. Verjährung der gutsherrlichen Beitragspflicht wäre nur in der Form der Ersitzung des Rechtes auf Freiheit von Schulheizungskosten möglich (§ 656 Tit. 9 Teil I A.-L.-R's., E.-O.-V. Bd. XXXI S. 146). Demgemäß hat der Gutsherr darzuthun, entweder: daß er vom Schulvorstande zur Beitragsleistung aufgefordert, diese verweigert und sich der Schulvorstand bei der Weigerung rechtsverjährte Zeit hindurch beruhigt habe, in welchem Falle seine Verpflichtung untergegangen und nur die unmittelbar aus dem Gesetze folgende der Gemeinde übrig geblieben sein würde; E.-O.-V. Bd. I S. 134, Bd. XI S. 133), — oder aber: daß er seinerseits die Erfüllung der in dem Verhältnisse zur Schule ihm obliegenden Leistungen von der Gemeinde als fortdauernde Schuldigkeit mit Erfolg gefordert und sich im Besitze des dadurch erworbenen affirmativen Rechtes während des Laufes der Verjährungszeit behauptet habe, § 80 Tit. 7 Teil I A.-L.-R's.

3. Eine Verjährung einzelner Jahresraten setzt die Heranziehung zu ihnen voraus und läuft erst von diesem Zeitpunkte ab. Denn eine konkrete Steuerschuld entsteht für den berechtigten Verband gegenüber dem

ihm Pflichtigen nicht von selbst durch den Eintritt der gemäß der anzuwendenden Rechtsnorm die abstrakte Beitragspflicht begründenden Thatsachen, sondern erst durch die Heranziehung. E.-O.-V. Bd. XVI S. 40.

4. Befreiung von der Beitragspflicht durch Vertrag ist möglich, auch wenn die Gutsherrschaft dem Vertrage nur stillschweigend beigetreten ist —, vorausgesetzt, daß die in gleicher Weise erkennbar gewordene Genehmigung der Schul- und der Kommunalaufsichtsbehörde hinzugetreten ist.

5. Eine sich auf die thatsächliche Uebung gründende Observanz ist unverbindlich, wenn jene unter dem Einflusse eines Rechtsirrtumes gestanden hat.

8. Insbesondere die Dörfer gemischter Religion.

Nr. 1. Entsch. v. 5. V. 99 Nr. I 825 (C.-Bl.-U.-V S. 754).

A.-L.-R. II 12 §§ 29 ff.

1. In einer, aus mehreren Kolonien bestehenden, sämmtliche Einwohner ohne Unterschied des Glaubensbekenntnisses umfassenden, unzweifelhaft nach den Vorschriften des A.-L.-R's. zu behandelnden schlesischen Schulsozietät bestand mit Genehmigung der zuständigen Behörden das Abkommen zwischen den Beteiligten, daß die sämmtlichen Schulunterhaltungskosten auf alle Hausväter nach der Zahl der schulpflichtigen Kinder zu verteilen seien, daß jedoch der Bergfiskus für die nach jenem Maßstabe ermittelten Hausväterbeiträge seiner Arbeiter und Beamten einzutreten habe.

2. Das O.-V.-G. entschied, daß dieses Abkommen bezüglich des nicht zu den gesetzlichen Trägern der Schullasten innerhalb der Schulsozietät gehörigen Bergfiskus unbedenklich sei. Was er an Leistungen zugesagt habe, habe die rechtliche Natur einer Stiftung für Schulzwecke im Sinne von A.-L.-R. II 12 § 29, die ohne Rücksicht auf die für Hausväterbeiträge geltenden Regeln ganz beliebig, also auch unter Zugrundelegung der Kinderzahl erfolgen könne.

3. Dagegen sei der Maßstab der Schulkinder bei Verteilung der Beiträge auf die pflichtigen Hausväter ungesetzlich. Denn die §§ 29, 31 Tit. 12 Teil II A.-L.-R.'s schreiben ausdrücklich vor, daß in Ermangelung ausreichender Stiftungseinkünfte — als welche hier die bergfiskalischen Leistungen nach der Kinderzahl in Betracht kommen — die Beiträge unter die Hausväter ohne Unterschied, ob sie Kinder haben oder nicht, nach dem Verhältnisse der Besitzungen und Nahrungen billig, d. i. nach einem für alle Pflichtigen gemeinsamen, das Einkommen aus Grundbesitz wie aus Kapital und Arbeit angemessen berücksichtigenden Besteuerungsfuße zu verteilen seien. Diesen Anforderungen genügte die Verteilung nach Schulkindern in keiner Weise, da sie statt aller Hausväter nur diejenigen, die schulpflichtige Kinder haben, belaste und jede Rücksicht auf das Verhältnis der Besitzungen und Nahrungen vermissen lasse.

f) Provinz Hannover.

Nr. 1. Entsch. v. 25. XI. 98 Nr. I 1931.

Hann. Volksschulges. v. 26. V. 45 (Hann. G.-S. S. 465) §§ 12, 13, 15, 37; Zust.-Ges. § 46.

1. Eine Klage auf Feststellung der Nichtverpflichtung zur Leistung von Schulbeiträgen kann zwar aus § 46 Abs. 3 des Zust.-Ges. gegen einen anderen Beteiligten, niemals aber gegen den Schulvorstand erhoben werden. Diesem gegenüber kann nur ein von ihm geforderter Einzel-

betrag, die ausgeschriebene Abgabe, aber nicht die Beitragspflicht im Allgemeinen, gemäß § 46 Abs. 1 a. a. O. zum Gegenstande der Klage gemacht werden.

2. Die Verpflichtung, die Bedürfnisse einer Volksschule zu bestreiten, liegt nach § 15 des Hann.-Volksschulges. v. 26. V 45 dem Schulverbande ob, soweit nicht einzelne Personen, Korporationen oder Fonds dazu rechtlich verbunden und im Stande sind. Das Recht, die örtlichen Bezirke der Schulverbände festzustellen und sie nötigenfalls abzuändern, steht nach §§ 12, 13 a. a. O. der Schulaufsichtsbehörde zu. Bei Verbindung einer Schulstelle mit einem benachbarten Schulverbande haben nach § 37 die diesem zugewiesenen Schulinteressenten in Ermangelung einer gütlichen Einigung zu den Lasten des kombinierten Schulverbandes mindestens soviel beizutragen, daß dadurch die aus der Vereinigung entstehende Vermehrung der Schullasten vollständig gedeckt wird. Der Maßstab, wonach die Schulbeiträge innerhalb des Schulverbandes von den Schulinteressenten zu leisten sind, ist bei dem Mangel einer gütlichen Vereinbarung nach § 40 im Verwaltungswege festzusetzen. Eine Vereinbarung bildet aber kein Hindernis für die spätere Aenderung der örtlichen Schulverfassung hinsichtlich des Beitragsverhältnisses der Schulinteressenten für die Schulaufsichtsbehörde.

Nr. 2. Entsch. Bd. XXXV S. 176 v. 7. II. 99 I C 162/98.

1. Eine den §§ 29 ff. Tit. 12 Teil II A.-L.-R's. entsprechende Vorschrift, wonach jeder im Schulbezirke wohnhafte Hausvater auch bei abweichendem Glaubensbekenntnisse zur Schulunterhaltung beitragen muß, falls nicht daselbst eine besondere Schule für seine Religionspartei vorhanden ist, besteht in Hannover nicht zu Recht. Ungeachtet der Vorschriften im § 14 des Hann. christlichen Volksschulges. v. 26. V 45 (G.-S. I. Abt. S. 465) gilt in Hannover doch keineswegs der Satz, daß ein Jeder kraft Gesetzes Mitglied irgend eines Schulverbandes sei.

2. Die Zugehörigkeit zu einem Schulverbande hat vielmehr lediglich örtliche Bedeutung. Daher gehört in der Provinz Hannover ein aus der lutherischen Landeskirche aus- und zu einer anderen Religionsgesellschaft übertretender Hausvater im Falle der Wohnsitzverlegung, selbst wenn er an seinem bisherigen Wohnorte Mitglied eines lutherischen Schulverbandes gewesen war, einem gleichen Verbande an seinem neuen Wohnorte nicht ohne weiteres an. Doch kann er, sofern daselbst eine öffentliche Schule für seine Glaubensverwandten nicht besteht, von der Schulaufsichtsbehörde dem lutherischen Schulverbande als beitragspflichtiges Mitglied zugewiesen werden.

Nr. 3. Entsch. Bd. XXXV S. 179 v. 7. II. 99 I C 110/98 und Entsch. Bd. XXXV S. 186 v. 7. II. 99 I C 51/98.

1. Die Pflicht zur Unterhaltung einer konfessionellen z. B. lutherischen Volksschule in Hannover liegt, wenn abweichende ortsrechtliche Satzungen nicht vorliegen, den glaubensverwandten Einwohnern des Schulbezirkes ob, die, ohne das eine besondere Zuweisung jedes Einzelnen von Seiten der Aufsichtsbehörde erforderlich wäre, in ihrer Gesammtheit den korporativen Schulverband bilden (§§ 15, 14, 30 des christlichen Volksschulges. v. 26. V 45 — Hann. G.-S. Abt. I S. 465 —, E.-O.-V. Bd. XIX S. 213/14).

2. Die Union in den altländischen Provinzen hat grundsätzlich den Fortbestand der lutherischen und reformierten Kirchengesellschaften als verschiedener Religionsparteien nicht beseitigt. Eine der Union

beitretende Kirchengemeinde bleibt vielmehr in der Regel je nach ihrem verfassungsmäßigen Lehrtypus entweder lutherisch oder reformiert. Vgl. E.-O.-V. Bd. XXXIII S. 33; Erk. Ob.-Trib. Bd. XLIII S. 287 ff; Erk. R.-Ger. in Zivils. Bd. V. S. 300 ff. Verzieht ein der unierten lutherischen Kirche beizuzählender Hausvater in den Bezirk einer hannoverschen lutherischen Schule, so wird er dadurch kraft Gesetzes beitragspflichtiges Mitglied ihres Verbandes und bleibt es solange, bis er gemäß § 1 Abs. 1 des Ges. v. 14. V 73 (G.-S. S. 207), betr. den Austritt aus der Kirche, durch eine Erklärung vor dem Richter seines Wohnortes seinen Uebertritt zu einer anderen Konfession erklärt hat. Für die Konfession ist nicht zwar schon die Teilnahme an den gottesdienstlichen Handlungen einer Religionspartei oder die Taufe unbedingt entscheidend, wohl aber die mit der Konfirmation zum Abschlusse gebrachte religiöse Erziehung und die Konfirmation selbst.

3. Nicht ausgeschlossen ist jedoch im Unionsgebiete eine örtliche Kirchenverfassung (Lehrunion) dahin, daß eine Gemeinde, mag sie der Union beigetreten oder erst nach deren Verkündigung errichtet sein, ohne ausschließliche Beziehung zu einem der beiden Bekenntnisse der Augsburgischen Konfession schlechthin evangelisch ist. Einem in diesem Sinne evangelischen Hausvater steht bei der Uebersiedelung nach einem Orte in der Provinz Hannover, woselbst konfessionell gesonderte lutherische und reformierte Schulen bestehen, die Wahl frei, zu welcher von beiden Kirchengesellschaften er sich halten will. Vgl. Min.-Erl. v. 5. V. 30 (v. Kamptz, Ann. Bd. XIV S. 327). Trifft er — ausdrücklich oder stillschweigend — eine solche Wahl, so zieht diese seine Mitgliedschaft und Beitragspflicht in dem entsprechenden konfessionellen Schulverbande nach sich. Anderenfalls bleibt der Schulaufsichtsbehörde die Bestimmung über seine Schulverbandsangehörigkeit überlassen.

4. Die evangelische Militärseelsorge ist, wie in den älteren Landesteilen, so auch in der Provinz Hannover, für die Anhänger beider protestantischen Konfessionen gleichmäßig bestimmt. In der Vd., betr. die evangelischen militärkirchlichen Angelegenheiten im ehemaligen Königreich Hannover, v. 24. VI 67 § 1 (G.-S. S. 919) ist die Wahrnehmung der evangelischen Militärseelsorge Divisions- und Garnisonpredigern aufgetragen, die ihr Amt nach den Vorschriften der Preußischen Militärkirchenordnung v. 12. II 32 (G.-S. S. 69) zu führen haben. Letztere steht auf dem Boden der Lehrunion; sie kennt neben den katholischen Geistlichen nur evangelische Geistliche schlechthin und macht zwischen lutherischen und reformierten Militärpersonen keinerlei Unterschied. Aus der Teilnahme eines schlechthin evangelischen Offiziers an dem Militärgottesdienste läßt sich somit ein Schluß auf seinen lutherischen oder reformierten Bekenntnisstand nicht ziehen.

Nr. 4. Entsch. v. 23. VI. 99 Nr. I 1133 (C.-Bl.-U.-V. S. 794).

Hann. christl. Volksschulges. v. 26. V. 45 (G.-S. Abt. I S. 465) § 15.

1. In der Provinz Hannover kann die dingliche Natur der Volksschullasten auch nach Erlaß des Volksschulges. v. 26. V. 45 begründet werden. Denn das Gemeine Recht gesteht dem Gewohnheitsrechte derogatorische Kraft auch im Verhältnisse zum Gesetzesrechte zu und versagt dem örtlichen Herkommen die Anerkennung nur, sofern es sich gegen ein zwingendes, Abänderungen seinem Wortlaute oder seinem Wesen nach ausschließendes Gesetz richtet.

2. Ein solches zwingendes Gesetz ist in § 15 des Ges. v. 26. V 45 nicht enthalten. Denn er legt die Bestreitung der Schulbedürfnisse, vorbehaltlich der Verpflichtungen Dritter aus besonderen Rechtstiteln, dem Schulverbande nur grundsätzlich auf und schreibt einen Verteilungsmaßstab nicht vor, gestattet somit, wenn er auch von der persönlichen Beitragspflicht der dem Verbande durch Wohnsitz angehörenden Personen als der Regel ausgeht, partikularen Sondergestaltungen und folglich auch der Neubildung von Ortsgewohnheiten, denen gemäß die Lasten ganz oder zum Teil von den Besitzern der im Schulverbande gelegenen Grundstücke zu tragen sind, den weitesten Spielraum.

h) Kurhessen.

Nr. 1. Entsch. v. 30. VI. 99 Nr. I 1181 (C.-Bl.-U.-V. S. 799).

1. In den vormals kurhessischen Landesteilen sind die Träger der Schullast die zum Bezirke der Schule gehörigen Gemeinden und Gutsbezirke. Vgl. Bd. XVIII S. 215 ff., Bd. XXIX S. 196 ff. Insofern also die Träger der Last die kommunalen Ortsverbände sind, erscheint ihre Bezeichnung als eine Kommunallast nicht als eine völlig ungerechtfertigte. Daraus ist aber nur die rechtliche Folgerung abzuleiten, daß die einer einzelnen Gemeinde obliegenden Kosten der Schule einen Teil des Gemeindesteuerbedarfes bilden und ihre Aufbringung nach den Regeln des Komm.-Abg.-Ges. zu erfolgen hat. Dagegen ist eine Regel darüber, wie die Verteilung unter die zur Schule gehörigen Gemeinden und Gutsbezirke vorzunehmen ist, aus der rechtlichen Natur der Schullast überhaupt nicht zu entnehmen. Aus dieser ergiebt sich nur, daß es an einer im geschriebenen Gesetze oder in dem auf Gewohnheit beruhenden Provinzialrechte begründeten allgemein giltigen Verteilungsregel fehlt und sich der Verteilungsmaßstab nach der auf Vereinbarung oder örtlicher Observanz begründeten Schulverfassung richtet, und beim Fehlen einer solchen von der Schulaufsichtsbehörde, d. i. der Regierung, auf Grund des § 18 der in allen Teilen des Staates geltenden, insbesondere im Regierungsbezirke Kassel durch § 6 der Vd. v. 22. II. 67 eingeführten Reg.-Instr. v. 23. X. 17 festzusetzen ist.

2. Irrig ist die Annahme, daß aus der Anwendung des Verteilungsmaßstabes der direkten Staatssteuern die Berücksichtigung derjenigen fingierten Steuersätze folgt, die die in den einzelnen Gutsbezirken oder Gemeinden als Grundbesitzer angesessenen, aber dort nicht zur Staatseinkommensteuer veranlagten physischen und juristischen Personen und Personenvereine bei einer Veranlagung nach den für die Einschätzung zur Staatseinkommensteuer geltenden Grundsätzen von ihrem Einkommen aus dem in jenen Gemeinden oder Gutsbezirken belegenen Grundbesitze zu entrichten haben würden. Vielmehr stellt sich die Berücksichtigung jener Steuersätze nicht als eine Folge, sondern als eine Abweichung von der Verteilung nach den direkten Staatssteuern dar, die auch da, wo sie an sich rechtlich zulässig ist, einer besonderen Festsetzung bedarf. Deshalb ist auch in der Rechtsprechung stets davon ausgegangen, daß der Beschluß einer Gemeinde, die Kommunalabgaben nach Maßgabe der Grund-, Gebäude- und Einkommensteuer zu verteilen, nicht genügt, um die Einkommensbesteuerung der Forensen vorzuschreiben. Vgl. E.-O.-V. Bd. V S. 141 ff.

3. Jedoch kann die Ergänzung und Erweiterung des Staatssteuerfußes durch Anrechnung fingierter Einkommensteuersätze der Forensen, der juristischen Personen einschließlich des Fiskus und der im § 33 Nr. 3 des Komm.-Abg.-Ges. v. 14. VII. 93 genannten

Erwerbsgesellschaften von ihrem Einkommen aus dem in den Gemeinden und Gutsbezirken des Schulbezirkes gelegenen Grundbesitze nicht als Wahl eines widergesetzlichen Maßstabes angesehen werden, sie erscheint vielmehr als eine Verteilung nach billigen und angemessenen Grundsätzen. Soweit zur Schule nur Gemeinden gehören, berücksichtigt sie deren Leistungsfähigkeit bei Uebung ihres Steuerrechtes gegenüber den Gemeindeabgabenpflichtigen und insbesondere auch dem Fiskus. Daß der Gutsherr des Steuerrechtes im Gutsbezirke, sofern hier neben ihm noch andere steuerpflichtige Personen in Betracht kommen, entbehrt, kann an der Zulässigkeit jenes Maßstabes auch ihm gegenüber nichts ändern. Denn er hat die den Gemeinden obliegenden Pflichten für den Gutsbezirk zu erfüllen, also auch zu den Schullasten in demselben Umfange wie die Gemeinden, beizutragen. Daraus aber, daß § 33 des Komm.-Abg.-Ges. auf die Verteilung der Schullast unter die zur Schule gehörigen Gemeinden und Gutsbezirke keine Anwendung findet, folgt die Unzulässigkeit ebensowenig. Denn die Steuerpflicht des Fiskus beruht eben nicht auf seiner Eigenschaft als Grundbesitzer, sondern auf der als Gutsherr. Von gleichen Erwägungen ausgehend ist auch in der Rechtsprechung angenommen, daß der Beschluß eines Amtsausschusses der Provinz Schleswig-Holstein, die Kosten der Amtsverwaltung nach den direkten Staatssteuern unter Hinzurechnung fingierter Klassen- und Einkommensteuersätze der Forensen, juristischen Personen, Erwerbsgesellschaften und insbesondere des Staatsfiskus umzulegen, zulässig sein würde, weil in die Kr.-Ordn. für die Provinz Schleswig-Holstein v. 26. V. 88 die Vorschrift im § 70 Abs. 5 der Kr.-Ordn. v. 13. XII. 72 nicht mit übernommen ist. Vgl. E.-O.-V. Bd. XXII S. 3 ff.

D. Verfahren bei Feststellung von Anforderungen für Volksschulen auf Grund des Gesetzes vom 26. Mai 1887.

Nr. 1. Entsch. Bd. XXXIII S. 232 v. 18. VI. 97 Nr. I C 68/97.

Zust.-Ges. §§ 46, 49.
Ges. v. 26. V. 87 (G.-S. S. 175), betr. die Feststellung von Anforderungen für Volksschulen.

1. Allgemeine Anordnungen der Schulaufsichtsbehörden über den Umfang des Schulunterhaltungsbedürfnisses (z. B. des Schulbrennholzes) sind, soweit sie nicht unter die Vorschrift in § 49 Abs. 3 des Zust.-Ges. fallen, weder für die Träger der Last, noch in dem Feststellungsverfahren nach Maßgabe des Ges. v. 26. V. 87 für die Beschlußbehörden unbedingt verbindlich. Letztere haben vielmehr nach eigenem Ermessen über streitig gebliebene neue oder erhöhte Anforderungen mit Rücksicht auf das Bedürfnis der Schule und die Leistungsfähigkeit der Verpflichteten zu befinden.

2. Soll eine Gemeinde auf Grund solcher Anordnungen eine Leistung gewähren, die ihr bisher nicht obgelegen hat, so handelt es sich um eine erhöhte Anforderung im Sinne des Ges. v. 26. V. 87.

Nr. 2. Entsch. v. 3. V. 98 Nr. I 828.

Ges. v. 26. V. 87 (G.-S. S. 175), betr. die Feststellung von Anforderungen für Volksschulen; Zust.-Ges. § 48.

1. Eine nach dem Ges. v. 26. V. 87 getroffene Festsetzung, wodurch eine Schulgemeinde verpflichtet wird, das Gehalt eines Lehrers zu erhöhen, ist, wenn sie zur Grundlage einer Zwangsetatisierung gemacht wird, in dem gegen letztere eingeleiteten Streitverfahren vom Verwaltungsrichter nicht auf ihre Notwendigkeit oder Zweckmäßigkeit, sondern lediglich darauf hin zu prüfen, ob die festsetzende Behörde dazu zuständig war und ob die Festsetzung nicht den Normen des bestehenden Rechts widerstreitet. E.-O.-V. Bd. XXIII S. 117.

2. Es verstößt nicht gegen den Begriff der Leistungsfähigkeit, wenn eine Gemeinde zur Erhöhung des Lehrergehaltes für verpflichtet erklärt wird unter der Voraussetzung, daß die zu dieser Erhöhung erforderliche und bereits bewilligte Staatsbeihilfe weiter gezahlt wird.

Nr. 3. Bescheid v. 21. X. 98 (Pr.-V.-Bl. Bd. XX S. 265).

Ges. v. 3. III. 97 (G.-S. S. 25), betr. das Diensteinkommen der Lehrer und Lehrerinnen an öff. Volksschulen, §§ 2, 3, 28; Ges. v. 26. V. 87 (G.-S. S. 175), betr. die Feststellung von Anforderungen für Volksschulen, §§ 2, 3; L.-V.-G. § 7 Abs. 2.

Die §§ 2 und 3 des Lehrerbesoldungsges. v. 3. III. 97 enthalten keine bindende Vorschrift über die Höhe der Lehrerbesoldungen, sondern bestimmen lediglich, unter welchen Betrag sie nicht bemessen werden dürfen. Abgesehen hiervon bleibt es dem pflichtmäßigen Ermessen der Aufsichtsbehörde überlassen, nach Lage der in Betracht kommenden besonderen Verhältnisse die Besoldung zu bemessen und erforderlichenfalls dieserhalb erhöhte Anforderungen an die Schulunterhaltungspflichten zu erheben. Hierüber hat dann, in Ermangelung des Einverständnisses der Beteiligten, gemäß § 2 des Ges. v. 26. V. 87 der Kreisausschuß zu beschließen. Gegen den Beschluß findet gemäß § 3 dieses Ges. die Beschwerde an den Provinzialrat statt. Das Verwaltungsstreitverfahren ist mangels gesetzlicher entsprechender Bestimmung unzulässig. Durch § 28 Abs. 2 des Ges. v. 3. III. 97 sind die §§ 2 und 3 des Ges. v. 26. V. 87 nicht aufgehoben worden.

Nr. 4. Entsch. v. 20. I. 99 Nr. I 166 (Pr.-V.-Bl. Bd. XX S. 422) und v. 20. I 99 Nr. I 168 (Pr.-V.-Bl. Bd. XX S. 452).

Ges. v. 26. V. 87 (G.-S. S. 175), betr. die Feststellung von Anforderungen für Volksschulen, § 6. Reg.-Instr. v. 23. X. 17 (G.-S. S. 248) § 18e; Zust.-Ges. § 48. Lehrerbesoldungsges. v. 3. III. 97 (G.-S. S. 25) § 16; Ausf.-Anw. v. 20. III. 97 (C.-Bl.-U.-V. S. 328) Nr. 13.

1. Nach § 48 Abs. 1 des Zust.-Ges. darf, wenn der korporative Verband einer Stadtschule die ihm nach öffentlichen Rechte obliegenden, von der Behörde innerhalb der Grenzen ihrer Zuständigkeit festgestellten Leistungen auf den Haushaltsetat zu bringen unterläßt oder verweigert, der Regierungspräsident die Eintragung in den Etat verfügen. Auf die gemäß Abs. 2 a. a. O. dann stattfindende Klage des Verbandes ist von dem Verwaltungsrichter die Feststellungsverfügung, die der Zwangsetatisierung vorangehen muß, nicht nach Gesichtspunkten der Notwendigkeit und Zweckmäßigkeit, sondern — dem Wesen der Rechtskontrole entsprechend — nur auf ihre Rechtmäßigkeit, d. i. darauf hin zu prüfen, ob die Leistung von der zuständigen Behörde festgestellt ist und ob sie nicht den Normen des bestehenden Rechtes widerstreitet. E.-O.-V. Bd. XIII S. 68, Bd. XIV S. 107, Bd. XIX S. 119, Bd. XX S. 67.

2. Das Ges. v. 26. V. 87 (G.-S. S. 165) kommt in der Provinz Posen nicht in Betracht. Denn dessen § 6 hat es für die Provinz Posen bei den bisherigen Bestimmungen belassen. Dort finden daher auf dem in Rede stehenden Gebiete noch jetzt die Bestimmungen im § 18 litt. e der Reg.-Instr. v. 13. X. 17 Anwendung. Nach diesem gebührt die Aufsicht und Verwaltung des gesammten Elementarschulwesens, mithin auch die darin einbegriffene Festsetzung des Einkommens der Lehrpersonen den Regierungen und zwar selbst bei Anforderungen, die durch neue oder erhöhte Leistungen der Pflichtigen zu gewähren sind.

3. Ueber die Höhe der Besoldungen hatten früher die Schulaufsichtsbehörden nach pflichtmäßigem Ermessen völlig frei und vorbehaltlich nur der Beschwerde an den Unterrichtsminister zu befinden. Durch das Ges. v. 3. III 97 sind ihrem Ermessen hinsichtlich der Einkommensbezüge gewisse Schranken

gesetzt, die sie zu beobachten haben. Diese Schranken werden durch Festsetzung der Mietsverträge auf mehr als ein Fünftel des Grundgehaltes und Alterszulagekassenbeitrages für jede Stelle nicht überschritten. Gemäß § 16 des Ges. in Verbindung mit der Ausf.-Anw. v. 20. III. 97 ist als Mietsentschädigung eine Geldsumme zu gewähren, die eine ausreichende Entschädigung für die nicht gewährte Dienstwohnung darstellt und „in der Regel" ein Fünftel des Grundgehaltes und des für die Schulstelle von dem Schulverbande zu zahlenden Alterszulagekassenbeitrages nicht übersteigen soll. Letztere Bestimmung schließt aber, da sie eben nur als „Regel" oder, wie Nr. 13 der Ausf.-Anw. den Ausdruck erläutert, als „allgemeiner Anhalt" hingestellt ist, Abweichungen nicht aus, wo die Umstände des Einzelfalles solche nach dem Ermessen der feststellungsberechtigten Behörde bedingen. Unzweifelhaft können ferner auf längere Zeiträume zu regelnde Mietsentschädigungen auf höhere als diejenigen Beträge festgesetzt werden, die die Lehrer vor der Festsetzung thatsächlich aufgewendet haben, zumal wenn sie sich wegen Unzulänglichkeit ihres Diensteinkommens mit kleineren als solchen Wohnungen zu begnügen pflegten, auf die sie bei Gewährung von Dienstwohnungen Anspruch gehabt haben würden.

Nr. 5. Entsch. v. 25. IV. 99 Nr. I 747 (C.-Bl.-U.-V. S. 753).

Ges. v. 26. V. 87 (G.-S. S. 175), betr. Feststellung von Anforderungen für Volksschulen, § 2; Zust.-Ges. § 48.

1. Nach § 48 des Zust.-Ges. darf der Landrat gegenüber dem Schulverbande einer Landschule die Eintragung einer ihm gesetzlich obliegenden Leistung in den Etat nur verfügen, nachdem die Leistung von der Behörde innerhalb der Grenzen ihrer Zuständigkeit festgestellt ist. Die so vorgeschriebene Feststellung muß der zwangsweisen Durchführung der Anforderung vorangehen. Erst wenn die Feststellung erfolgt ist und der Schulverband auch dann noch die Erfüllung der Auflage unterläßt oder verweigert, ist der Landrat zur Zwangsetatisierung ermächtigt.

2. In der Schulunterhaltungslast ist die abstrakte, öffentlich-rechtliche Pflicht einbegriffen, bei Behinderung des Lehrers einen Stellvertreter anzunehmen und ihm eine angemessene Vergütung zu gewähren, soweit das Schulbedürfnis beides erfordert. Aber ob und wie lange ein solches Bedürfnis obwaltet, sowie ob und in welcher Höhe dem Vertreter eine Vergütung gebührt, das ist durch keine positive gesetzliche Vorschrift allgemein geregelt, vielmehr im Einzelfalle nach behördlichem Ermessen zu bestimmen. Versagen daher die Unterhaltungspflichtigen ihr Einverständnis mit der Uebernahme von Stellvertretungskosten, so handelt es sich um eine neue oder erhöhte Anforderung, die um erzwungen werden zu können, zuförderst der Feststellung im Wege des Ges. v. 26. V. 87 bedarf. Vgl. E.-O.-V. Bd. XXII S. 147 ff.

Nr. 6. Entsch. v. 19. V. 99 Nr. I 897 (C.-Bl.-U.-V. S. 757).

Ges. v. 26. V. 87 (G.-S. S. 185), betr. Feststellung von Anforderungen für Volksschulen, § 2.

1. Bei Zwangsetatisierungen bedarf es der vorgängigen Feststellung der Leistung unter Bezeichnung der Person des Pflichtigen selbst dann, wenn die Leistung nicht ihrem Betrage, sondern nur ihrem Grunde nach streitig ist. E.-O.-V. Bd. XXV S. 1/6, Bd. XXIII S. 122.

2. Handelt es sich um eine dem Lehrer zu gewährende Umzugskostenvergütung, so stellt diese eine Mehrleistung außer den sonstigen Aufwendungen der Schulgemeinde an Schulunterhaltungskosten dar, deren Feststellung nach Maßgabe des Ges. v. 26. V 87 den Beschlußbehörden obliegt.

3. Im Uebrigen ist auf folgendes hinzuweisen: Kraft positiver gesetzlicher Vorschriften muß in einzelnen Landesteilen der Träger der Schulunterhaltungslast einen neu ernannten Lehrer nebst Familie und Effekten mit Fuhrwerk von einer gewissen Entfernung her herbeiholen oder ihm eine Umzugskostenvergütung zahlen. Dahingehende Vorschriften finden sich in den §§ 39 ff. Tit. 12 T. II A.-L.-R's., in den §§ 19, 20 der Pr. Schulordn. v. 11. XII. 45 und im § 6 des Nass. Ges. v. 26. III. 62, sonst aber nirgends und insonderheit nicht in der Französischen Gesetzgebung. Von Aufsichtswegen die darin etwa zu findende Lücke durch Bestimmungen über das Maß der Leistung und die Art ihrer Erfüllung zu ergänzen, würde die Regierung nur dann befugt sein, wenn davon auszugehen wäre, daß in der gesetzlichen Unterhaltungslast außer der Besoldung des Lehrers auch die Pflicht, ihn herbeizuholen oder für Umzugskosten zu entschädigen, begriffsmäßig eingeschlossen sei. Ob dem so ist, erscheint in hohem Grade zweifelhaft. Der Unterrichtsminister hat in einem Erl. v. 30. V 65 (Schneider und von Bremen, Volksschulwesen Bd. I S. 798) die Frage verneint und sich dahin ausgesprochen, daß in Ermangelung einschlägiger gesetzlicher Vorschriften die Gemeinde nicht zwangsweise angehalten werden könne, die Lehrer bei ihrem Anzuge herbeizuholen oder ihnen die Umzugskosten zu erstatten.

F. Schulgeld. Beiträge auf Grund der Gesetze vom 14. Juni 1888 und 31. März 1889.

Nr. 1. Entsch. Bd. XXXIV S. 238 v. 11. I. 98 I B 15/97.

Vgl. Erg. Bd. 1899 S. 125 E Nr. 1.

Nr. 2. Entsch. v. 18. X. 98 Nr. I 1695 (Pr.-V.-Bl. Bd. XX S. 289).

Ges. v. 14. VI. 88 (G.-S. S. 240), betr. Erleichterung der Volksschullasten, §§ 4, 5.

Nachdem durch § 4 des Ges. v. 14. VII. 88 die Erhebung eines Schulgeldes bei Volksschulen regelmäßig aufgehoben worden ist, muß der Lehrer, für den dadurch ein Einkommensausfall entsteht, dafür entschädigt werden.

Wer der Ersatzpflichtige ist, erwähnt der von der Schadloshaltung handelnde § 5 a. a. O. mit ausdrücklichen Worten nicht.

Nach der Entstehungsgeschichte und dem Zusammenhange des Ges. v. 14. VI. 88 kann aber darüber kein Zweifel bestehen, daß dies der Schulverband ist. Denn es muß der Ausfall an Schulgeld aus dem gesetzlich bestimmten Staatsbeitrage Deckung finden. Letzterer fließt dem Schulverbande zu; dieser muß also den Lehrer schadlos halten.

Vgl. E.-O.-V. Bd. XXII S. 156, Bd. XXVII S. 148.

G. Die Schulbaulast.

1. Zuständigkeit der Aufsichtsbehörden und Verwaltungsgerichte bei Schulbaustreitigkeiten. Begriff der Beteiligten.

Nr. 1. Entsch. v. 8. II. 98 Nr. I 256 (Pr.-V.-Bl. Bd. XX S. 78).

1. Durch ein den Rechtsgrundsatz angebendes, sowie Art und Umfang der Leistung feststellendes Anerkenntnis, für das im Verwaltungsstreitverfahren eine schriftliche Erklärung genügt, erhält der eingeklagte Anspruch ein selbständiges, auf dem Verfügungswillen des Anerkennenden beruhendes Fundament. Es rechtfertigt für sich allein

die Verurteilung, mag auch trotz der Anerkennung der Rechtszustand in Wirklichkeit ein von dem anerkannten mehr oder weniger verschiedener sein.

2. Besteht über die Aufbringung und Verteilung der Baukosten unter den zu einer kath. Volksschule geschlagenen Gemeinden und Gutsbezirken Streit, so ist es nach Schles. Provinzialrechte Sache der Bezirksregierung als Schulaufsichtsbehörde, einen Maßstab für die Verteilung, und zwar in Ermangelung ortsüblicher Normen nach pflichtmäßigem Ermessen, zu bestimmen. In dieser Beziehung darf sie zwar eine von ihr früher gesetzte Norm, unter deren Herrschaft eine Bauausführung erfolgt war, nicht durch eine andere, gleich jener aus Gesichtspunkten der Angemessenheit und Zweckmäßigkeit gewählte Norm ersetzen. Wohl aber ist sie auf Grund der inzwischen gewonnenen Ueberzeugung von dem Bestehen einer die Baukostenverteilung regelnden Observanz so berechtigt, wie verpflichtet, die im Widerspruche mit dieser nach freiem Ermessen gesetzte Norm zu widerrufen und nunmehr vorzuschreiben, daß und wie nach Maßgabe der Observanz die Verteilung zu bewirken sei. Vgl. E.-O.-V. Bd. XX S. 183. Die von der Schulaufsichtsbehörde bestimmten Normen über die Verteilung von Baukosten unterliegen aber der Nachprüfung im Streitverfahren darüber, ob sie dem bestehenden Rechte nicht widerstreiten, ob also z. B. jene Observanz wirklich vorhanden ist, und es fehlt an einer Norm überhaupt, wenn dies verneint werden muß. Vgl. E.-O.-V. Bd. XIII S. 283.

Nr. 2. Entsch. v. 1. IV. 98 Nr. I 635 (Pr.-V.-Bl. Bd. XX S. 180).

Zust.-Ges. §§ 47, 49.

1. In Schulbaustreitigkeiten erstreckt sich die Rechtskontrolle auch auf die Leistungsfähigkeit des durch Beschluß der Schulaufsichtsbehörde in Anspruch Genommenen. Vgl. E.-O.-V. Bd. XXXI S. 152.

2. Unter den „allgemeinen Anordnungen“ der Schulaufsichtsbehörden über die Ausführung von Schulbauten, von denen § 49 Abs. 2 des Zust.-Ges. handelt, sind Anordnungen über die bauliche Konstruktion der Schulen zu verstehen. Diese können den Verwaltungsrichter in der pflichtmäßig zu übenden Beurteilung der Leistungsfähigkeit der Baupflichtigen nicht beschränken. Stellt er die Leistungsunfähigkeit zu den ihnen angesonnenen Baubeiträgen fest, so ist er zwar berechtigt, aber nicht verpflichtet, zu befinden, wie dem Baubedürfnisse auf anderem Wege genügt werden soll. Ebensowenig gehört es zu den Aufgaben des Verwaltungsrichters, die Grenze festzulegen, bis zu der die Leistungsfähigkeit reicht.

Nr. 3. Entsch. Bd. XXXV S. 199 v. 20. V. 98 I C 128/97.

Zust.-Ges. § 47; Ges. v. 2. III. 50 (G.-S. S. 77) betr. die Ablösung der Reallasten pp., §§ 6 Abs. 2, 65 Abs. 4, 91 Abs. 2.
Ablösungsges. v. 27. IV. 72 (G.-S. S. 417) § 2.

1. Bei Streitigkeiten zwischen Beteiligten über ihre öffentlich-rechtliche Verbindlichkeit zum Bau oder zur Unterhaltung von Volksschulen kann der aus Gründen des öffentlichen Rechtes auf Erstattung einer Leistung in Anspruch Genommene den Einwand erheben, daß der den Anspruch Verfolgende ihm gegenüber privatrechtlich zu der Leistung verpflichtet gewesen sei.

Denn wenn auch in § 47 Abs. 3 des Zust.-Ges. zum Verwaltungsstreitverfahren nur Streitigkeiten darüber verwiesen sind, welcher Partei die öffentlich-rechtliche Verbindlichkeit zum Bau oder zur Unterhaltung einer Schule obliege, so folgt doch daraus nicht, daß der Verwaltungsrichter Einwendungen, die nicht aus der öffentlich-rechtlichen Schulbaupflicht hergeleitet sind, nicht zu beachten habe. Es darf insbesondere der Beklagte bei einem Anspruche auf Erstattung den Einwand erheben, daß der Kläger aus privatrechtlichem Grunde gegenüber dem Beklagten zur Leistung verpflichtet gewesen sei. Hat der Kläger auf Grund eigener privatrechtlicher Verpflichtung eine dem Beklagten nach öffentlichem Rechte obliegende Verpflichtung erfüllt, so steht ihm ein Erstattungsanspruch überhaupt nicht zu, da bei Erfüllung einer eigenen Verpflichtung keine ungerechtfertigte Bereicherung stattfindet, die eine Voraussetzung der Klage aus der nützlichen Verwendung wie der condictio indebiti ist. In Ermangelung eines Erstattungsanspruches kann daher der Kläger einen solchen auch nicht im Verwaltungsstreitverfahren durchsetzen. Durch Ueberweisung an die Verwaltungsgerichte hat nicht ein den Erstattungsanspruch ausschließender Einwand beseitigt oder der Berücksichtigung in demselben Verfahren entzogen werden sollen.

2. Eine solche privatrechtliche Verpflichtung, die die durch die Bestimmungen des A.-L.-R's. geregelte öffentlich-rechtliche Schulpflicht nicht ändert, sondern neben ihr besteht (vgl. E.-O.-V. Bd. IX S. 168, Bd. XII S. 253 ff., Bd. XXI S. 190, Bd. XXV S. 195) liegt z. B. vor, wenn der Beklagte gegen den Kläger das Recht zum Bau und zur Unterhaltung des Zaunes um das Schulgehöft ersessen hat.

3. Handelt es sich aber um ein Recht auf Holzlieferung im Gegensatze zu dem Rechte auf Entnahme des aus der Forst anzuweisenden Holzes, also um eine Reallast, so ist zu beachten, daß zu Gunsten einer Schule Reallasten seit dem Inkrafttreten des Ablösungsges. v. 27. IV. 72 durch Ersitzung nur noch begründet werden können, sofern sie Abgaben und Leistungen zur Erbauung und Unterhaltung der Schulgebäude zum Gegenstande haben und sich nicht als die Gegenleistung einer ablösbaren Reallast darstellen.

Nr. 4. Entsch. v. 9. XII. 98 Nr. I 2026 (Pr.-V.-Bl. Bd. XX S. 329).

Zust.-Ges. §§ 47, 49.

1. Mit der Klage aus § 47 des Zust.-Ges. können aufsichtsbehördliche Anordnungen nicht unmittelbar angegriffen werden, die sich darauf beschränken, die Benutzung von Schulgebäuden, daher auch die Zuteilung von Räumen zu Dienstwohnungen der Lehrpersonen zu regeln. Wohl aber unterliegen derartige Anordnungen auf Klage aus § 47 der verwaltungsrichterlichen Inzidentnachprüfung, wenn und soweit sie mit einer dem Baupflichtigen gemachten Auflage baulicher Herstellungen oder Veränderungen in untrennbarem Zusammenhange stehen.

2. Ueber die Größe der Dienstwohnungen für Landschullehrer sind wiederholt Kundgebungen der obersten Aufsichtsbehörde ergangen, die sich als allgemeine, den Verwaltungsrichter bindende Anordnungen über die Ausführung von Schulbauten im Sinne des § 49 Abs. 2 des Zust.-Ges. derstellen. Diese sind aber nur auf Neubaufälle zu beziehen und in einem Falle, wo über das Raumbedürfnis einer bereits vorhandenen Lehrerwohnung zu befinden ist, nicht ohne weiteres anwendbar.

Nr. 5. Entsch. v. 30. VI. 99 Nr. I 1184 (C.-Bl.-U.-V. S. 802).

Zust.-Ges. §§ 47 Abs. 2, 49; L.-V.-G. § 79.

1. In dem auf eine Klage aus § 47 Abs. 2 des Zust.-Ges. einzuleitenden Verwaltungsstreitverfahren kann die Behauptung des Klägers, daß die ihm an-

gesonnene Leistung aus Gründen des öffentlichen Rechtes einem Dritten obliege, nur dann Berücksichtigung finden, wenn die Klage zugleich gegen den angeblich Drittverpflichteten auf Uebernahme der streitigen Leistung innerhalb der gesetzlichen zweiwöchigen Präklusivfrist erhoben ist. Eine Beiladung des Dritten nach Ablauf dieser Frist kann die Klage nicht ersetzen.

2. Es entspricht zwar der feststehenden Rechtsprechung des O.-V.-G.'s, daß die Verwaltungsgerichte über die Anordnung von Neu- und Reparaturbauten bei Schulen, die der allgemeinen Schulpflicht dienen, in demselben Umfange und in demselben Maße zu befinden haben, wie dies den Regierungen vor Einführung der Verwaltungsgerichtsbarkeit nach § 18 der Reg.-Instr. zustand, und daß daher die Verwaltungsgerichte sowohl auf ein minus als auf ein majus dessen erkennen können, was der Beschluß der Schulaufsichtsbehörde bestimmt. Beschränkt ist diese Befugnis der Verwaltungsgerichte aber (vgl. E.-O.-V. Bd. XXVI S. 178) durch solche allgemeine Anordnungen und Maßnahmen der Schulaufsichtsbehörden, die nach § 49 Abs. 2 und 3 des Zust.-Ges. der Nachprüfung im Verwaltungsstreitverfahren entzogen sind, sowie durch die im letzten Satze des § 79 des L.-V.-G.'s gegebene Vorschrift, nach der die Entscheidungen der Verwaltungsgerichte nur die zum Streitverfahren vorgeladenen Parteien und die in ihm erhobenen Ansprüche betreffen dürfen. Eine nach Maßgabe des § 47 Abs. 2 des Zust.-Ges. von dem durch die Schulaufsichtsbehörde in Anspruch Genommenen angestellte Klage ist begriffsmäßig nur auf eine gänzliche oder teilweise Befreiung von der ihm angesonnenen Leistung gerichtet. Die Schulaufsichtsbehörde und eventuell der Drittverpflichtete nehmen in dem auf eine solche Klage eingeleiteten Verwaltungsstreitverfahren nur die Parteirolle des Beklagten ein, der nach seiner prozessualen Stellung niemals mehr als die Abweisung der Klage verlangen darf. Wenn daher der Verwaltungsrichter auf eine Klage der in Rede stehenden Art zu einer Modifikation des angefochtenen Beschlusses der Schulaufsichtsbehörde gelangt, so ist eine solche Modifikation nur zulässig unter dem Gesichtspunkte einer dem Kläger dabei zu teil werdenden Entlastung, wenn z. B. an Stelle eines von der Schulaufsichtsbehörde verlangten Neubaues ein Reparaturbau für ausreichend erachtet wird. Es ist aber ausgeschlossen, daß eine zum Zwecke der Freistellung von einer angesonnenen Leistung angestellte Klage den Erfolg haben kann, durch die auf die Klage ergehende Entscheidung des Verwaltungsgerichtes dem Kläger neue oder vermehrte Leistungen aufzuerlegen.

3. Die Schulbaupflichtigen.

a) Im Geltungsgebiete des Allgemeinen Landrechts.

α) Bei gewöhnlichen Volksschulen.

Nr. 1. Entsch. Bd. XXXIII S. 256 v. 17. XII. 97 I C 137/97.

A.-L.-R. II 12 §§ 33, 36; II 7 §§ 87, 88.
Land-Gem.-Ordn. v. 3. VII. 91 (G.-S. S. 233) § 122; Zust.-Ges. §§ 47, 160.

1. Die nach den Grundsätzen des A.-L.-R's. dem Gutsherrn des Schulortes obliegende Schulbaubeitragspflicht gilt nicht bloß für Schulen im Gutsbezirke, sondern auch für Schulen in Landgemeindebezirken, sofern diese Bezirke der Gutsherrlichkeit des Besitzers des Gutsbezirkes — im Sinne der neueren Gesetzgebung, jetzt in dem des § 122 der Landgem.-Ordn. v. 3. VII. 91 — ehemals unterworfen gewesen sind.

Sie erstreckt sich jedoch nur auf dasjenige Gut, in dessen früherem obrigkeitlichem Bezirke die Schule liegt oder errichtet werden soll, — daher auf eine Gesammtbegüterung, eine sogenannte Herrschaft nur unter der Voraussetzung, daß mit ihr als einer rechtlichen Einheit die Gutsherrlichkeit territorial ungeteilt verbunden ist.

Ebenso Entsch. Bd. XXXIII S. 259 v. 21. X. 98 I C 90/97 rücksichtlich der Verpflichtung aus § 19 des Schles. Schulregl. v. 18. V. 01. Eintragungen eines Gutes als solchen in das Landschaftsregister sind für die Gutsbezirkseigenschaft ohne entscheidende Bedeutung.

2. Behauptet der auf Schulbaubeiträge für eine Gesammtbegüterung, eine „Herrschaft", in Anspruch genommene Gutsbesitzer, daß sich seine Verpflichtung auf ein einzelnes bestimmtes von den mehreren vereinigten Gütern beschränke, so hängt die Entscheidung davon ab, ob innerhalb der Gesammtbegüterung, der „Herrschaft", dieses Gut als ein selbständiges für sich allein zu Recht besteht. Den Beweis hierfür hat jedenfalls dann der Gutsbesitzer zu erbringen, wenn den Gegenstand des Streites Bauleistungen bilden, die ihm von der Schulaufsichtsbehörde durch Beschluß aus § 47 Zust.-Ges. auferlegt waren.

3. Der Einwand der Verjährung der Verpflichtung zur Hergabe von Baumaterialien ist im Verwaltungsstreitverfahren mit Rücksicht auf §§ 47, 160 Zust.-Ges. an sich unzulässig, da die Verjährung hier nicht als Entstehungsgrund für ein privatrechtliches Verhältnis (vgl. E.-O.-V. Bd. XXI S. 90), sondern als Aufhebungsgrund einer aus dem Gesetze entspringenden öffentlich-rechtlichen Verpflichtung in Frage kommt (vgl. E.-O.-V. Bd. XI S. 133). Im Uebrigen müßte der Anspruch auf Befreiung auf Ersitzung des Rechtes auf Freilassung — erwerbende Verjährung — gestützt werden.

Nr. 2. Entsch. Bd. XXXIII S. 265 v. 22. IV. 98 I C 7/98.

A.-L.-R. II 12 § 36.

Vgl. Erg. Bd. 1899 S. 133 Nr. 5. Sodann:

Daraus allein, daß der Gutsherr in dem Zeitpunkte, da die Hergabe des Bauholzes verlangt ward, die auf dem Gute erforderlichen Bauten noch nicht vorgenommen hat, kann der Anspruch der Schulgemeinde, daß das Wirtschaftsbedürfnis des Gutes dem der Schule nachstehen müsse, nicht hergeleitet werden. Sonst würde der Gutsherr, vom Zufalle abhängig, Gefahr laufen, der Schule das ihm demnächst fehlende Bauholz zu verabfolgen, und, der Absicht des Gesetzes entgegen, entweder das Fehlende anzukaufen, oder unwirtschaftlich aus dem Walde schlagen zu lassen.

Nr. 3. Entsch. Bd. XXXV S. 199 v. 20. V. 98 I C 128/97.

A.-L.-R. II 12 §§ 29 ff., 36.

1. Die dem Gutsherrn des Schulortes gemäß § 36 Tit. 12 T. II A.-L.-R's. obliegende Verpflichtung zur Hergabe von Schulbaumaterialien erstreckt sich auch auf das Zubehör des Schulhauses nebst Lehrerwohnung oder eines besonderen Lehrerwohngebäudes. Nicht ausgeschlossen ist es, dem Zubehör einen den Hof umgebenden Zaun oder die Umzäunung eines mit der Lehrerwohnung in Verbindung gebrachten Gartens beizuzählen.

Wenn auch ein mit der Schullehrerstelle verbundener Garten im allgemeinen nicht als Zubehör des Schulgebäudes anzusehen ist (vgl. § 12[4] und § 44 der Preußischen Schulordn. v. 11. XII. 45 — G.-S. 1846 S. 1 —, ferner § 4 des Küsterschulbau-Ges. v. 21. VII. 46 — G.-S. S. 392 —), so kann dies doch im einzelnen Falle wegen der Verbindung des Gartens mit der Schulmeisterwohnung der Fall sein und dann auch ein Gartenzaun im Zubehörverhältnisse zum Schulgebäude stehen. Dasselbe gilt von dem Zaune um einen zum Schulgebäude gehörigen Hof.

2. Eine Observanz, wonach der Fiskus zu baulichen Leistungen für die Schule verpflichtet ist, die ihm das Gesetz nicht auferlegt, hat sich nach Erlaß des A.-L.-R's. nicht bilden können. Das Maß der dem Gutsherrn obliegenden baulichen Leistungen für die Schule ist dort im § 36 Tit. 12 Teil II gesetzlich bestimmt und kann nicht durch Observanz erweitert werden (vgl. E.-O.-V. Bd. XXI S. 185, Bd. XXIII S. 136, sowie Pr.-Verw.-Bl. Jahrg. XIII S. 255, Jahrg. XVIII S. 270). Daran würde nichts ändern, falls etwa § 36 sich auf Umwährungen nicht mitbeziehen sollte. Denn aus den §§ 29 ff. Tit. 12 Teil II ergiebt sich, daß die aus den Hausvätern des Schulbezirkes bestehende Schulgemeinde in Ermangelung eines anderen Verpflichteten alle notwendigen Lasten für die Schule — mithin auch die Leistungen zur Unterhaltung der erforderlichen Umwährungen von Schulgrundstücken, soweit sie nicht dem Gutsherrn zur Last fallen — zu tragen hat.

Nr. 4. Entsch. v. 7. X. 98 Nr. I 1621.

A.-L.-R. II 12, §§ 34—36.

1. Eine Observanz, wonach die Gutsherren zum Schulhausbau auch die Baarkosten beizutragen haben, hat sich nach Emanation des A.-L.-R's. nicht mehr bilden können. Die gesetzlichen Pflichten hinsichtlich des Schulhausbaues, wie sie in den §§ 34—36 A.-L.-R's. II, 12 enthalten sind, konnten seitdem nicht durch Observanz geändert, die Pflichten der Gutsherrschaften insbesondere dadurch nicht erweitert werden.

2. Haben daher die Gutsherren nach dem Inkrafttreten des A.-L.-R's. die Schulbauten regelmäßig auf ihre Kosten ausgeführt, so ist nur zu prüfen, ob sie etwa durch rechtsverbindliche Willenserklärungen in Bezug auf den Bau und die Unterhaltung der Schulgebäude unter Zustimmung der Schulaufsichtsbehörde weitergehende Verpflichtungen übernommen haben, die als Bestandteile der örtlichen Schulverfassung und somit als objektive Normen des öffentlichen Rechtes anzusehen sind.

Nur die dauernd übernommene Bau- und Unterhaltungspflicht kann Bestandteil der öffentlich-rechtlichen Schulverfassung sein, während die Uebernahme von Leistungen zu einem einzelnen Bau nur einen privatrechtlichen Titel schafft. Vgl. E.-O.-V. Bd. XVI S. 222.

Nr. 5. Entsch. Bd. XXXV S. 192 v. 12. X. 98 I C 139/97.

Forst- und Jagdordnung für Westpreußen und den Netzedistrikt v. 8. X. 05 (Raabe, Samml. pr. Ges. u. Vd. Bd. VIII. S. 354 ff.) Tit. II § 28.
A.-L.-R. II 12, § 36.

1. Wo dem Gutsherrn die Verabfolgung oder Lieferung des zu Schulbauten erforderlichen Holzes gesetzlich obliegt, ist in dieser Last nur, sofern das Gesetz es ausdrücklich vorschreibt, die Verpflichtung einbegriffen, den Wert des durch Massivbau gegen den Bau in Fachwerk ersparten Holzes zu vergüten.

2. Dahin gehende Vorschriften sind in der Forst- und Jagdordnung für Westpreußen und den Netzedistrikt v. 8. X 1805 nicht enthalten.

3. Der § 28 Tit. II daselbst läßt allerdings dem Wortlaute nach eine andere Auslegung zu. Er ist derartig allgemein gefaßt, daß er dem Wortlaute nach auf jede Berechtigung zum Empfange von Bauholz, also auch auf das Recht der Schule oder Schulsozietät, von dem Gutsherrn zum Baue des Schulgebäudes und seines Zubehöres Holz zu verlangen, bezogen werden könnte. Eine solche Beziehung wird auch durch die Bestimmung des ersten Satzes, wonach sich der Berechtigte der Veranschlagung und der durch den Waldeigentümer zu veranlassenden Revision unterwerfen muß, nicht ausgeschlossen. Denn diese Bestimmung giebt dem Waldeigentümer nicht etwa die Befugnis, einseitig dem Berechtigten vorzuschreiben, wie er zu bauen hat. Sie verpflichtet den Berechtigten nur, dem Waldeigentümer durch Vorlegung eines Anschlages Gelegenheit zur Prüfung zu geben, ob die gewählte Bauart — ohne Rücksicht auf die durch Ausnutzung der Holzberechtigung zu erlangenden Vorteile — in Anbetracht der Bestimmung des Gebäudes und der Oertlichkeit die vorteilhafteste und zweckmäßigste sei. Dadurch soll nach der Absicht des Gesetzes der Waldeigentümer in den Stand gesetzt werden, seine Einwendungen gegen die gewählte Bauart geltend zu machen, über die beim Mangel einer Einigung die zuständige Behörde (bei im Privatrecht wurzelnden Berechtigungen das ordentliche Gericht) zu entscheiden hat. Ein dementsprechendes Recht, über den beabsichtigten Bau gehört zu werden und Einwendungen gegen die Zweckmäßigkeit anzubringen, gebührt auch bei Schulbauten den Beteiligten, insbesondere dem zur Hergabe von Bauholz verpflichteten Gutsherrn und ist durch § 47 des Zust.-Ges. unter den Schutz der Rechtskontrolle des Verwaltungsstreitverfahrens gestellt.

4. Dennoch ist eine solche Auslegung, wie aus der Stellung des § 28 im Tit. II der Forstordnung hervorgeht, unzulässig. Die Vorschriften des Tit. II sind lediglich eine Ausführung des § 213 Tit. 22 Teil I A.-L.-R's., wonach sich die Bau-, Brenn-, Nutz- und Leseholzberechtigten nach der vorgeschriebenen Forstordnung zu richten haben und setzen überall eine objektiv-dingliche, auf einem bestimmten Waldstücke ruhende Last voraus. Schon damit ist es unvereinbar, die im zweiten Satz des § 28 vorgesehene Ausdehnung der Pflichten des Waldeigentümers auf die dem Gutsherrn bei Schulbauten obliegende Leistung zu beziehen. Denn diese ist keine dingliche, auf dem Walde ruhende Last, die mit dessen Besitze auf jeden Dritten übergeht, sondern eine aus der obrigkeitlichen, wenn auch in der Provinz Posen wesentlich eingeschränkten Stellung des Gutsherrn sich ergebende persönliche Verpflichtung. Aber selbst wenn man den Gutsherrn im Verhältnis zur Schule als dinglich belasteten Eigentümer des belasteten Waldes ansehen wollte, so hätte doch der Gesetzgeber eine weitergehende Bedeutung des § 28, als der vorausgehenden und nachfolgenden Bestimmungen, klarer, als geschehen, insbesondere durch Hinweis auf A.-L.-R. II 12 § 36, zum Ausdrucke bringen müssen.

Nr. 6. Entsch. v. 4. XI. 98 Nr. I 1828 (Pr.-V.-Bl. Bd. I S. 328).

A.-L.-R. Teil II Tit. 12 §§ 18, 19, 29, 30, 36; Teil I Tit. 9 §§ 629, 655, 656.

1. Die aus § 36 II 12 A.-L.-R's. fließenden Pflichten des Gutsherrn sind öffentliche Lasten im Sinne der §§ 655, 656 I 9 A.-L.-R's. Sie können also nicht durch bloßen Nichtgebrauch erlöschen, sondern nur dadurch beseitigt werden, daß der Gutsherr ein der Heranziehung entgegenstehendes Untersagungsrecht besitzt. Ein solches kann er, da Schulen mindestens insoweit, als es sich um Verpflichtungen zum Bau der Schulgebäude und ihres Zubehörs handelt, gleiche Rechte, wie den Kirchen, beigelegt sind, nur durch

44jährige Verjährung ersitzen, die vom Tage der erfolgreichen Weigerung an zu rechnen ist.

2. Die gutsherrliche Verpflichtung zum Schulbau bezieht sich auf sämmtliche Schulen, die sich auf dem Territorium des gutsherrlichen Bezirkes befinden. Die Verfasser des Landrechtes haben keineswegs vorausgesetzt, daß sich auf jedem Gute nur eine Schule befinden werde, sie sind sich vielmehr dessen wohl bewußt gewesen, daß auf dem Territorium eines und desselben gutsherrlichen Bezirkes, ja sogar innerhalb eines und desselben Ortes sich mehrere gemeine Schulen befinden können, wie die §§ 29, 30 Tit. 12 Teil II A.-L.-R's. vollkommen klar beweisen. Deshalb kann auch aus dem Umstande, daß im § 36 das Wort Schule in der Einzahl gebraucht ist, nicht das Geringste gefolgert werden. Hätte der Gesetzgeber damit aussprechen wollen, daß die Pflicht des ländlichen Gutsherrn oder des mit ihm auf gleiche Linie gestellten städtischen Magistrates immer nur einer Schule gegenüber bestehe, so hätte er sich auch der Regelung, welcher Schule das Vorrecht gebühre, nicht entzogen und nicht entziehen können.

3. Mit den gutsherrlichen Rechten über die Schule, insbesondere dem Rechte zur Benutzung des Lehrers (Ges. v. 15. VII 86 G.-S. S. 185) sind nicht auch die gutsherrlichen Pflichten weggefallen. Ein Gesetz und damit die aus ihm fließende Pflicht wird nicht durch den Wegfall der Voraussetzungen beseitigt, unter denen es erlassen ist, sondern bleibt bis zur Aufhebung bestehen.

β) Bei Schul- und Küsterhäusern insbesondere.

Nr. 1. Entsch. v. 30. IX. 98 Nr. I 1573.

Vd. v. 11. IV. 46 (G.-S. S. 146), betr. die Beitragspflicht zur Unterhaltung von Kirchen-, Pfarr- und Schulgebäuden in dem Markgrafentum Oberlausitz.
Vd. v. 30. VI. 34 (G.-S. S. 96), betr. die Generalkommissionen.

1. Die Vd. v. 11. IV 46 hat, soweit sie von Schulhäusern handelt, nur solche im Auge, bei deren Unterhaltung der Kirchenpatron und die Eingepfarrten in Betracht kommen, d. h. nur sog. Küsterschulen.

2. Durch Verträge der Beteiligten unter Genehmigung der Schulaufsichtsbehörde kann die gesetzlich geregelte Schulunterhaltungspflicht anderweitig geregelt werden. Ein von der Generalkommission bestätigter Rezeß ist an sich zur Begründung einer Ortsschulverfassung wohl geeignet.

3. Zum Nachweise, daß die Kosten der Unterhaltung einer Schule Kommunallasten sind und wie diese aufgebracht werden müssen, bedarf es eines Beschlusses der politischen Gemeinde und dessen Genehmigung durch die Kommunalaufsichtsbehörde.

Nr. 2. Entsch. Bd. XXXV S. 208 v. 14. IV. 99 I C 26/98.

A.-L.-R. II 12 § 37; II 11 §§ 710, 712, 721, 731, 784 ff.

1. In Ermangelung abweichender provinzialgesetzlicher oder ortsrechtlicher Bestimmungen haben im Falle der Unzulänglichkeit des Kirchenvermögens der Patron und die Eingepfarrten bei Landkirchen die Baupflicht bei Pfarrgebäuden in dem Verhältnisse von 2 zu 1 zu tragen.

2. In dieser Pflicht zur Unterhaltung der Pfarrgebäude, daher in der Regel auch der Küsterschulhäuser ist nach den Vorschriften des A.-L.-R's. die Pflicht zur Unterhaltung der Zäune, unabhängig davon, ob sie Zubehör von Gebäuden sind oder nicht (also anders, wie im Falle von A.-L.-R. II 12 § 36), mit einbegriffen, jedoch mit der Maßgabe, daß in Ansehung der Zäune dem Pfarrer und anderen Kirchen-

bedienten sämmtliche (kleine oder große) Reparaturen, dahingegen dem Kirchenvermögen oder den sonstigen Trägern der Kirchenbaulast die Neubauten, soweit sie nicht durch Verschulden des Amtsinhabers verursacht worden sind, zur Last fallen.

Nr. 3. Entsch. v. 13. VI. 99 Nr. I 1074 (C.-Bl.-U.-V. S. 789).

A.-L.-R. II 12 § 37.

Ges. v. 21. VII. 46 (G.-S. S. 392) über Bau und Unterhaltung der Küsterschulhäuser.

1. Daraus, daß das Amt eines Lehrers mit dem Amte eines Küsters organisch verbunden ist, folgt, daß die bauliche Unterhaltung des für diese organisch verbundenen Stellen gewidmeten Küsterschulgehöftes nach den Vorschriften des § 37 Tit. 12 Teil II A.-L.-R's. bezw. des Ges. v. 21. VII 46 sich regelt, auch wenn der Nachweis erbracht werden könnte, daß jenes Grundstück ursprünglich und vor der jetzt bestehenden Organisation nur den Zwecken der Küsterei gedient habe. Ebenso ist es für die Anwendbarkeit der vorangeführten gesetzlichen Bestimmungen unerheblich, wie die privatrechtlichen Eigentumsverhältnisse hinsichtlich des in Frage stehenden Grundstückes bei seiner Eintragung in das Grundbuch geordnet sind. Denn für jene Anwendbarkeit ist nicht das privatrechtliche Eigentum an dem Grundstücke, sondern dessen Zweckbestimmung entscheidend. E.-O.-V. Bd. XIV S. 259 ff.

2. Die Beitragspflicht der Kirchen- und der Schulgemeinde hinsichtlich eines Anbaues nach dem Verhältnisse des Flächeninhaltes der früheren Schulstube zu dem jetzigen Flächeninhalte zu bestimmen, ist zutreffend. Vgl. E.-O.-V. Bd. XVI S. 262 und Bd. XXXI S. 147.

3. Die Anbringung und Unterhaltung der in den Dienstwohnungen der Lehrer und in den Schulstuben erforderlichen Heizvorrichtungen bildet einen Teil der öffentlich-rechtlichen Schulbaulast (E.-O.-V. Bd. XIX S. 181) und ist anders zu beurteilen als die Verpflichtung der Schulgemeinde, die Schulstube mit den erforderlichen Subsellien auszustatten.

Nr. 4. Entsch. v. 23. VI. 99 Nr. I 1143 (C.-Bl.-U.-V. S. 795).

Vd. v. 2. V. 11 (G.-S. S. 193) wegen allgemeiner Separation der Küstereien u. s. w., § 4.

1. Die gemäß § 4 der Vd. v. 2. V. 11 eintretende Entlastung der Schulgemeinde und eine entsprechende Belastung der kirchlichen Interessenten erstreckt sich nur auf die Unterhaltung der Wohnräume des Küsters und Lehrers. Vgl. E.-O.-V. Bd. XIII S. 261 ff.

2. Unter den kirchlichen Interessenten, die hiernach als Träger der öffentlich-rechtlichen Baulast in Betracht kommen können, sind aber nicht die bei der separierten Tochterkirche eingepfarrten politischen Gemeinden, sondern lediglich die Tochtergemeinden zu verstehen. § 4 der Vd. will nicht die bisherige Verpflichtung der Tochtergemeinden in dem Sinne aufheben, daß er sie von jeder Baulast hinsichtlich der Unterhaltung der Schullehrer- und Küsterwohnungen befreit, sondern er will nur den Umfang der den Tochtergemeinden nach wie vor verbleibenden Baulast anderweitig regulieren, soweit eine solche anderweite Regulierung sich als notwendige Folge der eingetretenen Separation ergiebt. E.-O.-V. Bd. XIV S. 237, Bd. XXIV S. 146.

3. Die Bildung einer die Vorschrift des § 4 der Vd. zu Ungunsten der Schulgemeinde einschränkenden Observanz kann gegenüber der bestimmten Vorschrift des § 4 nicht für zulässig erachtet werden.

Nr. 5. Entsch. v. 27. VI. 99 Nr. I 1161 (C.-Bl.-U.-V. S. 798).

Ges. v. 21. VII. 46 (G.-S. S. 392) über Bau und Unterhaltung der Schul- und Küsterhäuser.

Nach dem auch im Geltungsgebiete der Magdeburgischen Kirchenordnung zur Anwendung kommenden Ges., betreffend den Bau und die Unterhaltung der Schul- und Küsterhäuser, v. 21. VII. 46 (vgl. E.-O.-V. Bd. XIX S. 203), erstreckt sich die Verpflichtung der Kirchenkasse, des Kirchenpatrones und der Eingepfarrten auch auf einen gänzlichen oder teilweisen Ersatzbau des Schul- und Küsterhauses, der durch das Bedürfnis der Schule erforderlich geworden ist, insoweit hierbei nicht eine Erweiterung des bisherigen Schulzimmers oder die Herstellung von Schulzimmern für neue Klassen oder von Wohnräumen für neue Lehrer erfolgt. Findet ein Bau statt, der sowohl eine Erweiterung der bisherigen Wohnung des Küsterlehrers als auch eine Erweiterung des bisherigen Schulzimmers herbeiführen oder letzteres durch ein neues, größeres ersetzen soll, so fallen von den gesammten Kosten des Baues diejenigen, die die Erweiterung der Lehrerwohnung betreffen, den Kirchenbaupflichtigen, diejenigen aber, die die Erweiterung der Schulstube betreffen, den Schulbaupflichtigen zur Last. Vgl. E.-O.-V. Bd. XXXI S. 147.

b) Nach Provinzialrechten.

α) In Ost- und Westpreußen.

Nr. 1. Entsch. v. 14. X. 98 Nr. I 1673.

A.-L.-R. II 11, §§ 772 ff., 804 ff.
Ostpr.-Prov.-Recht Zus. 191—212.

1. In Uebereinstimmung mit dem Gemeinen Kirchenrechte sondert das Preußische Kirchenrecht das Vermögen der Kirche strenge von den Pfarrgütern. Der Begriff einer unvermögenden Kirche im Sinne des § 1 des Zus. 197 des Ostpr. Prov.-Rechtes ist von den bei der Kirche bestehenden Pfarrgütern durchaus unabhängig. Nach § 778 II 11 A.-L.-R's. gebührt der Nießbrauch der Pfarrgüter dem Pfarrer. Es ist also begrifflich nicht ausgeschlossen, daß eine Kirche, obschon bei ihr die Dotation der Pfründe eine reiche ist, als unvermögend bezeichnet wird und es muß in jedem einzelnen Falle, wo eine Kirchengemeinde Vermögen hat, festgestellt werden, ob das Kapital für Bauausgaben, die der Gemeinde obliegen, verwendbar ist.

2. Unter den Pfarrgütern nimmt nur der Pfarrwald zu Gunsten der Pfarrbauinteressenten eine besondere Stellung ein. Der Nießbrauch des Pfarrers ist hier beschränkt einerseits durch das Ges. v. 14. VIII. 76 (G.-S. S. 373), betr. die Verwaltung der den Gemeinden ꝛc. gehörigen Holzungen, andererseits durch die §§ 804—811 A.-L.-R's. II 11.

3. Zur Anfechtung eines Bauresolutes ist in Vertretung der Gutsanwohner der Gutsherr (Grundherr) zuständig, wenn die Gesammtheit der im Gutsbezirke wohnenden Schulunterhaltungspflichtigen beteiligt ist. Denn es giebt schon die Möglichkeit eines subsidiären Eintretens dem Grundherrn diese Befugnis. Nur wenn es sich um eine Unterverteilung der Baukosten auf die Gutsanwohner handelte, würden diese ihre Heranziehung selbst zu bemängeln haben.

Nr. 2. Entsch. v. 1. XI. 98 Nr. I 1797.

Pr. Schulordn. v. 11. XII. 45 (G.-S. S. 1846 S. 1) §§ 39, 44, 45, 55—65.

1. Die Verpflichtungen des Grundherrn (Domänenfiskus) aus §§ 55—65 der Schulordn. greifen dann nicht Platz, wenn der Domänen-

fiskus innerhalb einer den Schulverband allein bildenden Landgemeinde Ländereien überhaupt nicht besitzt. Hier hat die Landgemeinde allein für das Schulbedürfnis zu sorgen, Fiskus konkurriert nur mit den gutsherrlichen Leistungen nach §§ 44, 45 a. a. O., falls die Landgemeinde ein Domänendorf ist. Daß diese Bestimmungen etwa nur für leistungsfähige Domänendörfer Platz greifen, während für leistungsunfähige eine Subsidiarleistungspflicht des Gutsherrn eintrete, findet im Gesetze keine Stütze.

2. Die Erbauung eines Schullokales und einer Wohnung für einen neu anzustellenden Lehrer kann erst dann in Frage kommen, wenn es feststeht, daß die Lehrkraft, für die die Räumlichkeiten beschafft werden sollen, in Thätigkeit tritt. Vgl. E.-O.-V. Bd. XXX S. 169.

3. Bei Steigerung der für Gemeindeausgaben notwendigen Zuschläge zu den Staatssteuern auf 225 Prozent braucht die Grenze der Leistungsfähigkeit einer Gemeinde noch nicht erreicht zu sein, so erheblich eine solche Leistung auch sein mag.

β) In Schlesien.

Nr. 1. Entsch. v. 15. III. 98 Nr. I 499 (Pr.-V.-Bl. Bd. XX S. 179).

Schulregl. v. 18. V. 01 (Korn, Neue Ed.-Samml. Bd. VII. S. 266) für die niederen kath. Schulen von Schlesien und der Grafschaft Glatz, §§ 12, 19a; Zust.-Ges. §§ 46, 47.

1. Da nach § 12 des Regl. v. 18. V. 01 zu dem Diensteinkommen eines Lehrers das gute, beständige Haus gehört, so kennzeichnen sich Zuwendungen, die dem Lehrer mangels eines solchen Hauses zu dem Zwecke gemacht werden, daß er sich die Wohnung selbst verschaffe, lediglich als Ersatz für diejenigen Ausgaben, die durch Erbauung einer Dienstwohnung entständen und bei Unterlassung der Bauausführung nicht geleistet zu werden brauchen. Derartige Mietsgelder stehen deshalb rechtlich den Baukosten durchaus gleich, so daß die für diese erlassenen Vorschriften auch auf jene Anwendung finden müssen. Vgl. E.-O.-V. Bd. XX S. 178.

2. Ein Maßstab, nach dem Schulbaukosten unter Gemeinde und Gutsherrschaft zu verteilen sind, ist in dem Schulregl. v. 18. V. 01 nicht vorgesehen. Unzulässig ist die Anwendung des im § 19a des Regl. erwähnten Verteilungsmaßstabes. Denn, wenn es dort heißt:

> „Zu dem Brennmateriale und dem baren Gelde muß die Herrschaft, von welcher Religion sie sei, ein Drittel beitragen, und zwei Drittel tragen die Stellenbesitzer oder die Gemeine —"

so läßt der Zusammenhang, in dem diese Vorschrift zu den sonstigen Bestimmungen des Regl. steht, keinerlei Zweifel darüber, daß unter dem „baren Gelde" das im § 12 des Regl. zu f bestimmte Bargeld des Lehrers zu verstehen ist. Es ist anerkannten Rechtens, daß der im § 19a a. a. O. erwähnte Maßstab für die Verteilung gewisser Schulbedürfnisse zwischen Gemeinde und Gutsherrschaft kein allgemeiner, sämmtliche Leistungen im baren Gelde umfassender ist, sondern ausschließlich auf die dort behandelten Gegenstände Anwendung findet, also allein auf das Brennmaterial und das Lehrerbargehalt, nicht aber auf Entschädigungen, die dem Lehrer für nicht gewährte Naturalbezüge zustehen. Vgl. E.-O.-V. Bd. XV S. 236, Bd. XX S. 194 u. ö. — Mangels eines im Regl. v. 18. V. 01 für die Verteilung der Schulbaukosten zwischen Gemeinde und Gutsherrschaft enthaltenen Maßstabes ist dieserhalb auf die allgemeinen, im katholischen Schulregl. für Schlesien v. 3. XI. 1765 (Korn, Ed.-Samml. Bd. VIII S. 180) vorgesehenen Bestimmungen über die Aufbringung der Schulunterhaltungskosten seitens der Gemeinden und Gutsherrschaften zurückzugreifen. Danach haben die Kriegs- und Domänenkammern, an deren Stelle jetzt die Abteilungen der Bezirksregierungen für das Schul- und Kirchenwesen getreten sind, als Schulaufsichtsbehörden festzusetzen, in welchem Verhältnis die Gemeinden und Gutsherrschaften dazu beizutragen haben. E.-O.-V. Bd. VIII S. 169, Bd. XI S. 176, Bd. XII S. 234, Bd. XIII S. 282, Bd. XV S. 238, Bd. XX S. 182, 194 u. ö.

3. Die Befugnis der Ortsschulbehörden, die Gutsherrschaften zu Abgaben und Leistungen für die Schule heranzuziehen, findet nach § 46 Abs. 1 des Zust.-Ges. eine Einschränkung durch die im § 47 a. a. O. enthaltenen Bestimmungen. Danach hat, falls unter den beteiligten Gemeinden und Gutsherrschaften über die Verteilung der Schulbaukosten Streit entsteht, die Schulaufsichtsbehörde diesen Streit durch einen Beschluß zu entscheiden, gegen den dem Anspruch Genommenen die Klage im Verwaltungsstreitverfahren zusteht. Bei Geltendmachung eines durch einen solchen Beschluß festgestellten Anspruches handelt es sich nicht um eine Heranziehung im Sinne des § 46 Abs. 1 a. a. O., sondern lediglich um Durchführung bezw. Vollstreckung dieses Beschlusses.

Nr. 2. Entsch. v. 7. III. 99 Nr. I 486 (C.-Bl.-U.-V. S. 738).

1. Das Schles. Schulregl. v. 18. V. 01 (Neue Korn'sche Ed.-Samml. Bd. VII S. 266) enthält Bestimmungen über die Aufbringung der Schulbaukosten nicht. Auch das ältere Regl. v. 3. XI 1765 (Korn'sche Ed.-Samml. Bd. VIII S. 180) nimmt für die Erfüllung der Schulbaupflicht die Gemeinden mit Konkurrenz der Herrschaft nur grundsätzlich und ohne Bestimmung des Antheilsverhältnisses in Anspruch. Das letztere bestimmt gemäß § 18e f. der Reg.-Instr. v. 23. X. 17 (G.-S. S. 248) im Streitfalle die Regierung nach Maßgabe des Ortsrechtes und in dessen Ermangelung nach billigem, der Nachprüfung des Verwaltungsrichters entzogenem Ermessen. E.-O.-V. Bd. XII S. 234, Bd. XIII S. 279.

2. Beansprucht ein Gutsherr die Freiheit von Schulbaubeiträgen infolge von Ersitzung, so ist das nicht etwa ein dem Privatrechte angehöriger selbständiger Anspruch, über den nur der ordentliche Richter zu entscheiden zuständig ist. Es kommt vielmehr die Verjährung als Aufhebungsgrund einer aus dem Gesetze entspringenden öffentlich-rechtlichen Pflicht des Gutsherrn in Frage und darf daher im Verwaltungsstreitverfahren geltend gemacht werden. E.-O.-V. Bd. I S. 134, Bd. XI S. 133. Wendet ein mit Bauleistungen herangezogener Gutsherr ein, der eingeschulten Gemeinde gegenüber durch Ersitzung das Recht auf Freilassung eworben zu haben, so ist darin zugleich die Behauptung enthalten, daß die gesetzliche Baupflicht der Gemeinde nunmehr auch die sonst der Herrschaft obliegenden Leistungen umfasse. Alsdann wird nicht ein neben dem öffentlich-rechtlichen aus einem selbständigen privatrechtlichen Verhältnisse entstandener Anspruch, sondern recht eigentlich die Frage, welche von den Parteien zu der streitig gewordenen Leistung öffentlich-rechtlich verpflichtet sei, zur richterlichen Entscheidung gebracht. An sich kann auch die Baulast durch Ersitzung nicht minder wie durch vertragsmäßige Vereinbarung — die Genehmigung der Aufsichtsbehörde vorausgesetzt — abweichend vom Gesetzesrechte geregelt werden, und zwar ist dies nicht allein in dem Verhältnisse des Gutsherrn zur Gemeinde, sondern auch in dem zur Schule möglich, da die gutsherrliche Beitragspflicht ihr gegenüber und nicht der Gemeinde gegenüber besteht.

3. Observanz (partikulares Gewohnheitsrecht) ist ein Rechtszustand, der sich wider das gemeine Recht oder neben ihm her gebildet hat, nicht aber ein solcher, der gerade auf diesem Rechte entweder wirklich, oder doch nach rechtsirriger Auffassung der Betheiligten beruht. E.-O.-V. Bd. XIII S. 252, 283, Bd. XV S. 185, Bd. XVII S. 289, Bd. XX S. 155, Bd. XXI S. 184, 200, Bd. XXIII S. 136, 156, Bd. XXV S. 110. Begriffsmäßig giebt sich die Observanz, mag sie das geschriebene Recht ergänzen oder abändern, durch gleichmäßige langdauernde Uebung in der Ueberzeugung von deren rechtlicher Notwendigkeit kund. Von einer Ueberzeugung aber, die zusammen mit einer sie zum Ausdrucke bringenden Uebung objektives Recht erst schaffen soll, kann keine Rede sein, wenn sie in der Anwendung bereits vorhandener oder irrig als vorhanden vorausgesetzter Normen bethätigt worden ist.

Nr. 3. Entsch. Bd. XXXIII S. 228 v. 29. X. 97 I C 27/97.

Schles. Regl. de gravaminibus v. 8. VIII. 1750 (Korn, Ed.-Samml. Nachtr. Bd. V S. 415).

1. Das Regl. de gravaminibus v. 8. VIII. 1750 unterscheidet die laufenden Ausgaben der Kirche, die, wenn anders die kirchlichen Einrichtungen ihren Zweck erfüllen sollen, nicht unterbleiben dürfen, von den außergewöhnlichen Ausgaben, die durch Bauten entstehen. Jene laufenden, unvermeidlichen Ausgaben kommen zunächst in Betracht und müssen in erster Linie aus den Erträgnissen des Kirchengutes sichergestellt werden. Dessen Bestände sind nach der Absicht des Gesetzgebers eiserne insoweit, als ihre Erträgnisse zur Deckung der laufenden Ausgaben — der expensae necessariae — nicht entbehrt werden können. Nur soweit sich aus diesen Erträgnissen nach Abzug der expensae necessariae Ueberschüsse ergeben, darf das Kirchengut zu den außergewöhnlichen Ausgaben für Bauten verwendet werden, immer aber nur mit der Beschränkung, daß die Erträgnisse des verbleibenden Restes des Kirchengutes zur Bestreitung der gewöhnlichen laufenden Ausgaben hinreichen. Sind solche Ueberschüsse nicht vorhanden, so liegt Unzulänglichkeit des Kirchenvermögens im Sinne der die subsidiäre Baupflicht des Kirchenpatrones regelnden gesetzlichen Vorschriften vor.

2. Es ist aber ohne Belang, ob Ueberschüsse der vorstehend erwähnten Art im Kirchenärare bar vorhanden sind oder ob ihre zinsbare Anlegung erfolgt ist. Auch in letzterem Falle wachsen sie nicht dem Kirchendotalgute als einem eisernen Fonds zu, sondern bleiben zu Bauausgaben verfügbar. Auch dadurch werden kapitalisierte Ueberschüsse dem Aerare als Kapital nicht erhalten, wenn späterhin einmal die Ausgaben der Kirchenkasse deren Einnahmen überschreiten, ein Dritter Vorschüsse leistet. Die Thatsache allein, daß eine Jahresrechnung mit Vorschuß abschließt, beweist, so lange im Aerare Kapitalien vorhanden sind, an und für sich noch nicht dessen Unzulänglichkeit.

Nr. 4. Entsch. Bd. XXXV S. 216 v. 11. VII. 99 I C 61/98.

Schles. Regl. de gravaminibus v. 8. VIII. 1750 (Korn, Nachtr. zur Ed.-Samml. Bd. V S. 415).

Im Geltungsbereiche des schlesischen Reglements de gravaminibus v. 8. VIII. 50 besteht eine subsidiäre Unterhaltungspflicht des Kirchenpatrones nur für Zäune, die ein Zubehör des katholischen Pfarr-(Pfarrschul-)gebäudes sind, andererseits aber nicht bloß bei Neubauten, sondern auch bei größeren Reparaturen solcher Zäune, betreffs deren jene Voraussetzung zutrifft. Das Beitragsverhältnis zwischen dem Patron und den Eingepfarrten bestimmt sich nach den landrechtlichen Regeln.

VI.

Angelegenheiten des Personenstandes.

Litteratur: v. Erichsen, Führung der Standesregister, 8. Aufl. Berlin 1900. — Kruse, Das Standesamt, 5. Aufl. von Wohlers, Das Reichsgesetz vom 6. Februar 1875, Berlin 1900. — Mantey, Das Eheschließungsrecht des Bürgerlichen Gesetzbuches, Berlin 1898 — Kotze, Das Reichsgesetz über die Beurkundung des Personenstandes, Breslau 1899. — Schollen, desgl., Berlin 1900; Schultz, desgl., Berlin 1900; Spickernagel, desgl., Düsseldorf 1900. — v. Wickede, Der preußische Standesbeamte und das Bürgerliche Gesetzbuch, Wiesbaden 1900.

VII.

Staatsangehörigkeit.

Nr. 1. Entsch. Bd. XXXV S. 407 v. 2. VI. 99 I A 45/98.

Reichsges. v. 1. VI. 70 (B.-G.-Bl. S. 365), betr. Erwerb und Verlust der Bundes- und Staatsangehörigkeit, §§ 15, 17.
Reichsmil.-Ges. v. 2. V. 74 (R.-G.-Bl. S. 45) § 10 Wehrordn. v. 22. XI. 88 (C.-Bl. f. d. deutsche Reich 1889 S. 1) § 36⁴.

1. Die Landespolizeibehörde darf in Friedenszeiten Wehrpflichtigen, die das 25. Lebensjahr vollendet haben, die von ihnen ohne den Nachweis des Erwerbes der Staatsangehörigkeit in einem anderen Bundesstaate beantragte Entlassung aus der Preußischen Staatsangehörigkeit weder wegen Nichtbeibringung eines Zeugnisses der Kreisersatzkommission darüber, daß sie die Entlassung nicht bloß in der Absicht nachsuchen, um sich der Dienstpflicht im stehenden Heere oder in der Flotte zu entziehen, noch auch deshalb versagen, weil sie wegen Verletzung der Wehrpflicht zu einer noch nicht vollstreckten Strafe verurteilt worden sind.

2. Freilich fallen mit der Entlassung aus der Staatsangehörigkeit und dem dadurch bedingten Aufhören der Wehrpflicht die Voraussetzungen fort, die die weitere Fortsetzung des Aufenthaltes im Auslande als strafbare Entziehung von der Wehrpflicht erscheinen lassen. Dadurch wird aber der Thatbestand des vor der Entlassung liegenden Verhaltens der aus der Staatsangehörigkeit geschiedenen Person in keiner Weise geändert. Stellte es den Thatbestand eines Vergehens gegen § 140 Nr. 1 des Reichsstrafgesetzbuches dar, so bleibt es trotz der Entlassung aus der Staaatsangehörigkeit strafbar. Diese hat nur den Erfolg, daß mit ihrer Erteilung die Verjährung der Strafverfolgung zu laufen beginnt. Denn die Entlassung hat nicht den Sinn einer Billigung des strafrechtlich verfolgbaren Verhaltens, sondern nur den einer Bewilligung des Ausscheidens aus der Staatsangehörigkeit und einer Entbindung von den mit ihr verbundenen Pflichten für die Zukunft.

3. Mehr Gewicht haben die Erwägungen, daß die Absicht des Gesetzgebers nicht dahin gegangen sein könne, demjenigen, der sich thatsächlich der Dienstpflicht bis zum vollendeten 25. Lebensjahr entzogen habe, mit diesem Zeitpunkte ein Recht auf Entlassung aus der Staatsangehörigkeit zu gewähren. Indes kann auch ihnen eine Ausschlag gebende Bedeutung nicht beigelegt werden.

Anzuerkennen ist, daß die Voraussetzung, von der diese Beweisführung ausgeht, in den geltenden Bestimmungen über die Wehrpflicht begründet ist. Hiernach kann der Zweck des § 15[1] des Ges. v. 1. VI. 70, der den Bestrebungen Wehrpflichtiger vorbeugen will, sich durch Ausscheiden aus der Staatsangehörigkeit dem Dienst im stehenden Heere oder in der Flotte zu entziehen, vollständig nur erreicht werden, wenn jeder Wehrpflichtige, über dessen Dienstpflicht eine endgiltige Entscheidung noch nicht getroffen ist, den Nachweis zu erbringen hat, daß er die Entlassung nicht lediglich nachsuche, um sich dieser Dienstpflicht zu entziehen. Daraus ist indes nur zu folgern, daß der Gesetzgeber, um das von ihm verfolgte Ziel zu erreichen, eine derartige Bestimmung hätte treffen sollen, aber nicht, daß er sie getroffen hat. Nur auf die Beantwortung der letzteren Frage kann es aber für die richterliche Entscheidung, die das Gesetz anzuwenden, aber nicht zu verbessern oder zu ergänzen hat, ankommen. Es ist daher allein zu prüfen, ob der Gesetzgeber, indem er die Vollendung des 25. Lebensjahres als Grenze setzte, mit dieser Ausdrucksweise den Zeitpunkt, in dem die Militärpflicht erlischt, bezeichnet hat oder doch hat bezeichnen wollen, und das ist nach dem in der Fassung völlig bestimmten und klaren, für sich allein zu Zweifeln nicht den mindesten Anlaß gebenden Wortlautes des Gesetzes zu verneinen.

(Folgt eingehende Begründung.)

4. Ebenso ungerechtfertigt ist die Versagung der Entlassung aus dem Grunde, um die Vollstreckung der rechtskräftigen Strafe wegen Verletzung der Wehrpflicht zu sichern. Die Vollstreckung gerichtlich erkannter Strafen gehört nicht den Aufgaben des Regierungspräsidenten. Er kann deshalb auch nicht, um die Vollstreckung gerichtlicher Strafen zu sichern, die Erteilung der Entlassungsurkunde oder deren Aushändigung aus eigener Entschließung verweigern, sondern hat nur zu prüfen, ob im Reichsgesetze anerkannte Versagungsgründe vorliegen. Ist das nicht der Fall, so muß er die Urkunde erteilen und den nach § 483 der Strafprozeßordnung berufenen Vollstreckungsbehörden (Staatsanwaltschaft oder Amtsgericht) überlassen, ob sie eine Beschlagnahme der ausgefertigten Urkunde für ein rechtlich zulässiges und geeignetes Mittel halten, die Vollstreckung der erkannten Strafe zu sichern. Ausgeschlossen wird dadurch nicht, daß er in Erfüllung der allgemeinen polizeilichen Aufgabe, bei der Verfolgung strafbarer Handlungen mitzuwirken, den Vollstreckungsbehörden von dem gestellten Antrage Mitteilung macht und ihnen dadurch Gelegenheit giebt, von einer etwaigen Befugnis zur Beschlagnahme Gebrauch zu machen. Geschieht dies, so wird er den Antragsteller davon in Kenntnis zu setzen haben, dem gegen die Anordnung der Vollstreckungsbehörde die in den §§ 490, 495 der Strafprozeßordnung beziehungsweise den in letzterer Vorschrift angeführten Bestimmungen der Civilprozeßordnung zugelassenen Rechtsmittel zustehen. Vgl. E.-O.-V. Bd. XV S. 405 ff.

Nr. 2. Entsch. Bd. XXXV S. 418 v. 21. IV. 99 I A 121/98.

L.-V.-G. § 130 Abs. 3.
Reichsges. v. 1. VI. 70 (B.-G.-Bl. S. 155) über Erwerb und Verlust der Bundes- und Staatsangehörigkeit, § 13; Reichsmil.-Ges. v. 2. V. 74 (R.-G.-Bl. S. 45) § 11; Wehrordn. v. 22. XI. 88 § 21.

1. Wer eine fremde Nationalität nicht erworben hat und auch mit seinen wiederholten Anträgen auf Wiederverleihung der preußischen Staats- und damit der deutschen Reichsangehörigkeit stets abgelehnt wurde, ist zur Zeit eine staatlose Person. Seiner Klage steht demnach der § 130 Abs. 3 L.-V.-G's. entgegen, wonach Personen, die nicht Reichsangehörige sind, eine Klage gegen die Landesverweisung nicht

gegeben ist. Wenn er z. B. hiergegen unter Berufung auf den deutsch-dänischen Repatriirungsvertrag von 1873 ausführt, er habe, aus Dänemark ausgewiesen, vermöge einer im Jahre 1895 durch die preußische Regierung verfügten Rückübernahme die preußische Staatsangehörigkeit wieder erlangt, und wenn er diese Behauptung weiterhin auf § 21 der Wehrordnung für das Deutsche Reich v. 22. XI. 88 (Zentralblatt für das Deutsche Reich 1889 S. 1) stützt, wonach er, nachdem er in Deutschland wiederum seinen dauernden Aufenthalt genommen habe, gestellungspflichtig geworden sei, so befindet er sich im Irrtum über die rechtliche Bedeutung der von ihm angerufenen Bestimmung, deren Nichtanwendung er rügt.

2. Die bloße Uebernahme ist rechtlich nicht geeignet, die Naturalisation zu ersetzen (E.-O.-V. Bd. XXX S. 409). Als Reichsausländer aber unterliegt er polizeilicher Ausweisung aus dem preußischen Staatsgebiete.

3. Die landespolizeiliche Ausweisung von Reichsausländern wird dadurch, daß sie auf Antrag eines auswärtigen Staates als ehemalige deutsche Staatsangehörige in Erfüllung einer durch Vertrag (sog. Repatriirungsvertrag) begründeten völkerrechtlichen Pflicht übernommen waren, selbst dann nicht ausgeschlossen, wenn sie noch militärdienstpflichtig sind. Die in § 21 der Wehrordnung v. 22. XI. 88 getroffene, den § 11 des Reichsmilitärges. v. 2. V. 74 wiedergebende Bestimmung unterwirft allerdings ausnahmsweise auch Ausländer der Gestellungspflicht vor den Ersatzbehörden und eventueller Aushebung, nämlich solche Personen, die das Reichsgebiet verlassen, die Reichsangehörigkeit verloren, eine andere Staatsangehörigkeit aber nicht erworben oder wieder verloren haben, vorausgesetzt, daß sie ihren dauernden Aufenthalt in Deutschland nehmen. Die Absicht des Gesetzgebers ist lediglich die gewesen, das Privilegium der Heimatlosen, die keinem Staate unterthan und deshalb auch der Militärpflicht keines Staates unterworfen sind, aufzuheben. Aber das Gesetz ist weit entfernt, an die Einstellung solcher Personen in das Heer den Wiedererwerb verlorener Staatsangehörigkeit zu knüpfen. Als Nicht-Reichsangehörige bleiben sie nach, wie vor, einer landespolizeilichen, den ferneren Aufenthalt versagenden Verfügung unterworfen. Ergeht eine solche, so erlischt die militärische Gestellungspflicht von selbst.

Dritte Abteilung.

Polizeiliche Angelegenheiten.

I.

Besondere polizeiliche Angelegenheiten.

A. Wasserpolizei und die damit im Zusammenhange stehenden Streitigkeiten der Beteiligten.

a) Wasserpolizeiliche Verfügungen im Sinne des § 66 Zust.-Ges. Räumung von Gräben, Bächen und Wasserläufen (Privatflüssen). Streitigkeiten der Beteiligten.

Nr. 1. Entsch. v. 28. I. 99 III 146.

A.-L.-R. Teil I Tit. 8 §§ 100, 101.

Das Allgemeine Landrecht verpflichtet diejenigen, über deren Eigentum Gräben gehen, und, sofern es Scheidegräben sind, die beiderseitigen Nachbarn zu ihrer Unterhaltung nur in der Regel (§§ 100, 101 I 8); es läßt also abweichende Rechtsbildungen zu; demgemäß ist in ständiger Rechtsprechung des O.-V.-G. anerkannt, sowohl daß die Räumungspflicht abweichend von den landrechtlichen Grundsätzen durch Observanz überhaupt bestimmt werden kann, wie auch, daß die Bildung einer Observanz dahin möglich ist, daß die Pflicht zur Räumung einzelnen Grundbesitzern zufällt, auch wenn sie an der betreffenden Stelle des Grabens mit ihrem Besitze nicht angrenzen (vergl. Entsch. Bd. XXX S. 298 ff.).

Nr. 2. Entsch. v. 24. VI. 99 III 1023.

A.-L.-R. §§ 100, 101 I 8.

1. Die gesetzliche Räumungspflicht (§§ 100, 101 Tit. 8 Teil I A.-L.-R.) kann abweichend von der gesetzlichen Regel auch durch eine Vereinbarung der Beteiligten öffentlich-rechtlich wirksam bestimmt werden, sofern diese von der zuständigen Wasserpolizeibehörde genehmigt ist. Für eine solche Genehmigung ist eine bestimmte Form nicht vorgeschrieben; deshalb ist es zulässig, daß sie stillschweigend durch gewisse, die Zustimmung außer Zweifel stellende Handlungen kundgegeben wird. Wenn z. B. der für die Wasserpolizei zuständige Amtsvorsteher sich selbst mit der Herstellung einer Vereinbarung unter den Beteiligten befaßt, einen Vergleich niederschreibt und unterzeichnet, so kann hierin der Ausdruck der Genehmigung des Vergleiches gefunden werden.

Aus der durch diese Genehmigung gegebenen öffentlich-rechtlichen Bedeutung das die Räumungspflicht in Zukunft regelnden Vergleiches folgt dessen Wirksamkeit nicht bloß für die an dem Abschlusse des Vergleiches Beteiligten, sondern auch für deren Rechtsnachfolger. Daß einer der Beteiligten durch eine schriftliche Vollmacht eines Andern zum Abschluß des Vergleiches nicht ermächtigt war, schadet der Wirksamkeit des Vergleiches nicht; es genügt, wenn die Vollmacht mündlich erteilt war und der Auftraggeber nach Abschluß des Vergleiches dessen Inhalt nachträglich mündlich genehmigt hat oder wenn die Absicht der Genehmigung aus Handlungen unzweideutig zu entnehmen ist. Zwar ist die Frage, ob der Mangel einer schriftlichen Vollmacht durch nachträgliche mündliche oder stillschweigende Genehmigung des zufolge einer mündlich erteilten Vollmacht abgeschlossenen Geschäfts behoben wird, nicht außer Streit; das O.-V.-G. trägt jedoch kein Bedenken, sich der dies bejahenden Rechtsprechung des Obertribunals (Entsch. Bd. XIX S. 29 ff.) und des Reichsgerichts (Entsch. in Zivilsachen Bd. IV S. 307, Bd. X S. 257) anzuschließen, die auch im B.-G.-B. § 177 Anerkennung gefunden hat (s. Motive Bd. II S. 240 ff. zu § 123 ff. des Entwurfs erster Lesung).

Nr. 3. Entsch. v. 18. II. 99 III 264.

A.-L.-R. I 8 § 100; Vorflutges. § 10.

Die Polizeibehörde ist nicht befugt, die Anlegung neuer Gräben zu erzwingen, und deshalb darf sie die Aufräumung bisheriger Gräben nur dann anordnen, wenn ihre Verfüllung erst neuerlich stattgefunden hat, so daß von dem Bestande eines Grabens für Zwecke der Vorflut den Umständen nach gleichwohl noch die Rede sein kann. Denn da die Räumung zum Zwecke der Herstellung eines Grabens in seiner normalen Breite und Tiefe angeordnet werden darf, so ist eine solche Anordnung zwar dann nicht ausgeschlossen, wenn sie alsbald nach der Verfüllung eines Grabens ergeht, wohl aber dann, wenn die Verfüllung und damit die Beseitigung der Vorfluth von den Beteiligten und der Polizeibehörde eine längere Zeit geduldet worden ist.

Nr. 4. Entsch. v. 19. X. 98 III 1412.

A.-L.-R. Teil I Tit. 8 §§ 106, 107, 100; Vorflutges. § 10.

1. Die §§ 106, 107 I 8 A.-L.-R. beziehen sich auf die Verschaffung von Vorflut durch Ziehung eines neuen Grabens in dem im § 68 des Zust.-Ges. geordneten Verfahren. Das Recht auf Vorflut in diesem Sinne ist, wie Entsch. Bd. XXV S. 286 näher ausgeführt ist, ein Quasi-Expropriationsrecht. Es soll dem Antragsteller die Möglichkeit gegeben werden, auf seine Kosten Veranstaltungen auf fremdem Grund und Boden zu treffen, auf seine Kosten sich ein fremdes Grundstück behufs Ableitung stehenden Wassers dienstbar zu machen.

2. Ob ein Graben, wodurch das Wasser seinen ordentlichen und gewöhnlichen Ablauf hat (§ 100 Tit. 8 Teil I des A.-L.-R.), durch Befestigung seiner Sohle und seiner Böschungen mit Holz, Steinen oder sonstigem Material in seiner äußeren Gestaltung verändert oder auch selbst, soweit dies ohne Beeinträchtigung seines Zweckes als Vorflutsgraben geschehen kann, durch eine neue Kanal- oder Röhrenleitung ersetzt wird, ändert die dem Grundstückseigentümer nach § 100 a. a. O. und § 10 des Vorflutgesetzes obliegende Räumungsverpflichtung in keiner Weise. Gleichgültig ist auch, ob die Anlage wesentlich städtischen Entwässerungszwecken dient, und eine Befreiung von der Räumungsverbindlichkeit kommt für den Grundstückseigentümer selbst dann nicht in Frage, wenn durch die Bebauung des Geländes, von dem das durch den Graben abzuleitende Wasser abströmt, mit Häusern und städtischen Straßen der Wasserzufluß gegen früher vermehrt wird. Zur Abwehr des ihm etwa unbefugter Weise zugeführten eigentlichen Haus- und Wirtschafts-

wassers kann er sich nur der dazu gegebenen Rechtsbehelfe bedienen, eine Befugnis, seine Räumungspflicht überhaupt nicht zu erfüllen, daraus aber keineswegs ableiten (Entsch. vom 19. III 1894 III 353).

Nr. 5. Entsch. Bd. XXXV S. 304 v. 5. VII. 99 III C 18/99.

§ 2 Vorflutges. für Neuvorpommern v. 9. II. 67 (G.-S. S. 220).

Der § 2 des Vorflut-Ges. v. 9. II 67 ermächtigt die Polizeibehörde ganz allgemein zum Einschreiten, sobald aus der Vernachlässigung der Räumung Nachteile für die Besitzer anderer Grundstücke entstehen. Diese Grundstücke brauchen nicht an dem betreffenden Flußlaufe selbst zu liegen.

Nr. 6. Entsch. v. 19. XII. 95 III 1580.

§ 31 Feld- und Forstpol.-Ges.v. 1. IV. 80.

Der Amtsvorsteher hatte dem Kläger durch eine unangefochten gebliebene (also rechtskräftige) Verf. aufgegeben, einen Graben zu räumen. Später verschüttete der Kläger den Graben wieder und es wurde dann von dem Amtsvorsteher angeordnet, daß er bei Vermeidung einer Geldstrafe sich jeder Zuschüttung zu enthalten habe. Des O.-V.-G. hob die Strafandrohung auf, weil die Zuschüttung bereits durch § 31 des Feld- und Forstpolizeiges. v. 1. IV 80 verboten sei (ne bis in idem), im übrigen wurde die Klage abgewiesen. Der Amtsvorsteher hatte im V.-St.-V. den Einwand erhoben, es stehe durch das Vorverfahren bereits zwischen den Parteien rechtskräftig fest, daß ein Graben nach § 100 I 8 A.-L.-R. vorhanden sei. Das O.-V.-G. sprach aus, daß die Vorverfügung nur einen einzelnen Räumungsfall im Auge und die unterlassene Anfechtung zwar zur Folge gehabt habe, daß auf Grund derselben als entgültige Anordnung die aufgegebene einzelne Räumung hätte erzwungen werden dürfen, daß aber dafür, ob ein Graben bestehe und ob dessen Aufräumung auch in der Folge zu erzwingen, die Vorverfügung nicht maßgebend sei. Durch die Nichtanfechtung einer polizeilichen Verfügung würden bestimmte dauernde Rechtsverhältnisse zwischen der Behörde und dem Beteiligten nicht festgestellt (Entsch. v. 4. X 92 Entsch. Bd. XXIII S. 163 ff.).

Nr. 7. Entsch. Bd. XXXV S. 301 v. 22. IV. 99 III B 76/98.

§ 225 I 9 A.-L.-R.; Schles. Vorflutedikt v. 20. XII. 1746; § 7 Ges. v. 28. II. 43; § 66 Zust.-Ges.

1. Das O.-V.-G. hat bereits in dem Erk. v. 14. XI 1878 (Entsch. Bd. IV S. 270) unter eingehender Begründung ausgesprochen, daß das aus den Bestimmungen des A.-L.-R's. herzuleitende Recht der Ufereigentümer an den Anlandungen die auf § 7 des Privatflußges. beruhende Pflicht zur Wegräumung derartiger die Vorflut behindernder Landteile nicht ausschließe, und an diesem aus dem Verhältnis der in Betracht kommenden Gesetzesstellen zu einander sich notwendig ergebenden Grundsatze ist seitdem in gleichmäßiger Rechtsprechung festgehalten werden (Entsch. Bd. IX S. 259).

2. Andererseits ist aber das den beständigen Einwirkungen der fließenden Welle ausgesetzte Bett eines Wasserlaufes der Natur der Sache nach kein ein für alle Mal unveränderliches; und bei der Entscheidung, was zur Zeit Ufer und was Flußbett ist, kann deshalb nicht auf unvordenkliche Zeiträume zurückgegriffen werden. Es kann insbesondere nicht in Frage kommen, die Entscheidung, ob ein gegenwärtig sich als ununterscheidbarer Teil des Ufers darstellendes Landstück im Wege der Räumung zu beseitigen ist, davon abhängig zu machen, ob es zur Zeit des Erlasses des Privatflußgesetzes oder, wenn es sich um das Geltungsgebiet des Schlesischen Vorflutediktes v. 20. XII 1746 handelt, ob es beim Inkrafttreten dieses Gesetzes bereits vorhanden gewesen ist oder sich erst nachher durch Anlandung gebildet hat.

3. Das O.-V.-G. hat ferner in ständiger Rechtsprechung daran festgehalten, daß die Wiederherstellung eines verschütteten oder durch allmähliches Zuwachsen thatsächlich eingegangenen Wasserlaufes dann nicht mehr verlangt werden darf, wenn mit Rücksicht auf die inzwischen abgelaufene Zeit von einem noch vorhandenen Graben nicht mehr gesprochen werden kann, vielmehr eine Veränderung der früheren Vorflutverhältnisse anzunehmen ist, während bei Ablauf kürzerer Zeit die Wiederöffnung des beseitigten Wasserlaufes im Wege der Räumungsverfügung von der Wasserpolizeibehörde beansprucht werden darf (Entsch. Bd. II S. 280, Bd. III S. 210, Bd. VIII S. 237). Der gleiche Grundsatz muß auch für Privatflüsse gelten. Da die lebendige Kraft des strömenden Wassers Ufer und Flußbett beständigen Abänderungen unterwirft, kann es nicht darauf ankommen, wie in früherer Zeit die Grenzlinie zwischen Ufer und Fluß verlief, sondern nur darauf, was gegenwärtig als Ufer und was als Flußbett angesehen werden muß. Im Laufe der Zeit mit dem alten Ufer zu ununterscheidbarer Einheit gewordene, mit Bäumen von erheblichem Umfange bewachsene und vom Eigentümer ohne Einspruch der Wasserpolizeibehörde zu industriellen Anlagen benutzte Grundstücksteile, selbst wenn sich ihre allmähliche Entstehung aus Anschwemmungen des Flusses nachweisen ließe, auch noch gegenwärtig nicht als Bestandteil des Ufers, sondern als im Wege der Räumung zu entfernendes Vorfluthindernis im Flußbette anzusehen, kann danach nicht in Frage kommen, während nichts im Wege steht, Vorflut hemmende Anlandungen, die sich neu am Rande des Flußbettes bilden oder unlängst gebildet haben, zur Erhaltung des Wasserlaufes in seinem normalen Profile im Wege der Räumungsanordnung beseitigen zu lassen.

Nr. 8. Entsch. v. 28. VI. 99 III 1041.

Schles. Vorflutedikt §§ 5, 7; Privatflußges. v. 28. II. 43 § 7.

1. Der § 7 des Privatflußges. v. 28. II. 43 verweist, was die Verpflichtung zur Räumung von Privatflüssen angeht, an erster Stelle auf „Provinzialgesetze, Lokalstatuten, ununterbrochene Gewohnheiten oder spezielle Rechtstitel". Observanz ist nur eine andere, vielfach gebrauchte Bezeichnung für ununterbrochene Gewohnheit (Entsch. Bd. XXX S. 298). Der Begriff der Observanz ist daher nach der ausdrücklichen gesetzlichen Vorschrift des § 7 für die Regelung der Räumungsverbindlichkeit eines Privatflusses, auch wenn zwischen den Beteiligten eine weitere Verbands- oder Interessengemeinschaft nicht besteht, anwendbar (Entsch. Bd. XXX S. 298). Auch das als noch giltiges Provinzialgesetz (Entsch. Bd. XXIV S. 280, Präjudiz des Obertribunals v. 7. I. 50, Entsch. Bd. XIX S. 53) nach § 7 des Privatflußgesetzes zur Anwendung gelangende Schlesische Vorflutedikt v. 20. XII. 176, das in den §§ 7 und 5 Bestimmungen über die Räumung der Gräben und Flüsse und die Pflichten der „unterwertsliegenden Grundherrschaften und deren Unterthanen" trifft, schließt die Geltung ununterbrochener auf die Räumungspflicht bezüglicher Gewohnheiten nirgends aus.

2. Die Pflicht zur Räumung eines Privatflusses, möge sie nun den Uferbesitzern kraft der gesetzlichen Bestimmungen oder dem Eigentümer des Flusses auf Grund seines Eigentums (Entsch. Bd. XXIV S. 252, 280) oder dritten Personen kraft Observanz obliegen, ist eine öffentlich-rechtliche und nicht eine privatrechtliche Verpflichtung. „Die Polizeibehörde ist ermächtigt, diejenigen, welchen die Räumung obliegt, hierzu anzuhalten" (§ 7 Abs. 2 des Privatflußges.). Die Räumungspflicht ist im öffentlichen Interesse, nicht im Interesse einzelner Privatpersonen, mag ihnen die Räumung auch zunächst zu gute kommen, geregelt worden, und ihre Durchführung ist daher in die Hand

der Staatsgewalt gelegt. Ob und welche Rechte daher an dem Privatflusse zu Gunsten einzelner Privatpersonen sonst bestehen, ist für den Charakter der Räumungspflicht gleichgiltig.

3. Die Räumungspflicht wird, wie das O.-V.-G. wiederholt ausgesprochen hat, auch nicht dadurch berührt, daß das Flußbett in künstlicher Weise durch Begradigung, Abstechen, Erweiterung oder Vertiefung einzelnen Veränderungen unterworfen wird. Es bleibt dem Pflichtigen überlassen, gegen diese Veränderungen, wenn sie rechtswidrig erfolgt sind, im Wege der gegebenen Rechtsbehelfe vorzugehen. Seine öffentlich-rechtliche Räumungspflicht wird durch sie nicht aufgehoben oder verändert.

Nr. 9. Entsch. v. 7. XII. 98 III 1689.

§ 98 Zust.-Ges. v. 26. VII. 76; § 66 Abs. 3 des Zust.-Ges. v. 1. VIII. 83.

Nach der Vorschrift des § 98 des früheren Zust.-Ges. v. 26. VII. 76 war der Kreisausschuß nicht, wie gegenwärtig nach § 66 Abs. 3 des Zust.-Ges. v. 1. VIII. 83, berufen, an Stelle der bis dahin zuständigen ordentlichen Gerichte den Streit zwischen mehreren Beteiligten über die Räumungsverbindlichkeit endgiltig vorbehaltlich der zulässigen Rechtsmittel im V.-St.-V. zu entscheiden. Der § 98 wies dem Kreisausschusse vielmehr nur innerhalb eines anhängigen polizeilichen Räumungsverfahrens als ein Glied dieses Verfahrens die Entscheidung über einen in ihm auftauchenden Zwischenstreit über die Räumungsverbindlichkeit zu. Außerhalb eines anhängigen polizeilichen Räumungsverfahrens war eine Klage aus § 98 nicht zulässig, und die zu Gunsten einer Partei in einem auf Grund des § 98 geführten Streitverfahren ergehende Entscheidung hinderte die Gegenpartei nach Lage der gesetzlichen Bestimmungen nicht, im ordentlichen Rechtswege nichtsdestoweniger, ohne an eine Frist gebunden zu sein, den Streit über die Räumungsverpflichtung von neuem aufzunehmen und nunmehr endgiltig zum Austrage zu bringen (Entsch. Bd. IX S. 252, vgl. auch Bd. III S. 204, Bd. IV S. 264, 276). Die Einrede der res judicata ist daher, da eine nach § 98 ergangene Entscheidung der materiellen Rechtskraft entbehrt, verfehlt, wenn jetzt die Beteiligten gemäß § 66 Abs. 3 des Zust.-Ges. v. 1. VIII. 83 darüber streiten, wem von ihnen die Räumungsverbindlichkeit obliegt.

Nr. 10. Entsch. v. 11. II. 99 III 226.

Zust.-Ges. § 66 Abs. 3.

Der Gesetzgeber wollte in § 66 Abs. 3 des Zust.-Ges. das Verwaltungsstreitverfahren nur dann für zulässig erklären, wenn es sich unter Beteiligten um die Feststellung einer objektiv zweifellosen Räumungspflicht nach der subjektiven Richtung hin („wem von ihnen") handelt.

b) Strom-, Schiffahrts- und Ortspolizei, öffentliche Flüsse und ihre Schiffbarkeit, Strombauverwaltungsgesetz, Uferschutzbauten, Fähren, Wasserbauinspektoren, Schaurichter, Polizei auf dem Meere.

Nr. 1. Entsch. Bd. XXXIII S. 301 v. 5. I. 98 III C 82/97.

§§ 39, 41 Tit. 15 Teil II A.-L.-R.; § 7 Privatflußges.

Für den Fall, daß ein nicht schiffbarer Fluß schiffbar gemacht wird, treffen die §§ 39, 41 Tit. 15 Teil II A.-L.-R. einzelne Bestimmungen. Während andere Gesetze auch für den Fall, daß ein bisher schiffbarer Fluß nicht schiffbar wird, Vorschriften haben — so das Bayerische Gesetz v. 28. V. 52, die Benutzung des Wassers betreffend, Art. 2 Abs. 3, das

Badische Gesetz v. 25. VIII. 76 über die Benutzung und Instandhaltung der Gewässer Art. 3 Abs. 3 und das Oesterreichische Reichswassergesetz v. 30. V. 69 § 2, und zwar im wesentlichen übereinstimmend dahin, daß der Fluß trotz des Aufhörens der Schiffbarkeit die Eigenschaft als öffentliches Gewässer behält —, fehlt es für diesen Fall im A.-L.-R. an jeder Bestimmung. In der Begründung zu § 32 des 1894 veröffentlichten Entwurfes eines Preußischen Wassergesetzes ist, ohne daß es von einer der zahlreichen Stellen, die den Entwurf begutachtet haben, beanstandet worden wäre (vgl. die 1895 als Manuskript gedruckte Zusammenstellung der gutachtlichen Aeußerungen zu dem Entwurf eines Preußischen Wassergesetzes S. 216—218), bemerkt (S. 145): „Nach dem geltenden Rechte gehen durch das Aufhören der Schiffbarkeit die dem Staate zustehenden Rechte und Pflichten an den öffentlichen Flüssen unter. In Bayern (Art. 2 Abs. 3 des Wasser-Ges.) und Baden (Art. 3 des Wasser-Ges.) bleiben öffentliche Flüsse als solche bestehen, auch wenn sie aufhören, schiff- oder flößbar zu sein. Eine solche Bestimmung erscheint weder folgerichtig noch durch das Bedürfnis gerechtfertigt." Dem ist beizutreten und anzunehmen, daß, wenn ein schiffbarer Fluß dauernd aufhört, schiffbar zu sein, er auch insofern als Privatfluß zu behandeln ist, daß die Uferbesitzer die Gesammtheit der am Flusse möglichen Nutzungen und infolge dessen auch die Pflicht zu seiner Räumung gemäß § 7 des Privatflußges. haben.

Nr. 2. Entsch. Bd. XXXIV S. 290 v. 2. XI. 98 III C 23/98.

1. Die Landespolizeibehörden, nicht die Ortspolizeibehörden, sind zuständig für ein Verbot, Teile der Ostsee als Fahrwasser zu sperren, mag auf den Strecken eine öffentliche Schiffahrt stattfinden oder nicht.

2. In der vorliegenden Sache hatte eine Ortspolizeibehörde ein solches Verbot am 16. X. 95, am 7. IV. 96 und am 7. VI. 96 erlassen. Die Verf. v. 16. X. war rechtskräftig geworden, trotzdem wurden auf Klage die Verfügungen v. 7. IV. und 7. VI. 96 außer Kraft gesetzt mit folgender Ausführung: „Die Anordnungen und Androhungen in den Verfügungen v. 7. IV. und 7. VI. 96 wegen der Unzuständigkeit der Ortspolizeibehörde außer Kraft zu setzen, wird dadurch nicht ausgeschlossen, daß sich eine gleiche Anordnung und Androhung schon in der Verfügung v. 16. X. 95 findet und die letztere Verfügung von dem Kläger nicht angefochten worden ist. Denn auch gegen eine polizeiliche Verfügung, die sich nach ihrem Inhalte als Wiederholung einer früheren Verfügung darstellt, ist die Klage an sich zulässig; sie bleibt nur ohne Erfolg, wenn sie deshalb den Kläger nicht in seinen Rechten verletzt, weil sie bloß nochmals etwas fordert, was schon nach der früheren Verfügung wegen deren unterlassener Anfechtung geleistet werden mußte (vgl. z. B. die Urteile des O.-V.-G. v. 6. II. 96 III 163 im Preuß. Verw.-Blatt Jahrg. XVIII S. 81 und Kunze u. Kautz, Erg.-Bd. 1899 S. 280, sowie v. 21. XII. 96 III, 1613 in den Mitteilungen aus der Praxis der Verwaltungsgerichte Bd. III S. 332). Die Rechte des Klägers aber werden durch die Anordnungen und Androhungen 7. IV. und 7. VI. 96 verletzt, da der Ortspolizeibehörde die sachliche Zuständigkeit zu solchen Anordnungen und Androhungen fehlt."

Nr. 3. Entsch. v. 19. II. 98 III 252.

Welcher Art die Rechtsverhältnisse am Meeresufer, insbesondere an dem der Insel Sylt, sein mögen, der einzelne Unterthan hat daran, abgesehen von dem Falle einer Verleihung oder dergleichen, kein besonderes

Recht, sondern zwar ein Gebrauchsrecht, aber bloß ein gleiches Gebrauchsrecht, wie jeder andere, d. h. nur die Befugnisse, welche der Gemeingebrauch giebt. Den Gemeingebrauch zu regeln und zu schützen, namentlich einer Ueberschreitung der nach ihm dem Einzelnen zustehenden Befugnisse im Interesse der übrigen Gleichberechtigten entgegen zu treten, gehört zu den Rechten und Pflichten der Polizeibehörden, die sich dabei sowohl der Polizeiverordnung als der Polizeiverfügung bedienen können (sog. Polizei des Gemeingebrauchs, vgl. besonders Otto Mayer, Deutsches Verwaltungsrecht Bd. II S. 93, 94, 124 ff.). Für die Meeresufer hat dies Ausdruck gefunden in dem § 366a des Reichsstrafgesetzbuches, welcher die Uebertretung der zum Schutze der Meeresufer sowie der auf denselben vorhandenen Anpflanzungen und Anlagen erlassenen Polizeiverordnungen mit Strafe bedroht, ferner in den übereinstimmenden Vorschriften des § 6 unter b des Ges. über die Polizeiverwaltung v. 11. III. 50 und des § 6 unter b der Verordn. v. 20. IX. 67 über die Polizeiverwaltung in den neu erworbenen Landesteilen, wonach zu den Gegenständen der ortspolizeilichen Vorschriften die Ordnung, Sicherheit und Leichtigkeit des Verkehrs auf öffentlichen Straßen, Wegen und Plätzen, Brücken, Ufern und Gewässern gehören, ohne daß die Meeresufer ausgenommen sind. Die Polizei des Gemeingebrauchs an den Meeresufern steht den Ortspolizeibehörden zu. Denn es fehlt an einer Bestimmung, welche die Zuständigkeit der Ortspolizeibehörden ausschlösse und die der Landespolizeibehörden begründete, und die Eigenart der Meeresufer und des Gemeingebrauchs an ihnen enthält nichts, was der Zuständigkeit der Ortspolizeibehörden entgegenstände. Dies gilt auch für die Insel Sylt (vgl. § 51 der Kreis-Ordn. für die Provinz Schleswig-Holstein v. 26. V. 88). Demgemäß ist denn auch in dem angezogenen § 6 des Ges. v. 11. III. 50 und der Verordn. v. 20. IX. 67 von ortspolizeilichen Vorschriften über die Ordnung u. s. w. des Verkehrs auf den Ufern die Rede.

c) Wassergenossenschaften.

Nr. 1. Entsch. Bd. XXXIII S. 309 v. 9. III. 98 III B 2/97.

§§ 65, 66 Wassergenossenschaftsges. v. 1. IV. 79.

1. Wenn ein Grundstück einem Auseinandersetzungsverfahren unterliegt, so ist dennoch der Bezirksausschuß zuständig zur Entscheidung über den Anspruch auf Ausscheiden des Grundstückes aus einer Wassergenossenschaft.

2. Der Anspruch auf Ausscheiden eines Grundstückes aus der Genossenschaft nach Maßgabe der Bestimmung des § 66 Abs. 3 des Ges. v. 1. IV. 79 kannn nicht darauf gestützt werden, daß der Eigentümer das Grundstück durch seine Benutzung zu industriellen Anlagen vorteilhafter verwerten könne und aus diesem Grunde durch seine Zugehörigkeit zur Genossenschaft dauernden Nachteil erleide, sondern nur darauf, daß das Grundstück dauernden Nachteil von dem Unternehmen habe. Das Gesetz ist im Landeskulturinteresse erlassen. Die Interessen der Eigentümer von Grundstücken mit industriellen Anlagen sind dadurch gesichert, daß nach § 65 letzter Absatz hinsichtlich solcher Grundstücke, deren besondere Benutzungsart für den Eigentümer von größerem Vorteile ist, als die durch das Unternehmen beabsichtigte Verbesserung, ein Zwang zum Eintritt in die Genossenschaft nicht stattfindet. Ist aber die Genossenschaft einmal gebildet, so kommt es nach § 66 und dessen Begründung nicht mehr auf die wechselnden Interessen des jeweiligen Eigentümers des Grundstückes und auf die bloße Möglichkeit an, es durch eine besondere Benutzungsart vorteilhafter zu verwerten, — und im Interesse der Beständigkeit des Unternehmens kann es zu dieser Zeit hierauf

auch überhaupt nicht mehr ankommen, — sondern nur noch darauf, ob das Grundstück selbst, entgegen der bei der Gründung der Genossenschaft bestehenden Annahme, dauernden Nachteil von dem Unternehmen hat, sei es nun, wie die Motive sagen, daß die Voraussetzung eines Nutzens von Anfang an unrichtig war, oder daß durch neuere Verhältnisse der Eintritt des mit Grund angenommenen Nutzens verhindert worden ist (von Brauchitsch, Verw.-Ges. Bd. IV, 12. Aufl., S. 126 Anm. 30 zu § 66 a. a. O. und das dort angeführte Erkenntnis E.-O.-G. v. 30. XI. 91, Pr.-V.-Bl. Jahrg. XIII S. 257). Der Nachteil muß also in ursächlichem Zusammenhange mit dem Unternehmen stehen und infolge der Ausführung des Unternehmens für das Grundstück eingetreten sein. Es ergiebt sich dies auch daraus, daß die Klage aus § 66 Abs. 2 oder 3 erst nach Ausführung des Unternehmens angestellt werden kann (Entsch. Bd. XI S. 250).

Nr. 2. Entsch. v. 25. I. 99 III 121 (Pr.-V.-Bl. Jahrg. XX S. 333).
§§ 45, 66 Abs. 2 und 3 Wassergenossenschaftsges. v. 1. IV. 79.

Erfolg kann die in dem Regierungsentwurfe überhaupt nicht vorgesehene, sondern erst durch die Kommission des Abgeordnetenhauses in das Ges. v. 1. IV. 79 (§ 66 Abs. 3) aufgenommene Klage nur dann haben, wenn sich ergiebt, daß es sich nicht nur um vorübergehende Schäden, sondern um einen Nachteil des Grundstücks aus dem Unternehmen handelt, der nach der Sachlage dauernd fortbestehen wird. Solange dies nicht feststeht, insbesondere deshalb, weil die Wirkungen des Unternehmens auf das Grundstück sich noch nicht mit Sicherheit übersehen lassen, kann das Ausscheiden aus der Genossenschaft nicht ausgesprochen werden. Dem Genossen bleibt für die Zwischenzeit, sofern das Grundstück in der That keinen Vortheil von dem Unternehmen hat, nur die in Abs. 2 des § 66 vorgesehe Klage auf Erlaß der Genossenschaftsbeiträge. Richtig ist, daß danach die durch das Gesetz von dem Zeitpunkte der Ausführung des Unternehmens an zugelassene Klage auf Ausscheiden, wenn sich nach der Eigenart des Unternehmens dessen Wirkungen für das Grundstück erst nach längerer Zeit beurteilen lassen, so lange mit Aussicht auf Erfolg nicht angestellt werden kann. Es entspricht das aber auch nur der Natur der Sache, denn wenn einmal die Genossenschaft auf Grund des von den zuständigen Instanzen als erbracht erachteten Nachweises des öffentlichen oder gemeinwirtschaftlichen Nutzens (§ 45 des Ges.) begründet und das Unternehmen ausgeführt worden ist, kann eine das Interesse des ganzen Unternehmens und aller übrigen Genossen in so hohem Maße berührende Maßnahme, wie es das Ausscheiden einzelner Grundstücke aus dem auf sie und ihre Leistungsfähigkeit mit begründeten Genossenschaftsverbande ist, nur unter zwingenden Gründen zulässig sein. Die bloße Wahrscheinlichkeit eines andauernden Nachteils kann dazu nicht genügen. Im Interesse der Sicherung der Genossenschaft fordert das Gesetz vielmehr, daß sich ein dauernder Nachteil „ergiebt," also bestimmt nachweisbar ist.

Nr. 3. Entsch. v. 8. III. 99 III 379 (Pr.-V.-Bl. Jahrg. XXI S. 82).
Wassergenossenschaftsges. §§ 65, 66, 79.

1. Die Vorschriften des § 66 des Wassergenossenschafts-Ges. v. 1. IV. 79 sind nicht dahin zu verstehen, daß bei der Frage, ob ein Grundstück von dem Unternehmen „keinen Vorteil" oder „dauernden Nachteil" hat, die Höhe der Beiträge mit in Ansatz gebracht und danach bestimmt werden darf, ob unter Aufwägung der Beitragslast gegen den Nutzen noch Vorteil vorhanden oder bereits Nachteil anzunehmen ist. Bei der Bemessung des Vorteils

oder Nachteils kommt vielmehr ausschließlich in Betracht, ob für das Grundstück günstigere Produktionsbedingungen geschaffen worden sind oder nicht. Die Beiträge und deren Höhe bleiben bei dieser Ermittelung völlig außer Betracht. Es ergiebt sich dies unmittelbar aus dem Wortlaute der gesetzlichen Bestimmung, die das Grundstück, nicht den Besitzer als entscheidend für die Beurteilung des Vorteils oder Nachteils hinstellt und ferner bei Nichtvorhandensein eines Vorteils den Anspruch auf gänzlichen Erlaß der Beiträge gewährt, diese also für die Ermittelung des Vorteils nicht als wesentlich erachtet werden kann. Hieraus folgt aber, daß ein einmal zur Genossenschaft, sei es auch wider Willen des Besitzers (§§ 65, 79), hinzugezogenes Grundstück, sofern es einen, wenn auch nur geringfügigen Nutzen von dem Unternehmen hat, einen Anspruch auf Beitragserlaß nicht erheben kann, mögen auch die Beiträge das Maß des Vorteils noch so sehr übersteigen und somit die Zugehörigkeit zu der Genossenschaft für den beitragspflichtigen Besitzer — anders wie für das Grundstück — zu offenbarem Nachteil gestalten.

2. Die für die Erreichung der Zwecke der Genossenschaft allerdings ausschlaggebende Frage, ob die Beitragslast in einem richtigen Verhältnisse zu dem Nutzen des Unternehmens steht, kann der Natur der Sache nach ihre Beantwortung auch nur vor der Begründung der Genossenschaft finden. Ist sie in diesem Zeitpunkte, wenn auch zu Unrecht, bejaht, und daraufhin die Genossenschaft errichtet worden, so verbietet sich ihre nochmalige Erörterung im V.-St.-V. von selbst, da für die Klage aus § 66 die Ausführung des Unternehmens die Voraussetzung ist, und es sich nach der Ausführung nicht mehr um die Höhe der nach den erwachsenen Kosten und den erforderlichen Unterhaltungsaufwendungen bereits feststehenden Last, sondern nur noch um deren gerechte Verteilung unter den Genossen nach Verhältnis des Vorteils aus dem Unternehmen handeln kann. Die Klagen aus § 66 sind aber nicht zur Regelung des Teilnahmeverhältnisses unter den Genossen gegeben, dessen Festsetzung überhaupt nicht zum Gegenstand der Klage gemacht werden kann (§ 56 Ziffer 6, § 66 Abs. 1 des Ges.), sondern nur zur Durchsetzung des Anspruches auf Ausscheiden oder Beitragserlaß, also auf dauerndes oder wenigstens zeitweiliges Aufhören jeglicher Beteiligung an den Lasten.

Nr. 4. Entsch. v. 5. XI. 98 III 1508 (Pr.-V.-Bl. Jahrg. XX S. 217).

L.-V.-G. §§ 127 ff., 133; Wassergenossenschaftsges. v. 1. IV. 79 § 54.

In der dem § 54 des Wassergenossenschaftsges. v. 1. IV. 79 durch den § 94 des Zust.-Ges. gegebenen Fassung (vgl. von Brauchitsch, Verwaltungsgesetze, Bd. IV, 12. Aufl. Seite 121) lautet der § 54:

„Der Vorstand kann die in Ausübung seiner Befugnisse gegen einzelne Genossen gerichteten Anordnungen auf Kosten der Ungehorsamen zur Ausführung bringen oder nötigenfalls mittelst vorher anzudrohender Ordnungsstrafen bis zu 30 Mk. aufrechterhalten.

Die hiernach festgesetzten Geldstrafen fließen in die Genossenschaftskasse.

In betreff der Rechtsmittel gegen die Androhung, Festsetzung und Ausführung des Zwangsmittels finden die Bestimmungen der §§ 132 ff. des Gesetzes über die allgemeine Landesverwaltung v. 30. VII. 83 Anwendung. Zuständig für die Klage ist bei den der Aufsicht des Regierungspräsidenten unterliegenden Genossenschaften der Bezirksausschuß, bei allen übrigen Genossenschaften der Kreis-(Stadt-)Ausschuß.“

Die §§ 132 ff. des L.-V.-G., auf die im § 54 Abs. 3 allein Bezug genommen ist, besagen zwar nur, daß gegen die Androhung eines Zwangsmittels dieselben Rechtsmittel stattfinden, wie gegen die Anordnung, um deren Durchführung es sich handelt (§ 133). Die Frage, welches dies sind, bleibt danach offen und wird durch die §§ 127 ff. des L.-V.-G. auch nur für die polizeiliche Verfügungen der Orts- und Kreispolizeibehörden und des Regierungspräsidenten, nicht dagegen für die im § 54 des Wassergenossenschaftsgesetzes erwähnten Anordnungen beantwortet. Nach der früheren Fassung des § 64, in der auf die §§ 34 und 36 Abs. 1 des Ges. v. 25. VII. 76 betreffend die Zuständigkeit der Verwaltungsbehörden und Verwaltungsgerichtsbehörden Bezug genommen und ausdrücklich die Beschwerde oder die Klage als zulässig bezeichnet war, ist aber die nach der dem § 54 gegebenen neuen Fassung im Gesetze vorhandene Ungenauigkeit in Uebereinstimmung mit der zweifellosen Absicht des Gesetzgebers, der bei der Abänderung des § 54 nur in Gemäßheit des § 133 Abs. 2 des L.-V.-G. die Klage gegen die Festsetzung und Ausführung des Zwangsmittels hat ausschließen wollen, dahin zu berichtigen, daß gegen die im Falle des § 54 erlassenen Anordnungen und Androhungen ebenfalls die Klage oder wahlweise die Beschwerde mit nachfolgender Klage zulässig ist.

d) Entwässerung, Verschaffung an Vorflut.

e) Wassernutzung, Bewässerung, Uferbesitz, Eigentum an Privatflüssen, Flußbett.

Nr. 1. Entsch. Bd. XXXIII S. 305 v. 26. II. 98 III C 89/97.

Privatflußges. §§ 1, 3, 4, 5, 6, 13 ff.

Daß in öffentlichen Flüssen die Uferbesitzer kein über den Gemeingebrauch hinausgehendes Recht auf Anbringung oder Beibehaltung einer Schöpfvorrichtung innerhalb des Stromlaufes haben, hat das O.-V.-G. bereits in einem Erkenntnisse v. 18. III. 97 (Pr.-V.-Blatt Jahrg. XIX S. 61, Entsch. Bd. XXXII S. 263) ausgesprochen. Ein Gleiches muß aber auch, soweit nicht die nach den §§ 13 ff. des Privatflußgesetzes eine Ausnahmestellung einnehmenden Stauanlagen zur Ableitung des Wassers in Frage kommen, für Vorrichtungen der Uferbesitzer in Privatflüssen gelten, sofern sie mit festen Bauteilen in das Wasserbett hineinragen. Vom O.-V.-G. ausdrücklich anerkannt (Entsch. Bd. XVIII S. 361, 365) ist dies bereits für solche Einbauten, die zur Herrichtung eines anderweitigen, das Flußbett einengenden Ufers und somit zur Veränderung der Grenzlinie zwischen Ufergrundstück und Fluß dienen sollen. Mit diesen offenbar unzulässigen Einbauten, die bestimmt sind, Teile des Flußbettes dem Ufergrundstück einzuverleiben, haben aber solche in das Wasserbett hineingebaute Anlagen, die, wie Waschbänke, Schöpfvorrichtungen und dergl., lediglich zur Erleichterung der an sich zulässigen Benutzung des Flußwassers zum Waschen, Schöpfen u. s. w. errichtet werden, immerhin das gemeinsam, daß sie den durch den Einbau in Anspruch genommenen Raum seiner naturgemäßen Bestimmung, als Teil des Flußbettes dessen Zwecken zu dienen, entziehen und somit einen regelmäßig auch für den Wasserablauf nachteiligen Eingriff in den Bestand des Flusses darstellen. Die Befugnis des Uferanliegers zu einem derartigen Eingriffe kann aber weder aus allgemeinen Grundsätzen gefolgert werden, noch ist sie aus den Bestimmungen des Privatflußgesetzes zu entnehmen. Eine weitgehende Ausnahme macht dieses allerdings zu Gunsten der im zweiten Abschnitte in den §§ 13 ff. behandelten Anlagen zum Aufstauen des Wasser behufs dessen Benutzung, sei es zum Zwecke der Bewässerung, zur Verbesserung der Bodenkultur, sei es zu gewerblichen oder sonstigen Zwecken. In dieser Beziehung ist das Gesetz sogar so weit gegangen, die Beschränkungen, denen es das Recht zur Herstellung von Stauanlagen im § 13 unterworfen hat, nicht unter den Schutz der Polizeibehörde zu stellen, sondern die Abänderung der bezüglichen Rechtsverhältnisse durch Vertrag und Ersitzung zu gestatten (Entsch. Bd. XI S. 263, 266). Diese hauptsächlich im Interesse der Beförderung der Landeskultur durch Herstellung von Bewässerungsanlagen gegebenen singulären Bestimmungen gestatten aber keine ausdehnende Auslegung zu Gunsten anderer Anlagen, welche in das Flußbett eingreifen. Solche Anlagen unterstehen vielmehr dem allgemeinen, in den Bestimmungen des ersten Abschnittes des Gesetzes zum Ausdrucke gelangten Grundgedanken, daß bei der Wichtigkeit, die der Privatfluß für die Wohlfahrt und die gesammten wirtschaftlichen Verhältnisse der von ihm durchströmten Landesteile, insbesondere in Beziehung auf deren Versorgung mit Wasser sowie die Entwässerung und die Darbietung von Triebkräften, hat, die Erhaltung seines Laufes in einem diesen Zwecken möglichst entsprechenden Zustande ein Gegenstand des öffentlichen Interesses ist und daher der Fürsorge der Polizeibehörde unterliegt. Die Einleitung von Abwässern gewerblicher Anlagen (§ 3), das Einwerfen von losen Steinen, Erde und Sand (§ 4), das sogenannte Wiesenbrechen (§ 5), die Anlegung von Flachs- und Hanfröten (§ 6) ist daher nur unter bestimmten Voraussetzungen gestattet, und die Entscheidung darüber, ob diese Voraussetzungen im einzelnen Falle vorliegen, regelmäßig der Polizeibehörde zugewiesen. Diese ist ferner ermächtigt, nicht nur einer mißbräuchlichen Benutzung des Flusses in den vorgedachten Beziehungen entgegenzutreten, sondern auch die Uferbesitzer zur Erhaltung des Flusses in ordnungsmäßigem Räumungszustande insoweit, als es zur Beschaffung der Vorflut notwendig ist, anzuhalten (§ 7). Ein Recht der Uferbesitzer, nicht nur das an ihren Grundstücken vorüberfließende Wasser (§ 1), sondern auch das Flußbett selbst zu ihrem besonderen Vorteile zu benutzen, ist mithin vom Gesetze — von den in den §§ 13 ff. gedachten Anlagen abgesehen — nicht anerkannt.

Nr. 2. Entsch. v. 8. IV. 99 III 551 (Pr.-V.-Bl. Jahrg. XXI S. 27.)

§§ 24 ff., 30—33 Privatflußges. v. 28. II. 43; Zust.-Ges. § 76.

1. Für Anträge nach Maßgabe der § 24 ff. des Privatflußgesetzes, die auf die Einräumung oder Beschränkung von Rechten behufs Ausführung oder Erhaltung von Bewässerungsanlagen abzielen, ist gemäß §§ 30—33 dieses Gesetzes in Verbindung mit § 76 des Zust.-Ges. von dem Kreisausschusse zunächst über die Vorfrage, ob ein überwiegendes Landeskulturinteresse vorliegt, zu beschließen und zwar, da der Beschluß weder für endgiltig erklärt, noch wegen seiner Anfechtung ein anderes bestimmt ist, nach der Regel des § 121 des L.-V.-G. vorbehaltlich der Beschwerde an den Bezirksausschuß.

2. Der Unternehmer der Anlage kann eine Beschränkung nur in denjenigen Rechten verlangen, die im § 25 des Ges. v. 28. II. 43 aufgeführt sind, nicht auch in anderen Rechten. Hierüber läßt der Wortlaut des Gesetzes keinen Zweifel; es ergiebt sich jedoch als der Absicht des Gesetzgebers entsprechend auch aus den Vorverhandlungen zur Feststellung dieses Gesetzes. In dem den Ständen vorgelegten Entwurfe des Gesetzes war als § 28 folgende Vorschrift aufgenommen:

> Die Einräumung oder Beschränkung von Rechten zu Gunsten einer Bewässerungs-Anlage in einem größeren Umfange, als der § 25 festsetzt, kann nur durch landesherrliche Entscheidung angeordnet werden.

Ihre Aufnahme haben die Stände abgelehnt, weil sie über die Festsetzungen des § 25 nicht hinausgehen mochten, und ebenso ist ein Antrag unberücksichtigt geblieben, in der Nummer 3 des § 25 eine Ausnahme vom § 13 Nr. 2 an Stelle der hier zugelassenen Ausnahme vom § 13 Nr. 1 zugelassen (siehe die Protokolle über die Sitzungen v. 3. 7. und 8. XI. 32). Danach kann die Einräumung des Rechtes, das zur Bewässerung benutzte Wasser erst unterhalb des eigenen Besitzes und also außerhalb der eigenen Grenze wieder zuleiten zu dürfen, nicht erzwungen werden, wiewohl es von den Beteiligten freiwillig zugestanden werden darf. Insoweit ist die Rechtslage eine andere, als sie für den Geltungsbereich der Wiesenordnung für den Kreis Siegen v. 3. X. 46, das Hannoversche Wassergesetz v. VIII. 47 u. s. w. gegeben ist (Entsch. Bd. XXII S. 272 ff.).

f) Stauanlagen für Wassertriebwerke, Merkpfahlsetzung.

Nr. 1. Entsch. Bd. XXXIV S. 285 v. 25. V. 98 III B 69/96.

§§ 243, 244 Tit. 15 Teil II A.-L.-R.; § 8 Edikt v. 28. X. 10 G.-S. S. 95; § 27 Preuß.-Gew.-Ordn. v. 17. I. 45; §§ 16 ff., R.-Gew.-Ordn.

1. Die Erhöhung des Fachbaumes und der bewegliche Aufsatz auf dem Fachbaume haben das gemein, daß sie eine weitere Anstauung ermöglichen. Deshalb läßt das Landrecht das eine, wie das andere nur zu, falls es den Beteiligten nicht nachteilig ist, jedoch unterscheidet es für beide Maßnahmen dahin, daß die Erhöhung des Fachbaumes nicht anders als unter Aufsicht der Landespolizei und unter Zuziehung der Beteiligten vorgenommen werden darf, während es dem Müller hinsichtlich der beweglichen Aufsätze bei kleinem Wasser freie Hand läßt. Der Begriff der „Erhöhung des Fachbaumes" ist nun freilich nicht auf die eigentliche Höherlegung des Fachbaumes beschränkt; es fällt hierunter zweifellos auch die Verstärkung des Fachbaumes" durch Auflegung von Balken, Brettern und anderen Gegenständen. Soviel aber ist aus dem Gegensatze zwischen „Erhöhung des Aufsatzes" und „beweglichen Aufsatz auf dem Fachbaume" zu entnehmen, daß unter die „Erhöhung des Fachbaumes" im Sinne des Landrechtes der „bewegliche Aufsatz" auf dem Fachbaume nicht fällt, und daß also als „Erhöhung des Fachbaums" neben seiner Höherlegung nur noch die Anbringung eines unbeweglichen Aufsatzes auf dem Fachbaume gelten kann, d. h. eines niet- oder nagelfest oder in anderer Art mit dem Fachbaume derart verbundenen Aufsatzes, daß der ursprüngliche Fachbaum und der Aufsatz nunmehr den Fachbaum darstellen (siehe hierfür § 4 der Schlesischen Mühlenordnung v. 28. VIII. 77, Korn, Edikten-Sammlung XV S. 278, und § 62 des Handbuchs des Mühlenrechtes von Schilling). Hiermit im Einklange ist auch in dem Urteile des O.-V.-G. v. 5. XII. 92 III. B. 7/92 auf dem Fachbaume angenagelten Brettern die Eigenschaft eines beweglichen Aufsatzes abgesprochen worden.

2. Die mißbräuchliche Anwendung eines beweglichen Aufsatzes macht ihn nicht zu einem unbeweglichen. Handelt es sich um einen beweglichen Aufsatz und nicht um die Erhöhung des Fachbaumes, was nur nach der technischen Gestaltung des Aufsatzes und unabhängig von den Befugnissen, die der Müller glaubt in Anspruch nehmen zu können, zu entscheiden ist, so ist eine polizeiliche Auflage, die Aufsatzbretter gänzlich und für immer zu entfernen, nicht aufrecht zu erhalten, weil sie sich nicht darauf beschränkt, einer mißbräuchlichen Benutzung der Aufsatzbretter entgegenzutreten, sondern deren Beseitigung als eine wesentliche Aenderung der Stauanlage schlechthin anordnet. Voraussetzung hierfür ist allerdings, daß die Befugnisse aus § 244 Titel 15 Teil II A.-L.-R's. für die Mühle noch in Anspruch genommen werden können.

3. Ueber die Frage, was unter einem beweglichen Aufsatze zu verstehen ist, spricht sich das Erk. die konkreten Verhältnisse den Fall beachtend dahin aus: „Die Bretter stützen sich gegen kurze eiserne Dollen, die in senkrechte, mit einem

Gasrohr ausgefütterte Löcher in den Rücken des Ueberfallwehrs lose eingesetzt und herausgenommen werden können. Danach können also sowohl die Bretter wie die Dollen so oft herausgenommen werden, als dies bei nicht kleinem Wasser und zur Abwendung von Nachteilen für die Beteiligten geboten ist. Es mag sein, daß bei plötzlich ansteigendem Wasser die Entfernung der Dollen und Bretter nicht immer ausführbar ist; aber ganz abgesehen davon, daß dem voraussichtlich zum Teil abzuhelfen wäre, wenn die Verbindung der Bretter mit den oberhalb auf der Brücke vorhandenen, das Aufziehen der Bretter ermöglichenden Ketten nicht behindert wird, so kann dieser Uebelstand daran nichts ändern, daß der Aufsatz nach der Art, wie die Bretter auf dem Wehrrücken angebracht werden, als ein beweglicher zu beurteilen ist. Keinesfalls läßt sich nach dem Stande der Technik zur landrechtlichen Zeit mit Grund behaupten, daß als bewegliche Aufsätze nur solche zu gelten haben, die sich bei Eintritt desjenigen Wasserstandes, der nicht überschritten werden soll, von selbst öffnen. Da die Bretter das Wasser halten sollen, können sie auf dem Fachbaume lose nicht anders aufgestellt werden, als derart, daß sie an Pfählen, Dollen oder an irgend einer anderen Einrichtung ihren Halt finden."

Nr. 2. Entsch. v. 4. XII. 97 III 1636 (Pr.-V.-Bl. Jahrg. XX S. 34).

R.-Gew.-Ordn. §§ 16 ff., 147.

1. In dem Endurteile des zweiten Senates des O.-V.-G. v. 17. XII. 83 (Entsch. Bd. X S. 277) ist ausgesprochen worden, daß zu der genehmigungspflichtigen Stauanlage einer Mühle weder die Wasserräder noch die Turbinen gehörten und daß daher der nach Erteilung der Konzession erfolgte Ersatz eines Wasserrades durch eine Turbine nicht als eine der Genehmigung bedürftige Veränderung der Betriebsstätte anzusehen sei. Ob gegen diese Auffassung nicht erhebliche Bedenken geltend gemacht werden können und ob an ihr festzuhalten sein wird, läßt der III. Senat zur Zeit dahingestellt. Daß aber die Schützen vor den Rädern und Turbinen, deren Oeffnen oder Schließen auf den Abfluß des Oberwassers von direktem Einfluß ist, als ein Bestandteil der Stauanlage anzusehen sind, ist ohne Weiteres klar und auch in dem angezogenen Urteile v. 17. XII. 83 als unzweifelhaft bezeichnet. Auf dem gleichen Standpunkte steht auch die Anführungsanweisung der Minister für Handel, Gewerbe und öffentliche Arbeiten und des Innern v. 4. IX. 69 zur Gewerbeordnung in der Fassung des Erlasses dieser Minister v. 19. VII. 84 (M.-Bl. d. i. V. S. 164), wenn sie unter lfd. Nr. 30 bei Stauanlagen eine Zeichnung der gesammten Stauvorrichtungen einschließlich der Gerinne und Wasserräder und ein Nivellement erfordert, in dem das Längenprofil des zum Betriebe bestimmten Wasserlaufes und des Mutterbaches, sowie eine Anzahl von Querprofilen beider dargestellt sein soll. Ebenso hat der III. Senat in einem Urteile v. 21. XI 92 Rep. III C. 58 ausgesprochen, daß als Stauanlage nicht das einzelne Stauwerk für sich allein, sondern die Anlage in ihrer Gesammtheit, das ist das Stauwerk und das ganze System von Wasserläufen, denen das Stauwerk dient, anzusehen ist.

2. Ob eine Veränderung einer Stauanlage wesentlich ist, dazu bedarf es nicht des Nachweises, daß durch sie thatsächlich Nachteile, Gefahren oder Belästigungen der im § 16 Gew.-Ordn. bezeichneten Art herbeigeführt werden, sondern es genügt, daß die Veränderung ihrer Natur nach solche Uebelstände herbeiführen kann (Entsch. Bd. X S. 282).

3. Die Polizeibehörde ist auf Grund der §§ 16 und 147 Gew.-Ordn. berechtigt, gegen den konzessionswidrigen Zustand von Schützenöffnungen einer Mühle polizeilich einzuschreiten. Eine an die Nichtbefolgung der Verfügung ge-

knüpfte Androhung einer Geldstrafe für jeden Kontraventionsfall ist dagegen ungesetzlich, da die verbotene Fortsetzung des Betriebes der konzessionswidrigen Stauanlage bereits durch die allgemeine Vorschrift des § 147 der Gew.-Ordn. mit Strafe bedroht ist und die Androhung gegen den Grundsatz „ne bis in idem“ verstößt. Nur die Androhung unmittebaren Zwanges wäre (Entsch. des O.-V.-G. Bd. V S. 278, Bd. VIII S. 363, Bd. IX S. 280; v. Brauchitsch, Verwaltungsgesetze, Bd. I 14. Aufl. S. 160 Anm. 263 zu § 132) zulässig (Pr.-V.-Bl. Jahrg. XX S. 35).

Nr. 3. Entsch. v. 25. II. 99 III 306 (Pr.-V.-Bl. XX S. 401).

Gew.-Ordn. §§ 16, 23, 147.

1. Gegenüber der sofortigen Untersagung des Betriebes oder der Anordnung der Wegschaffung einer Anlage bezw. der Herstellung des den Bedingungen entsprechenden Zustandes derselben (§ 147 der R.-Gew.-Ordn.) ist es ein milderes Mittel, dem Inhaber, bei Vermeidung der Einstellung des Betriebes, aufzugeben, ein Konzessionsgesuch einzureichen. Dies beschwert ihn nicht und verletzt ihn nicht in seinen Rechten. Will er von der Anheimgabe, ein Konzessionsgesuch einzureichen, keinen Gebrauch machen, wozu er nicht gezwungen werden kann, so ist die Folge nur die Notwendigkeit der Betriebseinstellung, die ihm von Anfang an aufgegeben werden konnte (Entsch. Bd. XXIV S. 318 ff.; v. Landmann, Gew.-Ordn. Anm. 8 zu § 147 und die dort zitierten Entscheidungen).

2. Es muß angenommen werden, daß schon eine wesentliche Veränderung der Gerinne und der sie abschließenden Schützen, da sie auf den Abfluß des Wassers von direktem Einfluß ist, für sich allein, auch wenn keine Veränderung der Wasserräder stattgefunden hat, eine genehmigungspflichtige Veränderung der Betriebsstätte in sich schließt.

g) Hannoversches Wasserrecht.

Nr. 1. Entsch. Bd. XXXIII S. 321 v. 12. II. 98 III B 88/97.

Das O.-V.-G. hat schon mehrfach über die Uferbaulast an der Weser, sowie über die im wesentlichen gleich zu beurteilende Uferbaulast an der Aller innerhalb der Provinz Hannover zu entscheiden gehabt. Dabei ist in dem die Gemarkung Ohle betreffenden Urt. v. 22. VI. 93 III 608 (Pr.-V.-Bl. Jahrg. XIV S. 617) ausgeführt worden: „Die Uferbaulast hänge begrifflich am Ufergrundstücke, der Art, daß nur wer ein Ufergrundstück habe, eine Uferbaulast habe, und daß wer kein Ufergrundstück mehr habe, auch keine Uferbaulast mehr habe. Dies gelte sowohl, wenn das Ufergrundstück ein selbständiges Grundstück für sich, als auch, wenn es Zubehör eines anderen Grundstückes sei. Das Gemeine Recht und die Hannoverschen Partikulargesetze enthielten nichts Entgegenstehendes. Ein abweichendes allgemeines Gewohnheitsrecht für Hannover bestehe ebenfalls nicht. Nach den vorgenommenen eingehenden Ermittelungen habe sich auch ein besonderes Gewohnheitsrecht dahin, daß der Eingentümer eines Gutes, zu dem ein Weser-Ufergrundstück als Zubehör gehöre, noch nach der Veräußerung des Ufergrundstückes die Uferbaulast zu leisten habe, nicht gebildet. Wie sonstige mit dem Eigentume verbundene öffentlich-rechtliche Pflichten könne daher die Uferbaulast nur gegenüber dem jeweiligen Eigentümer des Ufergrundstückes, nicht gegenüber einem früheren Eigentümer desselben geltend gemacht werden.“ Von gleichen Grundsätzen ist das O.-V.-G. in dem die Feldmark Drakenburg betreffenden Urt. v. 9. V. 95 III 596 ausgegangen und hat für den damals vorliegenden Fall einer Veräußerung des Ufergrundstückes im Wege der Parzellierung ebenfalls die Pflicht des früheren Eigentümers zu Uferbauten verneint. In dem Urt. v. 9. V. 95 III 390 welches für die Aller in der Oberverdener Marsch ergangen ist (Pr.-V.-Bl. Jahrg. XIV S. 598), ist ferner ausgesprochen worden, daß, wo eine Uferbaulast für die Ufereigentümer bestehe, sie dadurch nicht erlösche, daß sie infolge der Vermehrung der Schiffahrt gegen früher eine nach Art und Umfang schwerere geworden sei. Weiter ist in dem Urt. v. 22. VI. 93 III 608 in dem vom 9. V. 95 III 596 und außerdem in einem für die Gemarkung Schweringen erlassenen Urt. v. 9. V. 95 III 597 angenommen worden, daß aus der Absicht, sich durch die Veräußerung der kostspieligen Uferbaulast zu entziehen, der Mittellosigkeit des Erwerbers und der Geringfügigkeit des Erwerbspreises nichts gegen die Rechtsbeständigkeit der Veräußerung, namentlich noch nicht eine Simulation folge. Endlich ist in den beiden Urteilen v. 9. V. 95 III 596 und III 597 dargelegt worden, daß begrifflich und nach Gemeinem wie speziell Hannoverschem Rechte Ufergrundstück dasjenige Grundstück sei, welches unmittelbar an das Bett des Gewässers anstoße, so daß die Grenze zwischen ihm und dem Bette durch die Uferlinie gebildet werde, und daß es darauf, wie weit es sich gegen das Binnenland erstrecke, nicht ankomme.

2. An diesen Grundsätzen hat das O.-V.-G. in der Entsch. v. 12. II 98 festgehalten.

3. In der Provinz Hannover erfolgt die Veräußerung eines Grundstückes, das im Privateigentume steht, noch so lange nach früherem Rechte (also ohne Auflassung), als für das Grundstück kein Grundbuchblatt angelegt ist oder desselben auf keinen Artikel eingetragen ist (vergl. jetzt Art. 189 des Einf.-Ges. zum Bürgerlichen Gesetzbuche).

Nr. 2. Entsch. Bd. XXXIV S. 292 v. 19. XI. 98 III B 52/97

Hann. Vd. v. 1. IX. 52, betr. das Wasserbauwesen; Hann. G.-S. Abt. I S. 257; A.-L.-R. § 57 II 15.

1. Die von dem Landrate und dem Wasserbauinspektor in der Provinz Hannover auf Grund der Bestimmungen der Hannov. Vd. v. 1. IX. 52 erlassenen Anordnungen sind als ortspolizeiliche Verfügungen des Landrats anzusehen. Die Zuständigkeit zum Erlasse solcher strompolizeilicher Anordnungen steht dem Regierungspräsidenten nicht zu.

2. Nach gemeinem Deutschen Rechte ebenso wie nach Pr. Allgemeinen Landrechte (§§ 57ff. Tit. 15 Teil II) ist die sog. Leinpfadsservitut öffentlich-rechtlicher Natur und nicht eine Last, welche nach den Regeln des Privatrechts dem einen Grundstücke zum Vorteile des anderen auferlegt ist — praedium dominans bezw. serviens — (vergl. von Stengel, Wörterbuch des deutschen Verwaltungsrechts Bd. II S. 45 unter „Leinpfad", von Holtzendorff, Rechtslexikon Bd. II S. 656 unter „Leinpfad"). Ihren Grund hat die Belastung in den sich aus der Natur der Ströme als öffentlicher Wasserstraßen ergebenden Bedürfnissen. Ohne die Möglichkeit, die Schiffe auch gegen Wind und Wellen fortbewegen zu können, ist eine gleichmäßige und geregelte Ausübung der Schiffahrt nicht denkbar. Eine solche Fortbewegung konnte aber, solange Motoren nicht erfunden waren, und kann nach ihrer Erfindung, soweit solche mit Rücksicht auf die Beschaffenheit der Flüsse oder den Kostenpunkt nicht zur Anwendung gelangen, regelmäßig nur durch Ziehen der Schiffe vom Lande aus erfolgen. Und da nach den wechselnden Verhältnissen des Flusses infolge des Entstehens von Sandbänken, Untiefen und dadurch hervorgerufenen Strömungen sowie nach Wind- und Wasserverhältnissen der Zug der Leine nicht immer auf demselben Ufer und nicht immer durch Menschenkraft erfolgen kann, die Erhaltung des Flusses als öffentlicher Verkehrsstraße also die Möglichkeit der Verlegung

des Leinpfades von einem auf das andere Ufer und die Ersetzung der Menschenkräfte durch Zugtiere erfordert, so machen schon die Natur und der Begriff des Leinpfadrechtes die Annahme unthunlich, daß die herkömmliche Benutzung des einen Ufers zum Leinpfade dessen Verlegung auf das andere Ufer oder die herkömmliche Verwendung von Menschenkräften die Benutzung von Zugtieren, sofern die Verhältnisse dies nach dem Urteile der zuständigen Behörde erforderlich machen, ausschlösse, oder daß demgegenüber die Berufung auf die privatrechtlichen Grundsätze des non usus und der usucapio libertatis zulässig sein könnte. Eine solche der Natur der Sache widersprechende Beschränkung ist denn auch dem positiven Rechte fremd. Für das Preußische Recht (A.-L.-R. §§ 57ff. Tit. 15 Teil II) hat das vormalige Obertribunal in dem Bd. XVII „Neue Folge" S. 374 seiner Entscheidungen abgedruckten Erkenntnisse ausgesprochen, daß die Eigentümer der Ufer öffentlicher Flüsse gesetzlich verpflichtet sind, den zur Einrichtung des Leinpfades erforderlichen Teil des Ufers herzugeben, und dafür keine Entschädigung vom Staate verlangen können. Der gleiche Grundsatz findet sich in dem Erk. des O.-V.-G. vom 3. XII. 88 (Pr.-V.-Bl. Jahrg. X S. 268) anerkannt, in dem zugleich ausgesprochen ist, daß die auf dem Gesetze beruhende Verpflichtung zur Duldung des Leinpfadverkehrs nicht durch Zeitablauf erlösche. Für das beim Fehlen partikularrechtlicher Hannoverscher Bestimmungen zur Anwendung zu bringende gemeine Recht, auf das auch schon das Urteil des Obertribunals Bezug nimmt, gelten die gleichen Rechtsätze (vergl. von Stengel, Wörterbuch und von Holtzendorff, Rechtslexikon a. a. O., Gerber, Deutsches Privatrecht § 86).

Nr. 3. Entsch. v. 3. XII. 98 III 1661.

Hann. Ges. v. 22. VIII. 47 (Hann. G.-S. S. 262) §§ 72, 98, 99, 100, 74 Ziffer 2, 87, 76.

Das Hannoversche Gesetz v. 22. VIII. 47 über Ent- und Bewässerung der Grundstücke sowie über Stauanlagen erklärt bei Anlegung neuer Staue (zu vergl. die Ueberschrift vor § 72) vorgängige Genehmigung der zuständigen Behörde (§§ 98—100) unter anderen zu allen Stauanlagen erforderlich, welche zur Ableitung des Wassers aus einem natürlichen Gewässer dienen (§ 74 Ziffer 2). Nach dem unter der Ueberschrift „Aenderung der Stauanlagen" stehenden § 87 ist in denjenigen Fällen, für welche § 74 vorgängige Genehmigung der zuständigen Behörde vorschreibt, „diese auch zur Aufnahme und Erneuerung des Grund- oder Fachbaums, der Schleusenflügel u. s. w. (§ 76) erforderlich". § 76 lautet: „Auch die Höhenlage des Grund- oder Fachbaums sowie die Höhe der Schleusenflügel oder Schütze und der Aufsätze auf diesen und die Weite der Abflußöffnung sollen bestimmt und möglichst sicher bezeichnet werden." Aus diesen Bestimmungen folgt, daß das Gesetz die bei seinem Inkrafttreten bereits bestehenden Stauanlagen der von ihm näher bezeichneten Art (§ 74) unberührt lassen und dem Erfordernis einer nachträglichen Konzessionierung nicht unterwerfen wollte. Bei Aenderungen unterstehen diese älteren Stauanlagen in gleicher Weise und im gleichen Umfange, wie die neuerrichteten, den Vorschrifen des Gesetzes, da der Umstand, daß sie ohne Genehmigung rechtsgültig errichtet werden konnten, sie selbstverständlich bei Aenderungen während der Herrschaftszeit des neuen Gesetzes nicht günstiger stellen kann, als die später mit Genehmigung der Behörde errichteten Anlagen. In welchen Fällen Aenderungen dieser älteren Anlagen genehmigungspflichtig sind, bestimmt daher ebenfalls der § 87 in Verbindung mit § 76. Abänderungen, Reparaturen und Erneuerungen, die unter diese Vorschriften nicht fallen, bedürfen daher auch der Genehmigung nicht. Stauanlagen im Sinne des Gesetzes sind ferner nicht nur solche Anlagen, die ausschließlich zum Aufstauen des

Wassers angelegt sind; als Staue müssen vielmehr auch solche Anlagen angesehen werden, die, wenn sie auch zugleich oder an erster Stelle anderen Zwecken dienen, wie z. B. Brückenanlagen, doch nach ihrer Beschaffenheit auch zur Aufstauung des Wassers Verwendung finden können und thatsächlich verwendet werden. Brücken, sog. Leggen, sind daher als Stauanlagen zu erachten, wenn sie nicht nur zur Vermittelung des Verkehrs von einem Ufer zum anderen, sondern durch Benutzung ihrer nach der Stromrichtung zu stehenden Pfeiler oder Pfähle für die Anbringung von Staubrettern zugleich auch zum Aufstauen des Wassers dienen, sei es nun, daß die Staubretter durch mechanische Vorrichtungen (Bolzen, Klammern, Ketten u. s. w.) befestigt sind, sei es, daß sie ohne sonstige Hülfsmittel lediglich durch den Druck des angestauten Wassers festgehalten werden. Derartige Leggen nicht als Stauanlagen zu beurteilen, ist schon deshalb ausgeschlossen, weil es keinem Zweifel unterliegen kann, daß die in einen Flusse lediglich zum Zweck der Herstellung einer Stauvorrichtung eingetriebenen und durch Vorsetzung von Brettern diesem Zweck dienstbar gemachten Pfähle oder Pfeiler, auch wenn weitere Vorrichtungen fehlen, unter den Begriff einer Stauanlage fallen müssen. Ob diese selben Pfähle außerdem aber noch zum Zweck der Herstellung einer Brückenanlage mitbenutzt werden, kann ihre Eigenschaft als Teile einer Stauanlage nicht beeinflussen oder wiederaufheben.

Nr. 4. Entsch. v. 17. XII. 98 III 1735.

Hann. Ges. v. 22. VIII. 47 § 2; Zust.-Ges. § 66 Abs. 2, 3.

1. Mit der Klage aus § 66 Abs. 2 des Zust.-Ges. kann eine Klage aus Abs. 3 nicht verbunden werden (vergl. Erk. v. 3. II. 97 IV 213).

2. Daß den durch eine wasserpolizeiliche Verfügung Herangezogenen die Vornahme einer Räumung „in Gemeinschaft mit anderen Verpflichteten" aufgegeben wird, ist nicht rechtswidrig.

3. Es ist bedenklich (vergl. Entsch. des Reichsger. in Zivilsachen Bd. XXXIII S. 199) anzunehmen, daß unter dem in § 2 Ges. v. 22. VIII. 47 genannten „Herkommen" auch die unvordenkliche Verjährung zu verstehen ist. Die unvordenkliche Verjährung ist im gemeinen Rechte nur ein Titel für subjektive Rechte, das Herkommen ist eine Norm des objektiven Rechtes, gleichbedeutend mit Observanz. Ein solches Herkommen kann sich auch nach dem Inkraftreten der Ges. v. 22. VIII. 47 bilden (vergl. Entsch. Bd. XXX S. 300 und Urteil v. 28. I. 95 III 128 und III 129 Pr.-V.-Bl. Jahrg. XVI S. 608, wo gleiches für § 7 Ges. v. 28. II. 43 ausgesprochen ist).

h) Holsteinisches Wasserrecht.

Nr. 1. Entsch. Bd. XXXIII S. 316 v. 18. VI. 98 III B 35/97.

Wasserlösungsordn. v. 16. VII. 57 § 10; Zust.-Ges. § 82 Nr. 1.

Eine wasserpolizeiliche Anordnung, durch welche der Landrat (in Holstein) jemandem die Erfüllung der durch ein Regulativ festgesetzten Pflicht aufgiebt, das Amt des Vorsitzenden einer zur Reinigung eines Wasserlaufes gebildeten Interessentenschaft zu übernehmen, fällt unter § 82 Nr. 1 des Zust.-Ges.

Nr. 2. Entsch. v. 29. X. 98 III 1476 (Pr.-V.-Bl. Jahrg. XX S. 181).

Holst. Wasserlösungsordn. v. 16. VII. 57 §§ 6, 9; Zust.-Ges. § 82 Abs. 3.

1. Der § 9 Satz 1 der Holsteinischen Wasserlösungsordnung vom 16. VII. 57 lautet:

„Die Regulierung und Beaufsichtigung von Wasserlösungen und Stauanlagen sowie die Entscheidung der betreffenden Streitigkeiten nach

Maßgabe der vorstehenden Bestimmungen gehört zum Geschäftskreis der administrativen Polizei und bleibt in diesen Sachen der richterlichen Kognition und Entscheidung auf die Feststellung derjenigen Verhältnisse beschränkt, deren Regulierung nach Maßgabe der angegebenen Normen (§§ 1—7) auf Grund eines behaupteten speziellen Rechtstitels bestritten, und deshalb von der beikommenden Verwaltungsbehörde zur gerichtlichen Entscheidung verwiesen wird."

Es ist rechtsirrtümlich anzunehmen, daß wenn gemäß § 9 ein spezieller Rechtstitel in dem vor der Verwaltungsbehörde schwebenden Stau-Regulierungsverfahren geltend gemacht wird, die Verwaltungsbehörde nicht befugt sei, das administrative Regulierungsverfahren auf so lange zu unterbrechen, bis die ordentlichen Gerichte über den Inhalt und Bestand des behaupteten Titels zwischen den Parteien erkannt haben, vielmehr verpflichtet sei, dem administrativen Verfahren trotzdem Fortgang zu geben.

2. Der § 82 Abs. 3 des Zust.-Ges. findet auch Anwendung, wenn ein Antrag vorliegt, eine vorhandene Wasserstauung, den landwirtschaftlichen Erfordernissen entsprechend, auf das dem Zwecke ihrer Anlage Genügende in den Fällen zu beschränken und durch feste Merkmale zu bestimmen, in denen es entweder an einer gehörigen Begrenzung seither überhaupt gemangelt hat oder die vorhandene Begrenzung über ihren Zweck hinausgeht (§ 6 der Wasserlösungsordnung.

i) Kurhessisches Wasserrecht.

Nr. 1. Entsch. Bd. XXXIV S. 297 v. 19. X. 98 III C 165/97.

Zust.-Ges. §§ 85, 86 Nr. 1; Kurh. Bd. v. 31. XII. 24, betr. den Wasserbau, Kurh. G.-S. S. 99 §§ 16, 17 L.-V.-G. § 121.

1. Nach § 85 des Zust.-Ges. hat der Bezirksausschuß über die in den §§ 16, 17 der Kurhessischen Vd. v. 31. XII. 24 der Behörde vorbehaltene Genehmigung der Errichtung neuer und der Veränderung bestehender Wasserbauanlagen an Flüssen und Bächen zu beschließen. Sein Beschluß ist, weil ein anderes nicht bestimmt ist, nach der allgemeinen Regel in § 121 des L.-V.-G. allein mit der Beschwerde an den Provinzialrat anfechtbar. Nach dem in § 85 des Zust.-Ges. in Bezug genommenen § 86 Nr. 1 a. a. O. hat dagegen der Kreis-(Stadt-)Ausschuß über Anträge auf Zulassung oder Veränderung solcher Wasserbauanlagen gegen den Widerspruch Beteiligter zu beschließen, und gegen dessen Beschluß findet der Antrag auf mündliche Verhandlung im Verwaltungsstreitverfahren statt. Diese Regelung ist, wie für die die Zuständigkeit im Geltungsbereiche des Hannoverschen Gesetzes v. 22. VIII. 47 nach gleichen Grundsätzen regelnden §§ 83, 84 a. a. O. schon in dem in den Entsch. Bd. XXVIII S. 295 ff. veröffentlichten Urteile v. 25. III. 95 angenommen worden und auch für die §§ 85, 86 festzuhalten ist, jedoch nicht etwa dahin zu verstehen, daß die Zuständigkeit des Bezirksausschusses für die Genehmigung im Falle eines angebrachten Widerspruchs Beteiligter auf den Kreis-(Stadt-)Ausschuß übergeht, vielmehr dahin, daß es bei der Zuständigkeit des Bezirksausschusses für die Genehmigung im Beschlußverfahren in allen Fällen bewendet, und daß die Zuständigkeit des Kreis-(Stadt-)Ausschusses auf die Entscheidung über die Berechtigung der Widersprüche Beteiligter beschränkt ist.

2. Als berechtigt kann ein Widerspruch indes nur dann anerkannt werden, wenn der Widersprechende befugt ist, kraft eigenen Rechts die Ausführung oder Veränderung der Anlage zu verhindern. Ein solches Widerspruchsrecht

hat einen besonderen Rechtstitel zur Voraussetzung und läßt sich nicht schon auf allgemeine Vorschriften der Gesetze stützen, die nicht sowohl ein Individualrecht begründen, als vielmehr nur Grundsätze für die Uebung des Ermessens der zur Genehmigung der Anlage zuständigen Behörden aufstellen. So stände z. B. einem Müller ein derartiges Widerspruchsrecht zu, wenn er, wie § 11 des Kurhessischen Gesetzes v. 28. X. 34 besagt, ein umfassenderes, d. h. ein die gesetzlich anerkannte Befugnis eines Grundbesitzers zur Bewässerung seiner Wiese ausschließendes Recht durch besonderen Rechtstitel für seine Mühle erworben hätte.

Nr. 2. Entsch. v. 29. VI. 98 III 953.

Kurh. Vd. v. 31. XII. 24 §§ 1 ff.

Die Kurhessische Verordnung v. 31. XII. 24, den Wasserbau betreffend, bestimmt in den §§ 1—3, welche Arbeiten den Uferanliegern zur Last fallen (§ 1: Privat-Wasserbau) und welche der Gemeinde als Gemeinde-Wasserbau (§ 2) oder dem Staate als Staats-Wasserbau (§ 3) obliegen sollen. Der dieser Teilung zu Grunde liegende Gedanke ist dabei erkennbar der, daß die Arbeiten und Bauten einfacherer Natur, insbesondere die zum Schutze des Ufers schon im Interesse des Anliegers selbst erforderlichen von den Anliegern, die schwierigeren und mehr im Interesse der Gesammtheit als des einzelnen Uferbesitzers liegenden Arbeiten dagegen von der Gemeinde auszuführen sind, während der Staat dann einzutreten hat, wenn es sich um öffentliche über den Bereich der Gemeinde hinausgehende Interessen, insbesondere der Schiffahrt, der Flößerei und der Sicherung der Landstraßen oder um das Interesse des Domanialbesitzes handelt. In § 1, der — abgesehen vom Bau „solcher Uferdämme und anderer Schutzwerke, bei welchen die nächsten unmittelbaren oder mittelbaren Anlieger nicht ausschließlich beteiligt sind" (§ 2 Ziffer 5) oder der „Befestigung der Ufer zur Sicherung von Landstraßen" (§ 3 Ziffer 2) oder dem Schutz einzelner Uferstellen zu Erhaltung des richtigen Laufes eines schiff- oder flößbaren Flusses (§ 3 Ziffer 5) — die Uferarbeiten allgemein „den unmittelbaren Anliegern" so lange zur Last legt, „bis sie etwa auf ihr angegriffenes oder bedrohtes Eigentum verzichtet haben werden", ist ferner speziell bestimmt (Ziffer 6, letzter Satz):

> „Ebenso haben die Besitzer künstlicher Ufer, welche durch Gebäude, Wassermauern, Pfahlwerke oder dergl. gebildet werden, für deren Unterhaltung auf eigene Kosten zu sorgen.

B. Deichpolizei.

Nr. 1. Entsch. v. 30. I. 99 IV A 24/98.

§ 1 Deichges. v. 28. I. 48.

1. Gebäude und ähnliche Anlagen, die nicht die Natur der Verwallungen haben, gehören nicht zu den der landespolizeilichen Erlaubnis bedürfenden Erderhöhungen.

2. Sollte durch die Errichtung eines Gebäudes im Ueberschwemmungsgebiete eines Flusses eine gemeine Gefahr entstehen (§ 10 Tit. 17 Teil II, § 68 I 8 A.-L.-R.) so würde die Ortspolizei, nicht die Landespolizei einschreiten können.

3. Das Erk. enthält die Entstehungsgeschichte des § 1 des Deichgesetzes.

Nr. 2. Entsch. v. 22. X. 98 III 1430 (Pr.-V.-Bl. Jahrg. XX S. 202).

§ 1 Deichges. v. 28. I. 48; § 147 St.-Gew.-Ordn.

1. Eine deichpolizeiliche Verfügung, wodurch jemandem aufgegeben wird, eine deichähnliche Erhöhung bei Vermeidung einer Geldstrafe zu entfernen,

verstößt nicht gegen den Grundsatz „ne bis in idem". Die nach dem Deichgesetze (§ 1 Abs. 2) zugelassene Anordnung der Wiederherstellung des früheren Zustandes ist keine zum Zwecke der Sühnung der begangenen Rechtsverletzung dem Thäter auferlegte Strafe, sondern eine zur Beseitigung der Fortdauer polizeiwidriger und zur Schaffung gesetzmäßiger Zustände in zahlreichen Fällen nicht zu entbehrende Maßnahme polizeilicher Natur. In analoger Weise bestimmt auch die Reichsgewerbeordnung im § 147 Abs. 3, daß die Polizeibehörde die Wegschaffung einer genehmigungspflichtigen, aber ohne diese Genehmigung errichteten gewerblichen Anlage anordnen kann.

2. Wie das O.-V.-G. in dem Urt. v. 10. III. 92 (Entsch. Bd. XXIII S. 249) und seitdem in gleichmäßiger Rechtsprechung angenommen hat, ist eine Beschränkung der Ausbreitung der zeitweise auch ihren Ufern tretenden Gewässer im Sinne des § 1 des Deichges. bereits dann vorhanden, wenn die Erhöhung der Erdoberfläche einen Raum bedeckt, den sonst das aus den Ufern tretende Wasser einnimmt (vergl. § 166 des Entwurfes eines Preußischen Wassergesetzes und die Begründung dazu S. 103 und 199). Auf den Umstand, ob hiervon im einzelnen Falle thatsächlich ein Nachteil zu besorgen ist, kommt es nicht schon bei der Frage an, ob die Genehmigung des Bezirksausschusses eingeholt werden muß, sondern erst bei dessen Erwägung, ob die beantragte Genehmigung zu erteilen ist, da ja sonst die für den Fall eines zu besorgenden Nachteiles regelmäßig nicht in Frage kommende Möglichkeit der Erteilung einer Genehmigung, welche das Gesetz doch vorsieht, überhaupt ausgeschlossen sein würde. Der Umstand, daß Anlagen möglicherweise wegen ihres nicht erheblichen Umfanges zu Gefahren bei Eintritt von Hochwasser nicht führen werden, ändert daher an der Verpflichtung, zu ihrer Errichtung die Genehmigung des Bezirksausschusses einzuholen, nichts. Daß das Gesetz die Polizeibehörde zur Wiederherstellung des früheren Zustandes nur, „wenn es erforderlich ist", verpflichtet, ist zwar richtig, es kann aber daraus die Zulässigkeit der Klage gegen die in 1) angegebene deichpolizeiliche Verfügung innerhalb weiterer Grenzen, als sie im § 127 Abs. 3 des L.-V.-G. gezogen sind, nicht gefolgert werden. Fehlten die Worte, „wenn es erforderlich ist" im § 1 Abs. 2 des Deichges., so würde nach der Fassung der Bestimmung: „Wer . . . zuwiderhandelt, soll polizeilich . . . angehalten werden" die jedesmalige Widerherstellung des früheren Zustandes, auch wo sie nach vernünftigem Ermessen völlig unnötig wäre, ausnahmslos von der Polizei angeordnet werden müssen, was der Gesetzgeber selbstverständlich nicht beabsichtigen konnte. Die Hinzufügung der Worte, „wenn es erforderlich ist", war daher nach der Satzkonstruktion geboten, um für das pflichtmäßige Ermessen der Polizeibehörde den nach der Natur der Sache erforderlichen Raum zu schaffen. Weiteres kann aus ihnen nicht entnommen werden, und es gilt daher der im § 128 Abs. 3 des L.-V.-G. vom Gesetzgeber zum Ausdruck gebrachte Grundsatz, daß sich die Nachprüfung der polizeilichen Verfügung im Verwaltungsstreitverfahren nach Maßgabe der Bestimmungen des IV. Titels des L.-V.-G. auf die Frage, ob die polizeiliche Anordnung im einzelnen Falle unbedingt notwendig und ob sie zweckmäßig war, nicht zu erstrecken hat.

C. Fischereipolizei.

Nr. 1. Entsch. Bd. XXXIV S. 301 v. 5. X. 98 III A 39/97.

Fischereiges. v. 30. V. 74 (G.-S. S. 147 § 20; code civil Art. 714.

1. Die rechtliche Möglichkeit eines Privateigentums an einem Mühlenteiche nach Franz. Rechte ist außer Zweifel, wenn der Wasserlauf künstlich

angelegt ist (Entsch. des Reichsger. in Civilsachen Bd. XII S. 340, Bd. XXX S. 308).

2. Vom Standpunkte des Interesses der Fischerei aus, die das Ges. v. 30. V. 74 in weitem Umfange fördern will, ist es gleichgültig, ob ein Wehr von vornherein bloß für den Fischfang angelegt ist oder ob das zunächst behufs des Staues für den Mühlenbetrieb hergestellte Wehr zugleich zum Fischfange mit benutzt wird, in der Art, daß erst die Mitbenutzung den Fischfang möglich oder ergiebig macht.

3. Es ist die Ersitzung einer Fischereierrichtung durch denjenigen rechtlich nicht möglich, der das alleinige Eigentums- und Fischereirecht an dem Gewässer hat (nemini res sua servit).

Nr. 2. Entsch. Bd. XXXV S. 306 v. 24. VI. 99 III B 27/99.

Fischereiges. v. 30 V. 74 § 4; § 102 des Zust.-Ges

1. Ueber den Begriff des geschlossenen Gewässers im Sinne des § 4 des Fischereigesetzes hat sich das O.-V.-G. unter Bezugnahme auf die Materialien des Gesetzes in Bd. VIII S. 238 der Entsch. abgedruckten Erk. v. 31. X. 81 näher ausgesprochen (vgl. ferner Entsch. Bd. XV S. 344, Bd. XXVI S. 260, Bd. XXVIII S. 307). Es ist dort insbesondere ausgeführt, daß eine im übrigen thatsächlich für den Wechsel der Fische noch „geeignete Verbindung durch etwaige bei dem Passieren zu überwindende Hindernisse und Beschwerden, sowie durch zeitweilige Unterbrechungen der Verbindung noch nicht zu einer im Sinne des Gesetzes nicht mehr „geeigneten" gemacht werde. An dieser Auffassung muß festgehalten werden. Nur da, wo es sich um einen örtlich abgegrenzten Bestand von Fischen handelt, über den die Verfügung thatsächlich und rechtlich in der Hand eines Einzelnen liegt, hat es der Gesetzgeber nicht für geboten erachtet, schützend einzutreten, während überall da, wo eine Konkurrenz mehrerer Fischender stattfindet, an die Stelle des dann fortfallenden oder doch verminderten Interesses der Beteiligten an rationeller, wirtschaftlicher Behandlung der Fische der gesetzliche Schutz treten sollte.

2. Zwar kann dem Erfordernisse, „daß es an einer für den Wechsel der Fische geeigneten Verbindung fehlt", auch durch ein künstliches Hindernis genügt werden (Entsch. Bd. XXVI S. 260). Ein Rechen z. B., dessen Zinken 7 Zoll auseinanderstehen, ist aber ein solches Hindernis zweifellos nicht, und er wird es auch nicht dadurch, daß regelmäßig, bevor die Schützen gezogen werden, Zinken in die Zwischenräume eingeschoben werden, so daß sie nur etwa 2 bis 3 Zoll auseinanderstehen. Denn ganz abgesehen davon, ob bei einem Abstande von 2 bis 3 Zoll überhaupt von dem Fehlen einer geeigneten Verbindung für den Wechsel der Fische noch gesprochen werden könnte, wird das Erfordernis der fehlenden Verbindung nicht durch ein Hindernis hergestellt, das der Eigentümer des Gewässers nach seinem freien Belieben jeden Augenblick schließen und öffnen kann und das seiner ganzen Einrichtung nach nicht zur dauernden Abschließung eines Gewässers bestimmt ist, sondern, wie dies bei Schleusen, Rechen mit beweglichen Zinken rc. zutrifft, vielmehr dazu, dem wechselnden Bedürfnisse zur jeweiligen Aufhebung oder Wiederherstellung der Verbindung zwischen zwei Gewässern zu dienen.

D. Jagd.

Vergl. Ges., betr. die Ergänzung einiger jagdrechtlicher Bestimmungen v. 29. IV 97 (G.-S. S. 117) und Ges., betr. Ergänzung der gesetzlichen Vorschriften über die Ausübung der Jagd auf eigenem Grund und Boden v. 7. VIII. 99 (G.-S. S. 151).

Das erstere Gesetz regelt die Frage, ob Eisenbahnen Wege im jagdrechtlichen Sinne sind, bejahend, das zweite die Frage, wie ein Grundbesitz nach seiner Größe zu behandeln ist, der in verschiedenen Jagdrechtsgebieten liegt.

a) Jagdscheine.

Litteratur: F. Kunze, Das Jagdscheingesetz v. 31. VII. 95 II Aufl. Derselbe: „Die Jagdscheinkontrole gehört zu den Aufgaben der Jagdpolizei." Pr.-V.-Bl. Jahrg. XX S. 545.

Es sei hier bemerkt, daß das Kammergericht am 23. VI. 98 ausgesprochen hat, die Förster und Forstaufseher als solche seien nicht befugt, die Jagdscheinkontrole außerhalb ihres Schutzbezirks auszuüben (Deutsche Jägerzeitung 1898 Nr. 39).

Nr. 1. Entsch. Bd. XXXIII S. 333 v. 26. I. 98 III B 10/97.

§§ 1, 4, 6, 7, 9 Jagdscheinges. v. 31. VII. 95; §§ 127 ff. L.-V.-G.

1. Das Jagdscheingesetz v. 31. VII. 95 behandelt (§ 9) die Versagung des Jagdscheins als Versagung einer polizeilichen Erlaubnis, also als polizeiliche Verfügung im Sinne der §§ 127 ff. des L.-V.-G. Nun ist anerkannten Rechtes, daß, wenn eine polizeiliche Erlaubnis nur unter Bedingungen oder Auflagen erteilt wird, dagegen das Verwaltungsstreitverfahren ebenso zulässig ist, als wenn die Erlaubnis gänzlich versagt ist. Das Jagdscheingesetz hat keinen entgegengesetzten Standpunkt eingenommen. Das Verwaltungsstreitverfahren findet daher nicht bloß dann statt, wenn der Jagdschein gänzlich versagt wird (§§ 6 und 7 a. a. O.), sondern auch dann, wenn die Erteilung an die Bedingung der Bürgschaftsstellung (§ 1 Abs. 2) oder der Zahlung einer erhöhten Jagdscheinabgabe (§ 4 Abs. 1) geknüpft oder die Erteilung eines unentgeltlichen Jagdscheins abgelehnt wird (§ 5). Ist die Jagdpolizeibehörde dabei von thatsächlichen oder rechtlichen Irrtümern ausgegangen, so unterliegt ihre Verfügung der Aufhebung durch den Verwaltungsrichter. Diese Rechtsansicht teilen die Minister für Landwirtschaft, Domänen und Forsten und des Innern in einem Reskript v. 12. V. 96 $\left(\frac{\text{I B. 2681}}{\text{I B. 4877}}\right)$, worin ausgesprochen ist, daß gegen den in letzter Beschwerdeinstanz ergangenen Bescheid des Oberpräsidenten, durch welchen einem Ausländer die Erteilung eines Jahresjagdscheins für 15 Mk. versagt wird, die Klage bei dem O.-V.-G. stattfindet.

2. Ein minderjähriger, in väterlicher Gewalt stehender Sohn, der die österreichische Staatsangehörigkeit erlangt, teilt den Wohnsitz (das juristische Domizil) seines preußischen Vaters. Er hat daher Anspruch auf einen Jagdschein für 15 Mk.

Nr. 2. Entsch. v. 10. XII. 98 III 1710.

Jagdscheinges. § 6.

Nicht jede Unvorsichtigkeit, die ein Schütze jemals begangen hat, berechtigt die Jagdpolizeibehörde zur Zurücknahme des Jagdscheins, vielmehr bedarf es zur Feststellung, daß von dem Betreffenden eine unvorsichtige Führung des Schießgewehres zu besorgen sei (§ 6 Ziffer 1 des Jagdschein-Ges.), des Nachweises, daß die Unvorsichtigkeit ein Ausfluß einer dem Betreffenden für immer oder bis auf Weiteres anhaftenden Eigenschaft, nämlich der gewohnheitsmäßigen Unzuverlässigkeit bei der Führung des Schießgewehres, sei. Dieser Nachweis wird dann als geführt gelten müssen, wenn die Unvorsichtigkeit jedes Maß überschreitet oder zwar milder zu beurteilen ist, aber das Vorhandensein jener Eigenschaft klar darthut.

Nr. 3. Entsch. v. 25. II. 99 III 309.

Jagdscheingeſ. § 6.

Der Kreis der Personen, welchen der Jagdschein versagt werden muß, weil von ihnen eine Gefährdung der öffentlichen Sicherheit zu besorgen ist, wird durch das Gesetz (§ 6 des Jagdschein-Ges.) nicht auf diejenigen Personen beschränkt, welche sich im Gebrauche des Schießgewehres unzuverlässig gezeigt haben, sondern umfaßt alle Personen, von denen — abgesehen von der besonders behandelten „unvorsichtigen“ Führung des Schießgewehres — eine Gefährdung der öffentlichen Sicherheit befürchtet werden muß, gleichviel auf welche Thatsachen die Befürchtung sich gründet. Was im Sinne des § 6 unter „öffentlicher Sicherheit“ zu verstehen ist, ist in der im Bd. XI S. 293 ff. veröffentlichte Entscheidung des O.-V.-G. v. 18. IX. 84 angegeben.

Nr. 4. Entsch. v. 8. IV. 99 III 553.

§§ 7, 8, 9 des Jagdscheingeſ. v. 31. VII. 95.

1. Nach § 7 in Verbindung mit § 8 des Jagdschein-Ges. kann der Jagdschein von der für die Erteilung zuständigen Behörde für ungiltig erklärt und dem Empfänger wieder abgenommen werden, wenn Thatsachen, welche die Versagung des Jagdscheines rechtfertigen würden, erst nach Erteilung des Jagdscheines eintreten oder zur Kenntnis der Behörde gelangen. Solche Thatsachen sind u. A. eine in den letzten fünf Jahren erfolgte Bestrafung wegen Uebertretung einer jagdpolizeilichen Vorschrift. Es ist anerkannten Rechtes, daß die Bestrafung eine rechtskräftige sein muß. Vor Eintritt der Rechtskraft liegen die thatsächlichen Voraussetzungen für die Ungültigkeitserklärung des Jagdscheines nicht vor und vor diesem Zeitpunkte darf der Jagdschein nicht zurückgenommen werden. Ein Strafbefehl, gegen den kein Antrag auf gerichtliche Entscheidung gestellt worden (Ges. v. 23. IV. 83 G.-S. S. 65), wird nach Ablauf der dafür gesetzten Frist rechtskräftig. Von da an, aber nicht früher, hat also der Landrat die gesetzliche Ermächtigung, den erteilten Jagdschein für ungültig zu erklären. Wie sich daraus einerseits ergiebt, daß es unerheblich ist, ob der Landrat vor Eintritt der Rechtskraft bereits Kenntnis von einer Strafthat des Betreffenden gehabt hat, so ist es andererseits für die Ungültigkeitserklärung eines Jagdscheines nicht ausreichend, daß eine jagdpolizeiliche Uebertretung stattgefunden hat, sie muß auch bestraft worden sein. Wenn der Betreffende eine Bestrafung im Sinne des § 7 Ziffer 2 des Jagdschein-Ges. nicht erlitten haben will, weil das Wildschongesetz v. 26. II. 70 gegen die Nichtinnehaltung der Schonzeiten nicht eine „Geldstrafe“, sondern eine „Geldbuße“ androht, so ist dies irrig. Das Wildschongesetz folgt in der Bezeichnung der Strafart dem damals noch geltenden Strafgesetzbuche für die Preußischen Staaten v. 14. IV. 51, welches eine Bestrafung in Geld „Geldbuße“ nennt, während das Strafgesetzbuch v. 31. V. 70 dafür die Bezeichnung „Geldstrafe“ einführt, ohne daß damit das Wesen der Sache irgend wie berührt wird. Mit der „Buße“ im Sinne der §§ 188, 231 des St.-G.-B. hat die „Geldbuße“, des St.-G.-B. v. 14. IV. 51 und des Wildschon-Ges. nichts gemein, insbesondere ist die „Geldbuße“ keine Privatbuße, die an den Verletzten oder den in seinem Rechte Gekränkten zu zahlen ist. Es hat denn auch das O.-V.-G. in zahlreichen Entscheidungen ausgesprochen, daß die Bestrafung wegen der Verletzung der Schonzeiten ein Jagdfrevel im Sinne des § 15 des Jagdpolizei-Ges. v. 7. III. 50 bezw. eine Uebertretung einer jagdpolizeilichen Vorschrift im Sinne des Jagdschein-Ges. ist (vgl. Entsch. Bd. XX S. 332 und Kunze, Jagdschein-Ges. S. 39).

2. Abwegig ist es, wenn der Betreffende eine nochmalige Erörterung des seiner Bestrafung zu Grunde liegenden Sachverhältnisses vom Verwaltungsrichter fordert, denn es gehört nicht zu den Aufgaben des letzteren, seinerseits selbständig den Thatbestand der Uebertretung einer jagdpolizeilichen Vorschrift festzustellen, entscheidend allein ist die Thatsache der erfolgten Bestrafung (vgl. Entsch. Bd. V S. 200).

3. Unzutreffend ist ferner, wenn der Betreffende eine Prüfung der Angemessenheit der angegriffenen Verfügung im V.-St.-V. beansprucht. Eine derartige Prüfung ist, wie das O.-V.-G. bereits mehrfach dargelegt hat, nicht statthaft, weil die Bestimmung des § 93 des Zust.-Ges. v. 26. VII. 76 in das Zust.-Ges. v. 1. VIII. 83 nicht aufgenommen worden, daher bei der Beurteilung der Zulässigkeit einer polizeilichen Verfügung, durch welche der Jagdschein entzogen wird, lediglich von den in dem § 127 des L.-V.-G. bezeichneten Gesichtspunkte auszugehen ist (vgl. § 9 des Jagdschein-Ges.).

Nr. 5. **Entsch.** v. 10. XII. 98 III 1707.

§ 292 St.-Ges.-B.; §§ 7, 8 Jagdscheingeś. v. 31. VII. 95.

Personen, welche in den letzten fünf Jahren wegen eines Jagdvergehens bestraft sind, kann der Jagdschein versagt oder entzogen werden. Es genügt, wenn die Bestrafung durch einen rechtskräftigen gerichtlichen Strafbefehl erfolgt ist (ebenso Erk. v. 11. II. 99, III, 225). Der Verwaltungsrichter hat nur zu prüfen, ob diese thatsächliche Voraussetzung vorliegt, nicht aber ob die Bestrafung zu Recht erfolgt ist oder ob die Jagdpolizeibehörde von der ihr zustehenden Ermächtigung (§ 7 des Jagdschein-Ges.) einen angemessenen Gebrauch gemacht hat.

Nr. 6. **Entsch.** v. 19. III. 98 III 406.

Jagdscheingeś. § 7; L.-V.-G. §§ 127, 128.

Am 13. XII. 95 fertigte der Landrat des Kreises F. dem Haussohne M. einen Jahresjagdschein aus. Mittelst Berichtes v. 3. I. 96 zeigte der Gendarm dem Landrate an, daß M. am 10. XII. 95, ohne einen Jagdschein zu besitzen, an einer Treibjagd teilgenommen habe. Der Landrat setzte durch Verf. v. 6. I. 96 gegen M. eine Geldstrafe wegen Uebertretung der §§ 1, 12 des Jagdschein-Ges. fest. Die Verfügung erlangte die Rechtskraft. Im November 1896 beantragte M. die Ausfertigung eines neuen Jagdscheines, die der Landrat unter Hinweis auf die erfolgte Bestrafung durch Verfügung v. 27. XI. desselben Jahres ablehnte. Hiergegen klagte M. Das O.-V.-G. wies die Klage ab und führte aus: Nach § 7 des Jagdschein-Ges. kann der Jagdschein Personen versagt werden, die in den letzten fünf Jahren wegen der Uebertretung einer jagdpolizeilichen Vorschrift (rechtskräftig) bestraft sind. Kläger ist in dieser Weise bestraft worden, der beklagte Landrat durfte daher den beantragten Jagdschein gesetzlich versagen. Der Kläger behauptet nun, der Beklagte habe dem Kläger gegenüber von dieser Berechtigung einen willkürlichen Gebrauch gemacht. Dies ergebe sich daraus, daß er ihn im Besitze des im Dezember 1895 ausgefertigten Jagdscheines bis zu seinem Ablaufe gelassen und anderen Jagdpolizeikontravenienten gegenüber von der im § 7 a. a. O. erteilten Befugnis zur Versagung des Jagdscheines keinen Gebrauch gemacht habe. Ueberdies habe der Beklagte im Laufe des Streitverfahrens kein polizeiliches Moment geltend gemacht, weshalb gerade bei dem Kläger die ganze Strenge des Gesetzes Anwendung finden müsse. Damit läßt sich aber die Klage (§§ 128 Abs. 2, 127 Abs. 3 Ziffer 2 des L.-V.-G.) nicht begründen. Es ist zwar richtig, daß, wenn die thatsächlichen Voraussetzungen, die die Polizeibehörde an sich berechtigten, eine Verfügung, wie die angegriffene, zu erlassen, im gegebenen Falle vorhanden gewesen sind, die Verfügung danach der Aufhebung durch den Verwaltungsrichter unterliegt, wenn die Behörde bei der Uebung des freien Ermessens, das sie bei einem bestimmten Thatbestande walten lassen konnte, dem Kläger gegenüber einen willkürlichen oder sonst pflichtwidrigen Gebrauch gemacht hat, die Verfügung mithin nicht auf objektiven, polizeilichen Motiven beruht (von Brauchitsch, Verwaltungsgesetze, 14. Aufl., Bd. I Anm. 240 zu § 127 des L.-V.-G.). Demgemäß hätte der Kläger mit seiner Klage durchdringen können, wenn nachgewiesen worden wäre, daß seine Bestrafung wegen Uebertretung einer jagdpolizeilichen Vorschrift nur der Vorwand gewesen sei, um den Jagdschein zu versagen, oder daß bei völlig gleichen Verhältnissen der Beklagte dem Kläger den Jagdschein versagt, anderen Personen aber erteilt habe. Dies ist vom Kläger nicht behauptet worden. Dem Beklagten lag nicht ob, sich seinerseits gegen den Vorwurf der Willkür unter Vorbringung bestimmter Thatsachen zu schützen, Sache des Klägers wäre es gewesen, nach dieser Richtung hin entsprechende Unterlagen zu liefern (Entsch. Bd. IV S. 274, Bd. X S. 268, Bd. XVI S. 385).

b) Gemeinschaftliche und Einzel-Jagdbezirke, Beteiligte im Sinne der § 105 des Zust.-Ges., isolierte Höfe, Waldenklaven, Jagdaufkünfte (mit Ausschluß des Hannoverschen und Kurhessischen Jagdrechts).

In der Verfügung der Ressortminister vom 19. VIII. 99 (M.-Bl. S. 181) wird darauf hingewiesen, daß in der Rechtsprechung und der Verwaltung Meinungsverschiedenheiten darüber bestehen, ob die Bildung eines gemeinschaftlichen Guts- und Gemeindejagdbezirkes nur unter der Voraussetzung des § 2a des Jagdpolizeigesetzes, also nur dann zulässig sei, wenn der Bezirk einen zusammenhängenden land- oder forstwirtschaftlich benutzten Flächenraum von wenigstens 300 Morgen einnimmt, oder ob die Zulässigkeit der Jagdausübung nach § 4 a. a. O. von der Größe dieses Flächenraumes unabhängig ist.

In einem Urtheile vom 30. V. 1899 hat das Reichsgericht die Streitfrage in wesentlicher Uebereinstimmung mit der Rechtsprechung des Oberverwaltungsgerichtes im Sinne der zweiten Alternative entschieden (siehe S. 192 d Bd.).

Die Minister bemerken dann weiter: Es steht zu erwarten, daß sich die ordentlichen Gerichte, von denen insbesondere das Kammergericht bis in die neueste Zeit hinein an der Auffassung festgehalten hat, daß in den im § 4 des Jagdpolizeigesetzes erwähnten gemeinschaftlichen Jagdbezirken, falls sie das Mindestmaß von 300 Morgen nicht erreichen, die Jagdausübung nicht zulässig sei, nunmehr der übereinstimmenden Auffassung des Reichsgerichtes und des Oberverwaltungsgerichtes unterordnen werden; damit würde den Unzuträglichkeiten, welche sich aus der Verschiedenartigkeit der Handhabung der bezüglichen Gesetzesvorschriften durch die beteiligten Behörden ergeben und Anlaß zu lebhaften Klagen in der Oeffentlichkeit und in der Presse gegeben haben, endlich ein Ende bereitet sein.

Nr. 1. Entsch. v. 29. IV. 1899 III 704.

§ 2 des Jagdpolizeiges. v. 7. III 50.

Unter den Wegen des § 2 des Jagdpolizei-Ges. sind nur solche Wege zu verstehen, auf denen eine öffentlich-rechtliche Wegegerechtigkeit ruht.

Nr. 2. Entsch. v. 25. III. 1897 III 433 (Pr.-V.-Bl. Jahrg. XVIII S. 400).

Jagdpol.-Ges. § 2; Zust.-Ges. § 105; A.-L.-R. § 10 Tit. 17 Teil II.

Die Kaufleute X. und Y. haben die Jagd auf der Feldmark Sch. gepachtet. Der Majoratsbesitzer des Ritterguts v. S. erwarb während der Pachtzeit in der genannten Feldmark über 300 Morgen im Zusammenhange und beanspruchte darauf die eigene Ausübung das Jagdrecht während der Pachtperiode. Dies weigerten die Pächter und der Gemeindevorsteher. v. S. klagte gegen letzteren vor dem Kreisausschusse gemäß § 105 des Zust.-Ges. Es erfolgte die Verurteilung des Beklagten. Bevor das Erkenntnis rechtskräftig wurde, untersagte der Landrat den Pächtern X. und Y. durch jagdpolizeiliche Verfügung die Ausübung der Jagd auf dem Besitze des v. S. Die Verfügung wurde vom O.-V.-G. außer Kraft gesetzt mit der Begründung: es kann dahin gestellt bleiben, ob der Landrat zum Erlasse der Verfügung befugt gewesen wäre, nachdem die Rechtskraft der Entsch. des Kreisausschusses eingetreten. Solange ein Streit gemäß § 105 des Zust.-Ges. zwischen den Beteiligten herrsche, dürfe der Landrat nicht einschreiten. Im Uebrigen seien besondere seiner Obhut anvertrauten Interessen (§ 10 Tit. 17 Teil II A.-L.-R.) nicht bedroht gewesen, insbesondere wäre nicht zu befürchten gewesen, daß z. B. v. S. und die Pächter sich mit den Waffen angriffen u. s. w.

Der hier eingenommene Standpunkt ist später vom O.-V.-G. erlassen worden, siehe Nr. 4 dieses Abschnitts und die Anm. dazu.

Nr. 3. Entsch. Bd. XXX S. 311 v. 1. II. 99 III 1509 (Pr.-V.-Bl. Jahrg. XX S. 271. Zust.-Ges. § 105.

In einem Verwaltungsstreitverfahren zwischen den Parteien war durch das Urteil des O.-V.-G. v. 25. III. 97 (Pr.-V.-Bl. Jahrg. XVIII S. 400, vorstehend unter Nr. 2 abgedruckt) eine Verfügung des damaligen und jetzigen beklagten Landrats (als Jagdpolizeibehörde) v. 2. XII. 95 aufgehoben worden, durch welche dem Kläger die Ausübung der von ihm gepachteten Jagd im gemeinschaftlichen Jagdbezirke Sch. auf gewissen zur Feldmark Sch. gehörigen, von dem Majoratsbesitzer v. S. erworbenen und mit dem Rittergute in ungetrenntem Zusammenhange stehenden Parzellen untersagt worden war. Inzwischen hatte der Beklagte dem Kläger durch eine neue Verfügung v. 28. IV. 96 wiederum verboten, die Jagd auf diesen Parzellen auszuüben. Auf die hiergegen erhobene Klage setzte der Bezirksausschuß am 7. X. 97 mit Rücksicht auf die Ausführungen in dem Urteile v. 25. III. 97 die angefochtene Verfügung ebenfalls außer Kraft. Auf die Berufung des Beklagten wies das O.-V.-G. den Kläger aber ab und führte aus:

Das O.-V.-G. hat in dem Urteile v. 25. III. 97 ausdrücklich bemerkt, es könne dahin gestellt bleiben, ob die damals angefochtene Verfügung des Beklagten gerechtfertigt sein würde, wenn zur Zeit ihres Erlasses das Urteil des Kreisausschusses v. 14. XI. 95 schon rechtskräftig gewesen wäre, durch welches auf die Klage des Rittergutsbesitzers v. S. gegen den Gemeindevorstand von Sch. der letztere zu dem Anerkenntnisse verurteilt worden war, daß die in Rede stehenden Parzellen aus dem gemeinschaftlichen Jagdbezirke Sch. ausgeschieden und der erstere zur alleinigen Ausübung der Jagd auf ihnen berechtigt sei. Als die Verfügung v. 28. IV. 96 erging, hatte das Urteil v. 14. XI. 95 die Rechtskraft beschritten. Damit war bei ihr die Rechtslage eine andere geworden, als sie bei der Verfügung v. 2. XII. 95 gewesen war, und sie ist deshalb trotz ihres im wesentlichen gleichen Inhaltes abweichend zu beurteilen. Mit dem Eintritte der Rechtskraft des Urteils v. 14. XI. 95 ist, vorbehaltlich späterer Aenderungen in den maßgebenden thatsächlichen Verhältnissen, in unabänderlicher Weise der Rechtszustand hinsichtlich des gemeinschaftlichen Jagdbezirks Sch. fest- und eine konkrete Rechtsordnung hergestellt worden, und der beklagte Landrat durfte nunmehr in Uebereinstimmung damit kraft des Rechtes der Jagdpolizeibehörde die nötigen Anstalten zur Erhaltung der öffentlichen Ordnung treffen (§ 10 Titel 17 Teil II des A.-L.-R.), in der Weise, wie am 28. IV. 96 geschehen, verfügen. Hieran wurde er auch nicht dadurch gehindert, daß der jetzige Kläger im März 1896 bei dem Königlichen Landgerichte zu O. gegen den Rittergutsbesitzer v. S. geklagt und eine einstweilige Verfügung v. 8. III. 96 erwirkt hatte, welche dem Rittergutsbesitzer v. S. unter Strafandrohung verbot, vor rechtskräftiger Entscheidung des Hauptprozesses die Jagd auf den streitigen Parzellen auszuüben und den Kläger in irgend welcher Weise in der Ausübung der Jagd auf denselben zu stören. Denn nach dem § 105 des Zust.-Ges. v. 1. VIII. 83 sind ausschließlich die Verwaltungsgerichte berufen, allgemeine Feststellungen über die Bildung von gemeinschaftlichen Jagdbezirken zu treffen. Ihre Entscheidungen sind daher diejenigen, die sich für die Jagdpolizeibehörde als die maßgebenden bei dem ihr obliegenden Schutze der öffentlichen Ordnung darstellen. Es ist daher auch unerheblich, daß das Landgericht zu O., nachdem der Gerichtshof zur Entscheidung der Kompetenzkonflikte am 12. XII. 96 den Rechtsweg in dem Prozesse gegen den Rittergutsbesitzer v. S. für zulässig und den von der Regierung erhobenen Kompetenzkonflikt für unbegründet erklärt hatte, durch das rechtskräftig gewordene Erkenntnis v. 29. VI. 97 den Rittergutsbesitzer v. S. verurteilt hat, anzuerkennen, daß er dem damaligen und jetzigen Kläger als Pächter der Jagd auf der Feldmark von Sch. gegenüber nicht berechtigt sei, vor dem Jagderöffnungstermine des Jahres 1901 die Jagd auf den von ihm erworbenen Parzellen auszuüben, sich vielmehr die Ausübung dieser Jagd durch den Kläger als Jagdpächter bis zu dem gedachten Zeitpunkte gefallen zu lassen und sich jeder Störung desselben in Ausübung dieses Jagdpachtrechtes bei einer Geldstrafe für jeden Fall der Zuwiderhandlung zu enthalten habe, ganz abgesehen davon, daß das Urteil des Landgerichts überhaupt erst lange nach der Verfügung v. 28. IV. 96 ergangen ist.

Nr. 4. Entsch. Bd. XXXV S. 313 v. 25. II. 99 III B 22/98 (Pr.-V.-Bl. Jahrg. XX S. 300.
§§ 2, 4, 9 Jagdpol.-Ges. v. 7. III. 50; Zust.-Ges. v. 26. VII 76 §§ 91 ff.; Zust.-Ges. v. 1. VII. 83 § 105.

1. Mittelst Vertrages v. 1. XII. 90 verpachtete der Besitzer P. zu R. die Jagd auf seinen über 300 Morgen großen, einen Einzeljagdbezirk bildenden Grundstücken (§ 2 litt. a des Jagdpolizei-Ges.) dem Besitzer Richard Pe. daselbst auf die Zeit v. 1. XII. 90 bis dahin 1902. Im Jahre 1895 wurde die P.'sche Besitzung in Parzellen, von denen keine 300 Morgen groß war, geteilt und an verschiedene Besitzer veräußert. Der Landrat eröffnete dem Jagdpächter Pe., daß durch die Parzellierung sein Jagdpachtrecht erloschen und die einzelnen Parzellen Teile des gemeinschaftlichen Jagdbezirks der Gemeinde R. geworden seien. Der Gemeindevorsteher, hiervon benachrichtigt, verpachtete dementsprechend die ehemals P.'schen Parzellen an den Besitzer K., den Pächter der Gemeindejagd. Pe. erklärte sich jedoch mit dem neugeschaffenen Zustande nicht einverstanden, sondern übte unter Berufung auf seinen mit P. abgeschlossenen Pachtvertrag die Jagd auf den ehemals P.'schen Parzellen weiter aus, worauf der Landrat auf eine Beschwerde des Besitzers K. unter dem 30. XII. 96 dem Pe. die weitere Ausübung der Jagd verbot.

Gegen die Verfügung erhob Pe. Klage, der der Bezirksausschuß stattgegeben hat. Auf die vom Beklagten eingelegte Berufung wies das O.-V.-G. die Klage ab, wiewohl der Bez.-Aussch. sich an die Ausführungen des O.-V.-G. in dem Erk. v. 15. VI. 96 (Entsch. d. O.-V.-G Bd. XXX S. 311) gehalten hatte, worin ausgesprochen ist, daß die Jagdpolizeibehörde nicht befugt sei, zur Aufrechterhaltung der Grenzen eines gemeinschaftlichen Jagdbezirks mit polizeilicher Verfügung einzuschreiten, daß vielmehr den Beteiligten zu überlassen sei, den Streit über in dem öffentlichen Rechte begründete Berechtigungen und Verpflichtungen hinsichtlich der Ausübung der Jagd im Wege des Verfahrens nach § 105 des Zust.-Ges. v. 1. VIII. 83 zum Austrage zu bringen. Das O.-V.-G. hat nach nochmaliger Prüfung, insbesondere der gesammten Vorgeschichte des § 105, diesen Standpunkt, auf dem auch die Entscheidung Bd. XVIII S. 295 ff. steht, nicht aufrecht erhalten zu können geglaubt.

Nachdem in dem Erk. die Materialien zu § 105 mitgeteilt und geprüft worden, wird ausgeführt:

„Aus den Materialien ist zu folgern, daß durch den § 105 des Zust.-Ges. v. 1. VIII. 83 zwar den Beteiligten überlassen werden soll, nunmehr im Verwaltungsstreitverfahren, statt im ordentlichen Rechtswege, darüber unter einander zu streiten, ob Beschränkungen in der Ausübung der Jagd auf eigenem Grund und Boden bestehen, wie der gemeinschaftliche Jagdbezirk gebildet wird und Aehnliches, daß aber, so lange die Beteiligten unter einander einen solchen Streit im Verwaltungsstreitverfahren nicht zum Austrage gebracht haben, die Jagdpolizeibehörde ihrerseits im öffentlichen Interesse, obwohl der § 91 des Zust.-Ges. v. 26. VII. 76 nicht in das Zust.-Ges. v. 1. VIII. 83 übergegangen ist, nach wie vor befugt ist, durch polizeiliche Verfügung der durch das Jagdpolizei-Ges. bestimmten Rechtsordnung Geltung zu verschaffen, also im Interesse und zur Erhaltung der jagdlichen öffentlichen Ordnung einzuschreiten (von Brauchitsch a. a. O. Anmerkung 4 zu § 103, Anmerkung 11 zu § 105).

Danach ist im vorliegenden Falle zu untersuchen, ob das Bejagen der früher P.'schen Grundstücke durch den Kläger die jagdliche öffentliche Ordnung verletzt. Dies ist zu bejahen. Nach § 4 des Jagdpolizei-Ges. bilden diejenigen Grundstücke einer Gemeinde, die zu den im § 2 des Gesetzes gedachten nicht gehören, einen gemeinschaftlichen Jagdbezirk, dessen Jagd gemäß den §§ 9 ff. verwaltet wird, eine Vorschrift, die im öffentlichen Interesse erlassen ist und deren Ueberwachung deshalb der Jagdpolizeibehörde zusteht. Durch die Aufteilung des P.'schen Besitztums unter verschiedene Eigentümer, von denen keiner eine Fläche von 300 Morgen oder darüber erwarb, fielen die einzelnen Parzellen mit der Auflassung dem gemeinschaftlichen Jagdbezirke der Gemeinde R. zu. Das Recht der P.'schen Besitznachfolger zur eigenen Ausübung der Jagd und damit das abgeleitete Recht des Pächters, des Klägers, hörten damit gesetzlich auf (Entsch. Bd. XXIV S. 291, 292, 293); das Recht zur Ausübung der Jagd ging auf die Besitzer der zum gemeinschaftlichen Jagdbezirke der Gemeinde gehörenden Grundstücke über. Nur diese dürfen in ihrer Gesammtheit die Jagd und zwar auf sämmtlichen dem gemeinschaftlichen Jagdbezirke zugeschlagenen Grundstücken ausüben. Der Kläger greift durch die Ausübung der Jagd auf den ehemals P.'schen Parzellen in diese öffentlich-rechtlich geordneten Jagdverhältnisse ein. Wenn der beklagte Landrat dem entgegentritt, so überschreitet er seine Zuständigkeit nicht. Die angegriffene Verfügung erweist sich somit als rechtlich begründet."

2. Vgl. das folgende Erk. v. 11. III. 99.

Das O.-V.-G. vertritt nunmehr folgenden richtigen Standpunkt: Die Jagdpolizeibehörde kann nach wie vor gegen jeden mit polizeilicher Verfügung einschreiten, der die Jagd entgegen den polizeilichen, also öffentlich-rechtlichen Grundsätzen, wie sie die verschiedenen Jagdordnungen aufstellen, ausübt. Insbesondere ist sie dazu berufen, darüber zu wachen, daß, wenn ein Streit über öffentliche Rechte gemäß § 105 des Zust.-Ges. im V.-St.-V. rechtskräftig ausgefochten ist, nach dem Erkenntnisse gelebt wird. Ein begonnenes Verwaltungsstreitverfahren zwischen den Betheiligten (§ 105) hindert das selbständige Einschreiten der Jagdpolizeibehörde nicht. Die Entscheidungen aus § 105 des Zust.-Ges. machen jus inter omnes, sie gelten für die Beteiligten, wie für die Jagdpolizeibehörde und die Zivilgerichte, während die Entscheidungen, die zur Aufhebung einer jagdpolizeilichen Verfügung oder zu einer Abweisung der Klage auf Aufhebung führen, nur jus inter partes machen.

Aus vorstehendem ergiebt sich auch, daß die Entsch. v. 25. III. 97 (S. 187 d. Bd.) unrichtig ist. Das O.-V.-G. hätte die Klage abweisen müssen, da zur Zeit des Erlasses der Verfügung ein rechtskräftiges entgegenstehendes Erk. nach § 105 des Zust.-Ges. nicht vorhanden gewesen, vielmehr die Pächter zu Unrecht auf den zum Jagdbezirke des v. S. gehörigen Parzellen gejagt hatten, wozu sie seit der Auflassung an letztern nicht mehr berechtigt waren.

Nr. 5. Entsch. v. 11. III. 99 III 409.

Jagdpolizeiges. § 2; Zust.-Ges. §§ 103, 105; L.-V.-G. § 127.

1. Das O.-V.-G. hat neuerdings und zwar in einem Erk. v. 25. II. 99 III 1551 (Pr.V.-Bl. Jahrg. XX S. 300) den Standpunkt, den die beiden Entscheidungen v. 23. V. 89 nnd v. 15. VI. 96 (Entsch. Bd. XVIII S. 295 und Bd. XXX S. 313) einnehmen, mit Rücksicht auf die gesammte Vorgeschichte der §§ 103 und 105 des Zust.-Ges. v. 1. VIII. 83 nicht aufrecht erhalten zu können geglaubt. Danach berechtigt der § 103 die Jagdpolizeibehörde nach wie vor, durch polizeiliche Verfügung der durch das Jagdpolizeigesetz bestimmten Rechtsordnung Geltung zu verschaffen und die Bildung der Jagdbezirke zu überwachen, und ist in § 105 nichts weiter bestimmt, als daß den Beteiligten überlassen bleibt, nunmehr im Verwaltungsstreitverfahren, statt wie bisher im ordentlichen Rechtswege, darüber untereinander zu streiten, ob Beschränkungen in der Ausübung der Jagd auf eigenem Grund und Boden bestehen, wie der gemeinschaftliche Jagdbezirk gebildet wird und Aehnliches.

2. Gemäß § 2 des Jagdpolizeigesetzes ist der Besitzer zur eigenen Ausübung des Jagdrechts auf seinem Grund und Boden befugt auf solchen Besitzungen, die „in einem oder mehreren aneinander grenzenden Gemeindebezirke einen land- oder forstwirtschaftlich benutzten Flächenraum von wenigstens 300 Morgen einnehmen und in ihrem Zusammenhange durch kein fremdes Grundstück unterbrochen sind." Nach gleichmäßiger Rechtsprechung (vgl. Entsch. Bd. XXV S. 300) stehen bezüglich der Bildung der Jagdbezirke die sebständigen Gutsbezirke den Gemeindebezirken gleich. Wenn daher eine Parzelle mit einem Rittergute in unmittelbarem Zusammenhange steht und dem Rittergutsbesitzer gehört, so gehört sie zu dem Einzeljagdbezirke des Rittergutsbesitzes, dessen Gesammtareal dem § 2 entspricht, wie wohl die Parzelle in einem benachbarten Gemeindebezirke liegt. Wird die Parzelle dem Rechte des Rittergutsbesitzers entgegen, vom Gemeindevorsteher verpachtet, so kann dagegen der Landrat mit polizeilicher Verfügung (§ 127 L.-V.-G.) einschreiten. Der Gemeindevorsteher hat dagegen die gewöhnlichen Rechtsmittel, er kann aber auch gegen den Rittergutsbesitzer auf Grund des § 105 des Zust.-Ges. klagen.

Nr. 6. Entsch. v. 21. IX. 98 III 1267.

Jagdpolizeiges. v. 7. III. 50 § 5.

Der § 5 des Jagdpolizeigesetzes v. 7 III. 50 bestimmt:

> Die Besitzer isoliert belegener Höfe sind berechtigt, sich mit denjenigen Grundstücken, welche zusammenhängend den Hof ganz oder teilweise umgeben, also nicht mit fremden Grundstücken im Gemenge liegen, von dem gemeinschaftlichen Jagdbezirke auszuschließen, wenngleich die Grundstücke nicht zu den im § 2 gedachten gehören.

Es gehören also die einen isolierten Hof umgebenden, nicht im Gemenge liegenden Grundstücke an sich zum gemeinschaftlichen Jagdbezirke, ihr Ausschluß erfolgt aber auf Verlangen des Hofbesitzers. Dies Verlangen muß kund gethan werden in Form einer Willenserklärung im Sinne des Tit. 4 Teil II des A.-L.-R's., abgegeben gegenüber dem Vertreter der Jagdinteressenten (§ 9 des Jagdpolizeigesetzes). Die Willenserklärung muß „zuverlässig" oder „gewiß" sein (§ 57 Tit. 4 a. a. O.), dagegen ist für sie keine besondere Form vom Gesetze vorgeschrieben, auch verliert eine im Uebrigen gültig abgegebene Willenserklärung ihre rechtliche Wirkung nicht, wenn sie nicht an einem „passenden" Orte (z. B. in einem Wirtshause) erfolgt ist.

Nr. 7. Entsch. Bd. XXXIV S. 308 v. 8. X. 98 III C 45/98.

Zust.-Ges. § 105; Zust.-Ges. v. 26. VII. 76; Jagdpolizeiges. § 7.

Nach § 105 des Zust.-Ges. werden jetzt Streitigkeiten der Beteiligten über ihre in dem öffentlichen Rechte begründeten Berechtigungen und Verpflichtungen hinsichtlich der Ausübung der Jagd, insbesondere über Ausübung der Jagd auf fremden Grundstücken, welche von einem größeren Walde umschlossen sind, im Verwaltungsstreitverfahren entschieden. Die so ergehenden Entscheidungen behalten jedenfalls so lange zwischen den Beteiligten Wirksamkeit, bis die Enklaveneigenschaft aus Anlaß thatsächlicher Vorgänge (§ 7 Abs. 1 Satz 1 des Jagdpolizeigesetzes) zu bestehen aufgehört hat. Aenderungen in der Rechtsprechung sind solche thatsächliche Vorgänge nicht. Gleiche Wirkung für die Beteiligten hat eine in Gemäßheit des § 91 des Zust.-Ges. v. 26. VII. 76 ergangene Anordnung der Jagdpolizeibehörde, welche den Ausschluß eines von einem Walde begrenzten Grundstücks aus dem gemeinschaftlichen Jagdbezirke verfügt.

1. Der Sinn obiger Entsch. ist der: Die Entscheidungen von Streitigkeiten der Beteiligten im Wege des V.-St.-V. aus § 105 des Zust.-Ges. und die Anordnungen auf Grund des § 91 des früheren Zust.-Ges. haben gleiche Wirkung und zwar unter omnes, für alle, die es angeht. Sie schaffen einen gewissen status. Derjenige, der glaubt, daß auf Grund gewisser thatsächlicher Vorgänge z. B., weil die Fläche nicht mehr vom Walde eingeschlossen ist, eine Aenderung eingetreten sei, kann trotz einer auf Grund des § 91 ergangenen Verfügung gegen den andern Beteiligten gemäß § 105 des Zust.-Ges. klagen auf Anerkennung, daß nunmehr eine Enklave nicht besteht. Früher mußte er bei der Jagdpolizeibehörde den Erlaß eine anderweitigen Verfügung in Anregnung bringen.

2. Das Reichsgericht hat in einem Erk. v. 30. V. 99 im Gegensatze zum Kammergericht aber in Uebereinstimmung mit dem O.-V.-G. angenommen, daß jeder Gemeinde- und Gutsbezirk, gleichgültig, ob er 300 Morgen im Zusammenhange umfaßt, einen gemeinschaftlichen Jagdbezirk bildet. Die entscheidenden Gründe lauten (nach der Jägerzeitung Bd. 33 Nr. 40):

„Das Kammergericht zu Berlin hat in Anlehnung an die Praxis des vormaligen Preußischen Ober-Tribunals in mehrfachen Entscheidungen, insbesondere in einem in dem Pr.-V.-Bl. von 1896/97 S. 46 mitgeteilten Urteile v. 13. VI. 95 sich dahin ausgesprochen, daß ein Gemeindebezirk nur bei einem Umfange von wenigstens 300 Morgen einen selbständigen Jagdbezirk bilde, das Pr. O.-V.-G. dagegen hat in Uebereinstimmung mit der neuerdings von den Preußischen Verwaltungsbehörden verfochtenen Ansicht angenommen, daß der § 4 des Ges. v. 7. III. 50 ein solches Erfordernis nicht aufstelle, und diese Auffassung namentlich in einem Urteile v. 27. IX. 83 (Entsch. des O.-V.-G. Bd. X S. 156) ausführlich begründet. Der Rechtsauffassung des O.-V.-G. ist beizupflichten.

Der § 4 cit. kann nach seinem Wortlaute und nach dem das Gesetz im ganzen beherrschenden Prinzipe nur dahin verstanden werden, daß die Grundstücke eines Gemeindebezirkes, auf denen der Besitzer nicht gemäß § 2 des Ges. zur eigenen Ausübung des Jagdrechts befugt ist, ausnahmslos einen auf Grund des § 4 ff. der Disposition der Gemeindebehörde unterliegenden gemeinschaftlichen Jagdbezirk bilden sollen. Bezweckt war die Beseitigung der Mißstände, welche sich daraus ergeben hatten, daß durch das Gesetz v. 31. X. 48 jedem Grundbesitzer die Ausübung der Jagd auf seinem Grund und Boden zugestanden war. Zur Erreichung des bezielten Zweckes ist unter Aufrechterhaltung des Grundsatzes, daß das Jagdrecht ein Zubehör des Grundeigentums ausmache, einmal festgesetzt, unter welchen Bedingungen dem Grundbesitzer die Befugnis zur selbständigen Ausübung des Jagdrechts zustehen soll, und weiterhin bestimmt, daß die Grundstücke, bei denen jene Bedingungen nicht vorliegen, zu einem gemeinschaftlichen Jagdbezirke zusammengeschlagen werden sollen, über den die Gemeindebehörde im Interesse der einzelnen Grundbesitzer zu verfügen hat. Nach der Tendenz des Gesetzes mußte für alle Grundstücke ohne Ausnahme Bestimmung getroffen werden, wie daß an sich dem Grundbesitzer zustehende Jagdrecht auszuüben sei, und dieser Anforderung ist, wie eben gezeigt, nach dem Wortlaute des Gesetzes auch Genüge geschehen. Hätte der Gesetzgeber gewollt, daß die von den Bestimmungen des § 2 nicht betroffenen Grundstücke nicht ausnahmslos, sondern nur unter der Bedingung, daß sie einen zusammenhängenden Flächenraum von wenigstens 300 Morgen einnehmen, einen der Disposition der Gemeindebehörde unterliegenden gemeinschaftlichen Jagdbezirk bilden sollen, so hätte dies in § 4 Ausdruck finden müssen. Bei dem Mangel eines diesbezüglichen Ausspruchs ist es an sich schon gar nicht zulässig, den in § 4 vorkommenden Worten „alle übrigen Grundstücke" die Deutung zu geben, daß damit nur die eine zusammenhängende Fläche von 300 Morgen ausmachenden Grundstücke gemeint seien. Sodann steht einer solchen Auslegung das sehr gewichtige Bedenken entgegen, daß es für die Gemeindebezirke, in denen die vom § 2 des Ges. nicht betroffenen Grundstücke einen zusammenhängenden Komplex von 300 Morgen nicht einnehmen, an Bestimmungen über Ausübung des Jagdrechts ganz fehlen würde. Falls in einem Gemeindebezirke dieser Art die Voraussetzungen für die im § 4 des Gesetzes vorgesehene Bildung eines gemeinschaftlichen Jagdbezirkes als nicht gegeben anzunehmen wären, so würde auch § 9 keine Anwendung finden und damit ein Organ fehlen, durch welches die gemäß § 2 zur selbständigen Jagdausübung nicht berechtigten Grundbesitzer das ihnen prinzipiell zustehende Jagdrecht zur Geltung bringen könnten. Ginge es aber an, die §§ 4 und 9 des Gesetzes dahin auslegen, daß die Gemeindebehörde in dem besprochenen Falle auch zur Vertretung der zur selbständigen Jagdausübung nicht befugten Grundbesitzer berufen sei, so würde das Jagdrecht der letzteren doch nur in der Weise zu verwerten sein, daß durch Vereinigung ihrer Grundstücke mit einem anderen Gemeindebezirke oder Teilen eines solchen ein 300 Morgen großer gemeinschaftlicher Jagdbezirk gebildet würde. Eine solche Vereinigung kann nur durch freie Uebereinkunft zu stande kommen, also leicht dadurch unmöglich werden, daß der andere Interessent zu der Vereinigung nicht geneigt ist. Es leuchtet ein, daß danach die Grundbesitzer in einem nicht 300 Morgen umfassenden Gemeindebezirke den gefährlichsten Chikanen ausgesetzt sein würden. Diese Unzuträglichkeiten sind viel höher in Anschlag zu bringen als die Mißstände, welche sich daraus ergeben können, daß ein Gemeindebezirk nach Ausscheidung der eine selbständige Jagdausübung zulassenden Besitzungen möglicherweise einen minimalen, zur Bildung eines selbständigen Jagdbezirks wenig geeigneten Umfang hat.

Zur Begründung der von dem Kammergericht vertretenen Rechtsauffassung wird angeführt, daß bei der Beratung des Gesetzes durch die Landstände die Absicht, auch im Falle des § 4 kleinere Jagdbezirke als solche von 300 Morgen nicht zuzulassen, ausdrücklich kundgegeben worden sei. Für die erste Kammer ist dies nicht zutreffend; dort ist bei der Beratung des Gesetzes sogar konstatiert worden, daß ein Gemeindebezirk auch bei einem nicht 300 Morgen erreichenden Umfange zur Bildung eines gemeinschaftlichen Jagdbezirks im Sinne des § 4 geeignet sei. In der zweiten Kammer der Landstände ist allerdings bei der Beratung sowohl in der Kommission als im Plenum die Ansicht verfochten worden, daß nach dem Prinzipe des Gesetzes auch bei Bildung gemeinschaftlicher Jagdbezirke solche von weniger als 300 Morgen nicht zuzulassen seien. Allein es ist deshalb noch nicht zweifellos, ob die Kammer mit der Annahme des Gesetzes in der vorliegenden Fassung jene Ansicht adoptiert hat. Jedenfalls hat dies durch eine dem Gesetze auf Grund der Beschlüsse der zweiten Kammer gegebene veränderte Gestalt einen Ausdruck nicht gefunden, und demzufolge ist es eine falsche Konklusion, daß die Regierung und die erste Kammer, weil sie der bei der Beratung in der zweiten Kammer ausgesprochenen Ansicht nicht entgegengetreten seien, derselben zugestimmt hätten. Angenommen aber auch, es seien die gesetzgebenden Faktoren sämmtlich von dem Gedanken geleitet gewesen, abgesehen von den Fällen des § 2 b und c, Jagdbezirke von kleinerem Umfange als 300 Morgen nicht zuzulassen, so wird ein Gedanke des Gesetzgebers, ohne daß er ausgesprochen ist, nicht Gesetz. Vergeblich sucht man aber in dem Gesetze v. 7. III. 50 nach Worten, durch welche zum Ausdruck gebracht sei, daß Jagdbezirke von weniger als 300 Morgen auch im Falle des § 4 nicht zulässig seien. Es wird behauptet, daß in § 2a ein das ganze Gesetz beherrschendes Prinzip aufgestellt sei, und daß deshalb der § 4, obwohl es nicht ausdrücklich ausgesprochen sei, einen Bezirk von wenigstens 300 Morgen im Auge habe. Diese Argumentation ist mit dem System des Gesetzes unverträglich. In § 2 sind die Bedingungen festgesetzt, unter denen ein Grundbesitzer für sich allein das Jagdrecht auf seinem Grund und Boden ausüben darf. § 4 dagegen bezieht sich auf die Grundbesitzer, bei denen jene Bedingungen nicht gegeben sind. Somit sind die Gegenstände, auf welche § 2 und auf welche § 4 Bezug hat, nicht die gleichen, und deshalb ist die Behauptung, daß in beiden Fällen das gleiche Prinzip zur Geltung kommen müsse, unrichtig. Zudem kann man auch unter keinen Umständen zu der Konklusion gelangen, daß das Gesetz das in § 2a aufgestellte Prinzip bei den gemeinschaftlichen Jagdbezirken des § 4 vollständig durchgeführt habe. Ein Grundbesitzer ist — abgesehen von den hier nicht interessierenden Fällen des § 2b und c — zur Ausübung der Jagd auf eigenem Grund und Boden befugt, wenn dieser eine zusammenhängende Fläche von wenigstens 300 Morgen einnimmt. Auf seine sonstigen, wenn auch in demselben Gemeindebezirke gelegenen Besitzungen von weniger als 300 Morgen hat aber jenes Recht keinen Bezug. Anders liegt die Sache bei einem nach § 4 gebildeten gemeinschaftlichen Jagdbezirke. Auch diejenigen, welche die Ansicht anfechten, daß ein

Gemeindebezirk nur bei dem Vorhandensein einer zusammenhängenden Fläche von wenigstens 300 Morgen einen selbständigen Jagdbezirk bilden könne, müssen zugeben, daß unter der gedachten Voraussetzung auch alle separiert liegenden Teile des Gemeindebezirkes von weniger als 300 Morgen dem gemeinschaftlichen Jagdbezirke zuzuschlagen sind. Dies ergiebt sich zweifellos aus § 7 des Gesetzes. Hier ist bestimmt, daß Enklaven des Gemeindebezirkes, welche eine ununterbrochene zusammenhängende Fläche von 300 Morgen nicht ausmachen und von einem mehr als 300 Morgen umfassenden Waldkomplexe umschlossen sind, dem gemeinschaftlichen Jagdbezirke der Gemeinde nicht zugeschlagen werden sollen. Das Gesetz erkennt also an, daß grundsätzlich derartige kleine Enklaven, sobald sie nicht ausnahmsweise von einem Waldkomplexe des angegebenen Umfanges umschlossen sind, einen Teil des gemeinschaftlichen Jagdbezirkes bilden.

Die in dem ersten Satze des § 4 des Gesetzes vorkommenden Worte „der Regel nach" würden sich auch nicht noch für die hier verteidigte Ansicht verwerten lassen. Es ist aber unnötig, weiter hierauf einzugehen. Unter allen Umständen kann daraus ein Argument für die gegenteilige Ansicht nicht hergeholt werden und ebensowenig aus der für das vormalige Herzogtum Nassau erlassenen Jagdpolizei-Verordn. v. 30. III. 67. Wenn in § 6 der letzteren bestimmt ist, daß die Bildung eines gemeinschaftlichen Jagdbezirkes eine zusammenhängende Fläche von 300 Morgen voraussetze, so kann daraus nicht gefolgert werden, daß bei Erlaß des Gesetzes v. 7. III. 50 eine gleiche Intention vorgelegen haben müsse. Außerdem darf bei Heranziehung des § 6 cit. nicht übersehen werden, daß derselbe abweichend von dem sonst als Vorbild benutzten § 4 des Gesetzes v. 7. III. 50 der Aufsichtsbehörde die Befugnis einräumt, aus dringenden Gründen die Vereinigung mehrerer Gemarkungen zu einem Jagdbezirke anzuordnen. Die Verordn. v. 30. III. 67 kann infolge dieses Zusatzes nicht zu solchen Unzuträglichkeiten führen, wie sie sich möglicherweise aus dem Gesetze v. 7. III. 50 ergeben, wenn man dessen § 4 in dem vom Kammergerichte angenommenen Sinne auslegt."

Nr. 8. Entsch. v. 12. IV. 99 III 577.

§ 7 Jagdpolizeiges. v. 7. III. 50; Civil-Proz.-Ordn. §§ 59, 60; § 105 des Zust.-Ges.

Der Gemeindevorstand und die Besitzer einer Enklave sind notwendige Streitgenossen. Es kann daher einer der Streitgenossen allein ein Rechtsmittel einlegen und daraufhin wird das Streitverhältnis allen Streitgenossen gegenüber gleichmäßig festgestellt.

Nr. 9. Entsch. v. 28. I. 99 III 149 (Pr.-V.-Bl. Jahrg. XX S. 357).

Jagdpolizeiges. § 7; Zust.-Ges. § 105.

In einer Streitigkeit (§ 105 des Zust.-Ges.) über die jagdrechtliche Stellung einer Waldenklave sind Parteien der Waldbesitzer, der Gemeindevorsteher und der Enklavenbesitzer. Die Zuziehung des letzteren zum Streite könnte nur unterbleiben, wenn er z. B. die Enklaveneigenschaft anerkannt hat (Entsch. Bd. XXIX S. 303).

Nr. 10. Entsch. v. 6. II. 96 III 162.

Jagdpolizeiges. §§ 2, 4, 11.

Nach § 11 des Jagdpolizei-Ges. sind die Nettoeinnahmen aus den Jagdverträgen durch die Gemeindebehörde unter die Besitzer derjenigen Grundstücke, auf welchen die gemeinschaftliche Ausübung des Jagdrechtes stattfindet, nach dem Verhältnisse des Flächeninhaltes dieser Grundstücke zu erteilen. Der Sinn und die Bedeutung dieser Worte „auf welchen die gemeinschaftliche Ausübung des Jagdrechtes stattfindet" sind nur aus § 4 in Verbindung mit § 2 des Gesetzes zu erkennen. In § 2 werden diejenigen Grundflächen aufgezählt, auf denen der Besitzer zur eigenen Ausübung des Jagdrechtes befugt ist: Besitzungen, welche einen land- oder forstwirtschaftlich benutzten Flächenraum von wenigstens 300 Morgen einnehmen und in ihrem Zusammenhange durch kein fremdes Grundstück unterbrochen sind, dauernd und vollständig eingefriedete Grundstücke, Seen, zur Fischerei eingerichtete Teiche und solche Inseln, welche ein Besitztum bilden. Alle übrigen Grundstücke eines

Gemeinde- (oder Guts-) Bezirkes, welche nicht zu den im § 2 gedachten gehören (§ 7 enthält eine einzige Ausnahme), also keinen Einzeljagdbezirk bilden, vereinigt der § 4 zu einem gemeinschaftlichen Jagdbezirke, ihre Besitzer bilden eine neben der Gemeinde stehende öffentlich-rechtliche Korporation (Pr.-V.-Bl. Jahrg. XVI S. 449). Da der § 4 solche Grundstücke nicht ausnimmt, welche land- oder forstwirtschaftlich nicht benutzt werden, oder auf denen die Jagd erschwert ist, oder auf denen einzelne Arten der Jagdausübung nicht erlaubt sind (§ 54 der Betriebs-Ordn. für die Hauptbahnen Deutschlands v. 5. VIII. 92, § 5 des Ges. v. 31. X. 48, G.-S. S. 343, § 5 des Ges. v. 20. VIII. 83, G.-S. S. 333), so gehören auch diese zum gemeinschaftlichen Jagdbezirke, und weil sie dazu gehören, haben ihre Besitzer gemäß § 11 Anspruch, bei der Verteilung der Jagderträge berücksichtigt zu werden. Demnach bedeuten in § 11 die Worte „Grundstücke, auf welchen die gemeinschaftliche Ausübung des Jagdrechtes stattfindet", „Grundstücke, welche zum gemeinschaftlichen Jagdbezirke gehören." Der öffentlich-rechtliche Anspruch auf die Jagderträge ist das Korrelat der öffentlich-rechtlichen Verpflichtung, der Zugehörigkeit zum gemeinschaftlichen Jagdbezirke; als Folge des Ueberganges der Ausübung des Jagdrechts vom Besitzer auf die öffentlich-rechtliche Korporation erwächst diesem das Recht auf Teilnahme an ihren Nutzungen und zwar nach Verhältnis der Größe seines Grundstücks. Einen anderen Maßstab kennt das Jagdpolizei-Ges. nicht.

Nr. 11. Entsch. v. 11. XII. 97 III 1683.

Jagdpolizeiges. § 11; Bd. v. 30. III. 67 (G.-S. S. 426) § 11.

Den Anspruch an anteilige Jagderträge haben alle Grundstücke eines gemeinschaftlichen Jagdbezirkes, auch dann, wenn die Ausübung der Jagd auf ihnen thatsächlich oder rechtlich, insbesondere durch das Verbot gewisser Ausübung der Jagd erschwert ist (es handelte sich um Anlandungen).

Nr. 12. Entsch. v. 25. V. 98 III 779.

Jagdpolizeiges. v. 7. III. 50 §§ 4, 11; Land-Gem.-Ordn. § 71; Zust.-Ges. §§ 34, 105, 106.

Die Besitzer der zu einem gemeinschaftlichen Jagdbezirke einer Gemeinde oder eines Gutsbezirkes gehörigen Grundstücke (§ 4 des Jagdpolizeigesetzes v. 7. III. 50) bilden eine Zwangsgenossenschaft des öffentlichen Rechtes; das Recht zur Teilnahme an den Nutzungen und Erträgen des Korporationsvermögens, wie Pflicht zur Teilnahme an den Lasten richtet sich allein nach öffentlich-rechtlichen Grundsätzen. Was im Besonderen die Teilnahme an den Nutzungen und Erträgen anlangt, so sollen diese nach Abzug der etwa entstehenden Verwaltungskosten unter die Besitzer derjenigen Grundstücke verteilt werden, die zum gemeinschaftlichen Jagdbezirke gehören und zwar nach Verhältnis des Flächeninhaltes (§ 11). Wird die Teilnahme an den Nutzungen und Erträgen zwischen einem Grundbesitzer und dem Gemeindevorsteher, als dem Vertreter der Zwangsgenossenschaft, streitig, so sind die Rechtsmittel abweichend von der Vorschrift in § 34 des Zust.-Ges. und § 71 der Landgemeindeordnung v. 3. VII. 91 nicht dahin geordnet, daß nach fruchtlos erhobenem Einspruche allgemein zwischen dem Gemeindevorsteher und dem Genossen über das Recht zur Teilnahme an den Jagderträgen vor den Verwaltungsgerichten mittelst Erhebung der Klage gestritten werden kann, vielmehr ist mit der Klage nur in beschränkter Weise gemäß § 106 des Zust.-Ges. die festgestellte Verteilung der Erträge zu bekämpfen mit dem Ziele, daß die Verteilung nach dem Klageantrage anderweitig vorgenommen werde (Entsch. Bd. XIV S. 312, Pr.-V.-Bl. Jahrg. XIII S. 294, XIV S. 455, XVII

S. 330). Das Rechtsmittel ist weder geeignet, den Gemeindevorsteher zu veranlassen, schuldige Jagdpachtgelder zur Gemeindekasse einzuziehen und darauf zur Verteilung zu bringen, noch ihn zur Rechnungslegung zu zwingen. Die Jagdgenossenschaft steht unter der Aufsicht derjenigen Kommunalaufsichtsbehörde, die zuständig wäre, wenn es sich nicht um eine Jagd, sondern eine kommunale Angelegenheit der betreffenden Gemeinde oder des Gutsbezirks handelte; dies ist der Landrat als Vorsitzender des Kreisausschusses (§ 139 der Landgemeindeordnung), hinsichtlich der Städte der Regierungspräsident (§ 7 des Zust.-Ges.). Diese Aufsichtsinstanzen haben ergänzend einzutreten, soweit das Rechtsmittel aus § 106 des Zust.-Ges. nicht ausreicht, um die Jagdgenossen in ihren öffentlichen Rechten zu schützen; sie haben daher auch geeigneten Falls den Gemeindevorsteher zur rechtzeitigen Einziehung der Jagderträge und zu ihrer Verteilung anzuhalten, dem einzelnen Genossen ist ein im Verwaltungsstreitverfahren verfolgbares Recht nach dieser Richtung hin nicht gegeben.

c) Hannoversches Jagdrecht.

Nr. 1. Entsch. Bd. XXXIII S. 336 v. 20. IV. 98 III C 46/97.

Hann. Jagdordn. v. 11. III. 59 §§ 2, 5, 12; Hann. Untergerichtsordn. v. 5. X. 27 § 12 (Hann. G.-S. S. 111); Zust.-Ges. § 105.

1. Bei Streitigkeiten der Beteiligten (§ 105 des Zust.-Ges.), zu denen die Gesammtheit der Grundeigentümer einer Feldmark gehört, ist in der Provinz Hannover die Bildung eines Syndikats nicht erforderlich. Der Jagdvorstand der Jagdgenossenschaft vertritt die Gesammtheit vor den Verwaltungsgerichten (Verwaltungsarchiv Bd. V S. 192, Entsch. Bd. XXIV S. 286, Pr.-V.-Bl. Jahrg. XVI S. 527).

2. Die Gesammtflur jeder politischen Gemeinde bildet auch in Hannover den gemeinschaftlichen Jagdbezirk.

3. Nach Hannoverschem Rechte dürfen zwei oder mehrere aus den Grundstücken eines Gemeindebezirkes gebildete gemeinschaftliche Jagdbezirke nicht zu einem gemeinschaftlichen Jagdbezirke vereinigt werden. Dagegen ist dies zulässig nach dem Jagdpolizeiges. v. 7. III. 50 und der Jagdordnung für Bayern, für des Herzogtums Nassau und für Lauenburg. In Hannover können in den Fällen der §§ 2, 3, 4 der Jagdordnung nur die betreffenden Flächen der sie einschließenden oder begrenzenden Jagdbezirke gegen einen entsprechenden Pachtzins (Entsch. Bd. XVII S. 348) angeschlossen werden. Die Eigentümer können statt der pachtweisen Entschädigung die Aufnahme in den Verband derjenigen Feldmark verlangen, der sie hinsichtlich der Jagd angeschlossen werden. Ihr Jagdvorstand hat hierüber nichts zu bestimmen.

Nr. 2. Entsch. v. 23. XI. 98 III 1601 (Pr.-V.-Bl. Jahrg. XX S. 31).

Hann. Jagdordn. v. 11. III. 59 § 4; Zust.-Ges. § 105.

1. Wenn zwei gemeinschaftliche Jagdbezirke (§ 4 Jagdpol.-Ges. v. 7. III. 50) darüber streiten, zu welchem Jagdbezirke ein Grundstück gehört, so ist der Besitzer des Grundstückes als Partei im Verwaltungsstreitverfahren (§ 105 des Zust.-Ges.) zuzuziehen, die Beiladung genügt nicht. Dasselbe gilt nach Hannoverschen Rechte (§ 4 Ges. v. 12. III. 59).

2. Vgl. die Erk. v. 12. IV. 99 u. 28. I. 99 Nr. 8 u. 9 des vorigen Abschnittes.

Nr. 3. Entsch. Bd. XXXV S. 326 v. 11. III. 99 III A 53/98.

Jagdscheingef. §§ 6, 8; Hann. Jagdordn. v. 11. III. 59 § 6.

Der § 6 Abs. 2 der Hannoverschen Jagdordnung v. 11. III. 59 verordnet, daß Personen, denen ein Jagdschein nicht erteilt werden darf, als

Pächter und bei öffentlichen Pachtungen als Bieter nicht zuzulassen sind. Diese noch jetzt in Kraft befindliche Bestimmung hat nur den Ausschluß solcher Personen von den Jagdpachtungen im Auge, welchen die Erteilung des Jagdscheins bei hierauf gerichtetem Antrage versagt werden müßte. Dagegen darf die Bestimmung nicht denjenigen Personen gegenüber zur Anwendung gelangen, bezüglich deren die Frage, ob ihnen ein Jagdschein zu erteilen sei, nicht mehr aufgeworfen werden kann, weil sie sich bereits im Besitze eines von der zuständigen Jagdpolizeibehörde erteilten Jagdscheines befinden. In solchen Fällen muß auch eine Nachprüfung, ob die Jagdpolizeibehörde den Jagdschein hätte erteilen oder nicht erteilen sollen, ausgeschlossen erscheinen, und dies selbst dann, wenn die Jagdpolezeibehörde vielleicht offenbar genügenden Anlaß gehabt hätte, den Jagdschein zu versagen. Eine andere Beurteilung der Rechtslage würde zu einem inneren Widerspruche mit der Bestimmung des § 8 des Jagdscheingesetzes v. 31. VII. 95, inhalts deren der einmal erteilte Jagdschein nicht wegen bereits bei der Erteilung der Jagdpolizeibehörde bekannt gewesener Versagungsgründe wieder zurückgenommen werden darf, führen, denn diese Bestimmung bringt als Willen des Gesetzgebers zum Ausdrucke, daß die rechtliche Wirkung eines auf Grund ordnungsmäßiger Prüfung erteilten Jagdscheins für den Jagdscheininhaber nicht aus Gründen, welche bei der Erteilung berücksichtigt werden konnten, nachträglich geschmälert werden soll.

d) Kurhessisches Jagdrecht.

e) Wildschaden.

Litteratur: Freiherr v. Seherr-Thoß; Ueber die Einwirkung des Bürgerlichen Gesetzbuches auf die in Preußen geltenden Bestimmungen über Wildschaden. Pr.-V.-Bl. Jahrg. XX S. 361.

Nr. 1. Entsch. v. 21. VI. 99 III 1002.

Wildschadengef. v. 11. VII. 91 §§ 6, 9; L.-V.-G. §§ 127 ff., 103.

Die Witwe B. meldete am 1. IX. 97 bei dem stellvertretenden Amtsvorsteher des Amtsbezirkes J. Wildschaden an. Unter dem 7. XII. 97 erließ dieser einen Vorbescheid (§ 9 des Wildschadengesetzes), worin er den Fiskus verurteilte, an die Antragstellerin eine gewisse Summe Wildschadensersatz zu leisten und die entstandenen Kosten zu tragen. Hiergegen stellte der Fiskus Klage an, die er jedoch nicht gegen die Wittwe B., sondern ausdrücklich „gegen den stellvertretenden Amtsvorsteher des Amtes J." richtete. Der Kreisausschuß zog diesen als Beklagten zu und hob durch Erk. v. 5. IX. 98 den Vorbescheid auf, weil die Beschädigte den Anspruch auf Wildschadensersatz nicht binnen drei Tagen nach erhaltener Kenntnis von der Beschädigung angemeldet habe (§ 6). Auf die Berufung des stellvertretenden Amtsvorstehers bestätigte der Bezirksausschuß zu Stralsund die Vorentscheidung. Das O.-V.-G. hob das Urteil auf und führte aus: „Wie sich aus der Natur der Sache ergiebt und vom O.-V.-G. auch bereits wiederholt ausgesprochen worden ist (z. B. in den Urteilen v. 6. III. 93 — Entsch. Bd. XXIV S. 294 — und v. 9. IV. 97 — Pr.-V.-Bl. Jahrg. 1893/4 S. 596 —, zu vgl. auch Verwaltungsarchiv Bd. I S. 612), ist der Vorbescheid keine polizeiliche Verfügung (§§ 127 ff. des L.-V.-G.), sondern ein Akt administrativer Rechtsprechung zwischen bestimmten Privatpersonen, nämlich dem Schadensersatzberechtigten und dem Schadensersatzverpflichteten. Nur diese können daher auch Parteien in dem Streitverfahren über Wildschadensersatzansprüche sein und nicht der Amtsvorsteher, der auf Grund des Gesetzes (§ 9 a. a. O.) zwischen ihnen Recht gesprochen hat und dessen Vorbescheid angefochten wird. Kläger in dem Verfahren ist derjenige, der zu seinen Gunsten den Vorbescheid abgeändert haben will, Beklagter derjenige, den die Abänderung beschweren würde. Greifen beide Parteien den Vorbescheid an, so sind sie beide Kläger und Beklagte in einer Person. Da diese Grundsätze von den Vorderrichtern verkannt sind und infolgedessen die richtige Beklagte, nämlich die Witwe B., zu deren Gunsten der Vorbescheid ergangen ist, bisher zu dem Verfahren überhaupt nicht zugezogen worden ist, so mußte auf Aufhebung der Vorentscheidung und Zurückweisung der Sache in die erste Instanz erkannt werden. Der Kreisausschuß hat nunmehr die Witwe B. als Beklagte zum Verfahren zuzuziehen und über den streitigen Anspruch anderweit zu verhandeln und zu entscheiden, wobei die in dem Urteile des O.-V.-G. v. 3. XII. 96 (Entsch. Bd. XXXI S. 245) ausgesprochenen Grundsätze zu beachten sind. Die dem nunmehr aus dem Verfahren ausscheidenden stellvertretenden Amtsvorsteher bisher entstandenen Kosten mußten dem Fiskus zur Last gelegt werden, da er ihn ausdrücklich als Gegenpartei genannt und dadurch seine Zuziehung zum Verfahren veranlaßt hat."

E. Schutzwaldungen und Waldgenossenschaften.

Nr. 1. Entsch. Bd. XXXV S. 308 v. 25. III. 99 III C 157/98.

Ges. v. 14. III. 81 (G.-S. S. 261) § 4 Abs. 3; Ges. v. 6. VII. 75 §§ 41, 45, 31 (G.-S. S. 416).

Das Ges. v. 14. III. 81 bestimmt in § 4 Abs. 3:

„Das Statut bedarf der Zustimmung der Mehrheit der Miteigentümer, nach dem Verhältnisse der Anteile berechnet, und der Bestätigung durch das Waldschutzgericht. Auf die Feststellung des Statuts finden bezüglich der Bildung und der örtlichen Zuständigkeit der Waldschutzgerichte, des Verfahrens bei denselben, der Berufung und des Verfahrens in den Berufungsinstanzen die §§ 31 und folgende des Gesetzes betreffend Schutzwaldungen und Waldgenossenschaften vom 6. Juli 1875 (G.-S. S. 416) entsprechende Anwendung."

Auf das Verfahren bei der Abänderung eines nach § 4 des Ges. v. 14. III. 81 erlassenen Statuts finden daher die in den §§ 31 ff. des Waldschutzgesetzes getroffenen auf Statutenänderungen bezüglichen Bestimmungen ebenfalls Anwendung. Diese finden sich im § 45 Abs. 1 a. a. O., welcher lautet:

„Wenn im Laufe der Zeit eine Abänderung des rechtskräftig festgestellten Statuts notwendig wird, so ist diese Abänderung in demselben Verfahren, wie die ursprüngliche Festsetzung zu bewirken."

Das Gesetz erfordert danach bei Statutenänderungen das gleiche Verfahren, wie bei der ersten Festsetzung des Statuts, also auch die Entwerfung der Statutenänderung durch einen vom Waldschutzgerichte zu ernennenden Kommissar (§§ 32, 34 a. a. O.), der die Beteiligten zu einer mündlichen Verhandlung vorzuladen, ihre Einwendungen zu erörtern und festzustellen, die Abstimmung über das abgeänderte Statut herbeizuführen und sodann die Verhandlungen dem Waldschutzgerichte einzureichen hat (§ 35). Ist auf diese Weise die sichere Grundlage für die Beurteilung der beantragten Statutenabänderung geschaffen worden, so hat das Waldschutzgericht nach Maßgabe des § 37 des Waldschutzgesetzes durch Endurteil auf Grund mündlicher kontradiktorischer Verhandlung, zu der die Parteien — und zwar, wenn es sich um die Abänderung eines die Vertretung der Miteigentümer regelnden, zu Recht bestehenden Statutes handelt, der Waldvorstand als Vertreter der Gesammtheit der Miteigentümer der gemeinschaftlichen Holzung auf der einen Seite und der nach § 74 Abs. 3 des L.-V.-G. zu ernennende Kommissar zur Wahrnehmung des öffentlichen Interesses auf der anderen Seite — zu laden sind, über die Statutenabänderung zu entscheiden (vgl. E.-O.-V. Bd. VIII S. 176,

Bd. X S. 170, von Brauchitsch, die Preußischen Verwaltungsgesetze Bd. IV 12. Auflage S. 265 und 257 Anm. 30 zu § 37 und Anm. 18 zu § 16 des Waldschutzgesetzes). Gegen das Endurteil finden alsdann die in den §§ 82 und 93 des Landesverwaltungsgesetzes vorgesehenen Rechtsmittel statt.

F. Ansiedelungen und Kolonien, Errichtung von Feuerstellen in der Nähe von Waldungen.

Vergl. die Novelle v. 16. IX. 99 (G.-S. S. 497) zu den ergangenen Ansiedelungsgesetzen.

Nr. 1. Entsch. Bd. XXXV S. 390 v. 13. III. 99 IV A 97/98.

Ansiedel.-Ges. v. 25. VIII. 76 § 20.

1. Nach § 20 Ansiedl.-Ges. v. 25. VIII. 76 kann die Polizeibehörde, wenn eine neue Ansiedelung ohne Genehmigung errichtet wird, die Wegschaffung der „errichteten Anlage" anordnen. Diese Vorschrift ermächtigt die Polizei aber nicht, den Abbruch der errichteten Wohnhäuser zu fordern, sondern höchstens die Beseitigung der besonderen Einrichtung zu Wohnzwecken, z. B. der Feuerungsanlagen. Ebensowenig fallen unter den Begriff „Anlage" sonstige Gebäude, wie Ställe und Aehnliches.

2. Die Polizei ist befugt, die Benutzung von Wohnräumen auch während der Dauer eines Konzessionsverfahrens zu verbieten. Die Fälle, die in den Erk. v. 2. XII. 82 und 19. II. 92 Pr.-V.-Bl. Jahrg. IV S. 196 und Entsch. Bd. XXII S. 381 behandelt sind, lagen anders; damals war die Ansiedelung bezw. die Kolonie ohne die vorgeschriebene Genehmigung errichtet, weil der Unternehmer oder auch die Behörde eine solche seiner Zeit nicht für erforderlich erachtet hatte und es war mit der Möglichkeit oder der Wahrscheinlichkeit zu rechnen gewesen, daß die Genehmigung, sobald der Antrag nachträglich gestellt würde, voraussichtlich zu erteilen sein würde. Unter dieser Voraussetzung würde es in der Regel tiefer als nötig in die Interessen des Unternehmens eingreifen und keinem polizeilichen Zwecke dienen, mithin auf Willkür beruhen, wenn die Polizei ohne Weiteres und ohne dem Unternehmer die Möglichkeit zu gewähren, durch nachträgliche Beschaffung der Genehmigung dann vorzubeugen, die Beseitigung der Wohnhauseinrichtung erzwingen wollte.

Nr. 2. Entsch. Bd. XXXV S. 397 v. 13. VII. 99 IV C 111/99.

Ansiedel.-Ges. v. 25. VIII. 76 §§ 18, 19.

1. Allerdings sind die Schul-, Kirchen- und Kommunalbehörden oder ihre Aufsichtsbehörden zuständig, darüber zu befinden, welche Leistungen dem Unternehmer einer Kolonie zur Ordnung der Schul-, Kirchen- und Gemeindeverhältnisse gemäß § 19 des Ansiedelungsgesetzes v. 25. VIII. 76 aufzulegen sind, ohne daß die Angemessenheit ihrer Anforderungen der Nachprüfung der Genehmigungsbehörde oder des Verwaltungsrichters unterläge (Urt. v. 18. III. 93, Entsch. Bd. XIX S. 406 ff., 411). Allein wenn zu entscheiden ist, ob die Ortspolizeibehörde mit Recht die beantragte Ansiedelungsgenehmigung wegen Unzuständigkeit versagt hat, weil es sich um die Anlegung einer Kolonie handele, so muß der Verwaltungsrichter prüfen, ob die Merkmale einer Kolonie vorliegen, und von diesen ist eines der wichtigsten, daß die geplante Anlegung mehrerer Wohnstätten umfangreich genug ist, um voraussichtlich eine Regelung der Gemeinde-, Kirchen- oder Schulverhältnisse und jedenfalls eine Prüfung dieser Frage durch die zuständigen Behörden notwendig zu machen. Bejaht der Verwaltungsrichter diese Frage, so ist die Klage gegen die ortspolizeiliche Verfügung, welche die beantragte Ansiedelungsgenehmigung

wegen Unzuständigkeit ablehnte, abzuweisen, verneint er sie, die versagende Verfügung außer Kraft zu setzen.

2. Die Einheitlichkeit eines Kolonieplanes wird keineswegs dadurch ausgeschlossen, daß er sich auf mehr als einen Kommunalbezirk erstreckt, im Gegenteil kann gerade dadurch die Notwendigkeit einer Neuregulierung der Gemeindeverhältnisse, die ein wichtiges Kennzeichen für den Begriff der Kolonie darstellt, herbeigeführt werden.

3. Wenn sich das Bestehen eines förmlichen Kolonisationsplanes nicht nachweisen läßt, so würde dadurch allein die Anwendung des § 18 des Ges. nicht ausgeschlossen werden, sobald sonstige Umstände die Absicht der Kolonieanlegung und den Beginn ihrer Ausführung erkennen ließen.

4. Allerdings besteht die Gefahr, daß durch allmähliches Vorgehen mit Einzelansiedelungen die Bestimmungen, welche der Anlegung von Kolonien Beschränkungen auflegen, umgangen werden, und das Bestreben der Behörden, dem entgegen zu treten, ist um so mehr zu billigen, weil durch solche Umgehung den Gemeinde-, Schul- und Kirchenverbänden vielfach Lasten aufgebürdet werden würden, die nach der sachlich durchaus berechtigten Absicht des Gesetzes der Unternehmer der Koloniegründung tragen soll. Die Schwierigkeit, diese Absicht durchzuführen, hat aber ihren durch die Verwaltungsrechtsprechung nicht zu beseitigenden Grund in der Fassung der einschlägigen gesetzlichen Bestimmung. Wiederholt hat das O.-V.-G. hervorheben müssen, daß mangels objektiver juristischer Merkmale die Scheidung zwischen Einzelansiedelung und Kolonie auf rein thatsächlichen Verhältnissen beruht und in hohem Maße schwankend und ungewiß ist, sowie, daß auf diese Mißstände schon bei der Beratung des Gesetzes v. 25. VIII. 76 in den Häusern des Landtages hingewiesen und, jedoch ohne Erfolg, beantragt worden ist, jene Unterscheidung ganz fallen zu lassen (zu vgl. Urteile v. 19. II. 92, Entsch. Bd. XXII S. 381, 384 und v. 15. XI. 92, Entsch. Bd. XXIV S. 387, 390). Der systematischen Umgehung der Vorschrift des § 18 kann daher ohne Abänderung der gesetzlichen Vorschriften nur unvollkommen entgegengetreten werden. Freilich ist die Feststellung des Begriffes der Kolonie im Gegensatze zur Einzelansiedelung nach objektiven, für die Zwecke der Verwaltung ausreichenden Merkmalen ungemein schwierig. Eine Verminderung der aus der jetzigen Rechtslage im Geltungsgebiete des Gesetzes v. 25. VIII. 76 sich ergebenden Uebelstände würde aber erreicht werden, wenn hier wie in den für die Provinzen Hannover, Schleswig-Holstein und Hessen-Nassau erlassenen Gesetzen v. 4. VI. 87 (§ 15 Abs. 3), v. 13. VI. 88 (§ 14 Abs. 3) und v. 11. VI. 90 (§ 2 Abs. 3) auch für die Einzelansiedelungen vorgeschrieben würde, daß die Genehmigung versagt werden kann, wenn und so lange die Gemeinde- u. s. w. Verhältnisse nicht geordnet sind.

Nr. 3. Entsch. Bd. XXXV S. 405 v. 17. IV. 99 IV C 15/99.

Wenn der Kreisausschuß es für zulässig und angemessen erachtet, zunächst einzelne der geplanten Ansiedelungen aus dem Gesammtplane auszuscheiden und als eine besondere Kolonie zu genehmigen, so wird dadurch der thatsächliche und wirtschaftliche Zusammenhang des Gesammtplanes nicht berührt. Jene Ansiedelungen bleiben immer noch ein Teil desselben, und bei der weiteren Ausführung eines weiteren Teiles muß nach wie vor der Zusammenhang des ganzen Planes berücksichtigt werden. Jeder weitere Teil der Gesammtanlage bedarf mithin wegen dieses Zusammenhanges der Genehmigung als Kolonie, nicht als Einzelansiedelung. Denn die Trennung des Gesammtplanes in besondere, nach einander auszuführende Stücke läßt den wirtschaftlichen Zusammenhang des Ganzen unverändert fortbestehen, und in ihm beruht die Grundlage für die rechtliche Beurteilung der Frage, ob für die Ausführung der einzelnen Teile die Genehmigung als Kolonie zu erteilen ist. Anderenfalls wäre es leicht zu ermöglichen, daß ein Gesammtprojekt, welches bei der Zahl der Ansiedelungen zweifellos eine vorgängige Ordnung der Gemeinde-, Kirchen- und Schulverhältnisse erforderlich macht, durch Zerlegung in einzelne Teile und allmähliche Ausführung dieser Teile, von denen jeder, für sich allein betrachtet, eine besondere Regelung der gedachten Verhältnisse nicht erfordern würde, in einer dem Sinn und Zweck des Gesetzes widersprechenden Weise verwirklicht werden könnte.

G. Dismembrationsangelegenheiten.

H. Baupolizei.

Litteratur: Bau, Ansiedelung und Kolonie. Pr.-V.-Bl. Jahrg. XIX S. 73, 85. Die Befugnisse der Polizeibehörden bei Anlegung und Veränderung von Straßen in Städten und ländlichen Ortschaften. Pr.-V.-Bl. Jahrg. XIX S. 233, 245, 277, 305, 485. **C. Baltz**, Preußisches Baupolizeirecht, II Aufl.

Nr. 1. Entsch. v. 6. X. 98 IV 1668.

Den Gegensatz gegen Wohnräume und gegen zum längeren Aufenthalte von Menschen bestimmte Räume bilden solche Räume, die diesen Verwendungszweck nicht haben, wie Vorratskammern, Aufbewahrungsräume u. s. w. Die zulässige Grenze der Ausgestaltung solcher Räume ist dahin zu bestimmen, daß nicht solche Vorkehrungen zugelassen werden dürfen, welche, wie die Anlegung von Feuerungen, in der Regel ein zweifelloses Merkmal von Wohnräumen bezw. zu längerem Aufenthalte von Menschen bestimmten Räumen bilden.

Nr. 2. Entsch. v. 6. VI. 98 IV 1053 (Pr.-V.-Bl. Jahrg. XX S. 278).

1. Kläger waren von der Polizeiverwaltung aufgefordert worden, behufs Anschlusses ihrer Grundstücke an die städtische Kanalisation ein vorschriftsmäßiges Projekt einzureichen, die dagegen erhobene Klage wies das O.-V.-G. zurück. In dem Erk. heißt es:

2. Die Polizeibehörde ist berechtigt, durch Polizeiverordnung allgemein den Anschluß aller bebauter Grundstücke an städtische Entwässerungsanlagen vorzuschreiben (Entsch. Bd. XXVIII S. 354).

3. Die Polizei kann, wenn sie der Ansicht ist, daß der mit der Kanalisation erstrebte Zweck nur bei allgemeiner Durchführung erreichbar ist, auch den Anschluß derjenigen Grundstücke fordern, die bisher eine andere Art der Entwässerung hatten, gleichviel ob diese Entwässerungsart besonderen polizeilichen Bedenken unterliegt oder nicht.

Nr. 3. Entsch. Bd. XXXIII S. 404 v. 24. III. 98 IV A 33/97.

A.-L.-R. § 66 Tit. 8 Teil I.

Nach dem § 66 Tit. 8 Teil I A.-L.-R's. ist die Voraussetzung eines polizeilichen Bauverbotes nur eine grobe Verunstaltung der Straßen und öffentlichen Plätze; die Frage, was unter grober Verunstaltung zu verstehen, beantwortet sich so wenig nach dem thatsächlichen „Empfinden der breiten Masse des Volkes oder auch nur einer überwiegenden Mehrheit des Publikums" als „nach dem Urteil eines kleineren ästhetisch besonders gebildeten Kreises" diese Antwort war vielmehr nur nach dem, was objektiv aus den Worten, dem Sinn und der Absicht des Gesetzes zu entnehmen ist, dahin gegeben werden kann, daß unter solcher Verunstaltung die Schaffung eines positiv häßlichen und daher jedes für ästhetische Gestaltung offene Auge verletzenden Zustandes zu verstehen ist (Entsch. Bd. IX S. 380).

Nr. 4. Entsch. Bd. XXXV S. 387 v. 15. VI. 99 IV A 61/97.

Auch im ehemaligen Herzogtume Nassau ist die Polizei befugt, der Verunstaltung der Straßen durch Gebäude entgegen zu treten.

Nr. 5. Entsch. Bd. XXXIV S. 375 v. 7. III. 98 IV A 58/97.

A.-L.-R. Teil I §§ 66 ff. Tit. 8; Teil II Tit. 17 § 10.

1. Das O.-V.-G. erachtete folgende Bestimmung der Berliner Polizeiordnung v. 27. IV. 94 für rechtsgültig:

„Die Vordergebäude dürfen außer dem Erdgeschosse, dessen Fußboden höchstens 2,30 m über dem Bürgersteige liegen darf, nur noch zwei Stockwerke, an dem .... Ufer nur noch drei Stockwerke erhalten. Die Räume im Dachgeschosse der Vordergebäude dürfen zum dauernden Aufenthalte von Menschen nur insofern benutzt werden, als dieselben Zubehörräume zu den Wohnungen im Erdgeschosse oder in den zwei bezw. drei Stockwerken darüber sind."

2. In dem Erk. heißt es dann weiter: Das polizeiliche Verordnungsrecht hat sich innerhalb der ihm durch § 10 Tit. 17 Teil II A.-L.-R. und § 66 ff. Teil I Tit. 8 daselbst gezogenen Grenzen zu halten, wie solche später durch das Ges. v. 2. III. 50 noch näher bezeichnet und ausgedehnt worden sind. Es ist hiernach nicht Aufgabe der Polizei, ihre Anordnungen auf das Gebiet der Wohlfahrtspolizei zu erstrecken (Entsch. Bd. IX S. 353, Bd. XII S. 384, Bd. XV S. 434, Bd. XXVI S. 323, Pr.-V.-Bl. Jahrg. XV S. 275).

Nr. 6. Entsch. Bd. XXXIV S. 394 v. 3. XI. 98 IV B 65/98 (Pr.-V.-Bl. Jahrg. XX S. 182).

Ges. v. 11. III. 50 § 6f u. b; Vd. v. 20. IX. 67.

Ueber die Frage, in welchem Umfange Beschränkungen in der Art und dem Umfange der Bebauung und in der Benutzung der Gebäude insbesondere für gewerbliche Zwecke in bestimmten Teilen von Ortschaften durch Polizeiverordnungen auferlegt werden können, hat sich das O.-V.-G. bereits mehrfach u. A. in den Urt. v. 21. X. 89, Bd. XVIII S. 302 ff., und v. 4. X. 92 Bd. XXIII S. 349 ff., 351, 352 ausgesprochen. Für rechtsgültig ist in letzterem Erkenntnisse folgende Bestimmung erklärt worden:

„Werden Fabriken, Werkstätten mit geräuschvollem oder feuergefährlichem Betriebe, oder sonstige, durch Rauch, Ruß, übelen Geruch oder schädliche Ausdünstungen lästig fallende gewerbliche Anlagen innerhalb eines Wohnviertels errichtet, so müssen sämmtliche zum Betriebe gehörigen Gebäude auf allen Seiten in der inneren Zone mindestens 20 m und in der äußeren Zone 40 m von der Grundstücksgrenze und von der Straße entfernt sein."

In dem Bd. XVIII der Entsch. behandelten Falle wurde die Vorschrift, daß in einem bestimmten Teile eines Kommunalbezirks Fabrikgebäude und solche Anlagen nicht geschaffen werden dürfen, welche beim Betriebe durch Verbreitung schädlicher Dünste bezw. starken Rauches oder durch Erregung ungewöhnlichen Geräusches Gefahren, Nachteile oder Belästigungen des Publikums herbeiführen würden, für rechtlich zulässig erachtet. Derartige Bestimmungen dienen der Sorge für Leben und Gesundheit des Publikums, auch der Sicherheit und Leichtigkeit des Verkehrs auf öffentlichen Straßen u. s. w. und sind nach § 6f und b des Ges. über die Polizeiverwaltung v. 11. III. 50 bezw. in den neuen Provinzen der Vd. v. 20. IX. 67 gerechtfertigt. Bei Fabriken, d. h. umfangreicheren, in der Regel mit zahlreichen Maschinen betriebenen Werkstätten, wird dabei eine derartige Gefährdung als Regel vorausgesetzt.

Nr. 7. Entsch. Bd. XXXV S. 382 v. 27. III. 99 IV B 13/99.

1. Nach der Rechtsprechung des O.-V.-G. steht es fest, daß Anlagen, welche durch Verbreitung schädlicher Dünste und starken Rauches oder durch Erregung ungewöhnlichen Geräusches Gefahren für das Leben oder die Gesundheit des Publikums zur Folge haben, oder die Sicherheit und Leichtigkeit des Verkehrs auf öffentlichen Wegen beeinträchtigen, gemäß § 6f und b des Gesetzes über die Polizeiverwaltung v. 11. III. 50 und der Vd. v. 20. IX. 67 von bestimmten Teilen eines Kommunalbezirkes ausgeschlossen werden können (Entsch. Bd. XVIII S. 302 ff., Bd. XXIII S. 349 ff.). Dagegen hat das O.-V.-G. in einem Erk. v. 3. XI. 98 Entsch. Bd. XXXIV S. 394 (siehe vorstehend) eine Bestimmung als der polizeilichen Gesichtspunkte entbehrend und deshalb ungültig bezeichnet, wonach alle Gebäude, welche gewerblichen Zwecken dienen, also auch solche, in denen Gewerbe ohne schädigenden Geruch, Rauch und Lärm betrieben werden, und solche, in denen gar keine gewerbliche Arbeit vorgenommen wird, sondern etwa Rohstoffe oder Fabrikate gelagert werden, von der Nachbargrenze eine gewisse Entfernung innehalten sollten.

2. Wenn in einer Polizeiverordnung bestimmt ist, daß in einem bestimmten Teile der Stadt Bauten für gewerbliche Anlagen nur dann errichtet werden, sofern Sicherheit besteht, daß die Anlagen dauernd keinerlei Gefährdung oder Belästigung infolge von Rauch, Geruch oder in anderer Weise für die Nachbarschaft herbeiführen werden, so ist diese Bestimmung in der Hauptsache rechtsgültig, wenn schon sie insofern zu weit geht, als sie nicht nur der Gefährdung, sondern auch der Belästigung der Nachbarschaft entgegentritt, während gegen Belästigungen nur dann polizeilich eingeschritten werden kann, wenn dadurch die Ordnung, Sicherheit und Leichtigkeit des Verkehrs auf öffentlichen Straßen u. s. w. beeinträchtigt wird (§ 6b und f der Vd. v. 20. IX. 67).

3. Die Polizeibehörde kann nicht die Errichtung eines Komptoirgebäudes in einem bestimmten Bezirke verbieten, weil die Schriftstücke, die dort angefertigt, die Geschäfte, die dort abgeschlossen werden sollen, auf ein mit Gefahr oder Belästigung verknüpftes Gewerbe Bezug haben würden, dessen Betrieb dem Bezirke fernzuhalten die Polizeibehörde nach den maßgebenden Vorschriften befugt ist. Wenn auch Baukonsense nicht nur mit Rücksicht auf die Konstruktion des Bauwerkes, sondern auch mit Rücksicht auf die beabsichtigte Benutzung versagt werden können, so setzt das doch voraus, daß von dem Teile des Gewerbebetriebes, der sich in dem Bauwerke vollziehen soll, eine nachteilige Wirkung zu erwarten ist. Das trifft aber bezüglich der Komptoirräume nicht zu.

4. Anders würde die Sache hinsichtlich einer Stallanlage liegen, wenn der Stall wegen der aufgehäuften Menge Dünger Gesundheitsgefahr und Verkehrsbelästigungen erzeugt.

Nr. 8. Entsch. Bd. XXXIII S. 409 v. 21. III. 98 IV B 2/98.

Ein Grundstücksbesitzer (zu Frankfurt a/M.) ließ auf einem ihn gehörigen Grundstücke, das an zwei Straßen stieß, zwei Gebäude, je eins an der betreffenden Straße, bauen. Nach der Baupolizei-Ordn. müßte auf jede einzurichtende Wohnung an Hof und Vorgarten eine freie Fläche von 20 qm bleiben. Diesem Erfordernisse wurde genügt, indem für 14 einzurichtende Wohnungen zirka 290 qm freie Fläche blieben. Später gingen die beiden Häuser in verschiedene Hände über, der bisher gemeinschaftliche Hof wurde durch eine Mauer getrennt. Das eine Haus hatte dann nur 84 qm freie Fläche, im Uebrigen blieben die Verhältnisse der beiden Häuser unberührt. Die Polizei gab dem Besitzer, der eine 84 qm freie Fläche besaß, auf, das Haus soweit räumen zu lassen, daß nur vier Wohnungen bewohnt blieben. Das O.-V.-G. wies die Klage ab. In den Gründen heißt es: Die Baupolizeibehörde war auch berechtigt, nach Maßgabe der Ausdehnung des Baugrundstückes und nach Maßgabe der Zahl der in den beabsichtigten Bauten einzurichtenden Wohnungen die Freilassung bestimmter Flächen vorzuschreiben. Aber die Freilassung eines genügenden Hofes und die Unbebaubarkeit der betreffenden Fläche kann nur mit Rücksicht auf die Zugehörigkeit der Fläche zu einem bestimmten Hause vorgeschrieben werden. Scheidet die Fläche aus dem wirtschaftlichen Zusammenhange mit dem Hausgrundstück aus, so fällt auch der Grund für die Freilassung und die Unbebaubarkeit fort. Nur so lange der Zusammenhang besteht, hat die Fläche überhaupt wirtschaftlich die Eigenschaft eines Hofes für das betreffende Haus und ist infolge dieser Eigenschaft mit der Beschränkung der Bebaubarkeit belastet. Wird die Fläche von dem Hause abgetrennt, geht sie in das Eigentum eines anderen über, so verliert sie jene wirtschaftliche Eigenschaft und Zweckbestimmung, und damit hört auch die ihr nur infolge dieser Eigenschaft und Bestimmung anhaftende Beschränkung auf. Die Fortdauer der Beschränkung trotz wirtschaftlicher Trennung und Wechsels des Eigentümers kann die Polizei nicht bestimmen. Sie kann nicht vorschreiben, daß ein Grundstück zu Gunsten eines anderen Grundstückes mit einer dauernden Baubeschränkung belastet bleibe. Solche Vorschrift würde über die Schranken, welche der Polizeiverordnung durch das bestehende Recht gezogen sind, hinausgehen und deshalb rechtsungiltig sein. Denn jeder Eigentümer ist zwar verpflichtet, das einzelne Grundstück in einem den polizeilichen Anforderungen entsprechenden Zustande zu erhalten, und die Polizei ist berechtigt, über das Bestehen dieses Zustandes zu wachen. Sie kann aber nicht verlangen, daß der Eigentümer in seinen aus dem Eigentume folgenden Befugnissen Einschränkungen erdulde, damit ein anderes, wirtschaftlich getrenntes und selbständiges Grundstück in einem polizeimäßigen Zustande bleibe. Für die Wahrung dieses Zustandes hat nur der Eigentümer dieses anderen Grundstückes zu sorgen, an ihn muß sich die Polizei halten. Die Frage der polizeimäßigen Beschaffenheit ist grundsätzlich für jedes einzelne, wirtschaftlich selbständige Grundstück besonders zu prüfen, und jedes einzelne Grundstück ist den polizeilichen Anforderungen gemäß einzurichten.

Nr. 9. Entsch. v. 1. VII. 98 I 1174.

§ 2 des Enteignungsges. v. 11. VI. 74; §§ 8 u. 11 des Baufluchtenges.

Vor Erlaß des Ges. v. 2. VII. 75 hatte die Feststellung von Bebauungsplänen und Straßenfluchtlinien lediglich die Bedeutung einer Festsetzung polizeilicher Normen, durch welche die Bebauung der vom Plane betroffenen Grundstücke geregelt und eingeschränkt wurde, sie gab aber den Gemeinden nicht ohne weiteres das Recht, den beteiligten Grundeigentümern die zur Anlegung von Straßen und Plätzen bestimmten Flächen gegen Entschädigung zu entziehen. Zum Erwerbe dieser Befugnis war vielmehr sowohl nach den Bestimmungen des älteren Rechts, wie nach den neueren Vorschriften im § 2 des Ges. über die Enteignung von Grundeigentum v. 11. VI. 74 eine besondere Verleihung durch Königliche Verordnung erforderlich. In diesem Rechtszustande ist seit Erlaß des Ges. v. 2. VII. 75 insofern eine Aenderung eingetreten, als durch § 11 dieses Gesetzes den gemäß § 8 festgestellten und bekannt gemachten Fluchtlinienplänen die Wirkung beigelegt ist, daß die Gemeinde das Recht erhält, die durch die festgesetzten Straßenfluchtlinien für Straßen und Plätze bestimmte Grundfläche dem Eigentümer zu entziehen. Durch diese Bestimmung ist jedoch die Wirkung der älteren vor Erlaß des Ges. v. 2. VII. 75 erfolgten Feststellung von Straßenfluchtlinien nicht erweitert worden, hinsichtlich ihrer bewendet es vielmehr, wie allgemein anerkannt ist, bei dem älteren Rechte. Durch die Festsetzung eines Bebauungsplanes im Jahre 1870 erwarb also die betreffende Stadt das Recht, die Abtretung der zur Anlegung von Straßen und Plätzen bestimmten Grundflächen von den Eigentümern zu verlangen, noch nicht, sie konnte diese Befugnis nur dadurch erlangen, daß ihr zwecks Durchführung des Bebauungsplanes das Enteignungsrecht durch Königliche Verordnung verliehen wurde, oder dadurch, daß die Feststellung der Straßenfluchtlinien unter der Herrschaft des Ges. v. 2. VII. 75 und unter Beobachtung seiner Formen wiederholt wurde.

Nr. 10. Entsch. Bd. XXXIII S. 425 v. 28. IV. 98 IV B 161/97.

Baufluchtengeſ. §§ 1, 8.

1. Die Versagung einer polizeilichen Bauerlaubnis auf Grund eines festgesetzten Fluchtlinienplanes ist gerechtfertigt, sobald er von den städtischen Behörden mit Genehmigung der zuständigen Polizeibehörde aufgestellt worden ist, auch wenn das Feststellungsverfahren noch nicht durch die förmliche Feststellung des Planes gemäß § 8 des Ges. v. 2. VII. 75 seinen Abschluß gefunden haben sollte. Für den Verwaltungsrichter ist bei Streitigkeiten über die Versagung derartiger Bauerlaubnisse die Lage der Fluchtlinienfestsetzung zur Zeit der Urteilsfällung maßgebend (Entsch. Bd. XXIV S. 383, von Brauchitsch, Verwaltungsges. Bd. IV, 11. Aufl., S. 328 Anm. c). An dieser Rechtslage kann auch durch den Umstand nichts geändert werden, daß die Entscheidung über ein Baugesuch absichtlich von der Gemeindebehörde verzögert wird, um zur Aufstellung eines Bebauungsplanes und zur Fassung der erforderlichen Beschlüsse über dessen Genehmigung die nötige Zeit zu gewinnen.

2. Ein sog. Fluchtlinienplan kann für die Auferlegung von Baubeschränkungen nach Maßgabe des § 11 des Ges. v. 2. VII. 75 dann nicht in Betracht kommen, wenn der Plan eines nach § 1 für die Festsetzung eines giltigen Fluchtlinienplanes unter allen Umständen wesentlichen Erfordernisses, nämlich der Feststellung von Straßenfluchtlinien, entbehrt.

Nr. 11. Entsch. Bd. XXXIII S. 428 v. 24. III. 98 IV C 155/97.

Baufluchtengeſ. §§ 1, 4; Ministerialanweisung v. 26. V. 76 (M.-Bl. S. 131).

Wenn die Einspruchfrist versäumt und der Fluchtlinienplan festgesetzt ist, kann ein Verstoß gegen die Anweisung des Ministers v. 26. V. 76 im V.-St.-V. nicht mit Erfolg gerügt werden. Nur wenn es an den Erfordernissen der §§ 1 und 4 des Gesetzes fehlte, würde eine Klage darauf gegründet werden können.

Nr. 12. Entsch. v. 22. IX. 98 IV 1580 (Pr.-V.-Bl. Jahrg.. **XX** S. 290).

§ 56 Zust.-Ges.; Baufluchtengeſ. § 10.

Wenn auch in der Regel die Verwirklichung eines Straßenbauprojektes von der städtischen Verwaltung auszugehen haben wird, so ist doch die Einwirkung der Polizeibehörde nicht ausgeschlossen. Liegt ein Bedürfnis zur Ausführung und Fertigstellung eines von den städtischen Behörden beschlossenen Straßenprojektes im Interesse des öffentlichen Verkehrs vor, so ist die Polizeibehörde berechtigt, sie auf Grund des § 56 des Zust.-Ges. der wegebaupflichtigen Gemeinde aufzugeben und nötigenfalls zwangsweise durchzusetzen; bei entstehendem Streite wird über die Notwendigkeit und Angemessenheit der Anforderung wie bei allen anderen wegebaupolizeilichen Verfügungen in dem gesetzlich geregelten Verfahren befunden (Friederichs, Kommentar zu dem Ges. v. 2. VII. 75, 3. Aufl. S. 55 Bem. 4 zu § 10).

Nr. 13. Entsch. Bd. XXXIV S. 401 v. 24. I. 98 IV B 120/97.

Baufluchtengeſ. § 11.

1. Unrichtig ist die Ansicht, es seien nur diejenigen Grundstücke bebaubar, für welche Fluchtlinien festgesetzt sind (Entsch. Bd. XXI S. 375).

2. Ein Ladeplatz dient dem Verkehre von und nach der Wasserstraße und den anlegenden Fahrzeugen, dem Einladen und Ausladen der Güter, er stellt die öffentliche Verbindung der Wasserstraße mit dem städtischen Straßennetz dar und bildet damit selbst ein Glied dieser Verkehrsstraßen, einen öffentlichen Verkehrsplatz im Sinne des Ges. v. 2. VII. 75. Diese seine rechtliche Bedeutung wird auch dadurch nicht geändert, daß auf dem Ladeplatze, wie dies regelmäßig zu geschehen pflegt, die einzuladenden und auszuladenden Güter gelagert werden. Durch eine solche thatsächliche Benutzung wird die rechtliche Bestimmung des Platzes für den öffentlichen Verkehr nicht aufgehoben. Wesentlich ist allein, daß der Platz eine verkehrspolizeiliche Anstalt bleibt, nicht zur freien Verfügung der Kommune steht, sondern der Bestimmung der Polizei unterliegt. Und diese Bestimmung der Polizei wird durch das Gestatten einer solchen Lagerung der Frachtgüter nicht aufgehoben. Es braucht z. B. nur an die Wochen- und Jahrmärkte erinnert zu werden, die auf öffentlichen Plätzen stattfinden. Auch Schmuckanlagen auf öffentlichen Plätzen entziehen die betreffenden Flächen thatsächlich dem öffentlichen Verkehre, rechtlich bleiben diese Flächen aber wie jene Marktstände Teile des öffentlichen Platzes, sie stehen nach wie vor zur Verfügung der Polizei, die nach ihrem Ermessen die anderweit benutzten Flächen jederzeit wieder für den öffentlichen Verkehr heranziehen kann. Daraus also, daß thatsächlich auch ein „längeres Lagern" von Frachtgütern auf einem Ladeplatze in Aussicht genommen ist, kann keineswegs gefolgert werden, es handle sich nicht um einen öffentlichen Platz. Ebensowenig kann in Betracht kommen, ob von der Gemeinde für solche Lagerung Gebühren erhoben werden. Denn vielfach wird bei Benutzung öffentlicher Straßen eine Vergütung seitens der Gemeinde als Eigentümerin des Straßenterrains gefordert. Dadurch wird der Charakter der Straßen und Plätze nicht berührt (Pr.-V.-Bl. Jahrg. XX S. 49).

Nr. 14. Entsch. Bd. XXXIII S. 422 v. 4. IV. 98 IV B 153/97.

Baufluchtengeſ. §§ 1, 11.

1. Eine Polizeiverordnung kann da, wo durch einen Fluchtlinienplan die Anlegung von Vorgärten vorgesehen ist, die Art und Weise, wie die Vorgärten und ihre Einfriedigung einzurichten sind, regeln, sie kann aber nicht selbständig, ohne Fluchtlinienfestsetzung, eine Rechtsnorm dahin vorschreiben, daß an gewissen Straßen Vorgärten herzustellen sind. Wohl hat das O.-V.-G. die rechtliche Zulässigkeit von Polizeiverordnungen anerkannt, nach denen da, wo Baufluchtlinien nicht bestehen, Gebäude — und zwar auch innerhalb der Ortschaften — nur in gewisser Entfernung von dem Rande öffentlicher Wege gebaut werden dürfen, aber es hat dabei auch besonders betont, daß eine Fluchtlinie im rechtlichen Sinne dadurch nicht geschaffen werden könne, da die Wirkungen,

welche das Gesetz v. 2. VII. 75 daran knüpfe, so namentlich auch die Verpflichtung des Eigentümers, das an der Straße liegende freie Terrain als Vorgarten gartenmäßig zu unterhalten, ihr nicht zukämen (vgl. Entsch. Bd. XXVI S. 342 ff.).

2. Die Fluchtlinienfestsetzung an sich hat nur die Wirkung, welche ihr der § 11 des Ges. v. 2. VII. 75 beilegt; die übrigen aus der Veränderung der Straße folgenden thatsächlichen und rechtlichen Wirkungen treten erst mit der Durchführung des Projektes zur Straßenveränderung ein (vgl. Friedrichs, Kommentar zum Ges. v. 2. VII. 75, 3. Aufl., S. 55 ff.; Erk. des O.-V.-G. v. 20. III. 96 II. 627 in Bochmann, Mitteilungen aus der Rechtsprechung der Verwaltungsgerichte Bd. II S. 387). So lange also die Herstellung einer Straße nicht fluchtlinienmäßig durchgeführt ist, kann die Einrichtung von Vorgärten öffentlich-rechtlich nicht erzwungen werden, und zwar dann um so weniger, wenn das Grundstück noch über die Straßenfluchtlinie hinausgeht und der Eigentümer, so lange die Fläche nicht Straßenland geworden ist, fortdauernd das Recht behält, sein Eigentum auch auf künftigem Straßenlande einzufriedigen, ohne daß die Vorschriften, welche für die Einrichtung von Vorgärten gegeben sind, auf solche Einfriedigungen Anwendung finden könnten (Entsch. Bd. XXV S. 379).

Nr. 15. Entsch. Bd. XXXIV S. 421 v. 13. VI. 98 IV B 155/97.

§§ 11, 12 Baufluchtenges.

1. Vorgärten können nur dadurch geschaffen werden, daß im Bebauungsplane Baufluchtund Straßenfluchtlinien bestimmt sind.

2. Ist nur eine Fluchtlinie im Plane vorgesehen und sieht die Polizei von der Anlegung der Straße in ganzer Breite ab, indem sie einen Teil der Straße in der Benutzung der Hausbesitzer als Vorgarten beläßt, so hat dieser Teil die Eigenschaft künftigen Straßenlandes; die Straße bleibt unfertig.

3. Der Verwaltungsrichter hat nicht zu prüfen, ob die Bedingungen, unter denen eine Gemeinde von einem Bauverbote Abstand nehmen will, angemessen sind.

4. Ordnungsmäßig festgestellte Fluchtlinien können seit Erlaß des Baufluchtlinien-Ges. nur noch auf dem darin geordneten Wege abgeändert werden. Ueber die früheren Rechtsverhältnisse der Fluchtlinien und Vorgärten siehe Erk. v. 20. VI. 90 IV 643 und v. 10. III. 91 IV 239 Pr.-V.-Bl. Jahrg. XI S. 572 und Jahrg. XII S. 554, Friedrichs, Kommentar 4. Aufl., S. 36, 43, 71.

Nr. 16. Entsch. Bd. XXXIII S. 414 v. 28. II. 98 IV B 54/97.

L.-V.-G. §§ 127 ff.; Baufluchtenges. § 12.

1. Weigert sich die Baupolizeibehörde, die Prüfung eines Baugesuches vorzunehmen, so liegt darin nur eine die Baugenehmigung einstweilen versagende polizeiliche Verfügung im Sinne der §§ 127 ff. des L.-V.-G. und die betreffenden Rechtsmittel sind gegeben.

2. Die Handhabung der staatlichen Polizeigewalt darf von Bedingungen nicht abhängig gemacht werden, die dem Gebiete der kommunalen Vermögensinteressen angehören. Die Gründe für die Versagung von Baugenehmigungen sind allerdings nicht auf die Wahrnehmung baupolizeilicher Gesichtspunkte beschränkt, aber die sonstigen öffentlich-rechtlichen Interessen, welche dabei nach den Entsch. Bd. XII S. 369 und Bd. XIII S. 394 zu berücksichtigen sind, müssen doch immer polizeiliche sein, sofern es nicht etwa, wie z. B. im § 12 des Baufluchtenges. v. 2. VII. 75, durch ein Gesetz oder einen dem gleichstehenden Rechtsakte ausnahmsweise gestattet wird, eine polizeiliche Ge-

nehmigung an die Erfüllung von Bedingungen zu knüpfen, die nicht dem polizeilichen Gebiete angehören. Diese Grundsätze gelten auch für diejenigen Städte, in denen, weil die Baupolizei durch Staatsbeamte verwaltet wird, die Baupolizeigebühren von der staatlichen Polizeibehörde erhoben werden und zur Staatskasse fließen. Die Erhebung der Gebühren ist keine polizeiliche Angelegenheit; die Genehmigung eines Baugesuches darf daher z. B. nicht von der Bedingung, zuvor die für die Bemessung der Baugebühren erforderlichen Unterlagen einzureichen, abhängig gemacht werden.

Nr. 17. Entsch. v. 3. XI. 98 IV 1847.

§ 12 Ges. v. 3. VII. 75.

Nicht jeder im Gebiete einer Gemeinde belegene Kommunikationsweg kann als eine Ortsstraße angesehen werden; eine solche liegt nur dann vor, wenn das Kommunikationsmittel nach seiner Bestimmung dem innern Verkehre des Ortes dient.

Nr. 18. Entsch. Bd. XXXIV S. 397 v. 3. II. 1898 IV B 77/97.

Baufluchtengeś. § 12.

1. Das O.-V.-G. hat stets daran festzuhalten, daß eine Straße, welche zu irgend einer Zeit in klarer und erkennbarer Weise einmal eine nach bestehender Ortsverfassung fertige, anbaufähige Straße gewesen ist, in der Regel nicht wieder eine unfertige projektierte werden kann (vgl. Friedrichs, Baufluchtengesetz, 3. Aufl., S. 89 und die dort angeführten Erkenntnisse sowie Bd. XXXII S. 360 der Entsch. des O.-V.-G., und daß hieran auch eine Veränderung der kommunalen Zugehörigkeit nichts zu ändern vermag. Es ist zwar richtig, daß auf das einverleibte Gebiet das allgemeine örtliche Recht der Gemeinde, in welche es einverleibt wird, in der Regel ohne weiteres Anwendung findet, obgleich es auch in dieser Beziehung an Ausnahmen nicht fehlt. Aber hiergegen wird auch bei der Entscheidung in jenem Falle nicht verstoßen. Denn es findet für die rechtliche Beurteilung des Gebietes, in welchem die einverleibte Straße lag, kein anderer Rechtssatz Anwendung, als der, daß eine Straße, die einmal eine zum Anbaue bestimmte Straße gewesen ist, diese ihre Eigenschaft auch durch eine Aenderung der besonderen auf sie bezüglichen Ortsverfassung oder Rechtsnorm nicht wieder verlieren kann. Wodurch die Aenderung bewirkt wird, ist dabei ohne Bedeutung. Das O.-V.-G. hat immer daran festzuhalten, daß eine einmal bestehende alte Straße auch dadurch, daß neue Fluchtlinien an ihr festgesetzt werden, nicht wieder in eine projektierte verwandelt werden kann, und die Festsetzung von Fluchtlinien ist gleichfalls die Setzung einer besonderen Rechtsnorm für diese Straße, also eine Aenderung der Ortsverfassung. Nach denselben Gesichtspunkten ist es zu beurteilen, wenn eine Straße, die nach der Ortsverfassung des Gebietes, dem sie bisher zugehörte, eine zum Anbaue bestimmte Ortsstraße war, in ein Gebiet eingemeindet wird, nach dessen Ortsverfassung ihr die Erfordernisse fehlen, die an solche Straßen gestellt werden. Wäre es anders, so würden bei der Eingemeindung eines ganzen Landstädtchens in den Bezirk einer großen Stadt, falls — wie es meist der Fall sein wird — die Anforderungen an fertig gestellte Straßen dort hinter denjenigen zurückbleiben, die in der großen Stadt üblich sind, die sämmtlichen Straßen des Landstädtchens, auch wenn sie seit Jahrhunderten bestehen, wieder unfertige, projektierte werden. Daß ein solches Ergebnis unannehmbar sein würde, liegt auf der Hand.

2. Davon spricht sich das Erk. über die Voraussetzungen aus, unter denen ein von einer Stadt aus eine ländliche Feldmark durchgehender Kommuni-

kationsweg durch Anbau eine fertige Straße einer ländlichen Ortschaft werden konnte. Es heißt da: „Der Klägerin ist deshalb zuzustimmen, daß es für den vorliegenden Fall wesentlich und zu prüfen ist, ob der streitige Straßenteil schon vor der Eingemeindung in den Stadtbezirk Berlin, also vor dem Jahre 1878, eine fertige Dorfstraße von L. war. Die geschlossene Dorflage von L. lag nicht an der F.er Chaussee, man gelangte von dieser erst durch einen im rechten Winkel nach Norden abführenden Weg in die Ortslage. Die nächste Verbindung zwischen L. und Berlin wurde durch einen anderen Weg, der in der Nähe der Schule und Kirche von Westen her in das Dorf einmündete, vermittelt. Außerdem wurden die Dorflage und der nach der F.er Chaussee führende Weg durch den hohen Damm der Ringbahn von der hier streitigen Strecke der F.er Chaussee getrennt. Aus den vorgelegten Plänen und Akten geht nun hervor, daß sich der Anbau an der aus Berlin herausführenden Chaussee nur in geringem Maße von der nach L. zu liegenden Seite, vielmehr vorwiegend von der Berliner Seite aus vollzogen hat, daß aber zur Zeit der Eingemeindung der Anbau zu beiden Seiten der Chaussee noch große Lücken, namentlich da, wo die Klägerin ihr Haus errichten will, aufwies, und daß endlich eine Verbindung dieser zum Teil bebauten Strecke der F.er Chaussee mit der Dorflage von L. durch Anbau nur in sehr geringem Umfange stattgefunden hatte. Angesichts dieses Mangels einer durch Anbau bewirkten Verbindung zwischen der Dorflage und der hier streitigen Strecke der F.er Chaussee, könnte die letztere nur dann als historische Straße angesehen werden, wenn schon vor der Eingemeindung die Entwickelung des Anbaues so weit vorgeschritten gewesen wäre, daß sich hier ein neuer selbständiger Teil des Dorfes mit einer besonderen fertigen Dorfstraße gebildet hätte. Das war aber unzweifelhaft noch nicht der Fall."

Nr. 19. Entsch. Bd. XXXIV S. 409 v. 3. X. 98 IV C 32/98.

Baufluchtenges. v. 2. VII. 75 § 12.

1. Das Fehlen des polizeilichen Baukonsenses genügt nicht, um das Verlangen der Wegschaffung eines nicht genehmigten Baues zu verlangen; der Bau muß dem objektiven Rechte nicht entsprechen.

2. Die auf Grund des § 12 des Baupfluchtengeſ. von den Gemeindebehörden erlassenen ortsstatutarischen Bestimmungen bilden einen Bestandteil des für die Gemeinde geltenden öffentlichen Baurechts und sind nach der Rechtsprechung des O.-V.-G. ebenso wie die baupolizeilichen Bestimmungen im engeren Sinne von den Polizeibehörden bei den Entscheidungen auf die ihnen vorgelegten Baugesuche zu beachten. Hieraus folgt zunächst, daß, wenn ein Statut von der gesetzlichen Befugniß der Gemeinden, den Bau von Wohnhäusern mit einem Ausgange nach einer noch unfertigen Straße ganz zu verbieten, uneingeschränkten Gebrauch gemacht hat, ein solcher Bau von der Polizeibehörde nicht zugelassen werden darf. Die gesetzliche Ermächtigung, Bauten ganz zu verbieten, schließt aber auch die Befugnis der Gemeinde ein, sie unter gewissen Bedingungen zu erlauben. Auch derartige Bedingungen, mögen sie allgemein aufgestellt oder im einzelnen Falle dem Baulustigen auferlegt werden, sind kraft der Bestimmungen des § 12, auf denen sie beruhen, Bestandteile des für die Gemeinde geltenden öffentlichen Baurechts.

3. Kann die Polizei den Abbruch eines Gebäudes ganz verlangen, so wird der Hausbesitzer in seinen Rechten nicht verletzt, wenn nur ein Teil beseitigt werden soll.

4. Wenn die Gemeinde die Genehmigung z. B. dafür erteilt hat, daß in dem Gebäude nur drei bewohnbare Räume enthalten sein sollen, so darf die Polizei einen dieser Rechtslage entsprechenden Zustand herbeiführen, selbst wenn die Polizei unter Verletzung der von der Gemeinde gestellten Bedingungen vorher mehr Räume genehmigt hätte, denn gegen bauliche Zustände, die mit den polizeilichen Vorschriften des öffentlichen Baurechts, sei es des allgemeinen, sei es des durch Ausnahmebewilligung der zuständigen Behörde für den einzelnen Fall gestalteten, in Widerspruch stehen, hat die Polizei, selbst wenn sie ihrerseits die vorschriftswidrige Anlage genehmigt hat, einzuschreiten, ohne Unterschied, ob der Bau schon ausgeführt ist oder nicht.

5. Soll nur eine bestimmte Zahl von Räumen zum Aufenthalte von Menschen eingerichtet werden und sind mehr solche Räume hergestellt worden, so darf die Polizei nur verlangen, das der Besitzer keine größere Anzahl von Wohnräumen einrichte und benutze, sowie daß er die Vorrichtungen, die die Benutzung ermöglichen, insbesondere die Feuerungsanlagen, entferne, dagegen ist es rechtswidrig, zu verlangen, daß die Räume gänzlich beseitigt werden.

Nr. 20. Entsch. Bd. XXXIV S. 416 v. 7. XI. 98 IV B 80/98.

§ 12 Baufluchtengeſ.

1. Ist ein Ortsstatut errichtet, überschreitet es aber die Grenzen des § 12 des Baufluchtengeſ., so ist es insoweit ungültig; soweit es sich jedoch innerhalb der Grenzen bewegt, bleibt es mehrgültig.

2. Nach § 12 des Fluchtliniengeſ. hat die Polizeibehörde die Bestimmungen über die Anforderungen zu treffen, welche an solche Straßen oder Straßenteile zu stellen sind, die als für den öffentlichen Verkehr und den Anbau fertige gelten sollen. Das Maß dieser Anforderungen unterliegt der Nachprüfung des Verwaltungsrichters nur dahin, ob ihnen überhaupt noch polizeiliche Motive zu Grunde liegen. Soweit das der Fall ist, bestehen sie zu Recht. Die Vorschrift aber, daß der Grund und Boden der Straße an die Gemeinde abgetreten sein muß, welche sich übrigens in den Bestimmungen vieler anderen Städte findet, hält sich durchaus innerhalb der für das Straßenbauwesen maßgebenden polizeilichen Gesichtspunkte und stellt nur eine für die gedeihliche Entwickelung desselben kaum entbehrliche Anforderungen auf. Diese Vorschrift ist also als verbindlich anzusehen. Wo eine solche Vorschrift nicht besteht und das Eigentum des Wegekörpers einer neuen Straße in Privathänden bleibt, können nach verschiedenen Richtungen Schwierigkeiten entstehen, die für einen polizeimäßigen Zustand der Straße von erheblicher Bedeutung sind. Es braucht nur daran erinnert zu werden, daß es kaum möglich sein würde, ein zweckmäßiges unterirdisches Entwässerungssystem ohne Zustimmung des Eigentümers durch den Wegekörper zu legen; ebenso würden der Legung elektrischer Leitungen für Straßenbeleuchtung von dem Eigentümer Hindernisse in den Weg gelegt werden können. Auch die freie Verfügung über den Luftraum oberhalb der Straße würde in mannigfachen Hinsichten dem Eigentümer verbleiben. In allen solchen Fällen treten die polizeilichen Gesichtspunkte, welche der streitigen Vorschrift zu Grunde liegen, klar hervor, und es kann deshalb ihre Rechtsgültigkeit nicht zweifelhaft sein (vgl. Friedrichs, Kommentar, 4. Aufl., S. 104).

3. Es ist rechtlich zulässig, von dem Bauverbote dann Gebrauch zu machen, wenn allein die Thatsache vorliegt, daß der Bürgersteig ganz oder zum Teil noch nicht hergestellt ist (Ausnahme siehe Friedrichs, Kommentar zum Baufluchtengeſ. 4. Aufl. S. 114).

Nr. 21. Entsch. v. 10. X. 98 IV 1697.

§ 15 Ges. v. 2. VII. 75.

Nach der feststehenden Rechtsprechung des O.-V.-G. ist die Anwendbarkeit des § 15 des Ges. v. 2. VII. 75 und der auf Grund desselben erlassenen Ortsstatute nicht abhängig von der Verneinung der Frage, ob eine Straße eine „historische" sei, sondern es kommt für diesen Zweck lediglich darauf an, ob die in Frage kommenden Straßen bezw. Straßenteile bei dem Inkrafttreten eines Ortsstatutes als öffentliche städtische Straßen bereits vorhanden gewesen sind. —

I. Wegepolizei.

a) Allgemeines.

Nr. 1. Entsch. v. 12. VII. 97 IV 1274.

§ 581 Tit. 9 Teil I A.-L.-R.

Oeffentliche Wege gehören zu den dem bürgerlichen Verkehre entzogenen Sachen, die nach § 581 Tit. 9 Teil I A.-L.-R. durch keine Verjährung erworben werden können. Die Thatsache der Besitzergreifung entzieht der res extra commercium diese ihre Eigenschaft nicht, vielmehr muß ein Akt der zuständigen Behörde hinzukommen, welche die Bestimmung für den öffentlichen Zweck aufhebt, um die Ersitzung sei es des Eigentums, sei es einer Grundgerechtigkeit zu ermöglichen.

Nr. 2. Entsch. v. 11. VII. 98 IV 1289 (Pr.-V.-Bl. Jahrg. XX S. 389).

Die Polizeibehörde ist jederzeit in der Lage, eine bisher geduldete Nutzung der öffentlichen Straße als Entwässerungsanlage für angebaute Häuser zu verbieten, sobald dies polizeiliche Interessen (§ 10 Tit. 17 Teil II A.-L.-R.) erheischen und nicht etwa das örtlich geltende Recht den Bestand der Anlage derartig sichert, daß die Polizeibehörde zur Wahrung der einschlagenden polizeilichen Interessen an den Straßen-Unterhaltungspflichtigen anstatt an den Hauseigentümer gewiesen ist (Endurteil v. 14. XI. 94 Endsch. Bd. XXVII S. 387).

Nr. 3. Entsch. v. 3. XII. 98 II 1694 (Pr.-V.-Bl. Jahrg. XX S. 297).

Hinsichtlich der Benutzung öffentlicher Wege und Straßen stehen dem preußischen Staate keine Hoheitsrechte zu, er hat solche daher auch durch den Bundesratsbeschluß v. 25. VI. 69 nicht auf das Reich übertragen können. Deshalb sind die Oberpostdirektionen nicht berechtigt, auf öffentlichen Wegen ohne Zustimmung des Eigentümers des Wegekörpers Telegraphenstangen zu errichten.

Vgl. jetzt das Telegraphenges. v. 18. XII. 99 und dazu Ausführungs-Anweisung v. 30. XII. 99, wonach als untere Verwaltungsbehörde im Sinne des § 7 der Landrat (in Stadtkreisen der Gemeinderat, in Berlin der Polizeipräsident), als höhere Verwaltungsbehörde im Sinne des § 8 der Regierungspräsident (in Berlin der Oberpräsident) bezeichnet ist. Ueber das Telegraphenwegegesetz siehe A. Germershausen, Pr.-V.-Bl. Jahrg. XXI S. 177.

Nr. 4. Entsch. v. 21. V. 98 II 785.

Ein einmal bestehendes Gewohnheitsrecht ist nichts Unveränderliches. Vielmehr folgt aus dem Begriffe desselben als einer Norm, die sich durch eine gleichmäßige, langdauernde und in der Ueberzeugung an ihre rechtliche Notwendigkeit bethätigte Uebung kund giebt, daß das Fortbestehen von denselben Voraussetzungen abhängt, die sein Entstehen bedingen.

Nr. 5. Entsch. Bd. XXXIII S. 289 v. 14. III. 98 IV B 98/97.

Wegeordn. v. 11. VII. 91 (G.-S. S. 316) § 15; Kr.-Ordn. §§ 116 Nr. 3, 176 Nr. 6.

Uebernimmt ein Kreis durch Beschluß des Kreistages mit Genehmigung des Bezirksausschusses als Kommunalaufsichtsbehörde die Verpflichtung zur Unterhaltung eines Weges, so geht an Stelle des bisherigen Unterhaltungspflichtigen die öffentlich-rechtliche Wegebaulast auf den Kreis auch ohne besondere Zustimmung der Wegepolizeibehörde über. Ist bei Uebernahme einer Wegebaulast ein Privater in Frage, so ist allerdings die Zustimmung der zuständigen Wegebaupolizeibehörde erforderlich (vgl. die Entwürfe einer Wegeordnung vom Jahre 1869, 1875, 1876, 1877/78; Germershausen, Wegerecht Teil I S. 240 ff.; Entsch. Bd. XXVIII S. 230, Bd. XXX S. 253).

Nr. 6. Entsch. v. 19. IX. 98 IV 1558.

Das Eigentum am Straßenkörper kommt für die Frage, wer zur polizeilichen Straßenreinigung verpflichtet ist, nicht in Betracht. Dies hat schon das Ober-Tribunal in seiner Entsch. Bd. 49 S. 69 — wenn auch mit wesentlich privatrechtlicher Begründung — ausgesprochen. Die gleiche Stellung zu dieser Frage hat von jeher das O.-V.-G. eingenommen. Wie es für die Feststellung der Oeffentlichkeit eines Weges bedeutungslos ist, in wessen Eigentum sich der Grund und Boden desselben befindet, und wie die Wegeunterhaltungslast dieselbe bleibt und in vollem Umfange den Wegebaupflichtigen trifft, einerlei ob der Grund und Boden sich in dieses oder im Eigentume eines Dritten befindet, so kann auch dem Eigentümer als solchen, sobald er sein Grundeigentum zur Verfügung der Wegepolizeibehörde gestellt, ihr dasselbe überlassen und dem öffentlichen Verkehre gewidmet hat, der durch diesen öffentlichen Verkehr entstehenden oder überhaupt mit diesem öffentlichen Verkehre in Beziehung stehende polizeiwidrige Zustand nicht mehr zur Last fallen. Der Eigentümer hat eben, wie in dem Erk. v. 23. XI. 89 (Entsch. Bd. XVIII S. 415) hinsichtlich der Verpflichtung der Beleuchtung eines öffentlichen Weges ausgeführt wird, alle seine aus dem Eigentum entspringenden öffentlich-rechtlichen Pflichten hinsichtlich des Verkehrs dadurch erfüllt, daß er sein Grundstück mit Zustimmung der rechtlich Beteiligten dem allgemeinen Gebrauche überläßt. Damit wird er von jeder eigenen Verantwortlichkeit frei. Sofern daher durch Vermehrung des Verkehrs auf einem öffentlichen Wege Gefahren für das Publikum in gesundheitlicher Hinsicht entstehen, deren Beseitigung nicht mehr zu den Obliegenheiten des Wegebaupflichtigen gehört, kann nicht der Eigentümer des Wegekörpers, der hierfür nicht verantwortlich ist, sondern — in Ermangelung eines anderen verpflichteten Subjekts — nur die Gemeinde als Trägerin aller Polizeikosten hierzu in Anspruch genommen werden.

b) Rechtsmittel gegen Anordnungen der Wegepolizeibehörde; Streitigkeiten der Beteiligten (§§ 55, 56 des Zust.-Ges.).

Nr. 1. Entsch. Bd. XXXIII S. 279 v. 14. III. 98 IV B 138/97.

Zust.-Ges. § 56 Abs. 1.

Hat der Instanzrichter die gegen eine wegepolizeiliche Verfügung gerichtete Klage abgewiesen, so kann die Vorentscheidung auf die Revision des

Klägers mit der Maßgabe bestätigt werden, daß die Klage als Einspruch (§ 56 des Zust.-Ges.) zur Beschlußfassung an die beklagte Polizeibehörde abzugeben sei.

c) Entwässerung von öffentlichen Wegen; polizeimäßige Reinigung; Bürgersteige.

d) Land- und Heerstraßen.

Nr. 1. Entsch. Bd. XXXIV S. 246 v. 2. V. 98 IV C 86/97.

Zust.-Ges. § 57; A.-L.-R. § 4 Tit. 15 Teil II.

1. In einem Urteile des O.-V.-G. v. 27. XI. 91 ist, wie schon vorher in dem Bd. XXI S. 258 ff. der Entsch. ausgeführt worden, das Allgemeine Landrecht habe die Frage, wie eine bestehende Landstraße diesen Charakter wieder verliere, nicht erschöpfend geregelt. Namentlich enthalte dasselbe keine ausdrückliche Vorschrift in dem Sinne, daß es rechtlich möglich sei, einer Landstraße ihre rechtliche Eigenschaft lediglich und allein durch einen Ausspruch der Landespolizeibehörde, daß sie, weil entbehrlich, als solche aufgegeben werde, mit der Wirkung zu entziehen, daß sie von da ab als gewöhnlicher Kommunikationsweg von den zu deren Unterhaltung verpflichteten Rechtssubjekten zu unterhalten sei. Im unmittelbaren Anschlusse hieran wird aber auf die im § 4 Tit. 15 Teil II A.-L.-R. dem Staate ausdrücklich zugesprochene Befugnis, bestehende Land- und Heerstraßen zu verändern und zu verlegen, sowie darauf hingewiesen, wie danach neue Straßen und Straßenteile als Ersatz bestehender Landstraßen oder einzelner Teile derselben mit der Wirkung geschaffen werden können, daß die letzteren, soweit sie durch andere ersetzt werden, aufhören, Landstraßen oder Teile von solchen zu sein, und daß daraus mit rechtlicher Notwendigkeit das Aufhören der fiskalischen öffentlich-rechtlichen Verpflichtung zu ihrer Unterhaltung folgt. In der Entsch. Bd. XXI ist bereits erörtert, daß diese Rechtsauffassung wie mit der Wissenschaft (Dernburg, Preußisches Privatrecht Bd. I § 257 S. 653) so mit Entscheidungen des Reichsgerichts und des Obertribunals übereinstimmt, aber allerdings nicht mit allen bekannt gewordenen Urteilen des letzteren Gerichtshofes, von denen einige die im § 4 anerkannte staatliche Befugnis in ihren rechtlichen Folgen geradezu verneinen. Keine jener beiden Entsch. des O.-V.-G., von denen die erstere die Ersetzung einer alten Landstraße durch eine Chaussee bejahte und daher zu Gunsten des Fiskus erging, die letztere den Fortbestand der Landstraße trotz einer von ihr nicht berührten Chaussee mit gleichen Endpunkten bejahte und daher den Fiskus als unterhaltungspflichtig verurteilte, behandelt den Fall, wo die Verlegung einer Landstraße vom Staate gemäß § 4 Tit. 15. Teil II A.-L.-R ausdrücklich ausgesprochen ist.

2. Das O.-V.-G. hat in einer Reihe von Urteilen, insbesondere in den v. 30. I. und v. 11. XII. 95 (Entsch. Bd. XXVII S. 199 und Bd. XXIX S. 211) eingehend dargelegt, daß es nach § 4 Tit. 15 Teil II A.-L.-R. bei dem Staate, d. h. der Landespolizeibehörde (in Ostpreußen) als dem zuständigen staatlichen Organe, steht, über die Veränderung und Verlegung der Land- und Heerstraßen „so, wie er es zum gemeinen Besten dienlich findet", zu beschließen, daß also lediglich der entspechende Willensakt der Landespolizeibehörde maßgebend ist. Dieser Akt kommt am gewissesten durch eine förmliche Aussprache zum Ausdrucke, er kann sich aber auch aus der Gesammtheit der thatsächlichen Umstände, die auf ihn schließen lassen, wie namentlich den örtlichen Verhältnissen und dem thatsächlichen Uebergange des landstraßenmäßigen Verkehres von einem Wegezuge auf den anderen dazu hergerichteten und tauglichen, ergeben.

3. Die Vorschrift in § 57 des Zust.-Ges. kann da nicht Anwendung finden, wo an dem Bestande einzelner Strecken einer verlegten Landstraße als öffentlicher Weg nichts geändert wird, wo also nur ihre Versetzung in eine andere Klasse der öffentlichen Wege, nur ihre Verlegung als Landstraße in diesem Sinne in Frage steht, nicht aber, daß sie ganz eingehen und so im Sinne des § 57 eingezogen oder verlegt werden sollen. Es kann daher auch dahingestellt bleiben, ob, wenn eine gänzliche Einziehung erfolgen soll, der § 57 Anwendung findet, oder ob auch da vor ihm als subsidiärem allgemeinem Gesetze der § 4 Tit. 15 Teil II A.-L.-R. als spezielle Rechtsnorm allein zur Anwendung zu bringen ist.

Nr. 2. Entsch. Bd. XXXIV S. 250 v. 19. XII. 98 IV C 149/98.

A.-L.-R. § 4 Tit. 15 Teil II.

1. In dem Urteile v. 22. III. 61 (Striethorst Arch. Bd. 41 S. 86) hat das Obertribunal angenommen, bei Anlegung einer neuen Landstraße (Posen) genüge der Ausspruch der Landespolizeibehörde, daß die alte Landstraße in den neuen Wegezug verlegt werde, nicht, um den Fiskus von seiner Unterhaltungspflicht zu befreien, vielmehr sei hierzu die Kassation der alten Straße erforderlich; darauf hat der Minister für Handel, Gewerbe und öffentliche Arbeiten durch Erlaß vom 2. VII. 61 unter ausdrücklicher Bezugnahme auf das Obertribunalserkenntnis angeordnet, daß auch nach der Landstraßenverlegung die Unterhaltung derjenigen Wege durch den Fiskus mit den Hand- und Spanndiensten der Adjazenten fortzudauern habe, deren Sperrung mit den Interessen des öffentlichen Verkehrs nicht vereinbar gefunden werde. Danach ist die Unterhaltung durch den Fiskus fortzusetzen, wenn der Weg als gewöhnlicher Kommunikationsweg bestehen bleibt.

2. Infolge einer auf § 4 Tit. 15 Teil II A.-L.-R. beruhenden Verlegungsverfügung der Regierung (jetzt des Regierungspräsidenten) hört eine alte Landstraße als solche, ohne daß es noch eines Einziehungsverfahrens gemäß § 57 des Zust.-Ges. bedarf, zu bestehen auf. Damit erlischt auch die Unterhaltungspflicht des Landstraßenfiskus.

3. Irrtümlich es ist, anzunehmen, daß ein Irrtum immer das Gewohnheitsrecht ausschließe (vgl. Entsch. des O.-Trib. Bd. XXXV S. 139).

e) Chausseen, Chausseegelderhebung.

Nr. 1. Entsch. Bd. XXXIII S. 279 v. 14. III. 98 IV B 138/97.

1. Die Chausseepolizei, mit Ausnahme der Chausseebaupolizei, steht im Geltungsbereiche des Regulativs v. 7. VI. 44 (G.-S. S. 167) in den Städten, auch wenn sie keinen Stadtkreis bilden, nicht dem Landrate, sondern der Ortspolizeibehörde zu (vgl. von Brauchitsch, Verwaltungsgesetze Bd. IV Abschnitt Wegepolizei 11. Aufl. S. 8).

2. Anderer Ansicht sind die Minist.-Erl. v. 13. XII. 59 M.-Bl. S. 336, v. 26. XII. 77 M.-Bl. 97 S. 187, v. 5. VII. 97 M.-Bl. 134.

Nr. 2. Entsch. v. 23. XI. 97 I 1757 (Pr.-V.-Bl. Jahrg. XX S. 15).

Mittelst königlichen Erlasses war einem Kreise zum Bau einer Chaussee das Enteignungsrecht und gegen Uebernahme der künftigen chausseemäßigen Unterhaltung das Recht zur Erhebung des Chausseegeldes verliehen worden. In der Verf. des Ministers der öffentlichen Arbeiten, durch welche jener Erlaß mitgeteilt worden, wurde bestimmt, daß eine gewisse Brücke im Zuge der Chaussee zu einer nachhaltigen Zerstörung im Kriegsfalle vorbereitet sein müsse. Es wurden daher auch vom Kreise Vorkehrungen zur Minenlegung in der Brücke getroffen. Als diese schadhaft wurde, verlangte der Regierungspräsident als Chausseebaupolizeibehörde die Wiederherstellung. Der Kreis weigerte sich. Der Regierungpräsident ließ die Arbeiten auf Kosten des Kreises ausführen und dann den Betrag in den Etat einstellen. Die dagegen erhobene Klage wies das O.-V.-G. ab, denn die Unterhaltung der Minengänge sei eine Bedingung für die Genehmigung der Chaussee bez. der zu ihr gehörigen Brücke und die Chausseebaupolizei könne die Aufrechterhaltung der Bedingung fordern.

Nr. 3. Entsch. v. 17. IV. 99 IV B 78/98 (Pr.-V.-Bl. Jahrg. XXI. S. 126).

Zust.-Ges. § 56 Abs. 4.

1. Das O.-V.-G. hat aus der Vorschrift in Satz 2 des Abs. 4 § 56 des Zust.-Ges. die Folgerung gezogen, daß der von der Wegepolizei in Anspruch Genommene, der sich zu der ihm angesonnenen Leistung nicht für verpflichtet erachtet, seine Klage nicht nur gegen die Wegepolizei, sondern auch gegen den von ihm nach öffentlichem Recht für verpflichtet erachteten Dritten richten muß, widrigenfalls ihm gegenüber die Anforderung der Wegepolizei wirksam bleibt. Diese Folgerung hat zur notwendigen Voraussetzung, daß für den betreffenden Weg stets ein nach öffentlichem Rechte Unterhaltungspflichtiger vorhanden ist und vorhanden sein muß. Das trifft nun zwar für die öffentlichen Kommunikationswege zu, deren Unterhaltung durch das gemeine Wegerecht der einzelnen Provinzen und Landschaften geregelt ist. Aber für die Chausseen giebt es keine gesetzlichen Vorschriften, welche die Unterhaltung allgemein regeln. Die Unterhaltung der Chausseen beruht vielmehr stets auf freiwilliger Uebernahme, auf besonderen Rechtstiteln, und es ist rechtlich möglich, daß für eine Chaussee überhaupt kein nach öffentlichem Recht Verpflichteter vorhanden ist. Fehlt es danach bei den Chausseen an der Voraussetzung, daß stets ein Unterhaltungspflichtiger vorhanden sein muß, so kann auch von dem, den die Wegepolizei wegen der Unterhaltung einer Chaussee in Anspruch nimmt, nicht verlangt werden, daß er nun seinerseits den Nachweis erbringe, nicht er sei der Pflichtige, sondern ein Dritter. Für die Kommunikationswege kann sich ein solcher Nachweis der Regel nach an die Vorschriften des gemeinen Wegerechtes anschließen; für die Chausseen fehlt dafür die Möglichkeit, damit aber auch die Verpflichtung, einen derartigen Nachweis zu führen (vgl. Entsch. Bd. XI S. 213, 214). Handelt es sich um die Unterhaltung einer Chaussee, so ist vom Verwaltungsrichter zu prüfen, ob der von der Wegepolizei in Anspruch Genommene der Verpflichtete ist. Seine gegen die Wegepolizei gerichtete Klage kann aber nicht schon deshalb abgewiesen werden, weil er keinen anderen Verpflichteten nachgewiesen hat.

2. Wird einer Anzahl Rechtssubjekten die Chaussee-Hebegeldberechtigung verliehen, so haften sie der Chausseebaupolizeibehörde solidarisch, wenn die Anteile der Einzelnen nicht besonders bestimmt sind.

3. Die Einstellung der Erhebung des Chausseegeldes befreit nicht von der Pflicht zur Unterhaltung der Chaussee (Erk. v. 7. XII. 87 Entsch. Bd. XVI S. 299).

4. Beliebt es den solidarisch Verpflichteten, ihre Verpflichtung ohne Zustimmung der Chausseebaupolizeibehörde abweichend von dem Grundsatze zu 2 zu regeln, so ändert dies ihr Verhältnis zur Behörde nicht.

Nr. 4. Entsch. v. 21. XI. 98 IV 1978 (Pr.-V.-Bl. Jahrg. XX S. 260).

1. Der Chausseebaupflichtige ist selbst zur Verbreiterung der Chaussee und der in ihrem Zuge befindlichen Brücken verpflichtet, wenn der betreffende Verkehr auf diesen Verkehrsanstalten dies erfordert.

2. Einen Bürgersteig anzulegen, ist der Chausseebaupflichtige nicht verpflichtet.

Nr. 5. Entsch. Bd. XXXIV S. 264 v. 9. VI. 98 IV B 163/97.

§ 18 Dotationsges. v. 8. VII. 75; Allgem. Chausseeordn. v. 30. IV. 24 (Hann. G.-S. Abt. I S. 439); Erl. v. 27. IX. 69 (G.-S. S. 1178); Landdrosteiordn. v. 25. IX. 52 § 50.

1. Es kann keinem Zweifel unterliegen, daß auch in Hannover die Chausseen von jeher nicht etwa außerhalb des Rahmens polizeilicher Fürsorge gestanden haben, sie sind vielmehr, wie es der Natur der Sache nach gar nicht anders sein konnte, Gegenstand des polizeilichen Schutzes gegen rechtswidrige Eingriffe und auch Gegenstand einer die Erfüllung ihres Zweckes im öffentlichen Interesse sichernden Aufsicht gewesen. Ueber beides trifft schon die Allgemeine Chaussee-Ordn. v. 30. IV. 24 (Hannoversche G.-S. Abt. I S. 439 ff.) Bestimmung, die in Abschnitt 5 unter „Wegepolizei" die Bestrafung der Chausseepolizeikontraventionen regelt, in § 1 (unter „Allgemeine Bestimmungen über die Chausseen") diese der Oberaufsicht des Ministeriums unter Mitwirkung der Landdrosteien und der Ortsobrigkeiten unterstellt und im § 6 (Abschnitt 1 Von der Anlegung, Verlegung und Erweiterung der Straßen u. s. w.) vorschreibt, daß über eine Straßenlegung das Ministerium „von Oberlandes-Polizei wegen" zu bestimmen habe.

2. Durch den § 18 des Dotations-Ges. v. 8. VII. 75 ist dem Provinzial-Verbande der Provinz Hannover ebenso wie den anderen Provinzialverbänden die Verwaltung und die Unterhaltung der bisherigen Staatschausseen und das Eigentum an denselben übertragen worden. Von diesen Bestandteilen des staatlichen Wegeregals sind die polizeilichen Befugnisse des Staates als Hoheitsrechte begrifflich verschieden, und sie sind durch die angeführte Gesetzesstelle auf die Provinzen nicht übertragen worden. Dies ergiebt sich aus der Entstehungsgeschichte des Gesetzes, welche in dem für einen Fall aus der Provinz Westfalen ergangenen Endurteile des Reichsgerichts, II. Hilfssenat, v. 4. X. 80 (Entsch. des Reichsgerichts in Civilsachen Bd. III S. 236 ff.) mitgeteilt ist.

3. Aus der historischen Entwickelung der Hannoverschen Gesetzgebung geht hervor, daß die höhere Chausseepolizei, insbesondere die Chausseebaupolizei, wesentlich bei den oberen Verwaltungsbehörden, insbesondere bei dem Ministerium des Innern, teilweise auch bei den Landdrosteien, lag, daß den Ortspolizeibehörden, den Obrigkeiten, Aemtern, nur gewisse Funktionen delegiert waren, ihnen aber keineswegs die Wegepolizei einschließlich der Chausseebaupolizei im vollen Umfange als Zweig der Ortspolizei zugestanden hat. Es war nicht so, daß der Ortspolizeibehörde nur der durch das Ministerium des Innern vertretenen Chausseebauverwaltung gegenüber das Einschreiten thatsächlich unmöglich gewesen wäre, sondern die Ausübung der höheren Chausseepolizei, insbesondere der Chausseebaupolzei, trat nach außen nicht hervor, weil die dafür zuständigen oberen polizeilichen Instanzen mit den Chausseeverwaltungsbehörden identisch waren. Die Sache lag also im wesentlichen ebenso wie in den älteren Preußischen Provinzen. Auch dort war durch die Einheit der Behörden die Zuständigkeit für Chausseepolizei, insbesondere für Chausseebaupolizei, was die Staatschausseen anbetraf, verdunkelt, bis die Rechtsprechung des O.-V.-G. (Bd. XI S. 204, 209, Bd. XIV S. 272, 276, Bd. XXI S. 242, 249) ins Klare stellte, daß dem Regierungspräsidenten die Chausseebaupolizei zustehe.

4. Durch den Allerhöchsten Erlaß v. 27. IX. 69, betreffend die Organisation der Bauverwaltung in der Provinz Hannover (G.-S. S. 1178)

ist die Bauverwaltung einschließlich der Chausseebauverwaltung, nach den für die älteren Provinzen festgestellten Grundsätzen neu organisiert worden. Danach sollen unter anderem (Ziff. 2) für die technische Bearbeitung der Bausachen in der mittleren Instanz, soweit nicht das Ressort anderer Provinzialbehörden, wie der Finanzdirektion, des Konsistoriums und der Klosterkammer in Betracht kommt, bei den Landdrosteien Regierungsbauräte bezw. Oberbauinspektoren angestellt werden mit den Funktionen, welche den Bauräten der Regierungen nach der Regierungsinstruktion v. 23. X. 17 zustehen, vorbehaltlich einer aus § 50 der Landdrostei-Ordn. v. 25. IX. 52 sich ergebenden Modifikation. Wenn die Kabinetsordre sich auch hauptsächlich mit der Regelung der bautechnischen Funktionen befaßt, so ist doch daraus zu entnehmen, daß auch die das Bauwesen, namentlich das Chausseebauwesen, betreffenden Angelegenheiten der allgemeinen Verwaltung, insbesondere die Polizei, soweit sie nach den Hannoverschen Gesetzen dem Ministerium zustand, von der Zentralinstanz auf die Landdrosteien übergegangen war (vgl. von Rönne, Die Baupolizei des Preußischen Staats S. 44, 124), wie denn auch die dem Provinzialverbande der Provinz Hannover zu überweisenden Chausseestrecken in der dem Abgeordnetenhause vorgelegten Uebersicht nach Landdrosteibezirken getrennt erscheinen (Anlage zu den stenographischen Berichten über die Verhandlungen des Hauses der Abgeordneten 1875 Bd. I S. 420). Es konnte übrigens davon abgesehen werden, hierüber noch nähere Feststellungen zu treffen, da soviel außer Zweifel steht, daß für die Abgrenzung der Zuständigkeit der Regierungspräsidenten den Ministerien gegenüber in der Provinz Hannover jetzt der § 25 des L.-V.-G. maßgebend ist, wonach die Regierungspräsidenten die Verwaltung mit den Befugnissen und nach den Vorschriften führen, welche dafür in den übrigen Provinzen gelten bezw. in dem L.-V.-G. gegeben sind. Zu diesen Vorschriften gehört insbesondere die Regierungsinstruktion v. 23. X. 17, nach deren § 3 Ziffer 2 und § 4 in Verbindung mit der Kabinettsordre v. 31. XII. 25, betreffend eine Abänderung in der bisherigen Organisation der Provinzialverwaltungsbehörden, der Regierung, Abteilung des Innern, jetzt dem Regierungspräsidenten, die Chausseebaupolizei zusteht (Entsch. Bd. XI S. 204 ff., 209).

Nr. 6. Entsch. Bd. XXXIII S. 273 v. 4. IV. 98 IV B 141/97.

A.-L.-R. §§ 78—81 Teil II Tit. 8.

1. Der Landrat (als Ortspolizeibehörde in Kurhessen) hat nicht die Befugnis, die Pflasterung eines Chaussee-Fußgängerbanketts dem Pflichtigen aufzugeben. Dies ist Sache der Landespolizeibehörde. Würde es sich um einen neben der Chaussee herlaufenden Bürgersteig handeln, wäre der Landrat allerdings zuständig.

2. Unzweifelhaft können neben den Chausseen und in räumlicher Verbindung mit ihnen Bürgersteige, namentlich in den Städten, als ihrer Bestimmung, ihrer Benutzung, ihrer Bauart und ihren Rechtsverhältnissen nach von den Chausseen durchaus verschiedene Verkehrsmittel bestehen, wie auch in Dörfern vielfach neben den Chausseen besondere öffentliche Fußstege herlaufen. Bezüglich solcher Bürgersteige ist in der Entsch. v. 1. XII. 88, die im Jahrg. X S. 545 ff. des Pr.-V.-Bl. veröffentlicht ist, folgendes ausgeführt worden:

„Wo ein solcher Bürgersteig neben der Chaussee besteht, aber dem wachsenden Verkehr nicht mehr entspricht, liegt die Fürsorge dafür, daß dem vermehrten Bedürfnisse Genüge geschieht, den zur Unterhaltung dieses selbständigen Kommunikationsmittels, nicht dem zur Unterhaltung der Chaussee Verpflichteten ob, gleichviel ob die Steigerung des Bedürfnisses in dem Durchgangs- oder in dem örtlichen Verkehr ihren Grund hat. Nur dies ist in der Entsch. v. 16. III. 87 (Entsch. Bd. XIV S. 273) ausgesprochen, welche auf der thatsächlichen Unterlage erging, daß der zu erbreiternde Fußweg Bürgersteig und somit kein Teil der Chaussee war. Wie hiernach der Bürgersteig einzelne der durch die Chaussee erstrebten Zwecke zu erfüllen, insbesondere das Fußgängerbankett zu ersetzen vermag, so kann auch umgekehrt das letztere einzelne der durch den Bürgersteig zu deckenden Bedürfnisse befriedigen und die Anlage eines solchen als eines selbständigen Kommunikationsmittels entbehrlich machen. Denn wie das Fußgängerbankett zugleich mit der Chaussee, deren Bestandteil es ist, dem Verkehr von Ort zu Ort und nebensächlich dem innerhalb der Orte dient, so darf auch der Bürgersteig der Benutzung seitens durchgehender Passanten nicht entzogen und muß dementsprechend eingerichtet werden, obwohl es seine hauptsächliche Bestimmung ist, den Verkehr der Fußgänger von Haus zu Haus zu vermitteln, den Zugang zu den einzelnen Häusern und bebauungsfähigen Grundstücken zu bilden (Entsch. des Obertribunals Bd. LVII S. 373, des Reichsgerichts bei Gruchot, Beiträge Bd. XXIV S. 505), überhaupt dem privaten Bedürfnisse der Hausbesitzer in der Benutzung ihrer Grundstücke, z. B. durch das Aufstellen von Gegenständen, durch das Anbringen von Treppen, Erkern, Kellerhälsen ꝛc. soweit, als das öffentliche Interesse dies zuläßt, dienstbar zu bleiben (§§ 78—81 Tit. 8 Teil I A.-L.-R.). Gerade diese, auf die besondere Benutzung seitens der Adjazenten gerichtetete Bestimmung ist ein wesentliches Merkmal für die Unterscheidung der Bürgersteige von den sonstigen, dem öffentlichen Fußverkehr gewidmeten Wegen, weshalb solche Fußwege innerhalb einer Stadt, welche jene Bestimmung nicht zu erfüllen vermögen, z. B. weil sie einen Platz kreuzen, durch öffentliche Gartenanlagen führen u. s. w., als Bürgersteige nicht anzusprechen sind."

Diese Sätze beziehen sich zwar zunächst auf das Geltungsgebiet des A.-L.-R's., sie finden aber auch für Kurhessen Anwendung, da sie mit einer Begriffsbestimmung der Bürgersteige rechnen, die allgemein giltig ist und bezüglich deren namentlich für Kurhessen keinerlei Abweichungen erhellen.

f) Fähren und Brücken.

Nr. 1. Entsch. Bd. XXXIV S. 253 v. 23. VI. 98 IV C 72/97.

Sächs. Wegeordn. v. 11. VII. 91 §§ 30, 34 Abs. 4, 16, 17.

1. In einem Verfahren, betreffend Entziehung einer Hebungsberechtigung wegen Unvermögens des Hebungsberechtigten zur Unterhaltung einer Fähre, ist die prozessuale Zuziehung des ohne Bestehen des Hebungsrechtes zur Unterhaltung der Fähre Verpflichteten nicht erforderlich. Die Unterhaltungspflicht des letzteren entsteht ohne Weiteres als unmittelbare Folge der Aufhebung der Hebungsberechtigung.

2. Bei der Frage, wer (Provinz Sachsen) der ohne Bestehen eines Hebungsrechtes zur Unterhaltung einer Verkehrsanstalt (Fähre) Verpflichtete ist, sind die Vorschriften in §§ 16, 17 der Sächs. Wegeordnung maßgebend, wonach die Gemeindewege (Fährstraße) einschließlich ihrer Zubehörung (der Fähre), von derjenigen Gemeinde (Gutsbezirk) zu unterhalten sind, durch deren Bezirk die Verkehrsanstalt führt.

Nr. 2. Entsch. Bd. XXXIII S. 268 v. 21. II. 98 IV B 150/97.

A.-L.-R. §§ 38—53 Teil II Tit. 15.

1. Wenn durch die im Schiffahrtsinteresse landespolizeilich angeordnete Erhöhung einer Brücke über einen öffentlichen Fluß die Aufhöhung der an die Brücke sich anschließenden Theile eines öffentlichen Weges notwendig geworden ist, um den Verkehr von dem Wege auf die Brücke überzuleiten, so liegt die öffentlich-rechtliche Verpflichtung zu dieser Leistung dem ordentlichen Träger der Wegebaulast ob, wogegen der Brückenbaupflichtige diejenigen Veränderungen an der Brücke vornehmen muß, die durch eine im öffentlichen Interesse vorgenommene Veränderung des betreffenden öffentlichen Weges notwendig sind.

2. Brücken über öffentliche Ströme sind besondere, für sich bestehende Kommunikationsanstalten (§§ 38—53 Tit. 15 Teil II A.-L.-R., Entsch. Bd. XII S. 249, Bd. XXII S. 183); die Anfahrtsrampen sind weder Teile noch Zubehörungen der Brücken, sie sind Teile des Weges (Erk. v. 21. XII. 97 Pr.-V.-Bl. Jahrg. X S. 47).

g) Eisenbahnpolizei u. s. w.

h) Inanspruchnahme von Wegen für den öffentlichen Verkehr (§ 56 des Zust.-Ges.); Privatrechte an öffentlichen Wegen.

Nr. 1. Entsch. Bd. XXXIII S. 279 v. 14. III. 98 IV B 138/97.

Die Ablehnung eines Baugesuches aus dem Grunde, weil der Bauherr auf einem Teil eines öffentlichen Weges bauen will, stellt sich als Inanspruchnahme des betreffenden Weges für den öffentlichen Vekehr dar. Denn diesen Versagungsgrund geltend zu machen, muß die Baupolizeibehörde zugleich die zuständige Wegpolizeibehörde sein.

i) Einziehung und Verlegung öffentlicher Wege.

k) Heranziehung der Fabriken u. s. w. zu Vorausleistungen für den Wegebau.

l) Provinzialwegerechte.

Nr. 1. Entsch. v. 21. XI. 98 IV 1976 (Pr.-V.-Bl. Jahrg. XX S. 280).

1. Die zu einer Brücke führenden Rampen sind der Regel nach nicht Teile der Brücke, sondern des Weges (Pr.-V.-Bl. Jahrg. X S. 47). Sie können diese Eigenschaft nicht dadurch verlieren, daß sie, um den Verkehr von und nach der Brücke zu ermöglichen und zu erleichtern, einer besonderen Herrichtung bedürfen. Die Brücke besteht an sich auch ohne Rampen. Diese sind nur deshalb erforderlich, um den Weg an die Brücke zu leiten, der Brücke anzupassen und so die letztere für den Wegezug dienstbar zu machen. Wenn also die Brücke und der Weg von verschiedenen Pflichtigen zu unterhalten sind, so liegt der Regel nach die Unterhaltung der Rampen nicht dem Brücken-Baupflichtigen, sondern dem Wege-Baupflichtigen ob.

2. Durch solche Regel werden aber sonderrechtliche Gestaltungen dieser Verhältnisse insbesondere durch Bildung von Observanzen nicht ausgeschlossen. Allerdings kann die Observanz nur einen bereits zwischen mehreren Rechtssubjekten bestehenden Verband, eine unter ihnen bestehende Gemeinschaft rechtlich regeln. Aber diese Gemeinschaft braucht keine korporative, überhaupt keine rechtliche zu sein; es genügt vielmehr als Grundlage der Observanz auch eine thatsächliche, selbst eine nur örtliche Gemeinschaft (Entsch. Bd. XXXI S. 196).

3. Unrichtig ist die Ansicht, daß das Wegerecht der Kurmark der Bildung solcher Observanzen entgegenstehe. Das O.-V.-G. hat bereits wiederholt dargelegt, daß sich in der Kurmark die Wegebaulast auch nach örtlichen Observanzen regelt, und die Bildung solchen lokalen Gewohnheitsrechtes auch für die Zeit nach dem Inkrafttreten des A.-L.-R's. keineswegs ausgeschlossen ist (Entsch. B. XVI S. 296).

Nr. 2. Entsch. Bd. XXXIV S. 261 v. 7. VII. 98 IV B 46/98.

Westpr. Wegeregl. v. 4. V. 1796 § 5.

Unter den „eigentümlichen Grundbesitzern", deren der § 5 der Westpreußischen Wegereglements v. 4. V. 1796 die Verpflichtung auferlegt hat, die innerhalb der Grenzen ihre Grundstücke befindlichen öffentlichen Wege zu unterhalten, sind nicht auch die Eigentümer der öffentlichen Wege (z. B. einer Chaussee) zu verstehen. Vielmehr sind in § 5 die öffentlichen Wege gerade in einem Gegensatz zu den übrigen angrenzendem Grundstücke gestellt und nun auf diese zum Zwecke ihre Unterhaltung angewiesen.

Nr. 3. Entsch. Bd. XXXIV S. 277 v. 22. IX. 98 IV B 23/98.

Hann. Ges. v. 28. VII. 51 §§ 11, 22; Ges. v. 24. V. 94 (G.-S. S. 82).

Wie bereits Bd. XX S. 281 der gedruckten Entscheidungen ausgeführt und neuerdings in einem Erk. des O.-V.-G. v. 26. V. 98 Nr. IV 993 als auch nach dem Gesetze, betreffend Aenderungen der Wegegesetzgebung der Provinz Hannover, v. 24. V. 94 geltendes Recht anerkannt ist, steht in der Provinz Hannover der Wegepolizeibehörde keine Bestimmung darüber zu, welche Wege als öffentliche angelegt werden sollen, vielmehr beschließt nach § 11 des Ges. v. 28. VII. 51 in der Fassung des Ges. v. 24. V. 94 die Gemeinde, ob ein Gemeindeweg anzulegen — — oder ein Privatweg unter die Klasse der Gemeindewege zu versetzen ist. Dies ist sonach eine der Einwirkung der Polizeibehörde entzogene, der freien Entschließung der Gemeinde anheimgestellte Kommunalangelegenheit. Hat die Gemeinde in Ausführung ihres Beschlusses einen neuen öffentlichen Weg hergestellt und dem öffentlichen Verkehre gewidmet, so unterliegt seine Unterhaltung der Aufsicht der Wegepolizeibehörde (§ 78), welche sich dabei nach den materiellen Vorschriften des § 22 zu richten hat. Ferner tritt das Aufsichtsrecht der Wegepolizeibehörde ohne weiteres in Kraft, wenn eine Gemeinde beschließt, einen schon bestehenden Privatweg, ohne an seiner äußeren Gestaltung Veränderungen vorzunehmen, unter die Klasse der Gemeindewege zu versetzen, vorausgesetzt, daß damit nach Lage der Sache die Widmung des Weges für den öffentlichen Verkehr als vollzogen angesehen werden kann.

Nr. 4. Entsch. Bd. XXXIV S. 280 v. 26. IX. 98 IV B 19/98.

Ges. v. 16. III. 79 §§ 1, 8 (G.-S. S. 225); § 58 Ziffer 1 und 2 des Zust.-Ges.

1. Der § 8 des Ges. v. 16. III. 79 enthält unter der Ueberschrift: „Versetzung von Wegen aus einer Kategorie derselben in die andere u. s. w.", die Bestimmung, daß durch Beschluß des kommunalständischen Verwaltungsausschusses (jetzt nach dem Gesetze über die Einführung der Prov.-Ordn. v. 29. VI. 75 in der Provinz Hessen-Nassau v. 8. VI. 85 Art. III B. 1 des Landesausschusses) unter Zustimmung der Bezirksregierung (jetzt des Regierungspräsidenten) Gemeinde- und Ortswege, sowie neu anzulegende Wege zu Landwegen . . . erklärt werden können. Danach ist es unrichtig, daß nach dieser Bestimmung lediglich Gemeinde- und Ortswege, also öffentliche Wege, zu Landwegen erklärt werden könnten. Das Gesetz sieht eine solche Erklärung ausdrücklich auch bezüglich neu anzulegender Wege vor, d. h. bezüglich

solcher Fälle, in denen in dem betreffenden Zuge noch kein Gemeinde- oder Ortsweg, kein öffentlicher Weg, besteht, mag im übrigen der in Aussicht genommene Wegezug schon als Privatweg vorhanden oder äußerlich noch gar nicht als Weg gestaltet sein.

2. Die dem Landesausschusse (kommunalständischer Verwaltungsausschusse) durch § 8 des Ges. v. 16. III. 79 erteilte Ermächtigung, einen neu anzulegenden Weg zu einem Landwege zu erklären, ist dahin zu verstehen, daß die Befugnis, dem Wegebaupflichtigen die Neuanlegung eines öffentlichen Weges oder die Umwandlung eines Privatweges in einen öffentlichen Weg auch wider seinen Willen aufzulegen, welche in der Regel, und in Hessen-Nassau bezüglich der Gemeindewege, der Wegepolizeibehörde zusteht, dem Landesausschusse übertragen worden ist, soweit es sich um die Neuanlegung eines Landweges oder um die Umwandlung eines Privatweges in einen Landweg handelt. In ähnlicher Weise sind für die Provinz Schleswig-Holstein die obrigkeitlichen Funktionen bei der Anlegung der Nebenwege, der öffentlichen Fußsteige und der Landwege, im Kreise Herzogtum Lauenburg bei der Anlegung der Landwege, dem Kreisausschusse, in Stadtkreisen dem Bezirksausschusse, übertragen worden (Zust.-Ges. § 58 Ziffer 1 und 2, Entsch. B. XXII S. 229 ff., 237, 238).

K. Gewerbepolizei.

a) Allgemeines, Gewerbefreiheit, Zulassung zum Gewerbebetriebe, Ausübung desselben.

Vorbemerkung: Unter dem 9. August 1899 (M.-Bl. S. 127) ist eine Anweisung zur Ausführung der Gew.-Ordn. erschienen (betr. Tit. I, II, IV, V), durch welche die Ausführungsanweisungen v. 4. IX. 69, 29. XII. 83 u. v. 19. VII. 84 außer Kraft gesetzt worden sind.

Litteratur: Die Befugnisse der Polizei auf Grund des Gewerberechts (Pr.-V.-Bl. Jahrg. XIX S. 417, 429).

Nr.. 1. Entsch. Bd. XXXV S. 328 v. 18. II. 99 III B 141/98.

St.-Gew.-Ordn. § 1; Pr. Gem.-Ordn. § 49.

Das Gewerbe des Kost- und Quartiergebers, zu welchem es nach dem § 49 der Pr.-Gew.-Ord. v. 17. I. 45 einer polizeilichen Erlaubnis bedurft hatte, ist nach der R.-Gew.-Ordn. nicht konzessionspflichtig. Auch gehört es nicht zu denjenigen Gewerben, deren Betrieb untersagt werden kann. Es gilt dafür der im § 1 der R.-Gew.-Ordn. ausgesprochene Grundsatz der Gewerbefreiheit somit unbeschränkt. Die Folge hiervon ist, daß durch Polizeiverordnungen zwar die Art der Ausübung des Gewerbes geregelt, nicht aber die Zulassung zum Gewerbebetriebe von gewissen persönlichen Eigenschaften des Kost- oder Quartiergebers in einer Weise abhängig gemacht werden darf, welche die Polizeibehörde berechtigt, wegen des Mangels dieser Eigenschaften den weiteren Gewerbebetrieb ganz zu untersagen. Im anderen Falle würde das Konzessionswesen, welches für das Kost- und Quartiergeben nicht mehr gelten sollte (vergl. die bei von Landmann-Rohmer, Gew.-Ord., 3. Aufl. Bd. I. S. 269 mitgeteilten Motive von 1869), auf einem Umwege wieder eingeführt werden können und es möglich sein, diesen Gewerbebetrieb trotz seiner gesetzlichen Freigabe mehr zu beschränken, als es der konzessionspflichtige Gastwirtschaftsbetrieb ist. Es läßt sich daher der Ansicht von Biermann, Privatrecht und Polizei in Preußen S. 80: „Personen, welche wegen Verbrechens oder Vergehens gegen die Sittlichkeit oder wegen Uebertretung sittenpolizeilicher Vorschriften bestraft sind, darf das Halten von Schlafleuten auch ganz verboten werden,“ nicht zustimmen.

b) Gast- und Schankwirtschaft, Kleinhandel mit Branntwein und Spiritus, Stellvertretung in diesen Gewerben, Verlust und Entziehung der Konzession, Polizeiliches Einschreiten, Polizeistunde, die in den §§ 33 a, 33 b und 33 c der Gew.-Ordn. aufgeführten Gewerbe, Lustbarkeiten u. s. w.

Nr. 1. Entsch. v. 25. I. 99 III 123 (Pr.-V.-Bl. Jahrg. XX S. 321).

St.-Gew.-Ordn. § 33; Art. 3 Ges. v. 6. VIII. 96 (St.-G.-Bl. S. 685).

Der § 33 der Reichsgewerbeordnung, der den Betrieb der Gast-, Schankwirtschaft und des Kleinhandels mit Branntwein oder Spiritus von der vorgängigen Erlaubnis abhängig macht und die Landesregierung zu der Anordnung ermächtigt, daß die Erlaubnis:

a) zum Ausschänken von Branntwein oder zum Kleinhandel mit Branntwein oder Spiritus allgemein,

b) zum Betriebe der Gastwirtschaft oder zum Ausschänken von Wein, Bier oder anderen, nicht unter a fallenden geistigen Getränken in Ortschaften mit weniger als 15000 Einwohnern, sowie in solchen Ortschaften mit einer größeren Einwohnerzahl, für welche dies durch Ortsstatut festgesetzt wird,

von dem Nachweis eines vorhandenen Bedürfnisses abhängig sein solle, hat eine Erweiterung durch Artikel 3 des Ges. v. 6. VIII. 96 dahin erfahren, daß vorstehende Bestimmungen auf Vereine, welche den gemeinschaftlichen Einkauf von Lebens- und Wirtschaftsbedürfnissen im Großen und deren Absatz im Kleinen zum ausschließlichen oder hauptsächlichen Zweck haben, unbedingt, und auf andere Vereine — jedoch mit Ausnahme der vorstehend zu b gedachten Vorschrift — für den Fall für anwendbar erklärt sind, daß eine hierauf bezügliche Anordnung der Landesregierung ergeht. Eine derartige Anordnung der Landesregierung ist für Preußen in dem Erlaß des Ministers des Innern v. 27. XII. 96 gegeben, woselbst verfügt worden ist, daß die Bestimmungen des § 33 Abs. 1, 2, 3 unter a und Abs. 4 der Gewerbeordnung auf alle Vereine, auch soweit sie nicht den gemeinschaftlichen Einkauf von Lebens- und Wirtschaftsbedürfnissen im Großen und den Absatz im Kleinen zum ausschließlichen oder hauptsächlichen Zweck haben, vom 1. April 1897 Anwendung finden, mit Ausnahme allein der militärischen Kasinos und Kantinen, deren Betrieb auf den Kreis der Mitglieder beschränkt ist. Die Zuständigkeit des Ministers des Innern, im Sinne des § 33 Namens der Landesregierung die dieser vorbehaltenen Anordnungen zu erlassen, ist von dem Oberverwaltungsgerichte bereits bei der Erörterung der Frage, wer Namens der Landesregierung zu der Anordnung befugt sei, daß die Erlaubnis zur Gast-, Schankwirtschaft und zum Kleinhandel mit Branntwein oder Spiritus von dem Nachweis eines vorhandenen Bedürfnisses abhängig sein soll, anerkannt worden (Entsch. Bd. VI S. 263 ff.).

Nr. 2. Entsch. Bd. XXXIV S. 311 v. 11. I. 99 III A 26/98.

St.-Gew.-Ordn. § 46.

1. Mit den Worten „der Wittwe . . . oder . . . Erben" in § 46 der R.-Gew.-Ord. hat nicht zum Ausdruck gebracht werden sollen, daß eine Fortsetzung des Betriebes nur für Rechnung des einen oder des anderen Teiles erfolgen dürfe, auf gemeinschaftliche Rechnung aber unzulässig sei. Da der Gesetzgeber auch die Fälle, in denen nur eine Wittwe oder nur minderjährige Erben vorhanden sind, treffen wollte, so konnte das Wort „oder" nicht etwa durch „und" ersetzt werden. Der mögliche Zweifel, ob durch die Wortfassung die gemeinschaftliche Fortsetzung des Betriebes ausgeschlossen werden sollte, hätte also nur durch einen ausdrücklichen Zusatz etwa dahin „oder für Rechnung beider

Teile" beseitigt werden können. Zu einem derartigen Zusatze lag aber ein genügender Anlaß nicht vor, da ohne einen besonderen, gerade im Falle des § 46 maßgebenden Grund ohnehin zu einer Auslegung des Gesetzes dahin, daß der Wittwe und den minderjährigen Erben gemeinsam habe verwehrt werden sollen, was jedem von ihnen für sich ausdrücklich eingeräumt war, keine ausreichende Veranlassung gegeben sein konnte. Ein derartiger besonderer Grund, um eine solche Auslegung zu rechtfertigen, ist aber nicht vorhanden. Im Gegenteil sind die thatsächlichen Verhältnisse in einer überaus großen Anzahl von Fällen so gestaltet, daß nach dem Tode des Familienvaters die Wittwe mit den minderjährigen Kindern in ungeteilten Gütern sitzen bleibt und ein von dem Ehemann geführtes Erwerbsgeschäft auf gemeinschaftliche Rechnung fortgesetzt wird. Daß der Gesetzgeber dieser den Gewohnheiten und den Rechtsanschauungen des deutschen Volkes entsprechenden Sitte durch die Bestimmung des § 46 habe entgegentreten und bei Verlust der Wohlthat des § 46 eine sofortige Auseinandersetzung zwischen der Wittwe und den minderjährigen Erben wegen des Weiterbetriebes des Gewerbes habe erzwingen wollen, dafür liegen keinerlei Anhaltspunkte vor. Ein solcher dem sonst bestehenden Rechte durchaus nicht entsprechender Eingriff könnte jedenfalls nur dann als gewollt erachtet werden, wenn ihm ein völlig unzweideutiger Ausdruck im Gesetze gegeben worden wäre, was nicht der Fall ist. Der § 46 steht danach der gemeinsamen Fortführung des Betriebes durch die Wittwe und die minderjährigen Erben nicht entgegen.

2. Andererseits ist es zutreffend, daß, wenn einmal das Gewerbe auf die Wittwe allein oder auf die minderjährigen Kinder allein in rechtsgültiger Weise, sei es durch Erbauseinandersetzung, einseitigen Verzicht oder sonstwie, übergegangen ist, eine nochmalige Succession des bereits ausgeschiedenen Teiles derart, daß er ohne neue Konzession von dem anderen Teile das Gewerbe wieder zu übernehmen befugt wäre, nicht stattfinden kann und insbesondere auch durch die Vorschrift des § 46 nicht zugelassen ist.

Nr. 3. Entsch. Bd. XXXIII S. 341 v. 19. I. 98 III A 27/97.

L.-V.-G. §§ 143, 144; Ges. über die Polizeiverwaltung v. 11. IV. 50 §§ 5, 6; Gew.-Ordn. §§ 30, 33, 33a. Zust.-Ges. § 115.

1. In entsprechender Weise, wie es die §§ 30 und 33a der Reichsgewerbeordnung bei den Konzessionen zu Privat-Kranken-, Privat-Entbindungs- und Privat-Irren-Anstalten und zur gewerbsmäßigen Veranstaltung von Singspielen u. s. w., bei denen kein höheres Interesse der Kunst oder Wissenschaft obwaltet, thun, schreibt der § 33 für die zum Betriebe der Gastwirtschaft, der Schankwirtschaft oder des Kleinhandels mit Branntwein oder Spiritus erforderliche Erlaubnis vor:

„Diese Erlaubnis ist nur dann zu versagen:

2. wenn das zum Betriebe des Gewerbes bestimmte Lokal wegen seiner Beschaffenheit oder Lage den polizeilichen Anforderungen nicht genügt."

Die hiernach an das Lokal zu stellenden polizeilichen Anforderungen sind reichsgesetzlich nicht geregelt. Es mag keinem Bedenken unterliegen, daß ihre Regelung durch die Landesgesetzgebung geschehen darf. Hiervon ist man offenbar bei der Vorschrift ausgegangen, die der sich unter a auf die Konzessionierung der Privat-Kranken- u. s. w. Anstalten beziehende § 115 des Zust.-Ges. im Abs. 3 dahin enthält, daß für die im Verwaltungsstreitverfahren in den Fällen zu a zu treffenden Entscheidungen die von den Medizinalaufsichtsbehörden innerhalb ihrer gesetzlichen Zuständigkeit getroffenen allgemeinen Anordnungen über die gesundheitspolizeilichen Anforderungen, welche an die baulichen und sonstigen technischen Einrichtungen der unter a bezeichneten Anstalten zu stellen sind, maßgebend sein sollen. Jedenfalls aber kann die Regelung der polizeilichen Anforderungen an das zum Betriebe der Gastwirtschaft u. s. w. bestimmte Lokal nicht im Wege einer Polizeiverordnung, wie der des Polizeipräsidenten zu Berlin v. 19. IX. 91, geschehen. Diese Polizeiverordnung ist nach ihrem Eingange auf Grund der §§ 5 und 6 des Gesetzes über die Polizeiverwaltung v. 11. III. 50 und der §§ 143, 144 des L.-V.-G. mit Zustimmung des Gemeindevorstandes für den Stadtkreis Berlin erlassen worden. Sie schließt sich zwar im Inhalte und vielfach auch im Wortlaute an die durch das Cirkular des Ministers des Innern v. 26. VIII. 86 (M.-Bl. S. 182) mitgeteilten, von den Ressortminister vereinbarten „Anforderungen, welche in baulicher und gesundheitlicher Beziehung an die Gast- und Schankwirtschaften zu stellen sind", an. Ihre Fassung läßt jedoch keinen Zweifel darüber, daß durch sie nicht bloß, wie es bei diesen Anforderungen der Fall ist (vgl. in dem Cirkular v. 26. VIII. 86 die Worte „den Behörden, welchen die Erteilung der Konzession zum Betriebe von Gast- und Schankwirtschaften zusteht, zum Anhalte" und z. B. Entsch. Bd. XIX S. 324), eine Anleitung hat gegeben, sondern der Stadtausschuß und der Bezirksausschuß zu Berlin in der Art haben gebunden werden sollen, daß von ihnen die Konzession zum Betriebe einer Gast- oder Schankwirtschaft versagt werden müsse, wenn den aufgestellten Anforderungen nicht genügt und nicht gemäß § 5 der Verordnung von der Polizeibehörde eine Abweichung zugelassen sei. In dieser Weise den Stadt- und Bezirksausschuß zu binden, ist der einzige Zweck der Verordnung. Eine solche Polizeiverordnung ist nicht zulässig.

2. Zum Wesen der Polizeiverordnungen nach den §§ 5 ff. des Ges. über die Polizeiverwaltung und den §§ 136 ff. des L.-V.-G. gehört es, daß sie gegenüber den Unterthanen, um diese zu binden, bestimmte polizeiliche Gebote oder Verbote aufstellen und für den Fall des Zuwiderhandelns eine Strafdrohung aussprechen (§§ 5, 11 des Ges. v. 11. III. 50 und §§ 136, 137 des L.-V.-G.: „Vorschriften erlassen und gegen die Nichtbefolgung derselben Geldstrafen androhen"), oder daß sie doch wenigstens Gebote oder Verbote aufstellen, namentlich, wenn die Strafdrohung schon anderweit getroffen ist, in Anlehnung hieran. Es mag auch umgekehrt ausreichen, daß, wenn schon anderweit den Unterthanen gewisse polizeiliche Gebote oder Verbote verkündet sind, ohne sie durch eine Strafdrohung zu sanktionieren, in Ergänzung dieser Strafsanktion durch eine Polizeiverordnung nur eine Strafandrohung ausgesprochen wird (Rosin, Das Polizeiverordnungsrecht in Preußen, 2. Aufl., S. 74 ff., besonders S. 76 Anm. 4 und S. 81). Soll aber gegenüber den Unterthanen weder ein Gebot oder ein Verbot noch eine Strafdrohung zum Ausdrucke gebracht werden, ist dies sogar der Natur der Sache nach gar nicht möglich, so ist eine Polizeiverordnung ausgeschlossen. Eine Polizeiverordnung, die bloß eine andere Behörde bindende Normen trifft, hat nur den äußeren Schein einer Polizeiverordnung; in Wirklichkeit ist sie keine Polizeiverordnung. Sie beweist selbst durch ihren Inhalt, daß es sich bei ihr nicht um eine Ausübung des Polizeiverordnungsrechtes handeln kann und handelt.

Nr. 4. Entsch. v. 8. X. 98 III 1364.

Gew.-Ordn. §§ 33, 53.

Der Mißbrauch einer Schankkonzession zur Förderung der Völlerei ist nach der gleichmäßigen Rechtsprechung des O.-V.-G. dann anzunehmen, wenn der Schankwirt durch übermäßiges Kreditieren das Schuldenmachen und die Genußsucht der Gäste begünstigt (von Landmann, Gew.-Ord. Anm. 7 zu § 33 und die dort mitgeteilten Entsch.).

Nr. 5. Entsch. Bd. XXXIII S. 347 v. 23. II. 98 III C 120/97.

Kab.-Ord. v. 7. II. 37; R.-St.-G.-B. § 366 Nr. 1.

Die Polizei darf gegen die Abhaltung von Konzerten an Sonn- und Feiertagen zum Schutze des Gottesdienstes einer bloß geduldeten Religionsgesellschaft (Baptistengemeinde) nicht einschreiten, wenn die Konzerte zu einer Zeit stattfinden, für die der wirtschaftliche Verkehr insbesondere der Schankbetrieb einer Beschränkung auf Grund der Kab.-Ord. v. 7. II. 37 nicht unterworfen ist. Die Veranstaltung der Konzerte zu dieser Zeit stellt einen strafbaren Thatbestand im Sinne des § 366 Nr. 1 der R.-St.-G.-B. nicht dar.

Nr. 6. Entsch. v. 23. IV. 98 III 583 (Pr.-V.-Bl. Jahrg. XX S. 37).

R.-Gew.-Ordn. § 33a.

1. Nach dem klaren Wortlaute des § 33a der Reichsgewerbeordnung bedarf es für die gewerbsmäßige öffentliche Veranstaltung von Singspielen, Gesangs- und deklamatorischen Vorträgen, Schaustellungen von Personen oder theatralischen Vorstellungen, ohne daß ein höheres Interesse der Kunst oder Wissenschaft dabei obwaltet, der Genehmigung. Es wird also hier mit der Möglichkeit gerechnet, daß bei einzelnen derartigen Darbietungen ein höheres Interesse der Kunst oder Wissenschaft obwaltet, und hinsichtlich dieser zugleich zum Ausdrucke gebracht, daß sie von einer besonderen Genehmigung nicht abhängig sein sollen. Ob aber ein solches höheres Interesse obwaltet oder nicht, läßt sich nur nach der Eigenart der einzelnen Darbietung bestimmen, nämlich danach, ob ihr nach ihrem Inhalte und nach der Art, wie sie geboten wird, ein höheres Interesse der Kunst oder Wissenschaft beizumessen ist. Dem Gedanken, daß dies nicht nach dem objektiven Werte der einzelnen Leistung, sondern nach dem Eindrucke zu bestimmen ist, den der Veranstalter auf die Zuschauer und Zuhörer auszuüben beabsichtigt, konnte mit dem Wortlaute des § 33a nicht Ausdruck gegeben werden. Ueberdies läßt sich nicht bezweifeln, daß eine unterhaltende Wirkung mit den in § 33a genannten Darbietungen auch dann verbunden sein kann, wenn sie des höheren Interesses der Kunst oder Wissenschaft nicht entbehren; und daß im Sinne der Reichsgewerbeordnung der Begriff der Lustbarkeit sich nicht mit solchen Darbietungen ohne ein höheres Interesse der Kunst oder Wissenschaft erschöpft, sondern auch diejenigen mit einem solchen höheren Interesse umfaßt, läßt sich den §§ 33b und 55 Nr. 4 insofern entnehmen, als hier augenscheinlich die des höheren Interesses der Kunst oder Wissenschaft entbehrenden „Musikaufführungen, Schaustellungen, theatralischen Vorstellungen oder sonstigen Lustbarkeiten" den eines solchen Interesses nicht entbehrenden Schaustellungen ꝛc. und sonstigen Lustbarkeiten gegenübergestellt sind. Die im Gesetzentwurfe enthaltenen Worte „sonstige Lustbarkeiten" sind im § 33a auch nur deshalb gestrichen, weil der Reichstag nicht alle, sondern lediglich die im § 33a besonders genannten Lustbarkeiten an eine vorgängige Erlaubnis binden wollte (Landmann, Bd. I S. 309 3. Aufl.)

2. In dem Urteile des O.-V.-G. v. 7. VII. 97 (Pr.-V.-Bl. Jahrg. XIX S. 7) ist die auf die Unterhaltung des Publikums behufs der Gewinnerzielung gerichtete Absicht des Ausstellers eines Gemäldes nur als ein Beweis dafür verwertet, daß in der Ausstellung des Gemäldes gegen Eintrittsgeld, obschon es sich um ein zur religiösen Erbauung der Zuschauer geeignetes Kunstwerk handelte, die Veranstaltung einer der Gemeindesteuer unterliegenden Lustbarkeit zu erblicken war. Damit ist zu der Frage, wann bei einer Lustbarkeit das Obwalten eines höheren Interesses der Kunst oder Wissenschaft anzuerkennen ist, nicht Stellung genommen, wie denn auch das O.-V.-G. in dem

neuerlichen Urteile v. 9. II. 98, II Nr. 232, ausgesprochen hat, daß die subjektive, auf Unterhaltung gerichtete Absicht des Veranstalters zwar für den Begriff der Lustbarkeit maßgebend ist, daß aber dafür, ob bei einer unterhaltend wirkenden Veranstaltung diese Wirkung durch die Erzeugung eines höheren künstlerischen oder eines gröberen Genusses erzielt wird, der objektive Inhalt der Darbietungen in Betracht kommt.

3. Daß die Minister des Innern und der Finanzen in dem Erlasse v. 17. XII. 96 (M.-Bl. 1897 S. 23) die Absicht des Veranstalters einer Lustbarkeit dafür entscheidend erachten, ob bei ihr ein höheres Interesse der Kunst oder Wissenschaft obwaltet, ist daraus noch nicht notwendig zu folgern, daß sie zu den eines solchen Interesses entbehrenden Lustbarkeiten die vorwiegend zur Unterhaltung der Kurgäste von den Kur- und Badeverwaltungen veranstalteten Konzerte, Theateraufführungen und sonstige Schaustellungen rechnen. Im Eingange dieses und des vorausgegangenen Erlasses v. 15. XI. 96 (M.-Bl. S. 239) ist die Tarifstelle 39 des Stempelsteuerges. v. 31. VII 95 dahin erläutert, daß für die Stempelpflichtigkeit der ortspolizeilichen Genehmigungen zu Lustbarkeiten nur diejenigen der Ergötzung und Unterhaltung dienenden Veranstaltungen und Vorführungen in Betracht kämen, bei denen ein höheres Interesse der Kunst oder Wissenschaft nicht obwaltet, was doch nur dahin verstanden werden kann, daß entscheidend der Wert der einzelnen Leistungen sein soll. Hiervon ist der Minister des Innern ersichtlich auch in seinem Erlasse v. 15. VI 97 (M.-B. S. 113) ausgegangen, da für etwaige Zweifelsfälle über das Obwalten eines höheren Interesses der Kunst oder Wissenschaft auf die Anhörung von Sachverständigen verwiesen worden ist. Es läßt sich also der Ministerialerlaß auch dahin verstehen, daß nach Annahme der Minister die von Kur- und Badeverwaltungen veranstalteten Lustbarkeiten im allgemeinen als solche anzusehen sind, die nach ihrem Zweck, zur Unterhaltung zu dienen, des höheren Interesses der Kunst oder Wissenschaft entbehren. Jedenfalls muß für die Reichsgewerbeordnung daran festgehalten werden, daß die Frage, ob bei einer einzelnen Lustbarkeit ein höheres Interesse der Kunst oder der Wissenschaft obwaltet, nach den vorhin erörterten Grundsätzen zu entscheiden ist.

4. Im Uebrigen (vgl. Bd. XVII S. 386) gilt § 33a der Reichsgewerbeordnung für die gewerbsmäßige Veranstaltung von öffentlichen instrumentalmusikalischen Vorträgen überhaupt nicht. (Pr.-V.-Bl. Jahrg. XX S. 37.)

Nr. 7. Entsch. v. 24. IX. 98 III 1285.

A.-L.-R. Teil II Tit. 17 § 10.

Die Polizeibehörde hatte einem Schankwirte, der einzelne sehr geräuschvolle Konzerte gegeben hatte, jede Abhaltung von Konzerten untersagt. Das O.-V.-G. hob die Verf. auf und führte aus:

a) Zur Veranstaltung von Instrumentalmusik in ihren Geschäftsräumen bedürfen Schankwirte keiner polizeilichen Erlaubnis (Entsch. Bd. XVII S. 386; M.-Bl. 1889 S. 64, 65). Dadurch sind sie aber von den Rücksichten auf das Gemeinwohl nicht entbunden, insbesondere darf die Veranstaltung von Instrumentalmusik keine Gefährdung der Gesundheit des Publikums (§ 10 Tit. 17 Teil II des A.-L.-R.) herbeiführen, überhaupt das Zusammenleben der Menschen nicht unerträglich machen. Hätten sonach die vom Kläger veranstalteten Konzerte Gesundheitsgefahren in diesem Sinne herbeigeführt, so wäre die Polizeibehörde berechtigt gewesen, die Wiederholung der gesundheitsgefährlichen Konzerte zu verbieten. Aus den eigenen Ausführungen der Behörde ist jedoch nicht zu entnehmen, daß die sämmtlichen zu verschiedenen Tages- und Nachtzeiten gegebenen Konzerte eine Gesundheitsgefahr herbeigeführt haben und ihre Wiederholung eine solche Gefahr herbeiführen muß; einzelne Konzerte, vor allem diejenigen, welche die Nachtruhe der Nachbarn in erheblicher Weise gestört haben, mögen gesundheitsgefährlich gewirkt haben. Allein die Polizei hat mit der Verf. jede Abhaltung von Instrumentalkonzerten verboten, also auch diejenigen, die nur eine Belästigung des Publikums oder nicht einmal eine solche mit sich bringen. Darin ist die Beklagte zu weit gegangen. Das Verbot unterliegt daher der Aufhebung.

b) In dem Erk. heißt es dann weiter: Wenn der Vorderrichter ausführt:

„War die Polizeibehörde zum Erlasse der Verfügung berechtigt, so erübrigt sich die Erörterung der Frage, ob die Verfügung nach Lage der Sache durch das öffentliche Wohl geboten gewesen ist. Denn wenn die Polizeibehörde unter Würdigung der obwaltenden Verhältnisse eine Gefährdung der öffentlichen Ruhe und Ordnung für wahrscheinlich erachtet hat, so hat sie durch das erlassene Verbot ihre gesetzlichen Befugnisse nicht überschritten; eine weitere Nachprüfung ist als auf das Gebiet der reinen Verwaltung gehörig dem Verwaltungsstreitverfahren entzogen und der vorgesetzten Beschwerdeinstanz vorbehalten,"

so übersieht er den fundamentalen Grundsatz (§§ 127 Abs. 3 Ziffer 2, 128 Abs. 2 des L.-V.-G.), daß der Verwaltungsrichter zu prüfen hat, ob die thatsächlichen Voraussetzungen vorhanden gewesen sind, die die Polizeibehörde zum Erlasse der angegriffenen Verfügung berechtigt haben würden. Da nur eine Gesundheitsgefahr im Sinne des § 10 a. a. O. die Polizeibehörde zum Erlasse des Verbots berechtigt haben würde, so ist es Aufgabe des Verwaltungsrichters zu prüfen, ob die Gesundheitsgefahr wirklich vorgelegen hat. Der Irrtum der Polizeibehörde über die thatsächlichen Voraussetzungen schützt nicht vor der Aufhebung des Verbots.

Nr. 8. Entsch. v. 17. V. 99 III 782.

Gew.-Ordn. § 33 c.

Nach § 1 der Polizeiverordnung der Regierung zu Schleswig v. 22. II. 92 bedarf jeder, der eine öffentliche Tanzlustbarkeit veranstalten will, der schriftlichen Erlaubnis der Ortspolizeibehörde. Besondere Direktiven für die Ortspolizeibehörden darüber, unter welchen Voraussetzungen die Versagung der beantragten Erlaubnis erfolgen soll oder kann, enthält die Polizeiverordnung nicht. Die Polizeibehörden sind daher auf die allgemeinen Aufgaben der Polizei, wie sie für das Geltungsgebiet des A.-L.-R's. in dessen § 10 Tit. 17 Teil II normiert sind, stillschweigend verwiesen. Die Polizei kann somit die Erlaubnis versagen, wenn durch Abhaltung einer öffentlichen Tanzlustbarkeit die öffentliche Ordnung gestört werden würde. Dies ist der Fall, wenn dem öffentlichen Bedürfnisse nach Tanzmusiken anderweitig genügt ist. Es ist auch nicht zu beanstanden, wenn der Amtsvorsteher nur eine bestimmte Zahl von Tanzmusiken in seinem Bezirke zuläßt, ebensowenig, wenn die Verteilung dieser Tanzlustbarkeiten Seitens des Amtsvorstehers in der Weise geschieht, daß die Wirte, die die meisten Garantieen für Aufrechterhaltung der öffentlichen Ordnung bieten, in erster Reihe berücksichtigt werden und wenn das örtliche Bedürfnis in Betracht gezogen und gewürdigt wird.

Nr. 9. Entsch. Bd. XXXV S. 436 v. 17. II. 99 I A 32/98.

1. Daß eine nicht öffentliche Tanzlustbarkeit nicht verboten oder ihrer Dauer nach beschränkt werden darf, ergiebt sich aus der allgemeinen Beschränkung der polizeilichen Befugnisse auf öffentliche Lustbarkeiten (vgl. Entsch.

Bd. IX S. 406 ff., Bd. XI S. 391 ff.). Auch die Vorschriften über die Polizeistunde sind unanwendbar, wenn ein Fest nicht öffentlich ist und in einem zur ausschließlichen Benutzung der Festteilnehmer gemieteten Lokale stattfindet (vgl. Entsch. Bd. XXII S. 414 ff., Bd. XXIII S. 403; Entsch. des Kammergerichts Bd. VI S. 188 ff., Bd. XI S. 330, Bd. XVI S. 322 ff.; Ministerialerlaß v. 13. V. 92 M.-Bl. S. 228).

2. Wenn der Ministerialerlaß v. 15. XI. 96 unter II, 3 Abs. 2 (M.-Bl. S. 239) die Lustbarkeiten geschlossener Gesellschaften, falls diese ausschließlich oder hauptsächlich zu dem Zwecke der Veranstaltung solcher Lustbarkeiten zusammengetreten sind, hinsichtlich der Notwendigkeit polizeilicher Genehmigung öffentlichen Lustbarkeiten gleichstellt, so ist wohl nur an fälschlich sogenannte geschlossene Gesellschaften gedacht, bei denen keine persönlichen Beziehungen unter den Mitgliedern be- und entstehen. Ist dagegen eine individuelle Verbindung unter den Mitgliedern vorhanden, so dürfen deren Vereinigungen nicht wie öffentliche behandelt werden (vgl. Ministerialerlasse v. 23. II. 89 zu 3 — M.-Bl. S. 38 —, v. 8. XI. 87 — ebenda S. 270 —). Eine solche individuelle Verbindung ist auch bei Gesellschaften, deren Hauptzweck die Veranstaltung von Lustbarkeiten ist, möglich.

Nr. 10. Entsch. Bd. XXXV S. 442 v. 3. III. 99 I A 116/98.

1. Es kann auch ein Verein, der ausschließlich oder hauptsächlich die Veranstaltung von Lustbarkeiten bezweckt, eine geschlossene Gesellschaft sein. Das Zusammentreten bloß zu diesem Zwecke, namentlich das vorübergehende, mag im allgemeinen die Annahme rechtfertigen, daß die zu einer geschlossenen Gesellschaft erforderlichen engeren persönlichen Beziehungen fehlen. Solche können aber unleugbar auch unter den Mitgliedern eines Vergnügungsvereins be- und entstehen. Dann darf dem Vereine um seines Zweckes willen die Anerkennung als geschlossene Gesellschaft nicht versagt werden. Soweit als dies durch eine Polizeiverordnung beabsichtigt sein sollte, würde die Bestimmung für ungiltig erachtet werden müssen. Wenn Vereinsmitglieder dauernd verbunden sind und regelmäßig wiederkehrende Zusammenkünfte halten, liegt ein ausreichender Grund, deren wechselseitige persönliche Beziehungen zu bezweifeln, selbst dann nicht vor, wenn etwa der Verein allein oder hauptsächlich die Veranstaltung von Vergnügungen bezweckt. Ein Handwerkerverein ist auch schon früher von dem O.-V.-G. als geschlossene Gesellschaft betrachtet worden (Entsch. v. 8. XI. 76 — Bd. I S. 375 ff.).

2. Eine geschlossene Gesellschaft kann, ohne diese Eigenschaft für die Zukunft zu verlieren, einzelne öffentliche Tanzlustbarkeiten veranstalten. Daher darf nicht wegen der Oeffentlichkeit von früheren Tanzlustbarkeiten jede künftige Tanzlustbarkeit des Vereins ohne weiteres als öffentliche behandelt werden. Hat die Polizeibehörde nach früheren Vorgängen Anlaß zu glauben, eine von einer geschlossenen Gesellschaft veranstaltete Tanzlustbarkeit werde öffentlich sein, so kann sie eine geeignete Kontrole üben (vgl. Entsch. v. 19. XI. 84 — Bd. XI S. 389 ff. —), im Falle der Oeffentlichkeit die Fortsetzung der Tanzlustbarkeit verhindern und Bestrafung wegen Veranstaltung einer öffentlichen Tanzlustbarkeit ohne polizeiliche Erlaubnis herbeiführen. Sie darf aber nicht von vornherein eine von einer geschlossenen Gesellschaft beabsichtigte Tanzlustbarkeit untersagen. Die Möglichkeit, daß sich die Tanzlustbarkeit des Vereins durch Zulassung von Nichtmitgliedern zu einer öffentlichen gestalten werde, rechtfertigt nicht gegenüber dem Vereine als einer geschlossenen Gesellschaft das vorgängige Verbot der Tanzlustbarkeit überhaupt. Anders verhält es sich natürlich dann, wenn schon aus der Art der Veranstaltung die Oeffent-

lichkeit der beabsichtigten Tanzlustbarkeit hervorgeht (vgl. Entsch. v. 24. IX. 88 — Bd. XVIII S. 422 ff. —).

Nr. 11. Entsch. Bd. XXXV S. 440 v. 3. III. 99 I A 47/98.

Ueber die Frage, ob ein Verein als eine geschlossene Gesellschaft anzusehen ist, spricht sich das Erk. wie folgt aus:

> Das beabsichtigte Tanzkränzchen der Filiale des deutschen Textilarbeiterverbandes ist mit Recht als eine öffentliche Tanzlustbarkeit angesehen worden. Der „Verband aller in der Textilindustrie beschäftigten Arbeiter und Arbeiterinnen Deutschlands", wie das Statut den Gesammtverein nennt, kann als eine geschlossene Gesellschaft offenbar nicht gelten. Durch die Zugehörigkeit zu einem Vereine, der sich über ganz Deutschland erstreckt und alle in der Textilindustrie beschäftigten Arbeiter und Arbeiterinnen zu vereinigen sucht (§ 1 des Statuts), können wechselseitige persönliche Beziehungen unter der Gesammtheit der Vereinsmitglieder nicht entstehen (vgl. Entsch. v. 4. I. 95 — Bd. XXVII S. 430 — und v. 24. I. 96 — Bd. XXIX S. 434 —). Das gemeinschaftliche Streben nach möglichst günstigen Lohn- und Arbeitsbedingungen (§§ 1, 2 des Statuts) begründet kein engeres inneres Band unter den Arbeitern der betreffenden Industrie. Hierzu kommt, daß nicht nur alle in der Textilindustrie beschäftigten Arbeiter und Arbeiterinnen — sogar Ausländer — nach Erreichung des sechszehnten Lebensjahres Vereinsmitglieder werden können (§ 3), sondern auch Angehörige anderen Industrien, wenn für diese in ihrer Industrie eine örtliche Organisation nicht besteht (§ 6 Abs. 1, Zusatz zu § 3 S. 13). Auch auf die Geringfügigkeit des Eintrittsgeldes von 20 Pfennig und des wöchentlichen Beitrages von 10 Pfennig ist hinzuweisen (§ 4). Nun wäre freilich noch denkbar, daß die Mitglieder der gemäß § 12 des Statuts in Bl. errichteten Filiale unter sich eine geschlossene Gesellschaft bildeten. Aus den Vereinsstatuten ist dies aber nicht zu entnehmen, und Thatsachen, die für eine engere Verbindung und Abgeschlossenheit des Kreises der Mitglieder der Filiale sprächen, und sonst vom Kläger nicht angeführt worden. Bei der großen Zahl der Mitglieder der Filiale — nach Angabe des Landrats 377 — ist um so weniger vorauszusetzen, daß diese einen bestimmt abgegrenzten Kreis innerlich verbundener Personen bilden.

c) Gewerbliche Einrichtungen, gewerbliche Anlagen (§§ 16 ff. Gew.-Ordn.).

Litteratur: Rohmer, Die genehmigungspflichtigen Anlagen der Reichsgewerbeordnung und das Bürgerliche Gesetzbuch (Pr.-V.-Bl. Jahrg. XXI S. 77). Die Betriebsstätte (Pr.-V.-Bl. Jahrg. XIX S. 317).

Nr. 1. Entsch. Bd. XXXIII S. 345 v. 19. I. 98 III B 83/97.

St.-Gew.-Ordn. §§ 16 ff.

Feldziegelbrände gehören nicht zu den der Genehmigung bedürfenden gewerblichen Anlagen. Sie entbehren einer besonderen Anlage zum Brennen der Ziegel; bei ihnen vollzieht sich das Brennen der Ziegel die zugleich das Gehäuse für die Feuerung bilden, auf der Erdoberfläche ohne jede weitere Anlage.

Nr. 2. Beschluß v. 3. XII. 98 III 1532.

St.-Gew.-Ordn. §§ 120a ff., 155.

1. Nach § 120d der R.-Gew.-Ordn. sind die Polizeibehörden befugt, im Wege der Verfügung für einzelne Anlagen die Ausführung derjenigen Maßnahmen anzuordnen, welche zur Durchführung der in §§ 120a bis 120c enthaltenen Grundsätze erforderlich und nach der Beschaffenheit der Anlage ausführbar erscheinen. Insbesondere sind die Polizeibehörden auch zu der Anordnung ermächtigt, daß den Arbeitern zur Einnahme von Mahlzeiten außerhalb der Arbeitsräume angemessene, in der kalten Jahreszeit geheizte Räume unentgeltlich zur Verfügung gestellt werden.

2. Wäre über die Art, wie derartige Anordnungen der Polizeibehörden anzufechten sind, nichts bestimmt, dann würden sich freilich die zulässigen Rechtsmittel nach denjenigen landesgesetzlichen Vorschriften regeln, die für die Anfechtung polizeilicher Verfügungen im allgemeinen maßgebend sind, und für Preußen nach den §§ 127 ff. des L.-V.-G. Die Gew.-Ordn. hat aber in § 120d die zulässigen Reichsbehelfe dahin geregelt, daß gegen die Verfügung der Polizeibehörden dem Gewerbeunternehmer binnen zwei Wochen die Beschwerde an die höhere Verwaltungsbehörde und gegen deren Entscheidung binnen vier Wochen die Beschwerde an die Zentralbehörde zusteht; letztere entscheidet endgiltig. Gegenüber dieser reichsgesetzlichen Regelung ist für die landesgesetzliche Regelung nur noch insoweit Raum, als gemäß § 155 a. a. O. von der Zentralbehörde diejenige Landesbehörde zu bestimmen ist, die als höhere Verwaltungsbehörde in Betracht zu kommen hat. Unzulässig wäre aber, weil Reichsrecht dem Landesrecht vorgeht, eine landesgesetzliche Regelung dahin, daß neben dem reichsgesetzlich bestimmten Rechtsmittelgang oder gar an Stelle desselben ein Rechtsmittelgang eingeführt wird, wodurch die letztinstanzliche endgiltige Entscheidung, wie dies bei Annahme der Zulässigkeit der Rechtsmittel gegen polizeiliche Verfügungen nach §§ 127 ff. des L.-V.-G. zutreffen würde, der Zentralbehörde, nämlich dem zuständigen Minister, entzogen würde.

d) Straßengewerbe, Auktionatoren, Fleischbeschauer, Geschäftsvermittler, Winkelkonsulenten, Trödler, Pfandleiher, Hufschmiede, Feldmesser, Lotterieloosehandel, Abdeckereien.

Nr. 1. Entsch. v. 22. X. 98 III 1428.

Gew.-Ordn. § 35.

1. Zuständig für die Erhebung der Klage gegen einen Konzipienten auf Untersagung des Gewerbebetriebes, ist diejenige Ortspolizeibehörde, in deren Bezirke das Gewerbe ausgeübt wird. Wird es in mehreren Polizeibezirken ausgeübt, so können beide Ortspolizeibehörden die Klage erheben. Der Wohnort ist ohne Bedeutung (Entsch. Bd. XXII S. 319).

2. Die Worte „in Bezug auf diesen Gewerbebetrieb" in § 35 Gew.-Ordn. sind nicht dahin zu verstehen, als müßten sich die Thatsachen, aus welchen auf die Unzuverlässigkeit geschlossen wird, in oder bei Ausübung des Gewerbebetriebes ereignet haben. Durch sie hat vielmehr lediglich zum Ausdrucke gebracht werden sollen, daß der Gewerbebetrieb dann zu untersagen ist, wenn Thatsachen vorliegen, die den Schluß rechtfertigen, der Konzipient werde sein Gewerbe unzuverlässig betreiben.

Nr. 2. Entsch. v. 18. II. 99 III 262.

Gew.-Ordn. § 35.

Im Sinne des § 35 der Gew.-Ordn. zeigt sich auch derjenige Rechtskonsulent als unzuverlässig, der weder geistig noch wissenschaftlich genügend vorgebildet ist, um die übertragenen Eingaben, Strafanzeigen u. a. richtig aufzufassen, abzuschätzen und wiederzugeben.

Nr. 3. Entsch. v. 24. VI. 99 III 1025.

Gew.-Ordn. § 35.

1. Es ist irrig, anzunehmen, die Untersagung der gewerbsmäßigen Besorgung fremder Rechtsangelegenheiten und bei Behörden wahrzunehmender Geschäfte, insbesondere der Abfassung der darauf bezüglichen schriftlichen Aufsätze, sei nur zulässig, wenn der Inhaber schon thatsächlich sein Gewerbe durch Handlungen mißbraucht habe, die den Mangel der erforderlichen Zulässigkeit begründeten. Es ist anerkannt, namentlich auch vom O.-V.-G. schon oft ausgesprochen worden, daß die Untersagung wegen vor dem Beginne des Gewerbebetriebes liegender oder sonst nicht in diesem vorgekommener Thatsachen ebenfalls stattfinden darf. Das Gesetz (§ 35 der Gew.-Ordn.) verlangt als Grund der Untersagung nicht eine Unzuverlässigkeit in dem Gewerbebetriebe, d. i. eine erst und nur in diesem hervorgetretene Unzuverlässigkeit, sondern bloß die Unzuverlässigkeit in Bezug auf den Gewerbebetrieb.

2. Es ist richtig, daß auch Frauen an sich befugt sind, das in Rede stehende Gewerbe zu betreiben, sowie daß eine Ehefrau, die dieses Gewerbe betreibt, dafür noch nicht deshalb allein unzuverlässig ist, weil ihr Ehemann sich für das vorher von ihm betriebene gleiche Gewerbe als unzuverlässig erwiesen hat. Wenn eine Ehefrau sich aber bei ihrem Gewerbebetriebe in bedeutendem Maße von ihrem unzuverlässigen Ehemanne beeinflussen läßt, so erscheint sie selbst unzuverlässig.

Nr. 4. Entsch. v. 1. X. 98 III 1324.

Gew.-Ordn. § 35.

1. Wie die Entstehungsgeschichte des § 35 der Gew.-Ordn. erkennen läßt, hat durch die Worte „wenn Thatsachen vorliegen u. s. w." nur zum Ausdrucke gebracht werden sollen, daß der Richter seine Ueberzeugung von der Unzuverlässigkeit durch thatsächliche Vorgänge — Handlungen oder Unterlassungen des Gewerbetreibenden — zu begründen habe, keineswegs hat aber eine Beweisregel dahin aufgestellt werden sollen, daß sich die Ueberzeugung stets auf eine Mehrheit von Thatsachen stützen müsse. Der Gebrauch des Wortes „Thatsachen" erklärt sich dadurch, daß der § 35 Abs. 1 von einer Mehrzahl von Fällen spricht, in denen die Untersagung des Gewerbebetriebes zulässig ist.

2. Wie das O.-V.-G. wiederholt zum Ausdrucke gebracht hat, ist aus den Worten „in Bezug auf den Gewerbebetrieb" keineswegs zu folgern, daß bei der Beurteilung der Eigenschaften des Gewerbetreibenden, aus welchen auf seine Unzuverlässigkeit geschlossen werden soll, etwa nur in und bei Ausübung des Gewerbebetriebes vorgekommene Thatsachen in Betracht gezogen werden dürften.

Nr. 5. Entsch. v. 17. IX. 98 III 1235.

Gew.-Ordn. §§ 35, 151.

1. Im § 151 Gew.-Ordn. ist der Verlust der Konzession, Approbation oder Bestallung als Folge der vom Stellvertreter begangenen Uebertretung an die Voraussetzung geknüpft, daß dieselbe mit Vorwissen des verfügungsfähigen Vertretenen begangen ist. Dieser Grundsatz muß unbedenklich auch auf die Untersagung des Gewerbebetriebes aus § 35 Anwendung finden. Wenn ein Gewerbetreibender wegen seines jugendlichen Alters nicht

als verfügungsfähig im Sinne der Gew.-Ordn. angesehen werden kann, so ist die Untersagung des Gewerbebetriebes wegen Unzuverlässigkeit des Stellvertreters unstatthaft. Sollte der Stellvertreter unzuverlässig sein, so bleibt es der Polizei unbenommen, gegen ihn durch Verfügung einzuschreiten, wogegen er dann aus §§ 127 ff. L.-V.-G. klagen kann.

2. In der Entsch. des O.-V.-G. v. 21. XI. 93 IV B 61/93 (Pr.-Verw.-Bl. Jahrg. XV S. 197; S. 327 Bd. II d. W.) handelte es sich um den Fall der selbständigen Ausübung des Gewerbebetriebes durch eine jugendliche Person.

Nr. 6. Entsch. v. 22. III. 99 III 469.

Gew.-Ordn. §§ 35, 38.

Die Vorschrift in § 38 der Gew.-Ordn., wonach die Zentralbehörden die Führung von Büchern anordnen und die Art der Buchführung näher regeln dürfen, hat offenbar die Bedeutung, daß die Gewerbetreibenden an die Anordnungen der Zentralbehörden gebunden sein sollen und daß für sie das Maß ihrer Gewerbepflichten sich entsprechend der Anordnung der Zentralbehörden erweitert. Es ist demnach selbstverständlich, daß die Zuverlässigkeit für den Gewerbebetrieb verneint werden darf, wenn der Gewerbetreibende die in Ansehung der Führung der Geschäftsbücher gegebenen Anordnungen der zuständigen Behörde nicht befolgt (Landmann, Gewerbeordnung, 2. Aufl., Bd. I S. 299).

Nr. 7. Entsch. v. 17. V. 99 III 786.

Gew.-Ordn. §§ 6, 35, 56, 148 Nr. 7 c; Strafges.-Buch § 286; Ges. v. 29. VII. 85.

1. Die Gew.-Ordn. findet auf das im Vertriebe von Lotterielosen bestehende Gewerbe nur insoweit Anwendung, als sie ausdrückliche Bestimmungen hierüber enthält (§ 6). Zur Zeit sind derartige Bistimmungen indes nur dahin gegeben, daß Lotterielose und Bezugs- und Anteilscheine auf Lotterielose vom Ankauf oder Feilbieten im Umherziehen ausgeschlossen (§ 56 Nr. 5), daß Zuwiderhandlungen hiergegen unter Strafe gestellt sind (§ 148 Nr. 7 c), und daß die Untersagung des Handels mit Losen von Lotterien oder mit Bezugs- und Anteilscheinen auf solche Lose für zulässig erklärt ist, sofern Thatsachen vorliegen, welche die Unzuverlässigkeit des Gewerbetreibenden in Bezug auf den Gewerbebetrieb darthun (§ 35). Maßgebend für die Abstandnahme von einer grundsätzlichen Regelung des Vertriebes von Lotterielosen, wie auch der sonst in § 6 aufgeführten Gewerbe, ist die Erkenntnis gewesen, daß es sich empfiehlt, in Ansehung dieser Gewerbe es bei der Regelung durch die Landesgesetzgebung bewenden zu lassen (siehe die Motive zu § 6). Es besteht demnach jedenfalls darüber kein Zweifel, daß die einzelnen Bundesstaaten zur Zeit auf Grund der Gew.-Ordn. nicht behindert sind, ja nach ihrem Ermessen den Handel mit Losen von Lotterien pp., auch wenn er gewerbsmäßig betrieben wird, für ihr Gebiet ganz zu verbieten oder nur für gewisse Lotterien pp. zuzulassen.

2. Die Meinung, daß § 286 des St.-G.-B., weil er das Lotteriewesen erschöpfend regele, jede weitere landesgesetzliche Strafvorschrift ausschließe, hat in der Theorie und auch in der Praxis Anerkennung gefunden. Das O.-V.-G. schließt sich indes der von dem vormaligen Obertribunal und dem Reichsgericht fortgesetzt vertretenen und von einzelnen Rechtslehrern gebilligten Auffassung, die von den an der Feststellung des Preußischen Gesetzes beteiligten Faktoren ebenfalls für die rechtlich begründeten erachtet worden ist (s. St.-Ber. des Hauses der Abgeordneten 85 Bd. 4 S. 1648 ff.), dahin an, daß § 286, da er nur das Veranstalten öffentlicher Lotterien ohne obrigkeitliche Erlaubnis unter Strafe stellt, landesgesetzliche Verbote und Strafvorschriften für diejenigen nicht aus-

schließt, die in landesgesetzlich nicht zugelassenen Lotterien spielen oder den Absatz von Losen zu derartigen Lotterien betreiben oder vermitteln.

3. Die Gew.-Ordn. bestimmt in § 35 die Thatsache, aus denen die Unzuverlässigkeit gefolgert werden darf, nicht näher; sie überläßt es also dem Ermessen der zuständigen Behörden, aus welchen Thatsachen die Unzuverlässigkeit zu folgern ist. Grundsätzlich ist es zweifellos zulässig, die Unzuverlässigkeit aus Verstößen gegen die Strafgesetze herzuleiten, sofern sich dies nicht nach der Eigenart der Strafvorschrift und des betreffenden Gewerbebetriebes augenscheinlich verbietet. Insbesondere rechtfertigt sich auf Grund von Zuwiderhandlungen gegen solche Gesetze, die für gewisse Gewerbe unter Androhung von Strafen einschränkende Anordnungen treffen, im Allgemeinen der Rückschluß, daß es dem Zuwiderhandelnden an der Zuverlässigkeit für diese Gewerbe fehlt. Es läßt sich aber Landesgesetzen, die, wie das Preußische Gesetz v. 29. VII. 85, den Vertrieb von Losen überhaupt und also auch den gewerbsmäßigen Vertrieb unter Androhung von Strafe verbieten, wenn die betreffende Lotterie nicht unter besonderer Genehmigung zugelassen ist, die Bedeutung nicht absprechen, daß sie zugleich — und im Sinne der Gew.-Ordn., wie bemerkt, gültig — die Berufspflichten der Losehändler dahin regeln, daß sie ihr Gewerbe in dem betreffenden Bundesstaat im Einklang mit dessen Gesetzen auszuüben haben. Um gleichwohl dazu zu gelangen, daß auf Verstöße gegen derartige Landesgesetze der Rückschluß auf die Unzuverlässigkeit für das Gewerbe eines Losehändlers grundsätzlich nicht gestützt werden dürfe, hätte es eines entsprechenden Vorbehalts in der Gew.-Ordn. oder in dem Landesgesetze bedurft.

4. Dagegen ist es richtig, daß die Untersagung eines Gewerbes nicht wegen solcher Handlungen oder Unterlassungen erfolgen darf, die in eine Zeit fallen, zu welcher gesetzlich die Möglichkeit zur Untersagung des Gewerbes noch gar nicht gegeben gewesen ist, sondern nur wegen solcher Handlungen und Unterlassungen, die in eine Zeit fallen, zu der für den Gewerbetreibenden gesetzlich bereits die Nötigung bestand, bei Vermeidung der Untersagung des Gewerbebetriebes gewisse Handlungen zu leisten oder zu unterlassen. Indes können derartige ältere Vorgänge auch bei der Würdigung neuerer Vorgänge für die Frage, ob aus letzteren Anlaß zur Untersagung des Gewerbebetriebes zu entnehmen ist, mit berücksichtigt werden. (Entsch. Bd. XI S. 307 ff.).

Nr. 8. Entsch. Bd. XXXV S. 330 v. 25 III. 99 III B 93/98.

Pr. Ges. v. 29. VII. 85; Gew.-Ordn. § 35; Pr. Ges. v. 18. VIII. 91 (G.-S. S. 353).

1. Die Rechtsgültigkeit des Preußischen Ges. v. 29. VII. 85 hat das O.-V.-G. seither schon anerkannt, und es ist auch daran festzuhalten, daß dieses Gesetz weder mit der Gew.-Ordn., die auf den Vertrieb von Losen nur soweit Anwendung findet, als sie eine ausdrückliche Bestimmung enthält (§ 6), noch mit dem deutschen Strafgesetzbuche in Widerspruch steht. Letzteres ist zwar in der Theorie und Praxis nicht außer Streit; das O.-V.-G. schließt sich jedoch der zutreffend begründeten Rechtsprechung des vormaligen Ober-Tribunals und des Reichsgerichts dahin an, daß das Lotteriewesen im Strafgesetzbuche durch die Aufnahme des § 286 nicht erschöpfend hat geregelt werden sollen und daß also eine landesgesetzliche Regelung, wie sie in Preußen durch das Ges. v. 29. VII. 85 getroffen worden ist, zulässig geblieben ist. Ein anderes die Gültigkeit dieses Gesetzes in Frage stellendes Reichsgesetz kommt nicht in Betracht.

2. Es hat auch kein Bedenken, aus Zuwiderhandlungen gegen das Preußische Gesetz die Unzuverlässigkeit für den Gewerbebetrieb als Los-

händler zu folgern. Hierfür kann von der Rede des Abgeordneten Hitze (Sten.-Ber. des Reichstages 95/96 S. 1294) ganz abgesehen werden. Entscheidend ist, daß die Gew.-Ord. in § 35 die Thatsachen, aus denen die Unzuverlässigkeit gefolgert werden darf, nicht näher bestimmt und es also dem Ermessen der zuständigen Behörden überläßt, aus welchen Thatsachen die Unzuverlässigkeit zu folgern ist. Grundsätzlich ist es zweifellos zulässig, die Unzuverlässigkeit aus Verstößen gegen die Strafgesetze herzuleiten, sofern sich dies nicht nach der Eigenart der Strafvorschrift und des betreffenden Gewerbebetriebes augenscheinlich verbietet. Insbesondere rechtfertigt sich auf Grund von Zuwiderhandlungen gegen solche Gesetze, die für gewisse Gewerbe unter Androhung von Strafen einschränkende Anordnungen treffen, im Allgemeinen der Rückschluß, daß es dem Zuwiderhandelnden an der Zuverlässigkeit für diese Gewerbe fehlt. Es läßt sich aber Landesgesetzen, die, wie das Preußische Gesetz, den Vertrieb von Losen überhaupt und also auch den gewerbsmäßigen Vertrieb unter Androhung von Strafe verbieten, wenn die betreffende Lotterie nicht unter besonderer Genehmigung zugelassen ist, die Bedeutung nicht absprechen, daß sie zugleich — und im Sinne der Gew.-Ordn., wie bemerkt, giltig — die Berufspflichten der Loshändler dahin regeln, daß sie ihr Gewerbe in dem betreffenden Bundesstaat im Einklange mit dessen Gesetzen auszuüben haben. Um gleichwohl dazu zu gelangen, daß auf Verstöße gegen derartige Landesgesetze der Rückschluß auf die Unzuverlässigkeit für das Gewerbe eines Loshändlers grundsätzlich nicht gestützt werden dürfe, hätte es eines entsprechenden Vorbehaltes in der Gew.-Ord. oder in dem Landesgesetze bedurft.

3. Es ist richtig, daß als ein Gewerbe im Sinne der Gew.-Ordn. nur eine nach den Gesetzen erlaubte Erwerbsart in Betracht kommt und daß also Hehlerei, auch wenn sie, wie es im § 260 des Strafgesetzbuches heißt, gewerbsmäßig betrieben wird, kein Gewerbe im Sinne der Gew.-Ordn. darstellt. Gleichwohl läßt sich doch nicht etwa zu dem Ergebnisse gelangen, daß die z. B. gegen einen Trödler angebrachte Klage auf Untersagung der Befugnis zur Ausübung des Trödelgeschäftes auf dessen thatsächlich richtigen Einwand abzuweisen ist, er habe sein Geschäft auf den Handel mit solchen Sachen beschränkt, die, wie ihm bekannt, gestohlen waren. Denn ein an sich erlaubter Gewerbebetrieb, wie es das Trödelgeschäft und ebenso der Loshandel ist, hört dadurch, daß bei jeder einzelnen Betriebshandlung ein Strafgesetz verletzt wird, nicht auf, Gewerbebetrieb zu sein.

Nr. 9. Entsch. v. 22. X. 98 III 1427 (Pr.-V.-Bl. Jahrg. XX S. 311).
St.-Gew.-Ordn. § 35; Ges. v. 6. VIII. 1896 Art. 4 (St.-G.-Bl. S. 685).

Ein Losehändler war wegen Lotterievergehens mit Geldstrafe von 75 Mk. und 200 Mk. bestraft worden, weil er sich in den Jahren 1897 und 1898 fortgesetzt dem Verkaufe von Losen zu außerpreußischen Lotterieen, die in Preußen nicht zugelassen sind, unterzogen hatte, nachdem er wegen des gleichen Vergehens seit 1893 bereits sechsmal mit Geldstrafen belegt worden war. Das O.-V.-G. untersagte ihm den Gewerbebetrieb und führte aus: Die den Strafen zu Grunde liegenden Handlungen reichen aus, um die Unzuverlässigkeit des Beklagten in Bezug auf den Handel mit Losen als dargethan zu erachten. Hinfällig sind die Ausführungen, es sei unzulässig, aus dem Handel mit verbotenen Losen auf Unzuverlässigkeit in Bezug auf den erlaubten Handel mit Losen zu schließen. Nach gleichmäßiger Rechtsprechung des Gerichtshofes kann demjenigen, welcher im Besitze der beschränkten Schankerlaubnis dem Gesetze zuwider Branntwein ausschänkt, die Konzession entzogen werden, falls er in dieser Beziehung unverbesserlich erscheint. Die Feststellung, daß er innerhalb der Grenzen der ihm erteilten Erlaubnis seine Gewerbepflichten verletzt habe, ist nicht erforderlich. Der Beklagte irrt daher, wenn er den Handel mit erlaubten Losen begrifflich dem mit unerlaubten gegenüberstellt und demgemäß aus § 35 der Gew.-Ord. folgert, die Unzuverlässigkeit müsse in Bezug auf den Handel mit erlaubten Losen festgestellt werden. Die R.-Gew.-Ord. kennt einem solchen Unterschied nicht, und es bedarf keiner Ausführung, daß sich gerade der in Bezug auf diesen Handel unzuverlässig zeigt, der sich gewohnheitsmäßig über landesgesetzliche Beschränkungen desselben hinwegsetzt. Der Abgeordnete Hitze hat gelegentlich der Beratung des Gesetzes, betreffend die Abänderung der Gewerbeordnung v. 6. VIII. 96, seinen Antrag, den Handel mit Loosen u. s. w. der Bestimmung des § 35 der R.-Gew.-Ord. zu unterwerfen, ganz richtig auch damit begründet, daß die Regierung sonst nicht in der Lage sei, den Vertrieb zu untersagen, selbst wenn Verurteilungen wegen Handels mit verbotenen auswärtigen Losen vorgekommen seien (Sten. Ber. S. 1294).

Nr. 10. Entsch. Bd. XXXV S. 335 v. 20. IX. 99 III B 66/99.

Die Vorinstanz hatte einem Loshändler den Handel mit Losen von Lotterien schlechthin untersagt. Der Händler beantragte, die Untersagung nur für Preußen zu untersagen. Das O.-V.-G. lehnte den Antrag ab, weil die Entsch. des Verwaltungsrichters nur auf Abweisung der Klage oder Untersagung des Gewerbebetriebes zu lauten habe, die Tragweite der Entsch. aber nicht Gegenstand des V.-St.-V. sei.

Nr. 11. Entsch. v. 26. IV. 99 III 679.

St.-Gew.-Ordn. §§ 36, 53; Zust.-Ges. § 120.

Bereits in dem Urt. v. 27. X. 90 (Entsch. Bd. XX S. 343) ist ausgeführt, daß zu einem gewerbepolizeilichen Einschreiten im Wege der Klage im Verwaltungsstreitverfahren mit dem Ziele der Zurücknahme der einem Gewerbetreibenden erteilten Genehmigung oder Bestallung auf Grund des § 120 des Zust.-Ges., sofern nicht für das betreffende Gewerbe abweichende gesetzliche Vorschriften ergangen sind, nur die Ortspolizeibehörden, zu deren Aufgaben die Handhabung der Gewerbepolizei gehört — § 10 Tit. 17 Teil II des A.-L.-R's., § 6 des Ges. über die Polizeiverwaltung v. 11. III. 50 —, befugt sind. An diesem Grundsatze hat das O.-V.-G. in ständiger Rechtsprechung festgehalten. Da besondere gesetzliche Vorschriften, welche an Stelle der Ortspolizeibehörde den Regierungspräsidenten zur Erhebung der Klage ermächtigen, bezüglich des Gewerbes der öffentlich angestellten Feldmesser (Landmesser) — §§ 36, 53 der Gew.-Ord. — nicht vorhanden sind, fehlt es einem Regierungspräsidenten an der Aktivlegitmation zu Klage.

Nr. 12. Entsch. Bd. XXXV S. 338 v. 11. II. 99 III C 87/98.

§ 10 II 17 A.-L.-R.

Wenn in einem Abdeckerei-Privilegium weder die Betriebsart geregelt noch eine bestimmte Betriebsstelle für die Ausübung der Gerechtigkeit auf dem beliehenen Grundstücke genehmigt worden ist, so schützt den Privilegierten das Privilegium zwar dagegen, daß an ihn polizeiliche Anforderungen gestellt werden, die ihm den Betrieb unmöglich machen, nicht aber auch dagegen, daß die Polizeibehörde von ihrer gesetzlichen Befugnis aus § 10 Tit. 17 Teil II A.-L.-R. Gebrauch macht und ihn nötigt, sich mit dem Betriebe derartig einzurichten, daß hieraus keine Gefahren für Leben und Gesundheit anderer entstehen.

e) Wandergewerbescheine, Legitimationsscheine, Legitimationskarten, Genehmigung zum Feilbieten von Druckschriften.

Nr. 1. Entsch. Bd. XXXV S. 336 v. 8. III. 99 III A 69/98.

St.-Gew.-Ordn. § 56b Abs. 3; L.-V.-G. §§ 127, 130.

Wenn ein Regierungspräsident auf Grund des § 56b Abs. 3 der R.-Gew.-Ord. eine allgemeine Anordnung in Form einer Bekanntmachung erläßt, so kann gegen die darin enthaltenen Beschränkungen und Untersagungen nicht gemäß § 130 L.-V.-G. geklagt werden, ebensowenig wie eine Polizeiverordnung mit der Verwaltungsklage anfechtbar ist.

Nr. 2. Entsch. Bd. XXXV S. 429 v. 19. V. 99 I C 158/98.

Zust.-Ges. § 116; L.-V.-G. §§ 127ff.; Gew.-Ordn. § 43; § 5 Preßges. v. 7. V. 74; Preuß. Preßges. v. 12. V. 51 (G.-S. S. 273) § 10.

1. Der Kläger hatte bei der Polizeiverwaltung die Erlaubnis nachgesucht, ein Flugblatt öffentlich verteilen zu lassen. Die Polizei beanstandete das Flugblatt und lehnte die Erlaubnis ab, ebenso der mit Beschwerde angegangene Landrat. Darauf klagte der Kläger unter Hinweis auf den § 116 des Zust.-Ges. gegen die Polizeiverwaltung, wurde aber mit der Klage abgewiesen, weil § 116 nicht anwendbar sei. In § 116 sind nämlich die Rechtsmittel gegen Verfügungen bestimmt, durch welche die Erlaubnis zum gewerbsmäßigen öffentlichen Vertreiben von Druckschriften im allgemeinen (§ 43 Gew.-Ordn.) oder die nicht gewerbsmäßige öffentliche Verbreitung von Druckschriften (§ 5 des Reichspreß-Ges.) verboten worden ist. Der § 43 liegt nicht vor, weil es sich nicht um ein Gewerbe handelt. In § 5 ist nur an den Fall gedacht, wenn einzelnen Personen aus Gründen in ihrer Person die nicht gewerbsmäßige öffentliche Verbreitung von Druckschriften verboten wird. Dagegen handelt es sich hier um das Verbot, ein bestimmtes, beanstandetes Preßerzeugnis öffentlich zu verteilen oder verteilen zu lassen. Der Kläger konnte daher nur die weitere Beschwerde an den Regierungspräsidenten einlegen und dann Klage beim O.-V.-G. anstellen. Dies hatte er nicht gethan.

2. Der § 10 des Preuß. Preß-Ges. v. 12. V. 51 betrifft nur Personen, die selbst verteilen, nicht solche, die durch andere verteilen lassen. Das ist schon in dem Erk. v. 23. VI. 82 (Entsch. Bd. XXIII S. 274 ff., besonders S. 278) ausgesprochen worden. Der Wortlaut des § 10 des Preußischen Preßgesetzes läßt darüber keinen Zweifel, daß der Verteiler der Druckschrift der polizeilichen Erlaubnis bedarf und einen Erlaubnisschein, in dem sein Name angegeben ist, bei sich führen muß. Von Personen, in deren Auftrage die Verteilung erfolgt, ist dort keine Rede. Auch die Entstehungsgeschichte des § 10 ergiebt, daß nur an Personen gedacht ist, welche die bezeichneten Handlungen selbst vornehmen (Hartmann, Ges. über die Presse v. 12. V. 51 S. 74 ff.).

f) Privat-Kranken-, Entbindungs- und Irrenanstalten.

Nr. 1. Entsch. Bd. XXXV S. 342 v. 27. V. 99 III C 135/98.

Gew.-Ordn. § 30; Zust.-Ges. § 115.

1. Nachdem im § 115 des Zust.-Ges. zunächst angeordnet ist, daß über Anträge auf Erteilung (a) der Konzession zu Privat-Kranken-, Privat-Entbindungs- und Privat-Irrenanstalten (§ 30 Abs. 1 der Gew.-Ordn.) der Bezirksausschuß beschließt und gegen den die Konzession (Erlaubnis) versagenden Beschluß innerhalb zwei Wochen der Antrag auf mündliche Verhandlung im Verwaltungsstreitverfahren stattfindet, schreibt der Absatz 3 vor:

„Für die im Verwaltungsstreitverfahren in den Fällen zu a zutreffenden Entscheidungen sind die von den Medizinalaufsichtsbehörden innerhalb ihrer gesetzlichen Zuständigkeit getroffenen allgemeinen Anordnungen über die gesundheitspolizeilichen Anforderungen, welche an die baulichen und sonstigen technischen Einrichtungen der unter a bezeichneten Anstalten zu stellen sind, maßgebend."

Diese allgemeinen Anordnungen sind also bestimmt, die konzessionierende Behörde zu binden. Daraus folgt, daß sie nicht in der Form einer Polizeiverordnung ergehen können. Denn, wie das O.-V.-G. schon in dem Urteile v. 19. I. 98 (Entsch. Bd. XXXIII S. 341) dargelegt hat, ist eine Polizeiverordnung ausgeschlossen, wenn gegenüber den Unterthanen weder ein Gebot oder ein Verbot noch eine Strafdrohung zum Ausdrucke gebracht, vielmehr bloß eine andere Behörde bindende Normen getroffen werden sollen, und es ist deshalb damals eine Polizeiverordnung, welche gleichfalls erlassen war, um das Ermessen einer konzessionirenden Behörde, des zur Erteilung der Erlaubnis zum Betriebe der Gast- oder Schankwirtschaft in Berlin berufenen Stadt- und Bezirksausschusses, daselbst, auszuschließen, für rechtsungiltig erklärt worden.

2. Für Anordnungen im Sinne des § 115 Abs. 3 des Zust.-Ges. ist eine besondere Form nicht vorgeschrieben, und eine Mitwirkung des Provinzialrats, wie sie für Polizeiverordnungen des Oberpräsidenten notwendig ist, hat nicht zur Folge, daß sie nicht mehr als eigene Anordnungen des Oberpräsidenten angesehen werden könnten.

Nr. 2. Entsch. v. 19. I. 98 III 89 (Pr.-V.-Bl. Jahrg. XIX S. 413).

Gew.-Ordn. § 30 Abs. 1; Zust.-Ges. § 115.

1. Es kann nicht anerkannt werden, daß die mangelnde Fähigkeit, eine Krankheit richtig zu erkennen, ohne weiteres auch die Unfähigkeit in sich schließt, Krankheiten der für die Anstaltsbehandlung in Aussicht genommenen Art, nachdem sie durch einen dazu befähigten Arzt in ihrer Eigenart zuvor erkannt worden sind, richtig zu behandeln. Daß auch die preußische Gesetzgebung dies nicht angenommen hat, geht aus dem durch Kabinetsordre v. 21. VII. 42 genehmigten Reglement über die Errichtung und Verwaltung von Wasserheilanstalten hervor, das in § 1 bestimmt:

„Die Errichtung und Verwaltung von Wasserheilanstalten soll auch solchen Personen, welche keine ärztliche Qualifikation besitzen, gestattet sein. Die Anlegung einer solchen Anstalt darf nur mit Erlaubnis der Regierung erfolgen. Diese Erlaubnis soll nur dann versagt werden, wenn die Anlage, abgesehen von dem dadurch bezweckten Heilverfahren, polizeilich unzulässig sein würde."

Nach § 2 ist die Kurbehandlung in der Anstalt von aller Einwirkung seitens der Behörden frei, wogegen nach § 3 die Beschaffenheit der Krankheit durch das Attest einer approbierten Medizinalperson bescheinigt sein muß nnd vor Beibringung dieses Attestes kein Kranker zum Gebrauche der Anstalt zugelassen werden darf.

2. Wenn der Bezirksausschuß, der nach § 115 des Zust.-Ges. über die Anträge auf Erteilung der Konzession zu Privatkrankenanstalten (§ 30 Abs. 1 der R.-G.-O.) — und dazu gehören auch Wasserheilanstalten — zu beschließen hat, hierbei an die vorstehend mitgeteilten Bestimmungen der §§ 2 und 3 des Reglements, da dasselbe als giltig nicht mehr erachtet werden kann (v. Rönne, Staatsrecht, Bd. IV § 319 Anm. 6 S. 277), nicht gebunden ist,

so ergiebt sich aus diesen Vorschriften doch, daß ein von dem Bezirksausschuß gezogener Schluß von der Unfähigkeit, Krankheiten zu erkennen, auf die Unfähigkeit Kranke zu behandeln, von der preußischen Gesetzgebung ebensowenig anerkannt ist, wie er aus der Natur der Sache hergeleitet werden kann, daß im Gegenteil in Preußen von 1842 ab Jahrzehnte lang der Rechtszustand der gewesen ist, daß Kranke, nachdem zuvor die Beschaffenheit ihrer Krankheit durch das Attest einer approbierten Medizinalperson festgestellt worden war, von Nichtärzten, also von Personen, welche die Fähigkeit, Krankheiten zu erkennen, nicht zu besitzen brauchten, in Wasserheilanstalten einer von jeder behördlichen Einwirkung freien Kurbehandlung unterworfen werden konnten (Pr.-V.-Bl. Jahrg. XIX S. 412).

g) Apotheker, Aerzte, Droguenhändler, Handel mit Gift, Zahnärzte u. s. w.

Nr. 1. Entsch. v. 8. VI. 98 III 838 (Pr.-V.-Bl. Jahrg. XX S. 123).

§ 10 Tit. 17 Teil II A.-L.-R.

Das O.-V.-G. hat wiederholt ausgesprochen, daß die gewerbliche Ausübung der Heilkunde grundsätzlich freigegeben und soweit die Freigabe reicht, das polizeiliche Einschreiten ausgeschlossen ist (Pr.-V.-Bl. Jahrg. X S. 512, Entsch. Bd. XXVIII S. 321). Freigegeben ist nicht die Ausübung der Geburtshilfe durch weibliche Personen, im Umherziehen u. s. w. Die Unzulässigkeit polizeilicher Gebote oder Verbote gilt ebenfalls für ansteckende Krankheiten (Entsch. Bd. XXVIII S. 321). Die Vorschrift in § 10 II 17 A.-L.-R. findet in der spezialgesetzlichen Regelung der Gewerbe-Ordn. ihre Grenze.

Nr. 2. Entsch. Bd. XXXIII S. 362 v. 29. VI. 98 III A 3/98.

Nassauisches Medizinaledikt v. 14. III. 18 und Instruktion dazu (Ed.-Samml. Bd. III S. 139).

Weder in dem Nassauischen Medizinaledikt v. 14. III. 18 und der zugehörigen Instruktion (Sammlung der landesherrlichen Edikte) noch in einem anderen Gesetze ist für den Regierungsbezirk Wiesbaden den Verwaltungsbehörden die von dem Regierungspräsidenten zu Wiesbaden in Anspruch genommene Befugnis, lässigen Apothekern die Haltung von Lehrlingen zu verbieten, zugestanden. In der Landespolizeigewalt ist sie nicht enthalten, und auch der Minister der geistlichen, Unterrichts- und Medizinal-Angelegenheiten ist nicht schon auf Grund seines Oberaufsichtsrechts über das Medizinalwesen ermächtigt, sie für die ihm unterstellten Behörden zu begründen. Daß der Minister aber auf Grund der Verordnung v. 13. V. 67 noch zu der Zeit, als er seine Vorschriften v. 16. XII. 93 (M.-Bl. 1894 S. 3) erließ, die Befugnis des Regierungspräsidenten zur Einschränkung des in Ermangelung einer entgegenstehenden gesetzlichen Bestimmung selbstverständlichen Rechts der Apotheker, Lehrlinge zu halten und auszubilden, hat begründen können, trifft nicht zu. Denn wenn auch durch diese Verordnung, wie der Erste Senat des O.-V.-G. in den Urteilen v. 6. VII. 94 (Pr.-V.-Bl. Jahrg. XVI S. 433) und v. 13. XII. 35 (Entsch. Bd. XXIX S. 129) angenommen hat, dem Minister die Befugnis hat zugestanden werden sollen, sich die ihm für die alten Provinzen gebührende Zuständigkeit auf dem Gebiete des Unterrichts- und des Medizinalwesens einschließlich der Medizinalpolizei auch für die neuen Provinzen selbst unter Aenderung der für diese Provinzen geltenden Gesetze im Verordnungswege beizulegen, so hat diese Befugnis doch mit der am 1. X. 67 erfolgten Einführung der Verfassungsurkunde in die neuen Provinzen jedenfalls insoweit ihre Bedeutung verloren, als seitdem Landesgesetze und ihnen gleichstehende landesherrliche Verordnungen, Edikte u. s. w. nur auf verfassungsmäßigem Wege aufgehoben und abgeändert werden und Anordnungen, zu denen der Minister nicht kraft seines Amtes ermächtigt ist, nicht anders als im Wege der Gesetzgebung ergehen können.

Nr. 3. Entsch. Bd. XXXIII S. 356 v. 29. VI. 98 III A 18/97.

St.-G.-B. § 367 Nr. 5; L.-V.-G. §§ 127 ff., 132, 133; Nassauisches Medizinaledikt v. 14. III. 18 (Nass.-V.-Bl. Bd. III S. 167) §§ 7, 9, 10.

1. Der Regierungspräsident zu Wiesbaden hatte gegen einen Apothekenbesitzer eine Strafe festgesetzt, weil er seine Apotheke nicht ordnungsmäßig eingerichtet und verwaltet habe. Das O.-V.-G. hob den die Verf. aufrechthaltenden Bescheid des Oberpräsidenten auf, weil gegenüber den Apothekern kein von der Polizeigewalt verschiedenes, besonderes Aufsichtsrecht des Regierungspräsidenten, insbesondere auch nicht in Hessen-Nassau, bestehe (vgl. Erk. v. 29. III. 97 Entsch. Bd. XXXI S. 271).

2. Wenn die Androhung einer Strafe nicht vorausgegangen und deshalb die Annahme ausgeschlossen ist, daß es sich um die Festsetzung eines Zwangsmittels im Sinne des § 133 Abs. 2 L.-V.-G. handelt, muß in der Aufforderung durch eine Polizeibehörde, eine Strafe zu zahlen, eine polizeiliche Verf. erblickt werden, sofern sie als eine in Uebung der Polizeigewalt erlassene zu beurteilen ist (Entsch. Bd. XXXI S. 280, 310).

Nr. 4. Entsch. Bd. XXXIII S. 350 v. 12. III 98 III B 66/97.

1. Einem nicht konzessionierten Gewerbetreibenden ist es nicht erlaubt, sich den Anschein zu geben, als sei er ein Besitzer der zu einem bestimmten Gewerbe erforderlichen Erlaubnis (Konzession u. s. w.) und die Polizei ist berechtigt, hiergegen behufs Verhinderung eines Irrtums des Publikums über das Vorhandensein einer solchen Erlaubnis, behufs Verhinderung einer irrtümlichen Annahme seitens des Publikums, es mit einem konzessionierten Gewerbebetriebe zu thun zu haben, einzuschreiten (vgl. Entsch. Bd. IV S. 342, Bd. XXVIII S. 327).

2. Die Polizei darf daher einem Geschäftsmitinhaber eines Droguengeschäftes untersagen, sich „Apotheker“ zu nennen, wenn dadurch der Irrtum erregt wird, das Droguengeschäft sei eine Apotheke. (Es war die Firma „Apotheker L. & Comp.“ gebraucht und darin die Anwendung des Wortes „Apotheker“ verboten worden, obwohl L. approbierter Apotheker war). Gleichgiltig ist, ob die Firma bereits im Firmenregister eingetragen ist.

h) Hebammen.

Nr. 1. Entsch. Bd. XXXIV S. 310 v. 15. X. 98 III B 42/98.

Gew.-Ordn. §§ 30, 53; Zust.-Ges. § 120.

Die Orts- und nicht die Landespolizeibehörde ist zur Erhebung der Klage auf Entziehung des Prüfungszeugnisses einer Hebamme zuständig (vgl. Entsch. Bd. XX S. 343 und Erk. v. 7. X. 85 I 1105).

Nr. 2. Entsch. v. 15. IV. 99 III 606.

Gew.-Ordn. §§ 30, 53; Zust.-Ges. § 120.

Die Handhabung der Gewerbe- und Gesundheitspolizei gebührt grundsätzlich und soweit die Gesetze nicht ein anderes bestimmen, den Ortspolizeibehörden. Sie sind daher insbesondere auch berufen, die geeigneten Maßnahmen zum Schutz der Staatsangehörigen gegen Gefahren zu treffen, die für deren Leben und Gesundheit daraus erwachsen könnten, daß die unter gewissen Voraussetzungen zur Ausübung eines Gewerbes zugelassenen Personen diese Voraussetzungen nicht erfüllen und sich des Nießbrauchs des Gewerbes schuldig machen. Demgemäß hat das O.-V.-G. in ständiger Rechtsprechung daran festgehalten, daß für die Erhebung von Klagen mit dem Antrage, die Befugnis zur Ausübung von Gewerbebetrieben zu untersagen oder die Bestallung zu entziehen, von deren Besitz die Befugnis zur Ausübung eines Gewerbebetriebes abhängig ist, nicht die Landespolizei-, sondern die Ortspolizeibehörde zuständig ist (Entsch. Bd. XX S. 343 und Urteil v. 7. X. 85 I 1105).

Nr. 3. Entsch. v. 11. VI. 98 III 856.

St.-Gew.-Ordn. §§ 30, 53; Pr. Gew.-Ordn. §§ 72, 74.

Der § 74 der Pr. Gew.-Ordn. v. 17. I. 45 überließ es dem Ermessen der Regierung, in dringenden Fällen die Ausübung des Gewerbes (als Hebamme) entweder sogleich bei Einleitung des Verfahrens (§ 72) oder im Laufe desselben zu suspendieren. Diese Befugnis hielt auch das Gesetz v. 22. VI. 61, betreffend die Abänderung einiger Bestimmungen der Allgemeinen Gew.-Ordn. v. 17. I. 45 im § 73 Abs. 1 der neuen Fassung aufrecht. In die Reichsgewerbeordnung aber ist eine entsprechende Vorschrift nicht übergegangen. Zwar macht sie den Betrieb des Hebammengewerbes, also dessen Beginn und Fortsetzung, von dem Besitze eines Prüfungszeugnisses abhängig, dessen Erwerb sich nach den Landesgesetzen regelt (§ 30), sie bestimmt aber zugleich auch die Voraussetzungen, unter denen das einmal erlangte Prüfungszeugnis als die zur Ausübung des Gewerbes ermächtigende Approbation oder Bestallung in einem Verfahren entzogen werden darf, dessen nähere Regelung unter Beachtung gewisser als maßgebend vorgeschriebener Grundsätze den Landesgesetzen überlassen worden ist (§ 53). Hiermit ist klar erkennbar gemacht, daß der einmal erlangte Besitz des Prüfungszeugnisses zur Ausübung des Hebammengewerbes so lange ermächtigt, als das Zeugnis in dem vorgeschriebenen Verfahren nicht endgiltig entzogen worden ist. Gegenüber dieser reichsgesetzlichen Regelung ist eine abweichende landesgesetzliche Regelung nicht zulässig und deshalb haben die erwähnten Vorschriften der Preußischen Gewerbeordnung ihre Bedeutung verloren und es darf auch die Polizeibehörde nicht auf Grund ihrer landesgesetzlich geregelten Aufgabe, Gefahren von dem Publikum abzuwenden, die Befugnis für sich in Anspruch nehmen, aus dieser Rücksicht die Ausübung des Gewerbes einstweilig und bis dahin zu untersagen, daß in dem geregelten Verfahren darüber endgiltig befunden wird, ob der Hebamme das Zeugnis zu belassen oder wegen Unzuverlässigkeit zu entziehen sei. Die Polizeibehörde darf zwar die Ausübung der ohne die erforderliche Genehmigung begonnenen Gewerbebetriebe behindern (§ 15), aber die Berechtigung zum Gewerbebetriebe kann, abgesehen von den in den Reichsgesetzen vorgesehenen Fällen ihrer Entziehung, weder durch richterliche, noch durch administrative Entscheidung entzogen werden (§ 143). Daß Hebammen, die nach Erlangung des Prüfungszeugnisses die Befähigung für ihren Beruf verloren haben, bis zur endgiltigen Entziehung des Zeugnisses Wöchnerinnen zu gefährden vermögen ist bei dieser Rechtslage dafür, ob sie einstweilig von ihrer Berufsthätigkeit behindert werden können, unwesentlich, wie es denn auch nach den Grundsätzen der Gew.-Ordn. an der Möglichkeit fehlt, von der Heilbehandlung hierfür ungeeignete Personen auszuschließen.

Nr. 4. Entsch. v. 11. III. 99 III 410.

R.-Gew.-Ordn. §§ 30, 53.

Wenn eine Hebamme im Laufe des V.-St.-V., das auf Entziehung des Prüfungszeugnisses gerichtet ist, auf Ausübung des Gewerbes verzichtet, so ist der Verzicht widerruflich, so lange er der klagenden Ortspolizeibehörde nicht bekannt geworden ist.

i) Innungen.

Nr. 1. Entsch. v. 9. II. 98 III 186.

Gew.-Ordn. § 100.

Der § 100 der Gew.-Ord. in der Fassung des Ges. vom 18. VII. 81 stellt im dritten Absatze für diejenigen Innungen, die als Vorbedingung für die Aufnahme die Ablegung der Meisterprüfung eingeführt haben, die nachfolgende Vorschrift auf:

> „Von einem Aufnahmesuchenden, welcher bereits von einer anderen, den Voraussetzungen dieses Gesetzes entsprechenden Innung desselben Gewerbes eine Aufnahmeprüfung bestanden hat, kann eine solche nicht nochmals verlangt werden."

Die Bedeutung dieser Satzung geht, worüber schon auf Grund des Wortlautes kein Zweifel bestehen kann, dahin, daß die erfolgreiche Ablegung der Meisterprüfung vor einer Innung maßgebend für alle Innungen sein und bleiben soll, die für dasselbe Gewerbe errichtet worden sind. Insbesondere läßt sich nicht aus dem Worte „Aufnahmeprüfung" herleiten, daß die Prüfung in der Absicht, bei der prüfenden Innung die Mitgliedschaft zu erwerben, abgelegt und daß der Prüfung die Aufnahme in die Innung nachgefolgt sein muß. Denn da das Gesetz den Erwerb der Mitgliedschaft von einem Beschluß der Innung abhängig macht, für den die vorgängige Ablegung der Meisterprüfung nur als eine der erforderlichen Voraussetzungen in Betracht kommt, läßt sich schon rein sprachlich nicht annehmen, daß mit dem Worte „Aufnahmeprüfung" beide für den Erwerb der Mitgliedschaft wesentlichen Vorgänge — die Ablegung der Prüfung und der Aufnahmeschluß der Innung — haben zusammengefaßt werden sollen. Es ergiebt aber auch der ganze Zusammenhang, daß dem Aufnahmesuchenden nur der Nachweis der erfolgreichen Ablegung der Prüfung vor einer Innung auferlegt und daß das Wort „Aufnahmeprüfung" nur in dem Sinne „zur Aufnahme befähigende Prüfung" gebraucht ist.

Nr. 2. Entsch. v. 24. IX. 98 III 1281 (Pr.-V.-Bl. Jahrg. XX S. 172).

Gew.-Ordn. §§ 98b, 20, 21; Zust.-Ges. §§ 124, 161 Abs. 2; Ges. v. 26. VII. 97 St.-G.-Bl. S. 663 § 84.

1. Grundsätzlich und von Berlin abgesehen, ist die Entschließung über die Genehmigung von Innungsstatuten den Bezirksausschüssen, vorbehaltlich des Antrages auf mündliche Verhandlung im V.-St.-V. gegen ihre versagenden Beschlüsse, übertragen (§ 124 des Zust.-Ges.). Daß die Bezirksausschüsse alsdann auch im V.-St.-V. ihre Entscheidung auf Grund des freien Ermessens in dem gleichen Umfange, wie es ihnen für das Beschlußverfahren zustand, zu treffen haben, ist, weil das Gesetz bei Zulassung des Antrages auf mündliche Verhandlung im V.-St.-V. keine Schranke aufstellt, außer jedem Zweifel. Dasselbe gilt für die ohne weitere Einschränkung in § 161 Absatz 2 des Zust.-Ges. zugelassene Klage gegen den versagenden Beschluß des Polizeipräsidenten von Berlin. Hiergegen läßt sich auch nicht geltend machen, daß gegen polizeiliche Verfügungen im Allgemeinen die Klage im V.-St.-V. nur für eine beschränkte Prüfung in §§ 127 ff. des L.-V.-G. gegeben ist.

Denn daß die zufolge der ihm besonders übertragenen Zuständigkeit ergehenden Beschlüsse des Polizeipräsidenten zu Berlin nicht als polizeiliche Verfügungen im Sinne der §§ 127 ff. a. a. O. beurteilt worden sind, ergiebt sich daraus, daß das zulässige Rechtsmittel seine eigenartige Regelung gefunden hat, nämlich unter Ausschluß der gegen polizeiliche Verfügungen der vorgedachten Art wahlweise zulässigen Beschwerde durch Gewährung lediglich der Klage, jedoch dieser ohne Beschränkung. Diese Regelung entspricht dem, was auf Grund des Zust.-Ges. vom 26. VII. 76 in Abweichung von der allgemeinen Regel für die Anfechtung der Versagung von Jagdscheinen und Baukonsensen Rechtens war (§§ 30, 93 und 155). In dem Urteile Entsch. Bd. XVIII S. 327 ff. ist ein gegenteiliger Standpunkt nicht vertreten, hier vielmehr nur aus der Stellung des O.-V.-G. als Revisionsgericht gefolgert, daß ihm eine freie Nachprüfung des Ermessens des Bezirksausschusses gemäß § 94 des L.-V.-G. nicht zusteht.

2. Die Errichtung einer zweiten Innung für dasselbe Gewerbe in demselben Bezirke ist nicht grundsätzlich unzulässig; je nach dem Ermessen der zuständigen Behörde kann sie gestattet, aber auch versagt werden. Daß die Zulassung der Errichtung einer zweiten Innung für dasselbe Gewerbe namentlich in sehr großen Gemeinden nicht bloß unbedenklich, sondern sogar wünschenswert sein kann, davon ist in der Begründung zu dem Entwurfe des Ges. vom 18. VII. 81, betreffend die Abänderung der Gewerbeordnung, ausgegangen (Landmann Gew.-Ordn. Anm. 1 zu § 98a und Anm. 6 zu § 98a). An diesem Rechtszustande ist auch durch § 84 des Ges. vom 26. VII. 97 nichts geändert worden.

k) Marktverkehr.

l) Maße und Gewichte, Taxen.

m) Zwangs- und Bannrechte.

n) Schauspielunternehmer.

Nr. 1. Entsch. v. 25. VI. 98 III 927.

Gew.-Ordn. § 32; Zust.-Ges. §§ 115, 161 Abs. 2; L.-V.-G. §§ 63, 129 Abs. 2.

1. Ueber die Zuverlässigkeit eines Schauspielunternehmens in artistischer Hinsicht ist die Geschäftstüchtigkeit und intellektuelle Befähigung zu einem Theaterunternehmen zu verstehen (von Landmann Bd. 1 Anm. 5 zu § 32; von Schicker, 4 Aufl. Anm. 8 zu § 32).

2. Wird der Antrag auf Erteilung der Genehmigung eines Theaterunternehmens durch den Polizeipräsidenden zu Berlin versagt, so ist die Klage binnen zwei Wochen beim Bezirksausschusse anzubringen. Ist die Klage beim Polizeipräsidenten angebracht, so wird dadurch die Frist nicht gewahrt.

Nr. 2. Entsch. v. 18. I. 99 III 86.

Die Polizeibehörde hatte die Aufführung des Schauspiels „Das Recht" verboten. Das O.-V.-G. hielt das Verbot aufrecht. In dem Stücke war bei enger Anlehnung der darin vorgeführten Handlung an einem thatsächlich vorgekommenen Kriminalfalle, nämlich an der vor Jahren erfolgte Ermordung der Ehefrau des Barbiers Ziethen zu Elberfeld, wegen deren der Ehemann zum Tode verurteilt, demnächst jedoch zu lebenslänglicher Zuchthausstrafe begnadigt worden, an der aber nach einer durch lebhafte Agitation vertretenen Ansicht der Barbier Ziethen ganz unschuldig sein soll, die Strafrechtspflege in

Deutschland einer Beurteilung unterzogen. Nachdem im Erkenntnisse des O.-V.-G. die betreffenden Stellen aus den Stücke „Das Recht" mitgeteilt worden, welche darthun sollen, daß auch der in dem Stücke behandelte Kriminalfall zu Gunsten des Verurteilten liege, wird wörtlich ausgeführt:

„Diese und viele ähnliche Auslassungen erscheinen von der Bühne herab verkündet und in Verbindung mit dem Gesammteindrucke der Aufführung des Stückes geeignet, bei einem Theile der Zuschauer das Vertrauen zur Strafrechtspflege in erheblichem Maße zu erschüttern. Es ist das um so mehr anzunehmen, als von den wiedergegebenen die letzte dem bei der Sache ganz unbeteiligten, als alten vornehmen Herrn von großer Erfahrung und mit weitem Blicke dargestellten Amerikaner Smith, die beiden vorhergehenden dem Restaurateur Ziegler, der das Mitgleid des von Anfang an mit seiner Unschuld bekannten Publikums erweckt, und die übrigen dem Rechtsanwalt Werner, dem von allgemeiner Menschenliebe beseelten, für seine Ueberzeugung alles, selbst seine Liebe zu Adelheid von Frankenberg, hingebenden, hochbegabten Vertreter des idealen Rechts, in den Mund gelegt sind und in gleicher Weise auch bei den anderen Aeußerungen verfahren ist. Daß durch das Gesetz, betreffend die Entschädigung der im Wiederaufnahmeverfahren freigesprochenen Personen, vom 20. V. 98 in gewissem Umfange ein Recht unschuldig Verurteilter auf Entschädigung durch den Staat anerkannt worden ist, und daß die Verurteilung des Restaurateurs Ziegler auf Grund eines die Schuldfrage einstimmig bejahenden Wahrspruchs der Geschworenen, der auf einem außerordentlich belastenden Indizienbeweise beruht, stattgefunden hat, auch sonst das Verfahren gegen Ziegler durchaus gesetzmäßig durchgeführt ist, vermag die Wirkung der in Rede stehenden Auslassungen weder auszuschließen noch auch nur erheblich abzuschwächen. In letzterer Beziehung kommt in Betracht, daß, weil das Publikum von vornherein Zieglers Unschuld genau kennt und dashalb mit seinem Gefühle für ihn beteiligt ist, es nur geringe Neigung und Fähigkeit haben wird, sich klar zu machen, wie wenig gerade der ihm vorgeführte Fall Anlaß zu den Anklagen gegen die gesammte Strafrechtspflege giebt. Der Eindruck, daß diese Anklagen berechtigt sind und daß die ganze Strafrechtspflege den an sie zu stellenden Anforderungen nicht entspricht, wird noch durch die Art und Weise verstärkt, wie gegenüber dem hochsinnigen Rechtsanwalt Werner, der sich so warm nicht bloß ohne, sondern gegen seinen Vorteil der verfolgten Unschuld annimmt, die Vertreter der amtlichen Rechtspflege, der Oberstaatsanwaltschaft von F. und der Gefangenenaufseher, geschildert werden. Der erstere zeigt sich, wenn auch als Mensch von vornehmer Denkungsart, doch als Beamter in der Szene mit der um Gnade bittenden Lisbeth M. unbarmherzig und ungeduldig („zerrt fast mit Gewalt das Mädchen empor; gebieterisch"). Er spricht mit Bezug auf Ziegler aus: „Unschuldig! Als ob ein Mann von so gewaltthätigem Charakter und solcher Vergangenheit überhaupt unschuldig sein könnte", und steht auf dem Standpunkte: „Und mögen wir auch irren, uns trifft keine Schuld, das Recht irrt niemals, es ist unfehlbar!" Danach erscheint er als Vertreter eines verknöcherten, vom Glauben an die eigene Unfehlbarkeit erfüllten Beamtentums. Der Gefangenenaufseher aber ist in seinen Reden und Handlungen gemein und frech, wird allerdings trotzdem vom Oberstaatsanwalt als ein „pflichtreuer Beamter" bezeichnet. Die Schlechtigkeit der Strafrechtspflege wird endlich noch dadurch wahrscheinlicher gemacht, daß auch sonstige Einrichtungen des Staates als trostlos dargestellt werden. So sagt selbst der Oberstaatsanwalt von F.: „Man weiß ja nie, wie man Konnexionen brauchen kann. Gründet sich doch die Karriere in unserem modernen Staate zumeist auf diese und auf Protektion." Und der Amerikaner Smith spricht aus: „Bei uns kommt nicht das Amt, sondern die

Person, die darin steckt, in Betracht; ein Jeder gilt, was seine Person wert ist. Hier zu Lande gilt der Amtsrock alles, den einer angezogen hat, wenn auch nur eine Marionette oder gar Schlimmeres darunter steckt." Auch die Behandlung in den Strafanstalten ist unwürdig; es wird geschimpft, geschlagen und gestoßen. Und mit dem letzten Worten im Stücke erklärt Smith dem Rechtsanwalt W., letzterer sei noch viel nötiger in Deutschland, „wo sie noch nicht einmal die Entschädigung Verurteilter kennen, als bei uns Barbaren, wo man über diese Elementargrundsätze längst hinaus ist," und es versichert Werner darauf: „Für welche ich hier kämpfen will, bis wir uns vor ihnen nicht mehr zu schämen brauchen!" Die Erschütterung des Vertrauens zur Strafrechtspflege, welche hiernach die öffentliche Aufführung des Stückes zur Folge haben kann, ist eine Gefahr für das Gemeinwesen, gegen welche einzuschreiten des Polizeibehörde nach dem § 10 Titel 17 Teil II des Allgemeinen Landrechts befugt ist."

o) Gewerbegerichte.

p) Feuer-Versicherungen, Versicherungsanstalten im Allgemeinen, staatliche Aufsicht über Privatgesellschaften.

Nr. 1. Entsch. Bd. XXXIII S. 381 v. 21. V. 98 III A 59/97.

§§ 4, 14 Ges. v. 8. V. 37 (G.-S. S. 102).

1. Nach dem § 14 Abs. 1 des Ges. vom 8. V. 37 darf kein Agent eine Police oder einen Prolongationsschein zu derselben aushändigen, bevor er nicht von der Polizei-Obrigkeit des Wohnortes des Versicherungssuchenden die amtliche Erklärung erhalten hat, daß der Aushändigung in polizeilicher Hinsicht kein Bedenken entgegenstehe. Es ist außer Zweifel, daß diese Erklärung versagt werden kann, wenn durch den Abschluß des Versicherungsgeschäfts eine Ueberversicherung, das ist eine Versicherung, bei welcher der Versicherungsbetrag den gemeinen Wert der versicherten Sachen übersteigt, eintreten würde (vergl. z. B. Entsch. Bd. XXVIII S. 339). Die Versagung darf aber erst nach Prüfung der sämmtlichen Positionen des Versicherungsantrages und nur unter Bezeichnung derjenigen Positionen, welche dabei beanstandet worden sind, sowie derjenigen, bei welchen sich keine Anstände gefunden haben, und unter Angabe der für richtig erachteten Minderwerte bei den beanstandeten Positionen erfolgen. Die Pflicht, in solcher Weise den Antrag zu prüfen und — vorbehaltlich von selbstverständlich zulässigen, die endgültige Entscheidung vorbereitenden Verfügungen behufs Erlangung einer für wesentlich erachteten Aufklärung oder Beseitigung von Bedenken — die Versagung des Unbedenklichkeitsattestes zu begründen, ist zwar in dem § 14, der überhaupt keine näheren Bestimmungen über das von der Polizeibehörde zu beobachtende Verfahren enthält, nicht ausdrücklich ausgesprochen worden. Auch in dem Zirkular-Reskripte des Ministeriums des Innern und der Polizei, betreffend die Ausführung des Gesetzes vom 8. V. 37 über das Mobiliar-Feuerversicherungswesen, vom 10. VI. 37 (von Kamptz, Annalen Bd. XXI S. 503) — vergl. besonders daselbst zu § 14 — hat sie keinen Ausdruck erhalten. Für sie spricht jedoch zunächst, daß im anderen Falle, also wenn die Beteiligten im Unklaren blieben, in welchem Umfange der Versicherungsantrag zu polizeilichen Bedenken keine Veranlassung gegeben hat und bei seiner Abänderung die Genehmigung zu erwarten ist, das von der Erteilung des Unbedenklichkeitsattestes abhängige (Entsch. Bd. XXVI S. 304) Zustandekommen der Versicherung sehr erschwert werden würde, namentlich leicht ohne Verschulden der Beteiligten erheblich verzögert werden könnte. Das Gesetz vom 8. V. 37 hat aber nach seiner Ein-

leitung nur den Zweck „zur Abwendung von Mißbräuchen bei der Versicherung von Gegenständen des Mobiliarvermögens gegen Feuersgefahr" zu dienen, und es haben deshalb die Polizeibehörden auch die ihnen im § 14 gegebene Befugnis so zu üben, daß das Interesse an dem möglichst schnellen und leichten Abschlusse eines polizeilich unbedenklichen Versicherungsvertrages nicht beeinträchtigt wird. Es kann ferner die Notwendigkeit einer Prüfung jeder einzelnen Position, die sich von selbst versteht, wenn die Versicherung nur für einen einzelnen Gegenstand beabsichtigt ist und der Versicherungsantrag sich daher auf eine Position beschränkt, deshalb nicht wegfallen, weil der Antrag mehrere Positionen umfaßt; rechtlich ist es statthaft, für jeden einzelnen Gegenstand eine besondere Versicherung zu nehmen, und ein mehrere Positionen enthaltender Versicherungsantrag ist nichts weiter, als eine äußerlich vereinigte Anzahl einzelner Anträge. Vor allem aber folgt die Pflicht daraus, daß die Polizeibehörden nicht berechtigt sind, von dem Versicherungsnehmer eine Abschätzung der zu versichernden Gegenstände zu verlangen oder auf seine Kosten eine Abschätzung vornehmen zu lassen (Entsch. Bd. IX S. 313).

Wenn es im § 14 Abs. 3 des Ges. heißt:

> „Der Polizei-Obrigkeit bleibt überlassen, durch Besichtigung an Ort und Stelle oder durch andere ihr dienlich scheinende Mittel sich von der Angemessenheit des Versicherungsbetrages die nötige Ueberzeugung zu verschaffen,"

so bedeutet das nicht bloß, daß die Polizeibehörde sich von der Unangemessenheit des angegebenen Wertes, sondern auch, daß sie außerdem sich davon zu überzeugen hat, welcher Minderwert angemessen ist, bevor sie das Unbedenklichkeitsattest versagen darf.

2. Dagegen geht es zu weit, zu behaupten, die Polizeibehörde habe für die nicht beanstandeten Positionen und für die ermittelten Minderwerte der beanstandeten Positionen gleich das Unbedenklichkeitsattest zu erteilen, damit wenigstens insoweit die Versicherung sofort perfekt werde. Hierfür ist die Bestimmung im § 4 des Ges. vom 8. V. 37, daß, wenn sich eine zu hohe Versicherung ergiebt, die Ortspolizeibehörde befugt und schuldig ist, den Versicherungsbetrag auf den gemeinen Wert zurückführen zu lassen, und der Versicherte und die Gesellschaft verpflichtet sind, die nötige Veränderung in den Büchern und in der Police vorzunehmen, nicht zu verwerten. Denn der § 4 setzt voraus, daß der Versicherungsvertrag schon zu Stande gekommen ist, eine „Versicherung" und ein „Versicherter" vorhanden sind. Zu der Zeit, wo über die Erteilung des Unbedenklichkeitsattestes zu befinden ist, giebt es aber noch keine Versicherung und keinen Versicherten, sondern nur einen Versicherungsantrag und eine Person, die sich erst versichern will. Die Verhältnisse sind mithin wesentlich verschieden und eine analoge Anwendung des § 4 in dem Falle des § 14 ist nicht zulässig.

Nr. 2. Entsch. Bd. XXXIV S. 339 v. 18. I. 99 III B 70/98.

Verordn., die Beaufsichtigung der Privatfeuerversicherungsanstalten betr., v. 24. 1. 28 (Hann. G.-S. I. Abt. S. 3) Art. 4, 14 Abs. 2; Verordn., dasselbe betr., v. 3. VI. 39 (Hann. Ges.-S. I. Abt. S. 149) Art. I.

1. Der Rechtszustand seit dem Art. I der Hannov. Verord. v. 3. VI. 39 ist der, daß die Ausnahme, die vorher der Abs. 2 des Art. 5 der Verord. vom 24. I. 28 von der Regel des Abs. 1 daselbst begründet hatte, weggefallen ist und der Abs. 1 ausnahmslos auch bei allen Verlängerungen bereits bestehender Versicherungsverträge gilt. Nach dem klaren und unzweideutigen Wortlaute des Abs. 1 ist die Pflicht zur Anzeige bei der Obrigkeit und zu dem Antrage auf Erteilung der schriftlichen Bescheinigung

über die Anzeige den Versicherungsnehmern selbst auferlegt worden, und sie muß von ihnen bei Vermeidung der im Art. 14 Abs. 2 bezeichneten Nachteile erfüllt werden, bevor ein Versicherungsvertrag endgültig abgeschlossen wird. Es mag hierdurch nicht ausgeschlossen sein, daß die Obrigkeit sich in einem einzelnen Falle mit einer Anzeige des Versicherungsgebers begnügt und auf dessen Antrag die Bescheinigung erteilt; in solcher Weise mag die Praxis sogar vielfach verfahren. Verpflichtet ist die Obrigkeit jedoch hierzu nicht, und es ist keine Rechtsverletzung, wenn sie die Anzeige des Versicherungsgebers oder des ihn vertretenden Agenten für nicht ausreichend erklärt und deren Antrag ablehnt, so lange nicht dargethan ist, daß der Versicherungsnehmer den Versicherungsgeber oder den Agenten beauftragt hat, für ihn die Anzeige zu machen und den Antrag zu stellen, oder doch wenigstens damit einverstanden ist.

2. Für das Gebiet des vormaligen Kurfürstentums Hessen hat das O.-V.-G. bereits in dem Urt. vom 7. I. 92 (Entsch. Bd. XXII S. 347) ausgeführt, daß, wenn einem Versicherungsvertrage die Abrede beigefügt ist, es solle sich beim Unterbleiben einer Kündigung die Versicherung fortsetzen, das Stillschweigen oder das Unterlassen der Kündigung dem Abschlusse eines neuen Versicherungsvertrages gleichsteht. Dasselbe hat nach dem Hannoverschen Rechte zu gelten.

Nr. 3. Entsch. Bd. XXXV S. 347 v. 8. IV. 99 III B 73/98.

Art. I, XV der Verordn. v. 25. VI. 67 (G.-S. S. 911); § 340 Nr. 9 des Pr. St.-G.-B. v. 14. IV. 51; § 360 Nr. 9 des R.-St.-G.-B.

Durch die Art. I und XV § 1 der Vd. v. 25. VI. 67, betreffend das Strafrecht und das Strafverfahren in den durch das Ges. v. 20. IX. 66 und die beiden Ges. v. 24. XII. 66 mit der Monarchie vereinigten Landesteilen, mit Ausnahme des vormaligen Oberamtsbezirkes Meisenheim und der Enklave Kaulsdorf (G.-S. S. 911) ist unter gleichzeitiger Aufhebung des § 271 des Hann. Polizeistrafgesetzes v. 25. V. 47 der § 340 Nr. 6 des Preußischen Strafgesetzbuches v. 14. IV. 51 in der Provinz Hannover eingeführt und damit jedenfalls v. 1. IX. 67 ab eine gesetzliche Genehmigungspflicht für die Errichtung von Sterbekassen auch in den gemeinrechtlichen Teilen der Provinz Hannover begründet worden. Der § 271 des Polizeistrafges. v. 25. V. 47 (Hann. G.-S. I. Abt. S. 111) bedrohte denjenigen mit Strafe, der eine Versicherungsanstalt, Rentenanstalt, Sterbekasse, Witwenkasse, Sparkasse ohne Erlaubnis, soweit diese gesetzlich erforderlich ist, unternimmt oder dazu Teilnehmer sammelt. Er war also, wie es jetzt der § 360 Nr. 9 des Reichsstrafgesetzbuches ist (Urt. v. 30. X. 90, Entsch. Bd. XX S. 347/354), lediglich ein sogenannte Blankettstrafgesetz, welches nicht selbst die staatliche Genehmigung als Erfordernis aufstellte, sondern zu seiner Anwendung das Vorhandensein einer sonstigen, die Errichtung der Kasse von einer Erlaubnis abhängig machenden Bestimmung voraussetzte. Dagegen hat der § 340 Nr. 9 des Preußischen Strafgesetzbuchs nicht bloß einen strafrechtlichen, sondern außerdem einen polizeirechtlichen Inhalt, nämlich den, daß gewisse Kassen darunter die Sterbekassen, der Genehmigung der Staatsbehörde bedürfen. Wie durch den § 340 Nr. 6 seiner Zeit für diejenigen Teile des damaligen Preußischen Staates, in denen nicht schon eine Genehmigungspflicht für Sterbekassen bestand (vgl. § 651 Tit. 11 Teil I des A.-L.-R's.), diese Genehmigungspflicht begründet worden ist, so sind durch dessen Einführung in der Provinz Hannover hier die Sterbekassen genehmigungspflichtig geworden, soweit sie es nicht schon vorher waren. Die Folge davon ist, daß, da dem § 340 Nr. 6

durch die Vd. v. 25. VI. 67 keine rückwirkende Kraft beigelegt ist, zwar die Sterbekassen, die errichtet worden sind, bevor die Genehmigungspflicht eintrat, fortbestehen, daß sie aber keine Aenderung ihrer ursprünglichen Statuten oder der bis zum Beginn der Genehmigungspflicht beschlossenen anderen Statuten mehr ohne staatliche Genehmigung vornehmen dürfen. Geschieht letzteres dennoch, so die Ortspolizeibehörde befugt, dagegen einzuschreiten und die Ausführung der unzulässigen Statutenänderung zu untersagen.

Nr. 4. Bescheid v. 5. XI. 98 III 1102.

Hann. Gew.=Ordn. v. 1. VIII. 47 § 43.

Der Kläger vermittelt für die Allgemeine Norddeutsche Versicherungsbank in Bremen, die keine Genehmigung zum Geschäftsbetriebe durch Agenten in der Provinz Hannover erhalten hat, als deren Agent Versicherungsgeschäfte, nimmt namentlich Versicherungsanträge entgegen, zieht Prämien ein und zahlt Versicherungsgelder zurück. Die Polizeibehörde gab ihm auf, sich der Vermittelung von Geschäften für die Versicherungsbank zu enthalten. Er erhob darauf Klage, die das O.=V.=G. in der Berufungsinstanz unter folgender Ausführung zurückwies:

„Daß in der Thätigkeit des Klägers nicht die Errichtung einer Versicherungsanstalt erblickt werden kann, ist unerheblich. Wie in dem Urt. v. 30. XI. 96 (Entsch. Bd. XXXI S. 319) dargelegt worden ist, genügt zum polizeilichen Einschreiten die Thätigkeit als Agent, und diese hat der Kläger unzweifelhaft ausgeübt. Ebenso ist bedeutungslos, daß die Allgemeine Norddeutsche Versicherungsbank in Bremen eine Versicherungsgesellschaft auf Gegenseitigkeit ist. Mit Recht hat der Vorderrichter die Anwendbarkeit des § 43 der Hannoverschen Gewerbeordnung v. 1. VIII. 47 (G.=S. für Hannover Abt. I S. 215) auch auf derartige Versicherungsgesellschaften aus dem allgemeinen Ausdrucke des Abs. 1 „Versicherungsanstalten jeder Art" und der Zusammenstellung mit Witwen=, Sterbe= und Sparkassen entnommen. Eine Bestätigung findet dies noch darin, daß in Abs. 2 und 3 eine Ausnahme von der Genehmigungspflicht bloß bei Anstalten gemacht ist, die nur einen Verein von einzelnen im Voraus bestimmten Personen bilden oder sich auf Mitglieder einer zunächst für andere Zwecke errichteten Körperschaft beschränken. Es hat denn auch das Kammergericht in einem Urt. v. 9. IV 91 (Jahrbuch für Entsch. desselben Bd. XI S. 200) ausgesprochen, daß eine Versicherungsanstalt auf Gegenseitigkeit ebenfalls nach dem § 43 der Genehmigung zu ihrer Errichtung oder zur Begründung einer Zweigniederlassung in der Provinz Hannover bedarf, und das O.=V.=G. hat kein Bedenken getragen, in dem Urt. v. 30. XI. 96 den § 43 gegenüber einer Versicherungsgesellschaft anzuwenden ohne Rücksicht darauf, ob sie auf Gegenseitigkeit beruhe oder nicht. Es verhält sich mit dem § 43 nicht anders, wie mit dem § 1 des Ges., betreffend den Geschäftsverkehr der Versicherungsanstalten, v. 17. V. 53, der anerkanntermaßen sich auch auf Versicherungsanstalten bezieht, die auf Gegenseitigkeit errichtet sind (Koch, Kommentar zum A.=L.=R., 8. Aufl., Bd. III S. 1062 Anm. 45 und von Brauchitsch, Pr. Verwaltungsgesetze Bd. V S. 303 Anm. 2)."

L. Vereine, geschlossene Gesellschaften, Gebrauch der deutschen Sprache u. s. w.

Nr. 1. Entsch. v. 30. IX. 98 I 1577.

Vereinsges. § 1.

Die polizeiliche Auflösung einer Vesammlung ist unzulässig, nachdem die Vertagung durch den Vorsitzenden ausgesprochen worden ist.

Nr. 2. Entsch. v. 11. XI. 98 I 1861 (Pr.-V.-Bl. Jahrg. **XX** S. 249).

Vereinsges. § 2.

Wenn sich aus dem Verhalten eines geselligen Vereins, z. B. eines Gesangvereins oder seiner Leitung ergiebt, daß er sich in den Dienst einer politischen Partei stellt und die Bestrebungen derselben zu fördern sucht, so gehört er zu denjenigen Vereinen, die eine Einwirkung auf öffentliche Angelegenheiten bezwecken.

Nr. 3. Entsch. Bd. XXXIV S. 439 v. 24. I. 98 I B 37/98.

Verf.-Urk. Art. 29, 30; Vereinsges. v. 11. III. 50 §§ 1, 2, 4, 8, 9, 13, 14, 16, 21.

1. Löst ein Polizeibeamter eine Versammlung auf, so ist die Auflösung nicht schon deshalb rechtswidrig, weil der Beamte keine Gründe angegeben hat.

2. Es ist keinem Zweifel unterworfen, daß die Versammlungs- und Vereinsfreiheit, welche die Verfassung in den Art. 29, 30 allen Preußischen Staatsangehörigen verbürgt, auch den Frauen zu Gute kommt. Verfassungsmäßig kann ihnen weder die Teilnahme an Versammlungen noch die an „Gesellschaften, welche den Strafgesetzen nicht zuwiderlaufen", polizelich versagt werden, sofern sich eine solche nur innerhalb der Schranken hält, welche das im Art. 30 Abs. 2 der Verfassung vorgesehene Ausführungsgesetz aufstellt, oder sofern sie sich nicht als Teilnahme an politischen Vereinen darstellt. Denn hinsichtlich der letzteren läßt die Verfassung Beschränkungen der Assoziationsfreiheit zu, für welche der Weg der Gesetzgebung vorgeschrieben ist. Das zur Ausführung der Verfassungsartikel 29 und 30 ergangene Gesetz, die Verordnung v. 11. III. 50, enthält weder für die im § 1 geregelten Versammlungen, in denen öffentliche Angelegenheiten erörtert werden, noch für die sonst von ihm vorgesehenen Versammlungen irgend welche speziell die Frauen angehenden Vorschriften. Für deren Teilnahme daran gelten die allgemeinen Bestimmungen. Das Nämliche trifft zu für diejenigen Vereine, welche eine Einwirkung auf öffentliche Angelegenheiten bezwecken, also unter §§ 2 und 3 des Ges. fallen, sofern sie nicht politisch sind.

3. Nur für politische Vereine hat das Gesetz in Gemäßheit der von der Verfassung zugelassenen Beschränkungen ein Spezialrecht für Frauen begründet, wonach diese weder Mitglieder solcher Vereine werden, noch an deren Versammlungen und Sitzungen Teil nehmen dürfen. Hierbei ist der Begriff des politischen Vereins dahin umschrieben, daß als solcher nur derjenige Verein zu gelten hat, welcher bezweckt, politische Gegenstände in Versammlungen zu erörten, gleichviel ob er sich zugleich auch die Aufgabe einer Einwirkung auf öffentliche Angelegenheiten stellt oder nicht (Erk. des O.-V.-G. v. 23. XI. 89, Entsch. Bd. XX S. 435 Anm., Pr.-Verw.-Bl. Jahrg. XI S. 206). Die Vereine des § 8 des Ges. bilden keine Unterart der Vereine des § 2, wenn sie auch den gleichen Ordnungsvorschriften wie diese unterliegen (vgl. Delius, Das Preußische Vereins- und Versammlungsrecht, 1891, S. 30 Anm. 3; Caspar, Das Preußische Versammlungs- und Vereinsrecht, systematisch dargestellt, 1894, S. 44; Ball, Das Vereins- und Versammlungsrecht in Deutschland, 1894, S. 54 Nr. 1).

4. Das Ges. v. 11. III. 50 hat eine Definition des Begriffs „Verein" nicht gegeben. Indessen stellt es doch für das Vorhandensein eines solchen eine Reihe von rechtlich erheblichen Merkmalen auf. Es knüpft seinen Bestand an einen konstituierenden Akt (die Stiftung des Vereins, § 2) und läßt ihn durch die polizeiliche oder gerichtliche Schließung zu vorläufiger oder definitiver Aufhebung gelangen (§§ 8, 16). Es setzt voraus,

daß der Verein Statuten habe, für welche im Falle von § 2 schriftliche Form und Vorlegung an die Ortspolizeibehörde vorgeschrieben wird. Es sondert die Vereine nach ihren verschiedenen Zwecken (§§ 2, 8, 21 Abs. 2), unterscheidet deren Vorsteher, Leiter und Ordner von bloßen Mitgliedern (§§ 2, 8, 13, 16) und unterstellt, daß der Verein als solcher gegen die gesetzlichen Vorschriften sich vergehen könne (§§ 8, 16). Faßt man diese Kriterien zusammen, so ergiebt sich, daß als wesentlich für den Vereinsbegriff im Sinne des öffentlichen Rechts zu gelten hat das Dasein eines auf einem Vertrage beruhenden Rechtsverhältnisses (vgl. Krückmann in Gruchots Beiträgen zur Erläuterung des Deutschen Rechts Bd. XXXVII S. 226; Löning, Lehrbuch des Verwaltungsrechts Bd. I S. 271), durch welches eine Mehrheit von Personen behufs eines ihnen gemeinsamen Zweckes mittels Unterordnung unter eine organisierte Willensmacht nach außen hin zu einer Einheit zusammengeschlossen wird. Damit ist der Gegensatz zu dem Begriff der Versammlung gegeben. Auch diese will einen gemeinsamen Zweck verwirklichen (vgl. § 1), auch in ihr pflegen die Teilnehmer nach Organen und Mitgliedern gegliedert zu sein (§§ 4, 9, 12, 14), um durch leitende Funktionen der ersteren und mitwirkendes Verhalten der letzteren dem Berufungszwecke zu dienen. Aber sie sind im Rechtssinne bloße Augenblicksverbände (Hänel, Deutsches Staatsrecht Bd. I S. 147), selbst wenn sie in regelmäßiger Wiederkehr mit einem konstanten Teilnehmerbestande erscheinen. Für jeden Beteiligten leiten Pflichten und Rechte sich her aus einem bloßen Raumverhältnis, nämlich dem thatsächlichen Beisammensein. Es fehlt das die Mitglieder verknüpfende und auch außerhalb ihrer Versammlungen wirksame rechtliche Band.

5. Zuzugeben ist, daß die rechtliche Verbindung, in die ein Verein seine Mitglieder setzt, eine sehr lockere sein kann. Wiederholt hat das O.-V.-G. (Erk. v. 4. I. 95, v. 3. u. 24. I. 96, Entsch. Bd. XXVII S. 428, Bd. XXVIII S. 425, 429) ausgeführt: „Die Organisation eines Vereins kann eine so lose, die Zahl der Mitglieder eine so große, die Zusammensetzung eine so wechselnde, die Bedingung für den Erwerb der Mitgliedschaft eine so leicht zu erfüllende sein, daß seine Mitglieder nicht als ein in sich geschlossener, bestimmt abgegrenzter Kreis innerlich verbundener Personen angesehen werden können." Indessen mag der äußere Abschluß des Vereins ein bestimmter sein oder durch die Ausdehnung, die er sich giebt, sich ins Unbestimmte soweit verlieren, daß es keinen Sinn mehr hat, seine Versammlungen von öffentlichen Versammlungen zu unterscheiden: fehlen darf die rechtliche Abgrenzung niemals, soll nicht der vom Gesetzgeber gewollte Unterschied von Verein und Versammlung verwischt werden. Auch eine „nicht geschlossene" Gesellschaft ist immerhin ein Verein (Entsch. Bd. XXIX S. 425; Anschütz im Verwaltungsarchiv Bd. V S. 417).

Nr. 4. Entsch. v. 1. II. 98 I 201.

§§ 127 ff. L.-V.-G.

1. Ein Amtsvorsteher erließ an einen Verein eine Verfügung dahin, daß der Verein als geschlossene Gesellschaft nicht angesehen werden könne, daß er offenbar behufs der Umgehung der Vorschriften über die Polizeistunde gebildet sei und daß die betreffende Versammlung, weil öffentlich, daher bei Ausdehnung über die Polizeistunde der Auflösung unterliege. Diese Verfügung sah das O.-V.-G., weil mit Auflösung gedroht sei, als eine polizeiliche im Sinne der §§ 127 ff. des L.-V.-G. an. Ferner wurde ausgeführt:

2. „Nach der unbedenklich rechtsgültigen Vorschrift im § 13 der Polizeiverordnung der Regierung zu Potsdam v. 14. 6. 92 sind Schankstuben, Krüge

und sonstige öffentliche Vergnügungslokale der Polizeistunde unterworfen. Die Bestimmungen über die Polizeistunde gelten auch für die Versammlungen von Vereinen, da diese den allgemeinen gesetzlichen Vorschriften unterliegen (Entsch. des O.-V.-G. Bd. XXIII S. 399). In der Anwendung der Polizeistunde auf die Vereinsversammlung ist also eine unzulässige Beschränkung des Vereins- oder Versammlungsrechts nicht zu finden. Die Ueberlassung von Schänkräumen an Vereine kann nur dann die Folge haben, daß die Räume den Charakter der Oeffentlichkeit verlieren, wenn die Versammlungen als geschlossene Gesellschaften zu betrachten sind (Entsch. Bd. XXII S. 414, Bd. XXIII S. 399 ff., Bd. XXVII S. 428 ff., Bd. XXIX S. 433 ff.; Entsch. des K.-G. Bd. XI S. 330, Bd. XVI S. 322)."

Nr. 5. Entsch. Bd. XXXV S. 424 v. 9. VI. 99 I A 28/99.

L.-V.-G. §§ 137, 140; Kab.-Ord. v. 7. II. 37 (G.-S. S. 19); Ges. v. 11. III. 50 (G-S. S. 277); Art. 29 Verf.-Urk.

1. Die gemäß § 140 des L.-V.-G. in gehöriger Form erlassene Polizeiverordnung des Oberpräsidenten der Provinz Sachsen v. 4. VII 98 enthält Vorschriften zum Schutze der äußeren Heilighaltung der Sonn- und Feiertage. Solche Vorschriften kann der Oberpräsident mit Zustimmung des Provinzialrats durch Polizeiverordnung erlassen. Denn nachdem in der Allerhöchsten Kabinetsordre v. 7. II. 37 bestimmt war, daß die Regierungen die zur Bewahrung der äußeren Heilighaltung der Sonn- und Festtage erforderlichen Anordnungen erlassen dürfen, ist diese Befugnis auf die in den §§ 137 ff. des Landesverwaltungsgesetzes bezeichneten Behörden (Oberpräsident und Regierungspräsident) übergegangen (vgl. Begründung zu dem Ges. v. 9. V. 92 in den Drucksachen des Herrenhauses 1892 Nr. 15. Hinsichtlich der fortdauernden Geltung der Kabinetsordre wird auf die Nachweisungen bei Rosin, Das Polizeiverordnungsrecht, 2. Aufl., S. 85 Anm. 12 verwiesen vgl. auch Biermann, Privatrecht und Polizei S. 55, Entsch. des Reichsgerichts in Strafsachen Bd. XX S. 89, Entsch. des O.-V.-G. Bd. XXXIII S. 347). Welche Vorschriften zur Bewahrung der äußeren Heilighaltung der Sonn- und Festtage notwendig und zweckmäßig sind, hat die zum Erlasse der Vorschriften berufene Behörde zu ermessen, nur dürfen die Vorschriften nicht im Widerspruche mit den Gesetze stehen (§§ 15, 17 des Polizeiverwaltungsges. v. 11. III. 50; vgl. Roedenbeck, Das Polizeiverordnungsrecht in Preußen mit besonderer Beziehung auf die Sonntagsruhe S. 81, 99).

2. Es ist allgemein — namentlich auch in der Rechtsprechung des Oberverwaltungsgerichts — anerkannt, daß die Ausübung des im Art. 29 der Verfassung gewährleisteten und durch das Ges. v. 11. III. 50 geregelten Versammlungsrechts nicht bloß den in diesem Gesetze erwähnten Beschränkungen unterliegt (vgl. Entsch. Bd. IX S. 412, Bd. XVIII S. 426 ff., Bd. XXIII S. 402, 412, sowie im M.-Bl. d. i. Verw. 1890 S. 2). Nur gegenüber der Gefahr, die darin allein gefunden werden kann, daß eine Mehrheit von Personen zu Versammlungen zusammentritt, sind die polizeilichen Befugnisse im Ges. v. 11. III. 50 geregelt (Entsch. Bd. XXVI S. 403). Werden aber — ganz abgesehen von der etwaigen Gefährlichkeit der Versammlungen als solcher — durch die Ausübung des Versammlungsrechts öffentliche Interessen gefährdet, so sind die zu deren Schutze bestehenden sonstigen Vorschriften auch gegen Versammlungen, d. i. gegen die Gesammtheit der zu Versammlungen zusammentretenden Personen, anwendbar (Entsch. Bd. IX S. 412, Bd. XXIII S. 402).

3. Auch **Versammlungen** sind daher den Bestimmungen zum Schutze der Sonntagsruhe und den von der zuständigen Behörde hierüber erlassenen Polizeiverordnungen unterworfen. Wenn nach Art. 30 Abs. 2 der Verfassung das „Gesetz" die Ausübung des Versammlungsrechts, insbesondere zur Aufrechterhaltung der öffentlichen Sicherheit, regeln soll, so folgt doch daraus nicht, daß auf einem ganz anderen Gebiete, wie dem der Sonntagsruhe, eine Regelung durch Polizeiverordnung, zu deren Erlaß die Behörde durch das Gesetz — hier die Kabinetsordre v. 7. II. 37 — ermächtigt ist, unzulässig oder doch für die zu Versammlungen zusammengetretenen Personen unverbindlich wäre (Entsch. Bd. XVII S. 426 ff.; Bd. XXIII S. 414). So steht ja auch außer Zweifel, daß die Polizeiverordnungen über die **Polizeistunde** für Versammlungen ebenfalls gelten (Entsch. Bd. XXIII S. 399). Ein Bedenken kann auch daraus nicht hergeleitet werden, daß die Polizeiverordnung ein besonderes gegen öffentliche Versammlungen gerichtetes Verbot enthalte, denn gerade öffentliche Versammlungen während des Gottesdienstes sind geeignet, durch Abziehung vom Gottesdienste und sonst die Sonntagsfeier zu stören, und daher nach der Natur der Sache ein besonderer Gegenstand des Verbots bei den die Sonntagsruhe bezweckenden Vorschriften. Nicht wegen der Gefährlichkeit für die öffentliche Sicherheit und Ordnung überhaupt werden die öffentlichen Versammlungen während des Gottesdienstes verboten, sondern nur wegen ihres die Sonntagsfeier störenden Charakters. Dabei kommt in Betracht, daß, ebenso wie öffentliche Versammlungen, alle anderen die Sonntagsruhe beeinträchtigenden öffentlichen Veranstaltungen, wie Musikaufführungen, Schaustellungen, theatralischen Vorstellungen, Wettrennen, geräuschvolle gesellschaftliche Vereinigungen und Vergnügungen, für die Zeit des Gottesdienstes untersagt sind (§ 11 Abs. 1 und 3, § 16 der Polizeiverordnung v. 4. VII 98), daß also das Verbot der öffentlichen Versammlungen keine ausnahmsweise Beschränkung dieser, sondern ein Ausfluß des allgemeinen Grundsatzes ist, daß öffentliche Veranstaltungen, welche die Sonntagsruhe stören können, während der Zeit des Gottesdienstes nicht stattfinden dürfen.

4. Wenn in einem Urteile des O.-V.-G. v. 21. V. 97 — Entsch. Bd. XXXII S. 391 — ausgeführt ist, öffentliche Versammlungen dürften einer nicht allgemein geltenden **Polizeistunde** nicht unterworfen werden, so ist zu beachten, daß es für die allgemeinen Nachteile des übermäßigen Verkehrs in Schanklokalen ohne Bedeutung ist, ob die Anwesenden zugleich ihr Versammlungsrecht ausüben, daß somit der Zweck der Polizeistunde — im Gegensatze zu dem Zwecke der Vorschriften über die Sonntagsruhe — eine besondere Beschränkung von Versammlungen nicht rechtfertigen kann. In der Festsetzung einer Polizeistunde bloß für Versammlungen liegt daher eine unzulässige ausnahmsweise Beschränkung der letzteren.

5. Oeffentliche Versammlungen an Sonn- und Feiertagen dürfen durch Polizeiverordnungen insoweit nicht verboten werden, als andere für die Sonntagsruhe ebenso störende öffentliche Veranstaltungen, wie theatralische Vorstellungen, Tanzlustbarkeiten u. dergl., geduldet werden. Sind diese mit der Sonntagsruhe vereinbar, so sind es auch öffentliche Versammlungen, und ermangelt daher dann das Verbot der letzteren der Rechtfertigung durch den Zweck der Sonntagsruhe. Dabei ist zu berücksichtigen, daß die Vereinigungen zu **Tanzlustbarkeiten**, bei theatralischen Vorstellungen u. s. w. unter den Begriff der **öffentlichen Versammlungen** im weiteren Sinne fallen (Entsch. Bd. XX S. 437 ff.), und daß also, wenn öffentlichen Tanzlustbarkeiten, theatralische Vorstellungen u. s. w. zugelassen werden, das daneben bestehende Verbot sonstiger öffentlicher Versammlungen den Grundsatz verletzen würde, daß für gleichartige Verhältnisse dieselbe Norm gegeben werden muß.

M. Gesindepolizei.

Litteratur: Das Preußische Gesinderecht unter der Herrschaft des Bürgerlichen Gesetzbuchs. Pr.-V.-Bl. Jahrg. XX S. 85.

Nr. 1. Entsch. Bd. XXXV S. 433 v. 28. III. 99 I C 177/98.

§§ 6, 10, 11 Gesinde-Ordn. v. 8. XI. 10; § 161 Tit. 13 Teil I A.-L.-R.

Das von der Polizeibehörde ausgefertigte Dienstbuch dient zum Nachweise, daß sich die darin bezeichnete Person als Gesinde vermieten darf; es ersetzt das im § 10 der Gesindeordnung erwähnte Zeugnis der Obrigkeit, durch welches darzuthun ist, daß bei der Annahme als Gesinde kein Bedenken obwalte (vgl. Verordnung wegen Einführung von Gesindedienstbüchern v. 29. IX. 46 — G.-S. S. 467 — in Verbindung mit § 10 der Gesindeordnung; Zürn, Handbuch des Gesinderechts S. 369; Posselt, Gesinderecht, 4. Aufl. S. 16). Will daher der Gewalthaber, z. B. der Vater, das Weitervermieten nicht mehr gestatten, so muß er dem Gesinde das Dienstbuch entziehen. Geschieht es nicht, so darf sich die Dienstherrschaft, der das Dienstbuch vorgelegt wird, darauf verlassen, daß das Gesinde berechtigt ist, sich zu vermieten. Die Annahme des Gegenteils würde mit dem Zwecke, zu dem die Gesindebücher eingeführt sind, und mit der auch aus den Vorschriften der Gesindeordnung erkennbaren Absicht sicherer Ordnung der Gesindeverhältnisse unvereinbar sein. Wenn sich jemand, der Gesinde ohne die erforderlichen Nachweise mietet, nach § 11 der Gesindeordnung gefallen lassen muß, daß der Vertrag als ungültig aufgehoben wird, so ergiebt sich hieraus durch Beweisgrund aus dem Gegensatze, daß die Dienstherrschaft gesichert sein soll, falls ihr die vorgeschriebenen Nachweise erbracht worden sind. Wie der Machtgeber die schriftliche Vollmacht beim Wiederrufe dem Bevollmächtigten abfordern muß (§ 161 Tit. 13 Teil I A.-L.-R.), so muß auch der Gewalthaber dem Gewaltunterworfenen das Dienstbuch entziehen, wenn er dem rechtsgiltigen Abschluß eines weiteren Mietsvertrags verhindern will.

N. Polizeiliche Verfügungen vermischten Inhalts.

Litteratur: Die polizeiliche Thätigkeit auf dem Gebiete der Militärstrafrechtspflege. Pr.-V.-Bl. Jahrg. XX S. 325. Das Fundrecht und das Schatzrecht nach dem Bürgerlichen Gesetzbuche unter besonderer Berücksichtigung der Pflichten der Polizeibehörden. Pr.-V.-Bl. Jahrg. XX S. 337.

Nr. 1. Entsch. v. 22. IV. 98 I 763 (Pr.-V.-Bl. Jahrg. XX S. 80).

Ob Stacheldrahtzäune auf Erfordern der Polizei zu beseitigen sind, hängt davon ab, ob sie dem Publikum gefährlich werden konnen (§ 10 II 17 A.-L.-G., Entsch. Bd. XIII S. 420).

Nr. 2. Entsch. Bd. XXXIV S. 432 v. 1. X. 98 III A 52/97.

L.-V.-G. § 130; § 10 Tit. 17 Teil II A.-L.-R.

1. Die Kaiserlichen Werften sind zur Vertretung des Reichs-Marinefiskus in Prozessen legitimiert (§ 340 der Dienstord. für die Werften).

2. Das O.-V.-G. hat bereits in der Bd. XI S. 233 abgedruckten Entsch. v. 15. IV. 84 auf S. 242 den Rechtssatz ausgesprochen:

> „Jeder, der — sei es auch unter Benutzung fremden Eigentums — eine an sich erlaubte Verrichtung vornimmt, muß sich dabei, sobald sie eine Wirkung nach außen zur Folge hat, berechtigten polizeilichen Anforderungen bezüglich der Art der

Ausübung unterwerfen und kann eine Befolgung polizeilicher Gebote, welche der Gefährdung der Gesundheit vorbeugen sollen, nicht mit dem Einwande ablehnen, die durch ihn in einen polizeiwidrigen Zustand versetzte Sache gehöre einem Dritten."

Ebensowenig kann sich der Urheber eines polizeiwidrigen Zustandes der ihm an sich gesetzlich obliegenden Verpflichtung, auf Erfordern der Polizei die von ihm verursachte Polizeiwidrigkeit wieder zu beseitigen, dadurch entziehen, daß er sich des Eigentums der Sache, durch die er jenen Zustand herbeigeführt hat, nachträglich durch Aufgabe oder Uebertragung auf einen Dritten entledigt. Der ihn zur Beseitigung der Polizeiwidrigkeit verpflichtende Umstand ist der, daß er die Polizeiwidrigkeit veranlaßt hat. Ob die Sache, die er in den polizeiwidrigen Zustand versetzt oder mittels deren er ihn herbeigeführt hat, in seinem Eigentum oder in dem eines Dritten oder als herrenlos in niemandes Eigentum stand, ist für seine der Polizei gegenüber bestehende, lediglich auf der Urheberschaft beruhende öffentlich-rechtliche Verpflichtung völlig gleichgiltig, und es liegt daher auch auf der Hand, daß ein Wechsel in der Person des Eigentümers dieser Sache, sei er von dem Urheber selbst oder von einem Dritten herbeigeführt worden, auf den Fortbestand der unabhängig von der Eigenschaft des Urhebers als gleichzeitigen Eigentümers der Sache entstandenen öffentlich-rechtlichen Verpflichtung keinerlei Einfluß ausüben kann. Der rein privatrechtliche und als solcher durch die Verpflichtung des Urhebers zur Beseitigung des polizeiwidrigen Zustandes der Sache in seiner Gültigkeit in keiner Weise berührte Akt der Eigentumsübertragung dieser Sache ist für die polizeilichen Befugnisse gegenüber dem Urheber der Polizeiwidrigkeit durchaus gleichgiltig und muß es der Natur der Sache nach sein, da es nicht von dem Belieben des der Polizei bis dahin haftbaren Urhebers abhängen kann, durch eine in seinem freien Willen stehende Uebertragung des Eigentums der Sache sich seiner Haftung zu entziehen und die Polizei zu zwingen, sich an den neuen möglicherweise weniger leistungsfähigen Eigentümer zu halten, in dessen Hand es stände, durch eine nochmalige Weiterveräußerung eine abermalige Aenderung in der Person des Pflichtigen herbeizuführen.

Nr. 3. Entsch. v. 23. XI. 98 III 1604.

Das Oberverwaltungsgericht hat in einer großen Anzahl von Entscheidungen in gleichmäßiger Rechtsprechung den Grundsatz als dem geltenden Rechte entsprechend anerkannt, daß der Eigentümer die öffentlich-rechtliche Verbindlichkeit habe, sein Eigentum jederzeit und dauernd in einem mit dem Gemeinwohle verträglichen Zustande zu erhalten. Es hat danach die Polizei für berechtigt erklärt, den jeweiligen Eigentümer einer Sache, deren Beschaffenheit das Publikum oder den Einzelnen mit Gefahr bedroht oder sonst einen polizeilich unzulässigen Zustand aufweist, lediglich deshalb, weil er Eigentümer ist, zur Abstellung der vorhandenen Mängel anzuhalten ohne Rücksicht darauf, ob er sie für seine Person verschuldet hat oder ob sie auf die Einwirkung eines Dritten oder auf einen Zufall zurückzuführen sind (Entsch. Bd. VII S. 351, Bd. VIII S. 330, Bd. X S. 180, Bd. XII S. 311, 391, Bd. XIII S. 325, Bd. XVI S. 321, 393, Bd. XVIII S. 414, Bd. XXIII S. 396, Bd. XXIV S. 399, Bd. XXVII S. 426; vgl. auch Biermann, Privatrecht und Polizei in Preußen. Berlin 1897. S. 124 ff.).

Nr. 4. Entsch. v. 10. V. 99 III 753.

1. Wenn feststeht, daß auf einem gewissen Grundstücke befindliche Ausschachtungen für die öffentliche Sicherheit eine dauernde Gefahr bilden,

weil sie dem Ufer eines Flusses die erforderliche Festigkeit gegen Hochwasserdurchbrüche entziehen, so ist anzuerkennen, daß dem Eigentümer lediglich deshalb, weil er Eigentümer dieses wenn auch von seinen Rechtsvorgängern in einen gefahrdrohenden Zustand versetzten und von ihm darin belassenen Grundstücks ist, die Zuschüttung der Ausschachtungen von der Polizeibehörde aufgegeben werden darf. Für die Befugnisse der Polizei kommen nur die Normen des öffentlichen Rechts in Betracht; es ist daher nicht ausschlaggebend, ob durch das geltende Privatrecht die Benutzung und Ausbeutung des Eigetums in der hier in Betracht kommenden Weise nicht direkt verboten ist (zu vgl. die §§ 907, 908, 909 B.-G.-B.). Der Eigentümer hat aber die öffentlich-rechtliche Verbindlichkeit, sein Eigentum jederzeit und dauernd in einem mit dem Gemeinwohl verträglichen Zustande zu erhalten und nur so zu benutzen, daß polizeilich zu schützende öffentliche Interessen nicht beeinträchtigt oder gefährdet werden. Die Freiheit des Eigentums geht nicht soweit, daß der Eigentümer seine Sache oder sein Grundstück in einer die öffentliche Sicherheit gefährdenden Weise zu benutzen berechtigt wäre. Eine derartige Benutzung ist vielmehr mit einem geordneten menschlichen Zusammenleben schlechthin unvereinbar, und in dessen zwingenden Anforderungen finden die Rechte des Eigentümers ihre notwendige Schranke. Der obige Grundsatz ist denn auch von dem Oberverwaltungsgerichte in gleichmäßiger Rechtsprechung angewandt und festgehalten worden (Entsch. Bd. VII S. 351, Bd. VIII S. 330, Bd. X S. 180, Bd. XII S. 311, Bd. XIII S. 325, Bd. XVI S. 321, Bd. XVIII S. 414, Bd. XXIII S. 396, Bd. XXIV S. 399, Bd. XXVII S. 426), und ebenso hat er in der Theorie Anerkennung gefunden (Biermann, Privatrecht und Polizei in Preußen S. 120 ff., 124). Gleichgiltig ist auch, wie das Oberverwaltungsgericht wiederholt ausgesprochen hat, ob die gefahrdrohende Beschaffenheit der Sache auf das Verschulden des Eigentümers oder auf die Einwirkung dritter Personen, z. B. der Rechtsvorgänzer, zurückzuführen ist. Die Polizei ist nicht verpflichtet, sich an den Dritten verweisen zu lassen. Der Rückgriff gegen ihn bleibt dem Eigentümer unbenommen; der Polizei gegenüber ist er der Vertreter seiner Sache und muß es der Natur der Verhältnisse nach sein, da das polizeiliche Einschreiten zur Abwendung der Gefahr vielfach zu spät kommen würde, wenn es von der zeitraubenden Untersuchung privatrechtlicher Verhältnisse abhängig wäre, deren Beurteilung und Entscheidung überdies nicht Aufgabe der Polizei ist (zu vgl. auch Biermann S. 124, 125). Die vorstehenden Grundsätze gelten auch in gleicher Weise wie für das Gebiet des Preußischen Landrechts für die gemeinrechtlichen Teile der Monarchie.

2. Nur in solchen Fällen kann der vorstehende allgemeine Grundsatz von der Pflicht des Eigentümers, sein Eigentum in einem polizeilich zu schützende Interessen nicht gefährdenden Zustande zu erhalten, keine Anwendung finden, in denen seine öffentlich-rechtlichen Pflichten bereits anderweit durch spezielle Rechtsnormen positiv geregelt worden sind und an diesen ihre rechtliche Schranke finden (Entsch. Bd. XVI S. 321, Bd. XVIII S. 414).

Nr. 5. Entsch. Bd. XXXIII S. 444 v. 16. V. 98 IV C 18/98.

In dem Erk. v. 6. VI. 94 (Entsch. Bd. XXVI S. 393 ff.) ist die Frage erörtert worden, inwieweit ein polizeiliches Einschreiten zur Sicherung des polizeimäßigen Zustandes eines im ungeteilten Eigentume Mehrerer befindlichen Grundstückes gegen jeden Einzelnen der Miteigentümer zulässig sei. In dem damals zur Entscheidung gestellten Falle handelte es sich um eine Anordnung, welche die Benutzung eines Grundstückes betraf. Indem unter dieser Voraussetzung die Zulässigkeit des polizeilichen Einschreitens gegen einen einzelnen Miteigentümer anerkannt wurde, ist sie keineswegs für solche Anordnungen verneint worden, die mit einer Benutzung des Grundstückes in keinem Zusammenhange stehen. Vielmehr ist jene Frage nur deshalb unbeantwortet gelassen, weil nach der Lage des damals streitigen Falles keine Veranlassung vorlag, dazu Stellung zu nehmen. Jedoch müssen dieselben Gründe, die in dem früheren Falle zur Bejahung der Frage geführt haben, ob eine Verantwortlichkeit eines einzelnen Miteigentümers der Polizeibehörde gegenüber anzunehmen sei, sofern es sich um die Benutzung eines Grundstückes handelt, auch für durchgreifend erachtet werden bei der Beurteilung polizeilicher Anordnungen zur Herstellung des polizeimäßigen Zustandes eines Grundstückes ohne Rücksicht auf seine Benutzung. Eine verschiedenartige Beurteilung der beiden Fälle würde nur dann gerechtfertigt sein, wenn die an sich aus dem Miteigentume der Polizeibehörde gegenüber sich ergebende Verantwortlichkeit dadurch eine Einschränkung erleiden müßte, daß dem einzelnen Miteigentümer, sei es infolge allgemeiner gesetzlicher Vorschrift, sei es nach Lage des besonderen Rechtsverhältnisses, nicht diejenige thatsächliche oder rechtliche Verfügungsgewalt über das Grundstück zusteht, welche ihn in den Stand setzt, der ihm gemachten polizeilichen Auflage zu genügen.

Nr. 6. Entsch. Bd. XXXIV S. 436 v. 4. I. 99 III A 30/98.

§ 10 Tit. 17 Teil II A.-L.-R.

Beim Vorhandensein einer Gesundheitsgefahr, die polizeilich verhindert werden kann, darf die Polizei gegen den Urheber oder den Miturheber der Gefahr richten (Pr.-V.-Bl. Jahrg. XVII S. 155, XVIII S. 316, XIX S. 354). Auch gegen den, der nur mittelbar der Urheber eines polizeiwidrigen Zustandes ist, kann die Polizei zur Beholung desselben einschreiten.

Nr. 7. Entsch. Bd. XXXIII S. 445 v. 15. II. 98 I A 51/97.

§ 10 Tit. 17 Teil II A.-L.-R.

1. Die in § 10 Tit. 17 Teil II A.-L.-R. unter den Schutz der Polizei gestellte öffentliche Ordnung begreift die öffentliche Sittlichkeit und den öffentlichen Anstand in sich.

2. Die Polizei ist befugt, gegen die Schaustellung und das Verkaufsangebot der bei der Feuerbestattung übrig gebliebenen Reste menschlicher Leichname (Asche) einzuschreiten, wenn die dabei getroffenen Veranstaltungen geeignet sind, öffentliches Aergernis zu erregen.

Nr. 8. Entsch. v. 13. XII. 98 I 2057 (Pr.-V.-Bl. Jahrg. XX S. 250).

§ 10 Tit. 17 Teil II A.-L.-R.

Aufenthaltsbeschränkungen, zu denen die Polizei einer prostituierten Ehefrau gegenüber befugt ist (Entsch. Bd. III S. 337, § 361 Ziffer 6 St.-G.-B., § 26 Rheinisches Ressortregl. v. 20. VII. 18), können nicht dadurch umgangen werden, daß der Ehemann entgegenstehende Anordnungen hinsichtlich der gemeinschaftlichen Wohnung trifft. Das Recht des Ehemannes, von seiner Frau den Aufenthalt in einer gemeinschaftlichen Wohnung zu verlangen, findet seine Grenze in den Bestimmungen, die in berechtigter Weise von der Polizei über den Aufenthalt der Ehefrau getroffen werden.

Nr. 9. Entsch. v. 3. VI. 98 I 1017.

§ 10 II 17 A.-L.-R.; § 361 Ziffer 6 R.-St.-G.-B.

1. Die Polizeibehörden sind auf Grund des § 10 II 17 A.-L.-R. und des § 361 Ziffer 6 des R.-St.-G.-B. berechtigt, den wegen gewerbsmäßiger

Unzucht einer polizeilichen Aufsicht unterstellten Frauenspersonen zur Erhaltung und Sicherung der öffentlichen Ordnung und des öffentlichen Anstandes das Wohnen in bestimmten Häusern zu untersagen (vgl. Entsch. Bd. III S. 337). Diese Befugnis wird nicht durch den Umstand eingeschränkt, daß das Haus, in welchem zu wohnen einer Dirne untersagt wird, ihr eigentümlich gehört (vgl. Erk. v. 9. VI. 86 I 779 Pr.-V.-Bl. Jahrg. VII S. 352).

2. Wenn die Polizei der Dirne aufgegeben hat, bei Vermeidung einer Exekutivstrafe die Wohnung zu räumen, so widerspricht dies nicht dem Grundsatze: ne bis in idem. Die Androhung ist nicht durch die im § 361 St.-G.-B. enthaltenen Strafandrohung ausgeschlossen, denn hier ist nur die einzelne Zuwiderhandlung gegen die Anordnung unter Strafe gestellt, während die polizeiliche Verfügung die Beseitigung der Fortdauer eines polizeiwidrigen Zustandes bezweckt (Entsch. Bd. V S. 285, Bd. XXIII S. 388).

Nr. 10. Entsch. Bd. XXXIII S. 450 v. 19. II. 98 III C 667/97.

§ 6 b Ges. über die Polizeiverordn. v. 11. III. 50; Verordn. v. 20. IX. 67 § 6 b (G.-S. S. 1529); Kr.-Ordn. für Schl.-Holst. v. 26. V. 88 § 51.

1. Welcher Art auch sonst die Rechtsverhältnisse am Meeresufer, insbesondere auf der Insel Sylt, sein mögen, der einzelne Unterthan hat daran, abgesehen von dem Falle, einer Verleihung oder dergleichen, kein besonderes Recht, sondern zwar ein Gebrauchsrecht, aber bloß ein gleiches Gebrauchsrecht, wie jeder Andere, d. h. nur die Befugnisse, welche der Gemeingebrauch giebt. Den Gemeingebrauch zu regeln und zu schützen, namentlich einer Ueberschreitung der nach ihm dem Einzelnen zustehenden Befugnisse im Interesse der übrigen Gleichberechtigten entgegen zu treten, gehört zu den Rechten und Pflichten der Polizeibehörden, die sich dabei sowohl der Polizeiverordnung als der Polizeiverfügung bedienen können (sog. Polizei des Gemeingebrauchs, Otto Mayer, Deutsches Verwaltungsrecht Bd. II S. 93, 94, 124 ff.). Für die Meeresufer hat dies Ausdruck gefunden in dem § 366 a des Reichsstrafgesetzbuches, der die Uebertretung der zum Schutze der ... Meeresufer sowie der auf denselben vorhandenen Anpflanzungen und Anlagen erlassenen Polizeiverordnungen mit Strafe bedroht, ferner in den übereinstimmenden Vorschriften des § 6 unter b des Ges. über die Polizeiverwaltung v. 11. III. 50 und des § 6 unter b der Verordnung v. 20. IX. 67 über die Polizeiverwaltung in den neu erworbenen Landesteilen, wonach zu den Gegenständen der ortspolizeilichen Vorschriften die Ordnung, Sicherheit und Leichtigkeit des Verkehrs auf öffentlichen Straßen, Wegen und Plätzen, Brücken, Ufern und Gewässern gehören, ohne daß die Meeresufer ausgenommen sind. Die Polizei des Gemeingebrauchs an den Meeresufern steht den Ortspolizeibehörden zu. Denn es fehlt an einer Bestimmung, welche die Zuständigkeit der Ortspolizeibehörden ausschlösse und die der Landespolizeibehörden begründete, und die Eigenart der Meeresufer und des Gemeingebrauchs an ihnen enthält nichts, was der Zuständigkeit der Ortspolizeibehörden entgegenstände. Dies gilt auch für die Insel Sylt (vgl. § 51 der Kreis-Ordn. für die Provinz Schleswig-Holstein v. 26. V. 88). Demgemäß ist denn auch in dem § 6 des Ges. v. 11. III. 50 und der Veordnung v. 20. IX. 67 von ortspolizeilichen Vorschriften über die Ordnung u. s. w. des Verkehrs auf den Ufern die Rede.

2. Außer Zweifel ist, daß gleich dem Gehen, Fahren, Anlanden u. s. w. (Otto Mayer a. a. O. S. 123) auch das Baden am Meeresufer unter den Gemeingebrauch fällt, wie es auch bei öffentlichen Flüssen und bei

Privatflüssen zum Gemeingebrauche an denselben gehört (vgl. § 44 Tit. 15 Teil II A.-L.-R., § 59 des Entwurfes eines Preußischen Wasser-Ges., die Begründung dazu S. 156 und die als Manuskript gedruckte Zusammenstellung der gutachtlichen Aeußerungen zu dem Entwurfe S. 293). Nach den örtlichen Verhältnissen und Gewohnheiten hat an der Nordsee und namentlich auf der Insel Sylt das Baden am Meeresufer die Benutzung eines Badekarrens zur notwendigen Voraussetzung. Daraus folgt, daß auch die Aufstellung eines Badekarrens, ohne den nicht gebadet, also der Gemeingebrauch hinsichtlich des Badens nicht ausgeübt werden könnte, innerhalb des Gemeingebrauchs bleibt. Will z. B. ein Hotelbesitzer nicht für sich und seien Familie, sondern für die Gäste seines Hotels Badekarren in nicht unerheblicher Zahl aufstellen, also zur Förderung des Gewerbebetriebes seiner Gastwirtschaft gewissermaßen eine Badeanstalt am Meeresufer einrichten, so wird damit noch nicht über den Gemeingebrauch hinausgegangen. Denn jeder einzelne Gast des Hotels könnte in Ausübung des ihm zustehenden Gemeingebrauchs für sich einen Badekarren aufstellen, und es kann deshalb auch der Hotelbesitzer für die Gesammtheit seiner Gäste Badekarren in der erforderlichen Anzahl aufstellen und den Gästen zur Benutzung überlassen. Nur dann darf hiergegen polizeilich eingeschritten werden, wenn anderweitig polizeiliche Gründe, sicherheits-, sitten-, verkehrspolizeiliche u. s. w., dies rechtfertigen.

II.

Allgemeines über polizeiliche Verfügungen.

Litteratur: Die neuere Rechtsprechung des Oberverwaltungsgerichtes und des Kammergerichtes über die Befugnisse der Polizei (Pr.-V.-Bl. Jahrg. XIX S. 181). Zur Formulierung polizeilicher Verfügungen (Pr.-V.-Bl. Jahrg. XIX S. 221).

A. Allgemeines.

Nr. 1. Erk. v. 23. VI. 97 III 925.

L.-V.-G. §§ 127 ff.

Die Begündung einer polizeilichen Verfügung, durch die z. B. ein Jagdschein versagt worden ist, durch den bloßen Hinweis, es lägen „Bedenken gegen den Antragsteller aus den §§ 6 und 7 des Jagdschein-Ges. vor", entspricht nicht den Erfordernissen, die das O.-V.-G. in gleichmäßiger Rechtsprechung an den Inhalt einer polizeilichen Verfügung gestellt hat und noch stellt. Es sollen in polizeilichen Verfügungen auch diejenigen Thatsachen bezeichnet werden, aus denen die Polizeibehörde die Berechtigung herleitet, mit einer polizeilichen Auflage vorzugehen oder eine beantragte polizeiliche Erlaubnis abzulehnen.

Nr. 2. Entsch. v. 7. XII. 98 III 1687.

§ 127 L.-V.-G.

Das O.-V.-G. hat mehrfach ausgesprochen (Entsch. Bd. VII S. 255), die verfügenden Polizeibehörden seien verpflichtet, ihre Verfügungen auch nach der rechtlichen Seite soweit zu begründen, daß daraus dem Betroffenen die Möglichkeit erwächst, die Verfügung in ihren rechtlichen Grundlagen anzufechten; allein die Rechtsprechung ist nicht so weit gegangen, anzunehmen, daß eine Verfügung lediglich deshalb rechtswidrig und aufzuheben sei, weil die Angabe der gesetzlichen Norm, auf die sie gegründet ist, fehle oder weil eine unrichtige Gesetzesstelle angeführt sei (vgl. Entsch. Bd. VI S. 359, insbesondere 366).

Nr. 3. Entsch. v. 17. X. 98 IV 1734.

Kr.-Ordn. § 57 Abs. 5.

Für die Anwendung des § 57 Abs. 5 der Kreis-Ordn. kommt es nicht auf die Frage an, ob der Amtsvorsteher thatsächlich zu der streitigen Amtshandlung durch sein eigenes Privatinteresse bestimmt worden ist; es genügt vielmehr, daß objektiv sein Privatinteresse, auch wenn es für ihn in keiner Weise maßgebend war, beteiligt ist. In der durch das Gesetz gebotenen Ausschließung eines Amtsvorstehers von der Erledigung eines Amtsgeschäfts ist nicht der Ausdruck eines im Einzelfalle etwa vorliegenden Zweifels an der Pflichttreue desselben zu erblicken; unabhängig hiervon gebietet vielmehr das Gesetz in solchen Fällen, wo objektiv eine Kollision zwischen der Amtspflicht und dem Privatinteresse des Beamten besteht, die Ausschließung des Beamten von der amtlichen Thätigkeit ausnahmslos, um gleichmäßig die Interessen des Publikums wie des Beamten durch die Sicherung völliger Unbefangenheit des letzteren bei seiner Amtswirksamkeit zu wahren.

Nr. 4. Entsch. v. 25. III. 99 III 484.

Kr.-Ordn. § 57 Abs. 5.

Der § 57 Abs. 5 der Kreis-Ordn. lautet:

> Ist der Amtsvorsteher bei der Erledigung eines Amtsgeschäftes persönlich beteiligt, so hat der Kreisausschuß den Stellvertreter oder einen der benachbarten Amtsvorsteher bezw. Bürgermeister damit zu betrauen.

Im Sinne des § 57 ist ein Amtsvorsteher persönlich beteiligt, wenn ein von dem allgemeinen Interesse verschiedenes Privatinteresse vorhanden ist (Entsch. Bd. VI S. 364), es ist nicht notwendig, daß sich der Amtsvorsteher von seinem Privatinteresse wirklich beeinflussen läßt. Es kommt nur in Betracht, daß die Anordnung durch das Privatinteresse beeinflußt werden kann.

Nr. 5. Entsch. Bd. XXXIV S. 429 v. 4. I. 99 III B 84/98.

L.-V.-G. § 127; Verf.-Urk. Art. 27; Preßges. v. 7. V. 74 § 1 (St.-G.-Bl. S. 65).

1. Die Polizei hatte an den Kläger geschrieben, sie fordere ihn auf, eine bestimmte Veröffentlichung zu unterlassen, widrigenfalls Strafantrag gestellt werden würde. Das O.-V.-G. sah darin lediglich eine Mahnung, keine polizeiliche Verfügung im Sinne des § 127 L.-V.-G. (vgl. Entsch. Bd. XI S. 372), denn die Polizei habe die Unterlassung nicht mit ihren eigenen polizeilichen Mitteln durchführen wollen.

2. Ein präventives polizeiliches Einschreiten gegen gewerbliche Ankündigungen in Druckschriften verstößt gegen Art. 27 der Verf.-Urk. und § 6 des Preß-Ges. (Entsch. Bd. XXIII S. 276, Bd. XXVIII S. 326, Pr.-V.-Bl. Jahrg. XX S. 123).

Nr. 6. Entsch. v. 26. I. 98 III 126.

Durch Observanz kann sich (betrifft Schleswig-Holstein) ein Rechtssatz bilden, wonach ein Hofbesitzer öffentlich-rechtlich verpflichtet ist, die Heckthore nach dem Durchgange des Viehs wieder zu schließen und geschlossen zu halten. Die Polizeibehörde kann die Befolgung dieser Pflicht erzwingen.

Nr. 7. Entsch. v. 2. XI. 98 III 1491.

Die Polizei auf dem Meere steht der Landespolizeibehörde zu, auch wenn es sich um einen Teil des Meeres handelt, der zwischen zwei Inseln liegt.

Nr. 8. Entsch. v. 6. V. 99 III 732.
§§ 127 ff. L.=V.=G.

Erläßt die Ortspolizeibehörde (Amtsvorsteher) eine polizeiliche Verfügung und hebt der Landrat im Beschwerdeverfahren die Verfügung auf, setzt aber an ihre Stelle eine den Beschwerdeführer mehr belastende neue Verfügung, so sind die Rechtsmittel nach § 127 Tit. 6 L.=V.=G. gegeben, nämlich die Beschwerde an den Regierungspräsidenten und die weitere Beschwerde an den Oberpräsidenten. Auf Klage gegen den letztern sind dessen Bescheid und die Verfügung des Landrats außer Kraft zu setzen.

Nr. 9. Entsch. Bd. XXXIV S. 432 v. 1. X. 98 III A 52/97.
L.=V.=G. § 130.

Wird Beschwerde gegen eine Verfügung des Regierungspräsidenten (§ 130 L.=V.=G.) erhoben, so ist letztere unmittelbar bei dem Oberpräsidenten (nicht bei dem Regierungspräsidenten) vorzubringen (Entsch. Bd. XXXI S. 233).

Nr. 10. Bescheid v. 10. IX. 89 IV 285.
§§ 127, 128, 129, 63 L.=V.=G.

Die Vorschrift des § 129 Abs. 1 des L.=V.=G., wonach die Klage bei derjenigen Behörde anzubringen, gegen deren Verfügung sie gerichtet ist, trifft nur auf die in dem daselbst ausdrücklich in Bezug genommenen § 128 a. a. O. unmittelbar gegen die polizeiliche Verfügung zugelassene Klage zu, dagegen ist für die Klage, welche sich gegen den in der Beschwerdeinstanz vom Regierungspräsidenten oder Oberpräsidenten erlassenen Bescheid richtet, allein die generelle Bestimmung des § 63 maßgebend, wonach die Verwaltungsklage bei dem zuständigen Gerichte einzureichen ist. Nach diesem in der gleichmäßigen Rechtsprechung des O.=V.=G. anerkannten Rechtszustande (von Brauchitsch, Verwaltungsgesetze, 14. Aufl. Anm. 237 zu § 127 des L.=V.=G. Bd. I S. 148, Anm. 102 zu § 63 des L.=V.=G., Entsch. Bd. III S. 359, Bd. IV S. 151) ist der Tag des Eingangs der Klage beim Regierungspräsidenten oder Oberpräsidenten nicht entscheidend, vielmehr der Zeitpunkt, wann die Klage beim O.=V.=G. eingegangen ist.

B. Zwangsmittel.

Nr. 1. Entsch. v. 3. VI. 98 I 1017.
§ 132 L.=V.=G.

Die Behörde, welche ihre Anordnung durch Zwangsmittel durchsetzen will, hat jedesmal ein bestimmtes Zwangsmittel und zwar das unter den gegebenen Umständen angemessene zu bezeichnen und anzudrohen. Es ist ihr nicht gestattet, zwei verschiedene oder sämmtliche an sich gesetzlich zulässige Zwangsmittel in der Androhung derart mit einander zu verbinden, daß ihr nachher die Wahl des wirklich anzuwendenden freisteht.

C. Polizeiverordnungen.

Nr. 1. Entsch. v. 4. XI. 97 VI 1600 (Pr.-V.-Bl. Jahrg. XX S. 61).

Daß durch Polizeiverordnungen rechtliche Verpflichtungen nicht neu begründet werden können, ist anerkannten Rechts (Entsch. Bd. VIII S. 356).

Nr. 2. Entsch. Bd. XXXIII S. 341 v. 19. I. 98 III A 27/97.

Diese Entsch. ist oben unter dem Abschnitte K b (Gewerbe) wiedergegeben, sie spricht aus, es gehöre zum Wesen einer Polizeiverordnung, daß sie gegenüber den Unterthanen, um diese zu binden, bestimmte polizeiliche Gebote u. s. w. aufstelle, nicht aber den unteren Behörden Instruktionen erteile.

Nr. 3. Entsch. v. 8. X. 98 III 1366.

§ 10 Tit. 17 Teil II A.-L.-R.; § 6 Ges. v. 11. III. 50; § 127 Abs. 3 L.-V.-G.

Die von dem Regierungspräsidenten zu Posen unter dem 19. XI. 97 erlassene Polizeiverordnung, betreffend die Herstellung, Aufbewahrung und Feilhaltung künstlicher Mineralwasser bestimmt im § 2, daß zur Darstellung künstlicher Mineralwasser nur destilliertes Wasser verwendet werden darf, im § 6, daß die von auswärts in den Regierungsbezirk Posen eingeführten künstlichen Mineralwasser nur feilgeboten werden dürfen, wenn sie aus destilliertem Wasser und chemisch reinen Salzen hergestellt sind, und im § 7, daß der Regierungspräsident Ausnahmen von den Bestimmungen der §§ 2 und 6 zulassen kann. Der § 9 bedroht Zuwiderhandlungen gegen die vorstehenden Vorschriften mit Strafe. Der Kläger, welcher eine Mineralwasserfabrik in W. betreibt, hatte früher mit Wasser aus einem städtischen Brunnen daselbst hergestelltes Selterswasser an Gast- und Schankwirte verkauft. Seit dem Inkrafttreten des Polizeiverordnung wollten seine dortigen Kunden von ihm Selterswasser nur noch dann kaufen, wenn ihm der Verkauf nach dem § 7 der Polizeiverordnung gestattet würde. Er suchte deshalb bei dem Regierungspräsidenten zu Posen darum nach, daß ihm der Vertrieb von künstlichem, aus dem Wasser des städtischen Brunnens zu W. hergestellten Mineralwasser im Regierungsbezirke Posen, besonders in den Städten Rogasen und Ritschenwalde gestattet werde, und legte ein ärztliches und ein chemisches Gutachten über die Beschaffenheit des Wassers aus dem Brunnen vor. Der Regierungspräsident lehnte das Gesuch ab, weil das Wasser aus einem Oberflächenbrunnen entstamme und nach dem chemischen Befunde auch nicht für durchaus einwandsfrei zu erachten sei. Auf die hierüber geführte Beschwerde erging ablehnender Bescheid des Oberpräsidenten. Die gegen diesen Bescheid erhobene Klage wies das O.-V.-G. als unbegründet ab und führte aus: „Die Polizeiverordnung v. 19. XI. 97 findet ihre Stütze in den § 10 Tit. 17 Teil II des A.-L.-R's. und dem § 6 unter f des Ges. über die Polizeiverwaltung v. 11. III. 50; und das Gesetz, betreffend den Verkehr mit Nahrungsmitteln, Genußmitteln und Gebrauchsgegenständen, v. 14. V. 79 (Reichsgesetzblatt S. 145) enthält nichts, was ihr entgegenstände. Aehnliche Polizeiverordnungen sind auch anderweit erlassen und ihre Giltigkeit ist z. B. von Biermann, Privatrecht und Polizei in Preußen S. 101 (vgl. S. 42) anerkannt worden. Was der Kläger zum Nachweise der gesetzlichen Unzulässigkeit der Polizeiverordnung ausführt, ist verfehlt. Er verkennt dabei namentlich, daß das allgemeine Verbot der Verwendung nicht destillierten Wassers noch nicht deshalb ungerechtfertigt sein kann, weil es Brunnenwasser giebt, dessen Verwendung im einzelnen Falle unschädlich ist. Die

Möglichkeit einer Gesundheitsschädigung durch Verwendung nicht destillierten Wassers genügt, um die letztere grundsätzlich zu verbieten. Die Polizeiverordnung ist daher sowohl bezüglich dieses Verbots des Feilbietens von Mineralwasser, das nicht aus destilliertem Wasser hergestellt ist, als bezüglich der Bestimmung, daß Ausnahmen nur vom Regierungspräsidenten zugelassen werden können, rechtsgiltig. Es geht insbesondere auch das Verbot des Feilbietens nicht über den verfolgten Zweck der Verhinderung von Gesundheitsbeschädigungen hinaus.

Darauf aber, daß zu seinen Gunsten eine Ausnahme gemacht werde, hat der Kläger überhaupt kein Recht, und er hat im vorliegenden Falle umsoweniger ein Recht, als die Annahme, daß das Wasser des Brunnens zu W. nicht einwandsfrei sei, in dem vom Kläger selbst vorgelegten Gutachten ihre Unterlage hat. Die Ablehnung seines Gesuchs um Anwendung des § 7 der Polizeiverordnung ihm gegenüber verletzt ihn daher nicht in seinen Rechten (§ 127 Abs. 3 L.-V.-G.)."

Vierte Abteilung.

Anderweitige Zuständigkeiten der Verwaltungsgerichte.

I.

Eingeschriebene Hilfskassen.

Nr. 1. Entsch. Bd. XXXIV S. 343 v. 15. VI. 98 III C 14/98.

Hilfskassenges. §§ 7 Abs. 2, 15.

Der Beschuß des Vorstandes einer Hilfskasse, ein Mitglied auszuschließen, bedarf grundsätzlich der Mitteilung an den Ausgeschlossenen, wenn auch nicht der förmlichen Zustellung. Es mag sein, daß eine von dem Mitgliede selbst verschuldete Unmöglichkeit, ihm den Ausschluß mitzuteilen, der Mitteilung stets gleichzustellen ist. Dasselbe kann aber noch nicht für jeden erfolglosen Versuch der Mitteilung, selbst nicht für den Versuch gelten, dessen Erfolglosigkeit durch das Verhalten des Mitgliedes veranlaßt worden ist. Immer muß von der Kasse für die Mitteilung an das Mitglied und deren Ausführung ein solches Maß von Thätigkeit und Sorgfalt verlangt werden, wie es sich billiger Weise von ihr nach den allgemeinen Lebens- und Verkehrsverhältnissen und nach den besonderen Umständen des einzelnen Falles erwarten läßt, und es ist deshalb ein erster mißlungener Versuch der Mitteilung, der leicht und mit besserem Erfolge wiederholt werden kann, noch nicht als der wirklichen Mitteilung gleichstehend anzusehen.

Nr. 2. Entsch. Bd. XXXIV S. 347 v. 22. X. 98 III B 49/98.

Hilfskassenges. § 33; Ausf.-Anw. v. 14. VII. 84 Nr. 13; L.-V.-G. § 133.

1. Die Annahme, daß die Festsetzung einer Ordnungsstrafe gegen ein Mitglied einer Hilfskasse durch die Aufsichtsbehörde nicht mittels Klage angefochten werden könne, ist verfehlt. Das Gegenteil ergiebt sich aus dem § 33 Abs. 4 des Hilfskassen-Ges. und der Nr. 13 der dazu ergangenen Ausführungsanweisung v. 14. VII. 84, da an beiden Stellen nicht bloß von der Androhung, sondern auch von der Festsetzung von Geldstrafen die Rede ist; es hat auch bereits in dem Urt. des O.-V.-G. v. 4. XI. 89 (Entsch. Bd. XVIII S. 336) Ausdruck gefunden. Der § 133 Abs. 2 des L.-V.-G. ist in der Nr. 13 der Ausführungsanweisung nicht mit angezogen und durfte gegenüber der Bestimmung des Gesetzes nicht mit angezogen werden.

2. Wenn nach dem Statute einer Hilfskasse dieselbe ihren Mitgliedern in Krankheitsfällen „freie Behandlung durch die von der Kasse bestimmten Aerzte

resp. auf eigenen Wunsch der Mitglieder durch einen Naturheilkundigen" gewährt, so ist damit zugleich bestimmt, daß, wenn die Behandlung durch einen Naturheilkundigen, weil sie gewünscht worden ist, gewährt werden muß und gewährt wird, der Kassenvorstand zum Nachweise der Erwerbsunfähigkeit, durch welchen die Zahlung von Krankengeld bedingt ist, nicht notwendig die Bescheinigung eines approbierten Arztes zu verlangen braucht. Das Recht des Kassenmitgliedes auf Behandlung durch einen Naturheilkundigen enthält mittelbar auch die Befugnis des Kassenvorstandes zur Zahlung des Krankengeldes, sobald der behandelnde Naturheilkundige erklärt, daß die Krankheit Erwerbsunfähigkeit zur Folge hat, und in der Einräumung jenes Rechts ist die Befugnis mit anerkannt. Wird die weit bedeutungsvollere Behandlung der Kassenmitglieder Naturheilkundigen anvertraut, so ist ihnen damit gleichzeitig die Ausstellung von Bescheinigungen über die Dauer und den Verlauf der Krankheit, sowie darüber, ob mit ihr Erwerbsunfähigkeit verbunden ist oder nicht, anvertraut. Die statutarische Gleichstellung der Naturheilkundigen mit den approbierten Aerzten für die Heilbehandlung schließt eine Gleichstellung auch für die Bescheinigung der Erwerbsunfähigkeit in der Art, daß der Kassenvorstand sich mit einer Bescheinigung des behandelnden Naturheilkundigen begnügen kann, von selbst in sich und ist jedenfalls so lange in dieser Weise zu verstehen, als nicht aus anderweitigen Bestimmungen des Statuts zu entnehmen ist, daß sie eine solche Bedeutung nicht haben soll.

Die vorstehende Entsch. wird für sehr bedenklich erachtet. Ein Erlaß des Ministers des Innern v. 13. X. 96 sagt vielmehr richtig: „Sowohl nach § 6 des Krankenversicherungsgesetzes als nach § 12 des Hilfskassengesetzes sei unter ärztlicher Behandlung die Behandlung durch einen approbierten Arzt zu verstehen. Die Versicherten könnten daher im Erkrankungsfalle die Behandlung durch einen approbierten Arzt verlangen. In einzelnen besonderen Ausnahmefällen sei es den Versicherten gestattet, unter Verzicht auf einen approbierten Arzt die Hülfe eines Nichtarztes in Anspruch zu nehmen, insofern der Kassenvorstand damit einverstanden sei. Unzulässig dagegen sei die Gleichstellung von approbierten Aerzten mit den Naturheilkundigen bei der Beteiligung an den Kassenangelegenheiten. Die sogenannten autoritativen Obliegenheiten des Heilverfahrens — Erteilung von Zeugnissen über Erwerbsfähigkeit oder Erwerbsunfähigkeit, Gutachten über die Notwendigkeit einer Krankenhauspflege u. s. w. — müßten den approbierten Aerzten vorbehalten bleiben, da diese Thätigkeit öffentlich-rechtlicher Natur sei und nur von solchen Personen ausgeübt werden könne, welche ihre Befähigung hierzu nachgewiesen hätten. Eine Gleichstellung der approbierten Aerzte mit Nichtärzten in dieser Beziehung sei daher nicht angängig."

II.

Kranken-, Unfall-, Invaliditäts- und Altersversicherung.

Nr. 1. Entsch. Bd. XXXIV S. 352 v. 25. I. 99 III C 90/98.

L.-V.-G. § 126; Kr.-K.-Ges. §§ 24 ff.

1. Wenn die Generalversammlung einer Ortskrankenkasse das Statut nur erläutert (nicht abändert), kann diese Erläuterung nicht Gegenstand der Genehmigung des Bezirksausschusses sein (Erk. v. 20. IV. 98 Arb.-Vers. Bd. XV S. 474).

2. Die auf eine Klage aus § 126 des L.-V.-G. ausgesprochene Beseitigung der zu einem Kassenstatute erteilten Genehmigung nimmt der Ortskrankenkasse noch nicht die rechtliche Existenz. Die Kasse besteht bis auf weiteres fort und wird durch den bisherigen Vorstand weiter vertreten (Beschluß v. 24. IX. 98 III 1018 Arb.-Vers. Bd. XVI S. 73). Solange die Kasse rechtlich besteht und das Statut noch gilt, ist letzteres

überall zu berücksichtigen, sowohl im Verhältnisse der Kasse zu ihren Mitgliedern, als auch für die Abgrenzung der Klassen von Personen, die anderen Kassen angehören können.

Nr. 2. Entsch. Bd. XXXV S. 365 v. 11. III. 99 III 408 (Pr.-V.-Bl. Jahrg. XX S. 543).

Kr.-V.-Ges. §§ 1, 2b.

Das Krankenversicherungsgesetz in seiner ursprünglichen Fassung beschränkte die Versicherungspflicht mit Rücksicht auf das Einkommen aus der versicherungspflichtigen Beschäftigung nur hinsichtlich der Betriebsbeamten (§ 1 Abs. 2 des Ges. v. 15. VI 83). Die Ausdehnung der Beschränkung auf andere Personen, namentlich auf die Techniker, ist erst durch die Novelle v. 10. IV. 92 erfolgt (§ 2b des Gesetzes in seiner jetzigen Fassung). Es ist dabei die durch die Novelle zur Gewerbeordnung v. 1. VI. 91 (R.-G.-Bl. S. 261) getroffene Vorschrift des § 133a der Reichsgewerbeordnung maßgebend gewesen. Unter den Technikern in § 2b sind deshalb nach der im § 133a gegebenen Begriffsstimmung „die von Gewerbeunternehmern gegen feste Bezüge beschäftigten Personen zu verstehen, welche nicht lediglich mit höheren technischen Dienstleistungen betraut sind (Maschinentechniker, Bautechniker, Chemiker, Zeichner und dergleichen)". Dies ist auch allgemein anerkannt (vergl. z. B. die Kommentare zum Krankenversicherungsgesetze von v. Woedtke, 5. Aufl. S. 102 Anm. 2 zu § 2b, und von Hahn, 2. Aufl. S. 34 Anm. 1 zu § 2b).

Nr. 3. Entsch. v. 7. XII. 98 III 1690.

Kr.-V.-Ges. §§ 1, 19.

Es ist zwar in wiederholten Entscheidungen des O.-V.-G. (vgl. Erk. v. 29. X. 94 Entsch. Bd. XXVII S. 345 ff.) anerkannt worden, daß eine beim Eintritte in die Arbeit vorhandene Krankheit das Entstehen der Versicherungspflicht nicht hindert, wenn eine Arbeit thatsächlich stattfindet; es ist jedoch bereits aus der bezeichneten Entscheidung zu entnehmen, daß in Fällen, in denen der Arbeitnehmer nicht nur krank, sondern schlechthin erwerbsunfähig ist und unter Aufopferung seiner letzten Kraft, um nur noch etwas zu verdienen, thatsächlich arbeitet, von der Begründung eines Lohnverhältnisses im Sinne der §§ 1, 19 Kr.-V.-G. und einer daraus folgenden Versicherung nicht gesprochen werden kann.

Nr. 4. Entsch. Bd. XXXIII S. 392 v. 20. IV. 98 III C 154/97.

Kr.-V.-Ges. § 1.

1. Das Dienstmannsgewerbe unterliegt als ein Straßengewerbe der Regelung durch die Ortspolizeibehörde nach ihrem Ermessen, insbesondere auch dahin, wer als Unternehmer des Dienstmannsgewerbes für eigene Rechnung und Verantwortung zuzulassen ist (§ 37 der Reichsgewerbeordnung und die Bemerkungen dazu bei v. Landmann, 3. Aufl., Bd. I S. 357). Von dieser Befugnis ist in einzelnen Polizeiverordnungen dahin Gebrauch gemacht worden, daß als Dienstmänner sowohl solche Personen, die das Gewerbe persönlich auf der Straße für eigene Rechnung und Verantwortung betreiben wollen, zugelassen werden, wie auch solche, die als Angestellte der polizeilich zugelassenen Dienstmanns-Institute unter deren Verantwortung die Arbeiten eines Dienstmanns leisten wollen. Für beide Arten von Dienstmännern gilt, daß sie für ihre Person bestimmten Anforderungen genügen müssen, daß sie hinsichtlich ihrer Thätigkeit der polizeilichen Aufsicht unterworfen sind, und daß ihnen unter gewissen Voraussetzungen die Ausübung ihrer Thätigkeit polizeilich untersagt werden darf. Darin aber unterscheiden sie sich, daß als

selbständige Gewerbetreibende gegenüber der Polizeibehörde und dem Publikum nur die unter eigener Verantwortung zugelassenen Dienstmänner in Betracht kommen, während die Angestellten der mit Rücksicht auf ihre Verantwortlichkeit als die eigentlichen Unternehmer des Dienstmannsgewerbes anzusehenden Dienstmanns-Institute als deren Gehilfen gelten. Auch an einem Abhängigkeitsverhältnisse dieser Gehilfen fehlt es nicht, wenn der Inhaber des Dienstmanns-Instituts die Anstellung und Entlassung nach seinem Ermessen zu regeln ermächtigt ist, da das Aufsichtsrecht der Polizeibehörde sein Aufsichtsrecht über die ihm verantwortlichen Angestellten nicht ausschließt, und wenn ihm auch anderweitige Befugnisse, wie die Anweisung des Standortes und die Zuweisung der ihm zugehenden Aufträge an den von ihm zu bestimmenden Dienstmann behufs der Erledigung u. s. w., zustehen.

2. Mit dem Begriffe der Lohnzahlung ist die Anweisung der Arbeiter auf die von Dritten, denen sie auf Anweisung des Arbeitgebers die Arbeit leisten, zu zahlende Gebühr wohl vereinbar. Deshalb ist es für die rechtliche Beziehung des Inhabers eines Dienstmanns-Instituts als Unternehmers zu den Dienstmännern als seinen Gehilfen für das Dienstmannsgewerbe nicht wesentlich, ob er die Dienstmänner zur Abführung der von den Dritten erhobenen Gebühren, vorbehaltlich ihrer demnächstigen Ablohnung aus seinen Mitteln, verpflichtet, oder ob er es seinem Interesse für entsprechender erachtet, sie hiervon zu entbinden und ihnen die erhobenen Gebühren als ihren Lohn, vorbehaltlich des ihm als Eigenverdienst abzuführenden Anteils, zu belassen. Zu demselben Ergebnisse ist das Reichs-Versicherungsamt hinsichtlich der unter gleichartigen Bedingungen angenommenen Dienstmänner eines Dienstmanns-Instituts für die Invaliditäts- und Altersversicherung gelangt (Amtliche Nachrichten Jahrg. 92 S. 114) und ebenso die höhere Verwaltungsbehörde zu Leipzig (Arbeiterversorgung Jahrg. 94 S. 439). Auch für das Krankenversicherungsgesetz ist die Versicherungspflicht der nur auf Trinkgelder angewiesene Kellner (von Woedtke, 5. Aufl., S. 57 Anm. 3) und diejenige der Droschkenkutscher, die die Führung fremder Droschken gegen die Verpflichtung, dem Eigentümers eine tägliche Pauschalsumme abzuführen, übernommen haben (Entsch. Bd. XXX S. 360), anerkannt, weil hierin nur eine eigenartige Form der Lohnzahlung zu finden ist.

Nr. 5. Entsch. v. 25. II. 99 III 310 (Pr.-V.-Bl. Jahrg. XX S. 462).

Kr.-V.-Ges. § 1.

Das O.-V.-G. hat wiederholt ausgesprochen, daß für die Versicherungspflicht der Dienstboten von Gewerbetreibenden, die außer im Haushalt auch für den Gewerbebetrieb beschäftigt sind, das Verhältnis der Arbeitsleistungen in jenem und in diesem zu einander nicht entscheidend, namentlich die Versicherungspflicht nicht schon dann ausgeschlossen ist, wenn die Thätigkeit im Gewerbebetriebe die untergeordnete ist und die im Haushalt überwiegt, daß es vielmehr lediglich darauf ankommt, ob die Beschäftigung im Gewerbebetriebe eine solche ist, welche auch für eine andere, nicht gleichzeitig im Gesindedienste stehende Person die Krankenversicherungspflicht begründen würde. (Vgl. die Urteile des O.-V.-G. v. 5. XII. 95 III. 1517 (Pr.-V.-Bl. Jahrg. XVII, S. 359, Arb.-Vers. Bd. XIII, S. 466), v. 2. XI. 96 III. 975 (Arb.-Vers. Bd. XIV, S. 10) und v. 5. II. 98 III. 167 (Pr.-V.-Bl. Jahrg. XIX, S. 425, Arb.-Vers. Bd. XV, S. 368), in denen es sich um die Besorgung von Geschäftsgängen und die Reinigung von Geschäftsräumen durch Dienstboten handelte.)

Nr. 6. Entsch. v. 25. I. 97 III 106.

Kr.=V.=Ges. § 1.

Von den seit dem Urt. des O.=V.=G. v. 12. VI. 93 (Entsch. Bd. XXV S. 345) ergangegenen anderweiten Entscheidungen und sonstigen Erörterungen über die Begriffe von Hausindustrie und Heimarbeiterschaft sind besonders hervorzuheben die Entscheidungen, welche in der Arbeiterversorgung Jahrg. VIII S. 55 und 313 sowie Jahrg. XIV S. 29 abgedruckt sind, und die Ausführungen von Gebhard: „Die nach dem Invaliditäts= und Alters=versicherungsgesetze versicherten Personen" S. 278 ff., dann das Urteil des Bayerischen Verwaltungsgerichtshofes v. 21. X. 95 (a. a. O. Bd. XIII S. 313), welches (es betraf Nähen und Tambourieren von Handschuhen, die zu diesem Behufe zuge=schnitten auf jeweilige Anfrage um Arbeit übergeben wurden, im Auftrage und für Rechnung einer Firma außerhalb der Betriebsstätte derselben in der Wohnung der Arbeiterin durch diese selbst mit eigenen Werkzeugen ohne Gehilfen unter Bezahlung bei Ablieferung der fertigen Arbeit nach Stücklohn) zu dem gleichen Ergebnisse (Hausindustrie) gelangt ist, und zwar obwohl nicht einmal für mehrere Arbeitgeber, sondern nur für einen gearbeitet worden war. In den anderen Ent=scheidungen ist freilich Heimarbeiterschaft angenommen worden. Indessen lagen in den betreffenden Fällen die Verhältnisse anders; es war namentlich teils ein bestimmtes Tagesarbeitspensum zu bestimmter Zeit fertig zu stellen und abzuliefern, andernfalls Meldung zu machen und weitere Be=stimmung entgegenzunehmen, auch verboten, noch für andere Geschäfte zu arbeiten, teils war ein ständiges und dauerndes Arbeitsverhältnis mit einem Arbeitsbuche vorhanden gewesen und es wurde verneint, daß sich die damals in Betracht kommende Arbeitsleistung — Anfertigung von Herren= und Kindergarderobe — gewohnheitsmäßig an dem betreffenden Orte in der für die Hausindustrie charakteristischen Gestalt eines gleichförmigen, außerhalb von Fabrikräumen statt=findenden Massenbetriebes entwickelt habe. Es ist anerkannt, daß die Er=zeugung von Massenartikeln kein notwendiges Erfordernis der Hausindustrie ist (Gebhard, a. a. O. S. 291, derselbe: die Invalitäts= und Altersversicherung der Hausgewerbetreibenden der Tabackfabrikation, S. 10 Anm., S. 31/32). Sie ist nur eines der für Hausindustrie sprechenden Momente, sodaß wegen ihres Fehlens nicht schon gegen Hausindustrie und für Heimarbeiter=schaft zu entscheiden ist. Gebhard spricht sich S. 291, nachdem er vorher S. 284 unter anderem einen Fall mitgeteilt hat, indem eine mit der Anfertigung von Damenmänteln, zu denen sie den Stoff erhielt, in ihrer Wohnung für ein Konfektionsgeschäft beschäftigte Schneiderin vom Reichsversicherungsamte als Haus=gewerbetreibende erklärt worden ist, selbst dahin aus, daß die Beschäftigungsweise von Schneidern, welche in der eigenen Wohnung oder auf einer von ihnen be=schafften Arbeitsstätte beschäftigt werden, bald diejenige von Hausgewerbetreibenden, bald diejenige von Betriebsunternehmern, meist diejenige von Lohnarbeitern sei. Im allgemeinen wird danach die Heimarbeiterschaft die Regel bilden.

Nr. 7. Entsch. Bd. XXXV S. 371 v. 12. IV. 99 III C 113/98.

Kr.=V.=Ges. § 20.

Für das Krankenversicherungsgesetz in seiner ursprünglichen Fassung hatte Rosin, das Recht der Arbeiterversicherung Bd. I S. 372, auf Grund allgemeiner Erwägungen aufgestellt: „So lange die Beerdigung noch nicht besorgt sei, seien hinsichtlich des Sterbegeldes als forderungsberechtigt die „Hinter=bliebenen d. h. diejenigen zu erachten, welche nach privatem Familien= bezw. Erbrechte das Begräbnis zu besorgen und dessen Kosten zunächst zu tragen hätten.

Durch die Auszahlung des Sterbegeldes an diese befreie sich das Versicherungsinstitut von seiner Verbindlichkeit auch dann, wenn später die Beerdigung thatsächlich von einem Dritten besorgt werde" (vergl. auch die gleiche Ansicht für das österreichische Krankenversicherungsgesetz vom 30. III. 88 bei Menzel, die Arbeiterversicherung nach österreichischem Rechte S. 278). Dem § 20 des Kr.-V.-Ges. ist aber später durch die Novelle vom 10. IV. 92 der Abs. 4 hinzugefügt worden, welcher lautet:

> „Das Sterbegeld ist zunächst zur Deckung der Kosten des Begräbnisses bestimmt und in dem aufgewendeten Betrage demjenigen auszuzahlen, welcher das Begräbnis besorgt. Ein etwaiger Ueberschuß ist dem hinterbliebenen Ehegatten, in Ermangelung eines solchen den nächsten Erben auszuzahlen. Sind solche Personen nicht vorhanden, so verbleibt der Ueberschuß der Kasse."

Nach dieser Bestimmung kann die Annahme von Rosin jedenfalls für das jetzige Recht nicht mehr gelten (vgl. hierzu Rosin selbst a. a. O. S. 514, 515, ferner z. B. noch die Kommentare zum Kr.-V.-Ges. von Hahn, 2. Aufl., Anm. 7a zu § 20 S. 101, Reger-Henle, 5/6. Aufl., Anm. 23 Abs. 3 S. 119, Köhne, Anm. 17 zu § 20 S. 81 und von Schicker, Anm. 24 Abs. 3 und 4 zu § 20 S. 123, 124, Weyl, Lehrbuch des Reichsversicherungsrechts S. 141, 142, von Frankenberg in der Arb.-Vers. Bd. XIV S. 174 und die Redaktion dieser Zeitschrift daselbst Bd. XII S. 575 unter Nr. 4). Nur „ein etwaiger Ueberschuß" ist ohne weiteres dem hinterbliebenen Ehegatten oder den nächsten Erben auszuzahlen. Im Uebrigen stellen die Worte „in dem aufgewendeten Betrage", d. i. in dem Betrage, der in einer schon vergangenen Zeit aufgewendet worden ist, außer Zweifel, daß das Sterbegeld nur an den ausgezahlt werden darf, der das Begräbnis besorgt hat, also bereits für dasselbe aufgewendet hat, und nur in dem Betrage, in welchem ihm dafür Kosten entstanden sind, nicht schon an jemand, der bloß das Begräbnis besorgen will, und zwar auch dann nicht, wenn der letztere eine gesetzliche Pflicht zur Beerdigung hat. Das im Gesetze das Zeitwort, „besorgt" im Präsens steht, ist unwesentlich. Die darin liegende Unklarheit wird durch das Präteritum „aufgewendeten" gehoben. „Besorgt" ist deshalb, wie nicht gleichbedeutend mit „besorgen wird", so auch nicht einmal gleichbedeutend mit „im Begriff ist, zu besorgen" oder „angefangen hat, zu besorgen", sondern steht für „besorgt hat". Es entspricht mithin insoweit der Abs. 4 dem § 13 Abs. 5 des Ges., betreffend die Unfallversicherung der Seeleute, v. 13. VI. 87 (R.-G.-Bl. S. 329): „Der Anspruch auf Beerdigungskosten steht demjenigen zu, welcher die Beerdigung besorgt hat." Bei einer Zahlung an den, der das Begräbnis noch besorgt hat, ließe sich nicht ein „aufgewendeter", d. h. ein wirklich aufgewendeter Betrag, sondern lediglich ein mutmaßlich oder wahrscheinlich zur Aufwendung kommender Betrag zahlen. Die Kasse, die letzteres thäte, bliebe nicht nicht mehr innerhalb der Grenzen, die der Satz 1 des Abs. 4 steckt. Diese sind nur inne zu halten, wenn das Begräbnis erfolgt ist und die Höhe der dadurch entstandenen Auslagen nachgewiesen werden kann und nachgewiesen wird. Zahlt eine Kasse ohne derartigen Nachweis, so thut sie es auf ihre Gefahr; die Zahlung hat dann bloß die Natur eines Vorschusses auf die durch die spätere Ausführung der Beerdigung entstehende Forderung. Ist derjenige, der das Begräbnis besorgt hat, der hinterbliebene Ehegatte oder in Ermangelung eines solchen der nächste Erbe, so erledigt sich allerdings der Nachweis des Betrages der Auslagen thatsächlich damit von selbst, daß er auch den etwaigen Ueberschuß zu beanspruchen hat. Dies bleibt jedoch ohne rechtliche Bedeutung. Der hinterbliebene Ehegatte oder nächste Erbe, dem das ganze Sterbegeld zusteht, erhält den sich innerhalb der Kosten des Begräbnisses haltenden

Teil des Sterbegeldes rechtlich ebenso, wie ein Dritter, lediglich weil er diese Kosten aufgewendet hat. Um das ganze Sterbegeld zu erhalten, muß auch er immer noch den Nachweis führen, daß er das Begräbnis besorgt hat.

Wenn in den Musterstatuten für eine Ortskrankenkasse und für eine Betriebs-(Fabrik-)Krankenkasse (Zentralblatt für das Deutsche Reich 1892 Nr. 29 S. 515) § 29 bezw. § 15 Abs. 4 übereinstimmend gesagt ist: „Vom Sterbegelde wird gegen Einlieferung der standesamtlichen Sterbeurkunde der zur Deckung der Begräbniskosten aufgewendete Betrag demjenigen ausgezahlt, welcher das Begräbnis besorgt", so folgt daraus noch nicht eine von der vorstehenden abweichende Auffassung des § 20 Abs. 4 des Gesetzes, namentlich nicht, daß man die vorzulegende Sterbeurkunde für den einzigen erforderlichen Nachweis gehalten und die Zahlung vor dem Begräbnis als rechtlich zulässig angesehen hat. Denn es ist auch von dem zur Deckung der Begräbniskosten aufgewendeten Betrage die Rede, und das Präsens „besorgt" erklärt sich durch den Gebrauch desselben im Gesetze.

Nr. 8. Entsch. Bd. XXXIII S. 386 v. 30. IV. 98 III C 119/97.

Kr.-V.-Ges. §§ 57 Abs. 2 u. 5, 21 Ziffer 5, 57 b, 26, 19 Abs. 3, 5, 4 Abs. 3.

1. Das Krankenversicherungsgesetz stellt den Grundsatz auf, daß für versicherungspflichtige Personen der Anspruch auf die gesetzlichen Unterstützungen der Kasse mit dem Zeitpunkte beginnt, in welchem sie Mitglieder der Kasse geworden sind, auch wenn sie zu dieser Zeit bereits krank sind (§ 26 in Verbindung mit § 19 Abs. 3, § 5 in Verbindung mit § 4 Abs. 3). Eine Ausnahme von diesem Grundsatze für den Fall, daß dem Kranken aus einer füheren Kassenmitgliedschaft ein noch nicht erledigter Unterstückungsanspruch gegen eine andere Zwangskasse erwachsen ist, kennt das Gesetz nicht. Da ferner nach dem Systeme des Gesetzes dem Kranken nicht für dieselbe Krankheitszeit ein Unterstützungsanspruch gegen mehrere Zwangskassen zustehen kann, so ergiebt sich mit Notwendigkeit, daß der Anspruch gegen die erste Kasse in dem Augenblicke erlischt, in dem der Anspruch gegen die zweite Kasse ins Leben tritt.

2. Da die Kasse, deren Mitglied der Kranke wird, nicht in die Verpflichtung der bis dahin verpflichteten Kasse eintritt, sondern ihre eigene auf Gesetz und Statut beruhende Verpflichtung erfüllt, so bestimmt sich Art, Höhe und Zeitdauer der Unterstützung nicht nach dem Statute der bisher verpflichteten Kasse, sondern nach ihrem eigenen Statut. Daß bei der Verschiedenheit der statutarischen Kassenleistungen der Kranke infolge eines Kassenwechsels weniger oder auch mehr erhält, als er erhalten haben würde, wenn der Kassenwechsel nicht eingetreten wäre, ist eine unvermeidliche Folge der Organisation, welche die öffentlich-rechtliche Krankenfürsorge erhalten hat; wie einerseits im Gegensatze zu der privatrechtlichen Versicherung den Zwangskassen die Fürsorge auch für ein vor Begründung des Versicherungsverhältnisses erkranktes Mitglied auferlegt worden ist, so erwachsen andererseits dem Kassenmitgliede aus der Erkrankung nicht unabänderliche, über die Zeit der Begründung eines neuen Versicherungsverhältnisses hinausreichende Ansprüche.

Nr. 9. Entsch. Bd. XXXIV S. 357 v. 21. IX. 98 III C 21/98.

§ 30 des Ges. über den Unterstützungswohnsitz v. 6. VI. 70 R.-G.-Bl. S. 360; § 35 des Pr. Ges. v. 8. III. 71 G.-S. S. 130; Tarif dazu v. 2. VII. 76; Kr.-V.-Ges. § 57.

1. Daß der Aufnahme- und der Entlassungstag zusammen als ein Tag anzurechnen sind, bestimmt der in Ausführung des § 30 des Ges. über den Unterstützungswohnsitz v. 6. VI. 70 und des § 35 des Pr. Ges., betreffend

die Ausführung dieses Ges., v. 8. III. 71 ergangene Tarif v. 2 VII. 76. Dieser Tarif ist jedoch nur maßgebend für die Ersatzansprüche der Armenverbände unter einander und nicht auch für die Ersatzansprüche, die die Armenverbände als Rechtsnachfolger der unterstützten Kassenmitglieder gegen die Krankenkassen geltend machen. Das Krankenversicherungsgesetz selbst enthält eine derartige Bestimmung nicht nur nicht, sondern es bestimmt, daß dem erkrankten Mitgliede der Anspruch auf die Krankenunterstützung für die Tage der Erkrankung zusteht, ohne hierbei zu unterscheiden, ob das Mitglied an den einzelnen Tagen, an denen es krank war, während des ganzen Tages der Krankenunterstützung bedürftig gewesen ist. Das O.-V.-G. ist deshalb bisher schon davon ausgegangen, daß die Tage der Aufnahme und der Entlassung aus dem Krankenhause je besonders und nicht als ein Tag zu rechnen sind (Urt. v. 24. III. 90 bei von Woedtke, Krankenversicherungsgesetz, 5. Aufl., S. 379); es hat dies auch anderweit Anerkennung gefunden (Arb.-Vers. Jahrg. XIV S. 389 und XV S. 184).

2. Für die ärztliche Behandlung, die Arzneien und die anderweitigen Heilmittel ist als Ersatz die Hälfte des gesetzlichen Mindestbetrages des Krankengeldes zufolge des letzten Absatzes des § 57 des Kr.-V.-G. zu vergüten, ohne daß zu prüfen ist, ob der thatsächliche Aufwand an jedem einzelnen Tage der Unterstützungszeit diesen Betrag erreicht. Daß jedoch eine solche Prüfung auch hinsichtlich der übrigen, aus dem Krankengelde zu berichtigenden Aufwendungen nicht stattzufinden hat, sondern daß es nur darauf ankommt, ob der gesammte Aufwand des Armenverbandes für den einzelnen Unterstützungsfall, auch wenn dieser sich auf eine Mehrzahl von Tagen erstreckt, den auf die Unterstützungszeit entfallenden Gesammtbetrag des Krankengeldes erreicht, bringt der zweite Absatz des § 57 insofern zum zweifelsfreien Ausdrucke, als hier den Gemeinden und Armenverbänden, die zufolge gesetzlicher Vorschrift einem Kassenmitglied Unterstützung gewährt haben, der dem Unterstützten für den Zeitraum, für welchen die Unterstützung gewährt ist, zustehende Unterstützungsanspruch übereignet ist. Demgemäß ist von dem O.-V.-G. auch der Anspruch der Armenverbände auf Erstattung von Transportkosten neben den eigentlichen Kosten der Unterstützung anerkannt worden, wenn hierfür und für die anderweitigen Kosten das auf die Unterstützungszeit entfallende Krankengeld und die Pauschalvergütung für die Heilbehandlung ausreicht, und es ist dies nicht davon abhängig gemacht worden, ob das für den Tag, an welchem der Transport ausgeführt worden ist, entfallende Krankengeld hierzu ausreichte (Entsch. Bd. XXVII S. 362). Für die Beziehung der Armenverbände unter einander ist das Bundesamt für das Heimatwesen von gleichen Grundsätzen ausgegangen (s. dessen Entscheidungen Heft XXIV S. 155 ff.).

Nr. 10. Entsch. Bd. XXXIV S. 364 v. 14. I. 99 III C 78/98.

Kr.-V.-Ges. §§ 57, 56 Abs. 1.

1. Nach den Grundsätzen des Urteils v. 23. X. 90 (Entsch. Bd. XX S. 360), die vom O.-V.-G. seitdem in zahlreichen Fällen gleichmäßig zur Geltung gebracht und von Theorie und Praxis fast ausnahmslos als richtig anerkannt worden sind, hat das erkrankte Kassenmitglied einen Anspruch an die Kasse, der es angehört, darauf, daß ihm die Krankenunterstützung von dem Tage ab auf 13 Wochen gewährt wird, an welchem die erste Unterstützung stattgefunden hat, und zwar, da die Gründe, die zu dieser Rechtsansicht führen, ebenso für das Krankengeld wie für die freie ärztliche Behandlung passen, ohne Unterscheidung zwischen diesen beiden Arten von Kranken-

unterstützung. Allerdings kann ein Kassenmitglied, das nicht sofort beim Beginne der Krankheit, sondern erst später um die Krankenunterstützung bei der Kasse nachsucht, auch verlangen, daß die Unterstützungszeit vom Beginne der Krankheit ab berechtigt wird und ihm die danach rückständigen Leistungen nachträglich gewährt werden, soweit ihm überhaupt ein solcher Anspruch nach dem Gesetze und dem Kassenstatute zusteht. Hat es dies aber nicht gethan und die Krankenunterstützung vom Tage der ersten Unterstützung ab für 13 Wochen von der Kasse erhalten, so hat es für die Zeit vom Beginne der Krankheit bis zum Tage der ersten Unterstützung keinen Anspruch an der Kasse mehr. Die Kasse hat dann alles geleistet, was sie zu leisten hatte, und der Anspruch auf Krankenunterstützung vom Beginne der Krankheit ab, der dem Kassenmitgliede wahlweise zustand, ist für die Zeit bis zur ersten Unterstützung von selbst fortgefallen. Es bedarf nicht noch des Ablaufs der Verjährungszeit, um den Anspruch für diese Zeit zu beseitigen.

2. Nach dem § 57 des Kr.-V.-Ges. geht auf den Armenverband, der auf Grund seiner gesetzlichen Verpflichtung einem Kassenmitgliede Unterstützungen für einen Zeitraum geleistet hat, für welchen dem Unterstützten auf Grund des Krankenversicherungsgesetzes ein Unterstützungsanspruch zusteht, der letztere zum Betrage der geleisteten Unterstützung über. Diese Voraussetzung trifft, wenn ein erkrantes Kassenmitglied der Armenpflege anheimgefallen ist, ohne vorher von der Kasse für dieselbe Krankheit Unterstützung zu haben, auch hinsichtlich solcher Unterstützungen zu, die der Armenverband zwar innerhalb der 13 Wochen vom Tage der ersten Unterstützung, aber nach Ablauf der dreizehnten Woche vom Beginne der Krankheit gewährt hat. Denn auch auf diese Leistungen hatte das Kassenmitglied einen gesetzlichen Anspruch, wenn es auch nach seiner Wahl statt der Unterstützung für diese Zeit die Unterstützung für die zwischen dem Beginn der Krankheit und der Gewährung der ersten Unterstützung liegende Zeit von der Kasse verlangen durfte. Dieser letztere Anspruch des Kassenmitgliedes erlischt, da er, auf einer alternativen Obligation beruhend, neben der auf den Armenverband übergangenen Forderung nicht bestehen kann.

Nr. 11. Bescheid v. 21. VI. 99 III 1777.

Kr.-V.-Ges. § 57.

Sinnlose Trunkenheit ist in der Regel keine Krankheit im Sinne des Kr.-V.-Ges. Sinnlose Trunkenheit ist ein Zustand, bei dem infolge Trunks geistiger Getränke die Besinnung vorübergehend verloren gegangen ist.

Nr. 12. Entsch. Bd. XXXIV S. 361 v. 15. X. 98 III C 50/98.

Kr.-V.-Ges. § 57; A.-L.-R. § 222 I 16.

Die Hinterlegung des Betrages des Unterstützungsanspruches, den ein im Wege der Armenpflege unterstütztes Kassenmitglied gegen die Krankenkasse hat, ist von Hahn im Verw.-Arch. Bd. IV S. 503 als Ausweg gegenüber den verschiedenen Ansichten über den Uebergang des Unterstützungsanspruches nach § 57 des Kr.-V.-Ges. beim Vorhandensein eines vorläufig verpflichteten Armenverbandes Ersatz geleistet hat, empfohlen worden. Wenn eine Kasse die Hinterlegung wegen der Meinungsverschiedenheit vorgenommen, die zwischen dem Bundesamte für das Heimatwesen und dem O.-V.-G. besteht (vgl. hierzu besonders Entsch. Bd. XXI S. 368 und Arb.-Vers. Bd. XV S. 108, Pr.-V.-Bl. Jahrg. XIX S. 241), so ist zwar zuzugeben, daß auch rechtliche Zweifel die Hinterlegung zu rechtfertigen vermögen (Koch, Kommentar zum A.-L.-R. 8. Aufl. Bd. II S. 416 Anm. 42 zu § 222 I 16). Nach den Bestimmungen in den §§ 215 ff. I 15 A.-L.-R. ist aber eine solche Deposition nur gerechtfertigt, wenn der Schuldner nach den konkreten Umständen bei vernünftiger Ueberlegung berechtigten Anlaß hatte, die die Legitimation des Gläubigers zu bezweifeln (Koch a. a. O. S. 415 und die Citate daselbst; vgl. ferner den § 372 des Bürgerlichen Gesetzbuches, wonach die Hinterlegung zulässig ist, wenn der Schuldner infolge einer nicht auf Fahrlässigkeit beruhenden Ungewißheit über die Person des Gläubigers seine Verbindlichkeit nicht oder nicht mit Sicherheit erfüllen kann, also die im Verkehre erforderliche Sorgfalt (§ 276) anzuwenden ist.

Nr. 13. Entsch. Bd. XXXIII S. 395 v. 23. III. 98 III C 152/97.

Kr.=V.=Ges. § 57 a.

Für die Ersatzansprüche aus § 57 a des Kr.=V.=Ges. ist, wiewohl die Vergütung für die ärztliche Behandlung, die Arznei und andere Heilmittel auf den Pauschalsatz der Hälfte des Krankengeldes bemessen worden ist, die Berechtigung der ersatzberechtigten Gemeindekrankenversicherung und Ortskrankenkasse anerkannt, derjenigen Gemeindekrankenversicherung und Ortskrankenkasse, deren Mitgliede sie auf Ersuchen der Kasse oder auf Antrag des Mitgliedes die Unterstützung in einem Krankenhause gewährt hat, die vollen Kosten der Krankenhauspflege in Rechnung zu stellen (Entsch. Bd. XXVI S. 318, Bd. XXVIII S. 342, Arb.=Vers. Jahrg. XIV S. 436).

Nr. 14. Entsch. v. 10. XII. 98 III 1708.

Kr.=V.=Ges. §§ 6, 57 a.

Die Vorschrift im letzten Abs. des § 57 a des Kr.=Vers.=Ges., wonach als Ersatz für die im § 6 Abs. 1 Ziffer 1 bezeichneten Leistungen — also von der Krankenhauspflege abgesehen — die Hälfte des Krankengeldes zu gewähren ist, gilt nicht bloß für den Fall, wenn der Betriebsunternehmer dem im Auslande erkrankten Kassenmitgliede die Unterstützung gewährt (Abs. 3), sondern auch für den Fall, wenn die Unterstützung von einer anderen Kasse deshalb gewährt wird, weil die eigentlich pflichtige Kasse am Wohn= oder Aufenthaltsorte des Mitgliedes nicht ihren Sitz hat (Abs. 1 und 2). Hierüber kann auf Grund des Wortlautes und der Vorverhandlungen zum Gesetze zur Feststellung des § 57 a ein Zweifel nicht bestehen. Es ist deshalb unwesentlich, ob die gesetzliche Vorschrift in einzelnen Fällen zu Unbilligkeiten führt oder ob sie mit Vorschriften des Gesetzes für andere Rechtsverhältnisse im Einklange steht (s. hierüber auch die Arb.=Vers. Jahrg. XIV S. 313 und 465).

Nr. 15. Entsch. Bd. XXXIV S. 367 v. 8. X. 98 III C 19/98.

Kr.=V.=Ges. § 58 Abs. 2.

Wie das O.=V.=G. in gleichmäßiger Rechtsprechung festgehalten hat (vgl. Entsch. Bd. XXVII S. 376 und 383, Bd. XXIX S. 329 und 332), greift die Bestimmung des § 58 Abs. 2 des Kr.=V.=Ges. über den Ersatz irrtümlich geleisteter Unterstützungen stets Platz, wo eine Kasse die einer anderen obliegenden Unterstützungen thatsächlich geleistet hat und das Vermögen der letzteren ungerechtfertigter Weise bereichert worden ist. Hieraus folgt, daß auch da eine irrtümlich geleistete Unterstützung im Sinne des § 58 Abs. 2 vorhanden ist, wo eine Kasse ein Kassenmitglied nicht unmittelbar unterstützt, sondern nur die Auslagen des Armenverbandes, der im Wege der Armenpflege für das Kassenmitglied gesorgt hatte, erstattet hat. Hier hat, wenn das Kassenmitglied einer anderen Kasse angehörte, die erstattende Kasse ebenfalls thatsächlich die Pflichten dieser anderen Kasse erfüllt, und das Vermögen der letzteren würde, falls kein Ersatz stattfände, in ungerechtfertigter Weise zum Schaden des Vermögens der Kasse, welche dem Armenverbande die Erstattung gewährt hat, bereichert werden. Für die Frage, auf die es allein ankommt, ob eine ungerechtfertigte Bereicherung vorliegt, ist es ohne Belang, wie die einer anderen Kasse obliegende Pflicht erfüllt ist, ob durch unmittelbare Leistung an deren Kassenmitglied oder mittelbar durch Befriedigung des Armenverbandes, durch dessen Eintreten der anderen Kasse Ausgaben erspart waren. Daß bei richtiger Würdigung der Sach- und Rechtslage der Armenverband sich nur an die Kasse, deren Mitglied er unterstützt hat, halten konnte und sich an diese Kasse hätte halten müssen, schließt, wenn anders verfahren und der Armenverband von einer nichtverpflichteten Kasse befriedigt worden ist, noch nicht aus, daß diese Kasse demnächst von der verpflichteten weiter Ersatz fordern kann.

Nr. 16. Entsch. Bd. XXXV S. 368 v. 26. IV. 99 III C 134/98.
Kr.-V.-Ges. §§ 57, 58 Abs. 2.

Der Reisende E. aus K. erkrankte am 29. III. 97, während er infolge seiner Thätigkeit als Reisender einer Firma in Leipzig Mitglied der Leipziger Krankenkasse war, in Krefeld derartig, daß er zugleich erwerbsunfähig wurde. Die Leipziger Kasse ersuchte deshalb unter dem 5. IV. 97 die Krefelder Kasse um Aushilfe gemäß § 57a Abs. 1 des Kr.-V.-Ges. E. starb am 10. V. 97. Leipzig übersandte darauf an Krefeld den ganzen Betrag des Unterstützungsanspruches unter Berechnung der Hälfte des Krankengeldes für die im § 6 Abs. 6 Ziffer 1 des Kr.-V.-Ges. bezeichneten Leistungen. Später forderte die Witwe des E., weil die in der Zeit zwischen der Erkrankung und dem Eingange des Ersuchens v. 5. IV. 97 bei Krefeld entstandenen Arzt- und Apothekerkosten 43,05 Mk. mehr als die dafür von Krefeld gewährte Hälfte des täglichen Krankengeldes betragen hätten, diese 43,05 Mk. von Leipzig und erhielt sie auch ausgezahlt. Leipzig verlangte von Krefeld die Erstattung der 43,05 Mk. wurde jedoch abgewiesen. Das O.-V.-G. führte aus: „Für den eingeklagten Anspruch ist das Verwaltungsstreitverfahren eröffnet. Nach dem § 58 Abs. 2 des Kr.-V.-Ges. findet dieses statt bei Streitigkeiten zwischen Krankenkassen über den Ersatz irrtümlich geleisteter Unterstützungen. Das O.-V.-G. hat stets (z. B. Entsch. Bd. XXVIII S. 376, 383, Bd. XXIX S. 329, 332) angenommen, daß dabei auf das Vorhandensein eines Irrtumes kein Gewicht zu legen ist, sondern es nur darauf ankommt, ob eine Kasse die einer anderen obliegenden Unterstützungen thatsächlich geleistet hat, die letztere also auf Kosten der ersteren in ungerechtfertigter Weise bereichert ist, und dem hat sich Theorie und Praxis angeschlossen (vgl. namentlich Hahn, Krankenversicherungsgesetz, 2. Aufl., S. 217, 218, Anm. 2b zu § 58 und das Urt. des Bayerischen Verwaltungsgerichtshofes v. 14. III. 98 in Regers Entsch. Bd. XVIII S. 439). In weiterer Folge hiervon ist auch für einen Anspruch der vorliegenden Art das Verwaltungsstreitverfahren für zulässig zu halten. Allerdings hat die Klägerin durch die Zahlung der 43,05 Mk. an die Witwe E. eine eigene Pflicht erfüllt; die Beklagte hatte, wie das O.-V.-G. in dem Urt. v. 14. II. 95 (Entsch. Bd. XXVIII S. 341) für den Abs. 2 des § 57 ausgesprochen hat, unbedenklich aber auch für den Abs. 1 gilt, nur eine Pflicht, die Klägerin zu vertreten, keine eigene Pflicht, den Reisenden E. zu unterstützen. Darauf jedoch, daß die Beklagte ihrer Pflicht zur Vertretung der Klägerin nachkam, stand dem E. ein unmittelbar gegen die Beklagte geltend zu machender Anspruch zu (vgl. das Urt. v. 14. II. 95, ferner Hahn a. a. O. S. 207, Anm. 1a Abs. 2 zu § 57a). Insofern hat — unter

Voraussetzung der Richtigkeit der Ansicht, daß die Beklagte die von ihr erforderte Aushülfe vom Beginn der Krankheit ab zu leisten hatte — die Klägerin dadurch, daß sie bis zum Eingange des Ersuchens v. 5. IV. 97 bei der Beklagten dem E. in Form der Erstattung der Auslagen an dessen Witwe freie ärztliche Behandlung und Arznei gewährt hat, zugleich eine Pflicht der Beklagten erfüllt und zu Gunsten der Beklagten, die von der Klägerin nicht mehr als das Pauschquantum nach dem Abs. 4 des § 57a verlangen konnte, ohne Rechtsgrund einen Schaden von 43,05 Mk. gehabt. Das Verwaltungsstreitverfahren ist umsomehr für zulässig zu halten, als es nach dem § 58 Abs. 2 des Kr.-V.-Ges. auch für Streitigkeiten über Erstattungsansprüche aus § 57a, d. i. über Ansprüche der aushelfenden Kasse auf Erstattung ihrer Auslagen gegenüber der eigentlich verpflichteten Kasse, gegeben ist und sich nicht annehmen läßt, der Gesetzgeber habe für den in Rede stehenden seltenen Fall ausnahmsweise den ordentlichen Rechtsweg erhalten wollen.

Dagegen ist der erhobene Anspruch sachlich unbegründet, weil die Verpflichtung der nach dem Abs. 1 des § 57a ersuchten Kasse erst von dem Eingange des Ersuchens bei ihr beginnt und sie erst von diesem Zeitpunkte ab, nicht auch rückwärts bis zum Tage der Erkrankung zurück, die freie ärztliche Behandlung u. s. w. unter Abgeltung derselben durch das Pauschquantum des Abs. 4 zu gewähren hat. Zu einer Aushülfe für die Vergangenheit fehlt es an einem Bedürfnis, und es könnte, wenn sie geleistet werden müßte, eine Kasse am Ende der Unterstützungszeit, wo bereits feststeht, daß die von ihrem auswärts erkrankten Mitgliede getragenen Kosten das Pauschquantum erheblich übersteigen, nachträglich durch ein Ersuchen auf Grund des § 57a Abs. 1 sich dem Vorteil, nur das Pauschquantum aufwenden zu brauchen, auf Kosten einer fremden Kasse verschaffen."

Nr. 17. Entsch. v. 19. III. 98 III 408.

§ 1 Ges. v. 5. V. 86.

Das Reichsversicherungsamt hat zum § 1 des Ges. v. 5. V. 86 in der Revisionsentscheidung v. 21. III. 91 ausgesprochen: „Eine Person, die regelmäßig als landwirtschaftlicher Tagelöhner beschäftigt sei, daneben selbst etwas Landwirtschaft betreibe und zeitweise auch das Schlachten von Schweinen für andere landwirtschaftliche Betriebe übernehme, könne unter Umständen bei dieser Thätigkeit des Schlachtens als Arbeiter in dem Betriebe angesehen werden, für welchen das Schlachten geschehe, vorausgesetzt, daß der Schlächter hierbei seiner ganzen wirtschaftlichen Stellung nach nicht als selbständiger Gewerbetreibender zu betrachten sei. Ob letzteres zutreffe oder nicht, sei thatsächliche Frage des Einzelfalles" (Handbuch der Unfallversicherung, 2. Aufl. S. 514 Anm. 18; vgl. auch die Revisionsentsch. des Reichsversicherungsamtes v. 12. VI. 93 in Regers Entsch. Bd. XIII S. 129 und in den Amtlichen Nachrichten des Reichsversicherungsamtes, Invaliditäts- und Altersversicherung, Jahrg. III S. 118 Nr. 271, in welcher gesagt ist, daß sog. Hausschlächter unter Umständen als Arbeiter der betreffenden Landwirte, bei denen sie das Schlachten vornehmen, angeseheu werden könnten). Dem Reichsversicherungsamte ist beizutreten und daher anzunehmen, daß im Sinne des Ges. v. 5. V. 86, in welchem absichtlich von einer näheren Bestimmung des Begriffs „Arbeiter" abgesehen worden, dieser Begriff aber in Uebereinstimmung mit den verwandten sozialen Gesetzen in einem weiten Sinne auszulegen ist, Jemand, der z. B. außer durch den Ertrag eines ganz kleinen Grundstückes sich durch Arbeiten im Tagelohn ernährt und nur in den Wintermonaten für Dritte Schweine schlachtet gegen eine Vergütung von 1 Mk. für das Stück, zur Zeit seines Unfalls als Arbeiter beschäftigt war. Wenn das Bayerische Landesversicherungsamt in einer Entsch. v. 14. VII. 90 (Reger, Entsch. Erg.-Bd. I S. 325) einem Landwirt, der nebenbei das Gewerbe eines sog. Brand- oder Hausmetzgers auf dem Lande betrieb, die Eigenschaft eines landwirtschaftlichen Arbeiters abgesprochen hat, so lag hierbei ein wesentlich anderer Sachverhalt vor. Es war namentlich offenbar die wirtschaftliche Stellung der verunglückten Person, die nicht bloß Tagelöhner, sondern Landwirt war und die Metzgerei in dem Umfange betrieb, daß sie hierfür Gewerbesteuer entrichtete, eine verschiedene.

Nr. 18. Entsch. Bd. XXXV S. 378 v. 10. VI. 99 III C 150/98.

§ 10 Ges. v. 5. V. 86.

1. Für die Unfallversicherung ist die Lohnzahlung nicht ebenso, wie dies für die Krankenversicherung der Fall ist, eine unbedingte Voraussetzung für die Versicherungspflicht der Arbeiter (Entsch. Bd. XIX S. 356, Handbuch der Unfallversicherung, 2. Aufl., S. 25, 513). Im Uebrigen sind die Voraussetzungen, unter denen eine versicherungspflichtige Beschäftigung als Arbeiter anzunehmen ist, in den Gesetzen über die Unfallversicherung nicht weiter bestimmt und deshalb ist darauf zurückzugehen, was im Sinne des gemeinen Sprachgebrauches das Merkmal eines Arbeiters ist. Dieses kann, wovon das O.-V.-G. stets ausgegangen ist, nicht schon darin gefunden werden, daß es sich um eine Thätigkeit handelt, die Arbeiter zu leisten pflegen, sondern nur darin, daß derjenige, der eine solche Thätigkeit für einen Dritten übernimmt, sich diesem gegenüber für die Zeit seiner Thätigkeit in gewissem Grade seiner Selbständigkeit begiebt und damit zu dem Dritten als seinem Arbeitgeber in das abhängige Verhältnis eines Arbeiters tritt. Ob dies zutrifft, ist in Ermangelung einer zweifelsfreien Abrede über die Begründung eines Arbeitsverhältnisses nach den gesammten thatsächlichen Umständen des einzelnen Falles und insbesondere auch unter Mitberücksichtigung der wirtschaftlichen und sozialen Verhältnisse sowohl desjenigen, der sich einem Dritten zu einer Thätigkeit verpflichtet, wie auch desjenigen, dem sie geleistet wird, zu bestimmen.

2. Von diesem Standpunkte aus ist vom O.-V.-G. in Uebereinstimmung mit dem Reichsversicherungsamte in Abrede genommen, daß zwischen Eheleuten mit Rücksicht auf die Bedeutung der Ehe die Begründung eines Arbeitsverhältnisses, das die wirtschaftliche Abhängigkeit des einen Ehegatten von dem anderen zur Folge hätte, rechtlich möglich ist. Ebenso ist dafür, ob eine Beschäftigung als Heimarbeiter oder Hausindustrieller vorliegt, als entscheidend erachtet, ob derjenige, der eine Arbeit für einen Dritten außerhalb dessen Betriebsstätte übernimmt, den Umständen nach dies unter Wahrung seiner Selbständigkeit thut oder ob er zu dem Dritten in das abhängige Verhältnis eines Arbeiters tritt (Entsch. Bd. XXV S. 34 ff., Pr.-V.-Bl. Jahrg. XX S. 29). Daß das Reichsversicherungsamt sich zu dieser Frage anders stellt, ist seinen Entscheidungen nicht nur nicht zu entnehmen, sondern es ist hier ebenfalls für die Eigenschaft als Heimarbeiter auf dessen Unselbständigkeit entscheidender Wert gelegt (Handbuch S. 17, 18).

Nr. 19. Entsch. Bd. XXXIII S. 399 v. 9. III. 98 III C 123/97.

§ 10 Ges. v. 5. V. 86 (R.-G.-Bl. S. 132).

Irrtümlich ist die Ansicht (von Woedtke, Kommentar zum Ges. v. 5. V. 86, 2. Aufl., S. 173, Just desgleichen S. 44 und Arbeiterversorgung Jahrg. XIV S. 199), daß zu den einen Anspruch auf eine gleiche Fürsorge gegen Dritte eröffnenden und deshalb die Unterstützungspflicht der Gemeinde ausschließenden landesgesetzlichen Bestimmungen im Sinne des § 10 des Ges. v. 5. V. 86 auch die Vorschriften des bürgerlichen Rechtes über die Unterstützungspflicht vermögender Eltern gegen bedürftige Kinder und umgekehrt gehören. In diesem Sinne hat sich freilich der Abgeordnete Schrader geäußert, ohne daß dem ausdrücklich widersprochen worden ist (s. St.-Ber. des Reichstages II. Session 1885/86 S. 1920). Gleichwohl ist es in Uebereinstimmung mit dem Bayerischen Verwaltungsgerichtshofe (s. dessen Urteil v. 20. III. 93 bei Reger, Entsch. Bd. XIII S. 401 ff.) in Anbetracht des Zieles dieses Gesetzes und der sozialen Gesetze überhaupt zu verneinen.

Nr. 20. Entsch. Bd. XXXIII S. 401 v. 11. V. 98 III C 167/97.

Ges. v. 5. V. 86 § 10 Abs. 2.

In Uebereinstimmung mit dem Reichsversicherungsamte ist früher für den Fall, daß die Abfuhr des im Walde geschlagenen Holzes nicht für Rechnung des Unternehmers des forstwirtschaftlichen Betriebes erfolgt, angenommen worden, daß die auf die Gewinnung gebrauchsfähigen Holzes gerichtete Thätigkeit und damit der forstwirtschaftliche Betrieb mit der Fällung und Herrichtung des Holzes für den Gebrauch und Verkauf abschließt (s. Entsch. Bd. XXII S. 367). Neuerdings hat das Reichsversicherungsamt jedoch nach vorausgegangener Beratung mit Vertretern der Preußischen Staats-Forstverwaltung den Grundsatz aufgestellt, daß die forstwirtschaftliche Thätigkeit in der Regel erst dann als abgeschlossen anzusehen ist, wenn das von einem Anderen gekaufte Holz über die Waldesgrenze hinausgeschafft oder doch bis an einen für Lastfuhrwerk brauchbaren Weg im Walde gebracht ist. Hieran hat das Reichsversicherungsamt seitdem in wiederholten Plenarentscheidungen für die Anwendung des Gesetzes über die Unfall- und Krankenversicherung der in land- und forstwirtschaftlichen Betrieben beschäftigten Personen festgehalten (s. Handbuch des Reichsversicherungsamtes, 2. Aufl., S. 548) und dieser Rechtsprechung ist beizutreten.

Nr. 21. Entsch. Bd. XXXV S. 375 v. 8. II. 99 III C 83/98.

Ges. v. 5. V. 86 § 44.

Das Oberverwaltungsgericht hat bereits in dem Urteile v. 5. VI. 93 III 549 (Arb.-Vers. Bd. XI S. 12) dargelegt, daß, weil die Königlichen Förster nur Forstschutzbeamte sind, die kein selbständiges Revier und keine eigene Revierverwaltung haben, die Oberförster dagegen die forstlichen Ortsverwaltungsbeamten sind, erst die letzteren diejenigen sind, welche eine Revierverwaltung haben, und daß daher unter der „unmittelbaren Betriebsleitung (Revierverwaltung)“ im § 44 Abs. 3 des Ges. v. 5. V. 86 die Verwaltung durch einen Königlichen Oberförster zu verstehen ist. In gleicher Weise hat es in dem Urt. v. 18. VI. 96 III 831 entschieden. An dieser Rechtsansicht ist festzuhalten. Sie greift auch dann Platz, wenn die Annahme des Arbeiters nicht für den ganzen Bezirk der Oberförsterei, sondern nur für einen Teil desselben, der sich über die Bezirke mehrerer Gemeinden erstreckt, stattgefunden hat. Denn weder der § 44 des Ges. v. 5. V. 86 noch die Dienstinstruktion für die Königlich Preußischen Förster v. 23. X. 68 (M.-Bl. 1869 S. 95) noch die Geschäftsanweisung für die Oberförster v. 4. VI. 70 (daselbst 1871 S. 70) berechtigen, für einen solchen Fall eine Beschränkung zu machen und nicht mehr die Verwaltung seitens der Oberförsters, sondern den bloßen Forstschutz seitens des Försters, für dessen Revier der Arbeiter angenommen worden ist, entscheiden zu lassen. Dies darf um so weniger geschehen, als bei landwirtschaftlichen Grundstücken (Abs. 2 des § 44) eine entsprechende Beschränkung gar nicht getroffen werden könnte, sobald die Annahme des Arbeiters für einen Teil erfolgt ist, der sich über die Bezirke mehrerer Gemeinden erstreckt, auf dem aber keine Wirtschaftsgebäude sind.

Nr. 22. Entsch. Bd. XXXIV S. 370 v. 23. IV. 98 III C 155/97

Unfallvers.-Ges. v. 6. VII. 84 5 Abs. 8; §§ 239 Tit. 13 Teil I A.-L.-R.; §§ 683, 684 Bürgerl. Gesetzb.

1. Die Uebertragung der Fürsorge für den Verletzten nach dem § 5 Abs. 8 des Unfallvers.-Ges. hat rechtlich die Bedeutung eines Auftrags der Berufsgenossenschaft, dem die Krankenkasse gesetzlich verpflichtet ist nachzukommen, und bei dessen Ausführung sie die Pflichten der Berufsgenossenschaft erfüllt (Hahn in der Arbeiter-Vers. Bd. X S. 163 und Schroeder daselbst Bd. XII S. 87). Es ist ein allgemeiner Grundsatz, daß die nachträgliche Genehmigung einer Geschäftsbesorgung ohne Auftrag das gleiche Rechtsverhältnis, als wäre ein Auftrag erteilt gewesen, zwischen dem Geschäftsbesorger und demjenigen, dessen Geschäfte besorgt worden sind, sei es vollständig, sei es wenigstens hinsichtlich des Ersatzes der Aufwendungen des Geschäftsführers, herstellt. Vgl. außer dem § 239 Tit. 13 Teil I A.-L.-R.: „Erfolgt diese Genehmigung ausdrücklich und ohne Einschränkung, so entstehen zwischen Beiden eben die Rechte und Pflichten wie zwischen einem Machtgeber und einem Bevollmächtigten," noch den § 684 Satz 2 des Bürgerlichen Gesetzbuchs: „Genehmigt der Geschäftsherr die Geschäftsführung, so steht dem Geschäftsführer der im § 683 bestimmte Anspruch zu," d. h. er kann „wie ein Beauftragter Ersatz seiner Aufwendungen verlangen", und die Begründung Bd. II zu § 758 des Entwurfs S. 867 Anm. 2: „Auf dem Boden des gemeinen Rechtes herrscht Streit, ob durch die Genehmigung die Geschäftsführung in ein Mandat verwandelt werde. Die neueren Gesetze und Entwürfe bestimmen, wie der Entwurf (§ 758 verbunden mit § 753), als Rechtsfolge der Genehmigung die Anwendung der Mandatsgrundsätze; Preußisches Allgemeines Landrecht Teil I Titel 13 § 239 (vgl. aber Eccius Bd. II S. 454 ff.); Sächsisches Gesetzbuch § 1340; Schweizerisches Bundesgesetz Artikel 474; Hessischer Entwurf Artikel 359; Bayerischer Entwurf Artikel 740; Dresdener Entwurf Artikel 760", wozu zu bemerken ist, daß der Entwurf § 758 insofern von dem Bürgerlichen Gesetzbuche § 684 abwich, als er durch die Genehmigung auch noch Befreiung von den Ansprüchen des Geschäftsherrn auf Schadensersatz wegen mangelhafter Geschäftsbesorgung eintreten lassen wollte, und daß für das gemeine Recht wenigstens das außer Streit ist, daß die nachträgliche Genehmigung dem Geschäftsführer eine ähnliche Stellung giebt, wie sie der Mandatar hat (Dernburg, Pandekten, 3. Aufl., Bd. II § 122 Anm. 21 S. 328).

2. Es kann keinem Bedenken unterliegen, in Anwendung des vorstehenden Grundsatzes, der Krankenkasse, welche ohne Auftrag für einen Unfallverletzten über den Beginn der vierzehnten Woche hinaus gesorgt hat, den Anspruch auf Erstattung der ihr erwachsenen Kosten, den sie bei einem Auftrage gehabt hätte, auch dann zu geben, wenn die auftragslose Fürsorge von der Berufsgenossenschaft nachträglich genehmigt worden ist. Diese Wirkung der nachträglichen Genehmigung, für die es keiner besonderen Form bedarf und die daher auch durch konkludente Handlungen zum Ausdrucke gebracht werden kann, beschränkt sich aber nicht auf das materielle Recht. Als ihre notwendige Folge ist anzusehen, daß der Anspruch auf Erstattung in der gleichen Weise geltend zu machen ist,

wie bei einem Auftrage, das ist im Verwaltungsstreitverfahren. Es fehlt an jedem Grunde, weshalb insoweit die nachträgliche Genehmigung wirkungslos bleiben sollte. Steht dieselbe hinsichtlich des Erstattungsanspruches überhaupt dem Auftrage gleich, so muß sie ihm in allen Beziehungen, also auch in der Anwendbarkeit des Satzes 3 des Abs. 8 gleichstehen.

III.

Verfahren in Disciplinarsachen.

IV.

Kleinbahnen und Privatanschlußbahnen.

Nr. 1. Entsch. v. 9. III. 99 IV B 15/98 (Pr.=V.=Bl. Jahrg. XXI S. 125).

§ 196 des Berggef. v. 24. VI. 65 (G.=S. S. 705); § 51 des Kleinbahngef. v. 28. VII. 92 (G.=S. S. 225).

1. Es ist nicht zweifelhaft, daß die sogen. Grubenbahnen der polizeilichen Aufsicht der Bergbehörde in dem Umfange unterstehen, welchen der § 196 des Allgemeinen Berggesetzes vom 24. VI. 65 näher bezeichnet. Auch der § 51 des Kleinbahngesetzes v. 28. VII 92 hat diese Bestimmung aufrecht erhalten. Die bergpolizeiliche Aufsicht über die Grubenbahnen bezieht sich insbesondere auch auf ihren Betrieb in dem Umfange des § 196 a. a. O. (Klostermann=Fürst, Kommentar zum Allgemeinen Berggesetz, 5. Aufl., S. 586, Anm. 14; Jerusalem, Kommentar zum Kleinbahngesetz S. 83, Anm. 4). Wie sich danach die Prüfung und Abnahme der Anlage darauf erstreckt: „festzustellen, daß die Bauausführung den Anforderungen des § 196 des Berggesetzes entspricht, und daß insbesondere die von den Behörden zur Sicherstellung des Betriebes und des öffentlichen Verkehrs, sowie zum Schutze öffentlicher und privater Interessen angeordneten Vorkehrungen und Einrichtungen getroffen sind" (Jerusalem a. a. O. S. 82, Anm. 3), so unterliegt selbstverständlich der polizeilichen Aufsicht auch die fernere Instandhaltung solcher Vorkehrungen und Einrichtungen, die mit dem Betriebe in unmittelbarer Beziehung stehen, soweit das Bahnterrain reicht. Auch hierbei sind die Grundsätze maßgebend, die für Vollbahnen in dem Erk. v. 24. VI. 97 (Entsch. Bd. XXXII, S. 219 ff.) dargelegt sind.

2. Der § 196 a. a. O. sagt, daß sich die polizeiliche Aufsicht der Bergbehörden auf den Schutz der Oberfläche im Interesse der persönlichen Sicherheit und des öffentlichen Verkehrs, sowie auf den Schutz gegen gemeinschädliche Einwirkungen des Bergbaues erstreckt. Wenn der Betrieb einer Grubenbahn im Sinne des Allgemeinen Berggesetzes ein Teil des Betriebes des Bergbaues ist, so sind ihre Bahnschranken im Zuge eines öffentlichen Weges und deren Handhabung ein Teil dieses Betriebes und eine solche Einrichtung desselben, die nicht nur den Betrieb des Bergbaues, also auch der Grubenbahn im Sinne des Allgemeinen Berggesetzes, und das Leben und die Gesundheit der Arbeiter bei dem Betriebe der Grubenbahn gegen Gefahren und Unfälle sichern, sondern auch dem öffentlichen Verkehre auf dem öffentlichen Wege gegen die Gefahren des Betriebes der Grubenbahn Schutz gewähren soll. Daher darf z. B. nicht eine Ortspolizeibehörde der Eigentümerin der Grubenbahn aufgeben, die Bahnschranken im Interesse einer anzulegenden elektrischen Linie längs des öffentlichen Weges zu verändern. Das ist Sache der Bergbehörde.

Nr. 2. Entsch. Bd. XXXIII S. 432 v. 14. II. 98 IV A 26/97.

Kleinbahnges. v. 28. VII. 92 (G.-S. S. 225) §§ 3, 22.

1. Wenn ein Teil eines Pferdebahnbetriebes in einen elektrischen Betrieb (mit Maschinenkraft) umgewandelt wird, so geht die Aufsicht über das ganze einheitliche Unternehmen auf die für die Genehmigung zuständigen Behörden (Regierungspräsidenten im Einvernehmen mit der Eisenbahndirektion) über.

2. Die in Ausübung der Aufsicht über mit Maschinenkraft betriebenen Kleinbahnen erlassenen Verfügungen sind nicht mit den Rechtsmitteln der §§ 127 ff. des L.-V.-G., sondern nur mit der Beschwerde an den Minister der öffentlichen Arbeiten anfechtbar.

V.

Börse, kaufmännische Korporationen, Handelskammern.

Nr. 1. Entsch. Bd. XXXIV S. 315 v. 26. XI. 98 III B 44/98.

Börsenges. v. 22. VI. 96 R.-G.-Bl. S. 157 §§ 1 ff.; § 10 Tit. 17 Teil II A.-L.-R.

1. Dem § 1 Satz 1 des Börsengesetzes ist die rechtliche Natur eines Verbotsgesetzes gegenüber allen Versammlungen beizulegen, die im Sinne des § 1 Satz 1 Börsen sind. Gegen verbotswidrig abgehaltene Börsenversammlungen kann die Ortspolizeibehörde (Gewerbepolizei) einschreiten.

2. Ueber die Merkmale für die Genehmigungspflicht spricht sich das Erk. dahin aus: Zunächst müssen Versammmlungen einer größeren Zahl von Personen vorliegen, die an einem ein für allemal bestimmten Orte und zu einer allgemein bestimmten Zeit, wenn nicht täglich, so doch in verhältnismäßig kurzen Zwischenräumen regelmäßig abgehalten werden, und deren Wiederholung von vornherein beabsichtigt ist. Die sich Versammelnden müssen sodann wenigstens vorwiegend selbständige Kaufleute oder kaufmännische Hülfspersonen sein und ihren Geschäftssitz am Orte der Versammlungen oder in dessen Nähe haben. Die Versammlungen müssen weiter dem Handel mit nicht zur Stelle gebrachten vertretbaren Waren dienen, und zwar so, daß der in ihnen betriebene Handel wiederum zwar nicht ausschließlich, aber doch in erheblichem Maße ein Handel von Großhändlern unter einander ist.

3. Das Erk. läßt dahingestellt, ob noch außerdem erforderlich ist, daß in größerem Umfange mit abstrakter, nur typenmäßig, d. i. nach allgemein festgesetzten Mustersorten, bezeichneter Ware gehandelt wird. In Berlin (im Feenpalaste) wurde allerdings so gehandelt.

VI.

Feuerlöschwesen.

VII.

Konflikte.

Nr. 1. Entsch. v. 5. V. 99 I 827 (Pr.-V.-Bl. Jahrg. XXI S. 103).

Eisenbahnges. v. 3. XI. 38 § 23; Betriebsordn. v. 5. VII 92 § 70 R.-G.-Bl. S. 691.

1. Die polizeiliche Fürsorge für den Eisenbahnbetrieb — die Bahnpolizei — liegt der Eisenbahnverwaltung ob (§ 23 des Eisenbahnges.

v. 3. XI. 38, § 70 der Betriebsordnung v. 5. VII. 92). Dazu gehört die Freihaltung der Strecke von Verkehrshindernissen und zwar auch auf Uebergängen im Niveau der Bahn. Die Wegepolizeibehörde kann nicht einseitige Vorschriften erlassen, welche für die Handhabung der Bahnpolizei maßgebend wären, vielmehr kann ein Kollission der von verschiedenen koordinierten Behörden wahrzunehmenden polizeilichen Interessen nur durch Anrufung der vorgesetzten Behörde erledigt werden. Daraus folgt, daß die Befugnisse der Bahnpolizeibeamten, zu denen die Bahnmeister gehören (§ 66 Nr. 7 der Betriebsordnung) für derartige Fälle nicht durch ortspolizeiliche Vorschriften beschränkt werden können.

2. Nach § 9 der seit dem 1. I. 93 geltenden Dienstanweisung für die Bahnmeister sind diese für die Erhaltung des ordnungsmäßigen Zustandes der Bahn persönlich verantwortlich; nach § 11 haben sie ihre Aufmerksamkeit darauf zu richten, daß Alles, was dem Befahren der Bahn hinderlich werden kann, sofort beseitigt wird; sie sollen namentlich bei Schneetreiben keine Anstrengung scheuen, um den ungehinderten Betrieb der Bahn zu ermöglichen und jeder Gefahr vorzubeugen. Wenngleich sie danach für die Entfernung des Schnees von den Eisenbahngleisen zu sorgen haben, so sind sie doch darum im Allgemeinen nicht befugt, ihn auf einen Fußweg werfen zu lassen.

Nr. 2. Entsch. Bd. XXXV S. 447 v. 25. XI. 98 I A 17/98.

§§ 102, 523 Teil II Tit. 11 A.-L.-R.

1. Ein Konsistorialpräsident ist Staatsbeamter, auf ihn finden die Bestimmungen des Konfliktgeſ. v. 13. II. 54 Anwendung (vgl. Entsch. Bd. XXII S. 36, Bd. XX S. 460).

2. Das Gesetz vom 13. II. 54 schützt allgemein Staatsbeamte bei Handlungen, die sie in Ausübung oder in Veranlassung der Ausübung ihres Amtes vornehmen. Aus der Anerkennung der Staatsbeamteneigenschaft folgt daher die Anwendbarkeit des Gesetzes, ohne daß weiter zu prüfen ist, ob die Geschäfte an sich staatliche sind und ob es sich um Ausübung der eigentlichen Staatsgewalt handelt. Da sich der gesetzliche Schutz auf Handlungen erstreckt, welche durch die Amtsausübung nur veranlaßt sind, kann nicht vorausgesetzt sein, daß sich die Handlung als eine Ausübung der Staatsgewalt darstelle. Nicht einmal bei Handlungen, die eine Amtsausbübung sind, ist das immer der Fall. Allerdings will das Konfliktsgesetzt nicht den Beamten ein persönliches Vorrecht verleihen, sondern es bezweckt die Unabhängigkeit der vollziehenden Gewalt von der richterlichen (Erk. v. 4. X. 81, Entsch. Bd. VIII S. 399 ff.), deshalb schützt es aber die Beamten vor gerichtlicher Verfolgung — und zwar über die Fälle einer Amtsausübung hinaus —, damit nicht deren Thätigkeit durch die Gefahr gerichtlicher Verfolgung gelähmt werde. In der nichts Abweichendes enthaltenden Entscheidung Bd. VIII. S. 390 ff. ist auf den Zweck des Gesetzes hingewiesen, um darzuthun, daß es auf kirchliche Aemter nicht auszudehnen ist (vgl. S. 401); das Amt eines Mitgliedes des Konsistoriums ist aber ein Staatsamt. Uebrigens sind die Geschäfte der Mitglieder der Konsistorien insofern noch gegenwärtig staatliche, als der Staat Geschäfte, zu deren Verrichtung Staatsbeamte angestellt werden, auch als die seinigen wenigstens zur Zeit noch ansehen muß.

3. Nach § 523 Tit. 11 Teil II A.-L.-R. muß ein Pfarrer, wenn er sein Amt niederlegen will, die Genehmigung der geistlichen Oberen nachsuchen. Eine Ausnahme ist nicht gemacht, namentlich auch nicht für den Fall, wo die Amtsniederlegung zur Vermeidung einer Disziplinaruntersuchung unter Verzicht auf die Rechte des geistlichen Standes erfolgt. Daraus, daß ein jeder nach § 102 Tit. 11 Teil II A.-L.-R. seinem geistlichen Amte entsagen kann, folgt nur, daß

die geistlichen Oberen die Genehmigung zur Amtsniederlegung nicht, oder doch nicht ohne besonderen Grund verweigern dürfen. Der Inhaber eines geistlichen Amtes ist insofern mit einem Staatsdiener zu vergleichen, der stets aus dem Staatsdienste ausscheiden kann, wenn nicht ein erheblicher Nachteil für das gemeine Beste zu besorgen ist (§ 95 Tit. 10 Teil II A.-L.-R.; vgl. Laband a. a. O. Bd. I S. 478; von Rönne, Preußisches Staatsrecht Bd. III S. 529). Aber auch ein Staatsdiener scheidet nicht schon durch seine Erklärung aus, sondern er hat nur das Recht, das ihm die Entlassung regelmäßig nicht verweigert werden kann (vgl. Otto Mayer, Verwaltungsrecht Bd. II S. 230 ff.). Wie das Oberverwaltungsgericht in der Entscheidung vom 26. V. 83 Bd. X S. 373, bereits ausgeführt hat, ergiebt sich aus der Natur und dem Wesen eines öffentlichen Amtes — also auch eines geistlichen —, daß es nicht durch einseitige Erklärungen des Beamten erledigt werden kann. Die Vorschrift im § 104 Tit. 11 Teil II A.-L.-R., daß durch öffentliche, dem geistlichen Oberen angezeigte Entsagung des geistlichen Standes, ebenso wie durch Entsetzung eines Geistlichen, alle mit dem Stande oder Amte verbundenen äußeren Rechte verloren gehen, will die Wirkung des freiwilligen Ausscheidens feststellen, keineswegs aber aussprechen, daß zum Ausscheiden die einseitige Entsagung ohne Zustimmung der geistlichen Oberen genüge.

4. Die Amtsentsagung eines Pfarrers kann widerrufen werden, so lange die erforderliche Zustimmung des Konsistoriums fehlt, denn bis dahin ist die Erklärung ohne rechtliche Wirkung. Nach Zustimmung des Konsistoriums aber ist die Amtsniederlegung vollendet, also eine Zurücknahme der Erklärung nicht mehr möglich (Hinschius, Katholisches Kirchenrecht Bd. III S. 273 ff.; Phillipps, Kirchenrecht Bd. VII Abt. 2 S. 856).

VIII.

Angelegenheiten der Landwirtschaftskammern.

Nr. 1. Entsch. Bd. XXXIII S. 365 v. 5. II. 98 III C 139/97.

Ges. v. 30. VI. 94 (G.-S. S. 126) §§ 6, 4, 2, 18.

1. Nach § 18 des Ges. v. 30. VI. 94 werden die der Landwirtschaftskammer für ihren gesammten Geschäftsumfang entstehenden Kosten, soweit sie nicht durch anderweitige Einnahmen gedeckt werden, von ihr auf diejenigen Besitzungen, welche den im § 6 Ziffer 1 enthaltenen Bedingungen entsprechen, nach dem Maßstabe ihres Grundsteuerreinertrages verteilt. Nach § 6 Ziffer 1 sind wählbar zu Mitgliedern der Landwirtschaftskammern

> „die Eigentümer, Nutznießer und Pächter land- und forstwirtschaftlich genutzter Grundstücke, deren Grundbesitz oder Pachtung im Bezirke der Landwirtschaftskammer wenigstens den Umfang einer selbständiger Ackernahrung hat oder für den Fall rein forstwirtschlichen Benutzung zu einem jährlichen Grundsteuerreinertrage von mindestens 150 Mk. veranlagt ist, sowie deren gesetzliche Vertreter und Bevollmächtigte."

Entscheidend für die Wählbarkeit und die Beitragspflicht ist danach der Umfang bezw. Grundsteuerreinertrag (§ 4 Ziffer 2) des in den Händen des Eigentümers, Nutznießers oder Pächters befindlichen land- oder forstwirtschaftlich genutzten Grundbesitzes, während das Gesetz nicht ausspricht, daß es außerdem noch darauf ankomme, ob diese Personen die Landwirtschaft praktisch ausüben oder nicht. Im Sinne des Gesetzes gehören sie vielmehr als Eigentümer, Nutznießer oder Pächter einer solchen Besitzung vermöge des Interesses, das sie als solche an der Landwirtschaft und ihrem Gedeihen haben, ohne Rücksicht auf ihre sonstige Berufsthätigkeit und Lebensstellung zum Berufsstande der Landwirte (§ 2). Wählbarkeit und Beitragspflicht ändern sich insbesondere auch nicht dadurch, daß die den Anforderungen des Gesetzes entsprechenden Besitzungen sich in den Händen juristischer Personen, Genossenschaften oder Aktiengesellschaften befinden. Wählbar sind alsdann ihre gesetzlichen Vertreter und Bevollmächtigten (§ 6 Ziffer 1; Reitz, Kommentar zum Gesetze Anm. 5 zu § 6).

2. Hieraus ergiebt sich zugleich, daß für die Frage, ob eine Besitzung unter das Gesetz fällt, auch der Umstand nicht entscheidend sein kann, ob der Besitzer sie selbst bewirtschaftet oder durch Verpachtung nutzt. Das Gesetz schließt jeden Zweifel hierüber auch selbst aus, indem es im § 6 ausdrücklich neben den Eigenthümern und Nußnießer auch die Pächter von Besitzungen der daselbst bezeichneten Art für wählbar erklärt. Auch das kann keinen Unterschied machen, ob die Besitzung im Ganzen verpachtet ist, oder ob die Verpachtung parzellenweise an einzelne ihrem Hauptberufe der Landwirtschaft nicht angehörige Personen des Arbeiterstandes, und ob sie im Interesse des industriellen Betriebes der Aktiengesellschaft, um die Existenzbedingungen ihrer Arbeiter günstiger zu gestalten, oder aus sonstigen Gründen erfolgt. Für eine derartige Unterscheidung gewährt weder das Gesetz irgend einen Anhalt, noch kann sie aus allgemeinen Erwägungen gefolgert werden. Auch hier gilt vielmehr, daß die Basis, auf der die Landwirtschaftskammer beruht, im Interesse der Beständigkeit ihrer Einrichtungen und ihrer katastermäßigen Grundlagen nicht, je nachdem die ihr zugehörigen Besitzungen von den Eigentümern im Ganzen oder parzellenweise einzeln zu diesem oder jenem Zwecke verpachtet werden, beständigen Abänderungen unterliegen kann.

3. Der Eigentümer aber und nicht der Pächter ist zur Entrichtung der Beiträge an die Landwirtschaftskammer nach § 18 des Ges. verpflichtet.

4. Unrichtig ist die Annahme, daß die ganze Besitzung mit ihrem gesammten Grundsteuerreinertrage zu den Beiträgen heranzuziehen sei, wenn nur ein Teil davon landwirtschaftlich genutzt wird. Sie ist mit den Bestimmungen des Gesetzes nicht zu vereinen. Denn die erste Voraussetzung für die Unterstellung unter das Gesetz ist nach den §§ 6 und 18, daß die Grundstücke des Eigentümers, Nutznießers oder Pächters, die zusammen den satzungsmäßigen Grundsteuerreinertrag gewähren (§ 4 Ziffer 2) land- oder forstwirtschaftlich genutzt werden. Der Gesetzgeber kann auch selbstverständlich nicht beabsichtigt haben, Grundstücke, die wegen ihrer nicht landwirtschaftlichen Nutzung anderenfalls nicht unter das Gesetz fallen würden, ihm nur deshalb zu unterstellen, weil sie sich zufällig in den Händen des Eigentümers auch einzelner landwirtschaftlich genutzter Grundstücke befinden, deren Grundsteuerreinertrag zusammen mit dem der nicht landwirtschaftlich genutzten Grundstücke den satzungsmäßigen Mindestbetrag ausmacht. Zu dieser Konsequenz, die die Unterstellung nicht landwirtschaftlich genutzter Grundstücke unter das Gesetz nicht einmal von objektiven Voraussetzungen, sondern von rein zufälligen Umständen abhängig machen würde, führt aber jene Annahme. Sie hält nicht sowohl die landwirtschaftliche Nutzung des einzelnen Grundstückes, als vielmehr die Thatsache seiner Einschätzung zu einem Grundsteuerreinertrage für entscheidend, übersieht dabei aber, daß von der Veranlagung zu einem Grundsteuerreinertrage nur gebäudesteuerpflichtige und gewisse Klassen grundsteuerfreier Grundstücke gesetzlich ausgeschlossen geblieben sind, und daß selbst die Steuerpflichtigkeit besteuerter Grundstücke nur

mit deren Untergange oder dem Eintreten bleibender Ertragsunfähigkeit aufhört (§ 10 des Gesetzes, betreffend die anderweitige Regelung der Grundsteuer, v. 21. V. 61, G.-S. S. 253 und § 2 der Ausführungsanweisung dazu). Die Veranlagung eines Grundstückes zu einem Grundsteuerreinertrage ist daher keineswegs gleichbedeutend mit seiner landwirtschaftlichen Nutzung. Ist diese aber nicht vorhanden, so ist es, soweit es sich um die Anwendung des Ges. v. 30. VI. 94 handelt, gleichgiltig, ob das Grundstück zu einem Grundsteuerreinertrage veranlagt ist oder nicht. Es ergiebt sich dies auch daraus, daß für den Grundbesitz der Umfang einer selbständigen Ackernahrung (§ 6) oder, wie der Regierungsentwurf lautete, der Umfang „einer die Haltung von Zugvieh zur Bewirtschaftung erfordernden Ackernahrung" für erforderlich erachtet worden ist, und daß diese Forderung in der Begründung des Entwurfs und in den Kommissionsverhandlungen des Abgeordnetenhauses dahin Erläuterung gefunden, daß die Landwirtschaft einen wesentlichen Faktor der wirtschaftlichen Existenz der dem Gesetze zu unterstellenden Personen bilden müsse, bezw. daß es auf die einen bestimmten landwirtschaftlichen Ertrag gewährleistende Größe der Besitzungen ankomme. Nicht landwirtschaftlich genutzte Grundstücke können aber einen solchen Ertrag nicht gewähren und zur Erfüllung des Erfordernisses einer selbständigen Ackernahrung nichts beitragen.

5. Landwirtschaftlich nicht genutzt ist ein Grundstück im Sinne des Gesetzes jedoch nicht schon dann, wenn die Nutzung zeitweise unterbrochen ist. Grundstücke, die dem Betriebsplane zufolge kürzere oder längere Zeiträume brach liegen bleiben, hören deshalb selbstverständlich nicht auf, landwirtschaftlich genutzt zu sein. Ebensowenig hört ferner die landwirtschaftliche Nutzung einer ganzen Besitzung schon dadurch auf, daß sie infolge von Umständen, die ihre Bestimmung, fortdauernd der landwirtschaftlichen Produktion zu dienen, nicht berühren, vorübergehend, z. B. infolge eines Zwangsversteigerungsverfahrens, unbewirtschaftet bleibt. Als landwirtschaftlich nicht genutzt können vielmehr Grundstücke, die zu einem Grundsteuerreinertrage veranlagt sind, nur dann angesehen werden, wenn sie nicht nur thatsächlich der landwirtschaftlichen Bewirtschaftung nicht unterliegen, sondern auch, und zwar nicht nur vorübergehend, anderweitigen Zwecken dienstbar gemacht sind.

Nr. 2. Entsch. Bd. XXXV S. 354 v. 22. II. 99 III C 115/98.

Landwirtschaftskammergeſ. v. 30. VI. 94 § 18.

Hofräume und Exerzierplätze sind zu Beiträgen für die Landwirtschaftskammer nicht heranzuziehen, dagegen garten- und parkmäßig benutzte, zu einem Grundsteuerreinertrage veranlagte Grundstücke, z. B. Gärten bei einem militärischen Dienstgebäude, bei einem Lazarete u. s. w.

Nr. 3. Entsch. Bd. XXXV S. 360 v. 11. III. 99 III C 169/97.

Ges. v. 30. VI. 94 § 18.

Trägerin des Pfarrvermögens, das nur einen Theil des Kirchenvermögens bildet und besondere juristische Persönlichkeit nicht besitzt, ist die Kirchengemeinde (Kirchengemeinde- und Synodalordnung v. 10. IX. 73 § 22 und das zugehörige Ges. v. 25. V. 74 Art. 2, Entsch. des Reichsgerichts V. Civilsenat v. 13. X. 94 in Gruchot's Beiträgen Bd. 40 S. 385). Vertreten wird die Kirchengemeinde in vermögensrechtlicher Beziehung durch den Gemeindekirchenrat, dessen Vollmacht zur Prozeßführung erforderlich ist (§ 22 und Art. 2 a. a. O.).

2. Pfarrländereien sind von den Beiträgen für die Landwirtschaftskammern nicht frei (Entsch. Bd. XXXII S. 307).

3. Nach § 18 Abs. 4 des Ges. v. 30. VI. 94 kann es nicht zweifelhaft sein, daß demjenigen, von dem Beiträge eingefordert werden, hiergegen die Beschwerde und gegen den ablehnenden Beschluß des Vorstandes der Landwirtschaftskammer die Klage zusteht. Diese kann also auch darauf gestützt werden, daß nicht der Inanspruchgenommene, sondern ein Dritter, z. B. nicht der Pfarrer, sondern die Kirchengemeinde, zur Entrichtung der Beiträge verpflichtet sei.

4. Die auf die Pfarrdienstländereien entfallenden Beiträge für die Landwirtschaftskammern sind nur von den Kirchengemeinden selbst, nicht aber von den Pfarrstelleninhabern einzufordern, da es an einer gesetzlichen diese haftbar machenden Bestimmung fehlt. Nach § 18 des Gesetzes werden die der Landwirtschaftskammer entstehenden Kosten von ihr

„auf diejenigen Besitzungen, welche den im § 6 Ziffer 1 enthaltenen Bedingungen entsprechen,"

nach Maßgabe ihres Grundsteuerreinertrages verteilt. In dem Urt. v. 5. II. 98 (Entsch. Bd. XXXIII S. 365) ist ausgesprochen worden, daß der Eigentümer und nicht der Pächter zur Entrichtung der Beiträge verpflichtet sei. Das Gleiche wie vom Pächter gilt vom Nießbraucher und von dem Inhaber der Pfarrdienstländereien. Es handelt sich hier um eine dem Grundstücke auferlegte öffentliche Abgabe. In den Fällen, in denen der Gesetzgeber die Einforderung und Beitreibung dieser Abgaben nicht nur gegenüber dem Eigentümer, sondern auch gegenüber dem Nutzungsberechtigten hat gestatten wollen, ist dem in den gesetzlichen Bestimmungen besonderer Ausdruck gegeben worden. Derartige ausdrückliche Vorschriften enthalten u. A. § 19 des Deichges. v. 28. I. 48, § 45 Abs. 1 und 3 des Ges. betreffend die definitive Unterverteilung und Erhebung der Grundsteuer pp. v. 8. II. 67, § 17 Abs. 1—3 des Ges. betreffend Schutzwaldungen und Waldgenossenschaften v. 6. VII. 75, § 55 des Ges. betreffend die Bildung von Wassergenossenschaften v. 1. IV. 79. Alle diese gesetzlichen Bestimmungen gehen von dem Grundsatze aus, daß bei einer öffentlich-rechtlichen Last der Empfangsberechtigte sich ausschließlich an den Eigentümer des belasteten Grundstückes halten kann, und daß es einer ausdrücklichen gesetzlichen Vorschrift bedarf, um abweichend von dieser Rechtsregel in direkte Inanspruchnahme des Nutzungsberechtigten zu ermöglichen. Fehlt es an einer solchen speziellen Bestimmung, so greift die Regel Platz und eine direkte Einforderung der Beiträge von dem Nutzungsberechtigten ist unzulässig. Das Gesetz über die Landwirtschaftskammern hat nun eine gleiche Bestimmung wie die obenangeführten Gesetze nicht getroffen, sondern es bei der Vorschrift bewenden lassen, daß die Beiträge auf die den im § 6 Ziffer 1 enthaltenen Bedingungen entsprechenden Besitzungen zu verteilen sind. Es gestattet der Landwirtschaftskammer daher nur die Inanspruchnahme des Eigenthümers, nicht aber des Nutzungsberechtigten.

Nr. 4. Entsch. Bd. XXXIII S. 373 v. 2. IV. 98 III C 43/97.

Ges. v. 30. VI. 94 §§ 6, 18.

Wasserstücke, die zur Grundsteuer veranlagt sind und Nutzungen an Fischerei, Schilf u. s. w. gewähren, sind landwirtschaftlich genutzte Grundstücke im Sinne des Ges. v. 30. VI. 94.

Nr. 5. Entsch. Bd. XXXIII S. 379 v. 21. IX. 98 III C 51/89.

In diesem Erkenntnisse ist der unter Nr. 4 aufgestellte Grundsatz hinsichtlich der Wasserstücke nochmals ausgesprochen.

Nr. 6. Entsch. Bd. XXXIII S. 380 v. 21. V. 98 III C 160/97.

Ges. v. 30. VI. 94 §§ 6, 18.

Wenn Dienstgärten, Dienstländereien und Dispositionsländereien der Eisenbahnverwaltung im Bezirke der Landwirtschaftskammer das satzungsmäßige Mindestmaß nach dem Grundsteuerreinertrage haben, fallen sie unter das Ges. v. 30. VI. 94 §§ 6, 18. Daneben kommt es weder auf den zufälligen Umstand an, ob die Eisenbahnverwaltung die Landwirtschaft praktisch ausübt oder nicht, noch darauf, wie die Beschaffenheit und Ausnutzungsweise der der landwirtschaftlichen Benutzung unterliegenden Grundstücke im übrigen ist, insbesondere ob sie in größeren Komplexen vereinigt oder zerstreut in einzelnen Trennstücken liegen, zu welchem Zwecke sie erworben sind und ob sie von Beamten der Verwaltung oder von dieser selbst oder auch pachtweise von dritten Personen benutzt werden.

Fünfte Abteilung.

Verwaltungsstreitverfahren.

Litteratur: Die Regelung des Verwaltungsstreitverfahrens im Rahmen der Novelle zur Gew.-Ordn. v. 20. VII. 97 in Preußen (Pr.-V.-Bl. Jahrg. XX S. 1). Die Befugnis der höheren Behörden, den Vorsitzenden des Bezirksausschusses mit Anweisungen zu versehen (Pr.-V.-Bl. Jahrg. XX S. 33).

Nr. 1. Entsch. Bd. XXXV S. 445 v. 19. I. 99 IV C 173/98.

Civ.-Proz.-Ordn. § 169.

1. Handelt es sich um die Zustellung der Verfügung einer Verwaltungsbehörde, nicht einer Verwaltungsstreitbehörde, so ist deren Rechtsgültigkeit, wie in dem Urteile des O.-V.-G. v. 4. IV. 94, Bd. XXVI S. 438 ausgeführt ist, hinsichtlich der Frage, wem behändigt werden kann, wenn der Adressat nicht persönlich angetroffen wird, analog nach den für gerichtliche Insinuationen in Kraft stehenden gesetzlichen Normen zu beurteilen.

2. Ein gräfliches sogenanntes Kameralamt ist keine Behörde im Sinne des § 169 der Civ.-Proz.-Ord., denn wenn es entscheidend ist, ob ein solches Amt nicht nur vermöge eines privaten Vollmachtsauftrages, sondern kraft objektiven öffentlichen Rechts zur Vertretung befugt ist, so ist zu beachten, daß bei Bildung solcher Kameralämter nur ein privater Vollmachtsauftrag vorliegt.

Nr. 2. Entsch. Bd. XXXIII S. 214 v. 18. VI. 97 I C 94/96.

L.-V.-G. § 7.

Ob Rechtsfragen, um die es sich bei der Entscheidung im V.-St.-V. handelt, auch im ordentlichen Prozeßverfahren zur Entscheidung der Gerichte gebracht werden können oder nicht, ist für die sachliche Zuständigkeit der Verwaltungsgerichte ohne Bedeutung. Diese hängt von dem Gegenstande des erhobenen Anspruchs, aber nicht davon ab, ob seine Begründung auch die Prüfung privatrechtlicher Zwischenfragen durch die Verwaltungsgerichte erforderlich macht. Gegenteiliges ist im dem Urteile des Reichsgerichts (Entsch. in Civilsachen Bd. XXXIV S. 248) nicht ausgesprochen worden.

Nr. 3. Entsch. Bd. XXXIII S. 455 v. 12. II. 98 III B 86/97.

L.-V.-G. § 52.

1. Auf einem Briefkasten (des Landratsamtes) waren als Leerungszeiten 9 Uhr vormittags, 12 Uhr mittags und 5 Uhr nachmittags bezeichnet. Nach 5 Uhr nachmittags wurde eine Klageschrift in den Briefkasten gelegt, allerdings erst am nächsten Tage (einen Tag nach Ablauf der Klagefrist) ausgehoben. Das O.-V.-G. nahm an, daß die Behörde schon am Tage vorher in der Lage gewesen sei, über den Schriftsatz zu verfügen und sah die Frist für gewahrt an. In dem Erk. heißt es:

2. „Das Reichsgericht hat zwar ausgesprochen, daß das Einwerfen in einen Briefkasten der zur Zustellung erforderlichen Uebergabe des Schriftstückes nicht gleich geachtet werden könne (Entsch. in Civilsachen Bd. VI S. 341), und für die Berufungsfrist in Patentsachen ausgeführt, daß die Einlegung der Berufungsschrift in den Briefkasten des Patentamtes die Frist nur dann wahre, wenn die Schrift innerhalb der Frist durch Eröffnung des Briefkastens in den Besitz des Patentamtes gelangte oder wenigstens der Berufungskläger darauf rechnen konnte, daß sie bei regelmäßiger Geschäftsbehandlung in den Besitz des Patentamtes gelangen werde (a. a. O. Bd. I S. 429). Unter Bezugnahme auf die letztere Entscheidung hat das O.-V.-G. die Berufungsfrist in einer Staatseinkommensteuer-Angelenheit durch Einwerfung der Berufungsschrift in den Briefkasten des Vorsitzenden der Veranlagungskommisssion für gewahrt erachtet, weil der Steuerpflichtige mit voller Bestimmtheit habe darauf rechnen können, daß seine Berufungsschrift im geordneten Geschäftsgange noch innerhalb der Berufungsfrist in die Hände des zuständigen Beamten gelangen mußte (Entsch. in Staatssteuersachen Bd. I S. 355). Später ist das O.-V.-G. jedoch weiter gegangen. Es hat die Klagefrist als gewahrt angesehen in einem Falle, wo die Behörde, der die Klageschrift einzureichen war, die an sie gerichteten Briefe von der Post abholen ließ, weil der Brief schon innerhalb der Klagefrist der Behörde auf der Postanstalt zur Verfügung stand und von dem Zeitpunkt ab, zu welchem sie über den an sie gerichteten Brief zu verfügen in der Lage war, der Brief als an sie eingegangen anzusehen sei (Pr.-V.-Bl. Jahrg. XVI S. 389). Ferner hat es in einer Staatseinkommensteuer- und Ergänzungssteuer-Sache ausgeführt: „Das Aushängen eines Briefkastens seitens einer Behörde bedeute, daß die Behörde die eingelegten Zuschriften als ebenso in ihren Gewahrsam gelangt ansehen wolle, wie wenn sie einem Beamten im Bureau übergeben worden wären. Hieraus folge, daß es zur Wahrung einer Frist genüge, wenn der betreffende Brief bis zum Ablaufe des letzten Tages der Frist, also vor 12 Uhr nachts, in den Briefkasten gelegt sei. Wenn sich auf oder bei dem Briefkasten angegeben finde, zu welchen Stunden er geleert werde, so sei hierin eine vom Publikum zu beachtende Beschränkung der Benutzung in dem Sinne, daß die Benutzung für den Rest des Tages ausgeschlossen sein solle, nicht enthalten. Diese Wirkung könnte nur erzielt werden, wenn der Briefkasten thatsächlich für die Benutzung unzugänglich gemacht würde. Einerlei, ob das Bureau geöffnet gewesen oder nicht, und ob etwa die Bureaustunden schon abgelaufen gewesen oder nicht, bis zum Ablaufe des Tages habe die Benutzung des Briefkastens offen gestanden" (Entsch. in Staatssteuersachen Bd. V S. 182). An diesen Grundsätzen ist festzuhalten."

3. Vgl. die Urteile v. 23. II. 98 II. 315 Pr.-V.-Bl. Jahrg. XIX S. 212.

Nr. 4. Entsch. Bd. XXXIV S. 450 v. 6. X. 98 (Beschluß) IV 1356.

L.-V.-G. §§ 110, 70.

1. Wie die Beiladung selbst als eine prozeßleitende Verfügung im Sinne des § 110 des L.-V.-G. aufgefaßt werden muß, so stellt sich auch ein Beschluß, der die Beiladung wieder aufhebt, als eine Anordnung dar, welche „die Leitung des Verfahrens zum Gegenstande hat" und deshalb mit der Beschwerde anfechtbar ist (vgl. Entsch. Bd. V S. 64, 65; Pr.-V.-Bl. Jahrg. XII S. 343, Verwaltungsarchiv Bd. I S. 202 und Bd. VI S. 408).

2. Es kann dahingestellt bleiben, ob ein Kreisausschuß die einmal angeordnete Beiladung im Laufe des Verfahrens erster Instanz wiederaufheben kann

(vgl. Pr.-V.-Bl. Jahrg. XII S. 343). Jedenfalls ist der Bezirksausschuß zu einer solchen Aufhebung in der Berufungsinstanz nicht berechtigt. Das ergiebt sich unmittelbar aus der rechtlichen Stellung, welche der § 70 des L.-V.-G. dem Beigeladenen gegeben hat. Nach Satz 2 des § 70 ist die Entscheidung der Sache auch dem Beigeladenen gegenüber gültig. Daraus folgt, daß der Beigeladene — auch wenn er nicht selbst Berufung einlegt — doch einen berechtigten Anspruch darauf hat, an dem Berufungsverfahren Teil zu nehmen, die Angriffe gegen das Urteil erster Instanz oder die Abwehr dieser Angriffe durch eigene Anführungen und Anträge zu unterstützen und so auch seinerseits dahin zu wirken, daß die auch gegen ihn gültige Entscheidung in einem ihm günstigen Sinne abgeändert oder aufrechterhalten werde. Insoweit ist seine Stellung von derjenigen der Parteien nicht wesentlich verschieden. In diese prozessualen Rechte des Beigeladenen greift aber der Bezirksausschuß in unzulässiger Weise ein, wenn er die Beiladung für die Berufungsinstanz durch Verfügung aufhebt und damit dem Beigeladenen die Möglichkeit, sich weiter an dem Verfahren zu beteiligten, entzieht.

Nr. 5. Entsch. v. 24. X. 98 IV 1789.

L.-V.-G. § 70.

Aus der Bestimmung des § 70 des L.-V.-G., daß die Entscheidung auch gegenüber dem Beigeladenen gültig ist, folgt allerdings, daß der Beigeladene an sich berechtigt ist, selbständig Rechtsmittel gegen die Entscheidungen einzulegen. Aber seine sachliche Legitimation zur Einlegung des Rechtsmittels ist stets davon abhängig, daß er durch die Entscheidung in seinen eigenen Rechten verletzt ist. Greift die Entscheidung in seine Rechte überhaupt nicht ein, so ist er durch die Entscheidung nicht beschwert und hat weder Anlaß, noch Berechtigung, eine Abänderung der Entscheidung zu verlangen (Entsch. Bd. V S. 465, Bd. XV S. 75).

Nr. 6. Entsch. Bd. XXXV S. 304 v. 5. VII. 99 III C 18/99.

§ 76 L.-V.-G.

Eine gerichtskundige Thatsache ist eine solche, die in einer eigenen amtlichen Handlung des Richters besteht oder den Gegenstand seiner amtlichen Wahrnehmung gebildet hat. Offenkundig ist eine Thatsache, die am Sitze des Gerichtes einem weiteren Kreise von Personen aus häufiger Wahrnehmung oder auf andere allgemeine zugängliche Weise zuverlässig bekannt geworden ist. (Stein, das private Wissen des Richters S. 157, 139 ff.; Fitting, der Reichs-Civilprozeß 9. Aufl. S. 245, 246).

Nr. 7. Entsch. v. 12. IV. 99 III 166.

L.-V.-G. §§ 85, 86.

Wie des O.-V.-G. wiederholt anerkannt hat (vgl. Entsch. Bd. II S. 433, Bd. V S. 202, Bd. XIII S. 222), ist die Rechtfertigung der Berufung an eine Form nicht gebunden, es genügt vielmehr, daß Gegenstand und Ziel der Beschwerde erkennbar gemacht sind. So lassen z. B. die Worte einer Partei:

> „Mit dem Urteile des Kreisausschusses . . . bin ich unmöglich zufrieden, weil mir der Kreisausschuß das Gewerbe als Schriftkonzipient untersagt und zur Tragung der Kosten verurteilt hat" . . .

keinen Zweifel darüber, daß die Partei das Urteil des Kreisausschusses in seinem gesammten Umfange anfechten wollte. Ein fernerer Satz:

> „Denn ich bin bereit, amtliche Bescheinigungen über meine Befähigung zur Ausübung des Gewerbes . . . beizubringen"

läßt, wenn auch nur andeutungsweise, ersehen, inwiefern das angefochtene Urteil Anlaß zur Beschwerde giebt, was mithin zum Gegenstande derselben gemacht wird. Der Umstand, daß die Partei den betreffenden Schriftsatz als „Berufungsanmeldung" bezeichnet, und darin um eine weitere Frist „zur Rechtfertigung der Berufung" gebeten hat, ist unerheblich. Denn es in kein Erfordernis der Rechtfertigung der Berufung, daß sich der Berufungskläger der rechtlichen Bedeutung seiner Erklärung bewußt ist.

Nr. 8. Entsch. v. 4. III. 99 III 365.

L.-V.-G. § 86.

Eine Partei legte Berufung ein mit dem Bemerken, daß sie dieselbe gegen den dispositiven Teil der Entscheidung wie gegen die Begründung richte. Das O.-V.-G. sah dies als ausreichende Begründung der Berufung an, denn die Partei habe sagen wollen, die Begründung des Urteils sei überall unzutreffend und es werde beantragt, eine der Partei günstige Entscheidung auf Grund der Verhandlungen erster Instanz zu fällen. Es verschlage nichts, wenn die Partei noch eine besondere Rechtfertigung einzureichen sich vorbehalten habe.

Nr. 9. Entsch. Bd. XXXIII S. 205 v. 16. XI. 97 I C 54/97.

L.-V.-G. §§ 80, 89 Abs. 2, 92, 67.

1. In der Berufungsinstanz hatten beide Parteien ausdrücklich auf mündliche Verhandlung verzichtet; der Bezirksausschuß hätte daher nach §§ 80, 92 L.-V.-G. ohne vorgängige mündliche Verhandlung eine das Verfahren in dieser Instanz endgültig schließende Entscheidung erlassen können. Er war daran auch nicht durch die Vorschriften des § 89 Abs. 2 gehindert, denn diese beziehen sich lediglich auf den § 67. Die Erteilung eines Bescheides war nicht am Platze.

2. Die Rechtsmittel bestimmen sich in erster Linie nach der Form der angegriffenen Entscheidung.

3. Die Vorschrift des § 80 ist keine zwingende, sondern enthält nur eine dem Verwaltungsrichter gegebene Ermächtigung und schließt den Erlaß eines Bescheides nicht völlig aus (Pr.-V.-Bl. Jahrg. XVIII S. 367).

Nr. 10. Entsch. v. 7. X. 98 I 1622 (Pr.-V.-Bl. Jahrg.. XX S. 364).

L.-V.-G. §§ 66, 94.

Werden Akten, die in der mündlichen Verhandlung bei Abwesenheit der Parteien vorgelegt und als Beweismittel benutzt, ohne daß den Parteien von der beabsichtigten Vorlage Kenntnis gegeben worden ist, so ist das ein wesentlicher Mangel des Verfahrens.

Nr. 11. Entsch. v. 5. VII. 99 III 1093.

L.-V.-G. § 100; Civ.-Proz.-Ordn. § 549.

Die Bestimmung im Abs. 2 des § 549 der Civ.-Proz.-Ord., daß nach Ablauf von fünf Jahren, von dem Tage der Rechtskraft des Urteils ab gerechnet, die Klage auf Wiederaufnahme des Verfahrens unstatthaft ist, hat nicht den Sinn, daß innerhalb dieser fünf Jahre die Klage ohne Fristversäumnis erhoben werden kann, sondern besagt vielmehr, daß die Klage bis zum Ablaufe der fünfjährigen Frist erhoben sein muß, selbst wenn die Notfrist von einem Monate zu diesem Zeitpunkte noch nicht abgelaufen sein sollte, und später überhaupt nicht mehr erhoben werden kann.

Nr. 12. Beschluß v. 22. I. 98 III 1104.

§ 103 L.-V.-G.

Eine Bestimmung dahin, daß entgegen den allgemeinen Grundsätzen, wonach es im Belieben des Gläubigers steht, ob er eine ihm zustehende Forderung gegen den Schuldner gerichtlich geltend machen will oder nicht, der im Streitverfahren unterliegenden Partei die Befugnis zustände, den obsiegenden Teil zur Geltendmachung seiner Kostenforderung im gerichtlichen Festsetzungsverfahren zu zwingen oder dies Verfahren wider dessen Willen zu beantragen, ist weder in der Civilprozeßordnung noch im Landesverwaltungsgesetze enthalten. Auch aus der Natur des Kostenfestsetzungsverfahrens läßt sich eine derartige Befugnis des unterliegenden Teils nicht folgern.

Nr. 13. Beschluß v. 23. III. 99 IV 496.

L.-V.-G. § 103.

Der Kläger, der obgesiegt, hatte als zu erhaltende Auslage 4 Mk. liquidiert, weil er durch die Wahrnehmung des Termines zur mündlichen Verhandlung seines üblichen Tagelohnes von 4 Mk. verlustig gegangen war. Das O.-V.-G. sprach aus, daß die 4 Mk. nicht zu erstatten seien, weil nach § 103 des L.-V.-G. nur die Erstattung der erforderlichen baren Auslagen, nicht auch eine Entschädigung für Zeitversäumnis oder für entgangenen Verdienst beansprucht werden könne.

Nr. 14. Beschluß v. 9. II. 99 IV 200.

L.-V.-G. § 103.

1. Nach § 103 des L.-V.-G. sind die Gebühren eines Rechtsanwaltes des obsiegenden Teiles von dem unterliegenden Teile nur insoweit zu erstatten, als dieselben für Wahrnehmung der mündlichen Verhandlung vor dem Bezirksausschusse und dem Oberverwaltungsgerichte zu zahlen sind. Ob dem Rechtsanwalte nach der Gebührenordnung gesetzlich ein höherer Anspruch gegen seinen Auftraggeber zusteht, ist für die Erstattungspflicht des unterliegenden Teiles völlig unerheblich.

2. Eine Beweisgebühr des Rechtsanwaltes ist nur dann erstattungsfähig, wenn in der mündlichen Verhandlung vor dem Bezirksausschusse oder dem Oberverwaltungsgerichte eine Beweisaufnahme stattfindet.

3. Daß die Schreibgebühren der Rechtsanwälte nicht auf Grund des § 103 des L.-V.-G. erstattungsfähig sind, hat das O.-V.-G. wiederholt ausgesprochen. Es kann nicht darauf ankommen, ob diese Schreibgebühren in der Gebührenordnung unter der Ueberschrift „Auslagen" stehen. Daß der Rechtsanwalt diese Schreibgebühren seinem Auftraggeber als „Auslagen" berechnen darf, macht diese Gebühren nicht zu Auslagen der Partei im Sinne des § 103. Die Partei kann vielmehr von den Kosten, die ihr durch Beauftragung eines Rechtsanwaltes entstehen, lediglich die in § 103 besonders hervorgehobenen Verhandlungsgebühren erstattet verlangen. Diese gesetzliche Beschränkung schließt jede Berücksichtigung der Schreibgebühren ohne Weiteres aus.

Nr. 15. Beschluß v. 21. XI. 98 IV 1947.

L.-V.-G. § 103.

Das O.-V.-G. hat schon wiederholt entschieden, daß, wenn nach allgemein geltenden Beschlüssen Gemeinden sich verpflichtet haben, ihren Beamten für Dienstreisen bestimmte Sätze zu zahlen, solche Aufwendungen als erforderliche bare Auslagen im Sinne des § 103 des L.-V.-G. anzuerkennen und daher in Höhe der gesetzlichen Gebühren eines Rechtsanwaltes erstattungsfähig sind. Auf der anderen Seite hat das O.-V.-G. mehrfach ausgesprochen, daß, wenn eine Partei bei mehreren Terminen in verschiedenen Streitsachen durch denselben Bevollmächtigten vertreten wird, die Reisekosten und Tagegelder dieses Bevollmächtigten bei der Kostenfestsetzung auf die einzelnen Streitsachen zu verteilen sind.

Nr. 16. Beschluß v. 26. I. 98 III 46.

L.-V.-G. §§ 103, 108.

1. Daß der Rechtsanwalt der obsiegenden Partei für die Wahrnehmung der mündlichen Verhandlung vor dem Bezirksausschusse und dem Oberverwaltungsgerichte neben der Verhandlungsgebühr auch die Prozeßgebühr zu fünf Zehnteilen zu fordern berechtigt ist, hat das O.-V.-G. bereits in dem Bescheide v. 11. III. 82 (Entsch. Bd. VIII S. 428) ausgesprochen und seitdem in gleichmäßiger Rechtsprechung festgehalten (vgl. Entsch. Bd. XVIII S. 447).

2. Was die Frage betrifft, ob das festsetzende Gericht befugt ist, solche Kosten, die der liquidierenden Partei zweifellos zustehen und deren Aufnahme in die Liquidation offensichtlich nur aus Versehen unterblieben ist, von Amtswegen zur Festsetzung zu bringen, so kann nicht bezweifelt werden, daß eine solche Befugnis im Interesse der Vereinfachung des Verfahrens liegt, da Nachliquidationen und wiederholte Festsetzungen dadurch vermieden werden. Seitens der Verwaltungsgerichte ist denn auch bei der praktischen Handhabung des Verfahrens nach § 108 des L.-V.-G. fortgesetzt demgemäß verfahren worden. Es ist auch nicht ersichtlich, daß die Rechte der Gegenpartei dadurch irgendwie geschädigt werden könnten, und wenn für das Civilprozeßverfahren (Entsch. des Reichsgerichts in Civilsachen Bd. XXXV S. 427) die Unzulässigkeit der Festsetzung nicht liquidierter Kostenbeträge daraus gefolgert worden ist, daß, wie die Civilprozeßordnung überhaupt, so auch das Kostenfestsetzungsverfahren (§§ 98 ff. der Civilprozeßordnung) von der Verhandlungs- oder Dispositionsmaxime beherrscht werde, so kann auch dieser Grund für das Verwaltungsstreitverfahren, das die Dispositionsbefugnis der Parteien zu Gunsten der Offizialmaxime vielfachen Beschränkungen unterworfen hat, als ausschlaggebend nicht erachtet werden.

Nr. 17. Beschluß v. 14. II. 95 III 1460.

L.-V.-G. § 105.

Dieser Beschluß geht davon aus, daß der § 105 des L.-V.-G. auf die Festsetzung des Wertes des Streitgegenstandes keine Anwendung findet und daß das Rechtsmittel zur Anfechtung der Festsetzung des Wertes des Streitgegenstandes, wenn die Entscheidung nicht zugleich mit der Hauptsache angefochten wird, die Beschwerde ist (ebenso in den Akten III B. 9/93).

Nr. 18. Entsch. Bd. XXXIV S. 452 v. 19. XII. 98 IV O 99/98.

L.-V.-G. § 112; Civ.-Proz.-Ordn. § 168.

1. Eine Entscheidung des Kreisausschusses kann den von der Partei ordnungsmäßig bevollmächtigten Anwalte zugestellt werden, auch entspricht eine bei Abwesenheit des Anwaltes im Geschäftslokale bewirkte Zustellung an seinen Bureaugehilfen dem § 168 der Civ.-Proz.-Ordn.

2. Nach § 112 L.-V.-G. hat über den Antrag das Gericht zu entscheiden, welchem die Entscheidung „über die versäumte Streithandlung" zusteht. Besteht die Streithandlung in der Anmeldung und Rechtfertigung der

Berufung, also der Berufung in ihrem ganzen Umfange, so hat hierüber der Bezirksausschuß als Berufungsinstanz zu befinden, ihm steht deshalb auch die Entscheidung über die zugleich beantragte Wiedereinsetzung in den vorigen Stand zu, nicht dem Kreisausschusse (Entsch. Bd. XIV S. 177).

3. Die Entsch. verwirft den Antrag auf Wiedereinsetzung aus folgenden, den Sachverhalt zugleich darstellenden Gründen: „Es stützt der Beklagte seinen Antrag darauf, daß sein Bevollmächtigter, der Rechtsanwalt G., ohne Verschulden von der Zustellung der Entscheidung an den Bureaugehülfen L. erst am 3. X. 97, also nach Ablauf der Berufungsfrist, Kenntnis erhalten habe. Wäre es richtig, daß hierbei den Rechtsanwalt G. kein Verschulden träfe, so würden die Voraussetzungen für die Wiedereinsetzung allerdings gegeben sein. Es ist unrichtig, wenn der Kläger auszuführen sucht, daß schon das Versehen, das Verschulden des Bureaugehülfen die Wiedereinsetzung ausschließe. Freilich stellen solche Versehen der Gehülfen eines Rechtsanwaltes an sich keine „unabweisbaren Zufälle“ im Sinne des § 112 des L.-V.-G. dar; aber darauf kommt es hier nicht an. Denn der § 112 erklärt es ohne weiteres für einen unabwendbaren Zufall, wenn der Antragsteller von einer Zustellung ohne sein Verschulden keine Kenntnis erlangt hat. Es ist also für diesen, in § 112 besonders behandelten Fall völlig unerheblich, ob die Unkenntnis des Antragstellers durch ein Versehen des Bureaugehülfen verursacht ist, ein solches Versehen würde die Wiedereinsetzung nicht ausschließen; entscheidend ist vielmehr, ob der Antragsteller selbst dabei frei von Verschulden ist. Mit Recht hat deshalb auch der Bezirksausschuß geprüft, ob die Unkenntnis des Rechtsanwaltes G. auf einem eigenen Verschulden desselben beruht. Der Bezirksausschuß hat das bejaht; seine Begründung ist jedoch nicht unbedenklich. Er scheint anzunehmen, daß ein Rechtsanwalt überhaupt niemals ohne sein Verschulden über eine an einen Bureaugehülfen bewirkte Zustellung in Unkenntnis bleiben könne. Eine solche Auffassung entspricht dem § 112 des L.-V.-G. nicht, vielmehr ist jedesmal besonders zu prüfen, ob ein Verschulden des Rechtsanwaltes vorliegt oder nicht. Aber in dem hier gegebenen Falle kann nach den eigenen Angaben des Rechtsanwaltes G. nicht angenommen werden, daß er in seinem Bureau alle diejenigen Maßnahmen getroffen hatte, die notwendig gefordert werden müssen, um seine Unkenntnis von der Zustellung als eine unverschuldete erscheinen zu lassen. Nach seinen eigenen Behauptungen hat er sich damit begnügt, dem Bureaugehülfen die Anweisung zu erteilen, alle eingehenden Schriftstücke vorzulegen. Der Gehülfe soll dann die Anweisung bei dieser Gelegenheit nicht beachtet, die ihm zugestellte Entscheidung zu den Akten gebracht und diese weggelegt haben. Eine solche einfache Anweisung genügt aber nicht, um den Rechtsanwalt von der Verschuldung zu befreien, vielmehr muß von einem Rechtsanwalt, dessen Beruf es mit sich führt, daß vielfach Zustellungen, welche Präklusivfristen eröffnen, an seine Angestellten bewirkt werden, eine weit größere Sorgfalt bei Einrichtung und Ueberwachung seines Bureaus verlangt werden, da andernfalls eine sehr erhebliche, kaum erträgliche Unsicherheit in dem Geschäftsverkehr Platz greifen könnte. Der Rechtsanwalt G. durfte sich nicht einfach darauf verlassen, daß seine vorgedachte Anweisung befolgt würde, sondern er mußte auch Einrichtungen treffen, die Befolgung — insbesondere für Fristsachen — in geeigneter Weise, etwa durch einen Reproduktionskalender, zu kontrolieren. Ohne solche Kontrole hat jene bloße Anweisung keine Bedeutung. Es wäre für den Rechtsanwalt G., der doch den Termin von dem Kreisausschuß wahrgenommen hatte und daher wußte, welche Entscheidung der Kreisausschuß erlassen hatte, ein leichtes gewesen, den Eingang der Urteilsausfertigung durch

entsprechende Wiedervorlegungs-Verfügungen in seinen Handakten zu kontrolieren, die Eintragung der Wiedervorlegungen in eine Liste anzuordnen und sich so in die Lage zu bringen, durch Einsicht der Liste die Ausführung der Wiedervorlegungen zu überwachen. Daß er solche Kontrolen nicht eingerichtet hat, darin liegt sein Verschulden. Denn lediglich der Mangel solcher Kontrolen, die ein Rechtsanwalt nicht unterlassen darf, hat es verursacht, daß er von der Zustellung der Entscheidung keine Kenntnis erhielt. Dieses Verschulden seines Bevollmächtigten muß die Partei gegen sich gelten lassen (Entsch. Bd. XXV S. 434). Der Wiedereinsetzungsantrag ist deshalb nicht begründet und vom Vorderrichter mit Recht zurückgewiesen."

Der Antrag auf Wiedereinsetzung in den vorigen Stand (§ 112 L.-V.-G.) darf sich nicht gegen ein entgiltiges Urteil richten, gegen letzteres ist nur die Wiederaufnahme des Verfahrens zulässig. Jener Antrag findet überhaupt nur statt, wenn der Richter in einem bei ihm anhängigen Verfahren zu entscheiden hat, ob ein Rechtsakt rechtzeitig stattgefunden hat, er kann niemals selbständig ein Verfahren oder eine Instanz eröffnen. Ist z. B. ein Vorbescheid erlassen, so ist der Antrag auf Wiedereinsetzung nur in Verbindung mit dem Antrage auf mündliche Verhandlung statthaft.

Nr. 19. Entsch. Bd. XXXIV S. 446 v. 18. VI. 98 IV B 49/98.

L.-V.-G. §§ 112, 52, 129.

1. Die Klagefrist wird nur dadurch gewahrt, daß die Klage vor Ablauf der Frist an die zuständige Behörde gelangt oder doch bei ordnungsmäßigem Geschäftsgange an sie hätte gelangen müssen. Letzteres kann insbesondere dann angenommen werden, wenn die Klage von dem Kläger — oder der von ihm benutzten Post — der Behörde innerhalb der Frist zur Verfügung gestellt wird, aber infolge eines ordnungswidrigen Verhaltens der Behörde nicht rechtzeitig in den Geschäftsgang gelangt, z. B. wenn der Behörde der Empfangschein über eine eingeschriebene Sendung von der Post übergeben wird, die Behörde aber die rechtzeitige Abhebung der Sendung unterläßt, oder wenn die auf der Post rechtzeitig eingetroffene Sendung nicht nach dem gewöhnlichen Geschäftsgange abgeholt wird.

2. Die Aushändigung der Klage an einen beliebigen, zufällig im Amtshause anwesenden Boten stellt die Klage nicht zur Verfügung der Behörde, wenn der Bote unterläßt die Klage abzugeben oder wenn es nicht zu seinen Dienstobliegenheiten gehört, Schriftstücke für die Behörde in Empfang zu nehmen.

3. Der vom Kläger mit der Erhebung der Klage Bevollmächtigte, dessen Thun und Lassen die Partei als ihr eigenes gelten zu lassen hat (Entsch. Bd. XXV S. 434), muß dafür sorgen, daß die Klageschrift rechtzeitig in die Hand des zuständigen Beamten gelangt. Wenn sich ein Schreiber des Bevollmächtigten dazu eines unzuständigen, nachlässigen Beamten bedient, so kann diese Unachtsamkeit nicht als ein unabwendbarer d. h. ein durch ernstliche Sorgfalt überhaupt nicht zu vermeidender Zufall angesehen werden (§ 112 L.-V.-G.).

Nr. 20. Entsch. v. 9. II. 98 III 188.

L.-V.-G. §§ 112, 52; Zust.-Ges. § 66.

Das Landesverwaltungsgesetz regelt die Wiedereinsetzung in den vorigen Stand verschieden, jenachdem es sich um eine Fristversäumnis im Verwaltungsstreitverfahren (§ 112) oder um eine solche im Beschwerdeverfahren vor den Verwaltungsbehörden (§ 52 Abs. 2) handelt. Während der § 112 für die Wiedereinsetzung in den vorigen Stand gegen Fristversäumung im Verwaltungsstreitverfahren, sowohl was die Voraussetzungen der Wiedereinsetzung als auch was das einzuhaltende Verfahren und die Frist zur Stellung des Antrages angeht, festbegrenzte Normen aufstellt, enthält der für die Wiedereinsetzung in den vorigen Stand gegen Fristversäumung außerhalb des Verwaltungsstreitverfahrens maßgebende § 52 Abs. 2 lediglich die Bestimmung: „Bezüglich der Beschwerde kann die angerufene Behörde in Fällen unverschuldeter Fristversäumung Wiedereinsetzung in den vorigen Stand gewähren." Das Gesetz hat also der zur Entscheidung über die Wiedereinsetzung wegen Fristversäumung berufenen Verwaltungsbehörde anders wie dem Verwaltungsrichter das freie Ermessen eingeräumt, darüber zu befinden, ob ein Fall unverschuldeter Fristversäumung vorliege und deswegen Wiedereinsetznng zu gewähren sei oder nicht. Dementsprechend hat das O.-V.-G. bereits in der Bd. XXI S. 244 abgedruckten Entsch. ausgeführt, daß die Wiedereinsetzung im Beschwerdeverfahren weder an eine besondere Form noch an die Schranken des § 112 des L.-V.-G. gebunden sei und daß, wenn eine solche einmal stattgefunden habe, die dadurch in ihren rechtlichen Folgen beseitigte Fristversäumnis in dem sich weiter daran knüpfenden Streitverfahren nicht wieder aufleben könne. An dieser Auffassung ist seitdem vom O.-V.-G. in gleichmäßiger Rechtsprechung festgehalten und in dem Bd. XXVI S. 254 der Entsch. abgedruckten Erkenntnisse nochmals ausgesprochen worden, daß die Wiedereinsetzung im Beschwerdeverfahren thatsächlich dadurch habe gewährt werden können, daß die zur Entscheidung über den Einspruch zuständige Polizeiverwaltung in ihrem Beschlusse den Einspruch nicht wegen Fristenablaufs zurückgewiesen, sondern materiell über ihn entschieden habe. Daß die Wiedereinsetzung dabei nicht formell ausgesprochen, sondern sogleich sachlich gewährt sei, erscheine für deren Wirksamkeit einflußlos, und der Verwaltungsrichter dürfe der Thatsache der erfolgten Wiedereinsetzung gegenüber eine Prüfung der Rechtzeitigkeit des Einspruchs nicht mehr vornehmen (vgl. v. Brauchitsch, Verwaltungsgesetze Bd. I S. 65 Anm. 86 zu § 52 des L.-V.-G.). Die möglichst freie Gestaltung des Wiedereinsetzungsrechtes innerhalb des in freien Formen wie das Verwaltungsstreitverfahren sich bewegenden Beschwerdeverfahrens entspricht einem praktischen Bedürfnisse und eine Einengung dieser den Verwaltungsbehörden gewährten Befugnis ist ohne Nachteil für die vielfach der ausreichenden Rechtskunde entbehrenden Parteien nicht ausführbar. Das in § 52 Abs. 2 gebrauchte Wort Beschwerde darf nicht dahin eingeschränkt werden, daß die Bestimmung auf den „Einspruch" (§ 66 des Zust.-Ges.) überhaupt keine Anwendung finden dürfe. Sonst fehlte es an einer gesetzlichen Bestimmung, welche die Wiedereinsetzung in den vorigen Stand gegen die Versäumung der Einspruchfrist regelte, überhaupt, denn der § 112 betrifft lediglich die Wiedereinsetzung gegen die Versäumung einer Frist im Verwaltungsstreitverfahren, also nicht gegen die Versäumung der außerhalb desselben liegenden Einspruchsfrist. Daß der Gesetzgeber dies nicht beabsichtigt haben kann, bedarf einer weiteren Ausführung nicht; der Ausdruck „Beschwerde" ist vielmehr im Abs. 2 des § 52 ebenso wie im Abs. 1 daselbst in einem weiteren den „Einspruch" gegen Verfügungen mitumfassenden Sinne gebraucht worden.

Nr. 21. Entsch. v. 26. VI. 89 I C 35/89.

Die Kraft der res judicata wird nicht dadurch bedingt, daß die Gründe, die der Richter gegeben, zutreffend sind. Auf diese kommt es nicht an. Entscheidend allein ist das, was der Richter erkannt und im Tenor zum Ausdrucke gebracht hat.

Sechste Abteilung.

Entscheidungen in Steuersachen.

I.

Einkommensteuer.

Litteratur: Fuisting, Die direkten Steuern; Bd. I. Kommentar zum Einkommensteuergesetze, 4. Aufl. Berlin 1899. — Großmann, Handbuch der direkten Steuern in Preußen, Berlin 1899. — Jahn, Einfache Buchführung nach dem Einkommensteuergesetze, 2. Aufl. Bochum 1899. — Meitzen-Fernow, Einkommensteuergesetz, 4. Aufl. Berlin 1899. — Wagner, Finanzwissenschaft, 4. Teil, die deutsche Besteuerung des 19. Jahrhunderts, Leipzig 1900.

1. Steuerpflicht der physischen Personen.

A. Unbeschränkte subjektive Steuerpflicht.

Nr. 1. Entsch. Bd. VII S. 210 v. 2. XII. 98 E III 14/98.
Entsch. Bd. VII S. 212 v. 19. I. 99 E VII c 48/98.

Eink.-St.-Ges. § 1 [1] a, c; Erg.-St.-Ges. § 2 I.
Ges. v. 13. V. 70 (R.-G.-Bl. S. 119) wegen Beseitigung der Doppelbesteuerung § 1 Abs. 2.

1. Für die Annahme eines Wohnsitzes genügt nicht, daß die Wohnung der Frau und den Kindern des Steuerpflichtigen allein standesgemäße Unterkunft gewährt, sondern es ist erforderlich, daß sie der gesammten Familie des Steuerpflichtigen einschließlich seiner selbst zu jenem Zwecke dienen kann.

2. Der Umstand, daß der Steuerpflichtige selbst nur bei vorübergehenden Besuchen seiner Familie in der Wohnung verweilt, schließt die Annahme, daß es sich um eine auch für ihn mit dienliche Wohnung, und nicht um ein bloßes Absteigequartier, handelt, nicht aus.

3. Das Innehaben einer Wohnung setzt die faktische Herrschaft über die fraglichen Räume mit dem ausschließlichen Verfügungsrechte voraus. Eine bloße Mitbenutzung mit dem eigentlichen Inhaber genügt dazu dicht. Außerdem setzt der Begriff des Wohnsitzes die Absicht der dauernden Beibehaltung der Wohnung an dem betreffenden Orte voraus.

B. Beschränkte subjektive Steuerpflicht.

Nr. 1. Entsch. Bd. VII S. 214 v. 13. XII. 98 VI 14—17/98.

Eink.-St.-Ges. § 2; Erg.-St.-Ges. § 2 II a.
Sigm. Steuerges. v. 30. VIII. 34 (Hohz. G.-S. Bd. IV S. 95 ff.), §§ 1 A, C, F, 5, 17 a, 49, 111 ff.

Die Vorschriften in § 2 des Eink.-St.-Ges. und in § 2 II a des Erg.-St.-Ges. finden auf die Angehörigen der Hohenzollernschen Lande und der Insel Helgoland insoweit Anwendung, als ihnen nicht die in diesen Landesteilen bestehenden besonderen Steuergesetze entgegenstehen. Ein in den Hohenzollernschen Landen angestellter Königlicher Beamter unterliegt daher wegen seines in Preußen, außerhalb Hohenzollerns und Helgolands belegenen Grundbesitzes der Einkommens- und Ergänzungsbesteuerung, während er hinsichtlich des ihm aus der Regierungs-Hauptkasse in Sigmaringen gezahlten Gehaltes von der Einkommensteuer befreit ist.

Nr. 2. Entsch. Bd. VII S. 365 v. 13. XII. 98 VI 6—9/98.

Eink.-St.-Ges. § 2a.
Reichsges. v. 13. V. 70 betr. Vermeidung der Doppelbesteuerung, §§ 2 Abs. 3, 4.

Der dem Preußischen Anteil an den Kommunion-Hüttenwerken am Unterharz entsprechende Teil der Kasse dieser Werke gilt als Preußische Staatskasse im Sinne des § 2a des Eink.-St.-Ges. Die daraus gezahlten Gehälter, Pensionen 2c. der Kommunionbeamten sind daher in Preußen steuerpflichtig.

2. Einkommen der physischen Personen.

A. Allgemeine Grundsätze.

a) Das steuerpflichtige Einkommen.

Nr. 1. Entsch. Bd. VII S. 161 v. 7. VII. 98 VII a 57/97.

Eink.-St.-Ges. §§ 3, 6^3, 7^4; Ausf.-Anw. Art. 3 II^3.
Reichsmil.-Ges. v. 2. V. 74 §§ 37, 38.

Ein zur Probedienstleistung bei einer Civilbehörde beurlaubter Gendarm ist nicht als eine zur Probedienstleistung kommandierte Militärperson des Heeres anzusehen. Seine Bezüge aus einer Civilstaatskasse sind daher nicht steuerfrei.

Die Sonderbestimmung, daß Dienstbezüge der Gendarmen als Militäreinkommen gelten sollen, gestattet als Rechtswohlthat keine erweiternde Auslegung. Für eine Fortgewährung dieser Bezüge in irgend welcher Form, oder deren etwaigen Ersatz durch Civilbezüge für die Dauer der Beurlaubung (nicht Kommandierung) des Gendarmen zu einer Probedienstleistung, also für irgend eine Beziehung der seitens der Civilbehörde (Kaiserliche Postverwaltung) gewährten Bezüge zu den Dienstbezügen des Gendarmen oder irgend einem anderen Militäreinkommen bestehen allgemeine oder besondere Vorschriften nicht. Den aus der Postkasse dem Censiten gewährten Bezügen an Gehalt und Wohnungsgeldzuschuß steht hiernach weder im Hinblick auf die Person, d. h. in subjektiver (§ 3 des Eink.-St.-Ges.) noch in objektiver (§ 6 in Verbindung mit § 7 Nr. 4 a. a. O.) Beziehung ein Anspruch auf Steuerfreiheit zur Seite.

b) Berechnungsart. [1])

Nr. 1. Entsch. Bd. VII S. 9 v. 3. III. 98 VI 56/97.

Durchschnittsberechnung ist dann, wenn derselbe Steuerpflichtige innerhalb der Durchschnittsperiode ein Gut zuerst als Verwalter oder als Pächter und demnächst als Eigentümer bewirtschaftet hat, unzulässig. Vgl. E.-O.-V. in St. Bd. V S. 193. Denn der Pächter und Eigentümer wirtschaften der Regel nach unter so verschiedenen Voraussetzungen, daß die Gleichartigkeit der Quelle des Einkommens ausgeschlossen ist.

[1]) Vgl. auch Entsch. Bd. VII S. 48 v. 24. III. 98, S. 52 v. 24. V. 98 und S. 54 v. 25. XI. 98, weiter unten.

Nr. 2. Entsch. Bd. VII S. 55 v. 29. XII. 98 E VIII a 11/98.

Eink.-St.-Ges. §§ 10, 13.

Die Durchschnittsberechnung nach den Ergebnissen der drei letzten Jahre setzt die wesentliche Gleichartigkeit der Einkommensquelle in sachlicher und persönlicher Beziehung während dieser drei Jahre voraus. An dieser Voraussetzung fehlt es, wenn derselbe Steuerpflichtige ein Gut zuerst als Pächter, dann als Eigentümer bewirtschaftet hat, oder wenn dasselbe Gut zuerst von einem Besitzvorgänger als Eigentümer, dann von dem Steuerpflichtigen als Pächter bewirtschaftet ist. (Vgl. E.-O.-V. in St. Bd. V S. 193). Nicht minder fehlt es an dem Erfordernisse der Gleichartigkeit, wenn ein Steuerpflichtiger innerhalb der drei Vorjahre neben seinen eigenen auch gepachtete Ländereien von verhältnismäßig erheblichem Umfange in einheitlicher Bewirtschaftung besessen und demnächst die gepachteten Ländereien als Eigentum erworben hat. Das Einkommen des Eigentümers und des Pächters sind grundsätzlich verschieden, weil der Pächter den Pachtzins zu zahlen hat und deshalb notwendig einen geringeren Ertrag erzielen muß als bei gleicher Bewirtschaftungsweise der Eigentümer. Derjenige, der das früher von ihm als Pächter bewirtschaftete Gut bei der Veranlagung als Eigentümer besitzt und bewirtschaftet, würde zu niedrig veranlagt werden, wenn auf seine Besitzzeit als Pächter Rücksicht genommen würde. Umgekehrt würde beim Uebergange von früherem Eigentums- in späteren Pachtbesitz der Pächter zu hoch veranlagt werden, wenn sein früherer Eigentumsbesitz mit in Betracht käme. Bewirtschaftung eigenen und gepachteten Grundbesitzes sind an sich nach § 13 Abs. 4 bis 6 des Eink.-St.-Ges. verschiedene Einkommensquellen, wenngleich sie, ebenso wie zwei gewerbliche Betriebe, unter Umständen ein einheitliches Unternehmen bilden können.

Nr. 3. Entsch. Bd. VII S. 123 v. 10. VI. 98 E VI a 137/96.

Eink.-St.-Ges. §§ 10, 13.
Ausf.-Anw. Art. 5 [1], 15 II.

1. Der Pachtzins ist der Regel nach als feststehende Einnahme mit dem zur Zeit der Veranlagung bekannten Betrage für das Steuerjahr einzustellen. Hierbei ist es ausgeschlossen, einerseits den Pachtzins als feststehende Einnahme anzusetzen und andererseits gleichzeitig hiervon nach dem Durchschnitte der drei der Veranlagung vorangegangenen Jahre die gehabten Ausfälle am Pachtzinse in Abzug zu bringen. Ein derartiges Verfahren widerspricht dem § 10 des Eink.-St.-Ges. und bringt in unzulässiger Weise die für die Berechnung der feststehenden und die für die Berechnung der ihrem Betrage nach unbestimmten oder schwankenden Einnahmen gegebenen Vorschriften, die der Natur der Sache nach sich gegenseitig ausschließen, gleichzeitig zur Anwendung.

2. Dagegen ist bei Einkommen aus verpachtetem Grundbesitze die dreijährige Durchschnittsberechnung nicht etwa grundsätzlich ausgeschlossen. Dieser Grundsatz folgt zunächst nicht aus Art. 5 Nr. 1 und 15 II der Ausf.-Anw. Denn diese gehen von der, zumeist wohl auch zutreffenden, Voraussetzung aus, daß bei einem Pachtverhältnisse ein bestimmter Pachtzins vertragsmäßig feststehe und pünktlich eingehe. Für den auch möglichen Fall aber, daß aus der Benutzung eines Grundbesitzes durch Verpachtung ihrem Betrage nach unbestimmte oder schwankende Einnahmen erwachsen, haben sie nichts vorgeschrieben. Hierüber eine Vorschrift zu treffen, war auch umsoweniger notwendig, als dieser Fall durch den § 10 des Eink.-St.-Ges. und den Art. 5 Nr. 2 der Ausf.-Anw. hinreichend vorgesehen worden ist. Ob jedoch aus einem an verschiedene Pächter verpachteten Grundbesitze schwankende oder ihrem Betrage

nach feststehende Einnahmen erwachsen, ist nach den vorliegenden Umständen, insbesondere nach der Art der Verpachtungen, den Bestimmungen über die Pachtvergütung, ihrem Eingange und insbesondere danach zu beurteilen, ob nach Lage der Sache anzunehmen ist, daß der ganze durch Verpachtung genutzte Grundbesitz eine einzige Einkommensquelle für den Steuerpflichtigen bildet. Sind ebensoviele Einkommensquellen vorhanden, als Verpachtungen stattgefunden haben, so sind die in den einzelnen Pachtverträgen vereinbarten Pachtzinsen für sich zu beurteilen, und dann kann es nicht in Frage kommen, ob die Summe der Pachtzinsen als schwankende oder feststehende Einnahme zu erachten ist. Vgl. E.-O.-V. in St. Bd. V S. 131.

3. Bei der Durchschnittsberechnung sind die Angaben des Pflichtigen über die Pachtausfälle zu würdigen, wobei zu beachten ist, daß die Annahme der Notwendigkeit der erfolgten Nachlässe nicht von dem Nachweise der völligen Unmöglichkeit, den Pachtzins im Zwangsverfahren einzuziehen, abhängig gemacht werden kann, daß vielmehr hier das sachgemäße Ermessen des Gläubigers mit zu entscheiden hat, und daß die wirtschaftliche Notwendigkeit der bewilligten Nachlässe dann wird angenommen werden können, wenn nicht aus den begleitenden Umständen das Gegenteil erhellt.

Nr. 4. Entsch. Bd. VII S. 134 v. 17. VI. 98 V 6/97.

Eink.-St.-Ges. § 10; Ausf.-Anw. Art. 5.

1. Die Durchschnittsberechnung ist dann ausgeschlossen, wenn im Laufe der Vorjahre wesentliche Aenderungen des die Einkommensquelle bildenden gewerblichen oder des landwirtschaftlichen Betriebes eingetreten sind. Derartige Aenderungen können sich nicht nur dadurch vollziehen, daß der — in dem Besitze der nämlichen Geschäftsinhaber verbliebene — Betrieb in seinem Charakter oder in seinem Umfange eine erhebliche Modifikation erlitten hat, sondern auch dadurch, daß die Beziehungen eines der Inhaber zum Geschäfte wesentlich andere geworden sind.

2. Bei landwirtschaftlichen Betrieben kommen für die Durchschnittsberechnung regelmäßig nur die Ergebnisse ganzer Betriebsjahre in Betracht.

Nr. 5. Entsch. Bd. VII S. 227 v. 17. III. 98 VI 67/97.

Eink.-St.-Ges. § 10; Ausf.-Anw. Art. 30⁴a.

Gegen die unmittelbare Durchschnittsschätzung bei Feststellung des landwirtschaftlichen Einkommens — ohne Unterscheidung der Ergebnisse der einzelnen Jahre — mögen keine Bedenken obwalten, wenn die Vorbedingungen der Ertragserzielung in allen Jahren der Durchschnittsperiode wesentlich gleiche sind. Falls aber diese Voraussetzung nicht zutrifft, vielmehr mit den wechselnden Vorbedingungen der Ertragserzielung die Erträge selbst stärkeren Schwankungen ausgesetzt sind, so ist es nicht möglich, mit einer unmittelbaren Durchschnittsschätzung diesen Schwankungen gerecht zu werden. Ist es besonders bei der Landwirtschaft schon schwierig, ohne vollständige Unterlagen den Ertrag eines Jahres richtig zu schätzen, so erscheint es unmöglich, bei stärkeren Schwankungen der Produktionsverhältnisse, der Ernten, der Preise u. s. w. unmittelbar den Ertrag mehrerer Jahre durch Schätzung zu finden.

Nr. 6. Entsch. Bd. VII S. 224 v. 10. III. 98 VI 38/97.

Eink.-St.-Ges. § 10.

1. Bei Feststellung des landwirtschaftlichen Einkommens nach dem Durchschnitte der Vorjahre im Wege der Berechnung

oder Schätzung ist eine unmittelbar das Durchschnittsergebnis treffende Feststellung jedenfalls dann ausgeschlossen, wenn nach den besonderen, von Amtswegen ermittelten oder vom Berufer vorgebrachten thatsächlichen Umständen die quellenmäßigen Erträge der einzelnen Jahre der Durchschnittsperiode wesentlich von einander abweichen. In Fällen dieser Art müssen die Erträge der einzelnen Jahre, unter besonderer Berücksichtigung und Würdigung der vom Berufer angeführten Umstände, zahlenmäßig festgestellt werden.

2. Eine Vernichtung der gesammten Ernte durch Feuer beeinflußt nicht nur den Ertrag des Brandjahres, sondern hat wegen der notwendigen Erschwerung des Betriebes weiterreichende Folgen, die zu berücksichtigen sind. Die Thatsache „guter Versicherung" ist nicht eher zu verwerten, als bis unter Verhandlung mit dem Berufer der wirkliche Schaden, die Deckung durch die Versicherung und der hiernach zu bemessende Einfluß auf die Erzielung des landwirtschaftlichen Ertrages klargestellt worden ist.

3. Aehnliches gilt von Viehverlusten.

4. Sind Holzungen nicht etwa wegen Ertraglosigkeit bei der Ertragsermittelung gänzlich auszuscheiden, so ist zu ermitteln, ob sie nach ihrer thatsächlichen Bewirtschaftung in den Vorjahren eine selbständige forstwirtschaftliche Quelle, oder nur einen Nebenzweig der Landwirtschaft bilden. Im letzteren Falle ist der Ertrag als erkennbarer Rechnungsfaktor des landwirtschaftlichen Einkommens zu behandeln.

Nr. 7. Entsch. Bd. VII S. 220 v. 16. XII. 98 V 4/97

Eink.-St.-Ges. §§ 10, 44—47; Ausf.-Anw. Art. 5[2].

1. Der § 10 des Eink.-St.-Ges. enthält die Bestimmung, daß der Durchschnitt in allen Fällen aus bestimmten Zahlen, den Durchschnittsfaktoren, auf dem Rechnungswege ermittelt werden soll. Es ist somit ein gesetzliches Erfordernis, daß nicht nur in den Fällen, in denen wirkliche Einnahmen und Ausgaben sich rechnungs- und zahlenmäßig ermitteln lassen, sondern auch beim Nichtvorhandensein von Unterlagen für die Berechnung eines jeden Jahresertrages die Schätzung des Ertrages für jedes einzelne Jahr der Durchschnittsperiode besonders vorgenommen werden muß. Denn das Durchschnittsergebnis mehrerer Jahre läßt sich nur mittels Teilung der Summe der Ergebnisse der einzelnen Jahre durch die Zahl der Jahre der Durchschnittsperiode, also durch Berechnung finden.

2. Eine unmittelbare Durchschnittsschätzung kommt auf Unterlassung einer Durchschnittsziehung hinaus und ist nur dann zulässig, wenn die Annahme, daß die nach der Vergangenheit zu schätzenden Jahreserträge keinen wesentlichen Schwankungen ausgesetzt gewesen sind, unbedenklich erscheint.

3. Jedenfalls ist die Annahme der Gleichheit der Jahreserträge bei Einstellung einer gegen das Vorjahr erhöhten Schätzungssumme für das aus derselben Quelle fließende Einkommen ausgeschlossen, es sei denn, daß früher Irrtümer vorgekommen sind, was nicht zu vermuten ist.

Die Berufungskommission muß daher, wenn ein auf die Steuerstufe wirkendes höheres Einkommen, als im Vorjahre, schätzungsweise angenommen ist, diese Höherschätzung in der Berufungsentscheidung durch Darlegung der für jedes einzelne der in Betracht kommenden Durchschnittsjahre angenommenen Erträge begründen.

4. Unterlassungen in dieser Beziehung haben Aufhebung der Berufungsentscheidung zur Folge.

Nr. 8. Entsch. Bd. VII S. 48 v. 24. III. 98 VI 64/97.

Eink.-St.-Ges. § 10 Abs. 2.

Ist wegen der Kürze des Bestehens einer Einkommensquelle eine Feststellung des Einkommens nach dem Durchschnitte der Vergangenheit nicht angängig und der mutmaßliche Ertrag des Steuerjahres in Ansatz zu bringen, so hat, falls inzwischen das Steuerjahr abgelaufen ist, die Ermittelung sich auf das wirklich erzielte Einkommen des Steuerjahres zu erstrecken. Vgl. E.-O.-V. in St. Bd. I S. 380.

Nr. 9. Entsch. Bd. VII S. 196 v. 24. XI. 98 E IX 25/97.

Eink.-St.-Ges. § 10; Ausf.-Anw. Art. 5 Abs. 1.

1. Steht bereits vor Beginn des Steuerjahres eine wesentliche Veränderung einer Einkommensquelle während des Steuerjahres, die Umwandelung des Einkommens aus Gewerbebetrieb in Einkommen aus Verpachtung der gewerblichen Anlage, fest, so ist diese Veränderung bei der Veranlagung zu berücksichtigen.

2. Die Ermittelung des mutmaßlichen Einkommens für das Steuerjahr nach dessen Ablauf bei Eintritt wesentlicher Veränderungen der Einkommensquelle während des Steuerjahres muß sich lediglich nach den bei Beginn des Steuerjahres obwaltenden Verhältnissen richten. Das wirkliche Einkommen im Steuerjahre kann an Stelle des mutmaßlichen nach Ablauf des Steuerjahres selbstredend nur da in Betracht kommen, wo die Einkommensquelle bis zum Ablauf des Steuerjahres dieselbe bleibt.

c) Haushaltungsangehörige.

Nr. 1. Entsch. Bd. VII S. 260 v. 27. V. 98 E IV a 26/97.

Eink.-St.-Ges. §§ 9 I², 11.

1. Die Zinsen des dem väterlichen Nießbrauche unterworfenen Vermögens eines Kindes sind Einkommen des Vaters, ohne Rücksicht darauf, ob das Kind Angehöriger der Haushaltung des Vaters ist oder nicht.

2. Auf der anderen Seite sind Schuldenzinsen des Vaters an die Kinder (beim Bestehen einer verzinslichen Schuld) von seinem Einkommen in Abzug zu bringen, falls nicht etwa der gleiche Betrag bei Feststellung des Einkommens des Vaters aus dem Vermögen des Kindes abgerechnet worden ist.

B. Arten des Einkommens.

a) Aus Kapitalvermögen.

Nr. 1. Entsch. Bd. VII S. 75 v. 15. IV. 98 E III 77/97. und
Entsch. Bd. VII S. 78 v. 13. V. 98 E IV a 23/97.

Eink.-St.-Ges. §§ 8, 10, 12, 14.

1. Wird bei Veräußerung eines Spekulationsobjektes, z. B. eines Baustellengeländes, der Kaufpreis kreditiert, so kommt bei Ermittelung des vereinnahmten Gewinnes die Kaufgeldforderung mit dem vollen Betrage zur Berechnung, wenn die Spekulation nicht gewerbsmäßig erfolgte; dagegen nur mit dem Verkaufswerte bei gewerbsmäßiger Spekulation.

2. Die Ausfälle an der Kaufgeldforderung sind bei nicht gewerbsmäßiger spekulativer Veräußerung in dem Jahre, in dem sie entstehen, als Verluste zu berücksichtigen.

3. Für die Besteuerung des Spekulationsgewinnes ist es unerheblich, ob durch ihn eine neue Einkommensquelle geschaffen wird oder nicht. Bei jeder aus erspartem Einkommen gemachten Kapitalsanlage ist sowohl das ersparte Einkommen steuerpflichtig, als auch dasjenige aus der neuen Kapitalsanlage. Da die zu Spekulationszwecken unternommene Veräußerung nach dem Eink.-St.-Ges. eine Einkommensquelle bildet, so muß das aus ihr fließende, nach der Vorschrift in § 14 zu 3 des Eink.-St.-Ges. zu berechnende Einkommen zum Ansatze gelangen. Ebenfalls bilden die durch die spekulationsweise erfolgte Veräußerung erworbenen Kapitalien Einkommensquellen; diese sind mit jener Quelle nicht identisch. Somit findet keineswegs eine doppelte Besteuerung desselben Objektes statt, wenn einerseits der Durchschnitt der in den letzten drei Jahren erzielten Spekulationsgewinne und andererseits der Zinsertrag der bei Beginn des Steuerjahres vorhandenen Kapitalien herangezogen ist.

4. Die Einbringung eines Vermögenstückes in eine Aktiengesellschaft stellt eine „Veräußerung“ im Sinne des § 12 des Eink.-St.-Ges. dar. Gemäß § 12d des Eink.-St.-Ges. bilden vereinnahmte Gewinne aus der zu Spekulationszwecken unternommenen Veräußerung Einkommen aus Kapitalvermögen, während der § 14 Abs. 2 Nr. 3 a. a. O. sich sogar des noch allgemeineren Ausdrucks „Geschäfte“ bedient. Obwohl die Einbringung eines Vermögensstückes in eine Aktiengesellschaft mit dem Reichsgerichte nicht als ein Verkauf anzusehen ist, muß hier eine Anwendung des § 12d erfolgen, weil die gedachte — einen Teil des Gesellschaftsvertrages bildende — Einwerfung jedenfalls als „Veräußerung“ sich darstellt.

5. Für die Ermittelung des Spekulationsgewinnes ist es unerheblich, daß der Wert des Objektes schon vor dem Erlasse des Eink.-St.-Ges. sich erhöht hat. Es kommt nur darauf an, ob die Gewinn bringende Veräußerung in den für die Einkommensteuer-Veranlagung maßgebenden Jahren stattgefunden hat. Nach § 14 Abs. 2 Nr. 3 des Eink.-St.-Ges. soll der Gewinn aus einem einmaligen, nicht gewerbsmäßig unternommenen, Spekulationsgeschäfte gemäß dem § 10 a. a. O. berechnet, also, da von der Schätzung eines „mutmaßlichen“ Ertrages dabei nicht die Rede sein kann, nach dem dreijährigen Durchschnitte besteuert werden. E.-O.-V. in St. Bd. IV. S. 212. Der für die Berechnung des Durchschnittes maßgebende Zeitabschnitt richtet sich, wie in dem Art. 5 Nr. 2 Abs. 2 der Ausf.-Anw. ausgesprochen ist, bei jedem Steuerpflichtigen nach dem von diesem angenommen Betriebs- oder Wirtschaftsjahre und als das im § 10 des Einkommensteuergesetzes erwähnte, der Veranlagung unmittelbar vorangegangene Wirtschaftsjahr gilt das letzte, dessen Ergebnisse zur Zeit der Veranlagung (Steuererklärung) festgestellt werden konnte. E.-O.-V. in St. Bd. I S. 129, Bd. II S. 234, Bd. III S. 169.

Erst beim Fehlen einer Steuerklärung ist also die Zeit der Veranlagung entscheidend.

Nr. 2. Entsch. Bd. VII S. 104 (108) v. 7. VII. 98 E VIII b 1/97.

Eink.-St.-Ges. §§ 12, 15.

Das Einkommen aus der Beteiligung an einer Gesellschaft mit beschränkter Haftung ist, insoweit als es auf die Geschäftsanteile entfällt, Einkommen aus Kapitalvermögen, insoweit als es eine Entschädigung für die Thätigkeit als Geschäftsführer der Gesellschaft darstellt, Einkommen aus Gewinn bringender Beschäftigung. Vergl. E.-O.-V. Bd. V S. 314, VI S. 117.

Nr. 3. Entsch. Bd. VII S. 174 v. 4. X. 98 XIII b 307/96.

Eink.-St.-Ges. §§ 8, 12.

Die Gewinnanteile eines stillen Gesellschafters an dem Geschäftsergebnisse sind Einkommen aus Kapitalvermögen. Insofern der fragliche Betrieb keinen Gewinn, sondern Verlust ergiebt, ist daher der Anteil des stillen Gesellschafters dann auch nicht als gewerblicher Verlust, sondern lediglich als Verlust an Kapitalvermögen anzusehen, der nach § 8 des Eink.-St.-Ges. nicht abzugsfähig ist.

Nr. 4. Entsch. Bd. VII S. 190 v. 28. X. 98 E IV b 66/97.

Eink.-St.-Ges. § 12.

Ein eingetragenes, also hypothekarisch sichergestelltes Kapital hört durch den Konkurs des Schuldners nicht auf, zinsentragend zu sein. Vgl. E.-O.-V. in St. Bd. IV S. 138, Bd. VI S. 305. Es bleibt Einkommensquelle, ohne daß jedoch die Zinsen solange als Einkommen zu berücksichtigen sind, als sich der Rechtsanspruch auf die Zinsen nicht als unwirksam erwiesen hat. Es ist vielmehr, wenn der Zinsenbezug schwankt, nach dem Durchschnitte der letzten drei Jahre zu rechnen.

b) Aus Grundvermögen.

Nr. 1. Entsch. Bd. VII S. 43 v. 24. III. 98 VI 70/97.

Eink.-St.-Ges. § 13; Ausf.-Anw. Art. 11.

Bei Schätzung des landwirtschaftlichen Einkommens darf für die im Betriebe der Landwirtschaft verwendete Streu ebensowenig eine besondere Einnahme angesetzt werden, wie für den Erlös aus der Viehhaltung. Wenn bei der Schätzung des Ertrages einer landwirtschaftlichen Besitzung die vollen Erträge aus Acker und Wiese angesetzt sind, so müssen, sofern nicht besondere Umstände eine Abweichung bedingen, hierbei schon diejenigen Vorteile berücksichtigt sein, die dem Besitzer aus der für seine Wirtschaft notwendigen Viehhaltung sowie aus der Streugewinnung erwachsen. Eine besondere Anrechnung des Wertes dieser Vorteile neben dem vollen Ernte- u. s. w. Ertrage muß zu dem unrichtigen Ergebnisse führen, daß gewisse Teile des Ertrages doppelt angerechnet werden.

Nr. 2. Entsch. Bd. VII S. 46 v. 7. VI. 98 VI 15/97.

Eink.-St.-Ges. § 13; Ausf.-Anw. Art. 11.

Bei Schätzung des landwirtschaftlichen Einkommens ist die Ansetzung besonderer Einnahmen aus der Mitarbeit von Haushaltungsangehörigen und in Folge der eigenen Arbeit unzulässig. Ohne Arbeit giebt es überhaupt keinen landwirtschaftlichen Ertrag. Wer die Arbeit leistet, ob der Inhaber der Quelle, ob ein Haushaltungsangehöriger oder ein Fremder, ist bei gleicher Güte der Arbeit für die Höhe der Einnahmen gleichgiltig. Der Wert der Arbeit kommt deshalb bei Berechnung des Ertrages niemals in Betracht, sondern es handelt sich stets nur um die durch die Arbeit etwa erwachsenen Betriebskosten, also um Ausgaben. Hat der Inhaber der Quelle ohne fremde Hülfe gearbeitet, so sind insoweit keine Betriebskosten entstanden. Hat er dagegen fremde Personen beschäftigt, so sind die hierdurch verursachten Ausgaben abzugsfähig.

Ebensowenig kann bei Ermittelung des landwirtschaftlichen Ertrages durch Schätzung die Verrichtung der Arbeit durch den Steuerpflichtigen selbst oder durch seine Haushaltungsangehörigen als Einnahme in Betracht kommen.

Nr. 3. Entsch. Bd. VII S. 48 v. 24. III. 98 VI 64/97.

Eink.-St.-Ges. § 13 und Ausf.-Anw. Art. 11.

1. Bei Ermittelung des Einkommens aus selbstbewirtschafteten Ländereien für ein bestimmtes Jahr sind, ebenso wie unter den Einahmen der erzielte Preis für die auf Kredit verkauften Erzeugnisse in Ansatz zu bringen ist, unter den Ausgaben die nicht bezahlten Schulden, die für Betriebskosten entstanden sind, anzurechnen. Für ihre Berücksichtigung ist allein die Thatsache der Entstehung der Zahlungsverbindlichkeit, nicht diejenige der Zahlungsleistung maßgebend. Betriebsforderungen und Schulden stehen in notwendiger Wechselwirkung.

2. Die Thatsache, daß in den Wirtschaftsbüchern eines Gutsbesitzers nicht abzugsfähige Ausgaben (Haushaltungskosten u. s. w.) und insbesondere abzugsfähige und nicht abzugsfähige Ausgaben in ungetrennter Summe aufgeführt sind, macht die Bücher noch nicht unglaubwürdig. Es fragt sich nur, inwieweit eine Aussonderung der nicht abzugsfähigen Posten ermöglicht werden kann. Eine solche Sonderung ist zu versuchen.

Nr. 4. Entsch. Bd. VII S. 59 v. 24. V. 98 VI 35/97.

Ein.-St.-Ges. §§ 10, 56, 58.

1. Entscheidend für die Veranlgung ist nicht der Stand des Einkommens am letzten Tage vor Beginn des Steuerjahres, sondern bei Beginn des Steuerjahres selbst, also am ersten Tage desselben.

2. Die Anrechnung des Ertrages aus einem Grundstücke ist nicht von den Vorschriften des bürgerlichen Rechtes über den Eigentumsübergang durch Auflassung, sondern von dem thatsächlichen Eigentumsbesitze abhängig. Vgl. E.-O.-V. Bd. V S. 221.

3. Gehören zu landwirtschaftlich benutzten Besitzungen Seeen von nicht unerheblichem Umfange, so ist ebenso, wie bei dem Vorhandensein von Holzungen von nicht unbeträchtlichem Umfange im Verhältnisse zu der Gesammtheit der Besitzung, Schätzung des Einkommens nach Durchschnittssätzen ausgeschlossen und nur individuelle Schätzung zulässig.

Kommt bei der Ermittelung landwirtschaftlichen Einkommens Nutzung von Seeen in Frage, so muß festgestellt werden, ob die Fischerei einen Nebenzweig des landwirtschaftlichen Betriebes oder einen selbständigen Betrieb bildet. Wird sie nur gelegentlich und mit den in der Landwirtschaft thätigen Arbeitskräften betrieben, so erscheint sie als Nebenzweig der Landwirtschaft.[1])

Nr. 5. Entsch. Bd. VII S. 232 v. 31. XII. 98 E II a 4/98.

Eink.-St.-Ges. § 13.

Es ist zweckmäßig, den Wert von Scharwerksleistungen der Pächter eines Steuerpflichtigen nicht bei der Pachteinnahme anzusetzen,

---

[1]) In der Entsch. Bd. VII. S. 62 i. d. Anm. v. 28. I. 99 E I b 64/98 — ist ausgeführt worden, daß mit Bezug auf die Vorschriften in § 4 Nr. 1 des Gewerbesteuerges. v. 24. VI. 91 und in Art. 8 Nr. 1 und Nr. 5c der Ausf.-Anw. zum Gewerbesteuerges. v. 4. XI. 95 der Betrieb der Fischerei auch eine besondere Gewinn bringende Beschäftigung darstellen kann.

sondern lediglich bei der Ermittelung des landwirtschaftlichen Einkommens die dem Steuerpflichtigen durch die Leistungen entstandene Ersparnis an Ausgaben zu berücksichtigen.

Nr. 6. Entsch. Bd. VII S. 63 (der vereinigten Steuersenate) v. 6. IV. 98 VI 11/97.

Eink.-St.-Ges. § 9 I[1]; Ausf.-Anw. Art. 16 I 2a, II.

1. Nach § 9 I 1 des Eink.-St.-Ges. sind die zur Erwerbung, Sicherung und Erhaltung des Einkommens verwendeten Ausgaben ohne Einschränkung abzugsfähig. In Ansehung des Einkommens aus Gebäuden ist in Art. 16 I 2a der Ausf.-Anw. angeordnet, daß von dem Mietswerte die Ausgaben für Instandhaltung und Reparatur, nicht aber auch die Aufwendungen für etwaigen Umbau, Ausbau oder bessere Ausstattung des Gebäudes oder für Anlage und Pflege des zur Annehmlichkeit für den Besitzer dienenden Hausgartens in Abzug zu bringen sind. Für vermietete Gebäude ist in Nr. II daselbst dem Vermiether die Abrechnung der ihm verbliebenen Lasten gestattet, soweit sie nach der vorerwähnten Vorschrift abzugsfähig sind. Daraus kann nur gefolgert werden, daß die Ausf.-Anw. die Aufwendungen des sein Gebäude selbstbenutzenden Eigentümers für seinen Hausgarten, der ihm nur zur Annehmlichkeit dient, vom Abzuge ausgeschlossen hat, weil sie in diesem Falle nicht zur Erwerbung und Sicherung des Einkommens, hier des Mietswertes des Gebäudes, sondern für einen hiervon verschiedenen und darüber hinausgehenden Luxuszweck gemacht werden.

2. Anders liegt die Sache aber schon für den selbstnutzenden Eigentümer, wenn der Hausgarten nicht lediglich zu seiner Annehmlichkeit, sondern gleichzeitig zu Erwerbszwecken dient oder auch nur zur Erhaltung des Mietswertes des Hauses, der als Einkommen zur Anrechnung kommt, überhaupt notwendig ist. Die hierbei entstehenden thatsächlichen Fragen erfordern im Streitfalle stets eine genaue Erörterung der obwaltenden Verhältnisse in Bezug auf § 9 I 1 des Eink.-St.-Ges.

Sind Wohngebäude ganz oder teilweise vermietet, so kann die Verweigerung von Abzügen für Instandhaltung der Hausgärten noch weniger lediglich auf Art. 16 der Ausf.-Anw. gestützt werden, weil in Nr. II daselbst doch auch nur den Aufwendungen zur Annehmlichkeit des Eigentümers und Vermieters die Abzugsfähigkeit versagt ist. Denn der Hinweis in Nr. II auf die Behandlung des Eigentümers, der vermietet hat, gemäß der in Nr. I vorgeschriebenen Behandlung des selbstnutzenden Eigentümers läßt sich nur dahin verstehen, daß Ausgaben zur Annehmlichkeit des Steuerpflichtigen (Luxusausgaben) vom Abzuge ausgeschlossen sein sollen. Bei vermieteten Gebäuden mit Hausgärten kann aber, falls nicht besondere Nutzungsrechte vorbehalten sind, die Annehmlichkeit für den Vermieter wenig oder gar nicht in Betracht kommen.

Nr. 7. Entsch. Bd. VII S. 130 v. 17. VI. 98 V 2/98.

Die aus dem Betriebe der Ziegelei des Steuerpflichtigen zum Neubau seines Hauses verwendeten Ziegel bilden steuerpflichtiges Einkommen, mag der Ziegeleibetrieb ein selbständiger Gewerbebetrieb oder ein landwirtschaftlicher Gewerbebetrieb sein.

a) Im ersteren Falle muß das Einkommen aus dem selbständigen Gewerbebetriebe, wenn der Censit keine Handelsbücher führt, durch Gegenüberstellen der Betriebseinnahmen und der Betriebsausgaben gefunden werden. Hierbei besteht kein Unterschied zwischen den verschiedenen fabrizierten Ziegeln je nach der Art ihrer Verwertung und es muß insbesondere eine Berücksichtigung auch derjenigen Ziegel stattfinden, die seitens des Censiten für die Errichtung seines neuen Gebäudes verwendet worden sind. Denn auch die letzteren sind in dem einheitlichen Betriebe erzeugt worden, der mit dem Zwecke des Gewinnes sich vollzieht, so daß sie einen Teil der Roheinnahmen dieses Betriebes, dem sie angehören, bilden. Außerdem wird eine Trennung der Fabrikations-Ausgaben in solche, die hinsichtlich der verkauften Ziegel entstanden sind, und in solche, die aus der Fabrikation der anderen Ziegel herrühren, kaum erfolgen können. Hierbei darf es dahingestellt bleiben, ob die Fabrikate bereits mit ihrer Vollendung eine Roheinnahme bilden oder erst zur Zeit ihrer Verwertung. Denn jedenfalls wird eine Einnahme durch etwaigen Verkauf herbeigeführt und diesem steht hier die fragliche Verwendung gleich, durch welche die Ziegel aus dem Betriebe behufs Schaffung einer neuen Einnahmequelle ausgeschieden sind.

b) Die Einstellung in die Rechnung erfolgt mit demjenigen Werte, der im gewöhnlichen Verkehre zur Zeit der Verwendung als Kaufpreis für Ziegel der betreffenden Art bezahlt worden ist. Ein anderer Maßstab existiert eben nicht. Insbesondere ist ausgeschlossen, mit einem sogenannten Selbstkostenpreise, der an keiner Stelle des Einkommensteuergesetzes vorkommt, zu rechnen, da dies lediglich auf eine Nichtberücksichtigung der zum Bau verwendeten Ziegel hinauslaufen würde.

c) Sollte aber die Ziegelei des Censiten einen landwirtschaftlichen Nebenbetrieb bilden, so würden die Ziegel ebenfalls mit ihrem Geldwerte anzurechnen sein. Unter dieser Voraussetzung würden nämlich die Produkte der in Verbindung mit der landwirtschaftlichen Benutzung des Grundbesitzes betriebenen gewerblichen Unternehmung als Früchte aus dem Grundbesitze zu behandeln sein, weshalb die betreffenden Ziegel ebenso eine Einnahme aus dem Grundbesitze bilden würden, wie solches bezüglich der aus der eigenen Forst entnommenen und zu Neubauten auf den Gütern verwendeten Hölzer in E.-O.-V. in St. Bd. II S. 275 ausgesprochen worden ist. (Vgl. auch Bd. VI S. 123 a. a. O.).

Nr. 9. Entsch. Bd. VII S. 192 v. 10. XI. 98 EX b 9/97.

Eink.-St.-Ges. § 13; Ausf.-Anw. Art. 11, 16.

Der Mietswert der von einem Altenteilsberechtigten selbst bewohnten oder sonst benutzten Gebäude oder Gebäudeteile, ebenso wie der Reinertrag der auf Grund der Altenteilsberechtigung selbst bewirtschafteten ländlichen Grundstücke und Gärten stellen sich als Einkommen aus Grundvermögen dar und sind nach den für letzteres maßgebenden Grundsätzen zum Zwecke der Einkommensteuerveranlagung zu ermitteln. Vgl. E.-O.-V. Bd. IV S. 58, 165, Bd. V S. 157, 301. Hiernach ist der Wert der Altenteilsrechte für die Veranlagung zur Einkommensteuer nur insoweit selbständig zu bestimmen und demgemäß als besonderes Einkommen anzusetzen sein, als ihr Gegenstand nicht im Betriebe der Landwirtschaft oder des Gartenbaues, sondern zu anderen Zwecken, z. B. für den Haushalt, Verwendung findet.

c) Aus Handel und Gewerbe einschließlich des Bergbaues. [1])

Nr. 1. Entsch. Bd. VII S. 174 (175) v. 4. X. 98 XIII b 307/96.

Eink.-St.-Ges. § 14.

Die einzelnen Gewerbebetriebe eines Steuerpflichtigen bilden jeder für sich eine besondere Einkommensquelle, es sei

[1]) Vgl. auch Entsch. Bd. VII S. 130 v. 17. VI. 98, oben S. 303 f.

denn, daß sie wegen inneren Zusammenhanges nur als Zweige eines einheitlichen Betriebes anzusehen sind.

Nr. 2. Entsch. Bd. VII S. 47 v. 7. VI. 98 VI 65/97.

Eink.-St.-Ges. §§ 13, 14; Ausf.-Anw. Art. 11, 17 ff.

An- und Verkauf von Vieh im Zusammenhange mit einem landwirtschaftlichen Betriebe stellen sich nicht ohne Weiteres als Viehhandel dar. Der Ankauf ist vielfach im Interesse der Zucht, der Bestandsergänzung, der Milchwirtschaft, der Düngerbeschaffung u. dergl. notwendig, während der Verkauf eigener Aufzucht stets in den Rahmen des Landwirtschaftsbetriebes hineingehört, daneben aber auch nicht selten der Verkauf abgängiger oder minder brauchbarer Viehstücke erforderlich wird. Ein gewerblicher Viehhandel des Pflichtigen wird deshalb nur dann angenommen werden dürfen, wenn er im Steuerjahre ohne Rücksicht auf die Bedürfnisse seiner Landwirtschaft in öfterer Wiederholung, nicht etwa nur gelegentlich, Vieh angekauft und wieder veräußert hat. Kann ein gewerblicher Viehhandel nicht auf Grund schlüssiger Thatsachen festgestellt werden, so darf der Ertrag der Viehzucht nur bei der Quelle des Landwirtschaftsbetriebes berücksichtigt werden.

Nr. 3. Entsch. Bd. VII S. 101 v. 23. VI. 98 E Xb 7/97 und **Entsch. Bd. VII S. 102** i. d. Anm. v. 14. XII. 98 E Ib 65/98.

Eink.-St.-Ges. §§ 10, 14.

1. Wenn die Auflösung eines Handelsgeschäftes durch Ausverkauf der vorhandenen Warenbestände beabsichtigt wird, so findet bis zum Schlusse des Ausverkaufes eine Fortsetzung des bisherigen Gewerbebetriebes nur unter der Voraussetzung statt, daß die Erzielung eines neuen Gewinnes bezweckt wird. Dies kann nur durch Ausverkauf zu solchen Preisen geschehen, die die Einkaufspreise der Waren so weit übersteigen, daß unter Berücksichtigung der Betriebskosten überhaupt noch eine Gewinnerzielung möglich ist. Unter dieser Voraussetzung besteht der Gewerbebetrieb als Einkommensquelle auch während des Ausverkaufes fort, da bei vorhandenen Beständen der Zukauf neuer Waren zur Erfüllung des Gewerbebegriffes nicht notwendig ist.

2. Wenn aber der Ausverkauf behufs Auflösung des Handelsgeschäftes zu oder unter Einkaufspreisen erfolgt, so ist die Erzielung eines neuen Gewinnes und hiermit der Fortbestand des Gewerbebetriebes als Einkommensquelle regelmäßig ausgeschlossen. Denn die vorhandenen Warenbestände müssen mit ihrem wirklichen Werte — also mit dem Einkaufspreise unter Berücksichtigung etwaiger Wertsverminderung oder Erhöhung — in der letzten Bilanz angesetzt, und dieser Wert muß bei Ermittelung des Geschäftsgewinnes des abgeschlossenen Jahres berücksichtigt sein. Ist dies geschehen, so kann durch Ausverkauf zu Einkaufspreisen im günstigsten Falle ein Verlust verhütet werden. Es handelt sich alsdann lediglich um die Umsetzung der Warenbestände in Geld zur Höhe ihres wirklichen Wertes, also um Veränderungen, die nur das Vermögen betreffen.

Ein Ausverkauf zu oder unter Einkaufspreisen erscheint hiernach keineswegs bloß als eine die Durchschnittsberechnung ausschließende, wesentliche Aenderung, sondern als Untergang der Einkommensquelle. Wollte man nur eine Aenderung der Quelle annehmen und das mutmaßliche Einkommen für das Steuerjahr ansetzen, so würde man regelmäßig zu einem Verluste gelangen, da selbst beim Ausverkaufe zu Einkaufspreisen noch die Betriebskosten berücksichtigt werden müßten.

Nr. 4. Entsch. Bd. VII S. 104 v. 7. VII. 98 E VIII b 1/97.

Eink.-St.-Ges. § 44.

Daß das Hauptbuch eines Gewerbetreibenden nicht vollständig geführt oder nicht abgeschlossen ist, entbindet die Berufungskommission nicht von jeder Berücksichtigung des Inhaltes, der, nach Angabe des gehörten Sachverständigen, richtig geführten Kassenbücher und berechtigt nicht ohne Weiteres zur Schätzung des Einkommens aus Handel und Gewerbe. Wenn die Berufungskommission das Ergebnis der Beweisaufnahme nicht für vollständig erachtet, so muß eine Ergänzung vorgenommen werden, die durch Einforderung von Aufstellungen von dem Steuerpflichtigen erforderlichen Falles vorzubereiten ist, und insbesondere eine Erörterung der zweifelhaften Punkte mit dem Steuerpflichtigen, geeigneten Falles unter Zuziehung eines Sachverständigen, stattfinden. Vgl. E.-O.-V. in St. Bd. II S. 422 u. 432, Bd. III S. 83, Bd. IV S. 154, Bd. V S. 239.

Nr. 5. Entsch. Bd. VII S. 360 v. 26. XI. 98 III 129/97.

Eink.-St.-Ges. § 14; Ausf.-Anw. Art. 19.

1. Wenn in dem für die Ermittelung des gewerblichen Einkommens maßgebenden § 14 des Eink.-St.-Ges. die Berechnung des Reingewinnes nach den für die Inventur und Bilanz im Handelsgesetzbuche vorgeschriebenen Grundsätzen angeordnet ist, so ist hier nicht von der formellen Kraft einer von dem Steuerpflichtigen, wenngleich unrichtig, aufgestellten Bilanz, sondern von der materiellen Bedeutung der Bilanzgrundsätze für die Gewinnermittelung die Rede. Der § 14 sagt nicht: die Bilanzen sollen entscheiden, sondern: die Grundsätze, die für sie und die Inventuren vorgeschrieben sind.

2. Nach § 14 kommen allein die während des betreffenden Jahres eingetretenen Werterhöhungen in Betracht. Die zu niedrige Bewertung einzelner Gegenstände in der Jahresbilanz, die als Anfangsbilanz für das betreffende Jahr zu dienen hat, ist deshalb nicht entscheidend. Den Steuerpflichtigen ist es freigestellt, die Bewertung richtig zu stellen und ihre eigenen Bilanzen in dieser Beziehung anzufechten, ebenso wie die Veranlagungsbehörden die Befugnis besitzen, unrichtige Bilanzen zu berichtigen.

Nr. 6. Entsch. Bd. VII S. 104 v. 7. VII. 98 E VIII b 1/97.

Eink.-St.-Ges. § 14; Ausf.-Anw. Art. 17[1].
Erg.-St.-Ges. § 6; Ausf.-Anw. Art. 10 III.
Ausf.-Anw. z. Gew.-St.-Ges. Art. 17[2].

Eine in einem Gewerbebetriebe hinterlegte Kaution bildet einen Theil des dem Gewerbebetriebe gewidmeten Anlage- und Betriebskapitales. Die Zinsen daraus sind daher Einkommen aus Handel und Gewerbe. Vgl. E.-O.-V. Bd. VI S. 117.

Nr. 7. Entsch. Bd. VII S. 108 i. d. Anm. v. 9. I. 96 VI G 236/95.

Gew.-St.-Ges. §§ 22, 23.

Die Frage, ob die Zinsen der bei einem Hauptsteueramte und einem Eisenbahnbetriebsamte zur Sicherstellung von Zoll- und Frachtkrediten hinterlegten, sowie der bei der Reichsbankstelle behufs Bereithaltung von Mitteln zur Zahlung des Zolles lombardierten Wertpapiere dem steuerpflichtigen gewerblichen Ertrage zuzurechnen sind, ist zu bejahen. Die gedachten Wertpapiere dienen dem Zwecke, durch Sicherheitsbestellung und Lombardierung gewisse, ohne diese Maßnahmen nicht gewährte, gewerbliche Vorteile, und zwar, wie sich aus der Art der Verwendung ergiebt, dauernder Art zu erzielen. Sie sind also Bestandteile des Anlage- und Betriebskapitales und die davon aufkommenden Zinsen bilden deshalb einen Teil des steuerpflichtigen gewerblichen Ertrages.

Nr. 8. Entsch. Bd. VII S. 234 v. 6. I. 99 E VI b 48/97.

Eink.-St.-Ges. § 14; Ausf.-Anw. Art. 18.

Es ist hinsichtlich der Anrechnung der im Haushalte verbrauchten Waren, da deren Wert keine Reineinnahme bildet, von den nachstehenden Gesichtspunkten auszugehen:

1. Wird das Einkommen aus Handel oder Gewerbe durch die Gegenüberstellung der jährlichen Betriebseinnahmen und Ausgaben ermittelt und ist unter den Betriebseinnahmen nicht schon der Geldwert, d. i. der Verkaufspreis für die im eigenen Haushalte verbrauchten aus dem Betriebe entnommenen Waren und Erzeugnisse einwandsfrei aufgeführt, so ist der Wert dieser Waren rc. schätzungsweise zu ermitteln und der Roheinnahme hinzuzurechnen. Bei dieser Schätzung wird allerdings die Anzahl der zum Haushalte des Censiten gehörigen Personen innerhalb der in die Durchschnittsrechnung fallenden Einzeljahre in Betracht kommen.

2. Ist der bezeichnete Weg nicht gangbar, sondern wird bei der Ermittelung des gewerblichen Einkommens von dem Geschäftsumsatze, also von der aus dem Verkaufe der Waren und Erzeugnisse erzielten Bruttoeinnahme (einschließlich der kreditierten Beträge) ausgegangen, so ist der Wert der im Haushalte verbrauchten Waren ebenfalls schätzungsweise festzustellen und dem Umsatze hinzuzuzählen. Aus dem Gesammtbetrage ist in diesem Falle der Bruttogewinn durch Abzug der Einkaufspreise zu ermitteln, nötigenfalls in Prozenten jenes Betrages zu schätzen, und ist sodann der Reingewinn mittelst Abzuges der ermittelten oder geschätzten Geschäftsunkosten, wie Gehälter, Beleuchtung, Heizung, etwaige Miete eines Geschäftslokales, festzustellen. Oder es ist, wenn ein derartiger rechnungsmäßiger Abzug sich als unthunlich erweist, der Reingewinn direkt in Prozenten des Bruttogewinnes, eventuell in solchen der oben bezeichneten Umsatzsumme zu schätzen. Kann endlich nur der für den Einkauf der Waren verausgabte Betrag nachgewiesen werden, so daß nur dieser als Unterlage für die Schätzung des Einkommens aus Handel oder Gewerbe dienen kann, so darf selbstverständlich der Geldwert der im Haushalte verbrauchten Waren dem Einkaufspreise nicht hinzugerechnet werden.

d) Aus gewinnbringender Beschäftigung und aus Rechten auf periodische Hebungen u. s. w.

Nr. 1. Entsch. Bd. VII S. 121 v. 28. IV. 98 VIII c 10/97.

Eink.-St.-Ges. § 8; Ausf.-Anw. Art. 21.

Meßstipendien sind Almosen, die dem Priester zu dem Zwecke gegeben werden, daß er den sogenannten fructus specialis einer heiligen Messe der Intention des Gebers gemäß verwende, und ein Beitrag zum Lebensunterhalte des Priesters. Wegen dieses Zweckes derartiger Almosen kann auf sie der § 8 des Eink.-St.-Ges., wonach außerordentliche Einnahmen u. A. aus Schenkungen nicht als steuerpflichtiges Einkommen, sondern als Vermehrung des Stammvermögens gelten, keine Anwendung finden, indem diese Bestimmung sich nur auf solche vereinzelte Schenkungen bezieht, die nach wirtschaftlichen Grundsätzen nicht zum Zwecke der Befriedigung laufender persönlicher

Bedürfnisse erfolgen. Die Meßstipendien sind vielmehr unzweifelhaft zu den Jahreseinkünften aus Gewinn bringender Beschäftigung als Geistlicher zu rechnen, indem diese Stipendien im Voraus als Gegenleistung für das Celebrieren von Messen nach den Intentionen der Geber, also als Gegenleistungen für Thätigkeiten gegeben werden, die zu seinem Berufe als Geistlicher gehören.

Nr. 2. Entsch. Bd. VII S. 188 v. 18. X. 98 XIII b 18/97.

Eink.-St.-Ges. § 15; Ausf.-Anw. Art. 22 1, 3.

Die mit der örtlichen Kontrole der ihm zugwiesenen Eisenbahnstrecke seitens eines Bahnmeisters verbundenen Ausgaben sind nicht abzugsfähig. Denn sie müssen diese aus dem Gesammtbetrage ihrer festen Besoldung bestreiten, die in keinem Teile als Dienstaufwandsentschädigung gewährt wird und daher im vollen Umfange der Besteuerung unterliegt.

Nr. 3. Entsch. Bd. VII S. 369 v. 13. XII. 98 VI 23/98.

Eink.-St.-Ges. §§ 7 4, 15 Abs. 1; Ausf.-Anw. Art. 21, 23.

Wird einem Steuerpflichtigen freier Schulunterricht für seine Kinder als Entgelt für seine Lehrthätigkeit nach Vereinbarung gewährt, so erscheint der ihm hierdurch erwachsende Vorteil steuerlich als Einkommen.

Nr. 4. Entsch. Bd. VII S. 380 v. 16. XII. 98 V 3/98.

Eink.-St.-Ges. § 15; Ausf.-Anw. Art. 21 2, 22 1.
Gebührenordn. v. 24. VI. 78 (R.-G.-Bl. S. 166) §§ 2—11, 13, 14.
Ges. v. 29. VI. 81 (R.-G.-Bl. S. 178) Art. 3.
Gerichtsvollzieherordn. v. 23. II. 85 §§ 24, 25, 27, 28.

Die vereinigten Steuersenate haben sich dahin schlüssig gemacht, daß an der in E.-O.-V. in St. Bd. III S. 188 dargelegten Rechtsauffassung, wonach die Schreibgebühren des Gerichtsvollziehers steuerpflichtig sein sollen, nicht festgehalten werden kann.

In jenem Erkenntnisse wird wesentliches Gewicht darauf gelegt, daß als Einkommen der Gewinn bringenden Beschäftigung des Gerichtsvollziehers nach Art. 21 Nr. 2 der Ausf.-Anw. die gesammte ihm für seine Thätigkeit gewährte Gegenleistung zur Anrechnung gelangen müsse. Auf diese Bestimmung der Ausf.-Anw. allein kommt es jedoch nicht an. Vielmehr ist von entscheidender Bedeutung, ob nicht die Schreibgebühren der zu den unmittelbaren, besoldeten Staatsbeamten gehörenden Gerichtsvollzieher nach § 15 Abs. 3 des Eink.-St.-Ges. und nach Art. 22 der Ausf.-Anw. deshalb nicht zum steuerpflichtigen Einkommen gehören, weil sie ein zur Bestreitung des Dienstaufwandes bestimmter Teil des Diensteinkommens sind. Nach Auffassung der vereinigten Steuersenate fallen sie unter die Nr. 1 des Art. 22. Diese Bestimmung bezieht sich nicht nur auf die Fälle, in denen unmittelbaren Staatsbeamten ausdrücklich ein bestimmter Betrag oder ein bestimmter Teil der Besoldung unter der Bezeichnung „Dienstaufwand" bewilligt ist, sondern sie greift, wie sich sowohl aus der Natur der Sache als auch aus den eingeklammerten Worten „Dienstkostenaversum und dergl." ergiebt, auch dann Platz, wenn bestimmte Besoldungsteile bei ihrer Bewilligung in einer Weise gekennzeichnet sind, daß ihre Bestimmung zur Deckung mit gewissen Dienstobliegenheiten verbundener außergewöhnlicher Aufwendungen (vgl. E.-O.-V. in St. Bd. II S. 131 ff.) nicht bezweifelt werden kann. Solches ist unter Anderem anzunehmen, wenn Besoldungsteile als „Vergütung für baare Auslagen" bezeichnet sind, und das ist in den maßgebenden allgemeinen Vorschriften hinsichtlich der Schreibgebühren der Gerichtsvollzieher geschehen.

C. Abzüge vom Gesammteinkommen.

Nr. 1. Entsch. Bd. VII S. 138 v. 21. VI. 98 XIII b 279/96.

Eink.-St.-Ges. § 9 II 2.

Die Ausgabe für eine Wohnung bleibt grundsätzlich Aufwendung für den Haushalt und damit nichtabzugsfähig, auch wenn deren Wahl durch Rücksichten des Berufes oder Geschäftes beschränkt oder ausschließlich bestimmt wird. Fast jeder Beruf oder Geschäftsbetrieb bedingt eine bestimmte Einrichtung des Haushaltes mit dem davon abhängigen Kostenaufwande. Aber weder der Geschäftsmann, der in einem Orte oder Stadtbezirke mit teueren Mieten wohnen, noch der Landwirt oder Beamte, der wegen Abgelegenheit des Ortes seiner Thätigkeit bestimmte Lebensmittel teurer beziehen oder seine Kinder in kostspielige auswärtige Ausbildung geben muß, kann wegen dieser Aufwendungen Abzüge vom Einkommen machen, auch nicht etwa insoweit, als sie ein von ihm gewünschtes und unter anderen Umständen mögliches Durchschnittsmaß übersteigen.

Nr. 2. Entsch. Bd. VII S. 185 v. 13. X. 98 VII c 220/98.

Eink.-St.-Ges. § 9.
Ausf.-Anw. Art. 11 II 2.

Wird ein unter Umständen nutzbringender Wirtschaftszweig (z. B. die Pferdezucht) in einen kostspieligen Teil des Haushaltes des Eigentümers umgewandelt und in dieser Gestalt erhalten, so kommt er in Einnahme und Ausgabe für die Berechnung des Einkommens nicht in Betracht. Die durch das Halten eines Rennstalles und Gestütes für sportliche oder gemeinnützige Zwecke verursachten Unkosten dürfen deshalb nicht in Abzug gebracht werden.

3. Steuerpflicht der nichtphysischen Personen.

A. Steuerpflichtige Unternehmungen.

Nr. 1. Entsch. Bd. VII S. 66 v. 15. IV. 98 V A 127/97.

Eink.-St.-Ges. § 1 4.

1. Der Geschäftsbetrieb einer Kreditbank, eingetragenen Genossenschaft, mit dem Ziele, den Mitgliedern gegenseitig die in Gewerbe und Wirtschaft nötigen Geldmittel auf gemeinschaftlichen Kredit zu beschaffen, geht nur dann über den Mitgliederkreis hinaus, wenn sie trotz genügenden Geldvorrates, d. h. eines solchen, der für die laufenden ordentlichen, wie für die nach verständigem kaufmännischen Ermessen in Rücksicht zu ziehenden etwaigen außerordentlichen Anforderungen der Mitglieder ausreicht, von Nichtmitgliedern noch Spareinlagen annimmt. Die Einrichtung, daß außer den festen Anleihen auch sog. Spareinlagen entgegengenommen werden, bedeutet für Jeden, der von ihr Gebrauch macht, einen nicht zu unterschätzenden Vorteil, der also auch Nichtmitgliedern, die ihre Ersparnisse in dieser Weise verzinslich unterbringen, zu Gute kommt. Dieser Gesichtspunkt aber tritt so lange zurück, als die Annahme zum Zwecke der Befriedigung des Kreditbedürfnisses der Mitglieder erforderlich ist. Alsdann befindet sich der Geschäftsbetrieb der Bank durchaus innerhalb der durch den Kreis der Mitglieder umschriebenen Grenzen, nämlich auf der Linie der Verfolgung derjenigen Interessen der Mitglieder, denen die Bank dienen soll. Der Geschäftsbetrieb geht auch über den Mitgliederkreis selbstverständlich nicht hinaus, wenn sie bei

gedecktem Geldbedarfe doch noch den Mitgliedern zur Unterbringung von Spareinlagen Gelegenheit giebt. Dagegen gewinnt die Geschäftsgebahrung sofort einen anderen Charakter, wenn bei gedecktem Geldbedarfe auch Nichtmitgliedern, indem noch fortdauernd von ihnen Spareinlagen entgegengenommen werden, die vorteilhafte Benutzung der Annahmestelle offenbleibt. Denn in solchem Falle findet der Geschäftsverkehr mit Nichtmitgliedern nicht allein statt, um die Zwecke des Vereins zu erreichen, sondern auch im Interesse der Nichtmitglieder, und es liegt also ein Hinausgehen des Betriebes über den Mitgliederkreis ganz ebenso vor, wie wenn Nichtmitgliedern die in ihrem Gewerbe und in ihrer Wirtschaft nötigen Geldmittel von dem Vereine beschafft werden.

2. Dieser Thatbestand kann bei innerhalb des Bedürfnisses der Mitglieder eines Kreditvereines erfolgender Entgegennahme fremder Spareinlagen nicht dadurch erfüllt werden, daß für die Genossenschaft andere Wege zur Beschaffung von Geldmitteln offen standen, aber nicht eingeschlagen sind, insbesondere nicht dadurch, daß sie von der Veräußerung von mit Nutzen zu realisierenden Effekten Abstand genommen hat. Wenn ein Verein seinen Effektenbestand konserviert, so ist das eine rein interne Maßregel, die selbst dann ein Hinausgehen über den Mitgliederkreis nicht darstellt, wenn der Effektenbestand größer, als erforderlich, ist und ein Teil auch mit Nutzen realisiert werden könnte.[1])

3. Der Effektenbesitz eines Vereines in seinem Bestande ist eine Thatsache, die an und für sich einen Schluß auf die Frage der Ueberschreitung des Mitgliederkreises nicht gestattet, für diese könnte nur die Entstehung und Vermehrung des Effektenbestandes wichtig werden. In dieser Beziehung aber ist festzuhalten, daß behufs Besteuerung eines Vereines der Thatbestand des § 1 Nr. 4 des Eink.-St.-Ges. bei Beginn des Steuerjahres vorhanden sein muß. Es kommt auf die zu dieser Zeit übliche Geschäftsgebahrung an, bei deren Beurteilung nach der Natur der Sache auf die Vergangenheit zu rücksichtigen ist. Sind also im Laufe des Vorjahres Geschäfte vorgenommen, die über den Kreis der Mitglieder hinausgehen, so besteht die Steuerpflicht, es sei denn, daß vor Beginn des Steuerjahres ein Beschluß über eine Aenderung der Geschäftsführung gefaßt und in Wirklichkeit beobachtet ist.

Nr. 2. Entsch. Bd. VII S. 235 v. 6. I. 99 V A 159/97.

Ges. v. 1. V. 89 betr. die Erwerbs- und Wirtschaftsgenossenschaften, §§ 1, 4, 8, 17, 24, 26; Eink.-St.-Ges. § 1[4].

Die Ausdehnung des Geschäftsbetriebes einer Genossenschaft über den Kreis ihrer Mitglieder ist dann anzunehmen, wenn die Genossenschaft diejenigen Geschäfte, die nach dem Gegenstande des Unternehmens mit den Mitgliedern behufs Förderung ihrer Wirtschaft oder ihres Erwerbes geschlossen werden sollen, auch mit anderen Personen — regel-

---

[1]) Ueber die zur Begründung der Steuerpflicht erforderlichen Feststellungen gab eine Entsch. Bd. VII S. 70 i. d. Anm. v. 27. V. 98 V A 47—49/98 folgende Direktiven:

Eine Bank ist steuerpflichtig, wenn sie

1. zu einer Zeit, wo das Kreditbedürfnis ihrer Mitglieder es nicht erforderlich machte, Gelder von Nichtmitgliedern angenommen hat, oder wenn sie
2. zu einer Zeit, wo keine überflüssigen Gelder vorübergehend anzulegen waren, Gelder an Nichtmitglieder verliehen, oder zu einer Zeit, wo überflüssige Gelder vorhanden waren, diese nicht vorübergehend, sondern auf längere Zeit behufs Befriedigung des Kreditbedürfnisses von Nichtmitgliedern verwendet hat, oder wenn sie
3. einem Nichtmitgliede gegenüber sich verpflichtet hat, zu jeder Zeit Gelder anzunehmen oder zu jeder Zeit Gelder vorzustrecken.

mäßig oder gewerbsmäßig[1]) — abschließt; bei einer Molkereigenossenschaft, wenn sie für ihren Geschäftsbetrieb Milch von Nichtmitgliedern ankauft.

Der in E.-O.-V. Bd. VI S. 234 (Erg.-Bd. 1899 S. 370) eingenommene abweichende Standpunkt kann nicht mehr aufrecht erhalten werden.

Nr. 3. Entsch. Bd. VII S. 346 v. 18. XI. 98 V A 15—18/98.

Eink.-St.-Ges. § 16; Ausf.-Anw. Art. 27.
Reichsges. v. 20. IV. 92 (R.-G.-Bl. S. 477) betr. Gesellschaften mit beschränkter Haftung, §§ 7—11.

1. Eine gewerbliche Betriebsstätte eines ausländischen Unternehmers (Aktiengesellschaft) im Inlande darf nur dann angenommen werden, wenn die im Inlande thätige Mittelsperson ein Organ des Ausländers ist. Vgl. E.-O.-V. in St. Bd. V S. 163, Bd. VI S. 240.

2. Eine Gesellschaft mit beschränkter Haftung besteht dann, wenn der Gesellschaftsvertrag abgeschlossen und die Eintragung des letzteren, sowie der Personen der Geschäftsführer in das Handelsregister erfolgt ist. Die Feststellung, daß die Gesellschaft mit beschränkter Haftung nur zum Scheine gegründet sei, um die Aktiengesellschaft, deren gewerbliche Anlagen auf sie übertragen sind, der Besteuerung zu entziehen, kann nicht getroffen werden, so lange die Eintragung nicht beseitigt ist.

Die Steuerbehörden haben von ihrem Standpunkte aus zu erwägen, ob sie aus rechtlichen und thatsächlichen Gründen in der Lage sind, die Löschung der bestehenden Eintragung herbeizuführen.

B. Steuerpflichtiges Einkommen.

a) Der Aktiengesellschaften und Kommanditgesellschaften auf Aktien.

Litteratur: R. und F. Esser, Die Aktiengesellschaften nach den Vorschriften des Handelsgesetzbuches vom 10. Mai 1897, 2. Aufl., Berlin 1899. — Pinner, Das deutsche Aktienrecht, Berlin 1899. — Simon, Die Bilanzen der Aktiengesellschaften, Berlin 1899.

Nr. 1. Entsch. Bd. VII S. 92 v. 13. V. 98 V A 124/97.

Eink.-St.-Ges. §§ 7, 16; Ausf.-Anw. Art. 27¹ Abs. 4.
Hand.-Ges.-B. Art. 185 a, 185 b, 239 b.

1. Darüber, ob ein unter den Passivis der Bilanz einer Aktiengesellschaft sich findender Posten einen Kapitalsfonds oder ein Bewertungskonto bedeutet, entscheidet nicht die Bezeichnung, sondern die wirkliche Sachlage. Hierbei ist entscheidend, ob im Einzelfalle eine Vermehrung des Vermögens bewirkt ist oder nicht.

---

[1]) Das O.-V.-G. giebt hierzu folgende nähere Begründung:
Für die Frage, ob in dem einzelnen Falle die Genossenschaft durch Abschluß von Geschäften der bezeichneten Art mit Nichtmitgliedern in ihrem Geschäftsbetriebe über den Kreis ihrer Mitglieder hinausgeht, ist zunächst das Statut entscheidend. Läßt dies die Ausdehnung zu, so muß die Genossenschaft den Inhalt des Statutes gegen sich gelten lassen. Handelt es sich dagegen im anderen Falle um die Beurteilung des thatsächlich stattfindenden Geschäftsverkehres und um Prüfung, ob dieser nach den vorstehend entwickelten Merkmalen als über den Kreis der Mitglieder sich ausdehnend anzusehen ist, so wird eine Teilnahme von Nichtmitgliedern an den Geschäften, die den gemeinschaftlichen Geschäftsbetrieb der Mitglieder bilden, nicht schon dann anzunehmen sein, wenn einmal ein Nichtmitglied unter besonderen Umständen oder aus besonderer Veranlassung in der gedachten Weise geschäftlich mit der Genossenschaft in Verbindung tritt, sondern nur dann, wenn diese mit Nichtmitgliedern in regelmäßiger Uebung oder gar gewerbsmäßig Geschäfte der betreffenden Art vornimmt.

2. Die Kriterien eines Reservefonds treffen dann zu, wenn Gewinnbeträge bei der Gesellschaft zurückbleiben zum Zwecke der Bereithaltung der in Zukunft erforderlich werdenden Mittel.

Diese Gewinnbeträge sind steuerpflichtig.

Ob die zukünftigen Ereignisse mit größerer oder geringerer Wahrscheinlichkeit zu erwarten sind, ist anlangend den Begriff des Reservefonds nach dem Eink.-St.-Ges. ohne Bedeutung. Die aus dem Fonds, wenn der Fall eintritt, geleisteten Ausgaben mindern die Ueberschüsse des Jahres, in dem sie geleistet werden, und haben bei diesem Jahre Berücksichtigung zu finden, obwohl sie nicht aus dessen Betriebseinnahmen gedeckt werden; sie sind also, da sie nicht aus den Ueberschüssen stammen, steuerfrei.

Nr. 2. Entsch. Bd. VII S. 96 v. 27. V. 98 V A 6/98.

Eink.-St.-Ges. §§ 2, 16.

1. Der bei Errichtung einer Aktiengesellschaft erzielte Agiogewinn ist steuerfrei.

2. Bei Abschreibungen bis auf Null ist durch Verhandlungen mit dem Steuerpflichtigen genau aufzuklären, ob die betreffenden Gegenstände wirklich wertlos geworden sind. Ist letzteres nicht der Fall, so bildet der unter den zeitigen Wert hinabgehende Teil der abgeschriebenen Summe eine steuerpflichtige Reserve. E.-O.-V. Bd. IV S. 174.

3. Die zur Erfüllung künftiger Verpflichtungen zurückgestellten Gewinnbeträge bilden einen Reservefonds und sind steuerpflichtig.

4. Bei Berechung des steuerpflichtigen Einkommens der ersten Geschäftsperiode einer Aktiengesellschaft, die kein volles Jahr umfaßt, kommt der Umstand, daß — im Falle des § 2 des Eink.-St.-Ges. — der Betrieb in Preußen nicht mit dem Tage der Eintragung der Gesellschaft in das Handelsregister, sondern erst später begonnen hat, für die Feststellung der gesammten steuerpflichtigen Ueberschüsse nicht in Betracht, sondern kann nur bei ihrer Verteilung auf die beteiligten Bundesstaaten einwirken.

Für die Feststellung der gesammten Ueberschüsse kann lediglich der Tag der Eintragung der Gesellschaft in das Handelsregister entscheidend sein (Art. 211 des Hand.-Ges.-B.). Sollte schon vor der Eintragung im Namen der Gesellschaft gehandelt worden sein und diese späterhin solches genehmigt haben, so würde der Thatbestand so behandelt werden müssen, wie der Fall, in dem bei der Uebertragung eines Unternehmens an eine zu gründende Aktiengesellschaft vereinbart worden ist, es solle der Betrieb für Rechnung der künftigen Gesellschaft schon vor deren Errichtung geführt werden.

Nr. 3. Entsch. Bd. VII S. 140 v. 1. VII. 98 V A 58/98.
Entsch. Bd. VII S. 142 v. 23. IX. 98 V A 25/98.
Entsch. Bd. VII S. 147 v. 23. IX. 98 V A 27/98.

Eink.-St.-Ges. §§ 9, 16.

1. Bei Prüfung der Abschreibungen zur Feststellung des steuerpflichtigen Einkommens einer Aktiengesellschaft kommt es auf die durch die Abschreibungen bewirkten Wertsverminderungen in den einzelnen Posten der Bilanz — nicht auf die Einzelbewertungen der zu einem besonderen Bilanzposten zusammengefaßten Gegenstände — an. Voraussetzung dieser Prüfung ist aber selbstverständlich, daß die Gegenstände, um deren Bewertung es sich handelt, bekannt sind. Diese Kenntnis muß die Gesellschaft,

die die Berücksichtigung von Abschreibungen beansprucht, durch nähere Bezeichnung der Gegenstände verschaffen, falls sie nicht ohnehin genau bekannt sind.

2. Die Forderung der Bezeichnung der fraglichen Vermögensgegenstände wird sich auf alle Objekte erstrecken, wenn diese in einer Summe in der Bilanz verzeichnet sind und ein einziger Betrag auf sie abgeschrieben ist. Wie die Gesellschaft zu diesem Betrage gelangt ist, ist ihr Internum, es kommt nur darauf an, ob die sämmtlichen Objekte zusammen zu niedrig bewertet sind. Hieraus folgt, daß die Gesellschaft in jenem Falle sich auch dagegen schützen kann, daß ihr eine zu niedrige Bewertung eines Objekts entgegengehalten wird, wenn sie nämlich in der Lage ist, die betreffende Summe mit einem anderen zu hohen Ansatze zu kompensieren. Hat dagegen die Gesellschaft mehrere Abschreibungen auf verschiedene Objekte vorgenommen, so kommt es darauf an, welche beanstandet werden sollen. Erweist die beanstandete sich als zu hoch, so kann die Gesellschaft nicht dagegen geltend machen, sie habe auf ein anderes Objekt zu wenig abgeschrieben. Das Verlangen wird in einem solchen Falle dahin gehen müssen, die Gesellschaft solle die Objekte, auf die der beanstandete Betrag abgeschrieben worden ist, einzeln nennen, wenn sie sich nicht schon aus der Bilanz oder den Geschäftsberichten ergeben und soweit die Detaillierung überall erforderlich ist. Die auf sie im Ganzen abgeschriebene Summe ist aus der Bilanz oder aus der Gewinn- und Verlustrechnung zu ersehen. Weigert sich die Gesellschaft der Bezeichnung der Objekte, so macht sie die genaue Ermittelung ihres Wertes unmöglich, und es kann dann über die Abschreibungen nach besten Ermessen befunden werden. Werden aber die Objekte genannt, so sind sie der Wertfestsetzung zu Grunde zu legen.

Nr. 4. Entsch. Bd. VII S. 150 v. 25. XI. 98 V A 9/98.

Eink.-St.-Ges. §§ 9, 16.

1. Die im Statute einer Aktiengesellschaft vorgeschriebene Höhe der Abschreibungen ist für die Steuerbehörde nicht bindend.

2. Handelt es sich um Abschreibungen auf Grundstücke, so ist deren wirklicher zur Zeit der Bilanzaufstellung vorhandener Wert zu ermitteln, um hiernach festzustellen, ob und inwieweit der Buchwert der Grundstücke unter diesen Wert herabgeschrieben worden sei. Vgl. E.-O.-V. in St. Bd. IV S. 174. Bei der Ermittelung dieses Wertes selbst ist von dem Kaufpreise auszugehen, sofern dieser nicht etwa in einer zu entfernt zurückliegenden Zeit oder unter nicht gemeingewöhnlichen Verhältnissen bezahlt worden ist. Kann der Kaufpreis nicht zu Grunde gelegt werden, so sind die Grundstücke nach den für gleichartige Grundstücke in neuerer oder neuester Zeit unter gemeingewöhnlichen Verhältnissen im gewöhnlichen Verkehr bezahlten Kaufpreisen zu bewerten, weil auf diese Weise in Ermangelung eines die Grundstücke selbst betreffenden Kaufgeschäfts ihr Kaufwert, d. i. der gemeine Wert zur Zeit der Bilanzaufstellung am Zuverlässigsten festgestellt werden kann. Die so von Amtswegen beschafften Unterlagen der Bewertung der Grundstücke müssen aber der Steuerpflichtigen zur Aeußerung mitgeteilt werden, da sie bei einer Feststellung des Wertes ohne diese Anhörung unzulässiger Weise in ihrer Verteidigung wesentlich beschränkt wird. Selbstverständlich dürfen bei diesen Ermittelungen und Feststellungen die Grundstücke in den anderen Bundesstaaten nicht aus dem Grunde übergangen werden, weil das Einkommen daraus in Preußen nicht steuerpflichtig ist, da es sich zunächst darum handelt, den Gesammtüberschuß zu ermitteln. Dieser wird aber mitbestimmt durch die Einnahmen und den Wert der außerhalb Preußens belegenen Grundstücke.

3. Wird infolge dieser Feststellungen eine Bilanz durch Erniedrigung der Abschreibungen im steuerlichen Interesse berichtigt, so ist bei der nächstjährigen Bilanz von dem Werte auszugehen, der nach der von der Steuerbehörde für zulässig erachteten und festgestellten Abschreibung des Vorjahres beim Beginne des Geschäftsjahres verblieben ist, und ist sodann zu ermitteln, um wieviel dieser Wert wiederum am Schlusse des Jahres bei der Aufstellung der Bilanz verringert worden ist.

4. Handelt es sich um Abschreibungen auf das Inventarienkonto, so ist zwischen Neuanschaffungen zur Erhaltung und Fortführung des Betriebes im bisherigen Umfange und solchen zur Verbesserung oder Geschäftserweiterung zu unterscheiden. Während im ersteren Falle die betreffenden Kosten als Betriebsausgaben erscheinen, ist im letzteren Falle zu prüfen, ob und in welchem Betrage eine Abschreibung gerechtfertigt, welcher Wert an Inventarienstücken also am Schlusse des Geschäftsjahres bei Aufstellung der Bilanz vorhanden gewesen ist. Die für Reparaturen verausgabten Kosten dienen ihrer Bestimmung und Bezeichnung nach nicht zur Verbesserung und Geschäftserweiterung. Eine gegenteilige Annahme ist also besonders zu begründen und nachzuweisen.

Nr. 5. Entsch. Bd. VII S. 157 v. 28. X. 98 V A 149/97.

Eink.-St.-Ges. § 16.

1. Bei Abschreibungen von Aktiengesellschaften kommt es in erster Linie darauf an, welchen Betrag der Steuerpflichtige thatsächlich abgesetzt hat. Wird der Buchwert der vorhandenen Anlagen unter deren wirklichen Wert heruntergeschrieben, so hat die Steuerbehörde denjenigen Teil der Abschreibung, der zur richtigen Bewertung nicht erforderlich war, den Ueberschüssen wieder zuzusetzen.

2. Für die steuerliche Beurteilung der Aufwendungen zur Rückzahlung von Darlehen ist die Art der Verwendung der Darlehnsvaluta unerheblich. Der Umstand, daß durch Neuanlagen eine Verbesserung oder Geschäftserweiterung herbeigeführt worden ist, kann für dasjenige Jahr, in dem die Neuanlagen errichtet worden sind, von Belang sein, und zwar in der Richtung, daß, falls die Kosten der Neuerrichtung unter den Betriebsausgaben verrechnet worden sind und also die Ueberschüsse gemindert haben, sie den letzteren wieder zuzusetzen sind und zugleich wegen ihrer gedachten Verwendung der Steuerpflicht unterliegen. Handelt es sich jedoch um die Rückzahlung eines Darlehns, so erscheint es unerheblich, ob die früher angeliehene Summe zu einer Geschäftserweiterung oder zu einer behufs Fortführung des Betriebes erforderlichen Anlage oder gar zur Deckung laufender Geschäftskosten verwendet worden ist. Auch die alleinige Thatsache der Rückzahlung fällt für die Besteuerung nicht ins Gewicht. Denn der Vermögensstand der Gesellschaft erleidet keine Aenderung dadurch, daß aus ihrer Kasse eine gewisser Betrag zur Tilgung eines Darlehns genommen wird. Das Verschwinden der baaren Mittel wird durch die Verringerung der Schuld aufgewogen. Entscheidend ist hier vielmehr der Umstand, wie die betreffenden Zahlungen verrechnet worden sind. Wenn nämlich die Tilgungen als Betriebsausgaben behandelt worden sind, so hat dadurch eine rechnungsmäßige Verminderung der Ueberschüsse des betreffenden Jahres zu Unrecht stattgefunden, und es muß in einem solchen Falle die Steuerbehörde die Ueberschüsse durch Hinzurechnung der aus den Betriebseinnahmen erfolgten Rückzahlungen richtig stellen.

Nr. 6. Entsch. Bd. VII S. 154 v. 1. VII. 98 V A 89/97.

Eink.-St.-Ges. § 16.

1. Ueberschüsse der Aktiengesellschaften können nicht zu Abschreibungen verwendet werden. Erst nach Abrechnung der letzteren sind Ueberschüsse vorhanden.

2. Aufwendungen zur Verbesserung oder Geschäftserweiterung sind nicht steuerpflichtig, wenn sie den infolge der Abschreibungen zur Verfügung stehenden Mitteln, sondern nur, wenn sie den Ueberschüssen der maßgebenden Betriebsjahre entnommen sind. Vgl. E.-O.-V. in St. Bd. III S. 84, Bd. VI S. 330.

Nr. 7. Entsch. Bd. VII S. 287 v. 23. IX. 98 V A 5/98.

Eink.-St.-Ges. §§ 6—9, 16; Ausf.-Anw. Art. 5, 27.
Hand.-Ges.-B. Art. 185 b², 210, 211.

1. Für die Beurteilung der Frage, ob das von einer Aktiengesellschaft aus der Emission neuer Aktien erzielte Aufgeld der Einkommensteuer unterliegt, ist nach § 16 des Eink.-St.-Ges. der Sinn des dort gebrauchten Wortes „Ueberschüsse" von maßgebender Bedeutung, indem, wenn das Aufgeld nicht unter die Ueberschüsse fällt, die Voraussetzung der Steuerpflicht fehlt, während, wenn es den Ueberschüssen zuzuzählen ist, die Steuerpflicht dadurch, daß es, in Gemäßheit der Vorschrift des Art. 185 b zu 2 des Hand.-Ges.-B., zur Bildung eines Reservefonds verwendet ist, begründet wird, Was den Begriff der „Ueberschüsse" anlangt, so ist darunter grundsätzlich der Vermögenszuwachs zu verstehen, gleichgiltig aus welchen im § 7 des Eink.-St.-Ges. aufgeführten Quellen er herrührt, und ohne daß eine Scheidung zwischen ordentlichen und außerordentlichen Einnahmen im Sinne des § 8 stattfindet. Wenn ferner zur Anwendung des § 16 verlangt wird, daß die Vermögensvermehrung zur Verteilung an die Mitglieder an sich fähig sei, so ist dieser Charakter in Betreff jenes Aufgeldes trotz der gesetzlichen Vorschrift, wonach es als Reserve zurückzuhalten ist, anzuerkennen, im Gegensatze zu dem für die jungen Aktien eingezahlten Nominalbetrage, weil dieser Eingang nach seiner rechtlichen und wirtschaftlichen Natur an sich unvertheilbar ist. Vgl. E.-O.-V. in St. Bd. IV S. 225 ff.

(Folgt sehr eingehende Begründung der ev. Steuerpflicht des Agiogewinnes neuer Aktien, insbesondere gegenüber dem Erk. R.-G. v. 20. III. 97, Entsch. in Civ. Bd. XXXII S. 244 ff.)

2. Der Ueberschuß besteht in der Differenz zwischen dem am Ende des Wirtschaftsjahres vorhandenen Vermögen und dem im Anfange vorhanden gewesenen, in dem jährlichen Vermögenszuwachse, und nicht in der Differenz zwischen den Jahres-Einnahmen und Ausgaben im Sinne der §§ 7 bis 9 des Eink.-St.-Ges.

3. Eine Bilanz weist nur den Vermögensstand zur Zeit ihrer Aufstellung nach. Unbedingt entscheidende Bedeutung für die Besteuerung kommt übrigens den Bilanzen und Gewinn- und Verlustrechnungen, die die Gesellschaft aufstellt, nicht zu. Vielmehr ist, wenn in ihnen Angaben, die eine zu niedrige Besteuerung herbeiführen würden, enthalten sind, die wirkliche Lage der Sache an der Hand des Eink.-St.-Ges. zu prüfen, damit der volle Vermögenszuwachs des betreffenden Jahres richtig ermittelt wird.

4. In Art. 185 b² des (alten) Hand.-Ges.-B. (Zuführung des Aufgeldes unmittelbar in den Reservefonds) ist ein Verbot, den Agiogewinn in der Gewinn- und Verlustrechnung als Gewinn nachzuweisen, nicht zu erkennen. Der materielle Zweck, daß das Aufgeld zur Deckung eines aus der

Bilanz sich ergebenden Verlustes bei der Gesellschaft bleibt, kann buchmäßig auch dann erreicht werden, wenn in der Gewinn- und Verlustrechnung auch der Agiobetrag in die Erscheinung tritt.

5. Der bei Errichtung einer Aktiengesellschaft erzielte Agiogewinn unterliegt der Besteuerung nach § 16 des Eink.-St.-Ges. nicht. Denn da die Gesellschaft vor erfolgter Eintragung in das Handelsregister als solche nicht besteht (Art. 211 des Hand.-Ges.-B.), vor der Eintragung aber das Agio eingezahlt sein muß (Art. 210, Abs. 3), so folgt, daß das Agio nicht ein während des Bestehens der Gesellschaft ihr zugeflossener Vermögenszuwachs ist, also nicht unter die „Ueberschüsse" fällt.

6. Zuführungen zum Beamten-Pensions- und Unterstützungs-Fonds, die zur richtigen Bewertung einer für die Gesellschaft gegenüber ihren Angestellten bereits bestehenden Belastung in der Bilanz erforderlich sind, sind steuerfrei.

7. Bei Ausscheidung des auf einen außerpreußischen Deutschen Betrieb entfallenden Teiles der steuerpflichtigen Ueberschüsse ist die Inanspruchnahme einer Präzipualquote für den Sitzstaat Preußen nicht gerechtfertigt, wenn jener Teil auf Grund der Ergebnisse einer besonderen Gewinnberechnung bestimmt wird. Nur wenn eine solche besondere Gewinnberechnung nicht ausführbar ist, mithin die Feststellung des steuerpflichtigen Teiles der Ueberschüsse nach den aus den thatsächlichen Betriebsverhältnissen sich ergebenden, für die Gewinnerzielung vornehmlich bestimmenden Merkmalen, also im Wege der Schätzung, erfolgen muß, ist auf Grund der Vorschrift in Art. 27 Nr. 4 Abs. 3 der Ausf.-Anw. die Berücksichtigung der Thatsache, daß die Thätigkeit der Zentralleitung zu den für die Gewinnerzielung bestimmenden Merkmalen gehört, durch Gewährung eines Präzipuums an den Sitzstaat, je nach der besonderen Lage der Sache zulässig.

8. Eine besondere Gewinnberechnung ist ausgeschlossen, wenn ein eiziges einheitliches Unternehmen vorliegt. Ein solches wird bei einem Bankunternehmer mit Filialen außerhalb Preußens, welche Bezeichnung allein schon für die Einheitlichkeit spricht, durch den Umstand, daß eine Betriebsstelle besondere Buchführung hat und mit einem besonderen Kapitale ausgestattet ist, nicht ausgeschlossen; es kann sich trotzdem um ein einziges Bankunternehmen handeln.

Zu Nr. 7 u. 8.

Ebenso Entsch. Bd. VII S. 301 v. 23. IX. 98 V A 4/98 hinsichtlich einer Eisenbahnaktiengesellschaft. Wenn entgegen der Regel, wonach das Unternehmen einer Aktiengesellschaft ein Ganzes, eine einheitliche Steuerquelle bildet, die einzelnen Bahnen als von einander getrennte selbständige Gewerbebetriebe angesehen werden sollen, so müssen ganz besondere thatsächliche Momente dafür vorhanden sein. Sprechen auf der einen Seite selbständige Verwaltung der Einzelunternehmungen, Bestellung verantwortlicher Vertreter für sie, Eintragung als Zweigniederlassungen dafür, so dürfen auf der anderen Seite neben der allgemeinen Oberleitung der Direktion auch andere Fragen nicht außer Betracht bleiben, z. B. ob nicht etwa auch von dem Sitze der Direktion aus Betriebsmittel für die Bahnen, Pferde und Wagen, bestellt werden, die Direktion ferner die an den verschiedenen Orten gemachten Erfahrungen sammelt und sie da, wo es erforderlich ist, um den Betrieb zu fördern, nutzbar macht, auch je nach Bedürfnis eingreift, etwa durch Entsendung eines tüchtigen Leiters, um einem schlecht gehenden Betriebe aufzuhelfen, und dergleichen. — Die Höhe des Präzipuums wird mit mehr als 10% nur, wenn besondere Umstände solches rechtfertigen, und gar mit 25% nur beim Vorliegen ganz außergewöhnlicher Verhältnisse zu rechnen sein.

Nr. 8. Entsch. Bd. VII S. 307 v. 23. IX. 98 V A 113/97.

Eink.-St.-Ges. § 16.

Schenkungen an eine Aktiengesellschaft vermehren deren steuerpflichtige Ueberschüsse nur dann, wenn sie eine der im § 16 des Eink.-St.-Ges.

bezeichneten Verwendungen finden. Dies ist bei Schenkungen mit einer Auflage, wonach jene niemals im Nutzen der Gesellschaft, sondern z. B. lediglich im Nutzen ihrer Beamten, verwendet werden dürfen, nicht der Fall.

Nr. 9. Entsch. Bd. VII S. 315 v. 4. XI. 98 V A 20/98.

Eink.-St.-Ges. § 16; Hand.-Ges.-B. Art. 217 Abs. 2.

1. In dem Statute einer Straßenbahnen-Aktiengesellschaft war die Bestimmung getroffen, daß den Aktionären für denjenigen Zeitraum, den die Vorbereitungen des Unternehmens bis zum Anfange des vollen Betriebes erfordern würden, 6 Prozent Zinsen auf die eingezahlten Beträge pro rata temporis gewährt würden.

2. Solche „Bauzinsen" sind mit den im § 16 des Eink.-St.-Ges. bezeichneten Aktienzinsen identisch, haben die Rechtsnatur einklagbarer Dividenden und sind daher, insoweit sie aus den Ueberschüssen gezahlt werden, steuerpflichtig. Vgl. E.-O.-V. in St. Bd. I S. 102.

Nr. 10. Entsch. Bd. VII S. 319 v. 18. XI. 98 V A 38/97.

Eink.-St.-Ges. § 16.

Nach § 16 des Eink.-St.-Ges. ist bei Aktiengesellschaften die Voraussetzung der Besteuerung das Vorhandensein von, in bestimmter Richtung verwendeten, Ueberschüssen, das ist der eingetretenen Vermögensvermehrung. Ein Vermögenszuwachs kann nun entstehen entweder durch Vermehrung der der Gesellschaft gehörigen Vermögenswerte oder durch Verminderung der der Gesellschaft obliegenden Verbindlichkeiten. Nach beiden Richtungen wird durch die Reduktion des Aktienkapitales kein irgendwie gearteter Effekt hervorgebracht. Den Aktivis wird dadurch nicht irgend welcher Vermögenswert hinzugefügt; das Aktivvermögen der Gesellschaft bleibt von der Herabsetzung des Aktienkapitales völlig unberührt. Dasselbe gilt von den Verbindlichkeiten der Gesellschaft. Diese werden nicht etwa geringer dadurch, daß das Aktienkapital sich verringert. Da die Mitglieder der Gesellschaft sich nach der rechtlichen Natur ihrer Stellung zu der Gesellschaft nicht im Verhältnisse eines Gläubigers zum Schuldner befinden, so verbietet es sich, das Aktienkapital als eine Schuld der Gesellschaft aufzufassen. Wenn aber ein Schuldverhältnis bezüglich des Grundkapitales gegenüber den Aktionären nicht besteht, so kann durch die Reduktion des Grundkapitales nicht eine partielle Tilgung einer Schuld bewirkt werden. Erleidet somit der reelle Stand des Vermögens der Gesellschaft durch die Thatsache, daß das Grundkapital herabgesetzt wird, keinerlei Veränderung, so können durch die Herabsetzung des Grundkapitales an sich Ueberschüsse im Sinne des § 16, d. h. Vermögensvermehrungen, begrifflich nicht hervorgebracht werden. Diesem Ergebnisse steht die Vorschrift des Art. 185a Nr. 5 und Art. 239b des Hand.-Ges.-B., wonach bei Aufstellung der Bilanz der Betrag des Grundkapitales unter die Passiva aufzunehmen ist, nicht entgegen. Denn dadurch ist keineswegs dem Aktienkapitale der Natur der Sache entgegen der Charakter einer Schuld der Gesellschaft aufgedrückt, sondern es wird im öffentlichen Interesse Fürsorge getroffen, daß ein dem Betrage des Aktienkapitales äquivalenter Teil des Aktivvermögens von der Verteilung ausgeschlossen bleibt. Der unter den Passivis der Bilanz stehende Posten „Grundkapital" bedeutet also keinen wirklichen Schuldposten, ebensowenig wie die aus demselben Grunde unter die Passiva zu stellenden Reserve- und Erneuerungsfonds. Die Aufnahme aller dieser Posten unter die Passiva ist lediglich vorgeschrieben, um den angegebenen Zweck zu erreichen, um die Verteilung von fiktiven Dividenden an die Aktionäre zu verhindern, und kann daher eine über diesen Zweck hinausreichende

Bedeutung nicht beanspruchen. Hiernach hat die Verminderung des Passivpostens des Grundkapitales in der Bilanz an sich nur die Folge, daß insoweit bei Aufstellung der für die Zwecke der Verteilung des Reingewinnes bestimmten Bilanz das Hindernis des Ausschlusses von der Verteilung wegfällt. Keineswegs aber ist sie gleichbedeutend mit einer Verminderung der Verbindlichkeiten und dadurch herbeigeführten Vermehrung des Gesellschaftsvermögens.

Der durch Reduktion des Aktienkapitales verschwundene Betrag desselben stellt also keinen Gewinn der Gesellschaft, wodurch der Ueberschuß vergrößert oder der Verlust gemindert würde, dar und ist daher nicht geeignet, den im § 16 verlangten Thatbestand zu erfüllen. Es kommt deshalb nicht darauf an, in welcher Weise der durch die Redaktion des Aktienkapitales erlangte buchmäßige Vorteil verwendet worden ist. Er kann niemals steuerpflichtig sein[1])

Nr. 11. Entsch. Bd. VII S. 325 v. 18. XI. 98 V A 55/98.

Eink.-St.-Ges. § 16.

1. Wird die Fusion zweier Aktiengesellschaften dadurch bewirkt, daß den Aktionären der einen Gesellschaft an Stelle ihrer Aktien Aktien der anderen Gesellschaft gegeben werden und in dieser Art von letzterer das gesammte Vermögen des Ersteren erworben wird, so muß geprüft werden, ob und inwieweit die erwerbende Gesellschaft einen realen Gewinn, einen realen Vermögenszuwachs erzielt hat. Ist dies der Fall, so sind diese Ueberschüsse, falls sie zu den im § 16 des Eink.-St.-Ges. angegebenen Zwecken verwendet worden sind, steuerpflichtiges Einkommen.

2. Abschreibungen sind steuerrechtlich anzuerkennen soweit, als sie die im Laufe des Jahres eingetretene Minderung des Wertes von Vermögensstücken abgelten, und können zur Besteuerung nicht herangezogen werden, schon deshalb nicht, weil sie nicht aus der eingetretenen Vermögensvermehrung, den Ueberschüssen, entstammen; im Gegenteil werden diese durch die Abschreibung des eingetretenen Wertsverlustes geringer.

3. Ein sogenannter Delkredere-Fonds, hat nicht die Natur eines Reservefonds, sondern die eines der Bewertung von Forderungen dienenden Kontos. Wird angenommen, daß ein unter den Passivis gebuchter Posten dazu bestimmt ist, den Minderwert zweifelhafter im Aktivum erscheinender Forderungen auszudrücken, so ist damit verneint, daß ein Spezial-Reservefonds gebildet ist. Es handelt sich dann nicht um Bethätigung der Sorge für die Deckung künftiger Verluste, sondern darum, daß ein bereits eingetretener Minderwert nicht unberücksichtigt bleibt. Ein wirklicher Delkredere-Posten dient also dem Zwecke der Abschreibung, die stattfindet, um den gegenwärtigen Wert von Aktivis in der Bilanz festzustellen. Grundsätzlich kommt ihm die Bedeutung einer Form der Abschreibung zu. Daß diese außer durch Absetzung von dem betreffenden Aktivposten auch durch Einstellung eines Postens unter den Passivis bewirkt werden kann, ist in Art. 31 des Hand.-Ges.-B., wo lediglich der Ansatz der Aktiva nach dem Werte angeordnet, aber über die Art der Vollziehung des Ansatzes nichts bestimmt ist, zugelassen und entspricht feststehendem Gebrauche. Erfolgt sie in letzterer Art, so stellt sich der Wertansatz des Vermögensstückes dar in dem Betrage, der sich durch Subtrahierung des fraglichen Passivpostens von dem betreffenden Aktivposten ergiebt. Daraus, daß die Art und Weise, wie die richtige Bewertung in der Bilanz zum Ausdrucke kommt, der Disposition des Bilanzaufstellers unterliegt, folgt auch, daß sie zugleich sowohl durch Absetzung

---

[1]) Entgegen der Entsch. in E.-O.-V. in St. Bd. V S. 33.

vom Aktivposten als auch durch Einstellung eines Passivpostens bewirkt werden kann. Daß die Einstellung eines Delkredere-Postens nur statthaft sei, wenn auf der Aktivseite der volle Nominalbetrag der Forderungen aufgeführt ist, kann nicht anerkannt werden. Möglich bleibt vielmehr auch die Form der Bewertung, daß beim Ansatze des Aktivpostens eine Abschreibung durch Subtraktion eines Betrages und zugleich auf der Passivseite die Einstellung des Betrages stattfindet, durch dessen weitere Subtraktion erst der richtige Wertansatz herauskommt.

4. Eine kollektive Abschreibung auf mehrere zusammengefaßte Gegenstände neben einer individuellen Abschreibung auf die betreffenden einzelnen Gegenstände ist zulässig.

5. Für die Prüfung von Abschreibungen hinsichtlich ihrer Rechtmäßigkeit gelten folgende Grundsätze:

Da die in einem Geschäftsjahre eingetretene Wertverminderung des Vermögens, die zum Ausdrucke zu bringen die Abschreibungen bestimmt sind, sich auch einer Vergleichung des Wertstandes am Ende des Jahres mit dem bei Beginn des Jahres vorhanden gewesenen ergiebt, so ist die steuerrechtliche Beurteilung der für dieses Jahr abgeschriebenen Beträge dadurch bedingt, daß die richtigen Bewertungsziffern für jene beiden Zeitpunkte ermittelt werden. Diese sind auf Grund der Bilanzen zu bestimmen. Maßgebend aber sind diese nur, wenn ihre Aufstellung nach den dafür erlassenen gesetzlichen Vorschriften stattgefunden hat; insoweit sie diesen nicht entsprechen, ist die Steuerbehörde befugt, sie zum Zwecke der Steuerfestsetzung richtig zu stellen, jedoch lediglich auf Grund überzeugender thatsächlicher Feststellungen, da für die Richtigkeit der Bilanzen die Vermutung spricht. Die für die Aufstellung der Bilanzen der Aktiengesellschaften und Kommanditgesellschaften auf Aktien zur Anwendung kommenden Vorschriften, die in Art. 31 und 185a des Hand.-Ges.-B. enthalten sind, machen nun einen Unterschied in betreff des Wertansatzes, je nachdem es sich um Anlagen und sonstige dauernd zum Geschäftsbetriebe der Gesellschaft bestimmte oder um andere Vermögensgegenstände handelt. Für jene, die Betriebsgegenstände, ist in Art. 185a Nr. 3 bestimmt, daß sie ohne Rücksicht auf einen geringeren Wert zu dem Anschaffungs- oder Herstellungspreise angesetzt werden dürfen, sofern ein der Abnutzung gleichkommender Betrag in Abzug oder ein ihr entsprechender Erneuerungsfonds in Ansatz gebracht wird, während nach Nr. 1 und 2 die nicht zu den Betriebsgegenständen gehörigen Vermögensstücke, die Veräußerungsgegenstände, mit ihrem wirklichen Werte und, falls der Anschaffungs- oder Herstellungspreis niedriger ist, mit diesem eingestellt werden müssen.

Hiermit ist die Grenzlinie nach unten, bis zu welcher Abschreibungen steuerfrei vorgenommen werden können, vorgezeichnet. Sie wird bei Betriebsgegenständen durch den Wert und bei Veräußerungsgegenständen ebenfalls durch den Wert, es sei denn, daß die Anschaffungskosten niedriger sind, bestimmt. Der Unterschied ist freilich vorhanden, daß die Gesellschaft die Wahl hat, ob sie die Betriebsobjekte mit den Anschaffungskosten abzüglich der Abnutzung oder mit dem Werte einstellen will und infolge dessen sich das Geschäftsjahr aussuchen kann, in dem sie den Buchwert auf den wirklichen Wert herabsetzen will, daß hingegen bei der Verwertung der Veräußerungsgegenstände kein Wahlrecht und keine Verfügungsfreiheit in betreff des Zeitpunktes der Bewertung besteht, sondern bei jeder Bilanzaufstellung, sofern Anschaffungskosten und Wert verschieden sind, der niedrigere dieser beiden Beträge maßgebend ist. Entspricht der Wertansatz in der Jahresbilanz diesen Vorschriften, so stellen die Zahlen der Bilanz für die Berechnung der steuerrechtlich zulässigen Abschreibungen den Wertbestand am Ende des Jahres dar.

Durch die Feststellung allein aber, daß die Abschreibungen unter jene Grenzlinie nicht herunter gehen, kann die Frage, ob sie sich in den Schranken des in dem betreffenden Geschäftsjahre eingetretenen Wertverlustes halten — insoweit sind sie steuerfrei — oder darüber hinausreichen, nur dann erledigt sein, wenn der Buchwert, von dem die Abschreibung vorgenommen ist, richtig ist. Steht dieser Ausgangspunkt nicht fest, so kann man selbstverständlich auch nicht dadurch, daß mit ihm der Wertstand am Ende des Jahres in Vergleich gebracht wird, zu einer richtigen Bestimmung des Jahresverlustes gelangen. Für den Vermögensstand bei Beginn des Jahres nun ist die Bilanz des Vorjahres maßgebend; sie ist zugleich die Anfangsbilanz dieses Jahres, und es muß also auch hier die Frage zulässig sein, ob sie materiell richtig, d. h. dem Gesetze entsprechend aufgestellt ist oder nicht. Letzterenfalls ist die Steuerbehörde zur Korrektur befugt. Wenn z. B. ein zur Weiterveräußerung bestimmter Gegenstand, welcher 100000 ℳ. beim Ankauf gekostet hat, am 1. I. 94 ausweislich der Bilanz vom 31. XII. 93 mit 75000 ℳ. zu Buche steht, während er am 1. I. 94 nur 50000 ℳ. wert ist und bis zum 31. XII. 94 weiter im Werte auf 30000 ℳ. fällt, so beträgt der Vermögensverlust von 1894 nicht 45000 ℳ., sondern nur 20000 ℳ. Sind in der Bilanz v. 31. XII. 94 45000 ℳ. abgeschrieben, so sind davon nur 20000 ℳ. steuerfrei. Denn lediglich um diesen Betrag ist der sonstige Vermögenszuwachs des Jahres 1894 verringert; die Differenz von 25000 ℳ. gehört einer bereits früher eingetretenen Vermögensverminderung an und kann daher für 1894 nicht in Betracht kommen.

6. Die den persönlich haftenden Gesellschaftern einer Kommanditgesellschaft auf Aktien zufließenden Gewinnanteile und Tantiemen sind steuerpflichtig. Vgl. E.-O.-V. Bd. XXIV S. 40, E.-O.-V. in St. Bd. I S. 275, Bd. IV S. 5, 383, Bd. VI S. 254. Maßgebend ist die Bedeutung der Worte in § 16 des Eink.-St.-Ges., „die Ueberschüsse, welche als Aktienzinsen oder Dividenden, gleichviel unter welcher Benennung, unter die Mitglieder verteilt werden." Ein Zwang zu einer einschränkenden Interpretation dieser Worte dahin, daß damit nur die aus den Ueberschüssen erfolgenden Vergütungen für eine Kapitalnutzung gemeint, Tantiemen also ausgeschlossen seien, ist weder aus der Wortfassung zu entnehmen, noch durch die dem Gesetze zu Grunde liegenden Motive geboten. Der Vorwurf einer vom Gesetzgeber nicht gewollten Doppelsteuerung, die bei Heranziehung der den persönlich haftenden Gesellschaftern zufließenden Gewinnanteile Angesichts des Umstandes, daß der Abzug von $3^1/_2$ Prozent nur vom Aktienkapitale stattfinde, in vollem Umfange bestehen bleibe, ist unbegründet. Das Gesetz hat der Doppelbesteuerung durch die Festsetzung jenes Abzuges in dem Maße, wie er im Gesetze festgelegt ist, begegnen wollen. Damit ist nach dem Willen des Gesetzgebers der Rücksicht auf die Vermeidung einer Doppelsteuerung voll Genüge geschehen. Es erscheint nicht zulässig, aus dem Umstande, daß bei der Festsetzung des der Abzugsberechnung unterzulegenden Grundkapitales die über das Aktienkapital der Kommanditisten hinausgehenden Einlagen der Komplementare nicht mitgenannt sind, zu schließen, daß das Gesetz die auf diese entfallenden Gewinnanteile bei der Besteuerung der Gesellschaft hat freilassen wollen.[1])

Nr. 12. Entsch. Bd. VII S. 372 v. 14. XII. 98 V A 2/98 und Entsch. Bd. VII S. 374 v. 28. I. 99 V A 30/98.

Eink.-St.-Ges. §§ 9, 16; Ausf.-Anw. Art. 27.

1. Abschreibungen wegen Wertverminderung der einer Aktiengesellschaft gehörigen Kuxe sind zulässig. Allerdings sind

[1]) Anderer Meinung Fuisting, Direkte Steuern, Bd. I, 4. Aufl. S. 192.

gemäß E.-O.-V. in St. Bd. IV S. 72 bei Feststellung des steuerpflichtigen Einkommens physischer Personen Abschreibungen auf Kuxe als Kapitalsanlagen nicht gestattet. Für nicht physische Personen ist aber der § 16 des Eink.-St.-Ges. und der ihn erläuternde und ergänzende Art. 27 der Ausf.-Anw. maßgebend. Danach haben die Aktiengesellschaften nur die in bestimmter Richtung verwendeten Ueberschüsse zu versteuern. Abschreibungen aber, die nach den Bestimmungen des Hand.-Ges.-B. (Art. 31, 185a und 239b) bei den einzelnen Vermögensobjekten zu deren richtiger Bewertung zu machen sind, mindern diese Ueberschüsse; daß sie auf Vermögensobjekte jeder Art vorzunehmen sind, ergiebt der Art. 185a des Handelsgesetzbuches.

2. Der Werth eines Betriebsgegenstandes bei Beginn des Jahres, von dem bei Beurteilung der Abschreibungen auszugehen ist, setzt sich zusammen aus dem Buchwerte und den Beträgen, die von den früheren Abschreibungen für steuerpflichtig erachtet, z. B. als sog. außerordentliche Abschreibungen den steuerpflichtigen Reserven zugezählt worden sind.

Nr. 13. Entsch. Bd. VII S. 345 i. d. Anm. v. 14. II. 93 VI 72/97.

Eink.-St.-Ges. §§ 2, 12b, 16.

Die persönlich haftenden Gesellschafter der Kommaditgesellschaften auf Aktien betreiben im Sinne des Einkommensteuergesetzes kein Gewerbe. Die Gewinnanteile bezw. Tantiemen, die ihnen in jener Eigenschaft zufließen, sind mithin nicht als gewerbliches Einkommen anzusehen und unterliegen daher bei beschränkter Steuerpflicht ebensowenig der Steuerpflicht, wie die Tantiemen des Vorstandes der Aktiengesellschaften. Dergleichen Einnahmen bilden vielmehr nach Maßgabe des § 12b des Eink.-St.-Ges. Einkommen aus Kapitalvermögen, das im Falle des § 2 außer Betracht zu lassen ist. Vgl. E.-O.-V. in St. Bd. III S. 107 u. 108.

Nr. 14. Entsch. Bd. VII S. 390 v. 28. I. 99 V A 112/97.

1. Eine Vermögensvermehrung (bei nicht physischen Personen) kann sich nur so vollziehen, daß entweder der Bestand der aktiven Vermögensteile, bezw. der Wert der vorhandenen Vermögensstücke vergrößert wird oder daß die vorhandenen Schulden geringer werden.

2. Umbuchungen einzelner Posten auf der Passivseite ohne Vermehrung der Aktiven oder Verminderung der Passiven, z. B. Aufhebung einer sog. Provisions- und Prämienreserve unter Ueberweisung an andere Reservekonten, sind ohne Einfluß auf den Vermögensbestand.

b) Einkommen der Berggewerkschaften.

Nr. 1. Entsch. Bd. VII S. 113 v. 31. III. 98 VI A 3/98 und
Entsch. Bd. VII S. 116 v. 31. III. 98 VI A 9/98.

Eink.-St.-Ges. §§ 9, 14, 16.

1. Der Abzug für Substanzverringerung ist an die Voraussetzung geknüpft, daß der steuerpflichtigen Berggewerkschaft das Bergwerkseigentum an dem Felde zusteht. Die Pächterin eines Feldes kann den Abzug nicht beanspruchen. E.-O.-V. in St. Bd. II. S. 200.

2. Behufs Ermittelung des reinen Kohlenwertes, der für die Berechnung der Abschreibung wegen Substanzverminderung maßgebend ist, muß festgestellt werden:

a) welcher Verkaufspreis aus den geförderten Kohlenmengen erzielt worden ist,
b) welche Betriebskosten für die Förderung der Kohlen entstanden sind,
c) welcher Betrag von dem erzielten Verkaufspreise auf die Verzinsung der in den sonstigen Bergwerksanlagen angelegten Kapitalien entfällt.

Die Differenz, die nach Abzug der Beträge zu b und c von der Summe zu a verbleibt, ergiebt den reinen Kohlenwert. Diese Feststellungen müssen für jedes Jahr der Durchschnittsperiode besonders vorgenommen werden. Vgl. E.-O.-V. Bd. XVII S. 128 ff., E.-O.-V. in St. Bd. IV S. 33 und 97.

3. Die Einstellung der verteilten Ausbeute an Stelle der Differenz zwischen dem Erlöse aus der Kohlenförderung und den Betriebskosten ohne Prüfung, ob die Erstere der Letzteren nach den thatsächlichen Verhältnissen gleichsteht, ist unzulässig.

4. Der von der Differenz zwischen dem Erlöse für die geförderten Kohlenmengen und den Betriebskosten behufs Feststellung des reinen Kohlenwertes abzuziehende Betrag für die Verzinsung der in den sonstigen Anlagen enthaltenen Kapitalien ist nach dem Werte aller Anlagen, die dem Zwecke der Gewinnung und Verwertung der Kohlen dienen und zu dem Anlage- und Betriebskapitale der Gewerkschaft gehören, zu bemessen und zwar nach einem gleichen Prozentsatze für alle Werte.

5. Ein Betrag für die Verzinsung derjenigen Kapitalien, die in von der Gewerkschaft gepachteten Bergwerken von ihr behufs Gewinnung und Verwertung der daraus geförderten Kohlen angelegt sind, darf ebensowenig in Abzug gebracht werden, wie bei der Feststellung des Wertes der Anlagen Anlagen, die der Gewerkschaft nicht angehören, in Anrechnung gebracht werden dürfen.

6. Die Anrechnung des Gewinnes, den die Pächter eines Bergwerkes erzielen, bei Feststellung des steuerpflichtigen Einkommens der Verpächterin und die Berücksichtigung dieses Gewinnes bei Ermittelung des reinen Kohlenwertes, der bei Berechnung der Abschreibung wegen Substanzverringerung für die Verpächterin in Betracht kommt, sind unzulässig. Die Höhe dieser Abschreibung ist lediglich nach den konkreten Verhältnissen der betreffenden Gewerkschaft, aber weder nach allgemeinen sonstigen Verhältnissen, noch nach denen eines anderen Bergbautreibenden, also auch nicht nach denjenigen des Pächters zu ermitteln.

Nr. 2. Entsch. Bd. VII S. 387 v. 19. I. 99 VI A 15/98.

1. Vergütungen des Bergbautreibenden für die durch seinen Betrieb, insbesondere infolge von Bodensenkungen, verursachten Beschädigungen erscheinen in der Regel als abzugsfähige Betriebskosten, die demjenigen Jahre, in dem der Anspruch des Beschädigten entstanden ist, zur Last fallen.

2. Ist die Thatsache der Beschädigungen oder die Höhe der Entschädigungen streitig, so sind die Veranlagungsbehörden behufs Ermittelung des steuerpflichtigen Einkommens verpfichtet, das Sach- und Rechtsverhältnis aufzuklären und selbständig in beiden Beziehungen als Inzidentpunkten Entscheidungen zu treffen.

3. Hat demnach eine Gewerkschaft mit Rücksicht auf den erwarteten oder schwebenden Prozeß eine bestimmte Summe zur eventuellen Deckung der zu zahlenden Entschädigungen und Kosten zurückbehalten, so ist es unzulässig, den zurückbehaltenen Betrag als steuer-

pflichtige Rücklage zu behandeln, falls nicht zugleich nach Prüfung des Sach- und Rechtsverhältnisses die wohlbegründete Feststellung getroffen werden kann, daß der Entschädigungsanspruch vollständig unbegründet ist. Bei Anerkennung des Anspruches muß in gleicher Weise über die Höhe der Entschädigung Entscheidung getroffen werden, und insoweit handelt es sich alsdann um abzugsfähige Betriebskosten, nicht um steuerpflichtige Rücklagen.

4. Steuererklärung.

Litteratur: *Dietrich*, Steuerpflicht und Steuererklärung der deutschen Aerzte, Leipzig 1899. — *Kühne*, Steuererklärung der Kaufleute, Berlin 1900.

5. Veranlagungsverfahren.

A. Allgemeine Grundsätze.

Nr. 1. Entsch. Bd. VII S. 9 v. 3. III. 98 VI 56/97.

Eink.-St.-Ges. § 13.
Ausf.-Anw. Art. 30 und Anm. 21 dazu.

1. *Dem von einem Landwirte vorgelegten Kassenbuche* darf ohne Verhandlung mit ihm über die Gründe der Bemängelung die *Beweiskraft* nicht abgesprochen werden. Vgl. E.-O.-V. in St. Bd. III S. 194, IV S. 145, 156, V S. 172, VII S. 48.

Nr. 2. Entsch. Bd. VII S. 19 v. 10. III. 98 VI 25/97. und Entsch. Bd. VII S. 23 v. 7. VI. 98 VI 66/97.

Eink.-St.-Ges. §§ 23 Abs. 1, 35 Abs. 2, 38 Abs. 1, 43 Abs. 2.
Ausf.-Anw. Art. 38 Abs. 1 u. 2, 41 Abs. 1, 3, 4, 45, 47 II, 49, 56 I, 57 Abs. 5 I, IV, 65^{3}, $66^{1,2}$.

1. *Unentbehrliche Unterlage jeder Schätzung landwirtschaftlichen Einkommens ist Kenntis der Kultur- und Bodenarten, sowie der individuellen Betriebsverhältnisse.* Diese Merkmale müssen in jedem Falle in zuverlässiger Weise ermittelt werden.

2. Die *Anwendung sogenannter Erfahrungssätze* zur Ermittelung des landwirtschaftlichen Einkommens für eine bestimmte Kulturart ohne Berücksichtigung der besonderen Verhältnisse der Besitzung und des Besitzers ist *ebenso unzulässig*, wie die *Anwendung eines Einheitssatzes* für *ein Flächenmaß* ohne Rücksicht auf Kultur- und Bodenarten.

3. *Höherschätzungen der Berufungskommission* im *Gegensatze zur Veranlagung* müssen stets in sachlicher Weise begründet werden. Denn sie sind zwar an sich zweifellos berechtigt, jedoch nur auf *Grund thatsächlicher Unterlagen*, die ihr die *Gewinnung eines eigenen zuverlässigen Urteiles* gegenüber der Schätzung der unteren Instanz ermöglichen. Die untere Instanz, besonders aber die Voreinschätzungskommission, steht den örtlichen und individuellen Verhältnissen weit näher als die Berufungskommission, und wenn das Gesetz der Veranlagungs- und der Voreinschätzungskommission, und zwar dieser unter Mitwirkung des Vorsitzenden der Veranlagungskommission, die Veranlagung übertragen hat, so darf die Berufungskommission von ihren Schätzungen nur wegen sachlicher, auf thatsächlichen Ermittelungen beruhender Erwägungen abweichen.

Ebenso Entsch. Bd. VII S. 22 i. d. Anm. v. 17. III. 98 VI 37/97:
Die Berufungskommission darf sich bei der ihr zustehenden selbständigen Prüfung des Schätzungsergebnisses der Veranlagung zwar insofern frei bewegen, als sie an die Schätzungen der Veranlagungskommission, wie des Steuerpflichtigen nicht gebunden ist. Dagegen muß

sie die für die Schätzung erheblichen Anführungen des Steuerpflichtigen würdigen, für die Beschaffung ausreichender Schätzungsunterlagen sorgen und eine über das Veranlagungsergebnis hinausgehende Schätzung begründen.

Nr. 3. Entsch. Bd. VII S. 27 v. 10. III. 98 VI 41/97.
Entsch. Bd. VII S. 31 i. d. Anm. v. 24. III. 98 VI 20/97.
Entsch. Bd. VII S. 31 v. 24. III. 98 VI 51/97.
Entsch. Bd. VII S. 36 v. 24. III. 98 VI 71/97.

Eink.-St.-Ges. § 44².

1. Die Berufungskommission ist zur selbständigen Schätzung nicht nur berechtigt, sondern gegenüber dem auf unrichtigen thatsächlichen Voraussetzungen beruhenden Schätzungsergebnisse der Veranlagung auch verpflichtet. Sie muß aber auf Beschaffung der fehlenden und auf Ergänzung der mangelhaften Schätzungsunterlagen, insbesondere bei landwirtschaftlichem Einkommen auf Feststellung der einzelnen Kultur- und Bodenarten, des Grundsteuerreinertrages, des Viehstandes u. dergl., sowie stets auf zuverlässige Ermittelung der individuellen Verhältnisse des Betriebes und des Steuerpflichtigen (ungünstige Lage der Grundflächen zur Hofstelle, Arbeitsfähigkeit des Steuerpflichtigen, Umfang der Mitarbeit der zur Haushaltung gehörigen unselbständigen Kinder) Bedacht nehmen, da eine Schätzung ohne Unterlagen unzulässig ist. Zu diesem Behufe sind unter Berücksichtigung der Aufführungen der Steuerpflichtigen die der Berufungskommission zu Gebote stehenden Hilfsmittel in Anwendung zu bringen. Die besonders zu empfehlende Befragung der Steuerpflichtigen muß vollständig sein und sich event. auf alle Schätzungsunterlagen richten. Anschreibungen irgend welcher Art über Einkommen aus der Landwirtschaft sind, wenn auch nicht für die unmittelbare Berechnung, so doch als Anhalt für die Schätzung zu benutzen.[1])

2. Gehören zu einer selbstbewirtschafteten landwirtschaftlichen Besitzung größere Flächen von Holzungen, so ist es unzulässig, das Einkommen ohne Berücksichtigung dieses Umstandes in einer Pauschsumme festzustellen. Alsdann ist vielmehr zu prüfen, ob ein besonderer forstwirtschaftlicher Betrieb als selbständige Quelle besteht, deren Ertrag gesondert für sich festzustellen wäre, oder ob die Holzungen im Rahmen des landwirtschaftlichen Betriebes als ein Nebenzweig des letzteren bewirtschaftet werden. In beiden Fällen bedarf es weiter der Feststellung der Art und Weise der thatsächlichen Bewirtschaftung, da die Einkommensermittelung sich überall nach thatsächlichen, nicht aber nach irgend welchen möglichen, beliebig anzurechnenden Voraussetzungen zu richten hat. Sind Holzungen in den Vorjahren ertraglos gewesen, so scheiden sie ebenso, wie alle unbenutzt daliegenden, ertraglosen Flächen bei der Ertragsermittelung völlig aus. Ist der Ertrag der

---

[1]) Aehnlich Entsch Bd. VII S. 39 v. 13. V. 98 E Ib 141/97 hinsichtlich des Einkommens eines Kahnschiffers. Es wird bemängelt, daß die Berufungskommission ohne ausreichende thatsächliche Unterlagen zur Schätzung geschritten sei, insbesondere die zur Beurteilung der Veranlagung und zur richtigen Steuerfestsetzung erforderlichen Thatsachen nicht beschafft und mit dem Steuerpflichtigen nicht in sachdienlicher Weise verhandelt habe.

Desgl. Entsch. Bd. VII S. 41 v. 7. VI. 98 VI 22/98. Hier kommen insbesondere sog. „Lohhecken" in Betracht. Bei diesen ist nicht nur der Zeitpunkt der Erwerbung, sondern auch die Art der Bewirtschaftung in den maßgebenden Vorjahren festzustellen, um hiernach einerseits die Durchschnittsperiode, andererseits den Ertrag für jedes einzelne Vorjahr bestimmen zu können. Insbesondere ist, wie bei Holzungen, zu ermitteln, ob die Lohhecken eine selbständige forstwirtschaftliche Quelle oder nur einen Nebenzweig des landwirtschaftlichen Betriebes gebildet haben. Im ersteren Falle ist der Ertrag gesondert für sich festzustellen, im letzteren Falle der Ertrag als Rechnungsfaktor bei der Ermittelung des landwirtschaftlichen Einkommens zu berücksichtigen.

Holzungen nicht besonders anzusetzen, so ist er als erkennbarer Rechnungsfaktor des landwirtschaftlichen Einkommens zu behandeln.

Nr. 4. Entsch. Bd. VII S. 52 v. 24. V. 98 VI 26/97 und **Entsch. Bd. VII S.** 54 i. d. Anm. v. 25. XI. 98 E I b 53/98.

Eink.-St.-Ges. §§ 10, 13.

1. Handelt es sich um das Einkommen aus selbstbewirtschafteten eigenen und gepachteten Ländereien, so ist eine getrennte Ermittelung des Einkommens aus den eigenen und desjenigen aus den gepachteten Ländereien nur dann zulässig, wenn eine gesonderte Bewirtschaftung stattfindet. Für eine einheitliche Bewirtschaftung, insbesondere bei kleineren Landwirten, spricht die Regel, da diese das zugepachtete Land nicht mit besonderem Inventar und besonderen Arbeitskräften, sondern zusammen mit dem eigenen Lande, unter Verwendung desselben Inventars und derselben Arbeitskräfte zu bewirtschaften pflegen.

2. Wenn die Fläche des bewirtschafteten Landes wesentlich verändert, vergrößert oder verkleinert wird, sei es durch Veränderung in den Eigentums- oder in den Pachtverhältnissen, so tritt mit dem Zeitpunkte dieser Veränderung regelmäßig eine solche Umgestaltung des früheren Betriebes ein, daß die Durchschnittsberechnung ausgeschlossen ist. Ausnahmen von dieser Regel bedürfen in jedem einzelnen Falle der besonderen Rechtfertigung.

Nr. 5. Entsch. Bd. VII S. 118 v. 21. IV. 98 X a 25/97.

Eink.-St.-Ges. § 13; Ausf.-Anw. Art. 11, 15 II.

Die Ermittelung des Reinertrages aus der eigenen Bewirtschaftung ländlicher Besitzungen unter Zugrundelegung kaufmännischer Bilanzen nach dem während einer bestimmten Zeit stattgehabten Vermögenszuwachse ist unzulässig, auch wenn eine genaue kaufmännische doppelte Buchführung vorliegt. Sowohl das Eink.-St.-Ges. wie auch die Ausf.-Anw. dazu stellen für die Landwirtschaft einerseits und für Handel und Gewerbe andererseits grundsätzlich verschiedene Methoden für die Einkommensberechnung auf, indem im ersteren Falle das steuerpflichtige Einkommen durch Gegenüberstellung von Roheinnahmen und Ausgaben, in letzterem Falle, wenn eine ordnungsmäßige kaufmännische Buchführung vorliegt, auf Grund der Inventur und Bilanz gefunden werden soll.

Nr. 6. Entsch. Bd. VII S. 251 v. 26. IV. 98 E III 107/97. [1])

Die Veranlagung erfolgt durch den Beschluß der Veranlagungskommission, nicht erst durch die Zustellung des Veranlagungsschreibens. Denn der genannte Beschluß ist, indem vom Tage seiner Fassung an für den Vorsitzenden der Kommission die Berufungsfrist gemäß § 40 des Eink.-St.-Ges. läuft, sofort von Bedeutung und es dürfte daher überhaupt fraglich sein, ob die einmal beschlossene Veranlagung — wie in dem Art. 58, vorletzter Abs., der Ausf.-Anw. vorausgesetzt zu sein scheint — von der Veranlagungskommission, die dem betreffenden Censiten gegenüber ihr Geschäft erledigt hat, noch abgeändert werden darf.

C. Veränderungen der veranlagten Steuer im Laufe des Jahres.

Nr. 1. Entsch. Bd. VII S. 164 v. 22. IX. 98 E XIII a 138/96.

Eink.-St.-Ges. §§ 11, 57, 59.

1. Nach § 57 des Eink.-St.-Ges. bilden Vermehrungen im Laufe des Steuerjahres keine Veränderungen in der schon erfolgten Ver-

[1]) Vgl. Entsch. Bd. VII S. 59 v. 24. V. 98, oben S. 302.

anlagung. Vgl. E.=O.=V. in St. Bd. V S. 257. Die einzige Ausnahme findet bei Vermehrung des Einkommens infolge eines Erbanfalles statt.

2. § 59 dagegen behandelt einerseits Zugänge infolge Eintretens der subjektiven Steuerpflicht, wie z. B. „Austritt aus einer besteuerten Haushaltung“, andererseits Abgänge, „indem bei Steuerpflichtigen die Voraussetzungen, an welche die Steuerpflicht geknüpft ist, erlöschen.“ Ein Abgang findet daher nach dem ausdrücklich bei den Zugängen angeführten Beispiele statt, wenn ein bis dahin selbständig, wenn auch steuerfrei Veranlagter in einen anderen besteuerten Haushalt eintritt. Erfolgt der Eintritt als Ehefrau, so verliert diese hiermit nach § 11 ihre Selbständigkeit als Steuerpflichtige und muß demnach gemäß § 59 vom Beginne des auf die Verheiratung folgenden Monats ab freigestellt werden.

Die in der Verfügung v. 6. V. 96 (Mitt. Heft 35 S. 34) zur Rechtfertigung einer abweichenden Auffassung versuchte Unterscheidung zwischen einer „Voraussetzung, an welche die Steuerpflicht geknüpft ist“ und einer „Voraussetzung für eine künftige selbständige Veranlagung“ der Ehefrau findet in den §§ 11, 59 keine Unterstützung.

Wenn nach § 59 der Austritt aus einer besteuerten Haushaltung einen Zugangsfall bildet, weil der Ausgetretene steuerpflichtig wird, d. h. die steuerliche Selbständigkeit erlangt, so muß auch der mit Verlust der steuerlichen Selbständigkeit verbundene Eintritt in eine besteuerte Haushaltung einen Abgangsfall darstellen. Die Ehefrau verliert nach § 11 als solche, d. h. mit der Verheiratung, ihre steuerliche Sebständigkeit und hiermit ist die Voraussetzung, an die ihre Steuerpflicht geknüpft ist, erloschen. Eine Unterscheidung zwischen sofortigem und künftigem — erst nach Ablauf des Steuerjahres zur Wirkung gelangenden — Erlöschen der Steuerpflicht ist dem Gesetze fremd.

3. Hiernach gilt im Bereiche des Eink.=St.=Ges. die Regel, daß, wenn mit der Verheiratung einer bis dahin selbständig veranlagten weiblichen Person die Voraussetzungen, an die ihre Steuerpflicht geknüpft ist, gemäß § 11 erlöschen, nach § 59 der Fall der Abgangstellung eintritt, während die anderweite Veranlagung des Ehemannes durch § 57 ausgeschlossen wird.

Nr. 2. Entsch. Bd. VII S. 351 v. 19. XI. 98 V A 84/98.

Eink.=St.=Ges. § 59.

Die Anwendung des § 59 beruht auf der doppelten Voraussetzung, daß eine Person während des Steuerjahres 1. individuell subjektiv steuerpflichtig wird, und 2. ein Einkommen von mehr als 900 Mk. bezieht oder erlangt, vgl. E.=O.=V. in St. Bd. V S. 268. An dieser Vorbedingung aber fehlt es nicht bloß dann, wenn eine Person bei Beginn des Steuerjahres steuerfrei veranlagt ist, sondern in gleicher Weise auch dann, wenn die steuerfreie Veranlagung hätte erfolgen sollen, aber nicht stattgefunden hat.

Diejenigen Personen, die bei regelmäßigem Verfahren in die Personenverzeichnisse hätten aufgenommen und steuerfrei veranlagt werden müssen, irrtümlicher Weise aber übergangen sind, dürfen wegen Vermehrung ihres Einkommens im Laufe des Steuerjahres im Zugangswege ebenfalls nicht veranlagt werden. Vgl. E.=O.=V. in St. Bd. V S. 257.

Nr. 3. Entsch. Bd. VII S. 369 v. 13. XII. 98 VI 23/98.

Eink.-St.-Ges. § 80.

1. Die einseitige, von der Gegenpartei bestrittene Behauptung eines Steuerpflichtigen über einen Rechtsanspruch genügt keineswegs als Grundlage für eine Einkommensanrechnung. Die Veranlagungsbehörden müssen vielmehr unter Aufklärung der Sach- und Rechtsverhältnisse selbständig über den Rechtsanspruch als Zwischenpunkt Entscheidung treffen.

2. Eine Veranlagung, die innerhalb des laufenden Steuerjahres für dieses erfolgt, stellt sich als eine verspätete, ordentliche Veranlagung, nicht aber als Nachbesteuerung dar.

D. Nachbesteuerung.

Nr. 1. Entsch. Bd. VII S. 87 v. 13. V. 98 V A 122/97.

Eink.-St.-Ges. §§ 10, 80; Ausf.-Anw. Art. 5², 27³.

Die Vorschriften über Nachbesteuerung finden gleichmäßige Anwendung auf physische und nichtphysische Steuerpflichtige. Sollte eine entgegengesetzte Bestimmung in Art. 27 der Ausf.-Anw. enthalten sein, so würde sie, weil im Widerspruche mit dem Ges., der Verbindlichkeit entbehren. Daß aber der Art. 27 Nr. 3 nicht in dem Sinne zu verstehen ist, daß für die nicht physischen Steuersubjekte der § 80 nicht anwendbar, sondern die Nachveranlagung in besonderer Art geordnet sei, geht schon aus der Wortfassung klar hervor. Denn es fehlt darin jede Andeutung, als wenn es sich um die Nachsteuerveranlagung handele. Von einer nachträglichen Veranlagung ist dort überall nicht die Rede, weder in dem letzten Satze der Nr. 3, noch in den Worten, die ihr vorhergehen. Diese lassen über die Bedeutung des letzten Satzes keinen Zweifel; denn wenn es dort heißt, daß die in Art. 5 Nr. 2 der Ausf.-Anw. (§ 10 Abs. 2 in fine des Ges.) vorgesehene Schätzung „nach dem mutmaßlichen Jahresertrage" auf die nicht physischen Personen, die neu in die Steuerpflicht eintreten, keine Anwendnng finde, so ist klar, daß damit lediglich eine Folge hervorgehoben wird, die sich aus der eigentümlichen in § 16 des Eink.-St.-Ges. getroffenen Festsetzung über das steuerpflichtige Einkommen der nicht physischen Personen von selbst ergiebt. Da nämlich als steuerpflichtiges Einkommen dieser Personen die Ueberschüsse gelten, die in bestimmten Richtungen verwendet sind, entfällt die Möglichkeit der Einkommensfeststellung so lange, als es an einem das Vorhandensein von Ueberschüssen ergebenden Jahresabschlusse fehlt, und es ist die Einkommensfeststellung durch Schätzung des mutmaßlichen Ertrages des Steuerjahres ausgeschlossen. Nach der Bestimmung des § 16 wird nur mit Faktoren gerechnet, die in der Vergangenheit liegen. Dem Charakter dieser eigentümlichen Einkommensbegriffsbestimmung, die von dem, was für die physischen Personen nach den einzelnen Arten der Einkommensquellen bestimmt ist, grundsätzlich abweicht, entspricht es, wenn neu sich bildende Aktiengesellschaften u. s. w. nicht sofort, sobald ihre subjektive Steuerpflicht nach § 1 Nr. 4 des Eink.-St.-Ges. feststeht, zur Besteuerung herangezogen werden, sondern daß die Veranlagung erst dann stattfindet, wenn ein Abschluß vorliegt und dadurch die Möglichkeit eröffnet ist, über die Frage, ob steuerpflichtige Ueberschüsse erzielt sind, also ein Steuerobjekt vorhanden ist, zu befinden; sowie ferner, daß ein Steuerobjekt erst ermittelt werden kann für die Zeit, die auf den Zeitraum, für den der Abschluß gemacht ist, folgt. Diesen Inhalt des Ges. bringt Art. 27 Nr. 3

der Ausf.-Anw. zum Ausdrucke. Unter den Personen, die „neu in die Steuerpflicht eintreten", sind somit neu gebildete Gesellschaften verstanden; nur für diese konnte sich fragen, ob, so lange es an einem Abschlusse mangelt, der mutmaßliche Jahresertrag in Ansatz gebracht werden dürfte. Für diejenigen nicht physischen Personen dagegen, bei denen außer der subjektiven Steuerpflicht auch die für die Ermittelung eines Steuerobjektes erforderlichen Voraussetzungen bereits vorliegen, also die Verhältnisrechnung auf Grund von in der Vergangenheit erzielten Ergebnissen ausführbar ist, ist das Steuerobjekt in Anwendung dieser Rechnung zu bestimmen, wie in § 10 des Eink.-St.-Ges. und auch in Art. 27 Nr. 3 im Anfange selbst vorgeschrieben ist. Somit gilt der letzte Satz des Art. 27 Nr. 3 nur für die Gesellschaften, die neu entstanden sind, und zwar so lange, als zu der für die Entscheidung der Frage, welches Jahr das letzte Geschäftsjahr ist, kritischen Zeit noch kein Abschluß für ein Geschäftsjahr vorliegt. Nur beim Fehlen eines solchen Abschlusses kann von der Anwendung des § 10 des Eink.-St.-Ges. abgesehen werden.

Nr. 2. Entsch. Bd. VII S. 181 v. 13. X. 98 VII a 86/98.

Ein.-St.-Ges. §§ 10, 80.

1. Wenn nach § 10 Abs. 2 des Eink.-St.-Ges. ihrem Betrage nach schwankende Einnahmen und Ausgaben, wie solche beim Gewerbebetriebe vorliegen, nach dem „mutmaßlichen Jahresbetrage" in Ansatz gebracht werden sollen, so kann damit nur der unbekannte Ertrag des Steuerjahres gemeint sein, für das die Veranlagung erfolgt. An die Stelle des seiner Zeit mutmaßlichen Ertrages des Steuerjahres kann nach Ablauf dieses Jahres nur dessen thatsächliches Ergebnis, nicht aber dasjenige des davon der Zeit nach abweichenden „ersten Geschäftsjahres" des Censiten treten.

2. Die Veranlagung zu einer Nachsteuer ist bei Bemessung des Einkommens nach dem mutmaßlichen Ertrage für das Steuerjahr auch dann unzulässig, wenn auf Grund nachträglicher Ermittelungen festgestellt wird, daß das wirkliche Einkommen des Steuerjahres ein erheblich höheres gewesen ist.

6. Rechtsmittel.

A. Verfahren in der Berufungsinstanz.

a) Allgemeine Grundsätze.

Nr. 1. Entsch. Bd. VII S. 1 v. 3. III. 98 VI 53/97.

Eink.-St.-Ges. §§ 42, 43 Abs. 2, 52; Ausf.-Anw. Art. 63[3].

1. Der Vorsitzende der Berufungskommission ist nach dem ihm gesetzlich zustehenden Aufsichtsrechte befugt, den Vorsitzenden der Veranlagungskommission zur Einlegung der Berufung anzuweisen, sofern er gegen die Meinung des letzteren das Veranlagungsergebnis nicht für richtig hält. Diese Befugnis bezieht sich auch auf das Ergebnis von Schätzungen der Veranlagungskommission. Die Berufungskommission darf aber, wenn das Ergebnis einer von der Veranlagungskommission vorgenommenen, an sich berechtigten Schätzung auf Anweisung des Vorsitzenden der Berufungskommission angefochten ist, dieses Ergebnis nicht nach Belieben verlassen, sondern muß, erforderlichenfalls nach Ergänzung der Schätzungsunterlagen die Thatsachen und Erwägungen, von denen sich die Veranlagungskommission hat leiten lassen, ebenso

wie die Anführungen des Veranlagten in erkennbarer Weise würdigen. Der Veranlagungskommission ist vom Gesetze in erster Instanz die Steuerfestsetzung übertragen. Ihre Mitglieder haben, ebenso wie die Mitglieder der Berufungskommission, eidesstattlich gelobt, „nach bestem Wissen und Gewissen" zu verfahren und hinsichtlich ihres „Wissens" ist zu berücksichtigen, daß sie regelmäßig — wenigstens was die ländlichen Kreise betrifft — den lokalen und individuellen Verhältnissen der Steuerpflichtigen ihres Kreises erheblich näher stehen als die Mitglieder der Berufungskommission. Die erste Instanz der Veranlagung würde die ihr vom Gesetze beigelegte Bedeutung verlieren, wenn die Berufungskommission ohne triftige sachliche Gründe zu Höherschätzungen schreiten wollte. Hierüber muß aber in der Berufungsentscheidung Auskunft gegeben werden, damit für den Fall der Beschwerde die Gesetzmäßigkeit des Verfahrens geprüft werden kann.

2. Als zutreffende Rechtfertigung der Höherschätzung des landwirtschaftlichen Einkommens durch die Berufungskommission ist die Begründung, daß die Schätzung der Veranlagungskommission zu den Schätzungen gleich ertragreicher Grundstücke in anderen Veranlagungsbezirken in keinem Verhältnisse stehe, nicht anzusehen.

3. Der Vorsitzende der Berufungskommission hat für seinen Bezirk „die gleichmäßige Anwendung der Veranlagungsgrundsätze zu überwachen", d. h. er soll dahin wirken, daß überall gleichmäßig richtige Veranlagungsgrundsätze zur Anwendung gelangen. Diese Aufgabe kann nicht durch eine rein äußerliche, mehr oder weniger mechanische Vergleichung der Veranlagungs-, insbesondere der Schätzungsergebnisse gelöst werden. Hiermit läßt sich nicht einmal das Bestehen einer wirklichen Ungleichmäßigkeit in der Anwendung von Veranlagungsgrundsätzen, also gewiß nicht der Grund der Ungleichmäßigkeit feststellen. Hierauf allein kommt es an. Denn aus der Gleichmäßigkeit oder Ungleichmäßigkeit mehrerer Schätzungen kann noch nicht ein Schluß für oder gegen die Richtigkeit der einen oder der anderen gezogen werden. Die mehreren Schätzungen können trotz völliger Gleichmäßigkeit völlig unrichtig, nämlich gleichmäßig zu hoch oder zu niedrig sein. Von zwei ungleichmäßigen Schätzungen aber steht höchstens fest, daß die eine unrichtig ist; sie können aber auch beide unrichtig sein.

Der Hinweis auf die Ungleichmäßigkeit von Schätzungsergebnissen hat also für sich allein, ohne Prüfung der angewandten Veranlagungsgrundsätze auf ihre Richtigkeit, noch nicht die geringste Bedeutung für die Rechtferligung einer Höherschätzung.[1])

Die Ertragsfähigkeit eines Grundstückes ist ein objektives Merkmal, das ohne gleichzeitige Berücksichtigung der individuellen Verhältnisse der Besitzung und des Besitzers für die Schätzung nicht verwertet werden darf.

---

[1]) In E.-O.-V. Bd. VII S. 7 v. 3. III. 98 VI 58/97 — ist bezüglich einer gleichen Begründung der Berufungsentscheidung noch folgendes bemerkt worden:
Die weitere Bemerkung in der Berufungsentscheidung, daß „die Schätzung der Veranlagungskommission zu den Schätzungen gleich ertragreicher Grundstücke in anderen Veranlagungsbezirken in keinem Verhältnis stehe", ist zur Rechtfertigung der Höherschätzung überhaupt nicht geeignet. Denn selbst wenn die Berufungskommission hierbei bestimmte andere Veranlagungsbezirke, also Kreise, vor Augen gehabt hätte, so würde sie doch nicht ohne eingehende Prüfung der Gründe der bemerkten Ungleichheiten unterstellen dürfen, daß die höheren Schätzungen in jenen Kreisen richtig und für die Bemessung des landwirtschaftlichen Einkommens des hier in Rede stehenden Steuerpflichtigen maßgebend seien.

Nr. 2. Entsch. Bd. VII S. 9 v. 13. III. 98 VI 56/97.

Die Begründung der Berufungsentscheidung, daß die Schätzung auf Grund von bestimmt angegebenen Unterlagen erfolgt sei, ist, wenn diese Unterlagen nach den Akten der Berufungskommission nicht bekannt waren, nur eine scheinbare. Nicht das ist entscheidend, was die Berufungskommission in der Begründung sagt, sondern allein dasjenige, was sie gethan hat; und wenn sie das von ihr gesagte zu thun außer Stande ist, so hat es überhaupt keine Bedeutung.

Nr. 3. Entsch. Bd. VII S. 227 v. 17. III. 98 VI 67/97.

Eink.-St.-Ges. §§ 32, 44 ff.

Die Berufungskommission ist, wenn sie ihre eigenen früheren Schätzungen für zu niedrig erachtet, hieran nicht gebunden. Sie ist vielmehr bei Erkenntnis des früheren Irrtumes nicht nur berechtigt, sondern auch verpflichtet, eine höhere Schätzung vorzunehmen. Jedoch muß für diesen Fall eine überzeugende Begründung der Höherschätzung verlangt werden. Denn die Schätzung soll den individuellen Ertrag einer bestimmten Quelle in einem der Wirklichkeit möglichst nahe kommenden Grade zum Ausdrucke bringen, so daß willkürliches Belieben gänzlich ausgeschlossen ist. Die jüngere Schätzung hat aber gegenüber der älteren keinen Anspruch darauf, daß dabei „nach bestem Wissen und Gewissen" verfahren sei. Vielmehr kann sich der Steuerpflichtige mit vollem Recht auf das Ergebnis der früheren Schätzung der Berufungskommission so lange berufen, bis sie selbst die Irrigkeit überzeugend dargethan hat.

Nr. 4. Entsch. Bd. VII S. 15 v. 3. III. 98 VI 14/97 und
Entsch. Bd. VII S. 17 v. 3. III. 98 VI 55/97.

Eink.-St.-Ges. § 44; Ausf.-Anw. Art. 63 Abs. 4.

1. Die Steuerpflichtigen sind verpflichtet, der Berufungskommission vor dem Erlasse ihrer Entscheidung diejenigen persönlichen Abzüge vom Gesammteinkommen, insbesondere von Schuldenzinsen und Lebensversicherungsprämien, anzuzeigen, die ihr nicht bereits bekannt sind oder überhaupt nicht bekannt sein können. Diese, sich aus dem Wesen der Sache von selbst ergebende Anzeigepflicht des Berufers betrifft zunächst nur die Thatsachen zur Begründung seiner Ansprüche, während die Vorbringung der Beweismittel zwar gleichzeitig erfolgen kann, aber erst dann zu einer mit dem Rechtsnachteile der Beweisfälligkeit verknüpften Verpflichtung wird, wenn eine hierauf gerichtete Aufforderung der zuständigen Stelle an ihn ergeht. Befindet sich der Berufer darüber im Unklaren, welche der von ihm beanspruchten Abzüge der Berufungskommission bereits bekannt sind, so ist er doch regelmäßig nicht behindert, alle von ihm beanspruchten Abzüge und hiermit zugleich diejenigen anzuzeigen, die der Berufungskommission bisher unbekannt geblieben sind. In etwaigen Ausnahmefällen würde er aber mindestens um eine entsprechende Mitteilung und weitere Befragung ersuchen müssen.

Hat sich aber der Berufer ganz und gar auf den bloßen Ausdruck der Unzufriedenheit beschränkt, so hat er hiermit deutlich zu erkennen gegeben, daß er seinerseits auf Anführungen, die ihm nach Lage der Sache obliegen würden, also namentlich auf die Geltendmachung von Abzügen, verzichtet, und die Berufungskommission hat alsdann keinen Anlaß, ihn hierüber noch besonders zu befragen.

2. Diese Anzeigepflicht besteht nicht nur bei Anfechtung des Veranlagungsergebnisses durch den Steuerpflichtigen selbst, sondern auch bei einseitiger Einlegung der Berufung seitens des Vorsitzenden der Veranlagungskommission, und zwar im letzteren Falle, sofern der Steuerpflichtige aus der ihm zur Gegenerklärung mitgeteilten Berufungsschrift entnehmen muß, daß ohne Anzeige des beanspruchten Abzuges eine dem Berufungsvorbringen entsprechende Erhöhung des steuerpflichtigen Einkommens und des Steuersatzes erfolgen kann. Wenn unter diesen Voraussetzungen eine Anzeige der beanspruchten Abzüge nicht erfolgt, so kann das Rechtsmittel der Beschwerde hierauf allein nicht gestützt werden, da alsdann ein wirksamer Beschwerdegrund — Verletzung des bestehenden Rechtes oder wesentlicher Mangel des Verfahrens — nicht gegeben, die Geltendmachung des Anspruches in der Beschwerde vielmehr verspätet ist.

Nr. 5. Entsch. Bd. VII S. 173 v. 1. X. 98 E III 29/98.

Eink.-St.-Ges. §§ 44, 49.
Erg.-St.-Ges. §§ 36, 47.

Wiedereinsetzung in den vorigen Stand darf nur dann stattfinden, wenn innerhalb zwei Wochen nach dem Ablaufe des Tages, mit dem das Hindernis gehoben ist, nicht nur das versäumte Rechtsmittel nachgeholt wird, sondern auch die Thatsachen, durch die der Antrag auf Wiedereinsetzung begründet werden soll, und die Beweismittel dafür angeführt werden.

B. Beschwerdeverfahren.

Nr. 1. Entsch. Bd. VII S. 9 (14) v. 3. III. 98 VI 56/97.

Eink.-St.-Ges. § 49; L.-V.-G. § 109.

Wird ein Beschwerdeführer nur durch das Verhalten der Steuerbehörden zur Stellung zu weit gehender Anträge in der Beschwerde bewogen, so kann trotz seines teilweisen Unterliegens mit der Beschwerde von Auferlegung eines entsprechenden Anteiles an den Kosten des Beschwerdeverfahrens Abstand genommen werden.

Nr. 2. Entsch. Bd. VII S. 110 v. 7. VII. 98 $\frac{\text{VI A 131, 132.}}{\text{XIII c 116, 117.}}$

Ein.-St.-Ges. § 44.

Wenn den Steuerpflichtigen in § 44 des Eink.-St.-Ges. das Rechtsmittel der Beschwerde „gegen die Entscheidungen der Berufungskommissionen gegeben ist, so folgt daraus, daß vor dem Erlasse der Berufungsentscheidung die Beschwerde nicht in rechtswirksamer Weise eingelegt werden kann. Aus einer verfrühten, vor dem Erlasse der Berufungsentscheidung erfolgten Aeußerung des Steuerpflichtigen mag die Absicht der künftigen Einlegung des Rechtsmittels entnommen werden können. Sie bleibt aber ohne Rechtswirkung, wenn dieser Absicht nicht die Ausführung folgt.

Nr. 3. Entsch. Bd. VII S. 194 v. 24. XI. 98 E VII b 4/98.

Eink.-St.-Ges. §§ 40, 44, 81; Erg.-St.-Ges. § 36.

Die Anbringung der Beschwerde bei dem nichtzuständigen Vorsitzenden der Veranlagungskommission ist gemäß § 81 des Eink.-St.-Ges. und § 3 des Ges. v. 18. VI. 40 über die Verjährungsfristen bei öffentlichen Abgaben so zu behandeln, als ob die Anbringung bei dem zuständigen Vorsitzenden der Berufungskommission erfolgt wäre. E.-O.-V. in St. Bd. I S. 77. Dagegen begründet die Beauftragung des Katasteramtes durch einen Steuerpflichtigen, die übergebene Beschwerde nach Vervollständigung der Anlagen an die zuständigen Veranlagungsbehörden zu übersenden, nicht den in § 3 Satz 2 des Ges. v. 18. VI. 40 vorausgesetzten Thatbestand. Die Beschwerde ist vielmehr verspätet, wenn das Katasteramt den Auftrag garnicht oder nicht rechtzeitig ausführt.

Nr. 4. Entsch. Bd. VII S. 198 v. 26. XI. 98 E V a 8/98.

Ausf.-Anw. Art. 36 Abs. 7, 38[6].

Die Nichtberücksichtigung von Abzügen, die von dem Steuerpflichtigen in der Hausliste eingetragen worden sind, ohne weitere Ermittelungen und Verhandlungen mit dem Steuerpflichtigen bildet einen wesentlichen Mangel des Verfahrens. Die Bezugnahme auf solche Eintragungen in der Beschwerde ist nicht verspätet.

Nr. 5. Entsch. Bd. VII S. 206 v. 2. XII. 98 E IV a 29, 30/98.

Eink.-St.-Ges. § 1; Erg.-St.-Ges. § 2, 38.
Reichsges. v. 13. V. 70 (R.-G.-Bl. S. 119) wegen Beseitigung der Doppelbesteuerung, § 1.

Ob ein Steuerpflichtiger nach Maßgabe des Reichsges. v. 13. V. 70 zu Unrecht zugleich in Preußen und in einem anderen Bundesstaate zu den direkten Staatssteuern herangezogen ist, unterliegt nicht der Entscheidung des Oberverwaltungsgerichtes. Dessen Prüfung beschränkt sich darauf, ob die in der Berufungsentscheidung für Preußen getroffene Steuerfestsetzung dem bestehenden Rechte zuwiderläuft oder gegen wesentliche Verfahrensvorschriften verstößt.

Nr. 6. Entsch. Bd. VII S. 296 i. d. Anm. v. 1. X. 98 V A 36, 37/98.

Ein Steuerpflichtiger (Aktiengesellschaft) hatte beantragt, seine Beschwerde (in Betreff der Agio-Besteuerung) zur Entscheidung nicht des fünften, sondern eines anderen Senates und bei verschiedener Beurteilung der Rechtsfrage zur Entscheidung der vereinigten Steuersenate gelangen zu lassen. Das O.-V.-G. lehnte den Antrag mit folgender Begründung ab:

„Die Verteilung der Geschäfte beim Oberverwaltungsgerichte unter die einzelnen Senate, bezw. die Kammern der Steuersenate erfolgt nicht in der Weise, daß für jede Sache der erkennende Senat bezw. die Kammer vom Präsidium besonders bezeichnet wird. Bei der Verteilung der Geschäfte unter die beiden zur Entscheidung über Beschwerden in Staatssteuersachen berufenen Senate, bezw. die einzelnen Kammern des fünften Senates (vgl. den Nachtrag v. 15. V. 93 zu dem Regulative für den Geschäftsgang bei dem O.-V.-G. v. 22. II. 92) sind die Beschwerden der Aktiengesellschaften in Betreff der Einkommensteuer der Ersten Kammer des fünften Senates überwiesen worden. Die Kammern bearbeiten die ihnen zugewiesenen Sachen selbständig. Nur wenn eine Kammer in einer Rechtsfrage von einer früheren Entscheidung einer anderen Kammer oder eines Senates oder des Plenums abweichen will, hat sie die Entscheidung der Sache dem Senate zu überweisen. Die Ueberweisung an die vereinigten Steuersenate ist nur dann zulässig, wenn ein Steuersenat von der Entscheidung des anderen Steuersenates oder einer Kammer desselben oder der vereinigten Steuersenate abweichen will. (Art. 4 und 5 des Ges. v. 26. III. 93 zur Abänderung der §§ 26—30 des Ges., betreffend die Verfassung der Verwaltungsgerichte und das Verwaltungsstreitverfahren, v. $\frac{3.\ VII.\ 75}{2.\ VIII.\ 80}$)."

II.
Ergänzungssteuer.

Litteratur: Fuisting, Die direkten Steuern, Bd. II, Kommentar zum Ergänzungssteuergesetze, Berlin 1899. — Großmann, Handbuch der direkten Steuern in Preußen, Berlin 1899. — Wagner, Finanzwissenschaft, 4. Teil, die deutsche Besteuerung des 19. Jahrhunderts, Leipzig 1900.

1. Steuerpflicht.

Nr. 1. Entsch. Bd. VII S. 210 v. 2. XII. 98 E III 14/98. Entsch. Bd. VII S. 212 v. 19. I. 99 E VII c 48/98.

Siehe oben S. 294.

Nr. 2. Entsch. Bd. VII S. 214 v. 13. XII. 98 VI 14—17/98.

Siehe oben S. 294.

2. Maßstab der Besteuerung.

Nr. 1. Entsch. Bd. VII S. 123 (126) v. 10. VI. 98 E VI a 137/96.

Erg.-St.-Ges. §§ 4, 5; A.-L.-R. Teil I Tit. 18, §§ 1, 2, 13, 18, 19. Techn. Anl. Art. 8, 14—24, 38.

1. Das Lehen ist bei Festsetzung des steuerbaren Vermögens des Lehnsbesitzers nicht dem Nießbrauchrechte, sondern dem Eigentume gleichzuachten. Dasselbe gilt vom Thronlehn.

Der Lehnsbesitzer hat das nutzbare Eigentum der Sache. Er ist Miteigner der Proprietät, während dem Obereigentümer nur ein Miteigentum an der Proprietät, aber kein Anteil an dem zum Eigentume gehörenden Nutzungsrechte zukommt. Ueber die Proprietät der Sache selbst können nur der Ober- und nutzbare Eigentümer gemeinschaftlich, mithin keiner ohne Zuziehung und Bewilligung des Anderen gültig verfügen. Da aber diese Proprietät von geringerer Bedeutung ist, als das nutzbare Eigentum, so kommt das Recht des Lehnsbesitzers rechtlich und vor Allem auch wirtschaftlich viel mehr dem Eigentumsrechte gleich, als dem Nießbrauchrechte an einer fremden Sache, und es fällt hierbei nicht entscheidend in das Gewicht, daß der Lehnsbesitzer zu einer eigenmächtigen Veräußerung des Lehns nicht befugt, daß er ferner bei Belastung des Lehns und Vornahme von Veränderungen beschränkt ist, und daß den Agnaten und Mitbelehnten bestimmte Rechte zustehen.

2. Die zur Vergleichung geeigneten gleichartigen Grundstücke, für die normale Kaufpreise in neuerer oder neuester Zeit bezahlt worden sind, sind von Amtswegen zu ermitteln, weil auf diese Weise der Kaufwert des Grundstückes am Zuverlässigsten festgestellt werden kann. E.-O.-V. in St. Bd. V S. 63 ff., Bd. VI S. 50 ff., 298.

Die von Amtswegen ermittelten Grundstücke und Preise, sowie der daraus abgeleitete Vergleichungsmaßstab sind dem Pflichtigen, der auch Gelegenheit erhalten muß, seinerseits Vergleichungsobjekte zu bezeichnen, zur Prüfung und Aeußerung mitzuteilen, bevor der gemeine Wert des Grundstückes festgestellt wird. Sind derartige Grundstücke nicht zu ermitteln, so sind die hierauf gerichtet gewesenen Nachforschungen aktenkundig zu machen. Macht der Steuerpflichtige solche Grundstücke namhaft, so ist, falls sie ungeeignet befunden werden, ihm dies unter Angabe der Gründe zu eröffnen, damit er sich in seinem Interesse weiter zur Sache äußern kann.

Nur wenn Vergleichungsobjekte nicht vorhanden sind, darf die Berufungskommision auf den Schätzungsbogen zurückgreifen. Aber auch in diesem Falle muß dem Steuerpflichtigen mitgeteilt werden, für welche Art von Grundstücken nach Fläche und Grundsteuerreinertrag der Einheitssatz ermittelt worden ist, um ihm Gelegenheit zur Prüfung zu geben.

Nr. 2. Entsch. Bd. VII S. 192 (194) v. 10. XI. 98 E X b 9/97.

Erg.-St.-Ges. § 9.

Nach § 9 des Erg.-St.-Ges. ist der gemeine Wert, d. h. derjenige Wert, den ein Vermögensgegenstand für jeden Besitzer haben kann, zu Grunde zu legen. Danach muß auch der Wert der Leistungen, die ein Auszügler auf Grund des Ausgedingevertrages zu fordern berechtigt ist, lediglich nach objektiven Rücksichten bestimmt werden. Es kommt demnach bei der Ermittelung des Wertes eines Rechtes zur Benutzung eines landwirtschaftlichen Grundstückes nicht auf die Wirtschaftsführung und den davon abhängigen Ertrag des Auszüglers, sondern auf den Ertrag an, der bei gemeingewöhnlicher Bewirtschaftung dauernd von Jedermann erzielt werden kann. Ebenso unerheblich ist es, wozu der Steuerpflichtige das Viehfutter, das Brotgetreide und dergleichen verwendet; denn es ist eben der gemeine Wert, d. i. der Verkaufswert dieser Gegenstände, maßgebend.

Nr. 3. Entsch. Bd. VII S. 248 v. 15. IV. 98 E III 81/97.

Erg.-St.-Ges. § 9.

1. Der gemeine Wert eines Grundstückes wird durch den Kaufwert dargestellt und dieser richtet sich nach dem Preise, der voraussichtlich im Geschäftsverkehre unter gewöhnlichen Verhältnissen erzielt werden wird.

Durch mechanisches Zusammenrechnen des Bodenwertes und des Gebäudewertes wird er nicht gefunden. Vgl. E.-O.-V. in St. Bd. VI S. 4.

2. Aus einer bloßen Preisforderung kann der Verkaufswert nicht erkannt werden.

3. Der Ertrag eines Grundstückes kommt nur insoweit in Betracht, als er — was aus bestimmten Umständen festgestellt werden muß — bereits auf die Preisbildung eingewirkt hat.

4. Ist der Wert des Grundstückes als Bauplatz entscheidend, so können die aufstehenden Gebäude lediglich mit dem Abbruchswerte berücksichtigt werden. Vgl. E.-O.-V. in St. Bd. VI S. 29.

Nr. 4. Entsch. Bd. VII S. 250 v. 21. IV. 98 E XIII b 1/98.

Erg.-St.-Ges. § 9.

Der gemeine Wert eines Grundstückes wird grundsätzlich durch den Verkaufswert, d. h. denjenigen Wert gebildet, den es nach den durch den lokalen Immobiliarverkehr in gleichartigen Grundstücken gegebenen Erfahrungen für jeden Besitzer hat. Weiter kommt in Betracht, daß nach dem bestehenden Rechte die Schätzung des gemeinen Wertes eines Grundstückes dessen sämmtliche Teile zu umfassen und einheitlich für den ganzen Inbegriff zu erfolgen hat. Es ist deshalb auch regelmäßig unzulässig, den Wert eines Hausgrundstückes in der Weise festzustellen, daß der Grund und Boden und das aufstehende Gebäude je für sich bewertet werden und die Summe der so gefundenen Einzelwerte als Gesammtwert des Grundstückes angenommen wird.

Nr. 5. Entsch. Bd. VII S. 264 v. 27. V. 98 E IV a 7/98.
Entsch. Bd. VII S. 266 i. d. Anm. v. 14. X. 98 E III 103/97.

Erg.-St.-Ges. § 9; Ausf.-Anw. Art. 5.

Kann der gemeine Wert des Gutes als einer wirtschaftlichen Einheit, d. i. der Kaufwert, den es beim Beginne des Steuerjahres hatte, aus Kaufpreisen, die in neuerer und neuester Zeit für gleichartige Güter unter gemeingewöhnlichen Verhältnissen wirklich gezahlt worden sind, nicht abgeleitet werden, so steht grundsätzlich nichts entgegen, diesen Wert aus den in neuerer und neuester Zeit unter gemeingewöhnlichen Verhältnissen erzielten Kaufpreisen für Parzellen abzuleiten, die mit Bestandteilen des Gutes gleichartig sind. Diese zur Vergleichung herangezogenen Verkaufsfälle sind jedoch dem Steuerpflichtigen mitzuteilen; es ist ersichtlich zu machen, welche Verkaufsfälle der Bewertung der einzelnen Bestandteile des Gutes zu Grunde gelegt worden sind, und wie der Wert, sei es für einen Quadratmeter der Fläche, sei es für eine Mark des Grundsteuerreinertrages, aus dem Kaufpreise der zum Vergleiche herangezogenen Parzelle abgeleitet worden ist.

Es würde jedoch unzulässig sein, aus den so für die einzelnen Bestandteile des Gutes gefundenen Werten den Wert des gesammten Grundbesitzes als einer wirtschaftlichen Einheit in der Art zu ermitteln, daß die einzelnen Werte mechanisch zusammengezählt werden, und daß ihre Summe als der gemeine Wert des Gutes erachtet wird. Denn erfahrungsmäßig ist die Preisbildung für einzelne zum Verkaufe kommende Parzellen im gemeinen Verkehre eine andere und führt zu verhältnismäßig höheren Ergebnissen, als der Verkauf eines ganzen Gutes. Um wie viel jedoch der Wert des ganzen Gutes geringer ist, als die Summe der für die Bestandteile ermittelten Werte, unterliegt der sachverständigen Beurteilung.

Die Einzelwerte sind ebenso, wie die Anlage- und Betriebskapitale der gewerblichen Nebenbetriebe — nach Feststellung deren einzelner Bestandteile — nur als Rechnungsfaktoren für die im Ganzen vorzunehmende Schätzung der wirtschaftlichen Einheit zu benutzen.

Nr. 6. Entsch. Bd. VII S. 271 v. 10. VI. 98 E III 92/97.

Erg.-St.-Ges. § 9; techn. Anl. v. 26. XII. 93 Art. 8.

1. Den Ankaufspreis darf die Berufungskommission der Bewertung eines Grundstückes nur zu Grunde legen, nachdem mit dem Steuerpflichtigen darüber, ob der Kauf unter normalen Verhältnissen zu Stande gekommen ist, sowie darüber, ob seit dem Kaufe die Grundstückswerte überhaupt auf Grund allgemeiner Erfahrungen, oder der Wert dieses Grundstückes infolge von Verbesserungen oder Verschlechterungen sich verändert habe, verhandelt ist. Die Unterlassung dieser Erörterung mit dem Steuerpflichtigen ist ein wesentlicher Mangel des Verfahrens.

Der Ankauf eines devastierten Grundstückes bei Anrechnung der letztstelligen Hypothek des Käufers auf den Kaufpreis, um letztere ganz oder teilweise zu retten, ist nicht unter normalen Verhältnissen geschehen.

Kann von den Kaufpreisen nicht ausgegangen werden, so hat die Berufungskommission von Amtswegen die zur Vergleichung geeigneten gleichartigen Grundstücke, für die normale Kaufpreise in neuerer oder neuester Zeit bezahlt worden sind, zu ermitteln.

2. Dieselben Grundsätze gelten, wenn bei der Wertfestsetzung von einem im Laufe des Steuerjahres erzielten Verkaufspreise für das Grundstück ausgegangen wird.

3. Der nominelle Verkaufspreis mindert sich um den Wert der vom Verkäufer dem Käufer gegenüber übernommenen Lasten.

4. Provisionen und Vertragskosten dürfen als den Wert vermehrend nicht in Anrechnung gebracht werden.

Nr. 7. Entsch. Bd. VII S. 274 v. 10. VI. 98 E I a 34/97.

Erg.-St.-Ges. § 9; Ausf.-Anw. Art. 5.

1. Nach § 9 des Erg.-St.-Ges. ist der gemeine Wert eines Grundstückes zur Zeit der Veranlagung bezw. des Beginnes des Steuerjahres bei der Schätzung des steuerbaren Vermögens zu Grunde zu legen. Der gemeine Wert ist der Kaufwert, der in dem Preise zum Ausdrucke gebracht wird, der bei einem Verkaufe unter gemeingewöhnlichen Verhältnissen erzielt werden würde.

2. Wird vom Kaufpreise ausgegangen, so ist noch das seit dem Kaufe auf Grund allgemeiner Erfahrungen etwa eingetretene Steigen oder Fallen der Grundstückswerte, sowie eine etwaige aus sonstigen Umständen zu entnehmende Erhöhung oder Verminderung des Wertes des zu schätzenden Grundstückes zu berücksichtigen. Der Betrag, um den das Grundstück höher oder niedriger bewertet wird, bedarf jedoch der Begründung. Zu diesem Zwecke sind die Umstände, aus denen eine Erhöhung oder Verminderung des Wertes abgeleitet wird, in Verhandlung mit dem Pflichtigen festzustellen und ersichtlich zu machen. Wird aus allgemeinen Umständen eine Wertssteigerung oder Wertsverminderung angenommen, so ist eine solche nach den für gleichartige Grundstücke bezahlten Kaufpreisen zu bemessen.

3. Wird beim Ankaufe eines Grundstückes ein Altenteil übernommen, so kann das Kaufgeschäft in der Regel nicht als Grundlage für die Ermittelung des gemeinen Wertes dienen. Die Kapitalisierung nach § 13 des Erg.-St.-Ges. ist nicht anwendbar, wo es sich um die Feststellung handelt, wie hoch die bei dem Abschlusse des Ueberlassungsvertrages seitens des Erwerbers neben der Baarzahlung übernommene Verpflichtung war, da es hierbei wesentlich auf die persönlichen Verhältnisse, insbesondere auf die Gesundheit des Altenteilsberechtigten ankommt.

4. Kann von dem Kaufpreise nicht ausgegangen werden, so hat die Berufungskommission von Amtswegen die zur Vergleichung geeigneten gleichartigen Grundstücke, für die unter normalen Verhältnissen in neuerer Zeit Kaufpreise bezahlt sind, zu ermitteln. Diese sind dem Steuerpflichtigen, der auch Gelegenheit erhalten muß, seinerseits Vergleichungsobjekte zu bezeichnen, zur Prüfung und Aeußerung mitzuteilen. Nur wenn es an solchen Vergleichungsobjekten fehlt, darf die Bewertung nach den Einheitssätzen der Techn. Anl. v. 26. XII. 93 erfolgen. Alsdann aber muß auch hier dem Steuerpflichtigen vorher mitgeteilt werden, für welche Art von Grundstücken nach Fläche und Grundsteuerreinertrag der Einheitssatz ermittelt ist.

Der von dem so festgestellten Werte abzuziehende Kapitalwert eines Anteiles ist nach § 13 des Erg.-St.-Ges., nachdem der Jahreswert von der Berufungskommission auf Grund des einzusehenden Vertrages in selbständiger Prüfung festgestellt worden ist, zu berechnen.

Nr. 8. Entsch. Bd. VII S. 277 v. 23. VI. 98 E VII c 82/97.

Erg.-St.-Ges. § 8.

Fideikommißschulden belasten das Fideikommiß als solches und zwar nach Preußischem Rechte die Substanz des Fideikommisses, sofern sie von dem Stifter, die Einkünfte des Fideikommisses, sofern sie von einem Fideikommißfolger herrühren (§§ 104, 105, 110, 80 ff. des A.-L.-R's. Teil II Tit. 4), während nach Oesterreichischem Rechte der Fideikommißgläubiger die Bezahlung einer auf dem Fideikommisse haftenden Schuld nicht aus dem Stammgute, sondern stets nur aus dessen Einkünften verlangen kann, wogegen der Fideikommißinhaber befugt ist, auch seinerseits das Fideikommißgut, und zwar bis zu einem Drittel, zu verschulden, oder, wenn es in Kapitalien besteht, ein Drittel davon zu erheben (§§ 642, 635 des Allgemeinen Bürgerlichen Gesetzbuches für Oesterreich). Wenn der Fideikommißinhaber das unbewegliche Fideikommißgut in Kapital verwandelt (§ 633 a. a. O.), so wird das letztere als ein Fideikommißkapital angelegt (§ 634 a. a. O.).

Haften Fideikommißschulden als nichtintabulierte Schulden und kapitalisierte Lasten auf den, aus den Grundstücken und den Fideikommißkapitalien bestehenden, in Preußen und Oesterreich bestehenden Gesammmtfideikommissen, so haften sie ebensowohl auf den zum Fideikommisse gehörigen, aber bei der Veranlagung der Preußischen Ergänzungssteuer außer Betracht zu lassenden Grundstücken, als auf den zur Ergänzungssteuer herangezogenen Fideikommißkapitalien. Der in Preußen steuerpflichtige Nutznießer kann sich daher die Schulden, die anteilig auf den außer Betracht zu lassenden Grundstücken haften, von seinem Aktivvermögen nicht in Abzug bringen.

Nr. 9. Entsch. Bd. VII S. 309 v. 20. X. 98 E XII a 53/97.
Entsch. Bd. VII S. 310 v. 28. X. 98 E IV a 31/98.
Entsch. Bd. VII S. 311 i. d. Anm. v. 13. XII. 98 E VIII b 22/98.

Erg.-St.-Ges. § 9.

1. Für die Bestimmung des gemeinen Wertes ist die augenblickliche Benutzung des Grundstückes, z. B. durch Verpachtung, als Hausgarten, nicht ausschlaggebend. Vgl. E.-O.-V. Bd. V S. 341. Erfahrungsgemäß wird häufig einer zukünftigen einträglicheren Benutzung bereits Rechnung getragen, indem die Spekulation und Konjunktur diese zukünftigen Vorteile vorweg verwertet. Insoweit im Grundstücksverkehre die künftige einträglichere Benutzung bereits gegenwärtig die Preisbildung in steigender Richtung beeinflußt, erhöht sie demzufolge gegenwärtig auch bereits den gemeinen Wert des Grundstückes, und es muß deshalb bei der Feststellung des letzteren dieser Umstand auch gegenwärtig insoweit bereits berücksichtigt werden. Aus § 9 des Erg.-St.-Ges. ergiebt sich in dieser Richtung nur die Beschränkung, daß hierbei nur die bereits eingetretene Wertsteigerung der Besitzung im Ganzen, als eines einheitlichen Teiles des steuerbaren Vermögens, und nicht etwa auch der Preis in Betracht gezogen werden darf, der z. B. bei der Zerlegung eines Landguts in einzelne kleinere Teile erzielt werden könnte. Kann der Erwerbspreis eines Grundstückes nicht benutzt werden, so wird der gemeine Wert am Zuverlässigsten aus den für gleichartige Grundstücke unter normalen Verhältnissen gezahlten Preisen ermittelt. Der augenblickliche Ertrag, insbesondere von Grundstücken, die in der Nähe einer Großstadt belegen sind, ist von zufälligen und in überwiegendem Grade von subjektiven Umständen abhängig, so daß diese für die Bemessung des rein objektiven, gemeingewöhnliche Verhältnisse und Gleichartigkeit für jeden voraussetzenden gemeinen Wertes keine geeignete Grundlage bilden.

2. Soll ausnahmsweise aus einer besonders vorteilhaften Vermietung ꝛc. ein Einfluß auf die Preisbildung gefolgert werden, so darf dies nicht ohne sichere Unterlagen geschehen.

Nr. 10. Entsch. Bd. VII S. 313 v. 21. X. 98 E III 18/98.

Erg.-St.-Ges. § 9.

Die Behauptung, daß Kaufpreise keine Kassapreise seien, ist für Feststellung des gemeinen Wertes nicht ohne Bedeutung. Es ist nicht zu verkennen, daß unter Umständen gegen baar billiger verkauft wird, als beim Verkauf auf Kredit. Wesentlich wird dabei in Betracht kommen, ob der rückständige Kaufpreis sicher ist, bezw. sichergestellt wird oder nicht. Wenn der Kaufpreis ganz sicher steht und dem Verkäufer daran liegt, das Kapital zinsbar unterzubringen, so kann es ihm angenehm sein, daß der Preis stehen bleibt. Wenn aber weder das Eine noch das Andere der Fall ist, so wird der Verkäufer nach der Erfahrung geneigt sein, gegen bar billiger zu verkaufen.

Nr. 11. Entsch. Bd. VII S. 385 v. 19. I. 99 E VIII a 14/98.
Entsch. Bd. VII S. 386 v. 19. I. 99 E XI b 13/98.

Nicht gemeingewöhnliche Lasten eines Grundstückes, z. B. Renten an die Kirche, Domänenrenten, Deichbaurenten, Patronats- und Sozietätslasten, sind bei der Bewertung des Grundstückes mit ihrem Kapitalwerte von dem unter Außerachtlassung ihres Vorhandenseins sich ergebenden Verkaufswerte ziffermäßig in Abzug zu bringen. Denn in demselben Umfange wird regelmäßig die Preisbildung durch die Belastung im Grundstücksverkehre beeinflußt. Nur wenn gewisse Lasten allen gleichartigen Besitzungen und zwar in wesentlich gleicher Höhe anhaften, bedarf es des Abzuges nicht, weil alsdann die im Grundstücksverkehre für gleichartige Güter gezahlten und demnächst zur Vergleichung herangezogenen Kaufpreise schon den durch die Belastung verursachten Minderwert des Gutes ausdrücken.

Nr. 12. Entsch. Bd. VII S. 243 v. 1. IV. 98 E III 78/97.

Erg.-St.-Ges. §§ 7a, 9, 12; Ausf.-Anw. Art. 15 I, III.

1. Für die Bewertung von Kuxen ist der Verkaufswert maßgebend. Behufs dieser Ermittelung ist nach Kaufpreisen zu forschen, die in neuester oder neuerer Zeit für die Kuxe unter normalen Verhältnissen bezahlt worden sind. Erst wenn dieses Hilfsmittel versagt, ist der bei gemeingewöhnlichem Betriebe der Grube dauernd zu erzielende Ertrag bei der Veranschlagung des Verkaufswertes in Betracht zu ziehen.

2. Aus dem Begriffe des gemeinen Wertes als desjenigen, den eine Sache nach ihrer objektiven Beschaffenheit für jeden Besitzer hat, folgt, daß die Behinderung des Eigentümers, das Objekt zu verkaufen, einerlei, ob sie auf thatsächlichen oder auf rechtlichen Gründen beruht, bei der Bewertung nicht in Betracht kommt. Durch ein testamentarisches Veräußerungsverbot wird die Bewertung auf Grund des Ertrages nicht gerechtfertigt.

Nr. 13. Entsch. Bd. VII S. 246 v. 22. IX. 98 E VIII a 19/97.

Erg.-St.-Ges. §§ 7a, 9, 12; Ausf.-Anw. Art. 15 I, III.

1. Bei der Bewertung der Kuxe ist nicht nach dem dafür maßgebenden Verkaufswerte von den sich aus den letzten drei, zeitlich etwa vier Jahre auseinander liegenden Verkäufen ergebenden durchschnittlichen, sondern

von den unter gemeingewöhnlichen Verhältnissen in neuester Zeit gezahlten Kaufpreisen auszugehen. Denn wenn auch der Verkaufswert ein Durchschnittswert ist, so können doch bei Gegenständen, deren Wert überhaupt oder zeitweise stärkeren Schwankungen zu unterliegen pflegt — was bei Kuxen in neuerer Zeit jedenfalls zutrifft — nicht die zeitlich weiter zurückliegenden Kaufgeschäfte in Betracht kommen, da sich hiermit wohl ein Durchschnittswert für längere Zeiträume, nicht aber der allein maßgebende gegenwärtige Wert ergeben würde.

2. Der gemeine Wert einer Sache kann dadurch, daß von einem auf Grund des Ertrages und von dem auf Grund von Kaufpreisen ähnlicher Gegenstände ermittelten Werte das Mittel gezogen wird, nicht gefunden werden.

Nr. 14. Entsch. Bd. VII S. 257 v. 26. IV. 98 E IV b 53/97.

Erg.-St.-Ges. § 10.

1. In § 10 des Erg.-St.-Ges. wird nur allgemein das Vorhandensein eines Gewerbebetriebes, nicht ein kaufmännischer Betrieb vorausgesetzt.

2. Baares Geld, das aus einer Pränumerandozahlung herrührt, ist nicht als Vermögen anzurechnen. Denn solches Geld bildet keine Ersparnis aus dem Vorjahre. Wohl aber gehört es zum Aktivvermögen.

Nr. 15. Entsch. Bd. VII S. 269 v. 10. VI. 98 E V c 9/98.

Erg.-St.-Ges. § 12 Abs. 2; Ausf.-Anw. Art. 15 III.

1. Aktien einer Zuckerfabrik, die in Deutschland keinen Börsenkurs haben, sind nach ihrem Verkaufswerte bei Beginn der Veranlagungsperiode in Ansatz zu bringen.

2. Behufs Ermittelung von thatsächlich gezahlten Kaufpreisen ist erforderlichen Falles die eidliche Vernehmung von Auskunftspersonen zu veranlassen.

Nr. 16. Entsch. Bd. VII S. 353 v. 24. XI. 98 E VII b 1/98.

Erg.-St.-Ges. §§ 5³, 7 a, 12 Abs. 3.

Die Geschäftsanteile und die Geschäftsguthaben von eingetragenen Genossenschaften sind, ebenso wie die Aktien, lediglich Kapitalvermögen des Steuerpflichtigen, falls nicht der Ausnahmefall der Zugehörigkeit zu dem Anlage- und Betriebskapitale eines Betriebes des Steuerpflichtigen selbst vorliegt. Ihre Bewertung erfolgt daher gemäß den §§ 7 und 12 Abs. 3 des Erg.-St.-Ges. regelmäßig mit demjenigen Werte, den sie nach dem letzten Geschäftsabschlusse der Genossenschaft haben.

Die Auffassung der Ausf.-Anw. v. 3. IV. 94, daß daneben noch § 5³ auf die Bewertung Anwendung zu finden habe (Art. 6 I³) und der Versuch, die dadurch eintretende Doppelbesteuerung durch Satz 2 der Anm. 15 zu Art. 13 zu beseitigen, gehen fehl. Vgl. E.-O.-V. in St. Bd. VI S. 85.

Die Vorschrift in § 5 Nr. 3 bezieht sich nur auf diejenigen Fälle, in denen der Steuerpflichtige selbst durch die betreffende Erwerbsgesellschaft Handel und Gewerbe treibt. Es kann demnach in keinem Falle die Hinzurechnung eines Anteiles an dem Anlage- und Betriebskapitale einer Erwerbsgesellschaft zum steuerbaren Vermögen eines Steuerpflichtigen erfolgen, wenn er nicht selbst als derjenige anzusehen ist, der das Gewerbe der Gesellschaft betreibt.

Die Geschäftsanteile und Geschäftsguthaben bei eingetragenen Genossenschaften fallen hiernach überhaupt nicht unter die Vorschrift des § 5 Nr. 3.

Nr. 17. Entsch. Bd. VII S. 200 v. 26. XI. 98 E IV b 84/97.

Erg.-St.-Ges. §§ 5⁴, 15; Ausf.-Anw. Art. 16; Eink.-St.-Ges. § 11.

1. In allen Fällen, in denen das Vermögen von Haushaltungsangehörigen kein selbständiges Einkommen der Letzteren gewährt, wird dies Vermögen dem steuerbaren Vermögen des Haushaltungsvorstandes hinzugerechnet. Vgl. E.-O.-V. in St. Bd. VI. S. 249. Mit Rücksicht auf den Wortlaut des § 5 Nr. 4 des Erg.-St.-Ges. könnte allerdings die Frage aufgeworfen werden, ob diese Vorschrift nur denjenigen Fall treffen will, daß der Haushaltungsangehörige thatsächlich Einkommen bezieht und solches dem Vorstande bei der Einkommensbesteuerung anzurechnen ist, so daß bei der Bejahung dieser Frage der Angehörige selbständig zur Ergänzungssteuer immer dann zu veranlagen wäre, wenn er zwar Vermögen, aber kein Einkommen von solchem hat. Die Frage muß jedoch verneint werden, indem die Vorschrift sich auch auf denjenigen Fall bezieht, daß etwaiges Einkommen des Angehörigen dem Vorstande behufs der Einkommensteuerveranlagung hinzuzurechnen sein würde; die Vorschrift ist überhaupt in einem eingeschränkten Sinne nicht zu verstehen. Denn nach den Motiven zu ihr soll in allen Fällen die Frage, ob die Haushaltungsangehörigen zur Ergänzungssteuer besonders zu veranlagen sind, dem praktischen Bedürfnisse entsprechend in gleichem Sinne, wie für die Einkommensteuer, entschieden werden. Hiernach sind also Haushaltungsangehörige nur dann zur Ergänzungssteuer selbständig zu veranlagen, falls ihre Heranziehung zur Einkommensteuer stattzufinden hat. Da diese Heranziehung lediglich unter der Voraussetzung erfolgt, daß die Angehörigen ein der Verfügung des Vorstandes nicht unterliegendes Einkommen beziehen, so folgt daraus, daß sie auch zur Ergänzungssteuer dann nicht selbständig heranzuziehen sind, wenn sie zwar Vermögen haben, aber kein Einkommen daraus beziehen können, daß vielmehr dann eine Zurechnung zu dem Vermögen des Vorstandes zu geschehen hat.

2. Das Verfügungsrecht über eine Lebens-, Kapital-, Rentenversicherungs-Police, auf Grund dessen die Anrechnung des noch nicht fälligen Anspruches aus der Versicherung stattfindet, besteht nicht in dem thatsächlichen Besitze der Urkunde, sondern in der rechtlichen Befugnis, hinsichtlich des durch die Police beurkundeten Anspruches rechtswirksam verfügen zu können.

3. Die Teilrenten, die auf unvollständige Renten-Einlagen bei der Preußischen Rentenversicherungsanstalt gutgeschrieben werden, bilden ebensowenig ein Einkommen, wie die Dividenden, die auf eine Kapitalversicherung für den Lebensfall unter gewissen Umständen gewährt werden.

Nr. 18. Entsch. Bd. VII S. 260 (262) v. 27. V. 98 E IV a 26/97.

Erg.-St.-Ges. § 5¹.

1. Die Hinzurechnung des Vermögens des Kindes zum steuerbaren Vermögen des Vaters setzt voraus, daß das Kind der väterlichen Haushaltung angehört.

2. Die Angehörigkeit des Kindes zur Haushaltung des Vaters wird bedingt durch die wirtschaftliche Unterhaltsgemeinschaft. Daher ist sie nicht vorhanden, wenn das Kind sich im Wesentlichen selbständig unterhält.

3. Schulden des Vaters an Kinder seiner Haushaltung sind bei der Zurechnung des Vermögens der Kinder abzurechnen, falls nicht etwa bereits ein entsprechender Abzug beim Vermögen des Vaters stattgefunden hat.

Nr. 19. Entsch. Bd. VII S. 282 v. 22. IX. 98 E VII c 88/97.

Erg.-St.-Ges. §§ 4, 5[1–4].

1. Der Umstand, daß der Steuerpflichtige kein eigenes Vermögen besitzt, steht, falls ihm das Kindervermögen zuzurechnen ist, dem Abzuge der eigenen Schulden nicht entgegen. Denn das Erg.-St.-Ges. rechnet zu dem steuerbaren Aktivvermögen nicht bloß das zunächst in § 4 behandelte eigentümliche Vermögen des Steuerpflichtigen, sondern auch die in § 5 Nr. 1 bis 4 aufgeführten Vermögensbestandteile, die dem Steuerpflichtigen entweder überhaupt nicht oder wenigstens nicht allein gehören. Denn auch diese werden behufs der Veranlagung „hinzugerechnet", d. h. zusammen mit den im Alleineigentume des Steuerpflichtigen befindlichen Vermögensteilen als das in dessen Person der Heranziehung zur Ergänzungssteuer unterliegende Aktivvermögen angesehen.

Nach § 8 Abs. 1 sind von dem Aktivvermögen — d. h. also von dem Gesammtwerte der in der Person eines Steuerpflichtigen vereinigten, sowohl nach § 4, wie nach § 5 der Ergänzungssteuer unterliegenden Vermögensteile — die Kapitalschulden (mit Ausschluß der Haushaltungsschulden) und die sonstigen unter Nr. 2 näher bezeichneten Verbindlichkeiten in Abzug zu bringen, ohne daß hierbei irgendwie unterschieden wird zwischen den Verbindlichkeiten, die auf den im Alleineigentume des Steuerpflichtigen befindlichen Vermögensteilen, und denen, die auf den ihm nach § 5 zuzurechnenden Werten haften. Von dem Abzuge ausgeschlossen werden nach dem letzten Satze dieses Absatzes die unter Nr. 1 und 2 aufgeführten Schulden und sonstigen Verbindlichkeiten vielmehr nur insoweit, als sie auf Vermögensteilen haften, die bei der Veranlagung nach § 4 II außer Betracht zu lassen sind, nämlich auf außerhalb Preußens belegenen Grundstücken oder auf einem dem Betriebe der Land- oder Forstwirtschaft, des Bergbaues oder eines stehenden Gewerbes außerhalb Preußens dienenden Anlage- und Betriebskapitale.

Die Bestimmung des § 8 Abs. 2 bezieht sich ihrem Inhalte nach ausschließlich auf die beschränkte Steuerpflicht nach Maßgabe des § 2 II. Sie ist also auch im Wege der Analogie nicht anwendbar auf den Fall, wo es sich um die unbeschränkte Steuerpflicht gemäß § 2 I handelt. Die Frage der Abzugsfähigkeit der Schulden rc. der letzteren Art ist vielmehr lediglich nach den Vorschriften in Abs. 1 des § 8 zu entscheiden.

2. Bei der Bewertung von Schulden kommt die Vermögenslosigkeit oder Zahlungsunfähigkeit des Schuldners nicht in Betracht.

3. Veranlagungsverfahren.[1])

Nr. 1. Entsch. Bd. VII S. 164 (168) v. 22. IX. 98 E XIII a 138/96.

Erg.-St.-Ges. §§ 5[4], 19, 38—40.

1. Mit der Verheiratung einer bis dahin selbständig veranlagten weiblichen Person erlöschen die Voraussetzungen, an die ihre

[1]) Vgl. E.-O.-V. Bd. VI S. 122 v. 10. VI. 98, S. 243 v. 1. IV. 98, S. 246 v. 22. IX. 98, S. 257 v. 26. IV. 98, S. 264 v. 27. V. 98, S. 266 v. 14. X. 98, S. 269 v. 10. VI. 98, S. 271 v. 10. VI. 98, S. 274 v. 10. VI. 98, S. 198 v. 1. X. 98, S. 248 v. 15. IV. 98, S. 250 v. 21. IV. 98, S. 309—312 v. 20. X. 98, 28. X. 98, 13. XII. 98, 23. IX. 98, S. 313 v. 21. X. 98.

Steuerpflicht hinsichtlich der Einkommensteuer und der Ergänzungssteuer geknüpft ist, so daß der Fall der Abgangstellung beider Steuern der Ehefrau vorliegt. Während aber eine anderweite Veranlagung des Ehemannes, in dessen Haushalt die Frau eintritt, wegen der Vermehrung seines Einkommens ausgeschlossen ist, ist er bezüglich des Vermögens der Ehefrau als Erwerber durch Verheiratung anzusehen und entsprechend der eingetretenen Vermehrung des ihm anzurechnenden steuerbaren Vermögens anderweit zur Ergänzungssteuer zu veranlagen, ohne Rücksicht darauf, ob ihm nach dem ehelichen Güterrechte ein Anteil an dem eingebrachten Vermögen der Frau und der Nutznießung zusteht oder nicht. Denn wenn auch nach § 38 des Erg.-St.-Ges. „der Erwerber entsprechend der Vermehrung seines Vermögens“ anderweit veranlagt werden soll, so ist doch hier unter „Vermögen“ zweifellos das gesammte Vermögen verstanden, das in der Hand der Person eines Steuerpflichtigen zur Ergänzungssteuer herangezogen wird, bei dem Haushaltungsvorstande also das eigene und das ihm zuzurechnende Vermögen der Haushaltungsmitglieder.

2. Der für die Auslegung des § 57 des Eink.-St.-Ges. anerkannte Rechtsgrundsatz, daß die Anfechtung des bei der ursprünglichen Veranlagung festgestellten Einkommens innerhalb der nicht mehr anfechtbaren Steuerstufe dem Steuerpflichtigen gestattet ist, so daß er die Berufung gegen die anderweite Veranlagung zwar nicht gegen den ursprünglich festgestellten Steuersatz, wohl aber gegen dessen Erhöhung richten und insoweit die Voraussetzungen der ursprünglichen Steuerfestsetzung angreifen kann (vgl. E.-O.-V. in St. Bd. V S. 307 ff.), gilt in analoger Weise auch für den § 38 des Erg.-St.-Ges. Da die Steuerpflichtigen in der Steuerzuschrift über den zahlenmäßigen Betrag des bei der Veranlagung angenommenen Einkommens und Vermögens keine Mitteilung erhalten, so kann in dem Verzichte auf Einlegung der Berufung gegen die ordentliche Veranlagung höchstens die Anerkennung des Mindestbetrages von Einkommen und Vermögen derjenigen Steuerstufen gefunden werden, die den veranlagten Steuersätzen entsprechen. Denn ein Steuerpflichtiger würde, selbst wenn er durch irgendwelche Verhandlungen oder Mitteilungen über den zahlenmäßigen Betrag unterrichtet wäre, bei Anerkennung der Richtigkeit des Steuersatzes doch die Höhe des bei der Veranlagung angenommenen Einkommens und Vermögens nicht anfechten können, da nach feststehenden Rechtsgrundsätzen die Rechtsmittel sich nicht ausschließlich gegen die Begründung einer materiell richtigen Steuerfestsetzung richten dürfen. Dem Steuerpflichtigen muß also bei anderweiter Veranlagung auf Grund des § 57 des Eink.-St.-Ges. und des § 38 des Erg.-St.-Ges., um das ihm auch hier gegebene Rechtsmittel der Berufung begründen zu können, gestattet sein, auch die Höhe des bei der ursprünglichen Veranlagung angenommenen Einkommens und Vermögens wenigstens hinsichtlich des über die unterste Grenze der dem festgesetzten Steuersatze entsprechenden Steuerstufe hinausgehenden Betrages anzufechten.

3. Die Vorschrift in § 19 Abs. 1 des Erg.-St.-Ges. ist auch bei einer anderweiten Veranlagung gemäß § 38 a. a. O. in Anwendung zu bringen.

Nr. 2. Entsch. Bd. VII S. 176 v. 6. X. 98 E XIII d 14/96.

Erg.-St.-Ges. §§ 1, 2, 17; Ausf.-Anw. Art. 19 III.

1. Der § 17 des Erg.-St.-Ges. enthält unter Nr. 1 die grundlegende Bestimmung, daß zur Ergänzungssteuer nicht herangezogen werden:

„diejenigen Personen, deren steuerbares Vermögen den Gesammtwert von 6000 Mk. nicht übersteigt."

Es kann keinem Zweifel unterliegen, daß hierbei nur das in Preußen steuerbare Vermögen in Betracht kommt und daß demgemäß § 17 auf die im § 2 unter I und II daselbst bezeichneten Personen unterschiedslos Anwendung findet. Denn einerseits wird von der Ergänzungsbesteuerung überhaupt nur das in Preußen steuerbare Vermögen betroffen, andererseits ist für steuerbares Vermögen von höchstens 6000 Mk. gar kein Steuersatz gegeben. Danach werden die mit Rücksicht auf Staatsangehörigkeit, Wohnsitz oder Aufenthalt ergänzungssteuerpflichtigen Personen (§ 2 I) zur Ergänzungssteuer nicht herangezogen, wenn ihr in Preußen steuerbares Vermögen den Gesammtwert von 6000 Mk. nicht übersteigt, mögen sie außerhalb Preußens noch so erhebliches Grundvermögen oder gewerbliches Anlage- und Betriebskapital besitzen. Ebenso bleiben die nur nach dem Werte ihres Preußischen Grundbesitzes und ihres Preußischen Anlage- und Betriebskapitales ergänzungssteuerpflichtigen Personen (§ 2 II), wenn dieser Wert höchstens 6000 Mk. beträgt, von der Ergänzungssteuer frei, ohne daß es auf den Umfang ihres etwaigen sonstigen Vermögens irgendwie ankommt.

2. Nach § 17² werden zur Ergänzungssteuer nicht herangezogen: „diejenigen Personen, deren nach Maßgabe des Einkommensteuergesetzes zu berechnendes Jahreseinkommen den Betrag von 900 Mk. nicht übersteigt, insofern der Gesammtwert ihres steuerbaren Vermögens nicht mehr als 20 000 Mk. beträgt".

Nach dem bereits Angeführten sprechen sowohl die Ueberschrift des § 17, als auch die vorhergehenden Bestimmungen des § 17 Nr. 1 von vornherein gegen die Annahme, daß nach § 17 Nr. 2 eine unterschiedliche Behandlung der im § 2 unter I und II bezeichneten beiden Kategorien der Ergänzungssteuerpflichtigen erfolgen solle. Dies wird durch den Wortlaut des § 17 Nr. 2 bestätigt. Hiernach ist die Steuerfreiheit an die beiden Voraussetzungen geknüpft, daß das Jahreseinkommen den Betrag von 900 Mk., der Gesammtwert des steuerbaren Vermögens den Betrag von 20 000 Mk. nicht übersteigt. Der Ausdruck „Gesammtwert" des „steuerbaren Vermögens" stimmt mit dem unter Nr. 1 des § 17 gebrachten wörtlich überein. Demgemäß handelt es sich in Nr. 2 gleichwie in Nr. 1 des § 17 ausschließlich um das in Preußen nach Maßgabe des Erg.-St.-Ges. steuerbare Vermögen. Wenn hiernach noch ein Zweifel darüber bestehen könnte, daß auch unter dem Ausdrucke „Jahreseinkommen" im § 17 Nr. 2 a. a. O. (übereinstimmend mit dem Vermögen) nur das in Preußen steuerpflichtige Jahreseinkommen zu verstehen sei, so wird jedes Bedenken dadurch beseitigt, daß das Jahreseinkommen in der Gesetzesbestimmung selbst ausdrücklich als das „nach Maßgabe des Einkommensteuergesetzes zu berechnende Jahreseinkommen" bezeichnet wird. Denn nach Maßgabe des Preußischen Einkommensteuergesetzes berechnet wird lediglich solches Einkommen, das der Preußischen Einkommensbesteuerung unterliegt. Einkommen, welches von der Besteuerung in Preußen ausgeschlossen ist (§ 6 des Eink.-St.-Ges.), bleibt bei der nach Maßgabe des Eink.-St.-Ges. vorzunehmenden Berechnung des Jahreseinkommens außer Betracht. Daß in § 17 Nr. 2 a. a. O. von dem nach Maßgabe des Einkommensteuergesetzes zu berechnenden und nicht etwa von dem nach Maßgabe des Eink.-St.-Ges. steuerpflichtigen oder besteuerten Einkommen die Rede ist, hat seinen naheliegenden Grund darin, daß nicht die Besteuerung, sondern der Betrag des Einkommens maßgebend sein, namentlich also eine auf Grund des § 19 des Eink.-St.-Ges. gewährte Steuerermäßigung außer Betracht bleiben soll.

Wenn hiernach unter der Bezeichnung „Jahreseinkommen" im § 17 Nr. 2 des Erg.-St.-Ges. das an sich in Preußen steuerpflichtige — wenngleich thatsächlich in Anwendung des § 19 des Einkommensteuergesetzes vielleicht mit einem ermäßigten Steuersatze oder gar nicht besteuerte — Jahreseinkommen zu verstehen ist, so folgt daraus ohne weiteres, daß die Bestimmung des § 17 Nr. 2 auf die im § 2 daselbst unter Nr. I und Nr. II bezeichneten beiden Kategorien der ergänzungssteuerpflichtigen Personen unterschiedslos angewendet werden muß.

3. Die entgegenstehende Bestimmung in Ausf.-Anw. Art. 19 III ist gesetzlich nicht verbindlich und ohne gesetzlichen Anhalt.

Nr. 3. Entsch. Bd. VII S. 255 v. 26. IV. 98 E IV b 56/97.

Erg.-St.-Ges. § 38.

Anderweite Veranlagung wegen Vermehrung des steuerbaren Vermögens infolge „Erbanfalles" während eines Steuerjahres trifft nicht den Vermächtnisnehmer, sondern nur den Universalsuccessor. Vgl. E.-O.-V. in St. Bd. V S. 306.

Nr. 4. Entsch. Bd. VII S. 266 v. 7. VI. 98 E XII a 9/97.

Erg.-St.-Ges. §§ 9, 10; Ausf.-Anw. Art. 5², ³.

Die Abweichung von der Regel des Erg.-St.-Ges., Art. 5 Nr. 2 der Ausf.-Anw., wonach der Vermögensbestand und Wert zur Zeit der Veranlagung für die Festsetzung der Steuer entscheidend ist, ist gemäß § 10 a. a. O. an die doppelte Voraussetzung geknüpft, daß regelmäßige jährliche Abschlüsse über die Ergebnisse des Landwirtschafts- oder Gewerbebetriebes stattfinden, und daß der Steuerpflichtige mit der Zugrundelegung des Vermögensstandes am Schlusse des letzten Wirtschafts- oder Rechnungsjahres einverstanden ist. Trifft eine dieser beiden Voraussetzungen nicht zu, so verbleibt es bei der Regel des § 9 a. a. O., bezw. Art. 5 Nr. 2 der Ausf.-Anw.

Nr. 5. Entsch. Bd. VII S. 310 (313) v. 28. X. 98 E IV a 31/98.

Erg.-St.-Ges. § 8.

Für die vom Aktivvermögen abzuziehenden Kapitalschulden ist ihr Bestand beim Beginne des Steuerjahres maßgebend. Die im Laufe des Steuerjahres eingetretenen Veränderungen kommen für das betreffende Steuerjahr nicht in Betracht.

Nr. 6. Entsch. Bd. VII S. 78 (84) v. 13. V. 98 E IV a 23/97.

Erg.-St.-Ges. §§ 9, 10, 38, 40, 41; Ausf.-Anw. Art. 5².

1. Für die Vornahme einer Nachbesteuerung bezüglich der Ergänzungssteuer ist nicht der Vorsitzende der Veranlagungskommission, sondern die Veranlagungskommission selbst zuständig.

2. Macht ein Steuerpflichtiger von dem § 10 des Erg.-St.-Ges., wonach bei Gewerbebetrieben mit regelmäßigen jährlichen Abschlüssen der Vermögensbestand am Schlusse des letzten Rechnungsjahres zu Grunde gelegt werden kann, Gebrauch, so ist dennoch die in der Zeit nach dem Abschlusse des Rechnungsjahres bis zum Beginn des Steuerjahres, 1. April, eingetretene Vermehrung des Vermögens durch Erbanfall u. s. w. nach dem Bestande vom 1. April zu berücksichtigen.

3. Wenn der § 9 a. a. O. verfügt, daß der Bestand und gemeine Wert der einzelnen Vermögensteile zur Zeit der Veranlagung (Vermögensanzeige) zu Grunde zu legen sei, so beruht dies nach dem Vorstehenden auf dem Umstande, daß der Natur der Sache nach bei der Vermögensanzeige und der Veranlagung später eintretende Veränderungen noch nicht berücksichtigt werden können. Es wird aber dadurch deren nachträgliche Berücksichtigung — eventuell im Wege der Rechtsmittel — nicht gehindert.

Nr. 7. Entsch. Bd. VII S. 206 (208) v. 2. XII. 98 E IV a 29, 30/98.
Entsch. Bd. VII S. 208 v. 2. XII. 98 E IV a 30/98.

Erg.-St.-Ges. §§ 38—41, 46.

Der Vorsitzende der Veranlagungskommission ist nur in den Fällen der §§ 38 und 40 des Erg.-St.-Ges. zur Bestimmung des höheren Steuersatzes berechtigt. Die Festsetzung der Nachbesteuerung gemäß § 46 steht der Veranlagungskommission selbst zu.

Nr. 8. Entsch. Bd. VII S. 253 v. 26. IV. 98 E IV b 57/97.

Erg.-St.-Ges. §§ 38, 46.

1. Eine Nachbesteuerung kann nicht auf Grund des § 38 des Erg.-St.-Ges., der begrifflich eine nicht für die ganze Veranlagungsperiode stattfindende Heranziehung herbeiführt, sondern nur auf Grund des § 46 a. a. O. geschehen.

2. Pflichtteilsforderungen in der Form von Vermächtnissen werden mit dem Ableben des Erblassers erworben, da es sich um Vermögensvermehrung durch Erbanfall handelt.

V.

Rechtsmittel.

A. Verfahren in der Berufungsinstanz.

Nr. 1. Entsch. Bd. VII S. 173 v. 1. X. 98 E III 29/98.

Siehe oben S. 331.

Nr. 2. Entsch. Bd. VII S. 248 v. 15. IV. 98 E III 81/97.

Im Falle der Wertsfestsetzung mittels Benutzung von Vergleichungsobjekten muß aus der Berufungsentscheidung hervorgehen, in welcher Weise sie für jenen Zweck verwertet worden sind.

Nr. 3. Entsch. Bd. VII S. 310 v. 28. X. 98 E IV a 31/98.
Entsch. Bd. VII S. 312 i. d. Anm. v. 23. IX. 98 E V b 1/98.

1. Der Berufungskommission liegt die Pflicht ob, zum Zwecke der Steuerfestsetzung den Sachverhalt von Amtswegen selbständig aufzuklären. Sie hat ihre Obliegenheiten sowohl im Interesse des Staates als auch des Steuerpflichtigen auszuüben.

2. In Gemeindesteuersachen abgegebene Gutachten und Entscheidungen sind für die Berufungskommission nicht maßgebend.

3. Im Berufungsverfahren stehen sich nicht, wie im Verwaltungsstreitverfahren, zwei Parteien gegenüber. Die Veranlagungskommission

und deren Vorsitzender haben die ihnen übertragenen Funktionen auch zu Gunsten des Steuerpflichtigen auszuüben.

Nr. 4. Entsch. Bd. VII S. 313 v. 21. X. 98 E III 18/98.

Aus der Begründung der Berufungsentscheidung muß hervorgehen, welche thatsächlichen Unterlagen für die Bewertung von der Berufungskommission für maßgebend erachtet sind und mittels welcher Erwägungen auf Grund derselben der festgesetzte Wert gefunden ist.

Nr. 5. Entsch. Bd. VII S. 377 v. 14. XII. 98 E IV a 26/98.

Die Berufungskommission hat die einzelnen der Veranlagung zu Grunde liegenden Wertfestsetzungen selbständig nachzuprüfen und über die Bewertung unbehindert durch die Ansätze der Veranlagungskommission nach eigenem Urteile zu befinden. Sie darf aber, wenn die Berufung vom Steuerpflichtigen eingelegt ist, den bei der Veranlagung bestimmten Steuersatz nicht überschreiten. Vgl. E.-O.-V. in St. Bd. V S. 53, 96, 127.

B. Beschwerdeverfahren.

Nr. 1. Entsch. Bd. VII S. 194 v. 24. XI. 98 E VII b 4/98.

Siehe oben S. 331.

Nr. 2. Entsch. Bd. VII S. 206 v. 2. XII. 98 E IV a 29, 30/98.

Siehe oben S. 332.

III.

Gewerbesteuer.

Litteratur: Falkmann-Strutz, Gewerbesteuergesetzbebung und Gesetz, betr. Besteuerung des Wanderlagerbetriebes, 3. Aufl., Berlin 1899. — Fernow, Gewerbesteuergesetz, 3. Aufl., Berlin 1899. — Großmann, Handbuch der direkten Steuern in Preußen, Berlin 1899. — Wagner, Finanzwissenschaft, 4. Teil, die deutsche Besteuerung des 19. Jahrhunderts, Leipzig 1900.

1. Gegenstand der Besteuerung und subjektive Steuerpflicht.

A. Allgemeine Grundsätze.

Nr. 1. Entsch. Bd. VII S. 404 v. 31. III. 98 VI G 344/97.

1. Die Frage, ob und inwieweit eine Aktiengesellschaft einen Gewerbebetrieb ausübt, ist gemäß den §§ 1, 19 des Gew.-St.-Ges. ebenso zu entscheiden, wie dann, wenn es sich um den Gewerbebetrieb einer physischen Person handelt. Es kommt deshalb bei einer Aktiengesellschaft nicht lediglich auf den statutenmäßigen Zweck, sondern auch auf den thatsächlichen Gewerbebetrieb der Gesellschaft an. Vgl. E.-O.-V. in St. Bd. III S. 234, Bd. IV S. 359 und 362 ff.

2. Hat eine Zuckerfabrik-Aktiengesellschaft einen landwirtschaftlichen Betrieb unternommen, um den Bezug des erforderlichen Materials an Zuckerrüben wenigstens zum Teil sicher zu stellen, so bilden Zuckerfabrik und Landwirtschaftsbetrieb einen einheitlichen untrennbaren Gewerbebetrieb, mögen auch die Statuten nur

von Herstellung und Verwertung des Zuckers und dessen Nebenprodukte, nicht aber von dem Anbau der Rüben sprechen. Alsdann sind die Ergebnisse des gesammten Betriebes bei Feststellung des steuerpflichtigen Ertrages in Betracht zu ziehen.

3. Der Umstand, daß nur ein Teil des gesammten Landbesitzes zum Rübenbau verwendet wird, allein spricht noch nicht gegen die Einheitlichkeit des Betriebes. Letztere kann z. B. auch dann angenommen werden, wenn nur etwas mehr als der vierte Teil des der Steuerpflichtigen gehörigen Areales für den Anbau von Rüben verwendet worden ist, da erfahrungsmäßig eine Abwechselung in der Bebauung des Grund und Bodens stattfinden muß, um der sogenannten Rübenmüdigkeit möglichst vorzubeugen.

Ist dagegen ein einheitlicher untrennbarer Gesammtbetrieb nicht vorhanden, so kommen die Ergebnisse des landwirtschaftlichen Betriebes bei Ermittelung des steuerpflichtigen Ertrages nicht in Betracht. Alsdann ist für die selbsterzeugten Produkte der lokale Marktpreis unter Berücksichtigung der sonst entstehenden Kosten, der Anfuhr zum Marktorte u. s. w., als Anschaffungspreis bei dem gewerblichen Betriebe einzustellen.

Nr. 2. Entsch. Bd. VII S. 407 v. 31. III. 98 VI G 403/97.

Gew.-St.-Ges. § 24.

Der Betrieb von Spekulationsgeschäften in Wertpapieren durch Bankier-Vermittelung stellt für sich einen steuerpflichtigen Gewerbebetrieb nicht dar.

Ein Gewerbetreibender kann zweifellos außerhalb seines Gewerbebetriebes ebenso wie jeder Privatmann in Wertpapieren spekulieren. Hiermit mag er einen der Einkommensbesteuerung gemäß §§ 8, 12, 14 des Eink.-St.-Ges. unterworfenen Spekulationsgewinn erzielen, er wird aber dadurch noch nicht mit diesem Gewinne gewerbesteuerpflichtig. Hierfür ist allein entscheidend, ob er nach dem allgemeinen Gewerbebegriffe durch den An- und Verkauf von Wertpapieren ein Gewerbe betreibt. Gehören die Kapitalien, mit denen ein Kaufmann spekuliert, zum Anlage- und Betriebskapitale seines Gewerbes, so gehören die Zinsen davon und der Gewinn aus den Spekulationsgeschäften zu dem steuerpflichtigen Ertrage. Stehen die Spekulationsgeschäfte mit dem sonstigen Gewerbebetriebe in keiner Verbindung, so dürfen die Gewinne daraus ebenso wie die Zinsen nur dann dem steuerpflichtigen Ertrage hinzugerechnet werden, wenn das Vorhandensein eines besonderen auf den Betrieb von Geldgeschäften gerichteten Gewerbebetriebes bei Beginn des Steuerjahres auf Grund bestimmter Thatsachen festgestellt wird. Ein bloßer An- und Verkauf von Wertpapieren durch Bankiervermittelung und im Börsenverkehre genügt hierfür nicht. Vielmehr würde ein gewerbsmäßiger Handel mit Wertpapieren, also die Behandlung der letzteren als Waren nachgewiesen werden müssen. Ist das nicht möglich, so mangelt es an den erforderlichen Unterlagen für die Hinzurechnung des Spekulationsgewinnes, wie der Zinsen zum steuerpflichtigen Ertrage.

Ob der Steuerpflichtige die betreffenden Einnahmen und Wertsteigerungen in seinen Büchern verzeichnet und über seine Einkommens- und Vermögensverhältnisse kaufmännische Bücher führt, ist ebensowenig von entscheidender Bedeutung, als die in der Steuererklärung erfolgte Angabe des Einkommens aus Handel und Gewerbe und der Spekulationsgewinne in einer ungetrennten Summe. Auch kann der Umstand, daß er gelegentlich selbst persönlich an der Börse den An- und Verkauf von Wertpapieren ausführt, die Annahme eines gewerblichen Handels mit Effekten noch nicht begründen, wenn im Allgemeinen die Geldgeschäfte durch Vermittelung von Bankiers begründet werden.

Nr. 3. Entsch. Bd. VII S. 419 v. 5. X. 98 VI G 254/97.

Gew.-St.-Ges. §§ 1, 4[7]; Ausf.-Anw. Art. 9 Nr. 3d Abs. 2.

1. Die Ausübung der Heilkunde durch approbierte Aerzte ist zwar neuerdings vom Reichsgericht — Entsch. v. 30. IX. 97 (Entsch. in Civ. Bd. XXXIX S. 134) — im Sinne der Reichs-Gewerbeordnung und des § 3 des Reichsges. v. 13. V. 70 für ein Gewerbe erklärt worden. Es bedarf indes hier einer Stellungnahme zu dieser Frage nicht, weil es bei Anwendung des Gew.-St.-Ges. lediglich auf den diesem Gesetze zu Grunde liegenden Begriff ankommt. Hiernach aber (§ 4 Nr. 7) unterliegt unzweifelhaft die Ausübung des Berufes als Arzt der Gewerbesteuer nicht.

2. Anders liegt es mit der Unterhaltung von Privat-Krankenanstalten. Diese ist insoweit für steuerpflichtig zu erachten, als im einzelnen Falle die sämmtlichen Merkmale eines stehenden Gewerbebetriebes in deutlich erkennbarer Weise zutreffen.

Als Gewerbe im Sinne des Gew.-St.-Ges. gilt jede mit der Absicht auf Gewinnerzielung unternommene, selbständige berufsmäßige und erlaubte Thätigkeit, die sich als Beteiligung am allgemeinen wirtschaftlichen Verkehre darstellt. Es genügen also keineswegs diejenigen objektiven Merkmale, die eine Thätigkeit als Gewerbebetrieb im gewerbepolizeilichen Sinne erscheinen lassen, sondern es muß für den gewerbesteuerlichen Gewerbebegriff als wesentlich entscheidendes subjektives Merkmal der Gewinnzweck hinzutreten, also die Absicht des Unternehmers, aus dem Betriebe, aus der Thätigkeit, die den Gegenstand des Unternehmens bildet, Gewinn zu ziehen. Vgl. E.-O.-V. Bd. XX S. 253 und die dortigen Citate. Für die Annahme eines Gewerbebetriebes bezüglich einer bestimmten Thätigkeit genügt nicht schon ein irgendwie geartetes Interesse, das den Unternehmer zu dieser Thätigkeit veranlaßt, sondern es ist erforderlich, daß die Thätigkeit selbst nach der Absicht des Unternehmers die Quelle von Einnahmen bildet. Dient die Thätigkeit anderweitigen Zwecken, insbesondere nur als Mittel für die Erzielung von Gewinn aus einer anderen Erwerbsthätigkeit, so ist sie kein Gegenstand eines besonderen Gewerbebetriebes. Vgl. E.-O.-V. v. 20. VI. 88 im Pr.-V.-Bl. Jahrg. IX S. 446 ff. und Entsch. R.-G. in Civ. Bd. 38 S. 22. Ebenso ist ein Gewerbebetrieb auch nur dann vorhanden, wenn die Gewinnerzielung den Hauptzweck der Thätigkeit bildet und nicht nur beiläufig und nebensächlich bezweckt wird.

3. Dies wird in der Regel der Fall sein, wenn der Betrieb seitens eines Nichtarztes unternommen wird. Aber auch diese Regel erleidet eine Ausnahme, wenn die Anstalt den Zwecken der christlichen Nächstenliebe oder Wohlthätigkeit dient, wie z. B. bei geistlichen Genossenschaften, barmherzigen Schwestern, Diakonissen, die die Krankenpflege als Selbstzweck, nicht aber als Mittel zum Zwecke der Gewinnerzielung ausüben.[1])

4. Wenn hingegen ein Arzt eine Krankenanstalt — Augen-, Ohren-, Frauenklinik-, Irren-, Idiotenanstalt u. dergl. — unterhält, so wird meist die Vermutung naheliegen, daß dies lediglich oder doch vorwiegend zum Zwecke der Ausübung des ärztlichen

---

[1]) Ebenso Entsch. Bd. VII S. 422 i. d. Anm. v. 6. X. 98 VI G 221—223/98.

Wenn ein und derselbe Unternehmer, z. B. eine geistliche Genossenschaft, verschiedene Kranken- und Pflegeanstalten besitzt und leitet und die Erträge der einen zur Unterhaltung der anderen mit verwendet, so muß, sofern überhaupt ein Gewerbebetrieb vorliegt, die Gesammtheit der Unternehmungen einheitlich behandelt und es darf nicht eine einzelne Anstalt für sich allein herausgegriffen und besteuert werden.

Berufes geschieht, ohne die Absicht, aus dem Betriebe einen besonderen Gewinn zu erzielen. Unter dieser Voraussetzung stellt sich aber die Unterhaltung der Klinik nicht als gewerbliches Unternehmen dar. Die Entwickelung, die zahlreiche ärztliche Spezialfächer genommen haben, macht es geradezu notwendig oder im Interesse der Kranken wünschenswert, daß ihre Behandlung in besonders dazu eingerichteten Räumen erfolgt, in denen für Luft und Licht gesorgt ist und dem Arzte die erforderlichen Instrumente und sonstigen Gegenstände zur Verfügung stehen.[1])

5. Nicht anders liegt es, wenn ein akademischer Lehrer eine Klinik zu Lehrzwecken oder zur eigenen Fortbildung, zu wissenschaftlichen Untersuchungen u. s. w. unterhält.

6. Diesen Fällen gegenüberzustellen sind die, wo Aerzte Kranken- und Heilanstalten hauptsächlich zu dem Zwecke betreiben, um aus der Gewährung von Aufenthalt und Unterhalt gegen Entgelt Gewinn zu erzielen, wo also für den Arzt der Betrieb der Anstalt Selbstzweck ist, dem sich die Ausübung der ärztlichen Thätigkeit unterordnet. Hier erscheint die gesammte Erwerbsthätigkeit des ärztlichen Unternehmers als Gewerbebetrieb und demgemäß der ganze Gewinn daraus — auch einschließlich der etwa besonders berechneten Arzt-Honorare — als steuerpflichtiger Ertrag.

7. Eine Vermutung besteht weder für Gewerbesteuerfreiheit noch für Gewerbesteuerpflichtigkeit. Die Veranlagungsbehörden sind daher verpflichtet, unter Prüfung der konkreten Verhältnisse die thatsächlichen und rechtlichen Voraussetzungen der Steuerpflicht festzustellen. Dem Interesse der Aerzte entspricht es aber, selbst auf die in Betracht kommenden Umstände hinzuweisen, jedenfalls haben sie die wesentlichen Thatsachen, die sich der Kenntnis der Behörde entziehen, nötigenfalls zu beweisen.

Die Führung solchen Nachweises wird erleichtert, wenn die Unternehmer die Vergütung für die ärztliche Thätigkeit einerseits und für die Gewährung von Unterhalt in der Anstalt andererseits getrennt berechnen und über beides gesondert Buch führen. Alsdann können sie unschwer beweisen, daß sie thatsächlich erhebliche Ueberschüsse nicht erzielt haben oder mit Rücksicht auf die Höhe der Unkosten im Verhältnis zu den Pensionssätzen überhaupt nicht zu erzielen vermögen.

Bei Aufstellung solcher Berechnung darf dem Arzte nicht verwehrt werden, den Betrag, den er durch Vermietung der dem Anstaltsbetriebe dienenden Räume

---

[1]) Ebenso Entsch. Bd. VII S. 425 i. d. Anm. v. 16. XII. 97 VI G 249/66 bezüglich der Privatklinik eines Frauenarztes.

Allerdings ist, wenn die Absicht der Gewinnerzielung durch einen Betrieb obwaltet, die Verwendung des Gewinnes zu wohlthätigen, gemeinnützigen und dergleichen Zwecken nicht geeignet, die Anwendung des Gewerbebegriffes auszuschließen. Bei allen, sich der charitativen Krankenpflege widmenden geistlichen Genossenschaften, wie der barmherzigen Schwestern der katholischen und der Diakonissen der evangelischen Kirche, ist aber an erster Stelle zu berücksichtigen, daß sie die Krankenpflege als Selbstzweck, nicht aber als Mittel zum Zwecke der Erzielung von Gewinn ausüben. Sie müssen zwar, um selbst bestehen und ihre Anstalten unterhalten und nach Bedarf ausdehnen und verbessern zu können, auf die Erzielung ausreichender Einnahmen bedacht sein. Sie unternehmen und leiten aber ihre Anstalten nicht, um durch den Betrieb Gewinn zu erzielen, sondern die Gewinnerzielung ist umgekehrt nur das Mittel, um die Anstalten betreiben zu können. Läßt sich unter solchen Umständen überhaupt von der Absicht einer Gewinnerzielung reden, so ist jedenfalls diese Absicht etwas Nebensächliches, während die Absicht der Gewinnerzielung durch den Betrieb und als Zweck des Betriebes das notwendigste Merkmal des Gewerbebegriffes ist.

eines ihm gehörigen Hauses erzielen könnte, sowie einen angemessenen Betrag für Abnutzung dieser Gebäudeteile und ihres Inventares unter den Unkosten in Ausgabe zu stellen. Denn die Berechnung hat nur den Zweck, klar zu stellen, ob der Arzt mit dem Betriebe die Erzielung von Gewinn erstrebt. Es müssen daher auch alle Aufwendungen aus dem Vermögen des Arztes von der Roheinnahme abgezogen werden, wenngleich bei Berechnung des Ertrages eines als steuerpflichtig „festgestellten“ Unternehmens der Mietswert der (eigenen) gewerblichen Räume nicht als abzugsfähig gilt. E.-O.-V. in St. Bd. III S. 393, Bd. IV S. 313.

Maßgebend für die Absicht der Gewinnerzielung ist nur das jährliche Schlußergebnis des Anstaltsbetriebes. Ergiebt sich in der Regel kein oder nur ein unerheblicher Gewinn, so ist die Gewinnabsicht auch dann zu verneinen, wenn der Unternehmer der Anstalt zwar von bemittelten Patienten höhere Pensionssätze beansprucht, dagegen Unbemittelte unentgeltlich oder zu niedrigeren, die Unkosten nicht deckenden Preisen in die Anstalt aufnimmt.

Als Gewinn endlich ist bei Beurteilung der Gewinnabsicht nicht der Betrag der Reineinnahme anzusehen, der nur gerade zur Verzinsung des in der Anstalt angelegten Kapitales des Arztes zum landesüblichen Zinssatze sicher angelegter Kapitalien ausreicht. Denn wenn der Arzt einen weiteren Ertrag aus dem Anstaltsbetriebe nicht erstrebt, als den Betrag, den er in jedem Falle durch Ausleihung des Anlagekapitales zu diesem Zinsfuße erlangen würde, so geht seine Absicht in der Regel nur dahin, durch den Betrieb nicht eine Vermögenseinbuße zu erleiden. Die Absicht, einem Vermögensschaden vorzubeugen, ist aber nicht identisch mit der für den Begriff des Gewerbes notwendigen Absicht einer positiven Gewinnerzielung. E.-O.-V. in St. Bd. IV S. 306.

Ebenso Entsch. Bd. VII S. 430 i. d. Anm. v. 5. V. 98 VI G 374/97 hinsichtlich einer Irrenanstalt, indem für festgestellt erachtet wurde, daß der Unternehmer (Arzt) mit der Unterbringung und Verpflegung der Patienten in seiner Anstalt die Erzielung eines besonderen Gewinnes nicht erstrebe, die Anstalt vielmehr lediglich als Mittel zur Ausübung seiner Thätigkeit als Irrenarzt unterhalte. Ferner

Entsch. Bd. VII S. 431 i. d. Anm. v. 16. III. 99 VI G 210/98 ebenfalls bezüglich einer Privatirrenanstalt mit folgender Begründung:

Nach der von keiner Seite bezweifelten Angabe des Beschwerdeführers werden in seiner Anstalt nur kindliche Idioten nach zurückgelegtem sechsten Lebensjahre aufgenommen und auch diese nur bis zur Konfirmation oder, wenn sie nicht soweit gefördert werden können, bis zum Eintritt der Pubertät, durchschnittlich bis zum 17. oder 18. Lebensjahre behalten. Es erscheint daher ohne Weiteres glaubhaft, daß der Beschwerdeführer mit dem Betriebe seiner Anstalt als Hauptzweck die Erziehung und die Förderung der geistigen Entwickelung jugendlicher Idioten bei geeigneter körperlicher Pflege und geeignetem Unterrichte unter seiner ärztlichen Leitung und Aufsicht verfolgt. Die mit dem Betriebe der Anstalt von ihm entwickelte Thätigkeit ist demnach in der Hauptsache eine ärztliche und erzieherische. Die Gewährung von Wohnung und Verpflegung an die Zöglinge stellt sich, da jeder thatsächliche Anhalt für die Annahme fehlt, daß er daraus einen besonderen Gewinn zu erzielen beabsichtigt, lediglich als Mittel zur Ausübung dieser Thätigkeit dar und tritt ihr gegenüber als Nebensache zurück. Ebenso unerheblich ist dabei auch, daß der Beschwerdeführer zum Zweck des Unterrichtes einen Lehrer und eine Lehrerin hält, während er selbst nur Sprachübungen mit an Sprachstörungen leidenden Zöglingen vornimmt. Denn diese Personen haben ebenso wie die Wärter, die Wärterinnen, die Haushälterin und dergleichen gegenüber der durch den Beschwerdeführer selbst ausgeübten Leitung und Beaufsichtigung des ganzen Unternehmens nur die Bedeutung von untergeordneten Hülfskräften des ärztlichen Unternehmers.

Da es sich hiernach lediglich um die Ausübung einer ärztlichen und erzieherischen Thätigkeit handelt, so war der Beschwerdeführer gemäß § 4 Nr. 7 des Gew.-St.-Ges. von der Gewerbesteuer freizustellen.

Nr. 4. Entsch. Bd. VII S. 427 i. d. Anm. v. 17. I 98 VI G 194/97.

Gew.-St.-Ges. §§ 1, 4[7].

Die Unterhaltung einer Anstalt für Heilgymnastik, Massage und Orthopädie, in der Jedermann außer Massage die Benutzung mechanischer

Apparate für aktive und passive Bewegung unter sachkundiger Aufsicht gegen Entgelt angeboten wird, stellt sich regelmäßig als eine gewerbliche Unternehmung dar, zumal eine solche Anstalt auch von anderen Personen als Aerzten unternommen und betrieben werden kann.

Nur wenn besondere Umstände vorhanden sind, welche das Ueberwiegen von Erwerbszwecken ausschließen, würde der gewerbliche Charakter einer solchen Anstalt zu verneinen sein. Ob derartige Umstände vorliegen, ist Gegenstand thatsächlicher Beurteilung. Eine hierauf gerichtete Feststellung der Berufungsentscheidung kann nur dann mit der Beschwerde angefochten werden, wenn hierbei Verletzungen des bestehenden Rechtes oder wesentliche Mängel des Verfahrens vorgekommen sind.

B. Nur zum Teil in Preußen betriebene Gewerbe.

Nr. 1. Entsch. Bd. VII S. 444 v. 7. VI. 98 VI G 365/97.

Gew.-St.-Ges. §§ 22, 24; Ausf.-Anw. Art. 19.

Ueben die Vertreter der in einem anderen Bundesstaate domizilierten Hypothekenbank an ihren Wohnsitzen in Preußen kein eigenes Vermittelungsgewerbe, sondern infolge eines durch Vertrag begründeten Dienstverhältnisses als Organ der Bank — Agenten — einen Teil der geschäftlichen Unternehmerthätigkeit der letzteren innerhalb eines lokalen Bezirkes aus, so sind ihre Sitze Betriebsorte der Bank und machen diese in Preußen gewerbesteuerpflichtig. Diese Annahme erscheint dann jedenfalls gerechtfertigt, wenn, wie die bei der Bank eingeführten Formulare zu Gesuchen um Gewährung hypothekarischer Darlehen in ihrem Schlußsatze ergeben, die Antragsteller nach Absicht der Bank sich schon durch die Stellung des Antrages bei deren Vertretern für einen bestimmten Zeitraum gebunden und für den Fall der Genehmigung ihres Gesuches seitens der Bank innerhalb dieses Zeitraumes zur Erfüllung, d. h. zur Entnahme des Darlehns für verpflichtet erklären, sowie wenn die Vertreter der Bank eine Vorprüfung der für die Darlehnsgewährung in Betracht kommenden thatsächlichen Verhältnisse vorzunehmen haben und nach deren Ergebnisse befugt sind, nicht bloß ihre Vermittlerthätigkeit, sondern Namens der Bank das Gesuch zurückzuweisen. Vgl. E.-O.-V. in St. Bd. III S. 240, IV. S. 342, VI. S. 236.

2. Die Steuerbefreiungen. Vorliegen oder Nichtvorliegen ihrer Voraussetzungen.

C. Nach § 5 des Gewerbesteuergesetzes.

Nr. 1. Entsch. Bd. VII S. 449 v. 23. VI. 98 VI G 175/98.

Gew.-St.-Ges. § 5 Abs. 1.

Nach § 5 Abs. 1 des Gew.-St.-Ges. sind der Steuer nicht unterworfen Vereine u. s. w., die nur die eigenen Bedürfnisse ihrer Mitglieder an Geld, Lebensmitteln und andern Gegenständen zu beschaffen bezwecken, wenn sie satzungsgemäß und thatsächlich ihren Verkehr auf ihre Mitglieder beschränken und keinen Gewinn unter die Mitglieder verteilen, auch eine Verteilung des aus dem Gewinne angesammelten Vermögens unter die Mitglieder für den Fall der Auflösung ausschließen. Zur Erfüllung dieser Vorschrift muß nur die Verteilung des Vermögens „unter die Mitglieder" ausgeschlossen sein, dagegen wird nicht verlangt, daß auch ein mehr oder weniger entfernter mittelbarer

Vorteil der Mitglieder infolge der Ueberweisung des Vermögens an Korporationen zu irgend welchen Zwecken ausgeschlossen sein müsse. Insbesondere wird die Steuerpflicht nicht begründet, wenn eine von Landwirten gebildete Genossenschaftsbank statuarisch festsetzt, daß bei Auflösung das Vermögen an die Landwirtschaftskammer der Provinz überwiesen werden soll.

3. Maßstab der Besteuerung.

B. Ertrag.

a) Begriff des Ertrages im Allgemeinen.

Nr. 1. Entsch. Bd. VII S. 108 i. d. Anm. v. 9. I. 96 VI G 236/95.

Siehe oben S. 306.

Nr. 2. Entsch. Bd. VII S. 444 v. 7. VI. 98 VI G 365/97 und **Entsch. Bd. VII S. 448** v. 23. II. 99 VI G 45/99.

Gew.-St.-Ges. §§ 19, 22, 24.

1. Der Vorteil, den eine Hypothekenbank durch Begebung von Pfandbriefen über Pari und durch Rückkauf unter Pari erzielt, bildet einen Teil der bei Berechnung des steuerpflichtigen Ertrages zu berücksichtigenden Roheinnahmen. E.-O.-V. in St. Bd. IV S. 236.

2. Diejenigen Beträge des in dem maßgebenden Jahre erzielten Gewinnes, die zur Deckung von Verlusten früherer Jahre, wie z. B. zur Ausgleichung des aus früheren Jahren herrührenden, beim Verkauf von Pfandbriefen entstandenen Disagios, verwendet werden oder zur Ausgleichung späterer Verluste dienen sollen oder auf neue Rechnung vorgetragen werden, sind bei Ermittelung des steuerpflichtigen Ertrages den Roheinnahmen hinzuzusetzen. E.-O.-V. in St. Bd. IV S. 360, Bd. V S. 419.

Als Ertrag im Sinne des Gew.-St.-Ges. gilt nach feststehender Rechtsprechung des O.-V.-G. der Inbegriff dessen, was innerhalb einer gewissen Zeitperiode an Geldwert, Gütern und Nutzungen durch objektiven Gewerbebetrieb hervorgebracht ist. Nach § 24 des Ges. ist für die Veranlagung der Gewerbesteuer in erster Reihe der Ertrag des bei ihrer Vornahme abgelaufenen Jahres schlechthin maßgebend, ohne daß dabei irgend welches Gewicht darauf gelegt wird, in welcher Weise der Gewerbetreibende, sei es eine physische oder nicht physische Person, über den Ertrag des maßgebenden Vorjahres verfügt. Physische Personen haben danach zweifelsfrei den ganzen in dem betreffenden Vorjahre erzielten Ertrag zu versteuern. Da der Gewerbebetrieb der juristischen Personen und Vereine gemäß § 19 Abs. 1 des Ges. wie derjenige physischer Personen besteuert wird, so muß insbesondere auch bei einer gewerblichen Aktiengesellschaft dasselbe gelten. Ein Grund, warum eine solche berechtigt wäre, von dem im Vorjahre erzielten Ertrage die für das nächste Geschäftsjahr vorgetragenen oder zur Deckung von Verlusten des Vorjahres verwendeten Beträge in Abzug zu bringen, so daß ihre Veranlagung zur Gewerbesteuer nur nach Maßgabe des danach verbleibenden Ueberrestes zu erfolgen hätte, ist unerfindlich.

Nr. 3. Entsch. Bd. VII S. 454 v. 22. IX. 98 VI G 201/98.

1. Erwirbt eine gewerbliche Aktiengesellschaft, insbesondere eine Hypothekenbank, Grundstücke in der Subhastation, um ihre darauf eingetragenen Forderungen zu retten, und veräußert sie demnächst diese Grundstücke weiter, so kann hierin allerdings der selbständige

Betrieb eines Immobilienhandels neben dem sonstigen Gewerbebetriebe der Gesellschaft nicht gefunden werden. Vgl. E.-O.-V. in St. Bd. IV S. 306, Bd. VI S. 368.

2. Dagegen fällt die ganze von der Gesellschaft hierbei entwickelte Thätigkeit vollständig in den Rahmen ihres gewöhnlichen Geschäftsbetriebes. Denn diese bezweckt nur ihre Befriedigung wegen einer aus dem gewöhnlichen Betriebe ihr erwachsenen Forderung. Erleidet sie hierbei einen Verlust, so ist dieser ein den Vermögenszuwachs des betreffenden Jahres mindernder Geschäftsverlust. E.-O.-V. in St. Bd. IV S. 421. Erzielt die Gesellschaft bei der Weiterveräußerung einen Gewinn, so ist dieser ebenfalls ein gewerblicher, der die bei Feststellung des steuerpflichtigen Ertrages anzusetzenden Roheinnahmen erhöht.

b) Betriebskosten.

Nr. 1. Entsch. Bd. VII S. 396 v. 10. III. 98 VI G 450/96.

Gew.-St.-Ges. § 22.

1. Das im Schlußsatze des § 22 des Gew.-St.-Ges. enthaltene Verbot des Abzuges von Zinsen bei Ermittelung des steuerpflichtigen Ertrages bezieht sich nur auf die daselbst ausdrücklich bezeichneten Zinsen, dagegen nicht auf Schuldenzinsen überhaupt. Wenn demnach streitig ist, ob der Abzug von Zinsen zugelassen werden darf, muß festgestellt werden, ob die Schulden, um deren Zinsen es sich handelt, behufs Anlage oder Erweiterung des Geschäftes, Verstärkung des Betriebskapitales oder zu sonstigen Verbesserungen aufgenommen sind. Ist dies zu verneinen, so sind die Zinsen abzugsfähig. Die Abzugsfähigkeit ist insbesondere anzuerkennen bei den Zinsen für Schulden, die zur Vermeidung von Verlusten eingegangen sind. Vgl. E.-O.-V. in St. Bd. V S. 415. Hiernach genügt für die Verneinung der Abzugsfähigkeit nicht schon die Feststellung, daß die Schulden, um deren Zinsen es sich handelt, nicht als laufende Schulden anzusehen sind. Denn es giebt auch noch andere, nicht laufende Schulden, deren Zinsen als Betriebskosten angesehen werden müssen.

2. Zinsen von solchen Schulden, die auf Grundstücken eingetragen sind, die die Steuerpflichtige — eine Häuserbau-Aktiengesellschaft — in der Subhastation erworben hat, weil für sie Forderungen auf den Grundstücken eingetragen waren, sind stets abzugsfähig. Hier ist anzunehmen, daß sie (bei der Kaufgelderbelegung) übernommen sind, um Verluste zu vermeiden. Vgl. E.-O.-V. in St. Bd. V S. 415.

3. Dagegen sind nicht abzugsfähig auf Grundstücken eingetragene Schulden, die die Pflichtige gekauft hat, ohne daß für sie Forderungen eingetragen waren. Die Schuldverpflichtungen, die sie hierbei eingegangen ist oder unternommen hat, weisen nach den Eintragungen in den Grundbüchern durchgängig als Gläubiger Hypotheken- und Bodenkreditbanken auf. Dabei ist entweder die Kündigung auf längere Zeit ausgeschlossen, oder es ist eine Amortisation der Schulden in 50—57 Jahren bedungen. Diese Schulden sind nicht als „laufende" d. h. solche, die sich aus der laufenden Geschäftsführung ergeben und auf dem regelmäßigen Geschäftskredite beruhen, anzusehen. Hier handelt es sich recht eigentlich um Schulden, die zur Verstärkung des Betriebskapitales eingegangen oder übernommen worden sind, was für die Beurteilung gleichstehend ist. Vgl. E.-O.-V. in St. Bd. IV S. 273 ff.

4. Nicht abzugsfähig sind ferner Schulden aus Darlehen stammend, die die Steuerpflichtige selbst aufgenommen hat. Diese Schulden

sind ebenfalls zweifellos zum Zwecke der Verstärkung des Betriebskapitals eingegangen worden.

Nr. 2. Entsch. Bd. VII S. 397 i. d. Anm. v. 5. V. 98 VI G 302/97.

Gew.=St.=Ges. §§ 22, 23.

Schuldenzinsen aus dem Kontokorrent sind nach Ausf.-Anw. Art. 16 IV[1] regelmäßig abzugsfähig, weil es sich hierbei um Zinsen für laufende Geschäftsschulden handelt, d. h. solche, die sich aus der laufenden Geschäftsführung ergeben und auf dem regelmäßigen Geschäftskredite beruhen.

Nr. 3. Entsch. Bd. VII S. 399 v. 24. V. 98 VI G 435/97.

Gew.=St.=Ges. §§ 22, 23.

1. Zuschüsse an Kirchengemeinden sind unter bestimmten Umständen abzugsfähige Betriebskosten.

Im vorliegenden Falle hatte eine Bergbau-Aktiengesellschaft an eine infolge des Arbeiterzuzuges neugebildete und ohne Zuschuß der in der Gemeinde vorhandenen industriellen Werke nicht lebensfähige Kirchengemeinde 7500 Mk. gezahlt und unter Betriebskosten verrechnet. Das O.-V.-G. erkannte an, daß diese Ausgabe zu den abzugsfähigen mittelbaren Betriebskosten gehöre.

Es könne dahingestellt bleiben, ob die Zahlung rein freiwillig, d. h. der Möglichkeit der Erzwingung im Rechts- oder Verwaltungswege völlig entzogen war. Denn selbst wenn dies verneint werden müßte, so läge doch eine starke moralische und soziale Verpflichtung zu einer entsprechenden Beitragsleistung behufs Bildung der Kirchengemeinde vor. Die Steuerpflichtige handelte hierbei auch nur im Interesse ihres Betriebes, indem sie ihren Arbeitern und hiermit sich selbst die aus der Neubildung einer Kirchengemeinde erwachsenden Vorteile zuwandte. Es entspräche dem wohlverstandenen Interesse der Arbeitgeber, wenn sie, ohne eine Zwangslage abzuwarten, den Bedürfnissen ihrer Arbeiter auf kirchlichem, sozialem und wirtschaftlichem Gebiete entgegenkämen.

2. Die Abzugsfähigkeit von Schuldenzinsen beschränkt sich nicht allein auf die laufenden Schulden. Auch die Zinsen anderer Schulden können abzugsfähig sein, sofern diese behufs Anlage oder Erweiterung des Geschäftes, Verstärkung des Betriebskapitales oder zu sonstigen Verbesserungen aufgenommen sind. Das Letztere liegt vor, wenn eine Bergbau-Aktiengesellschaft behufs Aufrechterhaltung des Betriebes gesunkene, durch den Bergbau entwertete Grundstücke angekauft und die Mittel hierfür wegen ungünstiger Ertragsverhältnisse durch eine Anleihe gedeckt hat.

Nr. 4. Entsch. Bd. VII S. 435 v. 5. V. 98 VI G 324/97.

Eink.=St.=Ges. § 23.

Der Mietzins, den eine offene Handelsgesellschaft für die gemieteten Räumlichkeiten eines im Privateigentume der alleinigen Gesellschafter befindlichen Hauses vertragsmäßig zu zahlen hat, gehört zu den abzugsfähigen Betriebskosten der Gesellschaft.

Nach der in der Rechtsprechung der höchsten Gerichtshöfe, wie in der Wissenschaft herrschenden Meinung bildet zwar die offene Handelsgesellschaft kein besonderes, neben ihren Mitgliedern bestehendes Rechtssubjekt. Es hat aber das Vermögen der offenen Handelsgesellschaft anerkanntermaßen gegenüber dem Einzelvermögen der Gesellschafter eine derartige Selbständigkeit, daß zwischen der Gesellschaft als solcher und ihren Mitgliedern vollwirksame obligatorische wie sachenrechtliche Beziehungen bestehen können.

Vgl. Entsch. R.-G. in Civ. Bd. XXX S. 152, ferner Entsch. R.-G. 23. VI. 87 — J.-M.-Bl. S. 338 — und v. 8. XII. 91 in der Jur. Wochenschr. Jahrg. 1892 S. 27, E.-O.-V. Bd. XXX S. 79, Bd. XXXI S. 44, sowie in St. Bd. IV S. 207.

Diese Auffassung entspricht überdies einem wirtschaftlichen Bedürfnisse.

Vereinigen sich die Miteigentümer eines Hausgrundstückes zu einer offenen Handelsgesellschaft behufs des Betriebes eines Geschäftes, wofür ihr Grundstück geeignete Räumlichkeiten bietet, so können sie letzteres in der Weise für ihren Betrieb verwenden, daß sie es, sei es zu Eigentum, sei es zur Benutzung, als Einlage in die Gesellschaft einbringen oder — mit anderen Worten ausgedrückt — zu einem Bestandteile des Anlage- und Betriebskapitales des von der Gesellschaft zu betreibenden Geschäftes machen. Unter Umständen können sie aber ein Interesse daran haben, daß das Grundstück nicht in die Gesellschaft eingebracht wird, z. B., weil ihre Anteile an Gewinn und Verlust der Gesellschaft andere sind als die ideellen Anteile ihres Eigentumes an dem Grundstücke, oder weil sie nur eines verhältnismäßig geringfügigen Teiles der Räume für den Geschäftsbetrieb bedürfen, oder weil sie sich, was gesetzlich statthaft ist (vgl. Entsch. R.-G. in Civ. Bd. XVI S. 15, Bd. XXXII S. 34) zum Zwecke des Betriebes mehrerer Gewerbe zu mehreren offenen Handelsgesellschaften vereinigen und sämmtliche Geschäfte in ihrem Grundstücke betreiben wollen. Unter derartigen Umständen entspricht die Abschließung eines Mietsvertrages offenbar sowohl den Interessen der Gesellschaft, wie der einzelnen Mitglieder. Es wäre daher ein den Verkehrsbedürfnissen nicht entsprechendes Ergebnis, wenn die Möglichkeit des Abschlusses eines Mietsvertrages zwischen der Gesellschaft als solcher und ihren Mitgliedern über ein in deren Miteigentume befindliches, aber nicht zum Gesellschaftsvermögen gehöriges Grundstück aus Rechtsgründen verneint werden müßte.

c) Abschreibungen.

Nr. 1. Entsch. Bd. VII S. 452 v. 22. IX. 98 VI G 33/98.

Gew.-St.-Ges. §§ 22, 24.

1. Das nach § 24 Abs. 2 des Gew.-St.-Ges. für die Veranlagung zur Gewerbesteuer maßgebende, „bei deren Vornahme abgelaufene Jahr" ist (vgl. E.-O.-V. in St. Bd. IV S. 407) das letzte, der Veranlagung vorhergehende Geschäftsjahr oder das letzte Kalenderjahr, ohne Rücksicht darauf, ob dessen Ergebnisse zur Zeit der Veranlagung bereits festgestellt sind oder nicht. Der Ertrag dieses Jahres muß daher, wenn dies nicht der Fall ist, bei der Veranlagung durch Schätzung festgestellt werden.

2. Abschreibungen, die der wirklichen Wertsverminderung innerhalb des maßgebenden Jahres entsprechen, z. B. Abschreibungen einer Handelsgesellschaft wegen Wertsverminderung ihrer Betriebsanlagen, wie wegen Substanzverringerung ihrer Kalk- und Thonlager (E.-O.-V. in St. Bd. III S. 15, Bd. IV S. 65), sind auch dann zuzulassen, wenn sie nicht buchmäßig vorgenommen sind.

3. Hinsichtlich der Abschreibungen auf Betriebsanlagen insbesondere kommt es nicht darauf an, ob die Wertsverminderung in dem maßgebenden Geschäftsjahre durch Abnutzung oder anderweite Umstände herbeigeführt ist. Wenn auch durch derartige Abschreibungen der Buchwert der betreffenden Aktiva unter den wirklichen Wert zur Zeit der Bilanzaufstellung nicht herabgesetzt werden darf (E.-O.-V. in St. Bd. III S. 395, IV S. 279 und 334, V S. 393, VI S. 439), so steht doch dieser Grundsatz der Zulassung

von Abschreibungen nicht entgegen, wenn bereits in der Bilanz für das Vorjahr diese Anlagen mit einem geringeren als dem wirklichen Wert in Ansatz gebracht waren. Denn für die Berechnung des Ertrages im steuerlichen Sinne ist überall die wirkliche Sachlage, nicht eine davon abweichende buchmäßige Behandlung der Kaufleute und Gewerbetreibenden maßgebend. Da durch die gesetzlich zugelassenen Abschreibungen die Wertsverminderung ausgeglichen werden soll, die die Aktiva seit Beginn des Geschäftsjahres bis zu dessen Ende erlitten haben, so ist steuerlich eine Abschreibung wenigstens insoweit nicht zu beanstanden, als sie der Differenz zwischen dem wirklichen Werte der Aktiva beim Anfange und am Ende des Jahres entspricht. Es muß daher das Verlangen, daß bei Bemessung der Höhe der zulässigen Abschreibungen von dem wirklichen Werte der Aktiva bei Beginn des maßgebenden Geschäftsjahres und nicht von dem davon abweichenden, namentlich niedrigeren Ansatze in der Bilanz des Vorjahres ausgegangen wird, grundsätzlich als berechtigt gelten. Andererseits aber ergiebt sich danach die Notwendigkeit, daß, wenn die Berechnung des Ertrages von der Bilanz des Vorjahres ausgegangen werden soll, und deren Wertsansätze bezüglich der Aktiva nicht dem wirklichen Werte am Schlusse des Vorjahres entsprechen, zunächst diese Ansätze der wahren Sachlage gemäß berichtigt werden müssen.

d) Anlage- und Betriebskapital.

Nr. 1. Entsch. Bd. VII S. 433 v. 5. V. 98 VI G 96/98 und **Entsch. Bd. VII S. 434** i. d. Anm. v. 22. IX. 98 VI G 219/98.

Zu dem Anlage- und Betriebskapitale gehören nur diejenigen dem Gewerbe gewidmeten Grundstücke, Gebäude oder Gebäudeteile, die sich im Eigentumsbesitze oder Nießbrauche des Gewerbetreibenden befinden, dagegen nicht solche, die gepachtet oder gemietet sind oder die zum vorbehaltenen Vermögen seiner Ehefrau gehören.

Es mag berechtigt erscheinen, den eignen Grundstücken eines Gewerbetreibenden diejenigen seiner Ehefrau gleichzustellen, an denen ihm kraft des zwischen den Eheleuten bestehenden Gütersystemes — §§ 210, 231 Tit. 1 T. II A.-L.-R.'s — während des Bestehens der Ehe ein eigenes Verfügungsrecht zusteht, vermöge dessen er rechtlich wie thatsächlich in der Lage ist, sie dauernd dem Betriebe zu widmen. Aehnlich liegt es, wenn der ein Gewerbe treibenden Mutter ein Nießbrauch an dem ihrem Sohne gehörigen Hause zusteht. Keineswegs aber kann dasselbe gelten bezüglich solcher Grundstücke der Ehefrau eines Gewerbetreibenden, an denen letzterem ein solches Recht nicht zusteht, namentlich also dann nicht, wenn es sich um Grundstücke handelt, die zu dem vorbehaltenen Vermögen der Frau im Sinne der §§ 206, 221 a. a. O. gehören. Denn in diesem Falle steht die Frau bezüglich ihres Vermögens dem Manne grundsätzlich völlig selbständig wie jeder fremde Eigentümer gegenüber. Es dürfen daher die Grundstücke, Gebäude- oder Gebäudeteile, die der Gewerbetreibende mit Genehmigung der Frau für seinen Betrieb verwendet, ebensowenig, wie wenn er sie von einem Fremden gemietet oder gepachtet hätte, für einen Bestandteil seines Anlage- und Betriebskapitales erachtet werden.

4. Veranlagungsverfahren.

Nr. 1. Entsch. Bd. VII S. 410 v. 31. III. 98 VI G 396/97.

Gew.-St.-Ges. § 41.

Umschreibung der Steuer gemäß § 41 findet nicht nur bei Eintritt einer anderen Person nach Beginn des Steuerjahres, sondern auch dann statt, wenn nach erfolgter Veranlagung vor Beginn des Steuerjahres eine andere Person den Gewerbebetrieb übernimmt.

Nr. 2. Entsch. Bd. VII S. 411 v. 29. XII. 98 VI G 317/98.
Gew.-St.-Ges. § 41.

Nach § 41 muß die auf den Verpächter veranlagte Steuer auf den Pächter eines Gewerbebetriebes umgeschrieben werden. Nach dieser ausdrücklichen Gesetzesvorschrift kommt hierbei nicht in Betracht, daß der Pächter einen Pachtzins zu zahlen hat und insoweit ungünstiger gestellt ist, als der ursprünglich Veranlagte. Vielmehr muß trotzdem die auf den Verpächter veranlagte Steuer auf den Pächter umgeschrieben werden, falls nicht der Betrieb des Pächters als ein völlig neuer Gewerbetrieb erscheint und dies durch Vorbringung geeigneter Thatsachen dargethan wird.

Nr. 3. Entsch. Bd. VII S. 412 v. 21. IV. 98 VI G 61, 62/98.
Gew.-St.-Ges. §§ 41, 78.

§ 78 des Gew.-St.-Ges. bestimmt, daß Steuerpflichtige, die entgegen den Vorschriften dieses Ges. bei der Veranlagung übergangen oder steuerfrei geblieben sind, zu einer Nachbesteuerung herangezogen werden sollen. Die Anwendung dieser Vorschrift setzt also voraus, daß ein Steuerpflichtiger, der für eine bestimmte Zeit hätte veranlagt werden müssen, entgegen den Vorschriften nicht veranlagt worden ist. Dagegen ist Nachbesteuerung eines Gewerbetreibenden wegen zu Unrecht erfolgter Umschreibung der auf ihn veranlagten Gewerbesteuer auf eine dritte Person unzulässig.

Nr. 4. Entsch. Bd. VII S. 439 v. 5. V. 98 VI G 410/97.
Entsch. Bd. VII S. 441 v. 23. II. 99 VI G 267/98.
Entsch. Bd. VII S. 443 i. d. Anm. v. 19. I. 99 VI G 339/98.
Gew.-St.-Ges. §§ 8, 9, 15, 24; Ausf.-Anw. Art. 18.

1. Die Anwendung des § 8 des Gew.-St.-Ges. — Versetzung der lediglich durch die Höhe des Anlage- und Betriebskapitales zu einer der Steuerklassen I, II, III gehörigen Betriebe in die dem Ertrage entsprechende Klasse — ist nur dann zulässig, wenn der Betrieb zwei volle Jahre von je zwölf Monaten der höheren Gewerbesteuerklasse angehört hat. Ist dies nicht der Fall, ist er erst ein Jahr lang in der höheren Klasse besteuert oder ihr erst überwiesen worden und zum ersten Male darin besteuert, weil das Anlage- und Betriebskapital sich auf den der höheren Klasse entsprechenden Betrag vermehrt hat, so ist die Anwendung des § 8 ausgeschlossen. Eine weiter gehende Ausnahme war nur für die erstmalige Veranlagung nach Maßgabe der Vorschriften des Gew.-St.-Ges., vor dessen Inkrafttreten es überhaupt keine Klassen gab, zuzulassen. Vgl. E.-O.-V. in St. Bd. III S. 229.

2. Den zweijährigen Zeitraum bilden diejenigen beiden Jahre, deren Ertrag für die Veranlagung der beiden letzten Jahre maßgebend war.

3. Diese Grundsätze sind auch bei Nachbesteuerung zu beobachten.

4. Hierin wird auch dadurch nichts geändert, wenn die Steuerpflichtige schon im Vorjahre wegen der Höhe des Anlage- und Betriebskapitales in der höheren Klasse hätte besteuert werden müssen, diese Besteuerung aber irrtümlicher Weise unterblieben ist. Denn hieraus erwüchse der Steuerpflichtigen keine Beschwerung.

5. Rechtsmittel.

B. Einspruchs- und Berufungsverfahren.

Nr. 1. Entsch. Bd. VII S. 415 v. 21. IV. 98 VI G 45/98.

1. Die Berufung darf niemals aus dem Grunde, weil der Steuerpflichtige seine Ueberbürdung nicht nachgewiesen habe, sondern nur

deshalb zurückgewiesen werden, weil die zur Entscheidung über die Berufung zuständige Behörde nach pflichtmäßiger, selbständiger Prüfung einen dem angefochtenen Steuersatze entsprechenden steuerpflichtigen Ertrag festgestellt hat.

2. Ebenso wie jede Feststellung von Thatsachen durch alle überhaupt zulässigen Mittel, also auch durch Uebereinstimmung aller Beteiligten erfolgen darf, kann auch die Feststellung des steuerpflichtigen Einkommens durch Einverständnis des Steuerpflichtigen und der zuständigen Steuerbehörden derartig geschehen, daß ohne anderweite, selbständige Feststellungen eine Abweichung hiervon für die Gewerbebesteuerung ausgeschlossen ist.

6. Verteilung des Steuersatzes auf mehrere Kommunalbezirke.

A. Allgemeines.

Nr. 1. Entsch. Bd. VII S. 417 v. 21. IV. 98 VI G 51/98.

Gew.-St.-Ges. § 38; Ausf.-Anw. Art. 53[6].

Nach Ermäßigung des ursprünglichen Steuersatzes des Steuerpflichtigen im Rechtsmittelverfahren ist für die notwendig gewordene erneute Zerlegung allein der Steuerausschuß zuständig, und nicht etwa die Regierung. Denn es würden anderenfalls die Beteiligten der im § 38 vorgesehenen Rechtsmittel verlustig gehen.

B. Berechtigte Gemeinden. Begriff des Betriebsortes.

Nr. 1. Entsch. Bd. VII S. 402 v. 24. III. 98 VI G 278/97.

Gew.-St.-Ges. § 38 Abs. 2 und 3.

Als bei der Zerlegung des Steuersatzes beteiligte Kommunen, denen das Recht zur Einlegung der Berufung und der Beschwerde eingeräumt ist, müssen alle Kommunen angesehen werden, die den Anspruch auf Zuweisung eines Teiles des Steuersatzes erheben, gleichviel ob sie in dem Zerlegungsbeschlusse berücksichtigt sind und ob ihnen dieser zugestellt ist oder nicht. Denn anderenfalls würde das Recht einer Kommune zur Einlegung der Berufung und folgeweise die Befugnis zur Einlegung der Beschwerde von dem zufälligen Umstande abhängen, daß der Steuerausschuß ihr einen Teil des Steuersatzes zugewiesen und ihr den Zerlegungsbeschluß zugestellt hat. Gerade die Frage, ob eine Gemeinde als Betriebsort des in Rede stehenden Steuerpflichtigen anzusehen und deshalb als bei der Zerlegung des Steuersatzes beteiligt anzuerkennen ist, bildet einen der häufigsten Streitpunkte bei den Rechtsmitteln im Zerlegungsverfahren. Die Entscheidung über diesen Streitpunkt kann also unmöglich der Regierung und dem Oberverwaltungsgerichte durch den Steuerausschuß im einzelnen Falle beliebig entzogen werden.

Chronologische Zusammenstellung der Entscheidungen.

Die Ziffern in der Rubrik „Seite“ verweisen auf die Seiten des vorl. Bandes.

Datum der Entsch.	Materie	Seite
1889.		
10. IX.	Polizeiliche Verf.	259
1893.		
14. II.	Einkommensteuer	321
1895.		
14. II.	Verwaltungsstreitv.	290
19. XII.	Wasserpolizei	165
1896.		
9. I.	Einkommensteuer	306
9. I.	Gewerbesteuer	352
6. II.	Jagdpolizei	194
1897.		
25. I.	Krankenversicherung	266
26. II.	Bezirksveränder.	25
25. III.	Jagdpolizei	187
13. IV.	Bezirksveränder.	32
1. VI.	„	27
15. „	Schulangelegenheiten	126
18. „	Verwaltungsstreitv.	285
18. „	Schulangelegenheiten	124
18. „	„	144
18. „	Gemeindeabgaben	46
23. „	Polizeiliche Verf.	257
12. VII.	Wegepolizei	211
29. IX.	Gemeindeabgaben	97
8. X.	Kommunale Eigensch.	23
15. „	Bezirksveränder.	31
20. „	Bürgerrecht	15
29. „	Schulangelegenheiten	159
4. XI.	Polizeiverordnungen	260
16. „	Bezirksveränder.	30
16. „	Verwaltungsstreitv.	288
16. „	Gemeindeabgaben	79
23. „	Wegepolizei	214
26. „	Gebühren	46
26. „	Gemeindewahlen	40
4. XII.	Wasserpolizei	175
11. „	Jagdpolizei	195
17. „	Schulangelegenheiten	150
17. „	Gemeindeabgaben	96
18. „	„	77
21. „	Schulangelegenheiten	135
1898.		
4. I.	Gemeindeabgaben	77
5. „	Wasserpolizei	167
5. „	Kreisabgaben	9
8. „	Gemeindeabgaben	86
11. „	Schulangelegenheiten	147
11. „	„	138
11. „	Gemeindewahlen	36
11. „	„	37
17. „	Gewerbesteuer	350
1898.		
18. I.	Schulangelegenheiten	133
19. „	Polizeiverordnungen	260
19. „	Gewerbepolizei	229
19. „	„	223
19. „	„	237
22. „	Verwaltungsstreitv.	289
24. „	Baupolizei	206
24. „	Vereine	248
26. „	Gemeindeabgaben	109
26. „	Jagdpolizei	184
26. „	Polizeiliche Verf.	258
26. „	Verwaltungsstreitv.	290
31. „	Gemeindeabgaben	112
31. „	Anliegerbeiträge	53
1. II.	Vereine	249
1. „	Anliegerbeiträge	53
3. „	Baupolizei	208
4. „	Gemeindeabgaben	99
4. „	Amtsverwaltung	12
5. „	Gemeindeabgaben	91
5. „	Landwirtschaftsk.	280
5. „	Gemeindeabgaben	86
7. „	Anliegerbeiträge	60
8. „	Schulangelegenheiten	147
8. „	„	129
8. „	Gemeindeabgaben	81
9. „	Innungen	241
9. „	Verwaltungsstreitv.	292
12. „	Wasserpolizei	176
12. „	Verwaltungsstreitv.	285
14. „	Kleinbahnen	278
15. „	Polizeiliche Verf.	255
15. „	Gemeindeabgaben	82
16. „	Kreisabgaben	9
18. „	Gewerbepolizei	230
18. „	Gemeindewahlen	37
19. „	Polizeiliche Verf.	256
19. „	Wasserpolizei	168
21. „	Wegepolizei	219
21. „	Anliegerbeiträge	61
21. „	Gemeindeabgaben	113
21. „	Anliegerbeiträge	62
23. „	Gewerbepolizei	225
23. „	Bürgerrecht	14
24. „	Anliegerbeiträge	62
26. „	Wasserpolizei	172
28. „	Baupolizei	207
1. III.	Schulangelegenheiten	130
3. „	Einkommensteuer	295
3. „	„	323
3. „	„	328

Datum der Entsch.	Materie	Seite
1898.		
4. VI.	Gemeindeabgaben	92
4. „	„	104
6. „	Baupolizei	201
7. „	Einkommensteuer	301
7. „	„	305
7. „	„	323
7. „	Ergänzungssteuer	344
7. „	Gewerbesteuer	351
7. „	„	352
8. „	Gemeindeabgaben	87
8. „	Gewerbepolizei	238
9. „	Wegepolizei	216
10. „	Gemeindeabgaben	69
10. „	„	117
10. „	Einkommensteuer	296
10. „	Ergänzungssteuer	333
10. „	„	335
10. „	„	336
10. „	„	339
11. „	Gewerbepolizei	240
13. „	Anliegerbeiträge	63
13. „	Baupolizei	207
15. „	Gemeindeabgaben	94
15. „	Eingeschr. Hilfskassen	262
17. „	Gemeindeabgaben	69
17. „	„	90
17. „	„	115
17. „	Einkommensteuer	297
17. „	„	303
18. „	Gemeindeabgaben	51
18. „	Wasserpolizei	179
18. „	Verwaltungsstreitv.	292
21. „	Provinzialverwalt.	1
21. „	Einkommensteuer	309
22. „	Kreisabgaben	7
23. „	Wegepolizei	218
23. „	Einkommensteuer	305
23. „	Ergänzungssteuer	337
23. „	Gewerbesteuer	351
25. „	Gewerbepolizei	242
26. „	Verwaltungsstreitv.	293
27. „	Anliegerbeiträge	61
29. „	Stadtverord.-Wahl	15
29. „	Gemeindeabgaben	99
29. „	Wasserpolizei	181
29. „	Gewerbepolizei	238
29. „	„	239
1. VII.	Gemeindeabgaben	44
1. „	Anliegerbeiträge	55
1. „	Baupolizei	204
1. „	Einkommensteuer	312
1. „	„	315
2. „	Gemeindeabgaben	101
5. „	Armenverbände	33
5. „	Kirchliche Angelegenh.	120
6. „	Gemeindeabgaben	70
6. „	„	115
7. „	Wegepolizei	220
7. „	Einkommensteuer.	295

Datum der Entsch.	Materie	Seite
1898.		
7. VII.	Einkommensteuer	300
7. „	„	306
7. „	„	331
11. „	Wegepolizei	211
17. IX.	Gemeindeabgaben	95
17. „	Gewerbepolizei	231
18. „	Naturaldienste	109
19. „	Wegepolizei	212
20. „	Naturaldienste	109
20. „	Gemeindeabgaben	118
21. „	Jagdpolizei	191
21. „	Krankenversicherung	268
21. „	Landwirtschaftsk.	283
22. „	Baupolizei	205
22. „	Wegepolizei	220
22. „	Einkommensteuer	325
22. „	Ergänzungssteuer	338
22. „	„	341
22. „	Gewerbesteuer	352
22. „	„	355
22. „	„	356
23. „	Hundesteuer	72
23. „	Einkommensteuer	312
23. „	„	315
23. „	„	316
23. „	Ergänzungssteuer	345
24. „	Gewerbepolizei	226
24. „	Innungen	241
26. „	Anliegerbeiträge	56
26. „	Wegepolizei	220
30. „	Schulangelegenheiten	129
30. „	„	154
30. „	Vereine	247
1. X.	Gemeindeabgaben	74
1. „	Gewerbepolizei	231
1. „	Polizeiliche Verf.	252
1. „	„	259
1. „	Einkommensteuer	331
1. „	„	332
1. „	Ergänzungssteuer	345
3. „	Baupolizei	209
4. „	Amtsverwaltung	13
4. „	Einkommensteuer	301
4. „	„	304
5. „	Gemeindeabgaben	100
5. „	Fischereipolizei	182
5. „	Gewerbesteuer	348
6. „	Baupolizei	201
6. „	Verwaltungsstreitv.	286
6. „	Ergänzungssteuer	342
7. „	Gemeindehaushalt	42
7. „	Schulangelegenheiten	152
7. „	Verwaltungsstreitv.	288
8. „	Jagdpolizei	192
8. „	Gewerbepolizei	224
8. „	Polizeiverordnungen	260
8. „	Krankenversicherung	271
10. „	Baupolizei	211
12. „	Gemeindeabgaben	87

Datum der Entsch.	Materie	Seite	Datum der Entsch.	Materie	Seite
1898.			1898.		
12. X.	Schulangelegenheiten	152	18. XI.	Gemeindeabgaben	115
13. "	Einkommensteuer	309	18. "	Kirchl. Angelegenheit.	124
13. "	"	328	18. "	Schulangelegenheiten	127
14. "	Bezirksveränder.	28	18. "	Einkommensteuer	311
14. "	Gemeindeabgaben	81	18. "	"	317
14. "	"	93	18. "	"	318
14. "	Schulangelegenheiten	156	19. "	Gemeindewahlen	39
14. "	Ergänzungssteuer	335	19. "	Wasserpolizei	177
15. "	Gewerbepolizei	239	19. "	Einkommensteuer	326
15. "	Krankenversicherung	270	21. "	Wegepolizei	215
17. "	Polizeiliche Verf.	258	21. "	"	219
18. "	Schulangelegenheiten	147	21. "	Verwaltungsstreitv.	289
18. "	Einkommensteuer	308	23. "	Jagdpolizei	196
19. "	Wasserpolizei	164	23. "	Polizeiliche Verf.	253
19. "	"	180	24. "	Einkommensteuer	299
20. "	Ergänzungssteuer	337	24. "	"	331
21. "	Schulangelegenheiten	132	24. "	Ergänzungssteuer	339
21. "	"	136	24. "	"	346
21. "	"	139	25. "	Schulangelegenheiten	140
21. "	"	145	25. "	Konflikte	279
21. "	Ergänzungssteuer	338	25. "	Einkommensteuer	313
21. "	"	346	25. "	"	325
22. "	Deichpolizei	181	26. "	Börse	278
22. "	Gewerbepolizei	230	26. "	Einkommensteuer	306
22. "	"	234	26. "	"	332
22. "	Eingeschrieb. Hilfsk.	262	26. "	Ergänzungssteuer	340
24. "	Verwaltungsstreitver.	287	29. "	Bezirksveränderung.	29
28. "	Gemeindewahlen	38	2. XII.	Einkommensteuer	294
28. "	"	39	2. "	"	332
28. "	Naturaldienste	108	2 "	Ergänzungssteuer	333
28. "	Kirchl. Angelegenheit.	121	2. "	"	345
28. "	Einkommensteuer	301	2. "	"	346
28. "	"	314	3. "	Provinzialverwalt.	2
28. "	Ergänzungssteuer	337	3. "	Gemeindeabgaben	50
28. "	"	344	3. "	"	99
28. "	"	345	3. "	"	116
29. "	Wasserpolizei	179	3. "	Wasserpolizei	178
1. XI.	Schulangelegenheiten	156	3. "	Wegepolizei	211
1. "	Vereine	248	3. "	Gewerbepolizei	230
2. "	Stadtverord.-Wahlen	15	7. "	Wahlangelegenheiten	10
2. "	Gemeindeabgaben	95	7. "	Wasserpolizei	167
2. "	Wasserpolizei	168	7. "	Polizeiliche Verf.	257
2. "	Polizeiliche Verf.	259	7. "	Krankenversicherung	264
3. "	Baupolizei	202	8. "	Anliegerbeiträge	57
3. "	"	208	8. "	Gemeindeabgaben	115
4. "	Komm. Grenzveränd.	25	9. "	"	111
4. "	Schulangelegenheiten	153	9. "	Schulangelegenheiten	149
4. "	Einkommensteuer	317	10. "	Jagdpolizei	184
5. "	Wassergenossenschaft.	171	10. "	"	186
5. "	Versicherungsgesellsch.	247	10. "	Krankenversicherung	271
7. "	Baupolizei	210	12. "	Anliegerbeiträge	64
9. "	Kreisabgaben	8	13. "	Gemeindewahlen	36
9. "	"	9	13. "	"	39
10. "	Einkommensteuer	304	13. "	Kirchl. Angelegenheit.	122
10. "	Ergänzungssteuer	334	13. "	Polizeiliche Verf.	255
11. "	Gemeindeabgaben	85	13. "	Einkommensteuer	294
11. "	"	92	13. "	"	295
12. "	Stadtverord.-Wahlen	16	13. "	"	308
18. "	Gemeindeabgaben	89	13. "	"	327

Datum der Entsch.	Materie	Seite	Datum der Entsch.	Materie	Seite
1898.			**1899.**		
13. XII.	Ergänzungssteuer	333	4. II.	Gemeindeabgaben	51
13. 〃	〃	337	7. 〃	Schulangelegenheiten	141
14. 〃	Gemeindeabgaben	45	7. 〃	Eingemeindungen	24
14. 〃	〃	104	8. 〃	Kranken-u. Unfallvers.	275
14. 〃	Einkommensteuer	305	9. 〃	Verwaltungsstreitv.	289
14. 〃	〃	320	11. 〃	Wasserpolizei	167
14. 〃	Ergänzungssteuer	346	11. 〃	Gewerbepolizei	235
16. 〃	Einkommensteuer	298	17. 〃	〃	227
16. 〃	〃	308	18. 〃	Wasserpolizei	164
17. 〃	Gemeindeabgaben	104	18. 〃	Gewerbepolizei	221
17. 〃	Wasserpolizei	179	21. 〃	Schulangelegenheiten	139
19. 〃	Wegepolizei	214	22. 〃	Anliegerbeiträge	64
19. 〃	Verwaltungsstreitv.	290	22. 〃	Gemeindeabgaben	74
23. 〃	Schulangelegenheiten	124	22. 〃	Landwirtschaftsk.	282
23. 〃	〃	131	23. 〃	Gewerbesteuer	352
29. 〃	Einkommensteuer	296	23. 〃	〃	357
29. 〃	Gewerbesteuer	357	25. 〃	Wasserpolizei	176
31. 〃	Einkommensteuer	302	25. 〃	Jagdpolizei	185
1899.			25. 〃	〃	189
3. I.	Gemeindehaushalt	20	25. 〃	Krankenversicherung	265
4. 〃	Bürgerrecht	14	1. III.	Gemeindeabgaben	91
4. 〃	Gemeindeabgaben	101	3. 〃	Gewerbepolizei	228
4. 〃	Polizeiliche Verf.	255	3. 〃	〃	229
4. 〃	〃	258	4. 〃	Verwaltungsstreitv.	288
6. 〃	Kurtaxen	65	7. 〃	Schulangelegenheiten	131
6. 〃	Einkommensteuer	307	7. 〃	〃	158
6. 〃	〃	310	8. 〃	Kreisabgaben	9
7. 〃	Bürgerrecht	15	8. 〃	Gemeindeabgaben	111
7. 〃	Gemeindeabgaben	52	8. 〃	〃	117
11. 〃	Gewerbepolizei	222	8. 〃	Wassergenossenschaft.	170
13. 〃	Gemeindeabgaben	49	8. 〃	Gewerbepolizei	236
13. 〃	Kirchl. Angelegenheit.	123	9. 〃	Kleinbahnen	277
13. 〃	Schulangelegenheiten	137	11. 〃	Jagdpolizei	191
14. 〃	Krankenversicherung	269	11. 〃	〃	196
18. 〃	Gemeindeabgaben	116	11. 〃	Gewerbepolizei	241
18. 〃	Gewerbepolizei	242	11. 〃	Krankenversicherung	264
18. 〃	Versicherungsgesellsch.	245	11. 〃	Landwirtschaftsk.	282
19. 〃	Verwaltungsstreitv.	285	13. 〃	Ansiedelungen	199
19. 〃	Einkommensteuer	294	14. 〃	Gemeindebeamte	17
19. 〃	〃	322	15. 〃	Kreisabgaben	7
19. 〃	Ergänzungssteuer	338	17. 〃	Schulangelegenheiten	128
19. 〃	Gewerbesteuer	357	21. 〃	Gemeindeabgaben	113
20. 〃	Bürgerrechtsgeld	41	22. 〃	Gewerbepolizei	232
20. 〃	Schulangelegenheiten	145	23. 〃	Verwaltungsstreitv.	289
21. 〃	Gemeindeabgaben	75	25. 〃	Gemeindeabgaben	70
24. 〃	Gemeindehaushalt	21	25. 〃	Waldgenossenschaften	198
25. 〃	Gemeindeabgaben	79	25. 〃	Gewerbepolizei	233
25. 〃	〃	93	25. 〃	Polizeiliche Verf.	258
25. 〃	Wassergenossenschaft.	170	27. 〃	Baupolizei	203
25. 〃	Gewerbepolizei	222	28. 〃	Gemeindewahlen	39
25. 〃	Krankenversicherung	263	28. 〃	Schulangelegenheiten	127
28. 〃	Wasserpolizei	163	28. 〃	Gesindepolizei	252
28. 〃	Jagdpolizei	194	8. IV.	Gemeindeabgaben	52
28. 〃	Einkommensteuer	320	8. 〃	Wasserpolizei	173
28. 〃	〃	321	8. 〃	Jagdpolizei	185
30. 〃	Deichpolizei	181	8. 〃	Versicherungsges.	246
1. II.	Jagdpolizei	188	12. 〃	Jagdpolizei	194
3. 〃	Schulangelegenheiten	133	12. 〃	Krankenversicherung	266
3. 〃	Gemeindeabgaben	67	12. 〃	Verwaltungsstreitv.	287

Chronologisches Register.

Landdrosteiordnung v. 25. September § 50 S. 216.

1853.

Städte-Ordnung v. 30. Mai § 5 S. 14, 15; § 17^2 S. 40; §§ 23, 25 S. 16; § 48 S. 17; §§ 57, 59 S. 115.

1854.

Hannov. Schulordnung für die jüdischen Schulen v. 5. Februar §§ 9 ff., 28 ff. S. 99.

1856.

Westfälische Städte-Ordnung v. 19. März § 17^2 S. 40; § 23 S. 15.

Westfälische Landgemeinde-Ordnung v. 19. März § 5 S. 104; § 28 S. 39; § 30^2 S. 40.

Land-Gemeinde-Verfassungs-Ges. v. 14. April § 1 S. 25, 30.

Rheinische Städte-Ordnung v. 15. Mai §§ 12, 13 Abs. 2 S. 15.

Abänderungsges. v. 15. Mai zur Rheinischen Gemeinde-Ordnung v. 23. Juli 1845 Art. 11, 12, 33 S. 34.

1857.

Holstein.-Wasserlösungsordnung v. 16. Juli §§ 6, 9 S. 179; § 10 S. 179.

1858.

Hannov. Städte-Ordnung v. 24. Juni §§ 62, 63 S. 41.

1859.

Hannov. Jagdordnung v. 11. März § 2, 5, 12 S. 196; § 4 S. 196; § 6 S. 196.

Hannov. Landgemeinde-Ordnung v. 28. April § 2 S. 41.

1860.

Gesetz, betr. das städtische Einzugs-, Bürgerrechts- und Einkaufsgeld v. 14. Mai § 2 S. 14.

1861.

Gebäudesteuergesetz v. 21. Mai § 5 S. 73, 74; §§ 14, 16, 17 S. 111.

1865.

Berggesetz v. 24. Juni § 196 S. 277.

1867.

Gesetz v. 8. Februar, betr. die Unterverteilung und Erhebung der Grundsteuer in den sechs östlichen Provinzen §§ 8, 32 a, 33, 34, 45 S. 110; § 33 S. 1.

Vorflutgesetz für Neuvorpommern v. 9. Febr. § 2 S. 165.

Verordnung, betr. das Jagdrecht und Jagdpolizei im ehemaligen Herzogtum Nassau v. 30. März § 11 S. 195.

Verordnung v. 25. Juni, betr. das Strafrecht und das Strafverfahren Art. I, XV S. 246.

Verordnung v. 20. September über die Polizeiverwaltung in den neu erworbenen Landesteilen § 6 b S. 202, 256.

Verordnung v. 23. September, betr. die Heranziehung der Staatsdiener zu den Gemeindelasten in den neu erworbenen Landesteilen § 1 S. 98, 99; § 2 S. 97.

1868.

Gesetz, betr. die Errichtung von Schlachthäusern, v. 18. März §§ 2, 5 S. 97; §§ 5, 12 S. 18.

1869.

Handelsgesetzbuch v. 5. Juni Art. 185 a, 185 b, 239 b S. 311; Art. 185 b, 210, 211 S. 315; Art. 217 Abs. 2 S. 317.

Reichsgewerbeordnung v. 21 Juni. § 1 S. 221;
§§ 6, 35, 56, 148 Nr. 7 c S. 232;
§ 13 S. 15;
§§ 16 ff. S. 174, 229; §§ 16, 23, 147 S. 176; §§ 16 ff., 147 S. 175;
§§ 20, 21, 98 b S. 241;
§ 30 S. 236, 237; §§ 30, 33, 33 a S. 223; §§ 30, 53 S. 239—241;
§ 32 S. 242;
§ 33 S. 222, 225, 227; §§ 33, 53 S. 224; § 33, 55 S. 66;
§ 35 S. 230, 231, 233; §§ 35, 38 S. 232; §§ 35, 151 S. 231;
§§ 36, 53 S. 235;
§ 43 S. 222, 236.
§ 56 b Abs. 3 S. 236.
§ 100 S. 241.
§§ 120 a ff., 155 S. 230.
§ 147 S. 181.

Bundesratsbeschluß, betr. die Benutzung von Kunststraßen durch die Reichstelegraphenverwaltung v. 25. Juni S. 2.

Erlaß v. 27. September, betr. die Organisation der Bauverwaltung in der Provinz Hannover S. 216.

1870.

Gesetz wegen Beseitigung der Doppelbesteuerung vom 13. Mai § 1 S. 294, 332; §§ 2 Abs. 3, 4 S. 295.

Reichsstrafgesetzbuch v. $\frac{\text{31. V. 70}}{\text{15. V. 71}}$ § 282 S. 232; § 292 S. 186; § 360 Nr. 9 S. 246; § 361 Nr. 6 S. 255; § 366 Nr. 1 S. 225; § 367 Nr. 5 S. 239.

Reichsgesetz v. 1. Juni, betr. Erwerb und Verlust der Bundes- und Staatsangehörigkeit § 13 S. 161; §§ 15, 17 S. 160.

Reichsgesetz über den Unterstützungswohnsitz v. $\frac{\text{6. VI. 1870}}{\text{12. III. 1894}}$ § 28 S. 33; § 30 S. 268.

1871.

Gesetz v. 8. März, betr. Ausführung des Reichsgesetzes über den Unterstützungswohnsitz §§ 8 ff. S. 25; § 35 S. 268.

1872.

Ablösungsgesetz v. 27. April § 2 S. 148.

Kreisordnung v. $\frac{\text{13. XII. 1872}}{\text{18. III. 1881}}$ §§ 12, 14 S. 8; §§ 14, 15 S. 7.

1873.

1874.

1875.

1876.

1877.

1878.

1879.

1880.

1881.

1883.

1892.

1893.

1894.

1895.

1896.

1897.

Alphabetisches Register.

NB. Die beigefügten Zahlen verweisen auf die Seiten des vorl. Ergänzungsbandes.

A.

C.

D.

E.

F.

G.

H.

J.

K.

L.

M.

R.

S.

T.

U.

V.

W.

Z.

Druck von A. Rietz u. Sohn in Naumburg a. S.

Kolibri 360 GmbH
Ferdinand-Jühlke-Straße 7
99095 Erfurt, Deutschland
produktsicherheit@kolibri360.de